Güney Afrika'daki Güç Mücadelesi

BÜYÜK
BOER SAVAŞI

SIR ARTUR CONAN DOYLE

Çeviren:
İlker Can

Büyük Boer Savaşı
© LİTERATÜRK academia 532
İnceleme-Araştırma 506

Bu kitap ve kitabın özgün özellikleri tamamen Nüve Kültür Merkezi'ne aittir. Hiçbir şekilde taklit edilemez. Yayınevinin izni olmadan kısmen ya da tamamen kopyalanamaz, çoğaltılamaz. Nüve Kültür Merkezi hukukî sorumluluk ve takibat hakkını saklı tutar.

Ağustos 2024

Editörler: **Muzaffer YILMAZ - Tarık Solo CEVİZCİ**
Genel Yayın Yönetmeni: **İsmail ÇALIŞKAN**

ISBN 978-625-98117-6-5

T.C.
Kültür ve Turizm Bakanlığı
Yayıncı Sertifika No: **16195**

Kapak Tasarımı ve Mizanpaj:

Baskı & Cilt: **Bulut Dijital Matbaa San. Tic. Ltd. Şti.**
Musalla Bağları Mh. İnciköy Sk. No. 1/A   Selçuklu/KONYA
KTB S. No: **48120** - Basım Tarihi: **AĞUSTOS 2024**

KÜTÜPHANE BİLGİ KARTI
- Cataloging in Publication Data (CIP) -
DOYLE / ARTHUR CONAN
Can / İlker
Büyük Boer Savaşı

ANAHTAR KAVRAMLAR
1. Boer Savaşı, 2. Güney Afrika, 3. Gayrinizami Harp
- key concepts -
1. Boer War, 2. South Africa, 3. Unconventional Warfare

Literatürk Academia, Nüve Kültür Merkezi kuruluşudur.
www.nkmkitap.com

Fevzi Çakmak Mh. Menemen Cd. E Blok No: 40 D: 1
(Yeni Matbaacılar Sitesi)
Karatay / KONYA
Tel: 0.542.134 42 42 - 0.555.980 10 95

Dağıtım: MİKYAS KİTAP YAYIN DAĞITIM
Alemdar Mah. Güzel Sanatlar Sk. No: 2/A
Cağaloğlu / İSTANBUL
Telefaks 0 212 528 95

Güney Afrika'daki Güç Mücadelesi

BÜYÜK BOER SAVAŞI

SIR ARTUR CONAN DOYLE

Çeviren:
İlker Can

İÇİNDEKİLER

TAKDİM 7

İLK BASKININ ÖN SÖZÜ 13

SON BASKININ ÖZ SÖZÜ..15

1. BÖLÜM / BOER MİLLETLERİ 17

2. BÖLÜM / ÇATIŞMANIN SEBEPLERİ 32

3. BÖLÜM / GÖRÜŞMELER 43

4. BÖLÜM / SAVAŞIN ARİFESİNDE 52

5. BÖLÜM / TALANA TEPESİ 66

6. BÖLÜM / ELANDSLAADTE VE RİETFONTEİN..75

7. BÖLÜM / LADYSMİTH SAVAŞI 83

8. BÖLÜM / LORD METHUEN'İN İLERLEYİŞİ 94

9. BÖLÜM / MAGERSFONTEİN SAVAŞI 109

10. BÖLÜM / STORMBERG SAVAŞI 118

11. BÖLÜM / COLENSO SAVAŞI 124

12. BÖLÜM / KARANLIK SAATLER 137

13. BÖLÜM / LADYSMİTH KUŞATMASI 144

14. BÖLÜM / COLESBERG HAREKÂTLARI 160

15. BÖLÜM / SPİON TEPESİ 169

16. BÖLÜM / VAALKRANZ 182

17. BÖLÜM / BULLER'İN SON İLERLEYİŞİ 188

18. BÖLÜM / KİMBERLEY KUŞATMASI VE KİMBERLEY'İN KURTARILMASI 202

19. BÖLÜM / PAARDEBERG 214

20. BÖLÜM / LORD ROBERTS'İN BLOEMFONTEİN'E İLERLEYİŞİ 229

21. BÖLÜM / LORD ROBERTS'İN İLERLEYİŞİNİN STRATEJİK ETKİLERİ 236

22. BÖLÜM / BLOEMFONTEIN'DE MOLA 245

23. BÖLÜM / GÜNEYDOĞUNUN TEMİZLENMESİ 257

24. BÖLÜM / MAFEKİNG KUŞATMASI 267

25. BÖLÜM / PRETORİA'YA YÜRÜYÜŞ 279

26. BÖLÜM / DIAMOND (ELMAS) TEPESİ – RUNDLE'IN HAREKÂTLARI (MUHAREBELERİ) ...291

27. BÖLÜM / İKMAL HATLARI 299

28. BÖLÜM / PRETORİA'DA VERİLEN MOLA 310

29. BÖLÜM / KOMATİPOORT'A DOĞRU İLERİ HAREKÂT 320

30. BÖLÜM / DE WET'İN SEFERİ 332

31. BÖLÜM / TRANSVAL'DA GERİLLA HARBİ: NOOITGEDACHT 345

32. BÖLÜM / CAPE KOLONİSİ'NİN İKİNCİ KEZ İŞGALİ (ARALIK 1900 - NİSAN 1901) 361

33. BÖLÜM / OCAK'TAN NİSAN 1901'E KADAR KUZEYDEKİ HAREKÂTLAR 374

34. BÖLÜM / KIŞ HAREKÂTI (NİSAN'DAN EYLÜL 1901'E KADAR) 388

35. BÖLÜM / CAPE KOLONİSİ'NDE GERİLLA HAREKÂTI 404

36. BÖLÜM / İLKBAHAR HAREKÂTI (1901 YILI KASIM'DAN ARALIĞA KADAR) 415

37. BÖLÜM / 1902 YILI OCAK'TAN NİSAN'A KADAR OLAN HAREKÂT 436

38. BÖLÜM / DE LA REY'İN 1902 YILINDAKİ SEFERİ 448

39. BÖLÜM / SON 459

TAKDİM

Tarihte iki Boer Savaşı vardır. Bunların ilki, I.Boer Savaşı (16 Aralık 1880 - 23 Mart 1881) ya da Transvaal Savaşı olarak bilinen, İngiltere ile Transvaal Cumhuriyeti arasında olan savaştır. Bu savaş, Transvaal Cumhuriyeti'nin zaferi ile sonuçlanmış ve Boer Cumhuriyetleri bağımsızlıklarını kazanmışlardır. İkincisi ise II. Boer Savaşı (11 Ekim 1888 - 31 mayıs 1902) ya da Büyük Boer Savaşı olarak isimlendirilen İngiltere ile Transvaal Cumhuriyeti ve Özgür Orange Devleti arasında geçen savaştır. Bu kitapta anlatılan, II. Boer Savaşı'dır. İngiltere'nin başlangıçta çorak ve verimsiz olarak değerlendirdiği ve bu nedenle özerk ya da bağımsız bir idareye sahip olmalarına göz yumduğu Güney Afrika'da bulunan ve Boer adı verilen Avrupa kökenli çiftçilerin topraklarında, dünyanın en verimli elmas ve altın madenlerinin bulunduğunun ortaya çıkması ve İngiltere'nin bu zengin madenlere hâkim olma isteği, savaşın asıl nedenini oluşturmaktadır. Altın, ilk olarak Witwatersrand adı verilen Johannesburg dışında Paarlshoop yakınlarındaki bir çiftlikte 1886 yılında bulunmuş ve 1898 senesinde yıllık üretim 118 tona[1] ulaşmıştır ki bu miktar, Güney Afrika'yı dünyanın en büyük altın üreticisi hâline getirmiştir. Bu altın madeninin daha iyi anlaşılması açısından örnek vermek gerekirse; tüm dünyada 1975 yılından şimdiye kadar çıkarılan tüm altının %40'ı Güney Afrika'daki bu madenden çıkarılmıştır[2]. Kimberley Elmas Madenleri, 1870'ler ve 1880'lerde, dünya elmas üretiminin %95'ine ev sahipliği yapıyordu[3]. Sadece üretilen altın miktarının bu korkunç boyutu yanında elmas madenlerinin de bulunması, savaşın asıl sebebini oluşturmaktadır. Bu savaş I. Dünya Savaşı öncesinde İngiltere'yi gerçek anlamda zorlamıştır. Birçok yeni taktiğin kullanılması ve kullanılan bu taktiklerin etkilerinin günümüze kadar ulaşmasının yanı sıra, modern piyade tüfeği, telsizler ve seri ateşlemeli toplar başta olmak üzere farklı askerî teknolojilerin büyük ölçekte muharebe sahasına sürüldüğü hem askerî hem de siyasi açıdan incelenmesi gereken bir savaştır.

---

1 ÇN: https://www.miningforschools.co.za/lets-explore/gold/brief-history-of-gold-mining-in-sa
2 ÇN: https://projectsiq.co.za/gold-mining-in-south-africa.htm
3 ÇN: https://www.capetowndiamondmuseum.org/about-diamonds/south-african-diamond-history/

Boer Savaşları, subaylar hariç Türk toplumu tarafından fazla bilinmemektedir. Subaylar, aldıkları eğitim gereği yabancı dilde yazılmış kitaplardan ve dokümanlardan kendi meslekleri ile ilgili gelişmeleri yakından takip edebilirler. Fakat bir sivil için Boer Savaşı ile ilgili Türkçe olarak okunabilecek kapsamlı bir kitap yoktu. Bu konuda bulabildiğim kitaplar Boer Savaşı döneminde yazılmış iki eserin günümüz Türkçesine çevrilerek hazırlanan kitaplardır. Bu kitaplar; Halim Gençoğlu'nun yayına hazırladığı "Transvaal Savaşı (Bir Jöntürk'ün Gözüyle Güney Afrika'da Son Sömürge Mücadelesi / Avlonyalı İsmail Kemal Bey)" ve yine aynı yazarın yayına hazırladığı "Güney Afrika Muharebesi/Gazi Mahmud Muhtar Paşa" isimli kitaplarla, Said Olgun ve Resul Babaoğlu'nun yayına hazırladığı aynı eserleri (birincisi Avlonyalı İsmail Kemal Bey'in Transvaal Meselesi, ikincisi ise Mahmud Muhtar Paşa'nın Afrika-yı Cenubi Muharebesi isimli eseri) kapsayan "Transvaal Meselesi ve Osmanlı Devleti" adlı kitaptır. Dünya tarihinde önemli bir yeri olan, hem askeri hem de siyasi açıdan örnek alınacak birçok olaya sahne olan bu savaşın neden bilinmediği ayrıca değerlendirilmelidir. Şahsen Boer Savaşı'nı ilk olarak Harp Okulu'nda okurken duymuştum. Galiba bir derste bahsedilmişti, ama gayet yüzeysel olarak geçilmişti. Hangi derste ve ne maksatla bahsedildiğini dahi hatırlamıyorum. İkinci olarak Boer Savaşı'nı 1997-1998 yıllarında Dağ Komando Okulu ve Eğitim Merkez Komutanlığı'nda Komando Kursu görürken duydum. İkinci sefer çok daha ayrıntılı ve dikkat çekiciydi. Gayri nizami harp ve komando kavramının nasıl ortaya çıktığı anlatılırken, Güney Afrika'daki Boer Savaşı'ndan sıkça bahsedilmişti. Boerlerin İngilizlere karşı kullandıkları taktikleri gören Churchill'in İkinci Dünya Savaşı esnasında aynı esaslarda Komando Birlikleri kurdurduğu, Alman işgali altındaki bölgelere taktik akınlar yaptırdığı da ek bilgi olarak verilmişti.

Çevirisini yaptığım Büyük Boer Savaşı isimli kitabın yazarı, gerçek bir İngiliz milliyetçisi ve vatanseveri olan Sir Arthur Conan Doyle'dur. Sir Arthur Conan Doyle, daha çok polisiye kitaplarıyla meşhurdur. Sherlock Holmes'u (Şerlok Holms'u) bilmeyen yoktur, kitabı okumayanlar bile en azından filmini izlemiştir. Sir Arthur Conan Doyle aynı zamanda II. Abdülhamit'in de en sevdiği yazarlardan biri olup, birçok polisiye romanı da II. Abdülhamit tarafından Türkçe'ye tercüme ettirilmiştir. Fakat ne yazık ki II. Abdülhamit, bir devlet adamı olarak asıl tercüme ettirmesi gereken, bu kitapla ilgilenmemiştir. Hâlbuki bu kitap yayınlandıktan kısa bir süre sonra Fransızca ve Almanca başta olmak üzere birçok Avrupa diline çevrilmiştir. Bu savaşta görev alan birçok İngiliz subayı, I. Dünya Savaşı'nda bize karşı savaşmıştır. Yazıldığı dönemde Türkçe'ye çevrilseydi, en azından biyografik istihbarat açısından önemli bir kaynak olurdu.

Şimdi asıl konumuz olan kitaba geri dönelim. Kitap, İngiliz bakış açısıyla bizzat savaşa katılmış olan bir İngiliz milliyetçisinin kaleminden olayları anlatmaktadır. Bu nedenle tarafsız değildir. Bu savaşta, İngilizlerin, Boer gayrinizami harp unsurlarıyla mücadele etmek için araziyi yakma, yani düşman için yararlı olabilecek her şeyi ortadan kaldırma politikası (scorched earth) ve toplama kampları (concentration camps) gibi günümüzde soykırım olarak adlandırılabilecek birçok uygulamalarını haklı göstermeye çalışmıştır. Bunu yaparken bazen kendi tarafının ne kadar ulvi bir amaçla hareket ettiğini anlatmış bazen de karşı tarafı suçlamıştır.

Bu kadar kalın bir kitap ne maksatla okunur? Bu soruya verilebilecek olan cevap: İngiliz milletini ve toplumunu yakından tanımaktır. Çünkü son iki yüzyıllık dönemde Osmanlı ve Alman İmparatorluklarını yıkan, Hindistan'da Babür İmparatorluğunu yok eden ve bu devasa devleti sömürgeleştiren, Çin İmpatorluğu'na Afyon savaşları ile diz çöktüren İngilizlerdir. Bugünkü Orta Doğu'nun temellerini atan Suudi Arabistan, Mısır, Kuveyt, BAE, Irak, Suriye, Lübnan, Ürdün ve İsrail'in kurulmasını sağlayan İngilizlerdir. İngilizler, bu ülkelerin kurulmasını sağlamakla kalmamış, aynı zamanda, şu anki Orta Doğu bataklığını oluşturan dengeyi de kurmuştur. Orta Doğu'nun içinde bulunduğu bu kan deryasına neyin sebep olduğunu anlamak için onu kuran gücü tanımak gerekir. İngilizlerin düşünce yapısını anlamadan ve onlar hakkında bilgi sahibi olmadan onların kurduğu bu düzenin değiştirilemeyeceği açıktır.

İngilizler, Boer savaşı sırasında, muazzam askerî kuvvetleri ile Boer başkentlerini işgal etmiş, buna rağmen savaşı kazanamamışlardır. Boerler, uyguladıkları gayrinizami harp teknikleri ile İngilizlere büyük zayiatlar verdirerek savaşa devam etmişlerdir. İngilizler, çözüm olarak "Alan Hâkimiyeti" kapsamında demir yollarının çevresine dikenli teller örerek, demir yolu hatları boyunca gözetleme kuleleri ile takviye edilmiş karakollar inşa etmiş, Boer topraklarını kontrol edilebilir parçalara bölmüş, fakat yine de sonuç alamayınca, Boerlerin ve Yerli Güney Afrikalıların çiftliklerini ayrım gözetmeksizin yakıp yıkarak ve kırsal kesimde yaşayan Boerleri ve yerlileri yakalayıp toplama kamplarına kapatmış ve inanılmaz bir vahşet uygulamıştır. Kamplara kapatılan kadın ve çocukların büyük bölümü, yetersiz beslenme ve sağlıksız koşullar nedeniyle hayatını kaybetmiştir. Sadece Boerlerin tutulduğu kamplarda ölen çocuk sayısının 24.000 civarında olduğu iddia edilmektedir. Aileleri bu tür kamplara kapatılan Boer komandoları, bir süre sonra teslim olmak zorunda kalmışlardır. Boerlerden ayrı olarak Yerli Güney Afrikalılar için de toplama kampları kurulmuştur. Fakat onların durumu ile ilgilenen olmadığı için yerli Güney Afrikalıların bulunduğu kamplardaki ölüm vakaları ile ilgili herhangi bir kayda rastlamadım. Herkes, Nazilerin Yahudi toplama kamplarını bilir. Fakat İngilizlerin aynı konuda bu işin öncüleri olduklarını ve Güney Afrika'da toplama kampları kurduklarını bilen pek yoktur.

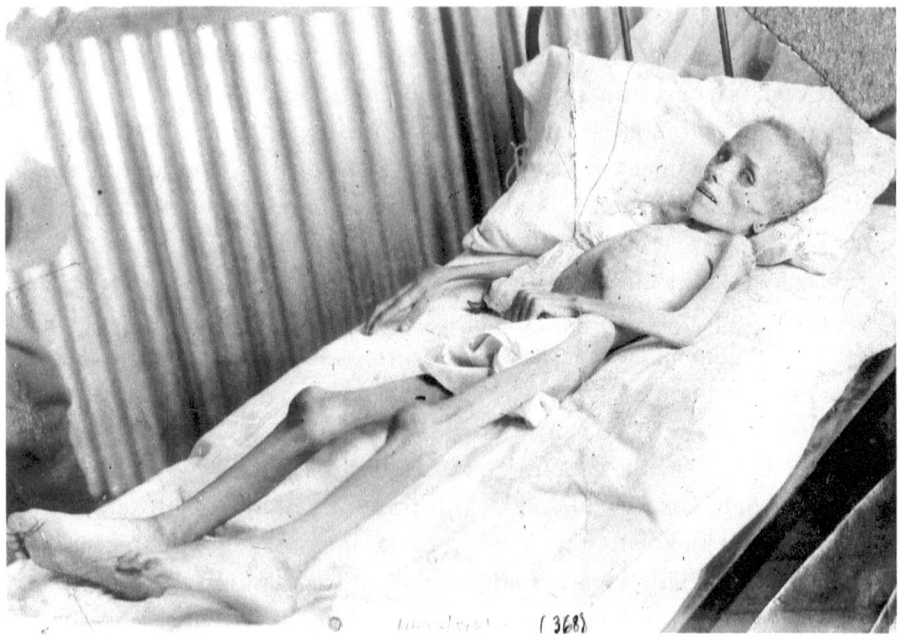

Bloemfontein Toplama Kampı'nda ölen yedi yaşındaki
Boer çocuğu Lizzie van Zyl (1901)

Bu savaşta büyük kayıplar veren, fakat elmas ve altın madenlerinin kontrolünü almakta kararlı olan İngilizler, tarihteki en organize gayrinizami harp faaliyeti ile başarılı bir şekilde mücadele etmiş ve sonunda savaşı bitirmeyi başarmıştır. Boerlerin kullandığı taktikler, daha sonra Balkan Savaşı öncesinde çete faaliyetleri olarak Osmanlıya karşı kullanılmış, I. Dünya Savaşı esnasında ise hem Ermeniler hem de İngilizlerin desteklediği ayrılıkçı Arapların temel taktiğini oluşturmuştur. Bu taktiklerin en başarılı uygulamalarından biri de Kurtuluş Savaşı esnasında Kuvvayimilliye Teşkilatı'nın işgal güçlerine karşı yürüttüğü faaliyetlerdir. Burada asıl önemli olan, savaşı kazandıktan sonraki süreçtir. İngilizler, bazı tavizler vererek Boerlerle barış anlaşması imzalamış ve Boer liderlerinin birçoğunu maaşlı memur olarak kendi bünyesine almış ve ordusunda görev vermiştir. Yaktığı ve yıktığı çiftlik evleri için tazminat ödemiş, çiftliklerine dönen Boerlere maddi destekte bulunmuştur. İngilizlerin bu maksatla ödediği para miktarı, altın madenlerinden elde ettiği gelir ile kıyaslanamayacak kadar küçük bir rakamdır. Barışı sadece askerî tedbirlerle kazanmamış, bu süreçte siyasi çözümler bularak düşmanlarını kendi tarafına çekmeyi başarmışlardır. Kitapta üzerinde durulan en önemli konulardan biri de adalettir. İngilizler bazı harp esirlerini haksız yere infaz ettiği için kendi subaylarını yargılamış ve onlara idam cezası vermiştir.

I. Dünya Savaşı öncesindeki en önemli savaş olan, üç yıl gibi uzun bir süre devam eden Boer Savaşı siyasi açıdan da çok dikkat çekicidir. Bu savaş esnasında Avrupa devletlerinden hiçbiri açıktan Boerleri destekleyememiştir. Gizli ve örtülü olarak Avrupa'nın desteği olmasına rağmen Boerlerin denizle irtibatının kesilmesi yenilgilerindeki en önemli etkendir. İngiliz milletini ve toplumunu yakından tanıdığımız ve aynı zamanda mantığının ve düşünce yapısını anladığımız zaman içinde bulunduğumuz durumu daha iyi değerlendirebiliriz. Aksi taktirde bu coğrafyada oynanan oyunlara ancak seyirci kalırız. Okuyucuların affına sığınarak burada bir belgeyi paylaşmak ve İngiliz düşünce yapısına dair birkaç örnek vermek istiyorum.

SECRET
UNITED KINGDOM HIGH COMMISSION,
KARACHI.
5th August, 1958.
EXT.358/I1.

Dear Gilberts

I have just been reading James Bowker's Dispatch No. 85 of 25th July about the recent deliberations between the Turkish President and Government with the Shah of Iran and the President of Pakistan.
2. In paragraph 3 or his Dispatch Bowker refers to a reported Turkish Intention to invade Iraq and ends his paragraph by saying that he does not know to what extent, if at all, the proposed intention had the backing of the Shah or President Mirza.
3. I can add a little to this in the light of my talk with President Iskander Mirza last Saturday. He told me that [Turkish Prime Minister] Menderes had put forward the suggestion that Turkey should invade Iraq with four divisions which could be made available at short notice. The President said he had been completely horrified at the suggestion and had spoken very forcibly to Mr. Menderes who had at last been persuaded to see the folly of such action.
4. I am sending copies of this letter to the recipients of Bowker's dispatch.

Yours sincerely,
A. C. B. Symon.]

Irak'ta 14 Temmuz 1958 tarihinde meydana gelen darbe sonrası, Türkiye Cumhuriyeti tarafından Irak'a müdahale etmek için bazı hazırlıklar yapılır. Darbe sonrası Türkiye'nin Irak'a müdahale edeceğini düşünen Sovyetler Birliği'nin Türkiye'ye ağır bir nota vermesine rağmen Irak'a müdahale için hazırlıklara devam edilir. Bu hazırlıklar kapsamında Irak sınırına ciddi miktarda askerî birlik kaydırılması planlanır. Başbakan Adnan Menderes, yaptığı planlamayı Bağdat Paktı'nın Pakistan'daki toplantısında İran Başbakanı İskender Mirza'ya açıklar. Türkiye'nin bu amacından dehşete düşen İran Başbakanı (Pers milliyetçisi bir Şah'ın başbakanından beklenebileceği gibi) durumu Pakistan'daki İngiliz Elçiliği'ne rapor eder. Yukarıdaki İngiliz belgesi, bu konuyla ilgilidir. Yaklaşık bir yıl sonra

Barzani'nin desteğiyle Irak, Kerkük'te çok büyük bir Türk katliamı yapar, ardından Türkiye'de darbe olur ve Adnan Menderes asılır. 1960 darbesinin sebepleri arasında bu konudan hiç bahsedilmez. Şahsi görüşüm, Adnan Menderes, her ne kadar özel hayatı ve bazı siyasi uygulamaları tartışmalı olsa da vatanseverliğine kimse laf söyleyemez. Hem Irak hem de Kıbrıs konusundaki vatanseverliğini canı ile ödemiştir. Şeytan ayrıntıda saklıdır. Yukarıda paylaştığım bu belge, Mesut Barzani'nin "Kurdistan Revolution Movement" adlı kitabının ekler bölümünde bulunmaktadır. İlginç olan, gizli bir İngiliz devlet belgesinin Barzani'nin kitabına nasıl girdiğidir.

İngiliz bakış açısı ve düşünce tarzı, esas olarak sahip olduğu bilgi birikimine dayanmaktadır. Bilgi güçtür ve İngilizler, bu gücü dünyada en iyi kullanan millettir. Daha önce çevirisini yaptığım "Bahtsız Arabistan veya Yemen'de Türkler" isimli kitabında İngiliz ajanı Wyman Bury, İngilizlerin Yemen'i Türklerden daha iyi tanıdığını iddia etmekteydi. Bu İngiliz ajanı, Yemen'in ücra bir köyüne yerleşmiş, bu köyde sahip olduğu dinî bilgisiyle şeyhlik makamına yükselmiş ve halkı Türk idaresine karşı ayaklandırmayı başarmıştır.

Son olarak, okuyucularımdan özür dilemek istiyorum. Çünkü çeviri kitaplar, orijinal dilin verdiği hazzı asla veremez. Bu kitap, benim üçüncü çeviri denemem. Bu nedenle mutlaka çeviriden kaynaklı hatalar bulunacaktır, bu konuda şimdiden affınıza sığınıyorum. Ayrıca İngiliz ordusunun kuruluşu hakkında daha ayrıntılı bilgi verilebilirdi. Fakat bilgi alabileceğim özellikle dünya ordularının kuruluşları ve yapıları hakkında ayrıntılı bilgi sahibi olan subayların ve Harp Akademisi öğretim görevlilerinin uğradıkları iftira nedeniyle hâlâ hapiste olmaları nedeniyle bu konu biraz eksik kaldı, okuyucuların mazur göreceğini umuyorum. Özellikle edebî olarak bütün dünyanın takdirini kazanmış bir yazar olan Artur Conan Doyle'un kitabı çok daha iyi bir çeviriyi hak etmektedir. Eğer bu kitabı okuyan tek bir kişi, bu kitaptan faydalanır ve elde ettiği bilgiyi kullanırsa bu çeviri kitap hedefine ulaşmış olacaktır.

İlker Can
Mart 2024 / Konya

İLK BASKININ ÖN SÖZÜ

Daha kapsamlı bilgilerin Boer Savaşı'ndaki bazı olaylara tamamen farklı bir anlam kazandırması mümkündür. Bu anlatım, bu tarihte mümkün olan en yüksek doğrulukla ve tek bir cildin izin verdiği ölçüde ayrıntıyla derlenmiştir. Ara sıra yapmaya cüret ettiğim değerlendirmeler ve eleştiriler hatalı bulunabilir, ama en azından bu değerlendirmeler korkusuzca ve taraf tutmadan yapılmıştır. Boerlerle sık sık yaptığım sohbetlerde onların hem siyasi hem de askerî sorunlar hakkındaki görüşlerini almaya çalıştım.

Bu kitabın yazımı, İngiltere'de başladı ve bir vapurda devam etti, ancak büyük bir kısmı, Bloemfontein'deki salgın sırasında, görev aralarında bir hastane çadırında yazıldı. Çoğunlukla başvurmak zorunda kaldığım belgeler, nekahet dönemindeki subaylar ve bizim gözetimimiz altında olan askerlerdi. Bu koşullar altında bazı hatalar ortaya çıkmış olabilir, ancak diğer yandan bu büyük dramanın sahnesini ziyaret etmek, birçok başoyuncuyla tanışmak ve gerçek harekâtların bazı bölümlerini kendi gözlerimle görmek gibi paha biçilmez bir avantaja sahip oldum.

Yaptığım bu çalışmada bana yardımcı olan pek çok kişi var, ama özellikle şu anda ülkesine hizmet ederken ölmüş olan Longman Hastanesi'nden Bay Blasson ile belge ve dökümanlarımı toplayıp düzenleyen Haslemere'den Bay Charles Terry'nin iş birliğine özellikle teşekkür borçluyum.

Arthur Conan Doyle.
Undershaw, Hindhead: Eylül 1900.

SON BASKININ ÖZ SÖZÜ

Savaşın gidişatı esnasında bu çalışmanın, her biri bir öncekinden biraz daha dolu ve doğru olduğunu umduğum on altı baskısı yapıldı. Bununla birlikte, yapılan mutlak hataların sayıca az olduğunu ve yaptığım değerlendirmeleri değiştirmeye ihtiyaç duymadığımı ve nadiren değişiklik yaptığımı dürüstçe iddia edebilirim. Bu son baskıda, ilk metin dikkatlice gözden geçirilmiş ve mevcut tüm yeni bilgiler, tek bir cildin anlatım sınırları içinde eklenmiştir. Savaşın ikinci yarısındaki çeşitli bölümlerde, tam ve kesin bir kronolojik tarih için kullanılabilir kaynak olduğu söylenemez. Bununla birlikte, gazetelerin resmî yazışmaları ve birçok özel mektubun yardımıyla, konunun anlaşılır ve doğru bir açıklamasını yapmak için elimden gelenin en iyisini yapmaya çalıştım. Bazen konunun ele alınış tarzı, çok kısa ve öz görünebilir, ancak 1899-1900 muharebeleri ile 1901-1902 çatışmaları arasındaki bazı bölümlerin incelenmesi gerekliydi.

Özel haber kaynaklarım o kadar fazla ki, arzu etsem bile isimlerini belirtmem mümkün değil. Kendime kaynak olarak çalışmalarını aldığım muhabirlerden, Burrs, Nevinson, Battersby, Stuart, Amery, Atkins, Baillie, Kinneir, Churchill, James, Ralph, Barnes, Maxwell, Pearce, Hamilton'a ve diğerlerine karşı sorumluluklarımın farkındayım. Özellikle, savaşın son yılında "Standard" ı temsil eden, Vlakfontein, Von Donop'un Kafilesi ve Tweebosch hakkındaki kayıtları kamuoyuna ulaşan tek güvenilir belgeler olan beyefendiden bahsetmem gerekiyor.

Arthur Conan Doyle,

Undershaw, Hindhead: Eylüş 1902.

1. BÖLÜM

BOER MİLLETLERİ

İspanya'nın dünyadaki en büyük güç olduğu bir zamanda, elli yıl boyunca onların tüm gücüne karşı kendilerini savunan bir Hollandalı topluluğunu alın. Onlarla, Nantes[1] bildirisinin iptal edildiği zaman, evlerini ve servetlerini bırakıp, ülkelerini sonsuza kadar terk eden inatçı Fransız Protestanlarından (Huguenotlar[2]) bir nesli birbirine karıştırın. Ortaya çıkan ırk, şüphesiz yeryüzünde bugüne kadar görülmüş en sağlam, en güçlü ve en yenilmez ırklardan biri olacaktır. Bu müthiş insanları alın ve zayıf olanların hayatta kalamayacağı şartlarda, vahşi insanlara ve yırtıcı hayvanlara karşı sürekli bir savaşta yedi kuşak boyunca eğitin, silah kullanma ve binicilikte olağanüstü yetenekler edinecekleri bir yere yerleştirin; avcılık, keskin nişancılık ve binicilik taktikleri için çok uygun bir ülke verin. Son olarak, soğuk, kaderci bir Eski Ahit inancında, ateşli ve şiddetli bir vatanseverlik ile askerî niteliklerinin üzerine ince bir dokunuş yapın. Bütün bu nitelikleri ve tüm bu duyguları bir bireyde birleştirdiğinizde, İmparatorluk Britanya'sının yolunu kesen en güçlü düşman olan modern Boer'e sahip olursunuz. Askerî tarihimiz, büyük ölçüde Fransa'yla olan savaşlarımızdan ibarettir, ancak Napolyon ve bütün deneyimli askerleri, bize antik din bilgileri ve rahatsız edici modern tüfekleriyle, bu yaman çiftçiler kadar sert davranmamışlardı.

Güney Afrika'nın haritasına bir bakın ve orada, İngiliz topraklarının tam merkezinde, şeftalinin içindeki çekirdek gibi, bu kadar küçük bir halk için muazzam bir ülke olan bu iki cumhuriyetin büyük bir parçası uzanmaktadır. Oraya nasıl geldiler? Afrika'ya bu kadar derinlemesine girmiş olan bu Tötonik halk

---

1 ÇN: Nantes Fermanı: 13 Nisan 1598'de Fransa Kralı IV. Henri tarafından ilan edilen ve Protestanlara genel af ve vatandaşlık haklarının iadesi gibi ödünler veren ferman. Bu ferman, Ekim 1685'te Fransa Kralı XIV. Louis tarafından feshedilmiş ve Protestanlık yasa dışı ilan edilmiştir.
2 ÇN: Huguenotlar: Fransa'da Huguenot olarak isimlendirilen, Kalvinist- Protestan bir grup. Bu grubun liderlerinden Huguenot de Rochefort, 1717 yılının sonlarında İstanbul'a gelir ve bab-ı ali hizmetinde bir fen kıtası kurulması için bir tasarısı sunar. Fransız elçisi projeden haberdar olur ve rüşvet vererek bu projeyi engeller.

kimlerdi? Bu, bilinen bir hikâyedir, ancak yine de girizgâhların en yüzeyseli olsa bile, bu hikâyenin bir kez daha anlatılması gerekir. Onu meydana çıkaran geçmişini bilmeden, hiç kimse Boer'i tanıyamaz ve takdir edemez.

Hassas bir şekilde kesin bir tarih vermek gerekirse, Oliver Cromwell'in zirvede olduğu 1652 senesinde, Hollandalılar Ümit Burnuna ilk yerleşimi yaptılar. Portekizliler, onlardan önce oradaydı, fakat kötü hava koşulları tarafından püskürtüldüler ve altın söylentileri onları ileriye doğru çekti, zenginliğin gerçek merkezini geçmişlerdi ve doğu kıyısı boyunca yerleşmek için daha uzağa seyahat ettiler. Orada biraz altın vardı, ama fazla değildi ve Portekiz yerleşimleri, anavatanları için asla bir zenginlik kaynağı olmadı ve Büyük Britanya, Delagoa Körfezi için muazzam çeki imzaladığı güne kadar hiçbir zaman olmayacaktı. Yerleştikleri kıyı şeridi, sıtma hastalığının yatağıydı. 100 millik zehirli bataklık, onları sağlıklı iç platodan ayırıyordu. Güney Afrika kolonicilerinin bu öncüleri, yüzyıllar boyunca, biraz daha uzakta yer edinmek için çabaladılar, nehir güzergâhları boyunca olanlar hariç, çok az ilerleme kaydettiler. Kızgın yerliler ve cesaret kırıcı bir iklim, onların yollarını kesmişti.

Fakat Hollandalılar için durum farklıydı. Portekizli maceracıları çok etkileyen iklimin bu sertliği, onların başarılarının kaynağıydı. Soğuk, fakirlik ve fırtına, zenginliği yaratan niteliklerin destekçileridir. Işığın ve sıcağın çocuklarını ustalaştıran soğuk ve çorak topraklardan gelen bu adamlardı ve böylece Ümit Burnu'nun Hollandalısı bu sert iklimde büyüdü ve daha da güçlendi. Sayılarının az olması ve birbirlerine yakın olmak istemeleri nedeniyle ülke içlerine fazla girmediler. Ama kendilerine evler inşa ettiler ve Hollanda Doğu Hindistan Şirketi'ne yiyecek ve su temin ettiler. Yavaş yavaş Wynberg ve Stellenbosch gibi küçük kasabalar gelişmeye başladı ve yerleşim yerlerini, Karoo sınırından Zambesi vadisine kadar bin beş yüz mil genişletip, bu büyük merkezi, platoya giden yüksek yamaçlara doğru ilerlettiler. Daha sonra, bu katı tötonik ırka bir zerafet dokunuşu ve canlılık vermek için saçılan bir avuç seçme tohum, Fransa'nın en iyi soyundan üç yüz kişilik ilave Protestan (Huguenot) göçmenler geldi. Tarihin akışı içinde büyük bir elin, Normanlar, Fransız Protestanlar ve göçmenler ile birlikte bu kaynağa defalarca daldığını ve aynı mükemmel tohumlarla milletleri serptiğini görebiliriz. Fransa, büyük rakibi gibi başka ülkeler kurmadı, ama diğer bütün ülkeleri kendi en seçkin ve en iyilerinin karışımı ile daha zengin bir hâle getirdi. Roux, Du Toits, Jouberts, Du Plessis, Villiers ve diğer Fransız isimleri, Güney Afrika'da en çok bilinenler arasındadır.

Yüz yıldan daha uzun bir süre boyunca, koloninin tarihi, Afrikanların, kuzeylerinde uzanan devasa genişlikteki bozkıra yavaş yavaş yayılışlarının bir kaydıydı. Sığır yetiştiriciliği bir endüstri haline geldi, ancak altı İngiliz dönümünün[1] bir koyunu güçlükle desteklediği bir ülkede, küçük sürüler için bile büyük çift-

---

1 ÇN: İngiliz dönümü: (acre): 4707 m²

liklere ihtiyacı vardır. Altı bin İngiliz dönümü normal bir büyüklüktü ve devlete ödenecek kira ise yıllık beş sterlindi. Beyaz adamı takip eden hastalıklar, Amerika ve Avustralya'da olduğu gibi, Afrika'da da yerliler için ölümcül olmuştu ve bir çiçek hastalığı salgını, ülkeyi yeni gelenler için temizlemişti. Daha ileride ve daha kuzeyde, bir Hollanda Reform Kilisesi'nin ve basit yaşamsal ihtiyaç malzemelerinin satıldığı bir mağazanın dağınık birkaç konut için bir çekirdek oluşturduğu Graaf-Reinet ve Swellendam gibi küçük kasabalar kurdular. Yerleşimciler, en belirgin özellikleri olan idari bağımsızlıklarını ve Avrupa'dan ayrıldıklarını zaten gösteriyorlardı. Hollanda Şirketi'nin (Hindistan'daki John Şirketi'nin daha eski fakat daha zayıf bir kardeşi) hâkimiyeti bile onların ayaklanmasına neden olmuştu. Ancak, bu yerel ayaklanma, Fransız Devrimi'ni izleyen evrensel felakette pek fark edilmedi. İngiltere ve Fransa arasındaki dünyayı sarsan muazzam mücadelede, bu oyunun son hesap sayımı ve payların ödenmesinden yirmi yıl sonra, 1814 yılında, Cape Kolonisi İngiliz İmparatorluğu'na eklendi.

Geniş devletler topluluğumuz içinde muhtemelen bundan daha tartışmasız olan bir mülkiyet meselesi yoktur. Bunu iki hakla, fetih hakkı ve satın alma hakkı ile aldık. 1806'da askerlerimiz karaya çıkarak, yerel güçleri yendi ve Cape Town'u ele geçirdi. 1814 yılında, Hollanda Genel Valisi'ne burasının ve bazı Güney Amerika topraklarının devri için 6 milyon sterlinlik büyük bir meblağ ödedik. Muhtemelen devam eden bu genel bölüşüm esnasında çok hızlı ve dikkatsizce yapılan bir pazarlıktı. Bu yer, Hindistan yolunda bir misafirhane olarak değerli görülüyordu, ancak ülkenin kendisi verimsiz ve çöl olarak değerlendiriliyordu. Castlereagh veya Liverpool, altı milyon sterline satın aldığımız yerleri görselerdi ne düşünürlerdi? Burasının muhtevası iyi ve kötünün bir karışımından ibaretti. Şiddetli dokuz Kaffir savaşı[1], dünyanın en büyük elmas madenleri, en zengin altın madenleri, onlarla savaşırken bile saygı duyduğumuz insanlara karşı pahalı ve onur kırıcı iki askerî harekât ve şimdi nihayet, herkes için eşit hak ve eşit ödevlere sahip, huzur ve barış içinde bir Güney Afrika arzu ediyoruz. Gelecekte, bu topraklarda bizim hakkımızda iyi şeyler söylenmeli, çünkü eğer sadece geçmişi hesaba katarsak, dünyanın gözünde daha güçlü, daha zengin ve daha yüksek seviyede olan oradaki varlığımızın hiçbir zaman savaş gemilerimizin toplarının menzilini geçmediğini söylemek zorunda kalabiliriz. Fakat en saygın olan, kesinlikle en zor olandır ve gelecek nesillerimiz, yolculuklarının sonundan geriye doğru baktıklarında, mücadelemizin kapsamlı kayıtlarının, hezimet ve zaferlerin karışımı olduğunu, kan dökülmesi ve hazinenin saçılması ile her zaman büyük ve kalıcı bir hedefe yöneldiğini görebilirler.

Toprağın mülkiyet hakları, daha önce söylediğim gibi sağlamdı, fakat anlaşma hükümlerinde olağandışı ve kaygı verici bir kusur vardı. Okyanus üç sınır

---

1 ÇN: Kaffir Savaşları: Güney Afrika halkı Xhosa (Kaffirs) ile Anglo-Boer arasında 18'inci ve 19'uncu yüzyıllarda yaşanan savaşlara verilen isim.

çizmişti, ancak dördüncüsü tanımlanmamıştı. Ne terim ne de düşünülen bir fikir olarak "İç Bölge" kelimesi yoktu. Büyük Britanya, yerleşimlerin ötesine uzanan bu geniş bölgeleri mi satın almıştı? Ya da bu hoşnutsuz Hollandalılar, ileriye doğru geçmek ve Anglo-Kelt kolonicileri durdurmak için yeni milletler tesis etmekte serbest miydi? Bu soruda gelecek bütün sorunların kökeni yatmaktaydı. Bir Amerikalı, eğer Amerika Birleşik Devletleri'nin kurulmasından sonra, New York Eyaleti'nin Hollandalı sakinlerinin batıya doğru göç ettiğini ve yeni bir bayrak altında yeni topluluklar kurduğunu kavrayabilseydi, söz konusu bu meseleyi anlayabilirdi. Daha sonra, Amerikan halkı bu batılı devletleri devirdiğinde, bu ülkenin çözmesi gereken sorunla yüz yüze gelecekti. Eğer bu yeni devletleri şiddetli bir şekilde Amerikan karşıtı ve aşırı derecede tutucu bulurlarsa, devlet adamlarımızın uğraşmak zorunda oldukları sorunların ağırlığını tecrübe etmiş olurlar.

İngiliz bayrağına geçişleri sırasında, Hollandalı, Fransız ve Alman kolonicilerin sayısı, yaklaşık otuz bindi. Onlar köle sahipleriydiler ve kölelerin sayısı, yaklaşık kendi sayıları kadardı. İngilizler ile orijinal yerleşimciler arasındaki tam kaynaşma ihtimali iyi bir fikir olarak görülüyordu, çünkü çoğunlukla aynı kökenden geliyorlardı ve inançları, sadece farklı derecelerdeki bağnazlık ve hoşgörüsüzlükle ayırt edilebilirdi. 1820'de beş bin İngiliz göçmen karaya çıkarak, koloninin doğu sınırlarına yerleşti ve o zamandan bu yana İngilizce konuşan kolonicilerin yavaş, ama istikrarlı istilası devam etti. Hükümet, İngiliz egemenliğinin tarihî hatalarına ve tarihsel erdemlerine sahipti. Ilımlı, temiz, dürüst, düşüncesiz ve tutarsızdı. Bir bütün olarak, eğer her şeyi bulduğumuz gibi bırakmakla yetinseydik, çok iyi bir şey yapmış olabilirdik. Fakat Cermen (Tötonik) ırklarının en muhafazakârının alışkanlıklarını değiştirmek, tehlikeli bir girişimdi ve Güney Afrika'nın sıkıntılı tarihini oluşturan bir dizi ve uzun süreli karışıklığa yol açtı. İmparatorluk Hükümeti, her zaman yerlilerin haklarına ve kanunun korunması ile ilgili yapmak zorunda oldukları taleplerine onurlu ve insancıl bir gözle bakmıştır. Biz, haklı olarak, kör olmasa bile en azından renk körü olması gereken bu İngiliz adaletini muhafaza ediyoruz. Bu görüş, teoride kusursuzdu ve bir tartışmada inkâr edilemezdi, fakat Bostonlu bir ahlâk hocası veya Londralı bir hayırsever tarafından tüm toplum yapısı, siyahların aşağı ırk olduğu varsayımı üzerine inşaa edilmiş insanlara tavsiye edildiğinde rahatsız edici olma eğilimindeydi. Böyle insanlar, kendileri için daha yüksek ahlaki değerleri keşfetmeyi sever, ama tamamen farklı koşullar altında yaşayan insanlar tarafından kendilerine dayatılmasından hoşlanmazlar. Boerler bunun bazı sebeplerden Beacon Sokağı veya Belgrave Meydanı'ndaki düzenli bir evin dinginliğinden gelen, beyaz işveren ve onun yarı vahşi, yarı çocuksu hizmetkârları arasındaki ilişkinin ne olacağını emreden, ucuz bir erdem gösterisi olduğunu düşündüler. Anglo-Kelt ırkının her iki kolu da bu meseleyle uğraştı ve bu konu, her ikisini de sıkıntıya soktu.

Güney Afrika'daki İngiliz Hükümeti, yerli kölelerin dostu ve koruyucusu olarak, her zaman, en istenmeyen rolü oynamıştır. Eski yerleşimcilerle yeni yönetim arasında ortaya çıkan ilk sürtüşme tam da bu konu üzerineydi. Kanlı bir ayaklanmayı, kölesine kötü muamele eden Hollandalı bir çiftçinin tutuklanması izledi. Bu ayaklanma bastırıldı ve iştirak edenlerden beşi asıldı. Bu ceza, aşırı derecede şiddetli ve son derece yersizdi. Cesur bir ırk, savaş alanındaki kurbanlarını unutabilir, ama bunlar gibi darağacı kurbanlarını asla unutmaz. Devlet idaresinin son cinneti, siyasi şehitler üretmektir. Hem tutuklanan adam hem de tutukluyu mahkûm eden hâkimin Hollandalı olduğu ve İngiliz Valisi'nin affedilmesi yönünde müdahale ettiği doğruydu; fakat tüm bunlar bu olaydan ırkçı bir sermaye çıkartma arzusuyla sonradan unutuldu. Jameson baskınından sonra geriye kalan şey kalıcı kinin bir örneğiydi; görünüşe göre bu talihsiz girişimin liderleri asılabilirdi. Aslına bakılırsa darağacı olarak bir kiriş Cookhouse Drift'teki bir çiftlikten Pretoria'ya getirilmişti ki İngilizler de, 1816'da Hollandalıların öldüğü gibi ölebilirdi. Slagter Geçidi (Slagter's Nek), İngiliz Hükümeti ile Afrikanerler arasında yolların ayrıldığını gösteriyordu.

Bu ayrılık çok geçmeden daha belirgin hâle geldi. Hukuk mahkemelerinde, İngilizceye geçişle birlikte yerel mahkemelerde ve yerel yönetimlerde, Hollandalılara yönelik haksız müdahaleler yapılmıştı. İngiliz Hükümeti, göstermelik cömertliği ile 1834'te sınırdaki çiftçilere baskın yapan Kâfir kabilelerine çok hafif cezalar vermişti ve sonra, aynı yıl içinde, için için yanan bütün hoşnutsuzlukları körükleyerek aktif bir ateşe dönüştüren İngiliz İmparatorluğunun her tarafında köleliğin kaldırılması kararı gelmişti.

Bu olayda, İngiliz hayırseverlerin doğru olduğunu düşündükleri şey için bedel ödemeye istekli olduğu itiraf edilmelidir. İngiliz Parlamentosu'nun köle sahiplerine tazminat ödemek için muazzam bir miktar olan yirmi milyon sterlini onaylaması ve böylece anavatanın doğrudan bağlantılı olmadığı bir kötülüğü ortadan kaldırması, asil bir millî hareket ve zamanın ötesinde ahlaki bir tutumdu. Yapılması gerekenlerin zamanında yapılması çok iyi olmuştu, çünkü etkilenen sömürgeler kendi hükümetlerine sahip olana kadar bekleseydik, bu iş anayasal yöntemlerle asla yapılamazdı. Ev sahibi iyi İngiliz çokça homurdanarak cüzdanını cebinden çıkardı ve doğru olduğunu düşündüğü şey için para ödedi. Eğer herhangi bir soylu bu dünyada beladan başka hiçbir şey getirmeyen bu erdemli eyleme katılırsa, işte o zaman, bu köleliğin kaldırılması üzerinden bir şeyler umut edebiliriz. Paramızı harcadık, Batı Hint kolonilerimizi harap ettik ve Güney Afrika'da sonunu göremediğimiz bir isyan başlattık. Yine de eğer bunun tekrar yapılması gerekiyorsa, kuşkusuz tekrar yapmalıyız. Yarısı anlatılmış olan hikâye sona geldiğinde, en yüksek ahlaki seviye, aynı zamanda en yüksek bilgelik seviyesi olduğunu kanıtlayabilir.

Ancak, alınan tedbirin ayrıntıları, uygulanacak olan prensip kadar onurlu değildi. Köleliğin kaldırılması kararı derhal uygulamaya konulmuştu, bu nedenle ülkenin kendini yeni koşullara göre ayarlamak için zamanı olmamıştı. Güney Afrika'ya her bir köle için mevcut yerel fiyatların oldukça altında bir tutar olan altmıştan yetmiş sterline kadar ücret ödemek için, üç milyon sterlin tahsis edildi. Son olarak, tazminat Londra'da ödenecekti, böylece çiftçiler alacaklarını düşük fiyatlardan aracılara sattılar. Karoo'daki her küçük kasaba ve her sığır kampında protesto mitingleri yapıldı. Eski Hollanda ruhu, su kanallarını açan adamların ruhu, yükseliyordu. İsyan işe yaramazdı. Ancak, kuzeylerinde uçsuz bucaksız sahipsiz bir arazi uzanmaktaydı. Göçebe yaşam, onlar ve öküzlerin çektiği büyük kağnıları (eski akrabalarının bir kısmının içinde Galya'ya geldiği aynı kağnılar) için uygundu. Arabaları, evleri ve kaleleri hepsi bir yerdeydi. Kağnılar teker teker yüklendi, iri öküz çiftlerine koşum takıldı, kadınlar içeriye oturdu, uzun namlulu silahlarla birlikte erkekler yanlarında yürüdü ve büyük göç başladı. Sığır sürüleri ve koyun sürüleri, bu göçe eşlik etti ve çocuklar sürüleri toplamak ve gütmek için yardım etti. On çocuktan biri olan eski püskü elbiseli küçük bir çocuk, kamçısını öküzlerin sırtında kırdı. Bu eşsiz kalabalıkta o küçük bir ögeydi, fakat bizim ilgi alanımıza giriyordu, çünkü adı Paul Stephanus Kruger'di.

Bu ilginç bir toplu göçtü. Modern zamanlarda sadece Mormonların Utah'ın vaat edilmiş topraklarını aramak üzere Nauvoo'dan dışarıya fırlamaları ile kıyaslanabilir. Ülke biliniyordu ve Orange Nehrine kadar kuzeye seyrek olarak yerleşilmişti, ancak ötesinde, birkaç cesur avcı veya maceraperest öncü hariç, hiç girilmemiş büyük bir bölge vardı. Buraya göç etmeyi denediler, eğer gerçekten insanların ciddi işlerinde şans diye bir şey varsa, ki bu şanslı olay bir Zulu fatihinin, bu toprakları ezip geçerek, insan ırkının en aşağısı, tuhaf yerliler olan cüce buşmenler hariç bu bölgeyi sahipsiz bırakmasıydı. Göçmenler için güzel otlaklar ve verimli topraklar vardı. Küçük müstakil gruplar halinde seyahat ettiler, fakat kendi tarihçilerine göre altı ila on bin arasında ya da koloninin tüm nüfusunun yaklaşık dörtte biri kadar olan toplam sayıları, kayda değerdi. İlk gruplardan bazıları sefalet içinde yok oldu. Çok sayıdaki göçmen daha sonra Orange Bağımsız Devleti'nin içinde kalan Bloemfontein'in doğusundaki yüksek bir zirvede bir buluşma yeri oluşturdular. Göçmenlerin bir grubunun, büyük Zulu milletinin bir kolu olan müthiş Matabeli tarafından yolu kesildi. Hayatta kalanlar onlara savaş ilan ettiler ve bu savaştaki ilk askerî harekâtlarında, en büyük ayırt edici askerî özellikleri olan taktiklerini düşmanlarına uyarlamaktaki olağanüstü ustalıklarını gösterdiler. Matabeli ile savaşmak için dışarı çıkan komandolar, söylenildiğine göre yüz otuz beş çiftçiydi. Düşmanları on iki bin mızraklı adamdı. Mafeking yakınlarındaki Marico Nehri civarında karşılaştılar. Boerler, atlarının ve tüfeklerinin kullanımını öylesine zekice birleştirdiler ki, kendilerinden herhangi bir kayıp vermeden düşmanlarının üçte birini katlettiler. Taktikleri dörtnala düşman menzili içine girmek, yaylım ateşi açmak ve sonra mızraklı adamlar onlara ulaşmadan tekrar kaçmaktı. Vahşiler takip ettiği zaman Boerler kaçtılar.

Takip durduğunda Boerler de duruyorlardı ve tüfek ateşi yeniden başlıyordu. Bu strateji (vur kaç taktiği) basit, fakat çok etkiliydi. O zamandan beri, dünyanın dört bir yanında, kendi atlılarımızın vahşilerle ne kadar sık karşı karşıya geldiği hatırlandığında, askerlik sistemimizin karakteristik özelliği olan kendi askerî geleneklerimiz hariç, diğer tüm askerî gelenekler konusundaki cehaletimiz, esefle karşılanabilir.

"Voortrekkers" (Voort yürüyüşçüleri) zaferi, Transvaal ve Orange Özgür Devleti (Orange Free State) olarak bilinen bölgeleri, Orange Nehri ile Limpopo arasındaki tüm araziyi temizledi. Bu süre zarfında, başka bir göçmen topluluğu, şimdi Natal olarak bilinen yere indi ve Zuluların büyük Şefi Dingaan'ı yendi. Ailelerin varlığı nedeniyle, Matabeli'ye karşı çok etkili olan süvari taktiklerini kullanmakta başarısız olmaları üzerine, bu yeni durumun üstesinden gelmek için tekrar yaratıcılıklarını kullandılar ve Zulu savaşçılarını, erkekler ateş ederken kadınların silahları doldurduğu, arabalarla çevrili bir meydanda karşıladılar. Altı kasabalı Boer ve üç bin Zulu öldü. Böyle bir taktik düzen, bu Zululara karşı kırk yıl sonra kullanılmış olsaydı, Isandhlwana felaketine yas tutmak zorunda kalmazdık.

Boerler, bu büyük göçlerinin sonunda, mesafeden, doğadan ve vahşi düşmanlardan kaynaklanan zorlukların üstesinden geldikten sonra, Boerler yolculuklarının sonunda görmeyi hiç istemedikleri şeyi- ondan kaçınmak için bu kadar uzağa geldikleri Büyük Britanya'nın bayrağını gördüler. Boerler Natal'ı içeriden işgal etmişti, ancak İngiltere daha önce aynı şeyi denizden yapmıştı ve şu anda Durban olarak bilinen Port Natal'da küçük bir İngiliz kolonisi yerleşmişti. Bununla birlikte, ev sahibi Hükümet, kararsız bir şekilde hareket etmişti ve orasının bir İngiliz kolonisi olduğunu iddia etmelerine neden olan tek şey, Boerler tarafından Natal'ın fethedilmesiydi. Aynı zamanda, bir İngiliz vatandaşının kendi isteğiyle devlete tabiiyetini üzerinden atamayacağını ve bu nedenle nereye giderse gitsin göçebe çiftçilerin hâlâ sadece öncü İngiliz kolonicileri olduğunu söyleyen hoş olmayan bir kuramı ileri sürdüler. Bu durumu vurgulamak için, Büyük Britanya'nın yeni bir hâkimiyet başlatmak için kullandığı, alışılagelmiş en küçük askerî birlik olan üç bölük asker, 1842'de şimdi Durban olan yere gönderildi. O zamandan beri, ardıllarının sık sık başına geldiği gibi, bu bir avuç insan, Boerler tarafından pusuya düşürüldü ve katledildi. Yine de, hayatta kalanlar, takviye kuvvetler gelene ve çiftçiler dağılana kadar, haleflerinin de birçok defa yaptığı gibi, tahkimat yaptılar ve savunma mevzii oluşturdular. Aynı olgularla tarih tekerrür eder. İşte bu ilk çarpışma, bu insanlarla olan tüm askeri ilişkilerimizin bir özetidir. Farklı önem derecesinde tekrar tekrar anlatılan hep aynı masaldı; acemice ve inatçı bir taarruz, yenilgi ve çiftçilerin en zayıf tahkimatlarına karşı bile etkisiz kalması. Bu andan itibaren Natal, bir İngiliz kolonisi haline geldi ve Boerlerin büyük bir kısmı, Orange Özgür Devleti ve Transvaal'deki kardeşlerine hatalarını anlatmak için kalplerindeki acıyla birlikte kuzeye ve doğuya göç ettiler.

Onların anlatacakları herhangi bir hataları yok muydu? Bir tarihçinin, kendi ülkesinin tartışmaya taraf olduğu bir yerde, olayları tamamen tarafsız bir şekilde ele almasını sağlayan bu felsefi tarafsızlık yüceliğine ulaşması zordur. Ama en azından rakibimiz için burada bir örnek olmasına izin verebiliriz. Natal'ı ilhakımız hiçbir şekilde kesin değildi ve gölgesini bütün ülkeye yayan bu kana susamış Zulu gücünü ilk kıran biz değildik, onlardı. Böyle tecrübeler ve bu türden olağanüstü başarılardan sonra fethettikleri bereketli topraklara sırt çevirmeleri ve dağlık bölgedeki bozkırın çıplak meralarına geri dönmeleri zordu. O zamandan beri onlarla olan ilişkilerimizin zehirlenmesine sebep olan, ağır bir haksızlığa uğramış olma duygusu ile Natal'ın dışına çıkartıldılar. Askerler ve göçmenler arasındaki bu küçük çarpışma, bir bakıma çok önemli bir olaydı, çünkü bu, Boerlerin denizden yollarının kesilmesi ve ihtiraslarının karaya hapsedilmesiydi. Diğer tarafa gitmiş olsalardı, denizci milletlere yeni ve muhtemelen zorlu bir bayrak eklenmiş olurdu.

Güneyde Orange Nehri ile kuzeyde Limpopo arasında bir ülkenin muazzam (geniş) arazilerine yerleşmiş olan göçmenler, yaklaşık on beş bin kişi olana kadar Cape Kolonisi'nden yeni gelenler tarafından işe alındılar. Bu nüfus, Almanya kadar büyük bir alana yayılmıştı ve Pensilvanya, New York ve New England'dan daha büyüktü. Hükümet biçimleri, her türlü kaynaşma için uyumlu, son derece bireyselci ve demokratikti. Kâfirlerle yaptıkları savaşlar ve İngiliz Hükümeti'ne karşı duydukları korku ve hoşnutsuzluk, onları bir arada tutan yegâne bağ gibi görünüyordu. Filizlenen tohumlar gibi ayrılmışlar ve kendi sınırları içinde tekrar bölünmüşlerdi. Transvaal, kendi aralarında Ümit Burnu'ndaki (Cape) yetkililerle yaptıkları gibi şiddetli bir şekilde kavga eden, çok ateşli küçük ve sağlam topluluklarla doluydu. Lydenburg, Zoutpansberg ve Potchefstroom, tüfeklerini birbirine çevirme noktasındaydı. Güneyde, Orange Nehri ve Vaal arasında hiçbir hükümet biçimi yoktu, fakat Hollandalı çiftçilerin bir karışımı, Basutolar, Hottentotlar ve sürekli bir kargaşa içinde yaşayan melezler ne güneylerindeki İngiliz otoritesini ne de kuzeylerindeki Transvaal cumhuriyetlerini kabul ediyorlardı. Sonunda kaos dayanılmaz bir hale geldi ve hem 1848'de Bloemfontein'e bir garnizon yerleştirildi hem de bölge, İngiliz İmparatorluğu'na dahil edildi. Göçmenler, Boomplaats'a başarısız bir direniş gösterdiler ve tek bir yenilgiden sonra, kendilerini medeni kuralların yerleşik düzeninin içine çekebildiler.

Bu dönemde, Boer'lerin birçoğunun yerleştiği Transvaal, İngiliz makamlarının kesin olarak, ilk ve son kez, onlara vermeyi kararlaştırdığı, bağımsızlıklarının resmî olarak kabul edilmesini istedi. Yükümlülüklerinin sınırlandırılması konusunda kararlı olan bir Sömürge Bakanlığı için keskin nişancılar dışında çok az üretimi olan geniş, çorak bir ülkenin hiçbir çekiciliği yoktu. İki taraf arasında

Sand River Sözleşmesi olarak bilinen ve Güney Afrika tarihinin dönüm noktalarından biri olan bir anlaşma yapıldı. Bu anlaşma ile İngiliz Hükümeti, Boer çiftçilerinin kendi işlerini düzenleme ve İngiliz tarafının herhangi bir müdahalesi olmaksızın, kendi kanunlarına göre kendi kendilerini yönetme haklarını güvence altına aldı. Köleliğin kaldırılması şart koşuldu ve bu tek koşulla, nihayet hayal ettiği gibi, sorunun tümünden elini eteğini çekti. Böylece Güney Afrika Cumhuriyeti, resmî olarak ortaya çıktı.

Sand River Sözleşmesi'nden sonra aynı yıl içinde ikinci bir cumhuriyet olan Orange Özgür Devleti, Büyük Britanya'nın sekiz yıl boyunca işgal ettiği topraklardan bilinçli olarak çekilmesiyle oluşturuldu. Doğu Sorunu hâlihazırda hassas bir hâle geliyordu ve büyük bir savaşın, herkes tarafından görülebilen bulutları, yukarda toplanıyordu. İngiliz devlet adamları, dünyanın her yerinde yükümlülüklerinin çok ağır olduğunu ve Güney Afrika'yı ilhaklarının her zaman şüpheli bir değer taşıdığını ve kesinlikle bir sorun olduğunu hissettiler. Halkın büyük bir kısmının iradesine karşın, çoğunluk olsun ya da olmasın, askerlerimizin Romalıların İngiltere'den çekildiği gibi dostça geri çekildiğini ve yeni cumhuriyeti mutlak ve sınırsız bir bağımsızlık ile terk ettiğimizi söylemek imkânsızdır. Geri çekilmeye karşı sunulan bir dilekçe üzerine Hükümetimiz, değişiklikten zarar görenlerin zararlarını tazmin etmek için esasında kırk sekiz bin sterlin önerdi. Transvaal'ın Büyük Britanya'ya karşı beslediği tarihsel hoşnutsuzluğun kaynağı ne olursa olsun, en azından bir konu hariç, Orange Özgür Devleti'yle olan ilişkilerimiz hakkında vicdanımızın çok temiz olduğunu iddia edebiliriz. Böylelikle, 1852'de ve 1854'te imparatorluğun birleşik kuvvetlerini bir süreliğine körfezde tutabilen bu sağlam devletler doğdu.

Bu arada Ümit Burnu (Cape Colony), bu ayrılmalara rağmen, fazlasıyla gelişti ve nüfusu (İngiliz, Alman ve Hollandalı) 1870 yılında iki yüz bin kişinin üzerine çıktı, Hollandalılar, hâlâ sayıca nispeten ağır basıyordu. Büyük Britanya'nın liberal sömürge politikasına göre, kordonu kesme ve genç ulusun kendi işlerini yürütmesine izin verme zamanı gelmişti. 1872'de, koloniye tam bağımsızlık verildi, Kraliçe'nin temsilcisi olarak vali, yasama üzerinde uygulanmayan sembolik bir veto hakkını elinde tutuyordu. Bu sisteme göre, koloninin Hollandalı çoğunluğu, kendi temsilcilerini iktidara getirebilir ve hükümeti Hollanda yöntemlerine göre yönetebilirdi. Zaten Hollanda kanunu yeniden yürürlüğe konulmuş ve Hollandaca, ülkenin resmî dili olarak İngilizce ile aynı temele oturtulmuştu. Bu tür tedbirlerin aşırı liberalliği ve tatbik edildikleri uzlaşmaz yol, bununla birlikte yürürlükteki nahoş yasaların İngiliz düşüncesi olarak görülmesi ve Transvaal'daki İngiliz yerleşimcilere hoşgörüsüz davranılması, Ümit Burnu'nda yoğun hayal kırıklığına neden olan başlıca nedenler arasındadır. İngilizlerin kendilerinin inşa ettikleri bir şehirdeki belediye meclisinde Boerlerin bir ingilize oy vermeyeceği bir zamanda, bir Hollanda Hükümeti, İngilizleri bir İngiliz kolonisinde yönetiyordu. Ne yazık ki, bununla birlikte "kötü olan şey insanların yaptıklarının kendilerinden sonra da yaşamasıdır" cahil Boer çiftçisi, güneyli akrabalarının esaret altında olduğunu farz etmeye devam etti. Bu, tıpkı İrlandalı göçmelerin torunlarının hâlâ ceza kanunları ve yabancı bir kilise ile İrlanda'yı kafasında canlandırması gibiydi.

Sand River Sözleşmesi'nden yirmi beş yıl sonra, Güney Afrika Cumhuriyeti'nin kasabalı Boer halkı, yerli halkla ve bazen de birbirleriyle sürekli olarak savaşarak, güneydeki küçük Hollanda Cumhuriyeti'ni arada bir deneyerek, yorucu ve şiddet içeren bir varlık gösterdi. Yarı tropik güneş, uysal Friesland kanında yeni heyecanlar uyandırıyor ve kuzeyin zorlu mukavemetine, güneyin çalkantı ve hoşnutsuzluğunu katan bir ırk üretiyordu. Sağlam dayanma gücü ve aşırı hırs, Orta Çağ İtalya'sına layık kan davalarını ve rekabetleri üretti ve bu küçük kavgacı toplulukların hikâyesi, Guicciardini'den[1] alınmış bir bölüm gibiydi. Sonuç olarak düzensizlik ortaya çıktı. Kasabalı Boerler vergi ödemezdi ve hazine boştu. Azılı bir Kâfir kabilesi kuzeyden ve Zulular doğudan onları tehdit ediyordu. Bizim müdahalemizin Boerleri kurtardığını iddia etmek, İngiliz taraftarlarının abartılı bir ifadesidir, çünkü Boerlerin Zulular ve Sekukuniler birleştirildiğinde onlara denk olduklarını görmeden hiç kimse onların askerî tarihini anlayamaz. Fakat korkunç bir saldırı bekleniyordu ve dağınık çiftlik evleri, Kızılderililer savaşa hazırlanırken, Amerikan kolonilerindeki çiftçilerimizin kır evlerinde olduğu gibi Kâfirlere açıktı. İngiliz Komiseri Sir Theophilus Shepstone, üç ay süren bir soruşturmanın ardından, ülkeyi resmen ilhak ederek bütün sorunları çözdü. Yaklaşık yirmi beş kişilik bir kuvvetle ülkeyi ele geçirmesi gerçeği, hiçbir silahlı direnişten korkulmaması gerektiğine dair inancının doğruluğunu gösteriyordu. Bu, daha sonra 1877'de Sand River Sözleşmesi'nin tamamen tersine çevrilmesi ve Güney Afrika tarihinde yeni bir dönemin başlangıcıydı.

Bu arada ilhaka karşı herhangi bir güçlü itiraz var gibi görünmüyordu. İnsanlar kendi sıkıntıları ile bunalmış ve kavga etmekten usanmışlardı. Kasabalı Boerler ve Boer Başkanı, resmî bir protesto çekti ve Başkan, İngiliz Hükümeti'nden maaş aldığı Cape Kolonisi'ndeki evine yerleşti. İlhak kanunu aleyhine bir önerge, Boer yerleşimcilerinin çoğunluğunun imzasını aldı, ancak diğer görüşte olan kayda değer bir azınlık vardı. Kruger'in kendisi bile hükümetin emrinde maaşlı bir memuriyeti kabul etmişti. İnsanların, eğer mantıklı bir şekilde yönetilirlerse, İngiliz bayrağının altına yerleşeceklerine dair her emare vardı. Hatta daha uzun bir süre elde tutulmuş olsaydı, kendilerinin de ilhak için dilekçe verebilecekleri ileri sürülmüştü. Acil bir anayasal hükümetle en dik kafalı olanların bile, askerlerimizle savaşmak yerine oy sandıklarında protesto etmeye ikna edilmesi mümkündü.

Fakat Güney Afrika'da İmparatorluğun şansı her zaman kötüydü ve hiçbir zaman bu olayda olduğundan daha kötü olmadı. Kötü niyetle değil, ama ger-

---

[1] ÇN: Francesco Guicciardini (1483-1540) İtalyan tarihçi, diplomat ve devlet adamı.

çekten meşguliyet ve gecikme nedeniyle, verilen sözler hemen yerine getirilemedi. Basit ilkel erkekler, bizim geçiştirme bürolarımızın yöntemlerini anlamazlar ve gerçekte bürokrasi ve aptallık sonucu olan şeyleri ikiyüzlülüğe yorarlar. Eğer Transvaallılar beklemiş olsalardı, Volksraad'larını[1] ve istedikleri her şeyi alacaklardı. Ancak İngiliz Hükümeti'nin, onlara olan vaatlerini yerine getirmeden önce yoluna koyması gereken bazı başka yerel meseleleri vardı, örneğin Sekukuni'nin kökünün kazınması ve Zuluların parçalanması gibi. Bu gecikmeye şiddetli bir şekilde itiraz edildi. Ayrıca vali seçiminde de talihsizdik. Kasabalı Boerler, mütevazı bir halktır ve ara sıra onları yönetmeye çalışan endişeli adamla bir fincan kahve içmekten hoşlanırlar. Transvaal'in Başkanı'na tahsis ettiği yıllık üç yüz sterlin kahve parası, kesinlikle adil değildi. Akıllı bir yönetici, halkın sosyal ve demokratik alışkanlıklarını âdet edinir. Sir Theophilus böyle yaptı. Sir Owen ise yapmadı. Ne Volksraad vardı ne de kahve ve genel hoşnutsuzluk hızla büyüdü. Üç yıl içinde İngilizler, topraklarını tehdit eden iki vahşi topluluğu dağıtmıştı. Maliye de eski hâline getirilmişti. İlhakın bu kadar çok lehinde sebepler, her türlü çıkarı onları korumak olan aynı güç tarafından zayıflatıldı

Sorunlarımızın başlangıç noktası olan bu ilhakta, Büyük Britanya'nın her ne kadar yanılmış olsa da, görünürde açık bir şekilde bencil bir çıkarının olmadığına sıklıkla dikkat çekemeyiz. O günlerde ülkede ne Rand madenleri ne de açgözlüleri cezbedecek herhangi bir şey vardı. Boş bir hazine ve yerlilerle iki savaş, devraldığımız mirastı. Dürüst bir şekilde, ülkenin kendi kendisini yönetmek için çok dengesiz olduğu ve zayıflığı nedeniyle komşuları için bir yüz karası ve bir tehlike hâline geleceği düşünülmüştü. Bizim eylemimizde hem düşüncesiz hem de keyfi olmasına rağmen, aşağılık herhangi bir şey yoktu.

Aralık 1880'de Boerler ayaklandı. Her çiftlik evi, kendi keskin nişancılarını dışarı gönderdi ve buluşma yeri ise en yakın İngiliz kalesinin dışındaydı. Tüm ülke boyunca, çiftçiler tarafından küçük müfrezelerin etrafı çevrilmiş ve hepsi kuşatılmıştı. Standerton, Pretoria, Potchefstroom, Lydenburg, Wakkerstroom, Rustenberg ve Marabastad'ın hepsi kuşatılmıştı ve hepsi savaşın sonuna kadar dayandılar. Açık arazide daha az şanslıydık. Bronkhorst Spruit'da küçük bir İngiliz kuvveti baskın yapılarak ele geçirilmiş ve düşmanlarına zarar veremeden vurulmuşlardı. Onları tedavi eden cerrah, asker başına ortalama mermi yarası sayısının beş olduğunu kaydetmiştir. Laing geçidi bölgesinde, İngilizler az sayıdaki bir kuvvetle, Boer nişancıları tarafından tutulan bir tepeye hücum etmeye çalıştı. Askerlerimizin yarısı öldürüldü veya yaralandı. Bizim kaybımız düşmanınkinden daha ağır olsa da Ingogo'ya berabere biten bir savaş denebilir. En sonunda, bir dağın üzerindeki dört yüz piyadenin, kayalıkların koruması altında ilerleyen bir keskin nişancılar kümesi tarafından yenildiği ve defedildiği

---

1 ÇN: Volksraad: 19. yüzyılın ikinci yarısında Güney Afrika'daki Boer cumhuriyetlerinin yasama meclisi.

Majuba Tepesi yenilgisi geldi. Bütün bu harekâtlar içinde bir çarpışmadan daha fazlası olan tek bir tane değildi ve şimdi güçlükle hatırlanan bu harekâtları, son bir İngiliz zaferi takip etti. Gerçek şu ki, bunlar hedeflerine ulaştığı için önem verilen abartılmış çarpışmalardı. Aynı zamanda, bu çarpışmalar yeni bir askerî dönemin başlangıcını gösteriyor olabilir, çünkü acı bir şekilde ancak öğrendiğimiz, askerî asker yapanın eğitim değil tüfek olduğu gerçeğinin görülmesini sağladılar. Böyle bir deneyimden sonra İngiliz askerî makamlarının tüfek atışı eğitimi için yılda sadece üç yüz mermi tahsis etmeye devam etmeleri ve şahsi nişan almayı yok eden mekanik yaylım ateşini hâlâ teşvik etmeleri şaşırtıcıdır. Arkalarındaki birinci Boer savaşının deneyimi ile askerleri ikinciye hazırlamak için hem taktiklerde hem de tüfek atışlarında çok az şey yapıldı. Tüfekli atlı nişancılar, bilinmeyen mesafelere isabetli atışlar ve mevzilenme sanatının değeri, hepsi aynı ölçüde ihmal edildi.

Majuba Tepesi'ndeki yenilgiyi, yakın tarihte hem çok korkakça hem de son derece asil ruhlu bir eylem olan Gladston Hükümeti'nin tam teslimiyeti izledi. Büyük adamın büyük bir darbe yemeden önce küçüklerden kaçınması zordur, ama eğer büyük adam üç defa devrilmiş ise bu daha da zordur. Ezici bir İngiliz kuvveti sahadaydı ve general, düşmanı avucunun içine aldığını ilan etti. Askeri değerlendirmelerimiz şimdiden bu çiftçiler tarafından boşa çıkarıldı ve belki de Wood ve Roberts'in görevleri, düşündüklerinden çok daha zor olacaktı; ama en azından kâğıt üzerinde, düşman zorlanmadan ezilecekmiş gibi görünüyordu. Halkın düşüncesi de böyleydi, hâl böyle iken çekilmiş olan kılıncın kınında kalmasına razı oldular. Bununla birlikte, politikacıları hariç tutarsak, gerekçe hiç şüphesiz ahlaki ve dürüst olandı. Transvaal'in ilhakının açıkça bir adaletsizlik olduğunu, çiftçilerin uğruna savaştıkları özgürlük hakkına sahip olduklarını ve askerî intikam uğruna haksız bir savaşa devam etmenin büyük bir ulusa yakışmayan bir şey olduğunu düşünüyorlardı. Bu, idealizmin doruk noktasıydı, fakat sonucu tekrarına cesaret edilebilecek bir şey değildi.

Aynı ayın 23'üne dek barışı sağlayan bir ateşkes, 5 Mart 1881'de ilan edildi. Hükümet, uygun şekilde temsil edilmeleri için defalarca reddettiği şeye zorlandığını kabul ettikten sonra onların şartlarında beceriksizce bir uzlaşmaya vardı. Eğer denenecekse, bir idealizm ve Hristiyan ahlakı politikasının kapsamlı olması gerekirdi. Bu ilhakın haksız olması hâlinde, Sand River Sözleşmesi'nde berlirtildiği gibi, Transvaal'ın ilhaktan önceki durumuna geri dönmesi gerektiği açıktı. Fakat Hükümet bazı sebeplerden bu kadar ileri gitmeyecekti. Bu devlet, dünyada hiç görülmemiş, acayip karma bir şey olarak bırakılana kadar gereksiz ayrıntılarla uğraşarak, boş yere tartıştılar ve pazarlık ettiler. Bu devlet, monarşi sisteminin bir parçası olan, Sömürge Bakanlığı tarafından idare edilen ve "Times'ın" haber sütunlarında "Koloniler" başlığı altında yer alan bir cumhuriyetti. Bu cumhuriyet özerkti ve sınırları henüz hiç kimsenin tanımlayamadığı belli belirsiz bir egemenliğe sahipti. Talihsiz bir yıl olan 1881'de, hükümleri ve kasıtsız ihmalleriyle Pretoria Sözleşmesi genel olarak, siyasi işlerimizin, askerî işlerimiz kadar kötü bir şekilde yürütüldüğünü kanıtlayacak gibi görünüyordu.

Bu kadar mantıksız ve tartışmalı bir antlaşmanın muhtemelen nihai bir çözüm olamayacağı en baştan belliydi. Gerçekten de daha imzaların mürekkebi henüz kurumadan antlaşmanın düzeltilmesi için bir kışkırtma girişiminde bulunacaklardı. Boerler, haklı olarak, eğer savaşın tartışmasız galibi olarak kalacaklarsa, zaferin tüm meyvelerine sahip olmaları gerektiğini düşündüler. Öte yandan, İngilizce konuşan koloniler, sadakatlerini en üst seviyede test ettiler. Gururlu Anglo-Kelt soyu alçakgönüllülüğe pek alışık olmadığı hâlde ana vatandaki hükümetin eylemleri sayesinde kendilerini mağlup edilmiş bir ırkın üyelerine dönüştürülmüş olarak buldular. Londra vatandaşları için, yaralı gururlarının asil ruhlu bir davranışta bulundukları düşüncesi ile teselli edimesi çok iyi olmuştu. Fakat Durban veya Ümit Burnu'ndaki İngiliz koloniciler de durum farklıydı. Kendilerinin hiçbir eylemi olmadığı ve antlaşmada herhangi bir söz hakları bulunmadığı halde, Hollandalı komşuları önünde kendilerini aşağılanmış bir durumda buldular. Transvaal'ın anlaşmayı, kastettiği manadaki ruhla kabul etmesi ile bir ihtimal sona ermiş olması gereken çirkin bir kırgınlık hissi geride bırakılmıştı. Ancak halkımızın on sekiz yıl boyunca gittikçe büyüyen tehlikeyi gördüğü ya da gördüğünü düşündüğü gibi bir taviz, her zaman yeni bir talebe yol açacaktı ve Hollanda cumhuriyetleri sadece eşitlik değil, aynı zamanda Güney Afrika'da egemenliği hedeflemişti. İyi niyetli bir eleştirmen olan Profesör Bryce, ülkeyi ve sorunu kişisel olarak inceledikten sonra Boerlerin bizim idaremizde ne cömertlik ne de insanlık görmediklerini, ama sadece korktuklarını kaydetti. Açık sözlü bir ırk olarak, duygularını komşularına aktardılar. Güney Afrika'nın o zamandan bu yana karışıklık içinde olduğuna ve Güney Afrikalı İngiliz Afrikanerin İngiltere'de bilinmeyen bir duygu yoğunluğu ile intikam saatinin hasretini çektiğine hayret edilebilir mi?

Savaştan sonra Transvaal Hükümeti üç kişilik bir yönetimin eline bırakıldı, ancak bir yıl sonra Kruger devlet başkanı oldu; bu, onun on sekiz yıl boyunca yapmaya devam edeceği bir görevdi. Bir yönetici olarak meslek hayatı, Amerikan Anayasası'nın bu makamın görev süresine sınır koyan bilgece, ama yazılı olmayan hükmünün hikmetini haklı çıkarmaktadır. Yarım nesil boyunca devam eden yönetim, bir insanı diktatöre dönüştürecekti. Yaşlı Devlet Başkanı, cana yakın, fakat kurnazca tarzıyla, "birisi kağnıya liderlik etmesi için iyi bir öküz aldığında, onu değiştirmesinin üzücü bir şey olduğunu" söylüyordu. Bununla birlikte, yönlendirme olmadan iyi bir öküz kendi yönünü seçmek için bırakılırsa, yük arabasını tehlikeli bir duruma sürükleyebilirdi.

Bu küçük devlet, üç yıl boyunca, çalkantılı bir faaliyetin belirtilerini gösterdi. Fransa kadar büyük olduğu ve nüfusunun 50.000'den fazla olamayacağı göz önüne alındığında, herhangi birinin rahatsız edici bir sıkışıklık olmadan yer bulabileceği düşünülebilirdi. Fakat Boer çiftçileri, her yönde kendi sınırlarının ötesine geçtiler. Boer Cumhurbaşkanı, çitle çevrilmiş bir ağıla kapatıldığını yüksek sesle haykırdı ve ondan çıkış yollarını aramaya devam etti. Kuzeye doğru büyük bir göç öngörülmüştü, ama neyse ki bu plan suya düştü. Doğuda Zululand'a baskın düzenlediler ve İngiliz yerleşimlerine rağmen, bu ülkenin üçte birini kopararak, Transvaal'a eklemeyi başardılar. Batıda, üç yıllık anlaşmayı hiçe sayarak Bechuanaland'ı işgal ettiler ve iki yeni cumhuriyet olan Goshen'i ve Stellaland'ı kurdular. Bu gelişmeler öylesine dehşet vericiydi ki, İngiltere 1884'te bu yağmacıları ülke dışına çıkarmak amacıyla, Sir Charles Warren'in emir komutasında yeni bir seferin ihtiyaçlarını karşılamaya zorlandı. Eğer Rodezya'nın kurucuları öncüler ise "Niçin bu insanlar yağmacı olarak adlandırılıyor?" diye sorulabilir. Cevap, verilen sözlerden henüz dönülmediği bir sırada, İngiliz gücü kuzeye doğru genişlerken, bu insanların, Transvaal'ın anlaşma ile sınırlandırılan kesin hudutlarını ihlal etmesidir. Bu izinsiz geçişlerin neticeside, her Güney Afrika dramasının sona erdiği sahne olmaktadır. Bir kez daha mutsuz vergi mükelleflerinin cebinden cüzdanları alındı ve bu anlaşmayı bozanlara karşı düzeni sağlamak için gerekli olan polis gücünün masraflarının karşılanmasına yaklaşık bir milyon sterlin ödeme yapıldı. İyi düşünülmemiş ve aptalca bir girişim olan Jameson baskını ile Transvaal'a verilen maddi ve manevi zararı değerlendirirken bunu hatırlayalım.

1884'te, Transvaal'dan bir heyet İngiltere'yi ziyaret etti ve onların taleplerine göre, sıkıntılı Pretoria Anlaşması, hâlâ daha da sıkıntılı olan Londra Konvansiyonu'na dönüştü. Hükümlerdeki değişikliklerin tümü Boerlerin lehine yapıldı ve Lord Derby'nin barış zamanında onlara verdiğinden daha fazlasını başarı ile sonuçlanan ikinci bir savaş veremezdi. Unvanları, Transvaal'dan Güney Afrika Cumhuriyeti'ne dönüştürüldü ve bu, gelecekte genişlemenin düşünüldüğünü gösteren kaygı verici bir değişiklikti. Büyük Britanya'nın dış politikaları üzerindeki kontrolü de veto gücü korunarak gevşetildi. Fakat en önemlisi ve gelecekteki sıkıntıların etkili sebebi, bir eksiklikte yatıyordu. Hâkimiyet altındaki ülke kavramı, belirsiz bir terimdir, ancak siyasette, teolojide olduğu gibi, bir şey ne kadar çok belirsiz ise insanların hayal güçlerini ve arzularını o kadar çok tahrik eder. Bu hâkimiyet ilk antlaşmanın ön sözünde ilan edildi, ama ikincisinde bundan hiç bahsedilmedi. Hâkimiyet, bu suretle yürürlükten kaldırıldı mı yoksa kaldırılmadı mı? İngilizlerin iddiası sadece anlaşma maddelerinin değiştiği ve ön sözün her iki anlaşma için de geçerliliğinin devam ettiğiydi. Bu ön sözde sadece hâkimiyetin değil aynı zamanda Transvaal'ın bağımsızlığının da ilan edildiğini ve eğer biri düşerse (geçersiz olursa) diğerininde düşmesi gerektiğine dikkat çektiler. Buna karşın, Boerler, ikinci sözleşmede de gerçekte bir ön söz olduğunu ve bu nedenle, birincinin yerini almış gibi göründüğünü belirttiler. Mesele o kadar teknikti ki, tam anlamıyla, belirli kurallara uygun olarak bir yabancı hâkimler kurulu ya da belki de ABD Yüksek Mahkemesi kararına havale edilebilecek sorunlardan biri gibi görünüyordu. Eğer karar Büyük Britanya aleyhine verilmiş olsaydı, amacımızı anlaşılır kılmakta başarısız olan temsilcinin dikkatsizliğine karşı verilen yerinde bir ceza olarak terbiye edilmiş bir ruh hâli içinde bunu kabul edebilirdik. Carlyle[1], politik bir hatanın her zaman birinin kafasının kırılması ile sonuçlanacağını söylemişti. Ne yazık ki bu biri, genellikle başka biridir. Siyasi hataların hikâyelerini okumuştuk. Sadece çok yakında payımıza kırık kafalar düşecekti.

Netice olarak, bu bölüm Güney Afrika Cumhuriyeti'nin statüsünü belirleyen veya belirlemekte başarısız olan sözleşmenin imzalanmasına kadar olan olayların bir özetidir. Şimdi, daha büyük sorunları geride bırakmalı ve bu küçük devletin iç işlerine, özellikle de Hint ayaklanmasından bu yana halkımızın aklını her şeyden daha fazla karıştırmış olan olaylar dizisine yönelmeliyiz.

---

1 ÇN: Thomas Carlyle: (4 Aralık 1795 - 5 Şubat 1881) İskoç asıllı, deneme ve hiciv yazarı, tarihçi ve eğitmen.

2. BÖLÜM

ÇATIŞMANIN SEBEPLERİ

Bir yüzeyin çoraklığı ve değersizliği ile onun altında yatan minerallerin değeri arasında ince bir bağlantı olduğu âdeta görünmektedir. Batı Amerika'nın sarp dağları, Batı Avustralya'nın kurak ovaları, Klondyke'nin buzlu geçitleri ve Witwatersrand bozkırının çıplak yamaçları, bunlar dünyanın hazine sandıklarını örten kapaklardır.

Transvaal'da daha önce altının var olduğu biliniyordu, fakat ancak 1886'da başkentin yaklaşık otuz mil kadar güneyinde bulunan maden yataklarının çok olağanüstü ve değerli bir yapıya sahip olduğu anlaşıldı. Sadece kuvarstaki altın oranı son derece yüksek değildi, aynı zamanda damarlar dikkate değer bir kalınlığa sahipti, ancak Rand madenlerinin özelliği bu "altın içerikli kum" oluşumu boyunca metalin, genellikle bu endüstride pek görülmeyecek şekilde işlenmesinin bir kesinlik iddia edebileceği kadar düzgün dağılmış olması gerçeğinde yatmaktaydı. Madencilikten çok taşocağı işletmeciliği yapılıyordu. Başlangıçta yüzeye çıkmış kaya olarak kullanılan altınlı maden damarlarının şimdi muazzam derinliklere kadar uzandığını ve yüzeydeki özelliklerin aynısını sunduğunu, buna ekleyin. İhtiyatlı bir tahmin, altının değerini yedi yüz milyon sterlin olarak belirledi.

Böyle bir keşif, kaçınılmaz bir etki yarattı. Bazıları arzulanan bazıları ise çok fazla istenmeyen, çok sayıda maceracı, ülkeye akın etti. Bununla birlikte, genellikle yeni açılan bir altın yatağına kapak atan kabadayı ve çılgın elemanları uzak tutan koşullar mevcuttu. Bu, bireysel maceracıya cesaret verecek bir madencilik çeşidi değildi. Ballarat'taki dekovil lokomotiflerinin çamurunda parıldayan ya da Kaliforniya'daki kırk dokuzluların[1] tüm seyahatlerini ve masraflarını karşılayan altın külçelerinin hiçbiri yoktu. Sadece sermaye ile temin edilebilecek olan karmaşık makinelere uygun bir alandı. Yöneticiler, mühendisler, madenciler, teknik uzmanlar ve onların üstünde yaşayan esnaflar ve aracılar, bunlar, yeryüzündeki tüm ırklardan gelen Uitlanderlardı, ancak büyük çoğunluğu ile

---

1 ÇN: 49 lu: 1849'da (altına akın yılında) Kaliforniya'ya giden kimse.

Anglo-kelt'ti. En iyi mühendisler Amerikalı, en iyi madenciler Cornwall'lı, en iyi yöneticiler İngiliz'di. Madenleri işletmek için gereken para, büyük oranda İngiltere'den yatırılmıştı. Bununla birlikte, zaman geçtikçe, ortak girişimleri muhtemelen bu aralar İngilizlerinki kadar güçlü olan Alman ve Fransız nüfusu, daha da yoğunlaştı. Kısa süre sonra madencilik merkezlerinin, çoğunlukla hayatının baharındaki aynı zamanda olağanüstü zekâ ve enerjideki erkeklerden oluşan nüfusu, tüm Boer topluluğununkinden daha büyük hâle geldi.

Durum olağanüstü bir hâl aldı. New York'lu Hollandalıların batıya göç ederek hem Amerikan karşıtı hem de son derece gerici bir devlet kurdukları varsayımını ileri sürerek bu sorunun bir Amerikalı tarafından daha iyi anlaşılmasını sağlamaya çalışmıştım. Bu kıyaslamayı hayata geçirmek için şimdi bu devletin Kaliforniya olduğunu, bu devletin altınlarının asıl sakinlerini sayıca geride bırakan, büyük miktardaki Amerikan vatandaşını kendine çektiğini, asıl vatandaşların ağır bir şekilde vergilendirildiğini, suiistimal edildiğini ve gördükleri zarara dair feryatları ile Waşhington'u sağır ettiklerini düşünelim. Bu kıyaslama, Transvaal, Uitlanderler ve İngiliz Hükümeti arasındaki ilişkiler için doğru bir benzetme olacaktır.

Söz konusu bu Uitlanderlerin kimsenin kolay kolay inkâr edemeyeceği çok gerçek ve acil sorunları vardı. Tüm yaşamları adaletsizlik yüzünden karartıldığı için hepsini birden anlatmak zorlu bir iş olabilir. Boer'i Cape Kolonisi'nden sürüp çıkaran, kendisinin de diğerlerine karşı hâlen uygulamadığı bir haksızlık değildi. Üstelik 1885'te bu, belki mazur görülebilirdi, fakat 1895'teki korkunç bir haksızlıktı. Çiftçileri karakterize eden basit erdem, baştan çıkarma karşısında çöktü. Taşralı Boerler çok az etkilendi, bazıları ise hiç etkilenmedi, ancak Pretoria Hükümeti, rüşvet yiyen, son derece kabiliyetsiz ve çok fazla yozlaşmış bir oligarşi hâline geldi. Memurlar ve yurt dışından getirilen Hollandalılar, madenlerden gelen altın akışını ele alırken, vergilerin onda dokuzunu ödeyen talihsiz Uitlanderlar her seferinde soyulup soğana çevrildiler ve muzdarip oldukları yanlışlıkları, barışçıl bir şekilde düzeltmelerini sağlayacak olan oy hakkını kazanmak için uğraştıkları zaman, kahkahalar ve alay edilme ile karşılaştılar. Uitlander mantıksız bir insan değildi. Aksine, başkent tüfeklerle kuşatıldığında olduğu gibi sakinliğin eşiğinde sabırlıydı. Ancak durumu kabul edilebilir değildi ve barışçıl tartışmalarda, peş peşe yapılan girişimlerden ve Volksraad'a verilen alçakgönüllü sayısız dilekçeden sonra, nihayet kendileri için kazanmanın bir yolunu bulamazlarsa hiçbir zaman tazminat alamayacaklarının farkına varmaya başladılar.

Uitlanderları canından bezdiren bütün haksızlıkları saymaya teşebbüs etmeden, daha ciddi olanları şu şekilde özetlenebilir:

1. Ağır bir şekilde vergilendirilmişlerdi ve ülke gelirinin yaklaşık sekizde yedisini sağlamaktaydılar. Altın madenlerinin açıldığı 1886 yılında 154.000 sterlin

olan Güney Afrika Cumhuriyeti'nin geliri, 1899'da dört milyon sterline yükseldi ve yeni gelenlerin çalışkanlığı sayesinde bu ülke, tüm dünyada en fakir ülkelerden biri iken en zenginlerinden birine dönüşmüştü. (kişi başına düşen gelirde).

2. Ülkedeki nüfusun çoğunlunu teşkil etmelerine ve getirdikleri bu refaha rağmen, oy hakları yoktu ve sağladıkları bu büyük meblağların harcanmasını hiçbir şekilde etkileyemediler. Temsil edilmeden böyle bir vergilendirme olayı hiç görülmemişti.

3. Memurların seçiminde veya maaş ödemelerinde söz sahibi değillerdi. En kötü şahsi özelliklere sahip insanlar, değerli gelirler üzerinde tam yetki sahibi olabilmekteydi. Bir seferinde Maden Bakanı, tapusunda bazı kusurların olduğunu resmî olarak öğrendiğinde kendisi bir madeni gaspetmeye çalıştı. 1899'da memur maaşlarının toplamı, Boerlerin erkek nüfusunun tamamına kişi başına 40 sterlin ödemek için yeterli bir miktara yükseldi.

4. Eğitim üzerinde hiçbir kontrolleri yoktu. Johannesburg Eğitim Konseyi Genel Müdürü Bay John Robinson, Uitlander çocuklarına her yıl kişi başına bir şilin ve on pens, Boer çocuklarına ise kişi başına sekiz sterlin ve altı şilin ayırarak, Uitlander okullarına harcanan tutarı, eğitim için ayrılan 63.000 sterlin üzerinde 650 sterlin olarak hesapladı. Uitlanderlar her zaman olduğu gibi, esas miktarın sekizde yedisini ödüyorlardı.

5. Belediye yönetiminine etkileri yoktu. Borular yerine su arabaları, kanalizasyon şebekesi yerine kirli kovalar, yozlaşmış ve şiddet dolu bir polis, bir sağlık tesislerinde olmaması gereken yüksek ölüm oranı - bunların hepsi, kendi inşa ettikleri bir şehirde oluyordu.

6. Basın ve toplantı hakkı konusunda despot bir hükümet vardı.

7. Bir jüride üyelikten mahrumdular.

8. Zarar verme amaçlı kanunlar vasıtasıyla madencilik hisseleri sürekli taciz ediyordu. Bu başlık altında, bazıları madenlere özel, bazıları da tüm Uitlanders'ı etkileyen birçok şikâyet geldi. Madencilerin daha kötü bir kalitedeki dinamiti almak için yılda 600.000 pound fazladan ödemek zorunda oldukları, dinamit tekeli. İçki yasaları; Kâfirlerin üçte birinin alkol bağımlısı olmasına izin veren yasalar. Devlete ait demir yollarının yetersizliği ve fahiş fiyatları. Fiyatların yüksek seyretmesine neden olan çok sayıdaki sıradan tüketim maddesi için, özel şahıslara imtiyaz verilmesi. Johannesburg'un çevresinden, kasabaya hiçbir kâr getirmeyen geçiş parası alınması gibi sorunlar. - bunlar hayatın her alanının içine dal budak saran, bazıları büyük bazıları ufak tefek olan ekonomik şikâyetler arasındaydı.

Tüm bu bariz haksızlıkların dışında ve daha da ötesinde, Selati Demir Yolu Şirketi'nin davasında resmen ve ayrıntılı bir şekilde, alınan rüşvetin tüm detayları ile belirtilip rüşvetle suçlandıkları sırada, Volksraad'daki tartışmaların yayınlanan raporlarında, yağmur yağdırmak için dinamit bombalarının kullanılmasının Tanrı'ya ateş etmek olduğunu, çekirgeleri yok etmenin sakıncalı olduğunu, "katılmak" kelimesinin İncil'de olmadığı için kullanılmaması gerektiği ve posta kutularının abartılı ve kadınsı olduğunu dile getirerek yolsuzluklarına bir de böyle bir kara cehaleti ilave eden yirmi beş kişilik bir grup tarafından mutlak surette yönetildikleri için sürekli rahatsız olan özgür doğmuş ilerici bir adamı, bir Amerikalıyı veya bir İngilizi hayal edin. Bu tarz rastgele fikirler uzaktan eğlenceli olabilir, ancak yaşam koşulları üzerinde tam güce sahip bir otokrattan geldiklerinde daha az eğlencelidirler.

Kendi işleriyle son derece meşgul bir topluluk olmaları gerçeğinden çıkan sonuç, Uitlanderların ateşli politikacılar olmadıkları ve kendi sanayilerinin şartlarını ve kendi günlük yaşamlarını daha katlanabilir yapmak amacıyla devletin yönetiminde pay sahibi olmak istemeleri idi. Şikâyetlerin listesini okuyan tarafsız herhangi biri tarafından, böyle bir müdahaleye ne kadar ihtiyaç duyulduğu değerlendirilebilir. Yüzeysel bir bakış, Boerleri özgürlük savaşçıları olarak takdir edebilir, ancak daha derinlemesine bir kavrayışın, onların (seçilmiş yöneticileri tarafından temsil edildiği şekliyle) gerçekte mide bulandırıcı olan ayrıcalıklı olma ve zulmetme anlamına gelen her şeyi temsil ettiğini tarihin gösterdiğini görmesi gerekir. Özgürlük anlayışları bencilceydi ve kendilerinin isyan ettikleri haksızlıklardan çok daha ağır eziyetleri başkalarına sürekli olarak çektirdiler.

Madenler önem kazandıkça ve madencilerin sayısı arttıkça, bu siyasi zaafların, çok uluslu bu kalabalıktan bazılarını, memleketlerindeki yerleşik yasalardan alışık oldukları özgürlük miktarına oranla diğerlerinden çok daha fazla etkilediği tespit edildi. Kıta Uitlander'lılar, Amerikalı ve İngilizler için dayanılmaz olan bu duruma karşı daha sabırlıydı. Ancak Amerikalılar o kadar çok azınlıktaydılar ki, özgürlük mücadelesinin en ağır kısmı, İngilizler üzerine düştü. İngilizlerin sayıca diğer Uitlanderların toplamından çok daha fazla olmaları gerçeği dışında, maruz kaldıkları aşağılanmayı diğer ırkların üyelerinden daha fazla hissetmelerine sebep olan özel nedenler vardı. İlk olarak, İngilizlerin birçoğu, kendilerine ait kanalizasyon ve su şebekesini işletmelerini reddedenlerin, kendilerinin meydana getirdikleri komşu ülkelerde mümkün olan en hoşgörülü kurumların verildiği aynı Boerlerin akrabaları olduğunu bilen Güney Afrikalı İngilizlerdi. Yine, her Britanyalı, Büyük Britanya'nın Güney Afrika'daki en büyük güç olduğunu iddia ettiğini biliyordu ve bu nedenle, koruma umabileceği kendi ülkesinin kendisine yapılan kötü muameleyi kabul ediyormuş ve görmezden geliyormuş gibi hissediyordu. En büyük gücün vatandaşları olarak, siyasi baskıya maruz kalmaları, alışılmışın dışında gurur kırıcıydı. Bu nedenle İngilizler, eylemcilerin içinde hem en ısrarcı hem de en gayretlileri idi.

Ancak bu, muhaliflerinin durumunu adil bir şekilde ifade etmeye ve dürüstçe hesaba katmaya tahammül edemeyecek kadar zayıf bir sebepti. Boerler, kısaca anlatıldığı gibi, kendi ülkelerini kurmak için büyük çaba sarf etmişlerti. Çok uzaklara seyahat ettiler, çok çalıştılar ve cesurca savaştılar. Tüm bu çabalarından sonra, bazıları şüpheli karaktere sahip olan, asıl sakinleri sayıca geçen yabancıların istilasını ülkelerinde görme talihsizliğini yaşadılar. Eğer bunlara oy hakkı verilirse, şüphesiz ilk başta Boerler oyların çoğunluğunu kontrol edebilecek olsa da yeni gelenlerin Raad'a hâkim olmaları ve toprağın asıl sahiplerine muhalif bir politika izleyebilecek olan kendi başkanlarını seçmeleri, yalnızca bir zaman meselesiydi. Boerler, tüfekleriyle kazandıkları zaferi oy sandıklarıyla mı kaybedeceklerdi? Bunu beklemek adil miydi? Bu yeni gelenler altın için gelmişti. Altınlarını aldılar. Şirketleri yüzde yüzünü ödedi. Bu onları tatmin etmek için yeterli değil miydi? Eğer ülkeyi sevmedilerse neden terk etmediler? Kimse onları orada kalmaya zorlamadı. Fakat eğer kaldılarsa, hiç değilse kendilerine tahammül edildiği için şükretmeleri sağlanmalı ve nezaketleriyle ülkeye girmelerine izin veren kişilerin yasalarına müdahale etmeye kalkışmalarına izin verilmemeliydi.

Bu Boerlerin durumunun oldukça iyi bir özetidir ve ilk bakışta tarafsız biri bu konu hakkında konuşacak çok şey olduğunu söyleyebilir; ancak daha derinlemesine bir inceleme, teorik olarak uygulanabilir olmasına rağmen, bunun adaletsiz ve uygulamada imkânsız olduğunu gösterecektir.

Dünyanın şu anki kalabalık durumunda, ücra bir köşede bir Tibet politikası uygulanabilir, ancak endüstriyel gelişimin ana hattının tam karşısında duran bir ülkenin geniş bir bölgesinde bu politika uygulanamaz. Durum kesinlikle çok yapaydı idi. Bir avuç dolusu insan, fetih hakkı ile üzerinde bir çiftlik evinin diğerinin dumanını görememesiyle övünecekleri kadar geniş aralıklarla serpiştirildikleri devasa bir ülkeye sahip oldular. Hâl böyle iken, sayıları, kapsadıkları alana göre çok orantısız olsa da başka herhangi birini eşit şartlarda kabul etmeyi reddediyor ve yeni gelenlere tam anlamıyla hükmedecek ayrıcalıklı bir sınıf olduklarını iddia ediyorlardı. Kendi ülkerinde, çok daha eğitimli ve ilerici göçmenler, sayıca üstün hâle geldiler. Hâl böyleyken bu göçmenleri yeryüzünde başka hiçbir yerde olmayan bir yöntemle baskı altında tutuldular. Onların hakkı neydi? Fetih hakkı mı? Öyleyse, tahammül edilemez bir durumu tersine çevirmek için aynı hak, adil bir şekilde talep edilebilir. Bunu kendileri kabul ederdi. Uitlanderların oy hakkı dilekçesi sunulduğunda Volksraad üyelerinden birisi şöyle haykırıyordu: "Haydi gelin ve savaşın! Haydi!". "Protesto! Protesto! Protesto etmenin ne faydası var?" Kruger, W. Y. Campbell'e şöyle söyledi: "Sizde bende olan silahlar yok". Daima son bir temyiz mahkemesi vardır. Hâkim Creusot[1] ve Hâkim Mavzer her zaman Başkan'ın arkasındaydı.

Diğer taraftan, Boerlerin tezi, eğer bu göçmenlerden hiçbir fayda elde etmemiş olsalardı, çok daha geçerli olabilirdi. Onları görmezden gelselerdi, varlıklarını istemediklerini açık bir şekilde söyleyebilirlerdi. Fakat protesto ederken dahi Uitlanderların harcamalarıyla zengileşiyorlardı. İki şekilde de ona sahip

---

1 ÇN: Creusot Topları: Fransız Le Creusot fabrikalarında üretilen 75 mm. Sahra topu.

olamazlardı. Onun cesaretini kırmak ve ondan kâr elde etmemek ya da onu rahat ettirip ve onun parası üzerinden bir devlet inşa etmek uygun olurdu; ancak ona kötü davranmak ve aynı zamanda onun vergileri ile güçlenmek, kesinlikle bir haksızlıktı.

Yine, bütün iddiaları, vatandaşlığa kabul edilmiş Boer neslinden olmayan her yurttaşın mantıken vatansever olamayacağına dair dar, ırksal varsayıma dayanmaktaydı. Bunun doğruluğu tarihî örneklerle kanıtlanamaz. Yeni gelenler, kısa zamanda eskiler kadar ülkesiyle gurur duyar ve onun özgürlüğünü kıskanır hâle geldiler. Başkan Kruger, oy hakkını cömertçe Uitlanderlara vermiş olsaydı, piramidi kendi tabanı üstünde sağlamca oturtur ve tepesinin üstünde dengede durmazdı. Yozlaşmış oligarşinin yok olacağı ve daha toleranslı geniş bir özgürlük ruhunun devlet danışmanlarını etkisi altına alacağı doğrudur. Ancak cumhuriyet, teferruatta farklı olsa da temel esaslarda birleşen bir nüfusla daha da güçlenir ve daha kalıcı hâle gelirdi. Böyle bir çözümün Güney Afrika'daki İngiliz çıkarlarının lehine olup olmadığı, oldukça farklı başka bir konudur. Başkan Kruger, birçok yönden imparatorluk için iyi bir dost olmuştur.

Uitlanderların neden tahrik edilmesi gerektiği ve Boerlerin neden katı yürekli oldukları konusundaki genel soru üzerine söylenecek çok şey var. Oy hakkı arayanlar ve onları rededenler arasındaki uzun süren mücadelenin detayları hızlı bir şekilde, kabaca açıklanabilir, ancak anlaşmazlığın sonucu olan bu büyük mücadelenin başlangıcını anlamak isteyen herhangi biri tarafından bu detaylar tümüyle göz ardı edilemez.

Pretoria Sözleşmesi'nin (1881) yapıldığı tarihte kasabalı Boerlik hakları, bir yıllık ikâmet ile alınabilmekteydi. Bu hak, 1882 yılında hem Büyük Britanya'da hem de Amerika Birleşik Devletleri'nde geçerli makul sınır olan beş yıla çıkarıldı. Öyle kalsaydı, asla bir Uitlander sorunu ya da büyük bir Boer savaşı olmayacağı rahatlıkla söylenebilirdi. Şikâyetler, dış müdahale olmaksızın içeriden düzeltilebilirdi.

1890'da yabancıların içeriye akın etmesi, Boerleri alarma geçirdi ve oy verme hakkı yalnızca ülkede on dört yıl yaşamış olanların ulaşabileceği seviyeye yükseltildi. Hâlihazırda sayıp dökülen haksızlıkların ürkütücü listesinden muzdarip olan ve sayıları hızla artan Uitlanderlar, haksızlıkların seri bir şekilde düzeltilemeyecek kadar çok sayıda olduğunu kavradılar. Sadece oy verme hakkının kaldıraç etkisini elde ederek, kendilerini bunaltan ağır yükü kaldırabileceklerinin farkına vardılar. 1893 yılında, 13.000 Uitlanderlının, çok saygılı cümlelerle ifade edilen dilekçesi Raad'a verildi, ancak hor gören bir savsaklama ile karşılandı. Ancak, mücadeleyi örgütleyen bir dernek olan Ulusal Reform Birliği, bu başarısızlıkla cesareti kırılmadan, 1894'teki saldırı için geri döndü. Ülkenin toplam Boer nüfusundan daha fazla olan 35.000 yetişkin erkek, Uitlander tarafından imzalanan bir dilekçe hazırladılar. Raad'daki küçük liberal bir grup bu bildiriyi destekledi ve yeni gelenler için bir miktar adalet elde etmek için boşuna çaba harcadı. Bay Jeppe, bu seçilmiş grubun sözcüsüydü. "Toprağın yarısına sahipler, ama vergilerin en az dörtte üçünü ödüyorlar" dedi. "Onlar sermaye, enerji ve eğitim bakımından en azından bizim eşitlerimiz olan insanlar."

Şayet biz kendi eylemlerimizle onları cumhuriyete yabancılaştırmasaydık, aralarında o zaman bizimle kardeş olmak istediklerini söyleyecek olan, diğer on dokuz kişi arasında tek bir arkadaşımız olmadan, kendimizi yirmide birlik bir azınlık olarak bulduğumuz o gün, bize veya çocuklarımıza ne olacak? Bu tür makul ve liberal düşüncelere, imzaların, oy verme yasasına aykırı olduğu için, yasalara saygılı vatandaşlara ait olamayacağını iddia eden üyeler tarafından şiddetle karşı çıkıldı. Çünkü onlar gerçekten oy verme kanununa karşı propaganda yapıyorlardı ve diğerleri, hâlihazırda Uitlanderlara dışarı çıkıp döğüşmeleri için meydan okuyan bir üyelerinin muhalefetinden alıntı yaparak, hoşgörüsüzlüklerini açığa vurmuşlardı. Ayrıcalıklı olmayı ve ırkçı nefreti savunanlar başarılı olmuştu. Bildiri, sekize karşı on altı oyla reddedildi ve başkanın girişimi üzerine oy verme kanunu, başvuru sahibinin on dört yıllık deneme süresi boyunca eski uyruğundan vazgeçmesi gerektiği ve böylece bu dönem süresince hiçbir ülkeye asla bağlı olamayacağı bir şekle sokularak, fiilen hiç olmadığı kadar katı bir hâle getirildi. Uitlanderlar tarafından yapılacak olası herhangi bir davranışın, başkanın ve onun kasabalı Boerlerinin kararını yumuşatabileceğine dair hiçbir umut yoktu. İtiraz edenlerden birisi, ulusal bayrağa işaret eden Cumhurbaşkanı tarafından devlet binalarının dışına sevk edildi. "Bu bayrağı görüyor musun?" dedi. "Eğer oy hakkını verirsem, onu da aşağı indirmeliyim." Göçmenlere karşı düşmanlığı amansızdı. "Kasabalı Boerler, arkadaşlar, hırsızlar, katiller, yeni gelenler ve diğerleri", onun söylevlerinden (halka yaptığı konuşmalardan) birinin gönül alıcı girişiydi. Johannesburg, Pretoria'dan sadece otuz iki mil uzakta olmasına ve başında bulunduğu devletin oradaki onun altın madenlerinden gelen gelire bağımlı olmasına rağmen, Kruger dokuz yılda sadece üç kez ziyaret etti.

Bu yerleşik husumet, içler acısıydı, ama yasa dışı değildi. Seçilmiş halklar fikri aşılanmış ve bu fikri geliştiren kitap hariç herhangi kitap okumamış bir adamın, bir devletin liberal bir politikadan elde edeceği faydaların tarihe geçmiş derslerini öğrenmesi beklenemezdi. Ona göre, Ammonitler ve Moabitler on iki kabileye kabul edilmek istiyorlardı. Devletin münhasır politikasına karşı yapılan bir kışkırtmayı, devletin varlığına karşı yapılmış bir olay sanmıştı. Geniş çaplı bir oy hakkı, cumhuriyetini sağlam temelli yapacak ve kalıcı kılacaktı. İngiliz sistemine girme isteğinde olan Uitlanderlar küçük bir azınlıktı. Onlar, sadece uğradıkları ortak bir adaletsizlik bağıyla birleşen, kozmopolit bir kalabalıktı. Ancak, diğer bütün yöntemler başarısız olduğunda ve vatandaşların siyasi hakları için verilen dilekçeleri onlara geri fırlatıldığında dahi, gözlerini kuzey, batı ve güneylerinde dalgalanan bayrağa çevirmeleri doğaldı. O, herkes için eşit haklara ve eşit yükümlülüklere sahip olan hükümet yönetiminin saflığını ifade eden bayraktı. Anayasal sıkıntılar bir yana bırakıldı, silah kaçakçılığı yapıldı ve örgütlü bir ayaklanma için her şey hazırlandı.

1896 yılının başından beri devam eden olaylar, o kadar çok tartışıldı ki, gerçekler dışında muhtemelen söylenecek hiçbir şey kalmadı. Uitlanderların kendileri söz konusu olduğunda, eylemleri hem çok doğal hem de meşruydu ve ırkımızdan hiç kimsenin hiçbir zaman boyun eğmeyeceği böyle bir baskıya karşı ayaklandıkları için kendilerini temize çıkarmalarını gerektirecek hiçbir neden yoktu. Sadece kendilerine ve davalarının haklılığına güvenmiş olsalardı, ahlaki ve hatta maddi durumları sonsuz derecede güçlü olurdu. Fakat ne yazık ki, arkalarında, iki soruşturma komisyonuna rağmen, doğası ve kapsamı henüz tam olarak ortaya çıkmayan, çok daha şüpheli güçler vardı. Şahısları korumak için soruşturmayı yanlış yönlendirmeye veya belgeleri ortadan kaldırmaya yönelik bazı girişimlerde bulunulması, acınacak bir durumdu, çünkü bıraktığı izlenim -Ben tamamen hatalı bir izlenim olduğuna inanıyorum- İngiliz Hükümeti'nin ahlak dışı olduğu kadar felakete yol açan bir sefere suç ortağı olduğudur.

Kasabanın belirli bir gecede ayaklanması, Pretoria'ya saldırılması, kaleye el konması ve Uitlanderları silahlandırmak için kullanılan tüfekler ve mühimmat ayarlanmıştı. Kasabalı Boerlerin askerî meziyetleri hakkında böyle bir deneyime sahip olan bizlere umutsuz görünmesi gerektiği halde, yine de uygulanabilir bir plandı. Ancak, Güney Afrika genelinde heyecan uyandıran amaçlarının evrensel sempatisi İngiltere'nin müdahalesine yol açana kadar isyancıların Johannesburg'u elde tutabileceği düşünülebilir. Maalesef dışarıdan yardım isteyerek olayları içinden çıkılamaz bir hâle getirdiler. İmparatorluğa büyük hizmetlerde bulunmuş ve çok enerjik bir insan olan Cecil Rhodes, Cape Kolonisi'nin başbakanıydı. Eyleminin gerekçeleri kesinlikle belirsizdi, gerekçelerinin çıkarcı ve aşağılık olmadığını söyleyebiliriz, çünkü o her zaman açık fikirli ve sade tabiatlı bir adam olmuştur. Ancak, her ne olmuş olursa olsun, ister İngiliz yönetimindeki Güney Afrika'yı güçlendirmek için ayarsız bir istek, isterse Uitlanderların adaletsizliğe karşı mücadelelerine karşı duyulan büyük sempati olsun- Johannesburg'daki isyancılarla işbirliği yapmak için kendi yardımcısı Dr. Jameson'a Rhodos'un kurucusu ve yöneticisi olduğu Sözleşmeli Bölüğün atlı polislerini toplamasına izin verdiği kesindir. Dahası, hangi bayrak altında isyan edileceği konusundaki anlaşmazlık nedeniyle Johannesburg'daki isyan ertelendiğinde, Jameson'un (Rodos'un emriyle veya emri olmadan) idaresini ele aldığı, bu iş için oldukça yetersiz bir güç ile ülkeyi işgal ederek komplocuları bu işe zorladığı anlaşılıyordu. Mafeking'in yakınında başlayan ve 29 Aralık 1895'te Transvaal sınırını geçen, beş yüz polis ve üç sahra topu, gerçekleşmeyecek bir umut yarattı. 2 Ocak'ta Dornkop yakınlarındaki engebeli arazinin ortasında Boerler tarafından kuşatıldılar ve arkadaşlarının birçoğunu ölü ve yaralı olarak kaybettikten sonra, aç olarak ve bitkin atlarıyla birlikte, silahlarını bırakmaya zorlandılar. Altı kasabalı Boer, çatışmada hayatını kaybetti.

Uitlanderlar, zor duruma düşen Jameson'a yardımcı olmak için bir kuvvet göndermemeleri nedeniyle ciddi bir şekilde eleştirildi, ancak başka türlü nasıl davranabileceklerini görmek mümkün değildi. Jameson'un kendilerine yardıma gelmesini engellemek için ellerinden geleni yaptılar ve şimdi kendi kurtarıcılarını kurtarmalarını beklemek, oldukça mantıksız olurdu. Gerçekten de, getirdiği kuvvetin gücü hakkında tümüyle abartılı bir fikre sahiptiler ve yakalandığına dair haberleri şüphe ile karşıladılar. Haber teyit edildiğinde ayaklandılar, ancak bu, cesaret eksikliğinden değil, bulundukları durumdan kaynaklanan sıkıntılar nedeniyle gönülsüz bir ayaklanmaydı. Bir yandan, İngiliz Hükümeti Jameson'u tümüyle reddetti ve ayaklanmayı engellemek için elinden geleni yaptı; öte yandan, Pretoria'da Başkan'ı korumakla görevli akıncılar vardı ve kaderlerinin Uitlanderların davranışlarına bağlı olduğunu anlamaları sağlandı. Gerçi, eğer silahlarını bırakmazlarsa Jameson'un vurulacağına inandırılmışlardı, ancak, doğrusunu söylemek gerekirse, Jameson ve adamları, bağışlanma vaadi üzerine teslim olmuşlardı. Kruger rehinelerini öyle ustalıkla kullandı ki, İngiliz Komiseri'nin de yardımıyla, binlerce coşkulu Johannesburgluya kan dökmeden silahlarını bıraktırmayı başardı. Kurnaz yaşlı başkan tarafından tamamen köşeye sıkıştırılan reform hareketinin liderleri, bunu genel bir affın izleyeceğini düşünerek bütün nüfuzlarını barış yönünde kullandılar; fakat liderler ve tebaalarının çaresiz oldukları bir anda, dedektifler ve silahlı Boerler, kasabayı işgal etti ve onlardan altmışı aceleyle Pretoria hapishanesine gönderildi.

Akıncılara göre Başkan, çok çömertçe davranmıştı. Belki de onu doğru yola sokmayı başaran ve dünyanın sevgisini onun için kazanan adamlara karşı sert davranmaya gönlü razı olmadı. Bu haydutların kanun dışı saldırıları karşısında yeni gelenlere karşı kendi bağnaz ve baskıcı davranışları unutuldu. Asıl meseleler, bu haksız müdahale ile o kadar karartıldı ki, onları temizlemek yıllar aldı ve belki de hiçbir zaman tamamen temizlenemeyecekti. Bu talihsiz akının asıl nedeninin ülkenin kötü hükümeti olduğu unutulmuştu. O andan itibaren hükümet daha da kötüleşebilirdi, fakat her şeyi haklı çıkarmak için bu akını göstermek her zaman mümkündü. Uitlanderların oy verme hakkı olacak mıydı? Bu akından sonra bunu nasıl bekleyebilirlerdi? İngiltere, bu muazzam silah ithalatına ve bariz savaş hazırlığına itiraz edecek miydi? Bunlar ikinci bir akına karşı yegâne tedbirlerdi. Bu akın yıllarca, sadece tüm gelişmelerin değil, aynı zamanda tüm itirazların da önünü kesmişti. Üzerinde hiçbir kontrolleri olmayan ve önlemek için ellerinden geleni yaptıkları bir eylem yüzünden İngiliz Hükümeti, zayıflatılmış bir ahlaki otorite ile kötü bir durumda kalmıştı.

Akıncılar sıradan askerlerin çok düzgün bir şekilde serbest bırakıldıkları evlere gönderildiler, üst subaylar ise, sertlik konusunda kesinlikle aşırıya kaçmayan hapis cezalarına çarptırıldılar. Cecil Rhodes cezasız kaldı, Devlet Danışma Kurulu'ndaki (Privy Council) yerini korudu ve Sözleşmeli Bölüğü, kurumsal bir varlığa sahip olmaya devam etti. Bu hem mantıksız hem de yetersizdi. Kruger'in dediği gibi "Dövülmesi gereken köpek değil, onu bana gönderen adamdır." Kamuoyu, tanıkların kalabalıklığına rağmen veya bu nedenle, sorunun tam olarak ne olduğu konusunda yanlış bilgilendirildi. Ümit Burnu'ndaki Hollandalıların düşüncesinin tamamen bize düşman olduğu zaten ortaya çıktığı için en sevdikleri liderlerinin şehit edilerek İngiliz Afrikanerle de aralarının açılmasının tehlikeli olduğu aşikârdı. Ancak, amaca uygun olduğuna dair hangi görüşe dayanırsa dayansın, Boerlerin haklı olarak Rhodes'in dokunulmazlığına içerledikleri açıktı.

Bu arada, hem Başkan Kruger hem de kasabalı Boerler, Johannesburg'daki siyasi mahkûmlara, Jameson'un silahlı takipçilerinden daha çok önem veriyorlardı. Bu mahkûmların uyruğu ilginç ve düşündürücüdür. Yirmi üç İngiliz, on altı Güney Afrikalı, dokuz İskoç, altı Amerikalı, iki Gallerli, bir İrlandalı, bir Avustralya, bir Hollandalı, bir Bavyeralı, bir Kanadalı, bir İsviçreli ve bir de Türk vardı. Mahkûmlar ocak ayında tutuklandı, ancak yargılama nisan ayı sonuna kadar gerçekleşmedi. Hepsi vatana ihanetten suçlu bulundu. Lionel Phillips, Albay Rhodes (Cecil Rhodes'ın erkek kardeşi), George Farrar ve Amerikalı bir mühendis olan Hammond, daha sonra çok büyük miktardaki bir para cezasına çevrilen bir cezaya, ölüm cezasına çarptırıldı. Diğer mahkûmların her biri 2000 sterlin (pound) para cezası ile iki yıl hapis cezasına çarptırıldı. Hapis cezası çok çetin ve çok sıkıntılı bir türdendi ve gardiyan Du Plessis'in acımasızlığı ile daha vahim bir duruma geliyordu. Talihsiz adamlardan biri kendi boğazını kesti ve bazıları ciddi şekilde hastalandı, yiyecek ve sıhhi koşullar aynı oranda sağlıksızdı. Nihayet mayıs ayının sonunda altısı hariç tüm mahkûmlar serbest bırakıldı. Kısa süre sonra altı kişiden dördü serbest bırakılanları takip etti, davasından dönmeyen iki kişi, Sampson ve Davies, herhangi bir dilekçeyi imzalamayı reddettiler ve 1897'de serbest bırakılana kadar hapiste kaldılar. Transvaal Hükümeti, reform mahkûmlarından çok büyük miktar olan toplam 212,000 poundu ceza olarak tahsil etti. Gülünç bir miktarda yardım çok vahim bir olayın, -büyük bölümü ahlaki ve entelektüel zararlar başlığı altında- İngiltere'ye çıkarılan 1.677.938 pound, 3 şilin ve 3 penilik faturanın hemen akabinde verildi.

Bu akın ve reform hareketi geçmişte kalmıştı, ancak her ikisini de üreten sebepler, olduğu gibi duruyordu. Ülkesini seven bir devlet görevlisinin, hâlihazırda böyle ciddi tehlikelere neden olan ve her geçen yıl açıkça daha ciddi hale gelmesi kesin olan mevcut bir durumu ortadan kaldırmak için çaba göstermekten kaçınması pek düşünülemez. Ancak Paul Kruger taş kaplıydı ve kıpırdatılamıyordu. Uitlanderlara yapılan haksızlıklar hiç olmadığı kadar ağırlaşmıştı. Haksızlıkların merkezinde bir tür tazminat alabilmek için itiraz edebildikleri, ülkedeki tek güç olan, hukuk mahkemeleri vardı. Şimdi mahkemelerin Volksraad'a bağlı olması gerektiğine karar verilmişti. Başyargıç kendi yüksek makamındaki böyle bir yozlaşmaya karşı çıktı ve sonuçta emekli maaşsız olarak görevinden alındı. Boşluğu doldurmak için reformcuları kınayan bir yargıç seçildi ve Uitlanderları koruyan sağlam bir kanun geri çekildi.

Devlet tarafından görevlendirilen bir komisyon maden endüstrisinin durumunu ve yeni gelenlerin muzdarip olduğu haksızlıkları incelemek üzere gönderildi. Başkan, Boerlerin en liberallerinden biri olan Bay Schalk Burger'di ve tahkikat kapsamlı ve tarafsızdı. Sonuç, reformcuları fazlasıyla haklı çıkaran bir rapordu ve Uitlanderların tatmin edilmesine çok katkıda bulunabilecek çözümler öneriyordu. Bu gibi açık fikirli yasalarla, oy verme hakkını arama güdüleri daha az baskıcı olurdu. Fakat Cumhurbaşkanı ve onun meclisi Raad, komisyonun tavsiyelerini kabul etmedi. Haşin, yaşlı otokrat, böyle bir belgeyi imzaladığı için Schalk Burger'in ülkesine hainlik yaptığını açıkladı ve bu rapor hakkında rapor vermesi için yeni bir gerici heyet seçildi. Sözler ve belgeler, bu olayın yegâne sonuçlarıydı. Yeni gelenler için bir düzelme gelmedi. Fakat en azından davalarını resmî olarak tekrar kayda geçirdiler ve bu davaları Boerlerin en saygınları tarafından desteklendi. Bu akın, İngilizce konuşan ülkelerin basınında konunun gizlenmesini yavaş yavaş durdurdu. Nüfusun çoğunluğunun azınlık tarafından baskı altına alındığı bir yerde kalıcı bir çözüm bulmanın mümkün olmadığı, giderek daha açık bir şekilde ortaya çıktı. Barışçıl yöntemler denediler ve başarısız oldular. Savaşçı yöntemler denediler ve başarısız oldular. Orada yapacakları ne kaldı? Güney Afrika'nın en önemli gücü olan kendi ülkeleri, onlara hiçbir zaman yardım etmedi. Muhtemelen, eğer doğrudan ona müracaat edilseydi bu yapılabilirdi. İngiltere, sırf kendi impatorluğunun saygınlığı uğruna, çocuklarını sonsuza dek özgürlüğünden yoksun bir durumda bırakamazdı. Uitlanderlar, Kraliçe'ye bir dilekçe vermeye karar verdiler ve böyle yaparak şikâyetlerini yerel bir tartışma konusunun sınırlarının dışına çıkarıp daha geniş bir alan olan uluslararası politika alanına getirdiler. Büyük Britanya, ya onları korumalı ya da korumasının gücünün ötesinde olduğunu kabul etmeliydi. Nisan 1899'da, Kraliçe'ye koruması için yalvaran doğrudan bir dilekçe yirmi bir bin Uitlanderlı tarafından imzalandı. O tarihten itibaren olaylar kaçınılmaz olarak tek bir sonuca doğru ilerledi. Bazen suyun yüzeyi dalgalı ve bazen de sakindi, ancak akıntı her zaman hızlı bir şekilde ilerliyordu ve şelalenin gürlemesi, giderek daha da yüksek bir sesle kulaklara geliyordu.

3. BÖLÜM

GÖRÜŞMELER

İngiliz Hükümeti ve İngiliz halkı, Güney Afrika'da doğrudan bir otorite istemiyordu. İngitere'nin en önemli çıkarı, bu farklı devletlerin refah ve uyum içinde yaşaması ve bu büyük yarımada içinde İngiliz askerlerinin bulunmasına gerek duyulmamasıydı. Bizi eleştiren yabancılar, İngiliz sömürge sistemini yanlış anlamaları nedeniyle, altın madenleri üzerinde ister Transvaal'ın dört renkli bayrağı isterse de özerk bir sömürgenin İngiliz millî bayrağı dalgalansın, bunun İngiltere'nin gelirinde bir şilinlik bir fark bile yaratmayacağını asla idrak edemezler. Bir İngiliz eyaleti olarak Transvaal kendi yasama organına, kendi gelirine, kendi giderine ve dünyanın geri kalanına olduğu gibi ana vatanına karşı da kendi gümrüğüne sahip olacaktı ve İngiltere bu değişiklik nedeniyle daha zengin olmayacaktı. Bir İngiliz için, ısrar etmekten vazgeçildiği çok açıktı ve muhtemelen bu sebepten dolayı dışarıda evrensel olarak çok yanlış anlaşıldı. Öte yandan, değişimden kazançlı çıkmadığı halde, kan ve para olarak masrafların çoğu anavatana düşmekteydi. Görünüşe göre, Büyük Britanya'nın Güney Afrika Cumhuriyeti'nin fethi kadar zorlu bir görevden kaçınmak için her türlü nedeni vardı. En iyi ihtimalle de hiçbir şeyi kazanmayacaktı ve en kötü ihtimalle de kaybedecek çok şeyi vardı. Hırsa ya da saldırganlığa yer yoktu. Bu, bir kaçınma ya da çok zorlu bir görevi yerine getirme durumuydu.

Transvaal'ın ilhakı için gizli bir plan söz konusu olamazdı. Özgür bir ülkede hükümet, kamuoyu hilafına hareket edemez. Kamuoyu, gazetelerin etkisi altındadır ve kamunun düşüncesi gazetelere yansıtılır. Müzakerelerin tüm ayları boyunca basındaki dosyalar incelendiğinde, ne böyle bir sürecin lehine muteber tek bir görüş bulunur, ne de toplum içinde böyle bir tedbirin herhangi bir savunucusuyla karşılaşılır. Ancak çok büyük bir hata yapıldı ve tek şey istendi: Durumu düzeltecek ve Afrika'daki beyaz ırklar arasındaki eşitliği yeniden sağlayacak asgari bir değişiklik yapılması. İngiliz görüşünü en fazla temsil eden en aklı başında gazete: "Kruger'in sadece oy verme hakkının genişletilmesi konusunda serbest kalmasına izin verin", "kendisi cumhuriyetin gücünün zayıflamayacağını, fakat çok daha güvenli hâle geleceğini keşfedecektir." diyordu. Reşit olan yerleşik tüm erkeklerin çoğunluğuna tam oy hakkı vermesine bir kez izin verin, bu, cumhuriyete başka hiçbir şeyin sağlayamayacağı bir istikrar ve güç verecektir. Eğer bu türden tüm talepleri reddeder ve mevcut politikasına devam ederse, kötü günleri atlatabilir ve sıkı sıkıya bağlı olduğu oligarşisini birkaç yıl daha koruyabilir; ama sonuç değişmeyecektir. Bu alıntı, halkımıza sürekli olarak kötü davranılmasına ve bu ülkede özellikle onlardan sorumlu olduğumuz gerçeğine rağmen, cumhuriyetin iç işlerine müdahalemizde bizi haklı çıkarmayacağını düşünen bir ya da iki gazete hariç, tüm İngiliz basınının ruh hâlini yansıtmaktadır. Jameson baskınının ve bununla bağlantılı olayların yarım yamalak araştırılmasının, İngiliz vatandaşları adına enerjik bir şekilde müdahale etmek isteyenlerin gücünü zayıflattığı inkâr edilemez. Kapitalistlerin muhtemelen durumu kendi amaçlarına uygun olarak düzenledikleri konusunda belirsiz, ama yaygın bir kanı vardı. Huzursuz ve güvensiz bir ortamın, savaş durumu bir yana (bir savaş durumundan bahsetmiyorum), nasıl her zaman sermayenin yararına olabileceğini hayal etmek zordur ve elbette, eğer bazı baş komplocular Uitlanderların şikâyetlerini kendi amaçları için kullanıyorlarsa, onları yenilgiye uğratmanın en iyi yolunun bu şikâyetlerin ortadan kaldırılması olduğu açıktır. Buna rağmen, aşikâr olanı görmezden gelmek ve uzakta olanı abartmak isteyenler arasında bile bir kuşku mevcuttu. Müzakereler sırasında, rakibi bunun samimi fakat titiz ve hevesli bir azınlık tarafından yapılacağını kesin olarak hesapladığında, Büyük Britanya'nın eli zayıflamıştı. İdealizm ve hastalıklı, huzursuz bir vicdan, modern bir ilerici devletin katlanmak zorunda olduğu çok tehlikeli iki beladır.

İngiliz Uitlanderlar, Nisan 1899'da, himaye edilmeleri için yalvaran dilekçelerini kendi ana vatanlarına göndermişlerdi. Bir önceki nisan ayından bu yana, Güney Afrika Cumhuriyeti Devlet (Dışişleri) Bakanı Dr. Leyds ile Sömürge Sekreteri Chamberlain arasında hükümranlığın (tabiyetin) var olup olmadığı konusunda bir yazışma devam ediyordu. Bir taraf, ikinci bir sözleşmenin birincinin yerini alması hâlinde ilkini tamamen iptal edeceği, diğer taraf birinci sözleşmenin ön sözünün ikincisine de uygulanacağını iddia ediyordu. Eğer Transvaal'ın iddiası doğruysa, Büyük Britanya'nın oyuna getirildiği ve böyle bir duruma düşürüldüğü aşikârdır, çünkü Büyük Britanya, ikinci sözleşmede hiçbir taviz almamıştı ve en dikkatsiz sömürge sekreterlerinin bile hiçbir şey almadan çok önemli bir şeyi vermeleri neredeyse hiç beklenmezdi. Ancak bu iddia, bizi bir tabiyetin ne olduğuna dair akademik tartışma konusuna geri döndürdü. Transvaal, dış politikaları üzerinde İngiltere'nin veto yetkisi olduğunu kabul etti ve bu kabul, özünde, sözleşmeyi açıkça yırtmadıkları sürece, onları egemen bir devlet konumundan mahrum etmeliydi. Genel olarak, bunun güvenilir bir hakem kararına sevk edilebilecek bir sorun olduğu kabul edilmelidir.

Fakat şimdi, bu açıklama ve cevap arasına yedi ay girdiği için pek de acil olmayan bu tartışmaya, çok hayati bir sorun olan "yapılan hatalar ve Uitlanderların başvurusu" dâhil oldu. Muhafazakâr bir hükümet tarafından atanan ve liberal görüşlere sahip biri olan Güney Afrika'daki İngiliz Delegesi Sir Alfred Milner, tüm tarafların saygısını ve güvenini kazanmıştı. Şöhreti, güçlü, mantıklı ve suçluya ya da adaletsizliğe tahammül edemeyecek kadar adaletli bir insan olmasıydı. Mesele Sir Alfred Milner'e havale edildi ve Orange Özgür Devleti'nin başkenti Bloemfontein'de onunla Cumhurbaşkanı Kruger arasında bir görüşme ayarlandı. 30 Mayıs'ta bir araya geldiler, Kruger, Transvaal'ın bağımsızlığı dışında tüm sorunların tartışılabileceğini ilan etti. Kruger "Hepsi, hepsi, hepsi!" diye şiddetle bağırdı. Ancak uygulamada, tarafların bu bağımsızlığı neyin tehdit ettiği veya neyin tehdit etmediğine karar veremedikleri görüldü. Biri için vazgeçilmez olan şey, diğeri için kabul edilemezdi. Milner, geriye dönük beş yıllık oy verme hakkı ile birlikte madencilik bölgeleri için yeterli temsili güvence altına alacak kanun hükümleri için mücale ediyordu. Kruger, sayısız koşulla birleştiğinde değeri çok fazla azalan, yedi yıllık bir oy verme hakkı teklifinde bulundu, erkek nüfusunun çoğunluğunu temsil etmesi için otuz bir kişi üzerinden beş üye sözü verdi ve herhangi bir hükümranlık talebiyle bağdaşmayan bir koşul olan tüm ihtilafların, yabancı güçler tarafından hakem kararına tabi tutulmasi gerektiğine dair bir hüküm eklendi. Her birinin önerisi, diğeri için kabul edilemezdi. Haziran ayının başında, bir anlaşmaya varmanın aşırı güçlüğüne karar kılmak hariç hiçbir şeyi halletmeden, Sir Alfred Milner, Cape Town'a ve Cumhurbaşkanı Kruger Pretoria'ya geri döndü. Akıntı hızla ilerliyordu ve şelalenin gürlemesi şimdiden daha yüksek sesle kulağa geliyordu.

12 Haziran günü Sir Alfred Milner, Cape Town'da bir görev aldı ve durumu gözden geçirdi. "Irkların eşitliği ilkesi"nin Güney Afrika için vazgeçilmez olduğunu söyledi. "Eşitsizliğin var olduğu tek bir devlet, diğer hepsini ateş altına atmaktadır. Politikamız bir saldırganlık politikası değildir, fakat buna rağmen, kayıtsız kalamayan fevkalade bir sabır politikasıdır." İki gün sonra Kruger: Raad'a seslendi. "Karşı taraf zerre kadar ödün vermedi ve ben de daha fazlasını veremem. Tanrı her zaman yanımızda olmuştur. Savaş istemiyorum, ama daha fazlasını vermeyeceğim. Bağımsızlığımız bir zamanlar elimizden alınmış olmasına rağmen, Tanrı onu bize geri verdi." Şüphesiz içtenlikle konuşmuştu, ancak yerlilere içki trafiğini teşvik eden ve modern dünyanın gördüğü en yozlaşmış görevlileri yetiştiren bir sistem için bu kadar küstahlıkla yardım isteyenleri, Tanrı'nın duyması biraz zordu.

Sir Alfred Milner tarafından gönderilen ve durum hakkında görüşlerini bildiren rapor, başka hiçbir şeyin yapamadığı şekilde, İngiliz halkının durumunun ne kadar vahim olduğunu ve bu durumu düzeltmek için ciddi bir ulusal çaba sarf edilmesinin ne kadar önemli olduğunu fark etmesini sağladı. Sir Alfred Milner, bu raporla şunu söylüyordu:

"Müdahale için durum karşı konulamaz derecede ciddidir. Denenmiş tek çözüm, eğer kendi hâline bırakılırsa durumun kendiliğinden düzeleceğidir." Fakat aslında, olayları kendi hâline bırakma politikası yıllardır deneniyordu ve olayların daha da kötüye gitmesine neden olmuştu. Bunun baskın nedeniyle olduğu doğru değildi. Baskından önce durumları daha da kötüye gidiyordu. Baskından önce biz savaşın eşiğindeydik ve Transvaal ise devrimin eşiğindeydi. Baskının etkisi, olayları kendi hâline bırakma politikasına, eski sonuçlar ile birlikte yeni bir soluk getirmek oldu.

Binlerce İngiliz vatandaşının sürekli köle konumunda tutulmasının, devamlı olarak ciddi sıkıntılar altında ezilmesinin görüntüsü ve asker göndermesi için Majestelerinin Hükümeti'ne yapılan beyhude çağrılar, Kraliçe'nin sömürgeleri içinde, Büyük Britanya'nın nüfuzunu ve itibarını zayıflatıyordu. Basının bir bölümü, yalnızca Transvaal'da değil, tüm Güney Afrika'yı kucaklayan bir cumhuriyet doktrinini açıkça ve sürekli olarak savunuyordu. Bunu, Transvaal'ın silahlanması, onun Orange Özgür Devleti ile olan ittifakı ve savaş durumunda Majestelerinin vatandaşlarının bir kısmından alacağı aktif sempati gibi örneklerle gözdağı vererek destekliyordu. Bu doktrin, Majesteleri'nin Hükümeti'nin niyetleri hakkında durmak bilmeyen habis yalanlar dizisi ile desteklendiği için, sömürgelerde yaşayan çok sayıda Hollandalı dostumuz üzerinde büyük bir etki yarattığını söylediğim için üzgünüm. Çoğu zaman kullanılan dil, Hollandalıların bu sömürgede bile İngiliz doğumlu hemşehrilerinden daha üstün haklara sahip olduğunu ima eder gibi görünmektedir. Binlerce erkek, barışçıl bir şekilde kontrol altında tutulmuştu ve eğer İngiliz vatandaşı olarak konumlarından tamamen tatmin olmuş bir şekilde kendi başlarına bırakılırlarsa, hükümete karşı muhalefetin içine çekileceklerdi ve İngiliz tarafında buna karşılık gelen bir öfke vardı.

"Ben bu zararlı propagandayı durduracak hiçbir şey göremiyorum, ancak Majesteleri'nin Hükümeti'nin Güney Afrika'daki konumunu muhafaza etme konusundaki niyetine dair çarpıcı bir kanıt görebiliyorum."

Bunlar, İngiltere Genel Valisinin kendi yurttaşlarını gelecek olanlara karşı uyardığı, ciddi ve ölçülü kelimelerdi. İngiliz Genel Valisi, kuzeyde fırtına bulutlarının toplandığını görmüştü, ama onun gözleri bile bu fırtınanın ne kadar yakın ve ne kadar korkunç olduğunu henüz fark etmemişti.

Haziran ayının sonundan temmuz ayının başlarına kadar, Hollandalı Cape kolonicilerinin siyasi birliği olan Afrikaner Bağı'nın (Afrikaner Bond[1]) başkanlarının ara buluculuğundan çok fazla şey bekleniyordu. Bir yandan, Boerlerin

---

[1] ÇN: Afrikaner Bond (1881-1911) 19. yüzyılda Güney Afrika'da anti-emperyalist bir siyasi parti olarak kuruldu. Kökenleri büyük ölçüde Orange Özgür Devlet'te iken, bölge genelinde ve özellikle Cape Kolonisi ve Transvaal'da önemli bir güce sahip oldu.

akrabalarıydılar; diğer yandan da onlar İngiliz vatandaşlarıydı ve Transvaal'a yayıldığını görmekten endişe duyduğumuz liberal kurumların nimetlerinin tadını çıkarıyorlardı. "Sadece biz sizin halkınıza nasıl davranıyorsak siz de bizim halkımıza öyle davranın!" Bizim bütün tezimiz bu dilekçenin içine sıkıştırılmıştı. Fakat Afrikaner Bağı'ndan Bay Hofmeyer ve Bay Herholdt ile Özgür Devlet'ten Bay Fischer'in imzaladığı bir plan, Raad'a sunulmasına ve bu planın Cape Kolonisi'nin Afrikaner Başbakanı Schreiner tarafından alkışlanmasına rağmen, bu heyetten hiçbir şey çıkmadı. Orijinal hâliyle, kanun hükümleri belirsiz ve karmaşıktı, oy verme hakkı farklı koşullar altında dokuz yıldan yediye kadar değişiyordu. Bununla birlikte, görüşmeler sırasında, bu süre yedi yıla indirilinceye kadar kanun üzerinde değişiklik yapıldı ve altın madeni bölgeleri için önerilen temsilci sayısı beşe çıkarıldı. Ne verilen taviz çok büyüktü, ne de nüfusun çoğunluğu tarafından cömert bir hüküm olarak değerlendirilmeyen otuzbeşte beş kişilik temsilci sayısı; fakat, ikâmet yılının azaltılması, uzlaşma sağlanabileceğinin bir işareti olarak İngiltere'de büyük bir memnuniyetle karşılandı. Ülke rahat bir nefes aldı. "Eğer," dedi, Sömürge Bakanı, "Bu rapor doğrulanırsa, önceki değişikliklerle birleştiğinde, Cumhurbaşkanı Kruger'in tekliflerinde yapılan bu önemli değişiklik, Hükümetin, yeni yasanın, Bloemfontein Konferansı'nda Sir Alfred Milner tarafından ortaya konulan esaslardaki anlaşmanın temeli olacağını ümit etmesini sağlar." Sömürge Bakanı bazı tehlikeli koşulların ilave edilmiş olduğunu ekledi. Ancak "Majesteleri Hükümeti, Cumhurbaşkanı'nın İngiltere'nin savunduğu bu prensibi kabul ederek, görüşülen konunun tam olarak gerçekleştirilmesinin önünde olası bir engel olarak gösterilebilecek, kendi planına ait herhangi bir detayı tekrar gözden geçirmeye hazır olduğuna inanmaktadır". Ayrıca "Majesteleri Hükümeti, Cumhurbaşkanı'nın kanunda veya idarenin uygulamalarında yapılacak herhangi bir değişiklikle bu prensiplerin geçersiz kılınmasına ya da değerlerinin azaltılmasına izin vermeyeceği kanaatindedir." diyerek sözünü tamamladı. Aynı zamanda, "Times" krizin sona erdiğini ilan etti. "Eğer Cape Kolonisi'nin (Ümit Burnu'nun) Hollandalı devlet adamları, Transvaal'daki kardeşlerini böyle bir kanun tasarısını kabul etmeleri için teşvik ettirilirse, yalnızca kendi yurttaşları ve Güney Afrika'daki sömürgelerde yaşayan İngilizler değil, aynı zamanda İngiliz İmparatorluğu ve medeni dünya, daima kendilerine minnettar kalacaktır."

Ancak bu hoş beklenti kısa süre içinde kararacaktı. Yakından incelendiğinde, çok önemli temel meseleler olduklarını ispatlayan detay sorunları ortaya çıktı. Geçmişte Cumhurbaşkanı'nın vaatlerinin ne kadar aldatıcı olabileceğini tecrübe eden Uitlanderlar ve İngiliz Güney Afrikalıları, güvence verilmesi konusunda ısrar ediyorlardı. Teklif edilen yedi yıl, Sir Alfred Milner'in indirgenemez asgari olarak ilan ettiği süreden iki yıl daha fazlaydı. Bu iki yıllık fark, temsilcimizin biraz aşağılanması pahasına olsa bile, kabul edilmelerini engellemezdi.

Fakat çok kurnaz bir diplomat tarafından kaleme alındığından güvensizliğe neden olan şartlar vardı. Birincisi, vatandaşlık isteyen yabancı, belirli bir süre için daimî kayıt belgesini göstermek zorundaydı. Ancak, Kayıt Yasası Transvaal'da kullanımdan kalkmıştı ve sonuç olarak, bu hüküm kanun teklifinin tamamını değersiz kılabilirdi. Bu hüküm özenle korunduğu için kesinlikle kullanım amaçlıydı. Kapı açılmıştı, ama girişi kapatmak için bir taş konulmuştu. Yine, yeni gelenlerin daimî vatandaşlığı ilk Raad'ın meclis kararına bağlandı, böylece madencilik üyeleri herhangi bir reform tedbiri önermeleri hâlinde, sadece kanun tasarısı ile değil, aynı zamanda bir Boer çoğunluğu tarafından evden kovulabileceklerdi. Eğer hükümetin bir kararı her an hepsini yerinden edebilecekse, muhalefet ne yapabilirdi? Böyle hükümler içiren bir kanunun İngiliz hükümeti tarafından, nihai bir anlaşma ve vatandaşlarına tam bir adalet hakkı olarak kabul edilmeden önce çok dikkatli bir şekilde incelenmesi gerektiği aşikârdı. Öte yandan, durumlarında bir iyileşme olasılığı sunan bu hükümleri reddetmekte doğal olarak gönülsüzlerdi. Bu nedenle, her hükümetin, son şeklini almadan önce teklif edilen kanun tasarısının işleyişini inceleyecek ortak bir komisyon oluşturulması için delegeler atamasına yönelik teklif süreci başlamıştı. Teklif, 7 Ağustos'ta Raad'a sunuldu, ilave olarak, teklif sunulduğu sırada, Sir Alfred Milner, yabancı güçlerin müdahalesi olmadan, hakem kararına başvurmak da dâhil, her şeyi tartışmak için hazırlanmıştı.

Ortak komisyonun bu önerisi, başka bir ülkenin iç işlerine haksız bir müdahale olduğu için eleştirildi. Yine de baştan beri bütün sorun, başka bir ülkenin iç işleri ile ilgiliydi, çünkü Transvaal'ın özerkliğinin geri verilmesi, beyaz nüfusun kendi içindeki eşitliği şartına bağlıydı. Benzerlikleri öne sürmek ve Almanya'nın Fransız vatandaşlığı ile ilgili bir soruna müdahale etmesi durumunda Fransa'nın ne yapacağını düşünmek boşunaydı. Fransa'nın Fransızlar kadar Alman içerdiğini ve Almanların kötü muamele gördüklerini varsayalım, böyle bir durumda Almanya yeterince hızlı bir şekilde müdahale eder ve adil bir anlaşma yapılıncaya kadar da müdahale etmeyi sürdürür. Gerçek şu ki, Transvaal'ın sorunu kendine özgüydü, böyle bir durum hiç bilinmiyordu ve daha önceki hiçbir emsal, bu soruna uygulanamıyordu. Beyaz bir azınlığın süresiz olarak çoğunluğu vergilendirmeye ve yönetmeye devam edemeyeceği genel kuralı korunuyordu. Duygusallık daha küçük olan ulusa meyilliydi, ancak mantık ve adalet, İngiltere'nin yanındaydı.

Sömürge Bakanı'nın teklifini uzun bir gecikme izledi. Pretoria'dan hiçbir cevap gelmedi. Ama, Jameson baskınından önce dahi sessizce devam eden bu savaş hazırlıklarının şimdi aceleyle tamamlandığına dair kanıtlar, her yerde ortaya çıkmıştı. Çok küçük bir devlet için askerî teçhizata çok büyük miktarda para harcanıyordu. Silah sandıkları ve mühimmat kutuları sadece Delagoa Körfezi'nden değil, sömürgelerde yaşayan İngilizlerin öfkesine rağmen, Cape Town ve Port Elizabeth üzerinden cephaneliğe akıyordu. "Tarım Aletleri" ve "Madencilik Makineleri" olarak işaretlenen devasa ambalaj kutuları, Johannesburg veya Pretoria kalelerinde yerlerini almak için Almanya ve Fransa'dan gelmişti. Birçok milletten lakin benzer tipte olan erkekler, Boer kentlerinde kılıçları çektiler. Avrupa'nın paralı askerleri altın için kanlarını satmaya her zaman olduğu gibi hazırdı ve sonunda pazarlıktaki paylarını mertçe yerine getirdiler. Kruger'in sessiz kaldığı üç haftadan biraz fazla bir süre boyunca bu hazırlıklar aleni olarak devam etti. Fakat duruma egemen olan, bunların ötesinde ve son derece önemli bir gerçek vardı. Kasabalı bir Boer, atı olmadan savaşa gidemez, çimler olmadan atı hareket edemez, yağmur sonrasına kadar çimler ortaya çıkmaz. Bu olay ise, yağmurun bitmesinden henüz birkaç hafta önceydi. Bu durumda, bozkır pas rengi bir tozla süpürülmüş çıplak bir düzlük hâlindeyken, müzakerelerin gereksiz yere aceleye getirilmemesi gerekiyordu. Chamberlain ve İngiliz halkı, cevap almak için haftalarca bekledi. Ancak sabırlarının da bir sınırı vardı ve Sömürge Bakanı sorunun sonsuza kadar askıya alınamayacağını, diplomaside olağandışı olduğu kadar memnuniyetle karşılanan sade bir konuşma ile açıkladığında 26 Ağustos'a ulaşılmıştı. "Kumlar kum saatinin içinde akıyor" dedi. "Eğer müzakereler sone ererse, biz de kendimizi daha önce teklif ettiğimiz şeylerle sınırlı tutmayacağız. Ancak konuyu ele aldığımızda, Transvaal'ın bağımsızlığı Kraliçe tarafından onaylandığı zaman, Başkan Kruger tarafından vaat edilen Güney Afrika'daki en büyük yetki olan şartları son kez tesis edene ve oradaki vatandaşlarımız için, kendilerine hakkaniyetle teslim edilmesi gerekenin en azı olan, eşit hak ve eşit imtiyazları güvence altına alana kadar bu işin arkasını bırakmayacağız." Lord Salisbury, bir süre önce eşit derecede ısrarcıydı. "Bu ülkedeki hiç kimse, bir yandan Transvaal'ın bağımsızlığını güvence altına alırken diğer taraftan tüm ulusların yerleşimcileri için eşit siyasi ve medeni haklar temin edeceği bilindiği sürece bu sözleşmeleri bozmak istemez. Ancak bu sözleşmeler, Medlerin ve Perslerin yasalarına benzemiyordu. Bu sözleşmeler ölümlüydü, yok edilebilirdi... ve bir defa yok edildiklerinde asla aynı şekilde yeniden inşa edilemezlerdi." Büyük Britanya'nın uzun süredir devam eden sabrı, tükenme belirtileri göstermeye başlamıştı.

Bu arada, Transvaal'dan ortak komisyona, arternatif bir tasarıyı teklif eden bir telgraf geldi. Bu tasarıya göre; Büyük Britanya'nın egemenlik iddiasını geri çekmesi ya da bu iddiasından vazgeçmesi, hakem kararıyla çözümü kabul etmesi ve cumhuriyetin iç işlerine bir daha asla müdahale etmeyeceğine dair söz vermesi şartıyla Boer Hükümetinin Sir Alfred Milner'in oy verme hakkı konusundaki tekliflerini kabul edeceği belirtiliyordu. Bu teklife karşı Büyük Britanya'nın cevabı, hakem kararı ile çözümü kabul edeceği, bir daha asla kendi vatandaşlarını korumak için müdahale etmelerine gerek kalmayacağını umdukları, ancak oy kullanma hakkının onaylanmasıyla bu tür bir müdahele için tüm gerekçelerin ortadan kalkacağı ve son olarak egemen bir güç olarak bu konumunu asla terk etmeyeceği idi. Chamberlain'ın cevabı ileten telgrafı, iki hükümet arasında vatandaşlık dışında, açık olan başka anlaşmazlık konularının bulunduğu ve bu sorunların aynı zamanda çözülmesinin uygun olacağını hatırlatarak sona eriyordu. Chamberlain, bunlarla, yerli ırkların durumunu ve Hintli İngilizlere yapılan muamele gibi sorunları kastediyordu.

2 Eylül'de, Transvaal Hükümeti'nin cevabı geldi. Cevap kısa ve uzlaşmazdı. Oy verme hakkı teklifinden vazgeçmişlerdi. İngiliz egemenliğinin olmadığını yeniden iddia ediyorlardı. Müzakereler çıkmaza girdi. Müzakerelerin yeniden nasıl açılabileceğini tahmin etmek zordu. Boer çiftçilerinin silahlandırılması göz önüne alındığında, Natal'ın küçük garnizonu, sınırı korumak için mevzi alıyordu. Transvaal orada bulunma sebeplerinin açıklanmasını istedi. Sir Alfred Milner, İngiliz çıkarlarını koruduğunu ve beklenmedik durumlara karşı hazırlandıkları cevabını verdi. Şelalenin gürültüsü, daha yüksek ve daha yakından geliyordu.

Son yıllardaki en önemli Bakanlar Kurulu toplantılarından biri, 8 Eylül'de yapıldı. Hükümete muhalif olanların bile ölçülü olduğunu kabul ettiği ve barışçıl bir çözüm için esaslar öneren bir mesaj Pretoria'ya gönderildi. Mesaj, Orange Özgür Devleti'nin olduğu gibi Transvaal'ın egemen bir uluslararası devlet olduğu iddiasını kesin olarak reddederek başlıyordu. Böyle bir kabul şartına bağlı olarak yapılan hiçbir teklif hoş karşılanamazdı.

Bununla birlikte, İngiliz Hükümeti, Raad'da her üyenin kendi dilini konuşabileceğini varsayarak, 19 Ağustos notunda belirtildiği şekliyle "oy verme hakkı" için beş yılı kabul etmeye hazırlanıyordu.

"Bu koşulların Güney Afrika Cumhuriyeti tarafından kabul edilmesi, iki hükümet arasındaki gerginliği derhal ortadan kaldıracak ve büyük bir olasılıkla, Uitlanderların Yürütme Kurulu'nun ve Volksraad'ın dikkatine sunabilecekleri şikâyetlerin giderilmesini sağlamak için gelecekteki herhangi bir müdahaleyi gereksiz kılacaktır."

"Majesteleri Hükümeti, Güney Afrika'nın çıkarlarına çok fazla zarar veren bu gerginliğin giderilmesinde daha fazla gecikme yaşanması tehlikesinden giderek daha çok etkilenmektedir ve mevcut teklife derhal ve kesin bir cevap verilmesi için ısrarla baskı yapmaktadır. Eğer bu teklif kabul edilirse, önerilen hakem kararı ile çözüm mahkemesinin tüm ayrıntılarını belirlemek için acil düzenlemeler yapmaya hazır olacaktır... Ancak, büyük bir hevesle beklenen durumun gerçekleşmemesi yani Güney Afrika Cumhuriyeti'nin cevabının olumsuz ya da yetersiz olması hâlinde, Majesteleri'nin Hükümeti'nin durumu tekrar gözden geçirme ve nihai bir uzlaşma için kendi önerilerini oluşturma hakkını saklı tutması gerektiğini belirtiyorum."

Büyük Britanya'nın gergin bir şekilde dikkatle beklediği cevap böyle bir mesajdı. Fakat yağmurlar yağdığında, çimler büyüdüğünde ve bozkır atlı bir avcı erinin kullacağı şekle girdiğinde tekrar bir gecikme oldu. Kasabalı Boerler tavizler verecek bir mizaçta değillerdi. Kendi güçlerini biliyorlardı ve haklı olarak kısa bir süreliğine Güney Afrika'daki en güçlü askerî kuvvet oldukları sonucuna vardılar. Seçkin bir vatandaş; "Daha önce İngiltere'yi yendik, ancak şimdi ona vereceğimizin yanında bu yenilgi hiçbir şeydir." diye haykırdı ve söylediği gibi ülkesi için konuşmuştu. Bu nedenle, imparatorluk bekledi ve tartışmaya başladı, ancak savaş borazanının sesi, şimdiden politikacıların münakaşalarını yarıp geçiyor ve milleti bir kez daha, takdiri ilahinin bizi gene daha asil ve daha yüksek bir hedefe hazırladığı savaşın ve felaketin bu çekici ile sınanmaya çağıyordu.

4. BÖLÜM

SAVAŞIN ARİFESİNDE

8 Eylül'deki Bakanlar Kurulu'ndan gönderilen mesaj, açıkça barışın ya da savaşın habercisiydi. Ya sağanak yağmur yağmalı ya da fırtına bulutları dağılmalıydı. Millet sakin bir şekilde umutla bir cevap beklerken, Bakanlar Kurulu zamanının bir kısmını ihtiyaç duyulabilecek askerî hazırlıkları incelemeye ve tahmin etmeye harcadı. Savaş Bakanlığı, birkaç aydır her tür beklenmedik duruma karşı hazırlık yapıyordu ve kendilerine göre yeterli görünen, ancak gelecekte başımıza gelen olayların ele alınan bu çok ciddi mesele için çok az olduğunu göstereceği bazı düzenlemeleri yapmıştı.

İlginç olan "Times" gibi bir gazetenin küpürlerinin sayfalarını çevirirken başlangıçta diplomatik ve siyasi haberlerin bitmek bilmeyen sütunları içinde askerî öneme sahip bir ya da iki küçük paragraf görülebilirken, nasıl olup da sonunda hepsini kaplayana kadar yavaş yavaş büyüdüğünü ve savaş haberleri gazeteyi doldururken, diplomasinin minik paragraflara sıkıştırıldığını gözlemlemektir. Devlet gazetelerinin sıkıcı monotonluğunun ortasında ilk silah parıltısı, 7 Temmuz'da göründü. Bu tarihte iki Kraliyet İstihkâm Bölüğü ve bakanlığa ait birliklerin yedek ikmal malzemeleri ve mühimmat ile birlikte görevlendirildiği açıklandı. İki istihkâm bölüğü! Dünya tarihinin herhangi bir zamanında bir okyanusu geçen ve bir İngiliz generalin harp meydanında komuta ettiği en büyük ordunun öncüsü olduklarını kim öngörebilirdi?

15 Ağustos'ta, Bloemfontein konferansının başarısızlığından ve Sir Alfred Milner'in gönderilmesinden sonra, müzakerelerin çok ciddi bir aşamaya geldiğinin varsayıldığı bir zamanda, Güney Afrika'daki İngiliz kuvvetleri kendi sınırlarımızı savunmak için kesinlikle ve mantıksız bir şekilde yetersizdi. Kuşkusuz, böyle bir gerçek, tüm delillere rağmen, savaşın İngilizler tarafından dayatıldığı konusunda ısrar edenlerin gözlerini açmalıydı. Savaşa zorlayan bir devlet adamı, genellikle savaşa hazırlanır ve bu da Bay Kruger'in yaptığı ve İngiliz yetkililerin yapmadığı şeydi. O tarihte hükmeden baskıcı gücün, geniş bir sınır bölgesine dağılmış iki süvari alayı, üç sahra bataryası ve altı buçuk piyade taburu, yani altı

bin askeri bulunuyordu. Masum köylü devletler, hareket kabiliyetleri sayılarını ikiye katlayan, kırk ya da elli bin atlı avcı eri ve ağır toplar da dâhil olmak üzere bir savaş alanında görülebilecek en mükemmel topçuları sahaya sürmüşlerdi. Bu sırada Boerlerin Durban'a ya da Cape Town'a kolaylıkla ilerleyebilecekleri kesindi. Savunma harekâtına mahkûm edilen İngiliz kuvveti kuşatılmış ve sonrasında imha edilmiş olabilirdi, işgalcilerin ana gövdesi kolonide yaşayan Hollandalıların ilgisiz ya da düşmanca davranışları nedeniyle etkisiz hale getirilen düzensiz yerel direnişten başka bir şeyle karşılaşmazdı. Yetkililerimizin Boerlerin inisiyatif alma olasılığını asla düşünmemiş olmaları veya bu durumda gecikmiş takviyelerimizin kesinlikle cumhuriyet silahlarının ateşi altında çıkartma yapmak zorunda kalacaklarını anlamamış olmaları, olağandışı bir durumdu.

Temmuz ayında Natal alarma geçti ve kolonininin başbakanından Vali Sir W. Hely Hutchinson'a ve dolayısıyla Sömürge Bakanlığı'na güçlü bir açıklama gönderildi. Transvaal'ın tepeden tırnağa silahlanması, Orange Özgür Devleti'nin muhtemelen ona katılması ve hem özel olarak hem de basın yoluyla her iki İngiliz kolonisinin Hollandalı vatandaşlarının sadakatini soğutmak için güçlü girişimlerde bulunulması meşhurdu. Orada bulunanlar tarafından birçok uğursuz emare görülüyordu. Bozkır, ilk yağmurlardan sonra hızlı bir çim mahsulü sağlamak için alışılmadık bir şekilde erkenden yakılmıştı, atlar toplanmış, tüfek ve mühimmat dağıtımı yapılmıştı. Koyunlarını ve sığırlarını kış boyunca Natal toprağında otlatan Özgür Devlet çiftçileri, onları Drakensberg hattının arkasındaki güvenli yerlere götürmüşlerdi. Her şey, yaklaşmakta olan savaşı işaret ediyordu ve Natal başka bir alayın sevk edilmesiyle bile tatmin olmadı. 6 Eylül'de, Sömürge Bakanlığı tarafından durumu büyük bir açıklık ve hassasiyetle açıklayan ikinci bir mesaj alındı.

"Bakanların oy birliği ile tavsiyesi üzerine, Başbakan benden, Transvaal ve Orange Özgür Devleti'nten gelebilecek bir saldırıya karşı koloninin savunma durumuna geçmesini sağlamak için derhal yeterli sayıda askerî birliğin Natal'a sevk edilmesi konusunda size baskı yapmamı istiyor. Birlik komutanı olan general tarafından, Manchester Alayı gelse bile, Laing Geçidi, Ingogo Nehri ve Zululand'ı savunmasız bırakmak zorunda kalarak, Newcastle'ı işgal etmek ve aynı zamanda gelecek saldırılara karşı oranın güneyinden koloniyi korumaktan daha fazlasını yapacak yeterli birliğe sahip olmadıkları konusunda bilgilendirildim. Bakanlarım, Transvaal ve Orange Özgür Devleti'nde, Natal üzerine kısa süre içinde bir saldırı yapılmasını sağlayacak her türlü hazırlığın yapıldığını biliyorlar. Bakanlarım, Boerlerin savaşın neredeyse kesin olarak gerçekleşeceğine ve en iyi şanslarının, bu savaş kaçınılmaz göründüğü anda, takviyelerin yetişmesine imkân vermeden önce bir darbe indirmek olduğuna karar verdiklerine inanmaktadır. Middle Drift ve Greytown istikameti ile Bond Drift ve Stangar istikametinden Pietermaritzburg ve Durban arasındaki demir yolunu vurmak, birliklerin irtibatını ve ikmalini kesmek amacıyla bütün gücüyle baskınlar yapılabileceğine dair istihbarat alınmıştı. Genellikle en azından ekim ayına kadar kolonide kalan, Klip Nehri bölgesindeki, neredeyse tüm Orange Özgür Devleti çiftçileri, kendilerine büyük ölçüde zarar vererek göç etmişti; koyunları yolda kuzuluyordu, kuzular ya ölüyor ya da telef oluyordu. Entonjanani bölgesindeki çiftçilerden en azından ikisi, çiftlikteki yerlilerin çocuklarının rehine olarak alınmaya çalışıldığı ilk olayda sahip oldukları her şeyle birlikte Transvaal'a göç etmişti. Sadık yerlileri etkilemeye çalışıldığına ve kargaşa çıkarmak ve koloninin savunma güçlerinin görevlendirilmesi için kabilelerin birbirine karşı kışkırtıldığına yönelik güvenilir raporlar alınmıştı. Volksrust, Vryheid ve Standerton'da hem büyük miktarda yiyecek hem de askerî malzeme yığınağı yapılmıştı. Casus olduğuna inanılan kişilerin Natal demir yolu üzerindeki köprüleri inceledikleri görülmüştü ve koloninin tüm ana merkezlerinde casuslar olduğu biliniyordu. Bakanların görüşüne göre, Laing geçidi'nin ele geçirilmesi ve demir yolunun kuzey kısmının tahrip edilmesi gibi bir felaket ki buna inanmak için nedenlerimiz vardı ya da başarılı bir baskın veya bir işgal, kolonideki yerliler ve sadık Avrupalılar üzerinde çok moral bozucu bir etki yaratacaktır. Silahlı ve hazırlıklı olmalarına rağmen, bu türden bazı teşvikler almadıkları sürece, muhtemelen sessiz kalacak olan Boerlere ve onların kolonilerdeki taraftarlarına büyük bir cesaret verecektir. Majesteleri Hükümeti'nin, Uitlanderların sorunlarını çözmek için tüm barışçıl yolları tüketme ve savaşa başvurmadan önce Büyük Britanya'nın egemenliğini resmî bir biçimde tesis etme politikasını destekliyorlar; ancak bunun bir savunma önlemi meselesi olduğunu, savaş yapmakla ilgili olmadığını belirtiyorlar."

Bunlara ve diğer itirazlara cevap olarak, Natal'ın garnizonu, kısmen Avrupa'dan gelen birlikler ve kısmen de Hindistan'dan gelen beş bin İngiliz askerinin gönderilmesiyle yavaş yavaş arttırıldı. 2'nci Berkshires, 1'inci Royal Munster Hafif Piyadeleri, 1'inci Manchesters ve 2'nci Dublin Hafif Piyade Alayları, topçu takviyeleri ile birlikte arka arkaya Natal'a ulaştılar. 1'inci Devonshires, 1'inci Gloucesters, 2'nci Kraliyet Piyade Birlikleri ve 2'nci Gordon İskoç Birliği ile 5'inci Ağır Süvari Muhafızları, 9'uncu Mızraklı Süvarileri ve 19'uncu Hafif Süvari Alayları Hindistan'dan geldi. Bunlar, sahra topçusunun 21'inci, 42'nci ve 53'üncü Bataryaları ile birlikte Hint askerî birliklerini oluşturdu. Bu birliklerin eylül ayının sonlarına doğru gelmeleri, Güney Afrika'daki birliklerin asker sayısını 22.000'e çıkardı. Bu açık alanda karşılarına çıkacakları sayıca üstün, hareketli ve cesur bir düşmanla çarpışmak için yetersiz bir kuvvetti, ancak daha geniş bilgimizle şimdi yaklaşmakta olduğunu görebildiğimiz ezici felaketten bizi kurtarmak için yeterince güçlü olduğu kanıtlanan bir kuvvetti.

Bu birliklerin konuşlanması ile ilgili olarak, Natal'da iktidardaki yöneticiler ile sahadaki üst rütbeli askerler arasında fikir ayrılığı ortaya çıktı. Prens Kraft[1], "Hem stratejinin hem de taktiklerin politikaya uyum sağlaması gerekir" demiştir; fakat ödenmesi gereken bedel askerlerin kanı olduğunda politik gerekliliğin, çok ciddi ve çok net olması gerekir. İster yetersiz istihbaratımızdan isterse de meslekten yetişme askerlerin, atlı çiftçilerin (geçmiş üzücü deneyimlere rağmen) ciddi bir düşman olduğunu kabul etmesini zorlaştıran mesleki bakış açısından kaynaklansın, gazetelerimiz en azından bu seferlik düşmanımızı küçümsemeyeceğimizi ilan ettiğinde bile kesin olan şey, düşmanımızı çok ciddi bir şekilde küçümsediğimizdi. Natal'ın kuzeydeki üçte birlik kısmı bir kriegspiel[2] oyuncusunun kendisine verilmesini isteyebileceği kadar savunmasız bir askeri konumdaydı. Zorlu bir geçitten, uğursuz Laing Geçidi'nin içinden zirveye ulaşan, çok daha uğursuz Majuba bloğunun hâkimiyeti altındaki dar bir yoldan yukarı tırmanıyordu. Bu yolun her iki tarafı, biri Transvaal tarafından diğeri ise Orange Özgür Devlet'i tarafından işgal edilmeye müsaitti. Yukarıda zirvede bulunan bir

---

1 ÇN: Hohenlohe- Ingelfingen Prensi Kraft: (1827-1892): Prusyalı general ve yazar, askerî konulardaki kitapları klasikler arasına girmiştir, fakat henüz Türkçeye çevrilmemiştir.
2 ÇN: Kriegspiel: George Leopold von Reiswitz tarafından 1812'de geliştirilen Prusya strateji oyunu.

kuvvet mükemmel bir tuzağın içindedir, çünkü hareketli bir düşman bu kuvvetin güneyinden ülkeyi istila edebilir, ikmal hatlarını kesebilir ve geri çekilmeyi çok zor bir mesele hâline getirebilecek bir tahkimatlar dizisi inşa edebilirdi. Ülkenin daha aşağısında, Ladysmith veya Dundee gibi mevzilerde, tehlike çok yakın olmasa da savunan kuvvet, açık alanda dayanabilecek kadar güçlü ve hareketli bir düşmanın kanatlardan kuşatmasını önleyecek kadar hareketli olmadığı sürece hâlâ aşikâr bir tehlike içindeydi. Sırf olayı bilmemizden ileri gelen o derin askerî bilgeliğe sahip olan bizler için, muharebe hattına 12.000'den fazla asker koyamayacak bir savunma kuvveti ile gerçek savunulabilir sınırın Tugela hattı olduğu açıktı. Gerçek şu ki, en az iki yönden yüksek tepelerin hâkimiyeti altında olması nedeniyle, neredeyse savunulamaz bir yer olan Ladysmith seçilmişti.

Mevzilenmesi için toplar istenmediğine veya gönderilmediğine göre kasabanın kuşatması gibi bir durum, hiç düşünülmemiş gibi görünüyordu. Buna rağmen, bir milyon pound'dan daha fazla değere sahip olduğu söylenen bir miktar ikmal maddesi bu küçük demir yolu kavşağına indirildi, bu sayede felç edici bir kayıp olmadan bu mevzi tahliye edilemeyecekti. Bu yer, ana demir yolu hattının, bu küçük kasabada iki kola ayrıldığı, bir kolu Orange Özgür Devleti'ndeki Harrismith'e giden ve diğeri ise Dundee kömür madenleri ve Newcastle üzerinden Laing Geçidi Tüneli ve Transvaal'a ulaşan yol ayrım noktasıydı. Natal Hükümeti tarafından kömür madenlerinin elde tutulmasına şimdilerde abartılı olarak görünen bir önem verilmişti. Bu onların güçlü planıydı fakat General Penn Symons'un uygun görmesi ile savunan kuvvet ikiye bölündü ve ana gruptan yaklaşık kırk mil uzaklıkta olan Dundee'ye, Ladysmith'deki General Sir George White'ın emir komutasında kalan üç ile dört bin kişi arasındaki bir birlik gönderildi. General Symons, işgalcilerin gücünü küçümsemişti, ancak çok merce telafi edilen ve çok trajik bir şekilde bedeli ödenen bir muhakeme hatasını eleştirmek zordur. Daha sonrasında, siyasi yazılarımızın ulaştığı, 8 Eylül'deki Bakanlar Kurulu tezkeresinin gönderilmesini izleyen gerginlik döneminde, askerî durum umutsuz olmaktan çıkmıştı, ama yine de tehlikeli bir şekilde kırılgandı. Sömürge halkından yaklaşık on bin kişi ile takviye edilmeyi ümit eden yirmi iki bin düzenli asker, orada bulunuyordu, ancak bu kuvvetlerin büyük bir sınırı kapatması gerekiyordu. Cape Kolonisi'nin tutumu hiçbir şekilde samimi değildi ve muhtemelen siyah nüfus ağırlığını bize karşı koyduğu esnada, düşman hâle gelebilirdi. Düzenli askerlerin sadece yarısı Natal'ı savunmaya ayrılabilirdi ve çarpışmaların başlamasından itibaren bir aydan daha kısa bir süre içinde hiçbir takviye onlara ulaşamazdı. Eğer Bay Chamberlain gerçekten bir blöf yapıyorsa, çok zayıf bir elden blöf yaptığını itiraf etmek gerekir.

Karşılaştırma amacıyla, Bay Kruger ve Bay Steyn'in sahaya sürebilecekleri kuvvetleri hakkında bir fikir verebiliriz, çünkü o zamana kadar hiçbir sorun yaşamadığımız Orange Özgür Devleti, bazılarının ahlaksızca, bazılarının ise cesurca diyebileceği şekilde ağırlığını bize karşı koyacaktı. Basının genelinin iki cumhuriyetin kuvvetlerine dair tahminleri 25.000 ile 35.000 asker arasında değişiyordu. Başkan Kruger'in yakın bir arkadaşı olan ve hayatının çoğunu Boerler arasında geçiren bir adam olan Bay J. B. Robinson, son tahmininin çok yüksek olduğunu kabul etmişti. Hesaplamanın başlangıç noktası olacak sağlam bir temeli yoktu. Aralarında büyük ailelerin yönetimde olduğu çok dağınık ve yalıtılmış bir nüfusun, tahmin edilmesi çok zor bir şeydi. Bazıları on sekiz yıl boyunca var olduğu sanılan doğal artışı hesaba kattı, ancak o tarihte verilen rakamın kendisi bir varsayımdı. Diğerleri ise hesaplamalarını son cumhurbaşkanlığı seçimindeki seçmen sayısından çıkardılar: ancak hiç kimse, oy vermeyenlerin kaç kişi olduğunu bilemezdi ve bu cumhuriyetlerde savaşçı olma yaşı, oy kullanma yaşından beş yıl önceydi. Şimdi tüm hesaplamaların gerçek rakamın çok altında olduğunu kabul ediyoruz. Yine de, muhtemelen İngiliz İstihbarat Dairesi'nin bilgileri çok yanlış değildi. Buna göre, yalnızca Transvaal'ın savaş gücü 32.000 asker ve Orange Özgür Devleti ise 22.000 asker idi. Paralı askerler ve sömürgelerdeki isyancılar ile bunların sayısı 60,000'i bulurken, Cape Dutch'daki kayda değer bir ayaklanma sayılarını 100.000'e çıkartacaktı. Topçu birliklerinde, birçoğu (durumun daha fazla açıklaması gerekir) onlara karşı getirebileceğimiz herhangi bir toptan daha modern ve daha güçlü olan yaklaşık yüz adet topa sahip oldukları biliniyordu. Bu büyük gücün niteliği hakkında konuşmaya gerek yok. Erkekler cesurdu, dayanıklıydı ve tuhaf bir dinî coşkuyla ateş ediyorlardı. Tüfekler hariç hepsi on yedinci yüzyıla aitti. Dayanıklı küçük midillilerine bindiklerinde gerçekte sayılarını iki katına çıkaran ve onları kuşatmayı imkânsız hâle getiren bir hareketliliğe sahiplerdi. Nişancılıkta onlar üstündü. Buna, daha kısa ve daha güvenli iletişim ile birlikte iç hatlarda hareket etme avantajına sahip olmalarını ve imparatorluk askerleri önünde toplanarak ne kadar müthiş bir iş yaptıklarını ekleyin. Boerlerin gücünü gösteren böyle bir dökümden, Natal'da onları bekleyen iki müfrezeye ayrılmış, 12.000 askeri düşünmek için döndüğümüzde; felaketimize ağlamak bir yana, İngiltere, Hindistan ve Avustralya arasında olduğu için, imparatorluk kemerinin en önemli kilit taşı olarak görülmesi gereken bu büyük ilin kaybından kurtulduğumuz için kendimizi tebrik etmemiz gerektiğinin farkındayız. Can sıkıcı, fakat çok zorunlu bir konudan uzaklaşma riski altında, Boerlerin yıllardır sessizce savaşa hazırlayan nedenler hakkında burada bir şeyler söylenmesi gerekir. Sebebin Jameson baskını olmadığı kesindir, buna rağmen Boer Hükümeti'ni güçlü bir duruma sokarak, olayları hızlandırmada muhtemelen büyük bir etkisi oldu. Gizlice ve yavaşça yapılanlar, bunun için çok mantıklı bir bahane verildiğinde daha hızlı ve açık bir şekilde yapılabilirdi. Aslına bakılırsa, hazırlıklar baskından çok daha önce başlamıştı. Pretoria ve Johannesburg'daki kalelerin inşası, bu bahtsız saldırıdan neredeyse iki yıl önce başlamış ve silah ithalatı hızla artmıştı. O yıl, 1895'te, askerî teçhizata önemli miktarda para harcandı.

Ancak eğer sorun bu baskın değilse ve Boerlerin, Transvaal'ın Orange Özgür Devleti'nin kırk yıldan bu yana olduğu gibi dost olabileceği İngiliz Hükümeti'den korkmak için bir nedenleri yoksa, o zaman niçin silahlandılar? Bu zor bir soruydu ve kendimizi doğrulanmış gerçekler yerine varsayım ve şüphe bölgesinde bulduğumuz cevaplaması zor olan bir taneydi. Ancak tarihçilerin en dürüst ve en tarafsız olanları hem kuzey cumhuriyetlerinde hem de Ümit Burnu'ndaki bazı Hollandalı liderlerin kafasında, Cape Town'dan Zambesi'ye kadar yayılan, bayrağı, dili ve kanunları Hollandalı olan tek bir Hollanda Milletler Topluluğu düşüncesinin bulunduğunu itiraf etmelidir. Zeki ve bilgili birçok hâkim bu ısrarcı silahlanmanın, daimî düşmanlığın, iki cumhuriyet arasında bağ kurulmasının (bu cumhuriyetlerden birisi bizim kendi kanunumuzla yeniden yapılandırılmış ve egemen bir bağımsız devlet haline getirilmişti.) ve son olarak hiçbir siyasi şikâyeti olmayan, kendi Hollandalı kolonicilerimizin sevgi ve bağlılıklarını zehirlemeye çalışan şu entrikanın gizli ve gerçek gayesinin bu arzu olduğunu anlıyordu. Hepsi tek bir hedefe odaklanmıştı ve bu hedef, İngiliz gücünün Güney Afrika'dan tamamen çıkarılması ve tek bir büyük Hollanda Cumhuriyeti'nin kurulmasıydı. Transvaal tarafından istihbarat teşkilatı parası içinden harcanan büyük miktarda para- ki, ben bunun bütün İngiliz İmparatorluğu tarafından harcanandan çok daha büyük bir miktar olduğuna inanıyorum – yer altındaki faal nüfusları hakkında bir fikir verecektir. Görevleri ne olursa olsun, özel görevliler, ajanlar ve casuslardan oluşan bir ordu, kesin olarak İngiliz sömürgelerine yayılmıştı. Gazetelere de rüşvet verilmiş, Fransa ve Almanya'daki basına ciddi miktarlar harcanmıştı.

İşin doğası gereği, Güney Afrika'da Hollanda'nın İngiliz yönetiminin yerini alacağına yönelik bu türden büyük komplo, kolaylıkla ve kesin olarak ispat edilebilecek bir konu değildi. Bu tür sorunlar kamu belgelerinde tartışılmıyordu ve komplocular sırlarını açmadan önce askerlerin sesi duyuluyordu. Ancak, öne çıkan şahısların ve milletvekillerinin ve bu yönde şahsi ihtirasları olduğuna dair birçok delil vardı ve özellikle de olayların gidişatının belirttikleri bu sonuca doğru fiilen nasıl ilerlediğini görünce, birçok kişinin bireysel olarak istedikleri şeyler için toplu olarak çaba göstermediklerine inanmak zordu. Konuyla ilgili tüm yazarların minnet borçlu olduğunu kabul etmesi gereken bir kitap olan "Transvaal'ın İçinden" isimli kitabında J.P. FitzPatrick, eski bir Cape Yasama Konseyi üyesi ve Afrikander Bondsman'ın en önemli üyesi olan D.P.Graff'ın, 1896'da Büyük Britanya'nın Güney Afrika'nın dışına itilmesi gerektiğine dair bir teklifle kendisine nasıl yaklaştığını anlatmaktadır. Aynı politikacı aynı teklifi Bay Beit'e yaptı. Bununla, Cape Kolonisi'nin Başbakanının kardeşi olan Theodore Schreiner'in aşağıdaki şu ifadesini kıyaslayın:

"O zaman Orange Özgür Devleti'nin bir hâkimi olan Reitz ile Transvaal'ın yeniden ele geçirilmesinden kısa bir süre sonra ve o Afrikander Bond'u kurmakla meşgulken on yedi ya da on sekiz yıl önce Bloemfontein'de tanıştım. Her halükârda, o esnada, herkes için aşikâr olması gereken şey, İngiltere ve İngiliz Hükümeti'nin, Transvaal'ın bağımsızlığını elinden alma niyetinde olmadığıydı, çünkü "cömertçe" aynı hakkı henüz vermişti; cumhuriyetlerle savaşma niyetinde değildi, çünkü henüz barış yapmıştı; Rand altın madenlerini ele geçirmeye niyetli değildi, çünkü henüz bu madenler keşfedilmemişti. O sıralarda, çok geçmeden, Bay Reitz'le tanıştım ve Afrikander Bond'un bir üyesi olmam için elinden gelenin en iyisini yaptı, ancak tüzüklerini ve programlarını okuduktan sonra, üye olmayı reddettim; bunun üzerine, aramızda, o zamandan beri aklımdan silinmeyen, aşağıdaki şu konuşma geçti:

REITZ: "Niçin reddettiniz? İnsanların siyasi meselelere ilgi duymalarını sağlamak iyi bir amaç değil midir?"

BEN: "Evet, öyle; ama buradaki şu tüzüğün satırları arasında nihayetinde bundan çok daha fazlasını amaçladığını görüyor gibiyim."

REITZ: "Nasıl?"

BEN: "Amaçlanan nihai hedefin, İngiliz hâkimiyetinin yıkılması ve İngiliz bayrağının Güney Afrika'dan atılması olduğunu açıkça görüyorum."

REITZ (gizli düşüncesi ve amacı keşfedilen ve böyle bir durumdan pek memnun olmayan birinin, bilinçli hoş gülümsemesi ile): "Peki ya öyleyse?"

BEN: "Siz, bu bayrağın muazzam bir mücadele ve savaş olmadan Güney Afrika'dan çekip gideceğini sanmıyorsunuz? Değil mi?"

REITZ (yine aynı kendine güvenen sevimli, hâlinden memnun ve şimdi yarı mahcup bir gülümseme ile): "Sanırım hayır; ama böyle olsa bile, bundan ne çıkar?"

BEN: "Sadece bu nedenle, bu mücadele gerçekleştiğinde sen ve ben zıt tarafta olacağız ve dahası, son savaşta haklı taraf olduğu için Transvaal'ın yanında olan Tanrı, bu sefer İngiltere'nin yanında olacak, çünkü Tanrı kendisi tarafından takdir edilmiş olan İngiltere'nin Güney Afrika'daki gücü ve konumunu devirecek herhangi bir komplo ve planı nefretle seyrediyordur."

REITZ: "Göreceğiz."

"Böylelikle konuşma sona erdi, ancak geçen on yedi yıl boyunca Güney Afrika'daki İngiliz hâkimiyetinin devrilmesi için Reitz ve meslektaşlarından kaynaklanan ve sebep oldukları, propagandanın her türlü vasıta ile - basın, minber, platform, okullar, kolejler, yasama meclisi- şu anki savaşta doruk noktasına ulaşana kadar durmaksızın yayılmasını izledim." İnanın bana, F.W. Reitz'in Büyük Britanya'ya ültimatomunu kaleme almak için oturduğu gün, hayatının en gurur verici ve en mutlu anıydı ve o anı uzun yıllar boyunca ateşli bir özlem ve ümitle beklemişti.

Cape'deki Hollandalı bir siyasetçi ile Orange Özgür Devleti'ndeki Hollandalı bir politikacının ifadeleri ile karşılaştırın. Aşağıdaki paragraf Kruger'in 1887 yılında Bloemfontein'de yaptığı bir konuşmadan alınmıştır:

"Tek bir bayrak altındaki bir Birleşik Güney Afrika'dan bahsetmek için çok erken olduğunu düşünüyorum. Bu bayrak hangisi olmalı? İngiltere Kraliçesi, bayrağının aşağıya indirilmesine razı olmayacaktır ve biz de Transvaal'ın Boerleri olarak bizimkinin aşağıya indirilmesine razı değiliz. Ne yapılmalı? Biz şimdilik küçük ve önemsiziz, ama büyüyoruz ve dünyanın büyük ulusları arasında yerimizi almanın zeminini hazırlıyoruz."

"En büyük hayalimiz' dedi başka biri, 'Güney Afrika Devletlerinin birliğidir ve bunun dışarıdan değil, içeriden gelmesi gerekir. Bu tamamlandığında, Güney Afrika harika olacak."

Hollanda'nın her köşesinde her zaman, bu fikrin uygulamaya konulmaya hazırlandığına dair birçok emareleri olan, aynı teori düşünülmekteydi. Tarihçilerin en adil ve en tarafsız olanlarının, bu komployu bir efsane olarak kabul edip görmezden gelemeyeceğini tekrar ediyorum.

Buna sert bir cevap verilebilir, neden komplo kurmasınlar? Neden Güney Afrika'nın geleceği hakkında kendi görüşlerine sahip olmasınlar? Neden bir evrensel bir bayrak ve ortak bir dile sahip olmak için çaba göstermiyorlar? Neden eğer yapabiliyorlarsa bizim kolonicilerimizin dostluğunu kazanmıyorlar ve bizi denize sürmüyorlar? Yapmamaları için hiçbir neden göremiyorum. Eğer istiyorlarsa, denemelerine izin verin ve bırakın biz de onları önlemeye çalışalım. Lakin bize izin verin ki, İngiliz saldırganlığı hakkında konuşmaya, altın madenleri üzerindeki kapitalist düzenlemeye, kırsal bölgedeki insanların hatalarına ve bu konuyu gizlemek için kullanılan diğer tüm bahanelere bir son verelim. Cumhuriyetler üzerine İngiliz komploları hakkında konuşanlar, dikkatlerini bir an için, sömürgeler üzerine cumhuriyetçi komplolar için var olan kanıtlara yöneltsin. Bırakalım bütün beyaz erkeklerin eşit olduğu ve diğer yandan azınlık bir ırkın diğerinin çoğunluğuna zulmettiği bir sistem göstersinler ve bırakalım en hakiki özgürlüğün nerede olduğunu, neyin evrensel özgürlük ifade ettiğini ve neyin gericilik ve ırksal nefret anlamına geldiğini düşünsünler. Sevgilerinin nereye yöneldiğine karar vermeden önce bütün bunları iyice düşünmelerini ve cevap vermelerini sağlayın.

Siyasetin bu çok derin sorunlarından ayrılıp, kısa bir süreliğine, pek yakında böyle hayati öneme sahip askerî değerlendirmelerden sıyrıldıktan sonra, şimdi Transvaal Hükümeti ile Sömürge Bakanlığı arasındaki diplomatik mücadeledeki olayların gidişatına geri dönebiliriz. 8 Eylül'de, daha önce de anlatıldığı gibi, İngiliz Hükümeti'nin Transvaal'daki vatandaşları için adil bir ayrıcalık olarak kabul edebileceği asgari şartları belirten son bir mesaj, Pretoria'ya gönderildi. Kesin bir cevap talep edildi ve millet bu cevabı karamsar bir sabırla bekledi.

Transvaal savaşının güçlükleri hakkında bu ülkede çok az yanılsama vardı. Çok az bir onur ve muazzam bir sıkıntının bizi beklediği açıkça görülüyordu. İlk Boer savaşı hâlâ yüreğimizi sızlatıyordu ve inatçı Boer çiftçilerinin kahramanlığını biliyorduk. Fakat halkımız karamsar olsa da, daha az kararlı değildi, çünkü devlet adamlarının bilgeliğinin ötesinde olan bu ulusal içgüdü, bunun yerel bir kavga olmadığı, ama bütün imparatorluğun varlığının buna bağlı olduğunun farkına varmışlardı. Bu olayda imparatorluğun uyumu test edilecekti. Askerler barış zamanında bunun için kadehlerini kaldırmıştı. Bu gereksiz bir şarap israfı mıydı, yoksa savaş zamanında kalplerinin kanını akıtmaya hazır mıydılar? Gerçekten ortak bir duygu ve ortak bir ilgi alanı olmayan bir grup bağlantısız milletler olarak mı kurulmuştuk, ya da imparatorluk bir birliğin çeşitli eyaletleri gibi, tek bir duygu ile heyecanlanmaya veya tek bir kararda birleşmeye hazır organik bir bütün müydü? Söz konusu olan soru buydu ve dünyanın gelecekteki tarihinin büyük bir kısmı, bu sorunun cevabına göre değişime açıktı.

Zaten sömürgelerin, uyuşmazlığın yalnızca ana vatanın meselesi olmadığı gerçeğini takdir ettiğini gösteren belirtiler vardı, ancak İngiltere, imparatorluğun bir bütün olarak haklarını koruyordu ve bu meseleden kaynaklanabilecek herhangi bir çatışmada kendisini desteklemek için kesinlikle sömürgelerin yardımına ihtiyaç duyabilirdi. 11 Temmuz gibi erken bir tarihte, ateşli ve yarı-tropikal Queensland, makineli tüfeklerle birlikte atlı bir piyade birliği teklif etmişti; Yeni Zelanda, Batı Avustralya, Tazmanya, Victoria, Yeni Güney Galler ve Güney Avustralya, sırasıyla onu takip ettiler. Kuzeyin güçlü, ancak daha temkinli ruhu olan Kanada, en son konuşandı, fakat geciktiği için daha sert konuştu. Kanada vatandaşları diğerlerine göre en az ilgili olanlardı, çünkü Güney Afrika'da çok fazla Avustralyalı ama çok az Kanadalı vardı. Buna rağmen, ortak yükün payına düşen kısmını memnuniyetle yüklendi ve bu yük daha ağır hâle gelmeye başladığında, parayı ve desteği büyüttü. İngiliz İmparatorluğu'nu oluşturan pek çok ırkın erkeklerinden, Hindu Rajalarından, Batı Afrika zencilerinden, Malay polisinden ve Batı Hindistanlılardan askerlik hizmetinde bulunma teklifleri geldi. Fakat bu beyaz adamın savaşı olacaktı ve eğer İngilizler kendilerini kurtaramayacaksa, imparatorluğun böyle bir ırktan yavaş yavaş uzaklaşması iyi olurdu. Birçoğu deneyimli eski muharipler olan ve 150.000 askerden oluşan görkemli Hint ordusuna, aynı sebepten dolayı dokunulmadı. İngiltere, böyle bir çekimserliğe karşı hiçbir övgü veya değerlendirme talep etmedi, ancak sorumsuz bir yazar, genel ahlakımıza saygısı bizim ilkelerimiz ve tarihimiz hakkındaki bilgisi kadar sınırlı olduğu görülen bu yabancı eleştirmenlerden kaç tanesinin aynı durumda kendi ülkesi olsaydı böyle bir özveriyi destekleyeceğini sorabilirdi.

18 Eylül'de, Boer Hükümeti'nin Kabine Konseyi'nden gönderilen mesaja resmî cevabı Londra'da yayınlandı. Gelen cevap üslub olarak sert ve uzlaşmazdı; esas itibarıyla, bütün İngiliz taleplerinin tamamen reddedilmesiydi. Bu cevap, beş yıllık oy verme hakkını ve asgari olarak tanımlanan, Ana vatandaki hükümetin Uitlanderlara karşı makul bir adalet ölçüsü olarak kabul edebileceği diğer önlemleri Raad'a tavsiye veya teklif etmeyi reddediyordu. Cape Kolonisi'nde ve Kanada'da olduğu gibi Raad'ın tartışmalarının iki dilli olması gerektiği önerisinden kesinlikle vazgeçiliyordu. İngiliz Hükümeti, son mektuplarında, cevabın olumsuz veya sonuçsuz olması durumunda 'kendi durumunu yeniden gözden

geçirme ve son bir çözüm için kendi önerilerini oluşturma' hakkını saklı tuttuğunu ifade etmişti. Cevap hem olumsuz hem de sonuçsuzdu ve 22 Eylül'de bir sonraki mesajın ne olacağına karar vermek için bir kurul toplandı. Mesaj kısa ve kesindi, ancak barışı sağlamak için kapıyı kapatmayacak kadar planlıydı. İngiliz Hükümeti'nin, son mesajında teklif edilen ılımlı önerilerin reddedilmesini büyük bir esefle karşıladığı bildirildi ve şimdi de verdikleri söze uygun olarak, kısa bir süre içinde bir anlaşma için kendi planlarını ortaya koyacaklardı. Mesaj bir ültimatom değildi, ama gelecekteki bir ültimatomun habercisiydi.

Bu arada, 21 Eylül'de, Orange Özgür Devleti'nin Raad'ı (Meclisi) bir araya geldi ve kavga etmemiz mümkün olmayan ancak tam tersine, büyük bir dostluk ve hayranlık duyduğumuz bu cumhuriyetin Büyük Britanya'ya karşı ağırlığını koymaya niyetli olduğu daha da belirginleşti. Bir süre önce, iki Devlet arasında, bu olayların gizli tarihi yazılana kadar, daha küçük olan için garip bir biçimde aceleci ve faydasız bir anlaşma gibi görünen saldırı ve savunma ittifakı kurulmuştu. Büyük Britanya'dan korkmasına gerek yoktu, çünkü Orange Özgür Devleti, kendisi tarafından gönüllü olarak bağımsız bir cumhuriyete dönüştürülmüştü ve onunla kırk yıl boyunca barış içinde yaşamıştı. Orange Özgür Devleti'nin kanunları bizimkiler kadar liberaldi. Ancak bu intihar niteliğindeki anlaşma ve ısrarlı düşmanca davranışıyla, kasıtlı bir şekilde savaşa giren, gerici ve dar görüşlü kanunları, tahmin edilebileceği gibi, ilerici komşusunun sempatisini soğutacak olan bir devletin kaderini paylaşmayı kabul etti. Bunun gibi ihtiraslar olabileceği zaten Dr.Reitz'in konuşmasının raporunda aktarılmıştı veya iki muharibin güç mukayesesinde ve Güney Afrika'nın muhtemel geleceği konusunda tam bir halüsinasyon yaşanmış olabilirdi; ancak yine de bu olabilirdi, anlaşma yapılmıştı ve ne kadar dayanabileceğini test etme zamanı gelmişti.

Başkan Steyn'in Raad'ın toplantısındaki tavrı ve Boer vatandaşlarının çoğunluğundan aldığı destek, iki cumhuriyetin birlikte hareket edeceğini açıkça gösterdi. Açılış konuşmasında Steyn, ödün vermeden İngiliz görüşlerine karşı olduğunu açıkladı ve devletinin tüm varlığıyla Transvaal'a bağlandığını ilan etti. İngiliz Hükümeti tarafından daha fazla gözardı edilemeyecek bariz askerî önlemler arasında, Transvaal sınırının hemen dışında kalan ve Kimberley'den Rodezya'ya kadar uzanan uzun ve muhafazasız demir yolu hattını korumak için küçük bir kuvvet gönderilmesi vardı. Sir Alfred Milner, Başkan Steyn'le birliklerin bu hareketi hakkında görüşerek, bu birliğin hiçbir şekilde Özgür Devlete karşı yönlendirilmediğine dikkat çekti. Sir Alfred Milner, İmparatorluk Hükümeti'nin Transvaal ile dostane bir çözüm bulma konusunda hâlâ umutlu olduğunu ekledi, ancak eğer bu umut boşa çıkarsa, İmparatorluk Hükümeti, Orange Özgür Devleti'nden mutlak tarafsızlığını korumasına ve herhangi bir vatandaşının askerî müdahalesini önlemesine ihtiyaç duymaktaydı. Bu durumda Özgür Devlet sınırının bütünlüğünün mutlak bir şekilde korunacağını taahhüt etti. Son olarak, Özgür Devlet ile Büyük Britanya arasındaki iyi ilişkileri bozmak için hiçbir neden olmadığını, çünkü bizim onlara karşı olan en samimi duygularımızı canlı tuttuğumuzu ifade etti. Bunun üzerine Başkan, Transvaal'a karşı yaptığımız eylemi onaylamadığını ve Boer vatandaşları tarafından bir tehdit olarak kabul edilebilecek olan birliklerin bu hareketini esefle karşıladığını belirten mealde biraz nahoş bir cevap verdi. Özgür Devlet Meclisi'nin (Raad'ının), "Ne pahasına olursa olsun, iki devlet arasında var olan siyasi ittifak nedeniyle Özgür Devlet, Transvaal'a karşı olan yükümlülüklerini dürüstçe ve sadakatle yerine getirecektir," ifadesiyle sona eren daha sonraki bir kararı; bizim tarafımızdan oluşturulan ve bizimle kavga etmesi için hiçbir sebep bulunmayan bir ülkenin, girdabın içine çekilmekten kurtarılmasının niçin mümkün olmadığını gösteriyordu. Her iki sınır üzerindeki her yerden savaş hazırlıkları haberleri geliyordu. Zaten eylül ayının sonunda askerî birlikler ve silahlı Boer vatandaşları sınırda toplanmıştı ve en kuşkucu olanlar nihayet büyük bir savaşın gölgesinin gerçekten üzerlerine düştüğünü anlamaya başladılar. Natal sınırı üzerindeki Volksrust'ta toplanan topçu birlikleri, mühimmat ve ikmal maddeleri, fırtınanın nerede kopacağını gösteriyordu. Eylül ayının son gününde, yirmi altı askeri trenin Pretoria ve Johannesburg'dan bu nokta için ayrıldığı bildirildi. Aynı zamanda, Bechuanaland sınırındaki Malmani'de demir yolu hattını ve kaderinde bütün dünyanın yakında ismine aşina olacağı İngiliz kasabası Mafeking'i tehdit eden bir yığınaklanmaya dair haberler gelmişti.

 3 Ekim'de, orada gerçekten savaş nedeni olan bir olay meydana geldi. İngiliz Hükümeti sabrı taşmak üzere olmasına rağmen bunu böyle görmeyi reddetti ve nihai devlet belgelerini hazırlamaya devam etti. Transvaal'dan Cape Town'a giden posta treni, Vereeniging'de durduruldu ve İngiltere'ye gidecek yaklaşık yarım milyon pound değerindeki haftalık altın sevkıyatına Boer Hükümeti tarafından el konuldu. Aynı gün Cape Town'daki bir görüşmede, Afrikaner İçişleri Bakanı, sınırın üzerindeki Hükümet hattından 404 kamyon geçtiğini ve geri dönmediğini itiraf etti. Cape üzerinden Pretoria'ya ve Bloemfontein'e silah ve mühimmatın geçmesi ile birlikte ele alındığında, bu olay, Koloni İngilizleri ve İngiliz halkı arasında, Kimberley ve Vryburg gibi sınır kasabalarının kendi savunmaları için top almakta yaşadıkları zorlukların raporları ile artan çok derin bir infiale yok açtı. Raadlar dağıtılmıştı ve eski cumhurbaşkanının son sözleri, savaşın kesin bir ifadesi ve nihai hakem olarak Tanrıya ciddi bir yakarıştı. İngiltere, anlaşmazlığı aynı korkutucu Yargıca yönlendirmek için daha az cesaretle değil, ama daha az zorlanarak hazırdı.

 2 Ekim'de Cumhurbaşkanı Steyn, Sir Alfred Milner'e Özgür Devlet Boer vatandaşlarını seferber etmeyi, yani güçlerini harekete geçirmeyi gerekli gördüğünü bildirdi. Sir A. Milner bu hazırlıklardan üzüntü duyduğunu kaydetti ve henüz barıştan ümidini kesmediğini beyan etti, çünkü makul herhangi bir önerinin Majestelerinin Hükümeti tarafından olumlu bir şekilde değerlendirileceğinden emindi. Steyn'in cevabı, Güney Afrika'ya gelen İngiliz takviyelerinin akışı kesilmeden

müzakere yapmanın bir yararı olmadığıydı. Kuvvetlerimiz hâlâ çok azınlıktayken, takviyeleri durdurmak imkânsızdı, bu yüzden yazışmalardan hiçbir sonuç alınamadı. 7 Ekim'de, Büyük Britanya'da Birinci Kolordu'nun ihtiyat birlikleri seferber edildi ve diğer emareler, Güney Afrika'ya kayda değer bir kuvvet göndermeye karar verildiğini gösteriyordu. Meclis de açık bir şekilde beklemede olan bu ciddi tedbirler için resmî ulusal bir onay alınabilmesi maksadıyla toplantıya çağrılmıştı.

9 Ekim'de, Boer Hükümeti'nden gelen beklenmedik ve cüretkâr bir ültimatomun ulaşmasıyla, İngiliz Sömürge Bakanlığı'nın biraz sakin devam eden faaliyetleri kesin bir sonuca bağlandı. Silahlarda olduğu gibi, zekâ yarışmalarında da kahkaha atan tarafın genellikle basit ve pastoral Güney Afrikalı komşularımız olduğu kabul edilmelidir. Mevcut örnek, kural için bir istisna değildi. Hükümetimiz ihtiyatla ve sabırla bir ültimatom vermeye doğru ilerlerken, rakibimiz aniden masaya koymak için hazırladığımız kartı oynamıştı. Belge çok sert ve kesindi, ancak yazılan koşullar o kadar olanaksızdı ki, açıkça doğrudan doğruya bir savaşa zorlamak amacıyla kasıtlı olarak tasarlanmıştı. Bu belge, cumhuriyetin sınırlarındaki birliklerin derhal geri çekilmesi, geçen yıl içinde gelen tüm takviyelerin Güney Afrika'dan ayrılması ve şu anda denizde olanların karaya çıkmadan geri gönderilmelerini istiyordu. Kırk sekiz saat içinde tatmin edici bir cevap verilmezse, "Transvaal Hükümeti, büyük bir üzüntüyle Majesteleri Hükümeti'nin eylemini, sonuçlarından kendisinin sorumlu tutulamayacağı resmî bir savaş ilanı olarak kabul etmeye mecbur olacaktır." deniliyordu. Bu küstah mesaj, imparatorluğun her tarafında alay ve öfkeyle karşılandı. Cevap ertesi gün Sir Alfred Milner aracılığıyla gönderildi.

"10 Ekim. - Majesteleri Hükümeti, 9 Ekim'deki telgrafınızla iletilen Güney Afrika Cumhuriyeti Hükümeti'nin kalıcı taleplerini büyük bir üzüntüntü ile karşılamıştır. Güney Afrika Cumhuriyeti Hükümeti'ne cevap olarak, Majestelerinin Hükümeti'nin bunu gördüğü şekliyle, Güney Afrika Cumhuriyeti Hükümeti tarafından talep edilen koşulların görüşülmesinin mümkün olmadığını bildireceksiniz."

Böylece, kalemlerin savaşını ve ağız dalaşlarını geçerek Lee-Metford ve Mauser'lerin hakemliğinde uzun yolun sonuna geldik. Olayın bu noktaya gelmesi, üzüntü verici bir durumdu. Bu insanlar bize, bizden olmayan herhangi bir ırktan çok daha yakınlardı. Onlar kendi kıyılarımıza yerleşen halkla aynı Frizon soyundan geliyordu. Ruh hâlleri, inançları, hukuka saygıları açısından onlar bizim gibilerdi. Anglo-Keltik ırkı için değerli olan avcılık içgüdüleri ile aynı zamanda cesur ve misafirperlerlerdi. Dünyada hayran kalabileceğimiz daha fazla niteliklere sahip hiç kimse yoktu ve bu niteliklerden en önemlisi, kendimizde uyguladığımız kadar başkalarını da teşvik ettiğimiz, en gurur verici övünç kaynağımız olan bağımsızlık aşkıydı. Böyle olduğu hâlde, uçsuz bucaksız tüm Güney Afrika'da ikimize birden yer olmadığı bir duruma gelmiştik. Bu konuda kendimizi masum gösteremeyiz. "İnsanların yaptıkları kötülük, onların peşinden gelir" derler. Geçmişte Güney Afrika'da nerede hata yaptığımız, bu küçük yüzeysel hikâyede anlatıldı. Bizim elimizde, ayrıca, Kraliçe Komisyonu'nu toplayan subaylar tarafından yönetilen ve İngilizler tarafından icra edilen Jameson baskını bulunmaktadır; bu çok gereksiz görevin içinde, ayak sürüyen, gönülsüz soruşturmanın mesuliyeti de bize kaldı. Bunlar büyük yangını tutuşturmaya yardımcı olan kibritlerdi ve onları tutan bizdik. Ancak bu kadar yanıcı olduğu kanıtlanan çalı çırpı demetini biz ayarlamamıştık. Azınlığın çoğunluğu vergilendirilmesi ve eziyet etmesi için sabit bir meclis kararı, iki kuşaktır bir ülkede yaşayan insanların o ülkeyi tamamen kendileri için talep etme kararlılığı, toplumun yarısına yapılan yanlışlardı. Bunların hepsinin arkasında Hollanda'nın Güney Afrika'ya hükmetme tutkusu olabilir. Bu, İngiltere'nin uğruna savaştığı küçük bir hedef değildi. Bir millet aylarca süren felaketle şikâyet etmeden mücadele ettiğinde, adalete olan inancını ve mücadelenin gerekliliğini kanıtladığını iddia edebilir. Bu muazzam ülkenin genelinde Hollanda'nın mı yoksa İngiltere'nin mi devlet düşüncesi üstün gelecekti? Birincisinin manası, tek bir ırk için özgürlüktü, diğeri ise tek bir medeni kanun altındaki bütün beyaz erkeklere eşit haklar anlamına geliyordu. Her birinin siyahi ırklar için ne ifade ettiğini bırakalım tarih açıklasın. On bir Ekim, Bin sekiz yüz doksan dokuz Çarşamba günü öğleden sonra saat beşi vurduğu andan itibaren karar verilmesi gereken ana mesele buydu. Bu tarih, Güney Afrika'nın kaderini belirleyecek, Britanya İmparatorluğu'nda büyük değişiklikler yapacak, dünyanın gelecekteki tarihini ciddi şekilde etkileyecek ve bu arada savaş sanatı konusundaki görüşlerimizin çoğunu değiştirecek olan savaşın başlangıcını gösteriyordu. Bu, savaşın öyküsünü, sınırlı materyalle ancak özen ve samimiyet göstermek için büyük bir tutkuyla, şimdi anlatmaya çalışacağım.

5. BÖLÜM

TALANA TEPESİ

12 Ekim sabahı soğuk ve sisli bir havada Sandspruit ve Volksrust'taki Boer kampları dağıldı ve Boerler savaşa girdi. Her birinde sekiz Krupp topu bulunan iki batarya ile hepsi atlı yaklaşık on iki bin kişi, daha sonra Özgür Devlet vatandaşları ve Özgür Devlet sınırını geçecek olan Almanlar ve Transvaal vatandaşlarından bir birliğin kendilerine katılmasını bekleyen, kuzeyden gelen işgalci kuvvetlerdi. Şafaktan bir saat önce toplar ilerlemeye başladı, son top arabasının hemen arkasından piyadeler takip etti, böylece günün ilk ışıkları tepeler arasından aşağıya doğru çözülen siyah kıvrımlı çizginin üzerine düşmüştü. Bu olay üzerine bir izleyici onlarla ilgili olarak şöyle diyordu: "Yüzleri görülmeye değerdi. Genelde takındıkları ifade bir kararlılık ve Buldok azmiydi. Orada ne korku ne de tereddütten eser vardı. Boerlerin sorumlu tutalacağı şey her ne olursa olsun, asla korkak oldukları ya da bir Briton'un çeliğine değmeyecek bir adam oldukları asla söylenemez." Sözler harekâtın başında yazılmıştı ve bugün bütün imparatorluk, bu sözleri onaylayacaktı. Ülkelerinin tüm altın madenlerinden daha değerli olan böyle gönüllü vatandaşlar gibi askerlere sahip değil miydik?

Transvaal'ın ana kuvveti, 1800 askerden oluşan Pretoria komandoları ve Heidelberg, Middelburg, Krugesdorp, Standerton, Wakkerstroom ve Ermelo komandoları ile bugüne kadar bir savaş meydanına getirilmiş en iyi toplara haiz en mükemmel ve en organize birlik olan Devlet Topçularından oluşuyordu. On altı Krupp topunun yanı sıra, harekâtın başlangıç bölümünde çok önemli bir etkiye sahip olan altı inçlik iki ağır Creusot topunu çekerek götürdüler. Bu yerel kuvvetlere ek olarak, belirli sayıda Avrupalı destekçileri vardı. Alman birliklerinin büyük kısmı Özgür Devlet güçleriyle birlikteydi, fakat birkaç yüz kişi kuzeyden gelmişti. Yaklaşık iki yüz elli kişilik bir Hollanda birliği ve yeşil bayrak ve arp altında hareket eden aynı sayıdaki bir İrlanda (ya da daha doğrusu muhtemelen bir İrlandalı Amerikan) birliği vardı.

Askerler, eldeki tüm verilere göre, çok farklı iki türe ayrılabilir. Zenginlik ve medeniyet sayesinde zekileşen ve muhtemelen biraz da kuvvetten düşen iş adamı ve meslek erbabı kasabalı Boerler, köylü dostlarından daha dikkatli ve daha hızlıydı. Bu adamlar, Hollandaca yerine İngilizce konuşuyordu ve aslında aralarında İngiliz kökenli birçok insan da vardı. Fakat hem sayıları hem de ilkel özellikleri bakımından çok zorlu olan, diğerleri ise, güneşten yanmış, saçları karmakarışık, tam sakallı çiftçiler, dindar Hristiyanlar ve iyi nişancılar, kendilerine ait gerilla savaşı gelenekleri ile yetiştirilmiş uzak bozkır Boerleriydi. Bunlar belki de dünya üzerindeki en iyi doğal savaşçılardı, kötü yemeklere ve daha kötü bir yatağa alışkın keskin nişancı avcılardı. Tavırları ve konuşmaları kabaydı, ama birçok iftira ve bazı nahoş gerçeklere rağmen, insanlıkları ve harp örf ve âdetlerine uyma arzuları, ancak en disiplinli ordular ile kıyaslanabilirdi.

Bu fevkalade orduyu yöneten adam hakkında bu noktada birkaç söz söyleyebiliriz. Piet Joubert, doğuştan bir Cape Kolonicisiydi, yeni ülkesinin dar yasalarının sınırın dışında olduğu konusunda ısrar ettiği, Kruger'in kendisi gibi aynı türden köylülerden biriydi. Dokunduğu her ırkı güçlendiren ve geliştiren Fransız Hugeot kanından geliyordu ve bu kandan kaynaklanan, rakipleri tarafından bile beğenilen ve saygı duyulan bir kahramanlık ve asalete sahipti. Birçok yerel mücadelede ve 1881'deki İngiliz Askerî Harekâtında yetenekli bir lider olarak kendini gösterdi. Transvaal'ın bağımsızlığı adına direnişindeki sicili çok tutarlıydı, çünkü Kruger'in yaptığı gibi, İngiliz yönetimindeki memuriyeti kabul etmemişti, ama her zaman uzlaşılmaz biri olarak kalmıştı. Uzun boylu ve iriydi; sert gri gözleri ve gür sakalı tarafından yarısı saklanmış olan korkunç bir ağzı ile önderlik ettiği adamların iyi bir cinsiydi. Şimdi altmış beş yaşındaydı ve bazı Boer vatandaşlarının ileri sürdüğü gibi, içindeki gençlik ateşi sönmüştü; ama deneyimliydi, kurnazdı ve savaş tecrübesi vardı, kesinlikle atılgan ve zeki değildi, ama yavaş, kararlı, sert ve acımasızdı.

Bu kuzey ordusunun yanı sıra Natal'a yaklaşan iki Boer grubu daha vardı. Utrecht ve Svaziland bölgelerinden gelen komandolardan oluşan bir grup, Dundee'deki İngiliz mevzisinin kanadındaki Vryheid'de toplanmıştı. Muhtemelen altı ya da yedi bin kişiden daha az olmayan ve çok daha büyük olan diğeri, çeşitli geçitlerden ilerleyen, Tintwa Geçidi'nden ve korkunç Drakensberg bölgesinden geçerek Batı Natal'ın daha verimli ovalarına açılan Van Reenen'in içinden geçen Schiel'in Almanlarıyla birlikte, Özgür Devletten ve Transvaal'ın bir kolordusundan gelen askerî birlikti. Toplam kuvvet yirmi ile otuz bin arasında olabilir. Söylenenlere göre, şaşırtıcı derecede yüksek bir cesarete sahiptiler, zafere giden kolay bir yolun önlerinde uzandığına ve hiçbir şeyin denize giden yola engel olamayacağına inandırılmışlardı. Eğer İngiliz komutanları muhaliflerini hafife aldılarsa, bu hatanın karşılıklı olduğuna dair çok sayıda kanıt bulunmaktadır.

İngiliz kuvvetlerinin konuşlanmasına dair birkaç söz söylemek gerekirse, her ne kadar Sir George White fiilî komutan olsa da savaş ilan edilmeden sadece birkaç gün önce ülkede olduğu unutulmamalıdır. Neticede yerel siyasi otoritenin tavsiyesiyle desteklenen ya da engellenen hazırlıklar, General Penn Symons'a düşmüştü. Ana mevzi Ladysmith'teydi, ancak Dundee istasyonundan beş mil ve Ladysmith'ten kırk mil mesafede olan Glencoe'yu güçlü bir ileri karakol savunuyordu. Bu tehlikeli kuvvet taksiminin sebebi, demir yolunun Biggarsberg bölümünün her iki ucunun güvenliğini sağlamak ve aynı zamanda bu bölgenin önemli kömür madenlerini korumaktı. Seçilen mevziler, her bir durum için, İngiliz komutanının Boer toplarının sayısının ve gücünün farkında olmadığını gösteriyordu çünkü, her biri piyade tüfeği ateşine karşı eşit derecede savunulabilir ve aynı zamanda topçu taarruzuna karşı eşit derecede savunmasızdı. Glencoe örneğinde, özellikle yukarıdaki tepelerde bulunan topların yaptıkları gibi, mevziyi savunulamaz hale getireceği açıktı. Bu dış karakol, 1'inci Leicester Alayı, 2'nci Dublin Hafif Piyadeleri ve Piyadelerin birinci taburu ile 18'inci Hafif Süvari Alayı, üç bölük atlı piyade ve üç sahra topçu bataryası; 13'üncü, 67'nci ve 69'uncu bataryalar tarafından savunuluyordu. 1'inci Kraliyet İrlanda Hafif Piyade Alayı, onları takviye etmek için yola çıkmıştı ve ilk muharebeden önce ulaşmıştı. Hepsi birlikte Glencoe kampında yaklaşık dört bin kişi vardı.

Ordunun asıl kuvveti Ladysmith'te kalmıştı. Bunlar 1'inci Devonlar, 1'inci Liverpool ve 2'nci Gordon Highlanders, 1'inci Gloucesterlar, 2'nci Kraliyet Piyadeleri (King Royal Rifles) ve daha sonra Manchester Alayı tarafından takviye edilen 2'nci Piyade Tugayından oluşuyordu. Süvari, 5'inci Ağır Süvari Muhafız Alayı, 5'inci Mızraklı Süvari Alayı, 19'uncu Hafif Süvari Alayından bir müfreze, Natal Karabinalı askerleri, Natal Atlı Polisi ve sonradan çoğunlukla Rand'dan gelen mülteciler arasından askere alınmış tecrübeli askerlerden oluşan bir birlik olan İmparatorluk Hafif Süvari ile takviye edilen Atlı Sınır Piyadelerini içeriyordu. Topçu olarak 21'inci, 42'nci ve 53'üncü sahra topçu bataryaları ve 10 numaralı Dağ Bataryası ile topları bu görev için çok hafif olan Natal Sahra Topçusu ve Kraliyet İstihkâmcılarından 23'üncü Bölük vardı. Yaklaşık sekiz ya da dokuz bin kişi gücündeki tüm kuvvet, yardımcıları Sudan'dan yeni gelen Sir Archibald Hunter, General French ve General Ian Hamilton olan Sir George White'ın emir komutası altındaydı.

Bu durumda, Boerlerin ilk darbesiyle karşılaşacak olan 4000 kişiydi. Eğer bunların üstesinden gelinebilirse, mağlup edilmesi ya da engel olunması gereken 8000 kişi daha vardı. Sonrasında denizle aralarında ne kalıyordu? Yerel gönüllülerden bazı müfrezeler, Colenso'daki Durban Hafif Piyadeleri ve Estcourt'ta bazı denizci gönüllüler ile Natal Kraliyet Piyadeleri. Boerlerin gücü ve hareket kabiliyeti karşısında koloninin nasıl kurtarıldığı açıklanamaz. Boerler ve bizler aynı kandan geliyoruz ve bunu hatalarımızda da gösteriyoruz. Bizim kendimize aşırı güvenimiz onlara fırsat verdi ve onların kendilerine aşırı güveni, onların derhal bu fırsattan yararlanmasına engel oldu. Bu fırsat kaçtı ve bir daha asla geri gelmeyecek.

11 Ekim'de savaş başladı. 12'sinde Boer kuvvetleri hem kuzeyden hem de batıdan sınırı geçti. 13'ünde Natal'ın en üst köşesindeki Charlestown'u işgal ettiler. 15'inde sınırdan yaklaşık on beş mil içeride daha büyük bir kasaba olan Newcastle'a ulaşmışlardı. Evlerden izleyenler, geçitlerden aşağı doğru kıvrılan altı mil uzunluğundaki tenteleri yana yatırılmış kağnıları görmüşler ve bunun bir baskın değil, bir işgal olduğunu öğrenmişlerdi. Aynı tarihte, batı geçitlerinden bir ilerlemenin ve doğuda Buffalo Nehri'nden bir hareketin istihbaratı İngiliz karargâhına ulaştı. 13'ünde Sir George White cebrî bir keşif yapmış, ancak düşmanla temas sağlayamamıştı. 15'inde Natal polisinden altısı, Buffalo Nehri'nin geçiş yerlerinden birinde kuşatıldı ve esir alındı. Ayın 18'inde süvari devriyelerimiz, Acton Evlerindeki ve Besters istasyonundaki Boer keşif birlikleri ile temas sağladı, bunlar Orange Özgür Devlet kuvvetinin voortrekkerleriydi[1]. 18'inde ayrıca Glencoe Kampı'nın yedi mil kuzeyinde bir müfreze olduğu, Hadders Spruit'ten bildirildi. Bulutlar yukarıda toplanıyordu ve fırtınanın patlaması çok uzun sürmedi.

İki gün sonra, 20 Ekim sabahının erken saatlerinde, en sonunda bu birlikler karşı karşıya geldi. Sabah saat üç buçukta, gün doğmadan çok önce, Landmans ve Vants geçiş yerine giden yolların kavşağında bulunan atlı piyadelerin ileri karakoluna Doornberg komandoları tarafından ateş açıldı ve desteklenmeleri üzerine geri çekildiler. Dublin Hafif Piyadelerinden iki bölük gönderildi ve saat beşte hoş, fakat puslu bir sabahta Symons'un tüm kuvveti Boerlerin cesurca kendilerine doğru ilerlediği bilgisiyle silah altındaydı. Hâkî giyinmiş savaşçı askerler, kuzey ve doğularındaki eyer sırtı tepelerin kıvrımlarının üzerine bakarak ve doğuya düşmanın bir belirtisini yakalamak için gözlerini zorlayarak, ince, uzun sıralarında bekliyorlardı. Bu aynı eyer sırtı tepelerin neden kendi insanlarımız tarafından işgal edilmediğinin, çözülemeyen bir gizem olduğu itiraf edilmelidir. Bir kanattaki oyukta 18'inci Ağır Süvariler ve atlı piyadeler vardı. Öteki oyukta, mevzilenmiş ve atışa hazır on sekiz hareketsiz top ve soğuk sabah esintisinde huzursuzlanan ve tepinen atlar bulunuyordu.

Sonra aniden, dürbünlü bir subay dikkatle baktı ve işaret ederek "bunlar, onlar olabilir mi?" diye sordu. Başka bir subay ve sonra bir başkası sabit batarya dürbününü aynı yere doğru çevirdi. Sonrasında artık askerler de görebiliyordu ve küçük bir merak mırıltısı aşağı saflara doğru yayıldı.

Uzun eğimli bir tepe olan Talana Tepesi, zeytin yeşili renk tonuyla önlerinde uzanıyordu. Zirvesinde yuvarlak bir tepe yükseliyordu. Sis dağılıyordu ve kavisli tepe, sabah gökyüzünün berrak maviliği karşısında güçlükle ayırt ediliyordu. Bunun üstünde, yaklaşık iki buçuk ya da üç mil uzakta, bir grup küçük siyah nokta belirdi. Ufuk hattının belirgin sınırı hareketli şekillerle girintili çıkıntılı bir hâle geldi. Bir küme hâlinde toplandılar, sonra tekrar açıldılar ve daha sonra

---

1 ÇN: Voortrekker: Büyük göç esnasında Cape kolonisinden doğuya doğru göç eden Doğu Hindistan Şirketi'nin Cape kolonisindeki ilk yerleşimcilerinin soyundan gelen Boer köylüleri.

hiç duman çıkmadı, fakat şiddeti gittikçe artarak, tiz bir çığlığa dönüşen uzun bir ıslık sesi geldi. Top mermisi, büyük bir arı gibi askerlerin üzerinde vızıldadı ve arkalarındaki yumuşak toprağı etrafa sıçrattı. Sonra bir başkası ve yine bir başkası ve bir başkası daha. Ama bunlara kulak vermek için zaman yoktu, çünkü yamaç oradaydı ve orada düşman vardı. Öyleyse yine İngiliz geleneğinin güvenilir, ölüm saçan modası geçmiş kahramanca taktikleri ile başlayalım! Bilim ve kitaplardaki bilgiye rağmen, en iyi planın en cesur plan olduğu ve doğrudan düşmanınızın boğazına atılmanın gerektiği, gücünüzü anlayamadan önce başarısız olma ihtimali ile karşı karşıya olduğunuz zamanlar vardır. Süvari, düşmanın sol kanadının etrafından dolaştı. Toplar öne doğru fırladı, göreve hazırlandı ve ateş açtı. Piyade, kadın ve çocukların onları alkışlamak için kapı ve pencerelere çıktığı küçük Dundee kasabasından geçerek, Sandspruit yönünde hareket ettirildi. Tepenin o taraftan daha kolay ulaşılabilir olduğu düşünülüyordu. Leicesterlar ve bir sahra bataryası (67'nci batarya), kampı korumak ve batıdaki Newcastle yolunu gözetlemek için geride bırakıldı. Sabah saat yedide hepsi taarruza hazırdı.

Önem taşıyan iki askerî olay daha önce açıklanmıştı. Birincisi, Boer müsademeli top mermilerinin yumuşak zeminde işe yaramaz olması, neredeyse hiç patlamamasıydı; diğeri Boer toplarının, belki de tüm İngiliz teçhizatı içinde bel bağlamaya hazırlandığımız tek şey olan on beş librelik sıradan sahra toplarımızı geçebildiğiydi. İki batarya, (13'üncü ve 69'uncu) daha yakına hareket etti, önce 3000, sonra da en son, hızlı bir şekilde tepenin üzerindeki toplara hâkim olacağı menzil olan, 2300 yard'a geldi. Talana'nın doğusundaki başka bir sırtta diğer toplar konuşlanmıştı fakat 13'üncü bataryanın ateşiyle bunların da üstesinden gelindi. Saat 7.30'da piyadeye ilerlemesi emredildi, piyadeler bunu on adıma genişletilmiş, dağınık düzende yerine getirdi. İlk hattı Dublin Hafif Piyadeleri, ikinciyi piyadeler ve üçüncü hattı da İrlanda Hafif Piyadeleri oluşturmuştu.

İlerlemenin ilk bin metresi, menzilin uzun olduğu açık otlakların üzerinden yapıldı ve hâkinin sarımsı kahverengi rengi solmuş bozkır ile uyum sağlamıştı. Tepenin uzun yamacının üstünde yarı yoluna kadar uzanan koruluğa ulaşılana kadar çok az kayıp verildi. Koruluk bir karaçam fidanlığıydı, birkaç yüz metre boyunda ve yaklaşık olarak aynı derinlikteydi. Bu koruluğun sol tarafında- yani ilerleyen birliklerin sol tarafında- tepeye dik olarak uzanan ve bir örtü yerine mermiler için bir kılavuz olarak görev yapan uzun bir dere yatağı ya da bir oyuk uzanıyordu. Bu noktada ateş o kadar şiddetliydi ki hem koruluktaki hem de dere yatağındaki birlikler, bundan kaçınmak için yere yatmıştı. İrlandalı Hafif Piyadelerinin bir subayı, vurulmuş bir erin kayışlarını kesmeye çalışırken, yaralı bir çavuş tarafından ona bu amaçla bir ustura uzatıldığında aniden elinden vurulduğunu anlattı. Attan inmeyi reddeden cesur Symons, midesinden vuruldu ve ölümcül şekilde yaralanmış olarak atından düştü. Aşırı bir cesaretle, sadece atını elde tutarak düşmanın ateşini çekmekle kalmamış, aynı zamanda harekât boyunca kırmızı bir flama taşıyan bir emir eri tarafından kendisine eşlik edilmişti. "Tepeyi aldılar mı? Tepeyi aldılar mı?" kan ter içinde onu arkaya taşırlarken sorduğu soru, hep buydu. Albay Sherton'un öldüğü yer, koruluğun kenarındaydı.

Şu andan itibaren bu İnkerman Muharebesi[1] gibi bir asker muharebesiydi. Koruluğun koruması altında, üç taburdan daha istekli olanı, ağaçların sınırı her taburdan gelen askerler tarafından doldurulana kadar öne doğru topluca ilerledi. Muharebe kızıştığında, hepsinin benzer şekilde giyindiği bir yerde belirli bir alayı ayırt etmenin zorluğu, herhangi bir düzeni korumayı imkânsız hale getirmişti. Ateş o kadar şiddetliydi ki, ilerleme durma noktasına geldi, ancak 69'uncu batarya, şarapnel mermilerini 1400 metrelik bir mesafeden ateşleyerek, tüfek ateşini bastırdı ve yaklaşık saat on bir buçukta piyade bir kez daha ilerleyebildi.

Koruluğun üstünde, sığır gütmek için inşa edilmiş kaba bir taş duvarla sınırlandırılan, birkaç yüz metre genişliğinde açık bir alan vardı. İkinci bir duvar buna dik açıyla aşağı doğru koruluğa uzanıyordu. Derinliğine bir piyade tüfeği ateşi, karşıdan bu açık alanı tarıyordu, fakat ön taraftaki duvar üstündeki tepeciği savunan düşman tarafından işgal edilmiş gibi görünmüyordu. Çapraz ateşten kaçınmak için, askerler kendilerini sağ tarafdan örten duvarın koruması altında tek bir sıra halinde koştular ve böylece ön tarafdaki diğer duvara ulaştılar. Burada ikinci bir uzun gecikme oldu, aşağıdan yukarı doğru sızan ve duvarın üstünden ve taşların arasından ateş eden askerler vardı. Dublin Hafif Piyadeleri, daha zor bir durumda olduklarından, diğerleri kadar çabuk ayağa kalkamadı ve duvarın altında toplanmış güçlükle nefes alan heyecanlı askerlerin çoğu, Piyadeler ve İrlandalı Hafif Piyade Alayındandı. Hava o kadar mermiyle doluydu ki, bu sığınağın diğer tarafında yaşamak imkânsız görünüyordu. Duvar ve tepenin zirvesi arasında iki yüz metre vardı. Yine de, eğer savaş kazanılacaksa tepenin temizlenmesi gerekiyordu.

Bir araya toplanmış, çömelen askerler hattının dışından bir subay bağırarak yay gibi fırladı ve bir grup asker duvarın üzerinden atladı ve onu yakından takip etti. Bu İrlandalı Hafif Piyadelerden Yüzbaşı Connor'dı, ama kişisel karizması onunla birlikte kendi emrindeki askerlerin yanı sıra bazı piyadeleri de sürüklemişti. O ve onun küçük ümitsiz girişiminin yarısı yere yıkıldı. Kendisi, ne yazık ki aynı gece ölecekti, ama yerini alacak kadar cesur başka liderler vardı. "İleri, askerler, ileri!" diye bağırdı piyadelerden Nugent. Üç mermi ile vuruldu, ama kendini kayalarla kaplı tepeye doğru çekmeye devam etti. Onu diğerleri ve ardından diğerleri takip etti, her taraftan koşarak geldiler, çömelenler, bağıranlar, hâkî giyimli şahıslar ve takviyeler arkadan yetiştiler. Bir müddet, arkalarından onları vuran kendi şarapnel mermileri tarafından yere serildiler. Bu, menzilin 2000 yardadan az olduğu düşünüldüğünde inanılmaz bir şeydi. Burada, duvar

---

1 ÇN: İnkerman Muharebesi: Kırım Savaşı esnasında 5 Kasım 1854'te gerçekleşen muharebedir. Taburların, bölüklerin ve hatta küçük asker gruplarının yoğun siste kendi inisiyatifleri ile muharebe etmek zorunda kalmaları nedeniyle "Askerlerin Savaşı" olarak adlandırılır.

ve zirve arasında, piyadelerden Albay Gunning ve diğer birçok cesur asker öldü, bazıları kendi mermilerimizle ve bazıları da düşmanlarınkilerle; ancak Boerler onların önlerinde seyreldiler ve aşağı ovadaki endişeli izleyiciler, zirvede dalgalanan miğferleri gördüler ve nihayet her şeyin yolunda olduğunu öğrendiler.

Ama itiraf etmek gerekir ki bu bir Pirus[1] zaferiydi. Tepeyi almıştık, ama başka ne elde etmiştik? Ateşimizle susturulan toplar, tepeden başka bir yere götürülmüştü. Tepeyi ele geçiren komando Lucas Meyer'di ve yanında yaklaşık 4000 askerin olduğu hesaplandı. Bu rakama, İngiliz kanadına karşı gönülsüz gösteri taarruzları yapan Erasmus komutasındakiler de dahildi. Eğer kaytaranlar çıkarılırsa, tepenin üstündeki gerçek muharip sayısının binden fazla olmadığı muhtemeldir. Bu sayıdan yaklaşık ellisi öldürüldü ve yüzü de yaralandı. Talana Tepesi'ndeki İngiliz kaybı 41 ölü ve 180 yaralıydı, ancak öldürülenlerin arasında ordunun kurtarabileceği birçok kişi de vardı. Cesur ama iyimser Symons, piyadelerden Gunning, Sherston, Connor, Hambro ve diğer birçok cesur asker o gün öldü. Subayların kaybı, askerlere kıyasla tüm oranların dışındaydı.

Harekâttan hemen sonra meydana gelen bir olay, İngilizleri zaferin meyvelerinden yoksun bırakmak için çok şey yaptı. Tepe ele geçirildiği anda topçu, yukarı sevk edildi ve düşmanın 50 ve 100 kişilik parçalanmış gruplar halinde akıp gittiği görülebilen Smith Geçidi'nde iki tepe arasına mevzilenmişti. Şarapnel mermilerinin kullanımı için daha uygun bir fırsat hiç olmamıştı. Fakat tam o anda, gün boyunca Boer hastanesi olarak kullanılan, tepenin arka tarafındaki eski bir demir kiliseden beyaz bayraklı bir adam çıktı. Hareketin iyi niyetli olması ve onu takip eden ambulans ekibi için bir koruma talebinde bulunmayı amaçlamış olması muhtemeldi. Fakat komuta eden çok güvenilir bir topçu, ateşkes ilan edildiğini düşünmüş ve yenilgiyi bir bozguna dönüştürebilecek bu değerli dakikalarda düşmanı rahatlatmış gibi görünüyordu. Bu şans, bir daha geri gelmemek üzere kaçırıldı. Kendi ilerlememize ateş ederek ve düşmanın geri çekilmesine ateş etmeyerek yapılan çifte hata, muharebeyi topçularımızın yüz akıyla geriye dönüp bakamayacağı bir savaş hâline getirdi.

Bu arada, birkaç kilometre uzakta başka bir olaylar dizisi, küçük bir süvari kuvveti için tam bir felakete yol açmıştı; öyle bir felaket ki pahalı bir şekilde elde edilen piyade zaferinin tesirinin çoğunu alıp götürdü. Bu muharebe, tek başına kesinlikle bir zaferdi, ama o günkü mücadelenin nihai sonucunun kesinlikle bizim lehimize olduğu söylenemez. Süvarilerinin kendisini her zaman çıkmaza soktuğunu iddia eden Wellington'du ve İngiliz askerî tarihinin tamamı, ne demek istediğine dair örneklerle doludur. Burada yine süvarimizin başı belaya girdi. Olayın tarihini yazmak, siviller için yeterlidir ama suçu paylaştırmayı askerî eleştirmenlere bırakalım.

---

1 ÇN: Pirus zaferi, MÖ 280 ve MÖ 279 yıllarında Yunan kolonisi Tarentum Kralı Pirus, Romayla yaptığı savaşa atfen kullanılan bir terim, kazanılan zaferin sonucunun mağlubiyete neden olması.

Bir bölük atlı piyadeye toplar için bir koruma kuvveti oluşturması emredilmişti. 18'inci Ağır Süvarilerin (Albay Moller) bir kısmı ile atlı piyadelerin geri kalanı, düşmanın sağ arkasına ulaşana kadar sağ kanadın etrafında hareket etmişti. Tek düşman Lucas Meyer olsaydı, böyle bir manevranın eleştirilecek bir yanı olmazdı; fakat bizim de bildiğimiz gibi, birçok komandonun Glencoe'ye yaklaştığını bilerek, süvarinin destek mesafesinden çok uzakta dolaşmasına izin vermek, açıkça çok ciddi ve kesin bir risk almaktı. Kısa süre sonra engebeli arazide sıkıştırıldılar ve sayıca üstün olan Boerlerin taarruzuna uğradılar. Tepelerin arkasındaki Boer midillilerine saldırarak harekât üzerinde önemli bir etki yapabilecekleri bir an vardı, ancak fırsatın kaçmasına izin verildi. Orduya geri dönmek için bir girişiminde bulunuldu ve geri çekilmeyi korumak için bir dizi savunma mevzii işgal edildi, ancak düşmanın ateşi o kadar şiddetli bir hâle geldi ki bu, mevzilerin elde tutulmasına izin vermedi. Biri hariç bütün yolların tutulmuş olduğu görünüyordu, bu yüzden atlılar onları düşmanın ikinci bir komando birliğinin kalbine götürdü. Hiçbir çıkış yolu bulamayan kuvvet, bir kısmı bir çiftlikte ve bir kısmı da bu çiftliğe hâkim bir tepecik üzerinde savunma mevzii işgal etti.

Toplamda yaklaşık iki yüz kişi olan müfreze, iki hafif süvari kıtası, Dublin hafif piyadelerinden bir bölük atlı piyade ve bir manga atlı avcı erinden oluşuyordu. Birkaç saat ağır ateşe maruz kaldılar, birçoğu öldürüldü ya da yaralandı. Toplar ileri yanaştırıldı ve çiftlik evleri top ateşine tutuldu. Saat 4.30'da tamamen ümitsiz bir durumda olan, müfreze, teslim oldu. Mühimmatları bitmişti, atlarının birçoğu ürkerek dağılıp kaçmış ve çok üstün sayıdaki Boerler tarafından kuşatılmışlardı; bu yüzden, böyle bir duruma neden olan hareketler eleştiriye daha açık olmasına rağmen, teslim olma kararları için kurtulanlara en ufak bir suç isnat edilemez. Onlar, cesur ve kurnaz düşmanımızın başkentinde toplanacak olan aşağılanmış ve acılı askerlerden oluşan oldukça büyük topluluğun öncüleriydi. Ana kuvvetten ayrılan ve Boerlerin arkasına gönderilen, Binbaşı Knox emrindeki 18'inci Ağır Süvari Alayının geri kalanı, benzer bir deneyim yaşadı, ancak altı ölü ve on yaralı kaybı ile kendilerini kurtarmayı başardı. Gün boyunca büyük bir Boer grubunun dikkatini çektikleri ve bazı esirleri yanlarında getirebildikleri için çabaları hiçbir şekilde boşa gitmedi.

Talana Tepesi Savaşı, taktik bir zafer, fakat stratejik bir yenilgiydi. Bu herhangi bir sahte kuşatma girişimi dahi olmayan basit bir cephe taarruzuydu, ancak genelden özele birliklerin cesareti, bu taarruzun gerçekleşmesini sağladı. Kuvvet, kesinlikle öyle yanlış bir konumdaydı ki eğer bir zafer kazanabilirse bunun tek faydası, kendi geri çekilişini korumaktı. Her yerden gelen Boerler o noktada birleşiyordu ve Boerlerin emrindeki topların onlara karşı çıkarılabileceklerden daha güçlü olduğu zaten anlaşılmıştı. Bu durum, savaştan bir gün sonra, birliklerin ele geçirdikleri işe yaramaz tepeden geceleyin çekilerek, demir yolunun uzak tarafında yeni bir mevziye hareket ettiği, 21 Ekim'de daha açık bir hâle geldi. Öğleden sonra saat dörtte, tamamen topçumuzun en uzun menzilinin ötesinden, uzak bir tepeden çok ağır bir topçu ateşi açıldı ve top mermileri art arda kampımıza düştü. Bu olay, büyük Creusot'un[1] ilk ortaya çıkışıydı. Leicester Alayından bir subayla birlikte birkaç asker ve kalan az sayıdaki süvarilerimizden bazıları yaralandı. Bu mevziyi savunmak açıkça imkânsızdı, bu yüzden 22'si sabahı saat ikide tüm kuvvet Dundee kasabasının güneyinde bir noktaya hareket etti. Aynı gün Glencoe istasyonu yönünde bir keşif yapıldı, ancak geçitlerin güçlü bir şekilde işgal edildiği görüldü ve bu küçük ordu, tekrar ilk konumuna geri döndü. Komuta, haklı olarak askerlerin tehlikeli bir şekilde ve gereksiz yere ortada bırakıldığını ve doğru stratejinin, eğer hâlâ mümkünse, geri çekilmek ve Dundee'deki hastanede General Symons ile birlikte yatan iki yüz hasta ve yaralıyı terketme pahasına, Ladysmith'deki ana gruba katılmak olduğunu düşünen Albay Yule'ye kaldı. Bu acı verici bir zorunluluktu, ama durumu inceleyen hiç kimse onun bilgeliğinden şüphe edemez. Geri çekilme kolay bir iş değildi, çok engebeli bir arazi içinden, her yönden düşman baskısı altında, yaklaşık altmış ya da yetmiş millik bir yoldan yürüyüştü. Bu intikalin, zayiat vermeden ya da birliklerin maneviyatı bozulmadan başarılı bir şekilde tamamlanması, belki de ilk zaferlerimizden herhangi biri kadar mükemmel bir askerî faaliyetti. Onlar için yolu açık tutmak maksadıyla, Elandslaagte ve Rietfontein muharebelerinde savaşan Sir George White'ın enerjik ve samimi iş birliği ve esas olarak Natal Polisi'nden Albay Dartnell'in ustaca rehberliği sayesinde, tehlikeli manevralarında başarılı oldular. 23 Ekim'de Beith'e, 24'ünde Waselibank Spruit'ta, 25'inde Sunday Nehri'ne vardılar ve ertesi sabah yağmurla sırılsıklam, çamurla sıvanmış, yorgun argın, fakat çok yüksek bir maneviyatla silah arkadaşlarının tezahüratları arasında, Ladysmith'e yürüdüler. Düzenli bir uyku uyumadan altı gün, gerçek bir yemek yemeden dört gün, bozuk bir zeminde otuz iki millik tek bir yürüyüşle ve şakır şakır yağan bir yağmur fırtınası içinde biten bir savaş ... Dundee kolunda tutulan rapor buydu. Savaşmışlar ve kazanmışlardı, mücadele etmişlerdi ve insan ırkının en üst kapasitesinde yorulmuşlardı ve bunun sonunda asla terk etmemeleri gereken bir noktaya ulaşmışlardı. Gösterdikleri sabır ve mukavemet boşa gidemezdi. Değerli bir kahramanlık, hiçbir zaman boşa gitmez. Hafif Piyade Tümeni gibi, Talavera'da[2] hazır bulunmak için kesintisiz elli küsür mil yürüdüklerinde, arkalarında başarıdan çok daha önemli olan bir hatıra ve bir standart bıraktılar. Bu tür ızdırapların ve böyle bir dayanıklılığın gelenekleşmesi başka zamanlarda diğerlerini de aynısını yapmaya cesaretlendirecekti.

---

1 ÇN: Creusot Long Tom (155 mm), Fransa'nın Le Creusot kentinde Schneider et Cie tarafından üretilen sahra topu.
2 ÇN: Talavera Muharebesi (27-28 Temmuz 1809), İspanyol Bağımsızlık (Yarımada) Savaşı (1803-1815) sırasında Madrid'in yaklaşık 120 kilometre güneybatısında bulunan Talavera de la Reina kasabasının hemen dışında yapılmıştı.

6. BÖLÜM

ELANDSLAADTE VE RİETFONTEİN

Glencoe kuvveti, Lucas Meyer'in ordusuna şiddetle saldırdığı, daha sonra zorlu bir yürüyüşle kendisini tehdit eden sayısız tehlikeden uzaklaştığı sırada, Ladysmith'teki silah arkadaşları, sadık bir şekilde düşmanın dikkatini çekmekte ve geri çekilme yolunu açık tutmaktaydı.

20 Ekim'de- Talana Tepesi Muharebesi ile aynı gün- Boerler tarafından Dundee ve Ladysmith arasındaki geri çekilme yolu, takriben tam orta noktasında kesildi. Küçük bir süvari grubu, General Koch'un emriyle Natal'a ilerleyen özgür devlet vatandaşları, Transvaal vatandandaşları ve Almanlardan oluşan kayda değer bir komando birliğine öncülük ediyordu. Onlarla birlikte Jameson akıncılarından ele geçirilen iki Maxim-Nordenfelds makineli tüfeği vardı ve şimdi bu silahların kaderinde bir kez daha İngilizlerin yanına geri dönmek vardı. Alman topçu subayı, Albay Schiel bu silahlardan sorumluydu.

O günün akşamı, Natal Karabinaları, 5'inci Mızraklı Süvarileri ve 21'nci bataryayı içeren, güçlü bir keşif müfrezesine sahip olan General French, düşmanın konumunu belirlemişti. Ertesi sabah (21 Ekim) geri döndü, fakat ya düşman o gece boyunca takviye almış ya da bir gün önce onları hafife almıştı, çünkü yanına aldığı kuvvet, ciddi bir taarruz için çok zayıftı. General French'in yedi librelik küçük oyuncak topları ile Natal topçusundan bir bataryası, imparatorluk süvarilerinden beş taburu ve onun ilerleyişine eşlik eden trende Manchester Alayından bir taburun yarısı vardı. Talana Tepesi haberi ile sevinçli olan ve Dundee'deki kardeşlerini taklit etmek için can atan bu küçük kuvvet, sabahın erken saatlerinde Ladysmith'ten çıktı.

Savaşa girerken İngiliz askerlerinin göğsünde nadiren yer bulan bazı duygular, askerlerin en azından bazılarına, cesaret verdi. Vazife bilinci, davasının haklılığına olan inanç, bağlı olduğu alaya ve ülkesine duyulan sevgi, bunlar her askerin ortak saikleridir. Fakat Rand'ın İngiliz mültecileri arasından askere alınan İmparatorluk Hafif Süvarileri askerleri için ilave olarak şiddetli bir haksızlığa uğrama ve birçok durumda kanunları, onlara çok ağır gelen bu insanlara karşı keskin bir nefret eklenmişti. Bu müstesna müfrezede saflar, Johannesburg'taki barışçıl mesleklerinden sürülen, tekrar onlara karşı savaşarak geri dönmek için kararlı zenginlerden ve eğitimli insanlardan oluşuyordu. Jameson baskını ile ilişkili olarak cesaretlerine çok haksız bir leke sürülmüştü. Bu öyle bir lekeydi ki onların ve diğer benzer müfrezelerin kendi kanlarıyla ve düşmanlarınınkiyle yıkayarak sonsuza dek çıkaracakları bir lekeydi. Cesur genç bir mızraklı süvari komutanı olan Chisholm ve onunla birlikte Kruger'in tarafı yerine Pretoria'yı Ele Geçirme Hedefini tercih eden, iki yiğit binbaşı Karri Davis ve Wools-Sampson, birliğe emir komuta ediyordu. Askerler, bir gece önce Ladysmith'e bir esir değişim anlaşmasının ulaştığı haberiyle heyecanlanmıştı. Gelenler, Johannesburg Boerlerinden ve Hollandalılardan olduklarını iddia ediyorlar ve Hafif Süvarilerin hangi üniformayı giydiklerini soruyorlardı, çünkü savaşta onlarla karşılaşmak için can atıyorlardı. Bu adamlar hemşeriydi ve birbirlerini iyi tanıyorlardı. Üniforma konusunda sıkıntı yaşamalarına gerek yoktu, çünkü akşamdan önce Hafif Süvariler, yüzlerini tanıyacak kadar onlara yaklaşacaktı.

Işıl ışıl bir yaz sabahı yaklaşık saat sekizde, İmparatorluk Hafif Süvarilerinin ilerlemesinden önce, bu küçük kuvvet, geri çekilmiş ve ateş eden, birkaç dağınık Boer ileri karakoluyla temasa geçmişti. Geri çekildiklerinde, Elandslaagte'nin kızıl kahverengi yamaçları üstünde, işgalcilerin yeşil ve beyaz çadırları görünmeye başladı. Aşağıda, kırmızı tuğla tren istasyonunda Boerlerin, geceyi geçirdikleri binaların dışında toplandıkları görülebiliyordu. Modası geçmiş siyah barutla ateş eden Natal'ın küçük topları, istasyonuna birkaç mermi attı, bunlardan biri topçular tarafından görülemeyen bir Boer ambulansına isabet etti. Kazadan pişmanlık duyulmuştu, fakat ambulansın içinde hiçbir hasta bulunmadığı için bu ciddi bir talihsizlik değildi.

Ancak, kullanımdaki duman çıkaran yedi librelik toplar, yakında üstatlarıyla karşılaşacaktı. Uzaktaki yamacın üstünde, en uzak menzillerinin bin metre ötesinde ani bir parlama oldu. Duman yoktu, sadece bir alev parlaması ve sonrasında top mermisinin uzun ıslıklı çığlığı ve bir top arabasının altındaki toprağa gömülürken çıkardığı düşme sesi. Böyle bir mesafe tahmini, Okehampton'daki müfettişlerin en kuralcılarını bile memnun ederdi. Patlama sesi, birbiri ardına, tam bataryanın kalbinden geldi. Altı küçük top, en üst açıda geriye doğru yaslandı ve hepsi birlikte çaresiz bir öfkeyle gürledi. Başka bir mermi, onların üzerinden geçti ve komuta eden subay umutsuzca batarya dürbününü aşağıya indirdi, çünkü kendi mermilerinin yamaç üzerinde çok kısa düştüğünü görmüştü. Jameson'un yenilgisi, topçularındaki herhangi bir kusurdan kaynaklanmıyor gibi görünüyordu. Dikkatlice bakan ve iyice düşünen General French, kısa süre sonra Boerlerin kendisi için çok fazla olduğu ve eğer on beş poundluk toplar atış talimi yapmak isterse Natal Sahra Topçusundan başka birtakım hedefler bulabileceği sonucuna vardı. Birkaç kısa emir verdi ve tüm kuvveti geriye doğru hareket etti.

Orada, bu tehlikeli silahların menzili dışında durdular. Telgraf teli kesilmişti, bir telefon bağlantısı kuruldu ve French, sıkıntılarını Ladysmith'in sempatik kulağına fısıldadı. Boş yere fısıldamamıştı. Söylediği şey, orada birkaç yüz piyade beklerken yaklaşık iki bin kişi bulduğu ve yine orada top olmasını beklemezken çok mükemmel iki top olduğuydu. Cevap, gönderebilecekleri en fazla sayıdaki askerin kara ve demir yoluyla ona katılmak için geliyor olmasıydı.

Kısa bir süre sonra, bu yararlı takviyeler – önce sessiz, etkin ve güvenilir Devonlar; sonra atılgan, ateşli ve eşsiz Gordonlar- gelmeye başladı. 5'inci Mızraklı Süvarilerden iki süvari bölüğü, 42'nci Kraliyet Sahra Topçu (R.F.A.) Birliği, 21'inci Kraliyet Sahra Topçu Birliği, başka bir Mızraklı Süvari Bölüğü, 5'inci Ağır Süvarileri Muhafızları'ndan bir bölük – French, önündeki görev için yeterince güçlü olduğunu hissetmeye başladı. French, tartışmasız bir şekilde sayı ve silah üstünlüğüne sahipti. Fakat diğerleri tepe üzerinde en sevdikleri savunma durumundaydı. Bu adil, fakat ölümcül bir mücadele olacaktı.

Öğleden sonra geç vakitte ileri harekât başladı. Bu dalgalı tepeler arasında düşmanın konumunu kesin olarak belirlemek zordu. Kesin olan tek şey orada olmalarıydı ve eğer bir insanın yapabileceği bir şey ise onları dışarı çıkarmak istiyorduk. Ian Hamilton, kendi piyadesine "Düşman orada," dedi; "Umarım onları gün batımından önce dışarı çıkarırsınız, aslında bunu yapacağınızı biliyorum." dedi. Askerler güldüler ve alkışladılar. Arkalarındaki iki bataryanın gök gürültüsü Boer topçularına kimin üstün geleceğini öğrenmek için şimdi sıranın onlarda olduğunu söylerken, geniş açık saflar hâlinde bozkırın içinden ilerlediler.

Plan, bir cephe ve bir yan taarruzu ile mevziyi ele geçirmekti, fakat hangisinin cephe taarruzu ve hangisinin yandan taarruz olduğunu belirlemede bazı sıkıntılar olduğu görülüyordu. Aslında bu, sadece deneyerek anlaşılabilirdi. General White, kurmaylarıyla Ladysmith'ten gelmişti, fakat emir komutayı French'in elinden almayı reddetti. Bu, White'ın şövalye ruhunun tipik bir örneğiydi ve on gün içinde bunu yapmaya hakkı olduğu hâlde bir zaferle anılmayı reddetti ve orada olmadığı hâlde bir felaketin tüm sorumluluğunu üstlendi. Vakit geçirmeden top mermileri arasında at sürdü ve yardımcısının beceri gerektiren hazırlıklarını izledi.

Yaklaşık saat üç buçukta harekât tam anlamıyla başlamıştı. İlerleyen İngilizlerin önünde, üstünde başka bir tepe bulunan inişli çıkışlı bir sırt vardı. Alttaki tepe savunulmuyordu ve bölüklerin kollarından ayrılarak açık düzene geçen piyade, bu tepenin üzerinden ilerledi. Onun ötesinde, yan tarafı kelle şekeri[1] biçiminde küçük bir tepe tarafından korunan uzun bir tepecik ve ana mevziye giden geniş çimenli bir vadi vardı. Ölüm sırtına çıkan yeşil yamacın arkasında, savaşçıların üzerine siyah gölgesini düşüren, uğursuz ve korkunç bir bulut yük-

---

1 ÇN: Koni biçiminde topak şeker. Rafine şekerin üretildiği ve satıldığı, toz şekerin ve küp şekerlerin tanıtıldığı 19. yüzyılın sonlarına kadar olağan bir şeker formu.

seliyordu. Büyük bir doğa olayı öncesinde meydana gelen sessizlik vardı. Askerler sessizce devam ettiler, ayaklarından çıkan yumuşak basma sesleri ve taşınan silahların tıngırtısı, ortamı sürekli ve düşük sesli bir uğultu ile dolduruyordu. Önlerinde asılı duran bu devasa kara bulut, taarruza ilave bir ciddiyet katıyordu.

İngiliz topları, 4400 yardadan ateş açmıştı ve şimdi oradaki koyu renkli zemine karşı Boerlerin cevabı olan dumansız seri ateşlemeli topların parıltısı geldi. Adil olmayan bir mücadeleydi, fakat cesurca sürdürüldü. Menzili bulmak için bir atış ve sonra bir başkası; daha sonra tam da topların olduğu yerde patlayan bir top mermisinin duman halkasını bir başkası ve sonra bir başkası takip etti. Üstesiden gelinmişti, iki Boer topu, kısa süreli çoşkulu atış faaliyetleri ile arada bir bozulan kasvetli bir sessizliğe gömüldü. İngiliz bataryaları dikkatlerini başka tarafa çevirdi ve sonrasında bu sırtı şarapnel ile yoklamaya ve ilerleyen piyadelerin yolunu temizlemeye başladı.

Plan şuydu: Gordonlar, Manchester ve İmparatorluk Hafif Süvari Alayları sol kanattan asıl taarruzu gerçekleştirirken, Devonshire Alayı düşmanı cepheden tespit edecekti. Bununla birlikte, "cephe" ve "kanat" kelimeleri, bu kadar hareketli ve elastik bir güce karşı bir anlam ifade etmiyordu ve sol taraftan yapılması amaçlanan taarruz, fiilen bir cephe taarruzuna dönüşürken, Devonlar, kendilerini Boerlerin sağ kanadında buldular. Son ilerleme esnasında büyük siyah bulut fırtınayı kopardı ve sağanak bir yağış askerlerin suratına doğru bardaktan boşanırcasına yağdı. Askerler, ıslak çimlerin üzerinde düşerek ve kayarak, taarruz etmek için ilerledi.

Yağmurun şakırtısı arasında, tamamlayıcı olarak mavzer mermilerinin daha tehditkâr vınlaması geldi ve sırt, bir uçtan bir uca piyade tüfeği ateşiyle sarsıldı. Askerler hızlı bir şekilde ölüyor, fakat silah arkadaşları coşkuyla ilerlemeye devam ediyordu. Gidilecek uzun bir yol vardı, çünkü mevzinin zirvesi demir yolu seviyesinin yaklaşık 800 feet üzerindeydi. Tek bir eğim gibi görünen yamaç, gerçekte birbirini takip eden dalgalı bir yapıdan oluşuyordu, bu nedenle ilerleyen piyadeler dönüşümlü olarak sütre gerisine iniyor ve kurşun yağmurunun içine doğru tekrar meydana çıkıyorlardı. İlerleme hattı, bazıları henüz ölmüş, bazıları ise acıdan kıvranan hâkî kıyafetli şahıslarla doluydu. Bacağından vurulmuş olan Gordonlardan bir binbaşı, vücut parçaları arasında oturmuş, soğukkanlı bir şekilde piposunu tüttürüyordu. İmparatorluk Alayının Albayı olan genç cesur Chisholm, havada renkli bir fular sallayarak ileriye doğru atıldığı sırada aldığı iki ölümcül yara ile yere düştü. İlerleme o kadar uzun sürdü ve tepe o kadar yorucuydu ki askerler nefes nefese yere yıkılıyor ve başka bir sıçrama yapmadan önce soluk alıyorlardı. Talana Tepesi'nde olduğu gibi, alay düzeni büyük ölçüde ortadan kalkmıştı ve Mançesterler, Gordonlar ve İmparatorluk Hafif Süvari askerleri, uzun engebeli bir şeritte dalga dalga ilerlediler. İskoçyalılar, İngilizler ve Afrikalı İngilizler, bu ölüm yarışına ayak uydurdular. Sonunda düşmanlarını görmeye başladılar. Önlerindeki kayaların arasında, orada burada, göze ilişen kenarı kıvrık bir şapka ya da tüfek namlusu üstüne düşmüş, kızıllaşmış sakallı bir surat görüntüsü vardı. Bir duraklama oldu ve sonra taze bir dürtü ile bu asker dalgası bir araya toplandı ve kendilerini ileriye doğru attılar. Öndeki kayalardan koyu renkli şahıslar fırladı. Bazıları teslim olma belirtisi olarak tüfeklerini havaya kaldırmıştı. Bazıları ise zıplayarak ve kayaların arasından eğilerek, başlarını omuzlarının arasına eğip kaçtı. Nefes nefese soluk alan tırmanıcılar, platonun kenarındaydı. Çok parlak bir şekilde yanıp sönen iki top, etraflarında ölü topçulardan oluşan dağınık bir yığın ile şimdi susturulmuştu ve yaralı bir subay, bir top kundağının yanında ayakta duruyordu. Boerlerin küçük bir grubu hâlâ direniyordu. Onların dış görünüşü, bazı askerlerimizi dehşete düşürdü. İzleyenlerden biri: "Siyah fraklar giymişlerdi ve oldukça keyifsiz iş adamlarına benziyorlardı" demişti. "Onları öldürmek cinayet gibi görünüyordu." Bazıları teslim oldu ve bazıları da bulundukları yerde ölene kadar savaştı. Beyaz sakallı yaşlı bir beyefendi olan liderleri Koch, üç yerinden yaralanmış olarak kayaların arasında yatıyordu. Koch her türlü nezaket ve itina ile tedavi edildi, fakat birkaç gün sonra Ladysmith hastanesinde öldü.

Bu sırada Devonshire Alayı, taarruz gelişene kadar beklemiş ve daha sonra topçu, düşman mevziinin 2000 yarda kadar içine doğru yukarı hareket ettiği sırada tepeye kanattan taarruz etmişti. Devonlar, diğerlerinden daha az sert bir direnişle karşılaşmıştı ve bazı kaçakların önünü kesmek için zamanında zirveye yanaşmışlardı. Piyadelerimizin tamamı şimdi sırtın üzerindeydi.

Her şeye rağmen, bu inatçı savaşçılar mağlup olmamışlardı. Kayaların arkasından ateş ederek platonun diğer kenarlarına umutsuzca tutundular. Mançesterlerin bir subayı ile Gordonların davulcu bir çavuşu arasında en yakın topu ele geçirmek için bir yarış yapıldı. Subay kazandı ve zafer sevinci ile topun üzerine atladı. Askerlerin şaşkın kulaklarında "Ateş kes" ve ardından "Geri çekilin" sesi duyulduğunda, tüm alayların askerleri, bağırarak ve tezahürat yaparak bir araya toplanmıştı. Bu, inanılmazdı ve yine de açık bir şekilde aciliyetinden tekrar boru çalındı. Disiplin içgüdüsü ile askerler yavaş yavaş geri çekiliyordu ve sonra bazılarının aklına bunun ne olabileceği geldi. Kurnaz düşman, boru işaretlerimizi öğrenmişti. Küçük bir borazancı "Geri çekilin, lanet olsun!" diye feryat ediyordu ve yamacın ona bıraktığı tüm nefesi ile "İlerle" emrini çaldı. Yüz metre geri çekilmiş ve topları açığa çıkarmış olan askerler, geri platonun üzerine akın ettiler ve aşağıda uzanan Boer kampındaki beyaz bayrak, planlarının suya düştüğünü gösterdi. Bir sonraki alayın, Albay Gore'un emri altındaki 5'inci Mızraklı Süvarilerden bir süvari taburu ve 5'inci Ağır Süvari Muhafız Alayının bir süvari taburu, tepenin tabanının etrafından dolaştı ve hava kararırken ileriye doğru, geri çekilen Boerlere hücum etti, birkaçını öldürdüler ve yirmi ya da otuz kişiyi esir aldılar. Bu olay, savaşta atlı İngilizlerin atlı Boerleri yakaladığı çok nadir birkaç olaydan biriydi.

Düşmanın bulunduğu yere doğru hızla ilerlerken piyadelerin bir kısmından yükselen ses "Majuba'nın[1] bedeli nedir?" şeklindeydi ve aslında bu harekâtın bazı açılardan o ünlü muharebenin tersi olduğu söylenebilir. Elandslaagte'de Majuba'daki Boerlerden çok daha fazla İngiliz olduğu doğrudur, fakat o zamanki savunma gücü de çok daha fazlaydı ve İngilizlerin orada topu yoktu. Ayrıca, Majuba'nın Elandslaagte'den çok daha sarp olduğu da doğruydu, yine de deneyimli her asker, orta karar bir yokuşun, kayalarının altında taarruz edene örtü ve gizleme sağlarken, savunanların aşağıya bakmak için kenardan başını uzatmak zorunda olduğu sarp bir yamaçtan daha kolay savunulacağını iyi bilir. Genel olarak, bu küçük parlak muharebenin olayları gerçek seyrine geri döndürdüğü ve kuşkusuz Boerler kadar cesur olan İngiliz askerleri için yetenekleri dahilinde aynı şekilde mümkün olmayan hiçbir askerî başarının bulunmadığını gösterdiği söylenebilir. Birbirini takip eden günlerde yapılan Talana Tepesi ve Elandslaagte muharebelerinin her birisi, Majuba kadar kahramanca bir mücadeleydi.

Zaferimiz için Dundee'deki bir önceki zaferimize kıyasla daha fazla gösterecek ganimetimiz vardı. Muharebe sırasında etkinliği acı bir şekilde ortaya çıkan iki Maxim-Nordenfeld topu, topçumuza bir hoş geldin hediyesi oldu. İki yüz elli Boer öldürüldü veya yaralandı ve yaklaşık iki yüzü esir alındı. En ağır kayıplar Johannesburglular, Almanlar ve Hollandalılara aitti. General Koch, Dr. Coster, Albay Schiel, Pretorius ve diğer tanınmış Transvaallılar elimize geçti. Bizim kendi zayiat listemiz, Talana Tepesi'ndeki sayı ile neredeyse aynıydı, 41 ölü ve 220 yaralıdan oluşuyordu. En ağır kayıplar, Gordon İskoç Dağ Tugayı ve İmparatorluk Hafif Süvarilerine aitti.

Galipler geceyi, bozguna uğramış olanların yük arabalarının çemberi içinde, karanlık bir gökyüzü ve sürekli bir yağmur çiselemesi altında, Boer çadırlarının bulunduğu oyukta geçirdiler. Uyku söz konusu değildi. Yorgun birlikler, gece boyunca yamacı taradılar ve yaralılar taşındı. Kamp ateşleri yakıldı ve askerler ile esirler, ateşin etrafında toplandılar ve sonrasında basit övgü ve sempati sözcükleri yenilginin acısını yumuşatırken, en sıcak köşenin ve pişmemiş yiyeceklerin en iyilerinin her zaman mahzun Hollandalılar için ayrıldığını hatırlamak hoştu. Daha mutlu günlerde bizim bu iki ırkımızı bir araya kaynaştırmada devlet adamlarının tüm bilgeliğinden daha etkili olabilecek şeyler, böyle olayların hatırasıdır.

General White, kayda değer büyüklükteki kuvvetlerin kuzeyden hareket ettiğinin ve asıl vazifesinin Ladysmith'in güvenliği olduğunun farkındaydı, Boer kuvvetini demir yolu hattından temizledikten sonra, orada garnizon bulundur-

---

1 ÇN: Majuba Savaşı: Birinci Boer savaşında, 27 Şubat 1881 tarihinde Boerler ile İngiliz ordusu arasında gerçekleşen muharebe, İngiliz ordusu için büyük bir felaketle sonuçlamış ve savaş sonunda iki Boer Devleti için bağımsızlığa giden yol açılmıştır.

maya devam edemeyeceği açıktı. Bu nedenle, ertesi sabah (22 Ekim) erkenden, onun yorgun, fakat zafer kazanmış birlikleri kasabaya geri döndü. Şüphesiz, General Yule'nin geri çekilmek için parçalanmış olan demir yolunu kullanma gibi bir niyeti olmadığını, ancak dolambaçlı bir şekilde kara yoluyla gelmeyi amaçladığını öğrendi. White'ın sorunu, kasabayı sıkıca elde tutmak ve aynı zamanda Yule'nin geri çekilmesine müdahale edilmesini önlemek için kuzeyden gelebilecek herhangi bir kuvvete sert bir şekilde hücum etmek zorunda olmasıydı. Bu planı desteklemek maksadıyla, kendi başına önemsiz bir çarpışma olmasına rağmen Dundee'den geri çekilen yorgun birlikler için emniyete alınan yolun temizlenmesi açısından gerekli olan 24 Ekim'deki Rietfontein Muharebesinde savaştı.

Elandslaagte'de bozguna uğrayan komandolarının öncü olduğu Özgür Devlet Ordusu, yavaş ve istikrarlı bir şekilde geçitlerden açık araziye çıkıyor ve Dundee ile Ladysmith arasındaki yolu kesmek için güney ve doğu istikametinde faaliyet gösteriyordu. General White'ın niyeti, onların Newcastle yolunu geçmelerini önlemekti ve bu maksatla ayın 24'ü Salı günü, yanına iki süvari alayını, 5'inci Mızraklı Süvari ve 19'uncu Hafif Süvari Alayları ile 10'uncu Dağ Bataryası ile birlikte 42'nci ve 53'üncü sahra bataryalarını, dört piyade alayını, Devonlar, Liverpool, Gloucester ve 2'nci Kraliyet Piyade Alayları, İmparatorluk Hafif Süvarilerini ve Natallı gönüllüleri alarak, toplamda yaklaşık dört bin asker, Ladysmith'ten ayrılıp sefere çıktı.

Düşmanın, en fazla dikkat çekeni Tinta Inyoni adı verilen, Ladysmith'e yedi millik bir mesafe içindeki tepeler hattını elde bulundurduğu tespit edildi. Düşmanı bu mevziden uzaklaştırmaya çalışmak, General White'ın planının bir parçası değildi. Her zaman düşmanın seçtiği yerde savaşmak akıllıca bir liderlik değildir, fakat onu olduğu yerde tutmak ve geri çekilen birliğin yürüyüşünün bu son gününde düşmanın dikkatini çekmek önemliydi. Bu amaçla, doğrudan hiçbir taarruz düşünülmediği için, topçular piyadeden çok daha önemliydi ve aslında piyade, tahmin edilebileceği gibi, sadece topçu için bir muhafız olarak kullanılacaktı. Sabah dokuzdan öğleden sonra bir buçuğa kadar devam eden, gayesiz ve neticesiz bir harekât icra edildi. Piyadelerin ilerleyişi şarapnellerle elgellenmesine rağmen, Boer toplarının tepelerden gelen, iyi yönlendirilmiş ateşi, sahra topçularımız tarafından baskılandı ve kontrol altına alındı. Düşman topçuları, kara barut kullandıkları için Elandslaagte'den çok daha kolay bir şekilde tespit edildi. Menzilleri üç ile dört bin metre arasında değişiyordu. Eğer Gloucester Alayı biraz dikkatsiz bir şekilde açık alana doğru ilerlemese ve Albay Wilford ve onun elli subay ve askerini öldüren piyade tüfeklerinin çarpraz ateşine maruz kalmasalardı, harekâtın tümünde verdiğimiz kayıplar hafif olacaktı. Dört gün içinde Gordonlardan Albay Dick-Cunyngham, Hafif Süvarilerden Albay Chisholm, Piyadelerden Albay Gunning ve şimdi de Gloucester'dan Albay Wilford, hepsi alaylarının başındayken öldüler. Öğleden sonra General White, amacını gerçekleştirmiş ve tehlikeli Biggarsberg geçitlerinden geçerken Dundee kolunun güvenliğini sağlamış, kuvvetini Ladysmith'e geri çekmişti. Boerlerin kayıplarını tespit etme imkânımız yok, ama muhtemelen kayıpları hafifti. Bizim tarafımızda, ölü ve yaralı sadece 109 kaybımız vardı ki yaralılardan 13 vaka ölümcüldü. Bu toplam sayıdan 64'ü Gloucesterlara, 25'i Natal'da toplanan birliklere aitti. Ertesi gün, daha önce de anlatıldığı gibi, tüm İngiliz ordusu Ladysmith'te bir kez daha toplandı. Askerî harekât yeni bir aşamaya geçmek üzereydi.

Bu ilk hareketli silahlı çatışmalar haftasının sonunda net sonuçları değerlendirmek, ilginç olacaktır. Stratejik üstünlük Boerlerin elindeydi. Bizim Dundee'deki mevzimizi savunulamaz hale getirdiler ve bizi Ladysmith'e geri dönmek zorunda bıraktılar. Koloninin kuzey çeyreği için araziye ve demir yoluna sahip oldular. Hatırı sayılır miktarda ikmal maddesini ve bir harp esiriyken Boerlerin elinde ölen General Penn Symons'un da dâhil olduğu yaralılarımızı Dundee'de bırakmaya zorlandığımız sırada altı ile yedi yüz arasında askerimizi öldürmüş veya yaralamışlardı ve yaklaşık iki yüz süvarimizi esir almışlardı. Öte yandan, taktik üstünlük bizdeydi. Onları iki kez mevzilerinden dışarıya sürdük ve toplarından ikisini ele geçirdik. İki yüz esir almıştık ve muhtemelen kaybettiğimiz kadarını öldürmüş ya da yaralamıştık. Genel olarak, Natal'da bu haftaki mücadelenin şerefinin adil bir şekilde eşit olduğu söylenebilir ki bu, gelecek olan çok yorucu bir hafta için umduğumuzdan fazlasıydı.

7. BÖLÜM

LADYSMITH SAVAŞI

Sir George White, şimdi kuvvetlerini yeniden bir araya getirdi ve kendini yaklaşık on iki bin kişilik küçük ama müthiş bir ordunun komutanı olarak buldu. Süvarileri, 5'inci Mızraklı Süvari, 5'inci Ağır Süvari Alayı, 18'inci Hafif Süvarilerin bir kısmı ve 19'uncu Hafif Süvarilerin tümü, Natal Karabinalıları, Sınır Piyadeleri, birkaç atlı piyade ve imparatorluk Hafif Piyadelerini içeriyordu. Piyadeleri arasında Kraliyet İrlanda Hafif Piyadeleri, Dublin Hafif Piyadeleri ve Kraliyet Piyade Alayı ve Talana Tepesi'nden henüz dönmüş olan Gordonlar, Manchesterlar ve Elandslaagte'de kan dökmüş olan Devonlar, Leicester, Liverpool, Kraliyet Piyade Alayının 2'nci Taburu, 2'nci Piyade Tugayı ve Rietfontein'de hırpalanan Gloucester Alayı vardı. Altı mükemmel topçu bataryasına sahipti: 13'üncü, 21'inci, 42'nci, 53'üncü, 67'nci, 69'uncu ve yivli toplardan oluşan 10 numaralı Dağ Bataryası. Hiçbir general, daha derli toplu ve ustaca bir araya getirilmiş küçük bir kuvvet isteyemezdi.

İngiliz generali tarafından en başından itibaren taktiklerinin savunmaya yönelik olması gerektiği kabul edilmişti, çünkü sayısal olarak çok azınlıktaydı ve aynı zamanda birliğinin başına gelebilecek herhangi bir ciddi talihsizlik, tüm Natal kolonisinin yıkımına neden olabilirdi. Elandslaagte ve Rietfontein harekâtları, tehlikeye giren müfrezesine teması kestirmesi için onu zorlamıştı, fakat şimdi saldırgan bir tavır takınması için bir neden yoktu. Atlantik üzerinde, Kanal'dan Yeşil Burun Adalarına[1] (Cape de Verde'ye) kadar uzanan bir nakliye yolu ile İngiltere'den gelen ordu birliklerinin saat başı ona yaklaştığını biliyordu. Bir iki hafta veya daha kısa bir süre içinde ilki Durban'da olacaktı. Bu nedenle, ordusunu korumak ve bu hırıltı ile çalışan motorların ve dönen pervanelerin imparatorluğun işini yapmasına izin vermek onun göreviydi. Burnuna kadar sipere gömülüp bekleseydi, bu, ona sonuçta en iyi ödülü kazandıracaktı.

Fakat öylesine uysal ve utanç verici bir politika, savaşan bir asker için olacak şey değildi. Görkemli kuvvetiyle, bir harekât yapmadan hapsedilmeye razı ola-

---

[1] ÇN: Yeşil Burun Adaları, Atlas Okyanusu'nda, Senegal ve Moritanya açıklarında bulunan bir Afrika ülkesi. 10 ada ve 8 adacıktan oluşan bir takımadadır.

mazdı. Onur kazanmak için uygulanan her politika yasaklanmalıdır. 27 Ekim'de zaten her tarafında Boerler ve Boerlere ait söylentiler vardı. Joubert, asıl kuvveti ile Dundee'nin içinden geçiyordu. Özgür Devlet vatandaşları kuzeyde ve batıdaydı. Toplam sayıları bilinmiyordu, ama en azından tahmin edilenden çok daha fazla ve aynı zamanda daha zorlu oldukları kanıtlanacaktı. Ayrıca topçularını da tecrübe etmiştik ve bunun Boer kuvvetine gereksiz bir yük olacağına dair hoş yanılsama, sonsuza dek yok olmuştu. Savaşmak için kasabayı terk etmek tehlikeli bir şeydi, çünkü hareketli düşman, etrafından dolaşabilir ve arkamızdan kasabayı ele geçirebilirdi. Yine de White, bu tehlikeli girişimde bulunmaya karar verdi.

Ayın 29'unda düşman, görünür bir şekilde kasabaya yaklaşıyordu. Evlerin atış menzilinde olan yüksek bir tepeden bir gözcü, doğuda ve kuzeyde altıdan az olmayan Boer kamplarını görebilirdi. General French süvarileri ile birlikte dışarıya keşif ekibi gönderdi ve fazla çaba harcamadan, ilerleyen ev sahibinin sınırına yanaştı. French'in Raporu, White'ı, eğer dağınık bütün gruplar birleşmeden önce hücum edecekse bunu derhal yapması gerektiği konusunda uyarıyordu. Yaralılar aşağıya Pietermaritzburg'a gönderildi ve sivil halkın neden onlara eşlik etmediği açıklamaya değer bir konuydu. Aynı günün akşamı Joubert'in bizzat kendisinin sadece altı mil uzakta olduğu ve adamlarından bir grubun kasabanın su kaynağını kestiği söyleniyordu. Bununla birlikte orta ölçekte bir nehir olan Klip, Ladysmith'ten geçiyordu, neticede herhangi bir susuzluk tehlikesi yoktu. İngilizler, ilkel bozkırlı Boerlerin şaşkınlığı karşısında, bir balon şişirip yukarı göndermişlerdi; balonun verdiği rapor, düşmanın tüm gücüyle önlerinde ve çevrelerinde olduğunu doğruluyordu.

29'u gecesi General White, karanlığın örtü ve gizlemesi altında ilerleyerek, Nicholson Geçidi adı verilen ve Ladysmith'in altı mil kuzeyinde bulunan, uzun bir sırtı ele geçirmek ve elde bulundurmak maksadıyla, en iyi alaylarından ikisini, İrlanda Hafif Piyadeleri ve Gloucester Alaylarını, 10 Nolu Dağ Bataryası ile birlikte görevlendirdi. Ertesi gün savaşmaya karar verdikten sonra White'ın amacı, sol kanadını halen kuzeyde ve batıda hareket hâlinde olan Özgür Devlet vatandaşlarına karşı korumak ve aynı zamanda İngilizlerin bir zafer kazanması halinde, süvarisinin Boer kaçaklarını takip edebileceği bir geçidi açık tutmaktı. Kaderleri daha sonra anlatılacak olan bu küçük müstakil kol, yaklaşık bin kişiydi.

En zorlu zirvelerin üstüne ağır topları çıkarmak için mükemmel bir yetenek geliştirmiş olan Boerler, 30'u sabahı saat beşte, kasabanın kuzeyinde bulunan tepelerin birinden ateş açtı. İngiliz kuvvetleri işgalcilerin gücünü test etmek için mermi ateşlenmeden önce, zaten Ladysmith'in dışına çıkmıştı.

White'ın ordusu üç kola ayrılmıştı. En solda, diğerlerinden oldukça soyutlanmış olan, Hafif Piyadelerden Albay Carleton (her biri bir İngiliz alayına komuta eden üç cesur kardeşten biri) emir komutasındaki Nicholson Geçidi'nin küçük müfrezesi bulunuyordu. Onunla birlikte kurmaylardan Binbaşı Adye vardı. İngiliz sağ kanadında Albay Grimwood, Kraliyet Piyade Alayının 1'inci ve 2'nci taburları, Leicester, Liverpool ve Kraliyet Dublin Hafif Piyadelerinden oluşan bir tugaya komuta ediyordu. Merkezde Albay Ian Hamilton, Devon, Gordon, Manchester alayları ve piyade tugayının Durban'dan trenle getirilerek doğrudan savaşa sokulan 2'nci Taburuna komuta ediyordu. Albay Downing emir komutası altında altı topçu bataryası merkezde toplanmıştı. French, süvari ve atlı piyadeler ile en sağdaydı, ancak o gün atlı birlikleri kullanmak için çok az fırsat bulacaktı.

Boer mevzisi, görülebildiği kadarıyla, çok zorlu bir mevziydi. Merkezleri, kasabadan yaklaşık üç mil uzakta bulunan Signal Tepesi'nin sırtlarından birinin üzerindeydi. Burada iki kırk librelik ve üç tane diğer daha hafif topları bulunuyordu, ancak topçularının gücü, hem sayı olarak hem de metal ağırlığı bakımından gün geçtikçe gelişti. Konuşlanmaları ile ilgili çok az şey görülebiliyordu. Dürbünü ile batıya doğru bakan bir gözcü, kireçtaşı tepecikleri üzerinde dörtnala sağa sola koşturan atlı piyade gruplarını ve muhtemelen toplarının yanında ayakta duran küçük topçu gruplarını ya da böyle yorucu bir zamanda ele geçirmeyi planladıkları bu kasabaya gözünü dikmiş liderleri fark edebilirdi. Kasabadan önceki boz renkli düzlüklerde, ara sıra yer değiştiren çelik ışıltıları ile birlikte uzun ince çizgiler, Hamilton'un ve Grimwood'un piyadelerinin nereden ilerlediğini gösteriyordu. Bir Afrika sabahının berrak soğuk havasında, Frere'den gelerek Colenso Köprüsü üzerinden Ladysmith'e giden dik yokuşları tırmanmaya çalışan bir trenin uzaktaki dumanına kadar her ayrıntı görülebiliyordu.

Ortaya çıkan karmakarışık, tutarsız ve tatmin edici olmayan harekâtın sevk idare edilmesi kadar tanımlanması da zordu. Boer cephesi, yaklaşık yedi ya da sekiz mil arasında kaleler zincirlerine benzeyen tepeciklerle kaplıydı. Bu tepeler devasa bir yarım daire oluşturuyordu ki ilerleyişimiz, bu yarım dairenin kirişiydi ve bu mevzilerden içeri doğru gün ilerledikçe adım adım şiddeti artan bir topçu ateş toplaması yapabildiler. Günün erken saatlerinde kırk iki topumuz harıl harıl çalışıyordu ve bozkırın berrak havasında yaygın olduğu söylenen kırılma hatalarından kaynaklanabilecek isabetsiz atışlara rağmen üstünlüklerini korudular. Topçu ateşimizle ilgili olarak ateş teksifinde bir eksiklik olduğu görülüyordu ve harekâtın bazı evrelerinde her bir batarya, Boer yarım dairesinin farklı bir noktasına ateş ediyordu. Boerlerin yanıt vermesi, sadece artırılmış bir şiddetle ve eğitimlerine olan saygımızı artıran bir atış sıhhati ile fırtına koparmak için bazen bir saat boyunca tümüyle kesiliyordu. Bir savaş meydanında bugüne kadar patlayan en büyük mermiler, on beş poundluk toplarımızın erişemeyeceği bir mesafeden atıldılar, bataryalarımızı alev ve duman kapladı. Pepworth Tepesi'ndeki muazzam bir Creusot topu, dört mil mesafeden 96 librelik bir mermi attı ve 40 poundluk obüsler, sahra toplarımıza üstün geldi. Üstelik çalışmanın ve iyi niyetin savaş alanına getirilebileceği topların ne kadar büyük olduğu genel hatlarıyla bize öğretildi. Aynı gün, düşmanımızın (ordu donatım kurulumuzun bir utancı olarak kayda geçmesi gereken) modern buluşlarla bizden daha fazla temas hâlinde olduğu ve bize sadece en büyük çaplı mermileri değil, aynı zamanda şu ana kadar kullanılmamış olan en küçük çaplı mermileri de gösterebildiğini öğrendik. Keşke yüzlerinde ve kulaklarının dibinde sürekli bir çatırtılar ve patlamalar silsilesi ile devasa bir patlangaç gibi infilak eden Vickers-Maksim otomatik topunun şeytanî bir poundluk küçük mermilerini duyan topçularımız yerine yetkililerimiz olsaydı!

Saat yediye kadar piyadelerimiz, taarruzu devam ettirmek için hiçbir istek göstermemişti, çünkü önlerinde bulunan çok geniş bir mevziye ve düşman tarafından tutulan pek çok tepeye karşın hangi ilerleme istikametinin seçilmesi gerektiğini veya taarruzun sadece bir keşif harekâtına dönüştürülüp dönüştürülmeyeceğini bilmek zordu. Hâlbuki bu saatten kısa bir süre sonra Boerler, Grimwood ve sağ kanat üzerine güçlü bir manevra yaparak bu soruya kendileri karar verdi. Sahra topları, Maxim makineli tüfekleri ve tüfek ateşi ile hızla onu kuşattılar. Sağ kanadı takviye etmek için merkezdeki kolun alayları sırayla görevlendirildi. Gordonlar, Devonlar, Manchesterlar ve üç batarya, Grimwood'a destek olmak için gönderildi ve piyade olarak görev yapan 5'inci Mızraklı Süvari Alayı, onun dayanmasına yardımcı oldu.

Saat dokuzda bir sükûnet vardı, ancak zinde komandoların ve yeni topların ateş hattına sürekli olarak aktığı belliydi. Muharebe iki misli şiddetle tekrar başladı ve Grimwood'un ilerleyen üç taburu, beş saat boyunca elde tuttukları sırtı boşaltarak geri çekildi. Bu geri çekilmenin nedeni, mevzilerini savunamamaları değildi, ancak Ladysmith'teki komutan Albay Knox'tan Sir George White'a az önce düşmanın kasabaya diğer taraftan hücum etmek üzereymiş gibi göründüğü mealinde bir mesaj ulaşmıştı. Biraz düzensiz bir şekilde açık alanı geçerken ağır kayıp verdiler ve eğer 13'üncü Sahra Bataryası ve kısa bir aradan sonra 53'üncü Batarya, piyadenin geri çekilişini korumak maksadıyla ileriye atılıp, kısa mesafeden şarapnelleri ateşlemeseydi çok daha fazla kayıp vereceklerdi. İnfilak eden 96 poundluk devasa mermilerin ve patlayan küçük bir poundluk korkunç otomatik topa ilave olarak piyade tüfeklerinin çarpraz ateşinin ortasındaki Abdy'nin ve Dawkins'in cesur bataryaları, parlayan ve ışıldayan namlularını geriye döndürerek ölen atlarının ve askerlerinin arasından arkayı, sağı ve solu vurdular. Ateş o kadar şiddetliydi ki, toplar otomatik topun küçük mermilerinin kaldırdığı toz tarafından gizlenmişti. Daha sonra, görevlerini tamamladıklarında ve geri çekilen piyadeler sırtın üzerinden ayrıldığında, onları koruyan toplar hızla arkalarına döndüler ve sıçramalarla geri çekildiler. O kadar çok at ölmüştü ki onlar için çifte koşulmuş atlar Yüzbaşı Thwaites'in cesaretiyle başarılı bir şekilde geri getirilinceye kadar iki top orada kalmıştı. Bu bataryaların faaliyeti, çok parlak olmayan bir gündeki birkaç ışık parıltısından biriydi. Geri çekilen piyade, onları geçtikten sonra olağanüstü bir soğukkanlılık ve cesaretle münavebeli olarak geri çekilerek birbirlerine destek oldular. Ayrıca 42'nci Batarya (Goulburn'un bataryası) çok ağır kayıplar verirken, 21'inci Batarya (Blewitt'in Bataryası) da süvarinin geri çekilmesini örtme konusundaki güvenilirliği ile kendini göstermişti. Genel olarak, bizim payımıza düşen böyle bir şeref, esas olarak topçulara aitti.

White'ın şimdi kendi konumu için endişe duyması gerekirdi ve tek çaresinin geri çekilmek ve kasabaya odaklanmak olduğu ortaya çıkmıştı. Sol kanadın durumu belirsizdi ve beş millin üzerinde engebeli arazide yayılan uzaktan gelen silah sesleri, onlardan gelen tek haberdi. Sağ kanadı geri püskürtülmüştü ve hepsinden daha tehlikeli olan, merkez kuvveti yok olmuştu, çünkü orada sadece 2'nci Piyade Tugayı kalmıştı. Düşman, basit bir şekilde ortaya çıkar ve kasabaya doğru hücum ederse ne olurdu? Boer topçusu artık bizimkinden çok daha ağır olduğunu kanıtladığı için bunun olması mümkündü. Açık bir şekilde tehlikeden uzak ve menzil dışında olan bu korkunç 96 poundluklar, büyük mermilerini geri çekilen birlik yığınlarının içine bırakıyordu. Askerler çok az uyumuş ve az yemek yemişlerdi ve bu cevap verilemeyen topçu ateşi, geri çekilmekte olan bir kuvvet için büyük bir sıkıntı idi. Bu koşullar altında bir geri çekilme, çok hızlı bir şekilde bozguna dönüşebilirdi. Subayların, askerlerinin adımlarını hızlandırdığını ve top mermilerinin vınlamasına ve tiz çığlığına omuzlarının üzerinden geriye doğru gözattıklarını görmesi biraz kaygı vericiydi. Evden hâlâ birkaç mil uzaktaydılar ve düzlük savunmasızdı. Onlara biraz destek sağlamak için ne yapılabilirdi?

Fakat tam o anda uygun ve beklenmedik bir misilleme geldi. Ağır tren, dik yokuştan yukarıya doğru puflayarak ve gıcırdayarak çıkarken, sabah saatlerinde gözcünün izlediği o lokomotifin duman bulutu, giderek daha çok yaklaşıyordu. Daha sonra, Ladysmith rampasına tırmanmadan hemen önce, trenden sakallı, neşeli adamlardan oluşan bir kalabalık atladı, el çabukluğu ve ilginç denizci naraları ile kamyonların üzerine bağladıkları ince uzun topları çıkarmak için halat ve palangalarla asılıyor ve çekiyorlardı. Yüzbaşı Percy Scott tarafından özel olarak icat edilen eşsiz top kundakları oradaydı ve çaba harcayıp, gayret ederek 12 librelik seri ateşlemeli topları faaliyete geçirmek için harıl harıl çalıştılar. Nihayet bunu başardılar ve uzun top namlularını ufuktaki tepenin üzerindeki o canavara ulaşmayı umdukları açıya kadar hızla yukarı doğru hareket ettirdiler. Toplardan ikisi meraklı uzun boyunlarını yukarı kaldırdı ve büyük Creusot ile karşılıklı ateş mübadelesinde bulundular. Neticede yorgun ve moralsiz İngiliz birlikleri, kendi sahra toplarınınkinden daha yüksek sesli ve daha keskin bir gürültü duydular ve çok uzaktaki tepenin üzerinde merminin nereye düştüğünü gösteren, yükselen büyük bir duman bulutu ve bir alev gördüler. İkinci bir tane ve bir başkası ve bir diğeri ve sonra artık sorun yaşamadılar. Yüzbaşı Hedworth Lambton ve askerleri, durumu kurtarmıştı. Biraz dağınık bir durumda olan sahadaki birlikler, kendilerinden üç yüz kişiyi geride bırakarak aynı yoldan Ladysmith'e geri döndüğü sırada muharebe sahasına hükmeden top, kendi üstadı ile karşılaşmış ve sessizliğe gömülmüştü. Bu, katlanılması gereken yüksek bir bedeldi, fakat bizi bekleyen ve bu sabahki geri çekilmenin önemsiz görünmesini sağlayacak başka felaketler de vardı.

Bu arada, eğer mümkünse, iki Boer ordusunun birleşmesini önlemek ve aynı zamanda Dundee istikametinden ilerleyen ana kuvvetinin sağ kanadını tehdit etmek maksadıyla Sir George White tarafından gönderilen küçük birliğin yaşadığı talihsizlikleri takip edebiliriz. Harekât boyunca, Sir George White, bir bireyde büyüleyici bir nitelik olan, ancak bir komutanda bulunduğunda tehlikeli olabilecek bir özelliği sürekli olarak sergiledi. O tescilli bir iyimserdi. Eğer öyle olmasaydı, belki de gelecek karanlık günlerde kalbi onu yüzüstü bırakacaktı. Fakat, gerek Newcastle demir yolunun tahrip edilmemesi, Dundee'nin işgaline sessiz kalınması ve gereksiz boğazlarından kurtulmak için çok geç olana kadar sivillerin Ladysmith'te alıkonulması, gerekse de birlikleri geri püskürtülene kadar kasabayı savunmak için ciddi bir hazırlık yapılmaması düşünüldüğünde her zaman, bir alışkanlık olarak her şeyin yoluna gireceğini ümit eden ve sonuç olarak kötü gidişata karşı hazırlık yapmayı ihmal eden aynı adamın izini görürüz. Ancak, birer felaket olabilecek olan hem Dundee hem de Ladysmith'ten Boerlerin yavaşlığı sayesinde kurtulmamıza rağmen, maalesef bu olayların her birinde yaptıkları kötü sonuçlanmıştı.

Sir George White, öylesine asilce ve içtenlikle Nicholson Geçidi'ndeki suçu üstlendi ki tarafsız her tarihçi, kendisini kınamasının aşırı olduğunu düşünmek zorunda kaldı. Başarısızlığın doğrudan nedenleri, şüphesiz tamamen bir talihsizliğin sonucuydu ve kontrolü dışındaki olaylara bağlıydı. Ancak, bu birliğin Nicholson Geçidi'ndeki varlığını haklı çıkaracak stratejik planın, ana ordunun Lombard Tepesi'ndeki muharebesini kazanacağı varsayımına dayandığı açıktı. Bu durumda White, sağa dönebilir ve Boerleri kendisiyle Nicholson Geçidi arasına sıkıştırabilirdi. Her durumda, tecrit edilmiş kanadı ile yeniden birleşebilirdi. Ama eğer savaşı kaybederse, ondan sonra ne olacaktı? Beş mil uzakta durumu belirsiz müfrezenin başına ne gelecekti? Bu birlik nasıl kurtarılacaktı? Cesur İrlandalı, yenilgi fikrini bir kenara bırakmış gibi görünüyordu. Birlik komutanlarına ertesi sabah saat on bir gibi kurtarılacaklarına dair güvence verildiği rapor edildi. Eğer White muharebeyi kazanmış olsaydı, kurtarılacaklardı. Fakat?

Bağımsız olarak görev yapması için seçilen birlik Gloucester alayının dört buçuk bölüğü, Kraliyet İrlanda Hafif Piyadelerinden altı bölük ve 10 numaralı Dağ batyaryasının altı adet yedi librelik yivli topundan oluşuyordu. Her ikisi de Hindistan'dan gelen tecrübeli asker alaylarıydı ve Hafif Piyadeler, sadece on gün önce Talana Tepesi'nde yaptıklarıyla yeteneklerini göstermişlerdi. Dundee'den geri çekilmenin başarısı büyük ölçüde onun çabalarının sonucu olan, Hafif Piyadelerden Albay Carleton, kurmay subayı Binbaşı Adye ile birlikte bu birliğe emir komuta ediyordu. 29 Ekim Pazar gecesi, orduda daha iyisi bulunmayan bin asker

Ladysmith'ten yaya olarak çıktı. Pek azı, dış karakollar ile karşılıklı şakalaşırken, yorucu geçen aylar boyunca silahlı hemşehrilerini son kez gördüklerini düşündü.

Yol bozuktu ve o gece ay yoktu. Her iki tarafta da tepelerin siyah karaltısı karanlıkta belli belirsiz bir şekilde büyümüştü. Hafif piyadeler, önde toplar ve Gloucester Alayı, onların gerisinde bulunan bu birlik ağır adımlarla duyarsızca ilerliyordu. İstikametlerinden emin olmak için birkaç kez kısa bir mola verildi. Sonunda, gece yarısı ile sabah arasındaki uğursuz soğuk saatlerde, birlik yolun dışına sola doğru saptı. Önlerinde, zorlukla görülebilen, uzun siyah bir tepecik uzanıyordu. Bu işgal etmeye geldikleri korkunç Nicholson Geçidi'ydi. Carleton ve Adye, gerçekten geldiklerini fark ettiklerinde rahat bir nefes almış olmalıydılar. Birlik, hedeften sadece iki yüz metre uzaktaydı ve hiçbir aksilik olmamıştı. Hâl böyleyken bu iki yüz metre içinde hem harekâtın hem de kendilerinin kaderini belirleyen bir olay meydana geldi.

Orada karanlığın içinde, atları dörtnala giden ve gevşek toprağın etraflarında uçuştuğu yolunu şaşırmış ve telaşlı beş atlı vardı. Loş ışıkta görülmeleri ile ortadan kaybolmaları bir olmuştu. Nereden geldiklerini ve nereye gittiklerini kimse bilmiyordu ve onları karanlığın içine doğru bu kadar çılgınca at sürmeye sevk edenin bir plan ya da cahillik veya panik olup olmadığı belirsizdi. Bazıları ateş etti. Hafif piyadelerden bir çavuş elinden vuruldu. Başka biri süngü taktırmak için bağırdı. Yedek cephaneyi taşıyan katırlar tekmelendi ve geriye çekildi. Kendi adamlarımız tarafından idare edildikleri için bir ihanet söz konusu değildi, ancak ürkmüş iki katırı, iki eliyle zaptetmek Herkül'e ait bir beceriydi. Katırlar saldırdılar, debelendiler ve sıçrayarak kendilerini kurtardılar ve kısa bir süre sonra birliğin her yanında karışıklık çıkmıştı. Neredeyse tüm katırlar paniğe kapılmıştı. Askerler boş yere katırların başlarını tutuyorlardı. Bu çılgın koşuşturmada askerler, ürkmüş hayvan seli tarafından ezildi ve yere serildi. Askerler bu erken saatin belirsizliği içinde bir süvari hücumuna uğramış olduklarını düşünmüş olmalıydılar. Birlik, sanki bir ağır süvari alayı onları çiğnemişçesine etkili bir şekilde askerî düzenden tümüyle çıkmıştı. Kasırga geçtiğinde ve askerler bir kez daha çokça lanet okuyarak kendi saflarında toplandığında, başlarına gelen felaketin ne kadar büyük olduğunun farkına vardılar. Orada, uzakta bu çılgın toynakların hâlâ tangır tungur gittiği yerde, yedek mühimmatları, top mermileri ve topları vardı. Bir dağ topu tekerleklerin üzerine çekilmez, ancak katır sırtında birleştirilebilir parçalar hâlinde taşınır. Bir tekerlek güneye, bir kundak doğuya, bir namlu da batıya gitmişti. Mühimmatın bir kısmı yolun üzerine saçılmıştı. Katırların çoğu, Ladysmith'e geri dönüş yolundaydı. Bu yeni durumla yüzleşmekten ve ne yapılması gerektiğini belirlemekten başka yapacak bir şey yoktu.

Albay Carleton'un topların ve mühimmatın kaybı üzerine, hava hâlâ karanlıkken, niçin hemen geri dönmediği, çoğu kez ve doğal olarak sorulmuştur. Bir veya iki husus açıktır. İlk olarak, iyi bir askerin kendi harekâtını sonlandırmaktansa durumu düzeltmek için çaba göstermesi gayet doğaldır. Onun ihtiyatlı tavrı, eğer öyle davranmadıysa, kamuoyunun takdirine konu olabilir, ancak bazı özel yorumlara da sebep olabilirdi. Bir askerin eğitimi, riski göze almak ve elindeki malzeme ile elinden gelenin en iyisini yapmaktır. Yine de Albay Carleton ve Binbaşı Adye, birkaç saat içinde şiddetle devam edecek olan savaşın genel planını biliyorlardı ve geri çekilerek General White'ın sol kanadını, kuzeyden ve batıdan gelen kuvvetlerin (şu anda bildiğimiz şekliyle, Orange Özgür Devlet vatandaşları ve Johannesburg Polisininden) saldırılarına karşı savunmasız bırakacaklarını anlamışlardı. Albay Carleton, saat on bire doğru kurtarılmayı umut ediyordu ve her ne olursa olsun, o zamana kadar dayanabileceğine inanıyordu. Bunlar, Albay Carleton'u bile kendisi ve emri altındakiler için ortaya konan bu planı elinden geldiğince yerine getirmeye karar verdiren düşüncelerden en âşikâr olanlarıydı. Albay Carleton tepeye tırmandı ve bu mevziyi işgal etti.

Hâlbuki tepeyi incelerken kalbi durmuş olmalıydı. Tepe çok büyüktü, komuta ettiği birlik tarafından etkili bir şekilde işgal edilemeyecek kadar büyüktü. Uzunluğu bir mil ve genişliği dört yüz metre idi. Kabaca bir botun tabanına benzer şekildeydi, sadece topuk kısmının ucunu elde tutabileceğini umuyordu. Etrafındaki diğer tüm tepeler Boer nişancıları için örtü ve gizleme sağlıyordu. Bununla birlikte, cesaretlerini kaybetmeden, derhal askerlerine gevşek taşlarla 2-3 kişilik siperler inşaa ettirdi. Tam şafak vakti ve çevrelerindeki tepelerdeden Boer mavzerlerinin ilk atışları ile birlikte yardım gelene kadar elde tutmayı umdukları bir tür kaba savunma hattı meydana getirdiler.

White'ın içinde bulundukları kötü durumu öğrenmesini sağlayabilecekleri hiçbir vasıta yokken, yardım nasıl gelebilirdi? Yanlarında bir heliograf getirmişlerdi, ama bu heliograf, lanet olası katırlardan birinin sırtındaydı. Etraflarındaki Boerler yoğundu ve bir haberci gönderemediler. Cilalı bir bisküvi tenekesini bir helyografa dönüştürme girişiminde bulunuldu, ancak başarısız oldu. Bir Kâfir çok miktarda rüşvet verileceği vaatleriyle gönderildi, ancak o da tarihe karıştı. Sonrasında, soğuk berrak bir sabah havasında, güneylerinde White'ın toplarının ilk gök gürültüleri uzaktan ses vermeye başladığı yerde bir balon, havada asılı duruyordu. Keşke bu balonun dikkatini çekebilselerdi! Boş yere ona bayrak salladılar. Balon sessiz ve tepkisiz bir şekilde uzaktaki savaşa odaklanmıştı.

Şimdi Boerler her yönden onların etrafında yoğunlaşıyordu. Kısa süre içinde Van Dam ve polislerinin gelişiyle güçlenecek olan Boer taarruzunu, yakında ünlü bir isim olacak olan Christian de Wet organize ediyordu. Saat beşte ateş başladı, altıda ateş sıcaktı, saat yedide daha da sıcaktı. Gloucester alayının iki bölüğü, herhangi birinin topuğa çok yaklaşmasını engellemek için, tepe tabanının basamağında 2-3 kişilik siperlere sıralandı. Yaklaşık bin metre mesafeden ateş eden Boerlerin yeni bir müfrezesi, bu savunmayı arkadan kuşattı. Mermiler askerlerin arasına düşüyor ve taşlardan yapılmış göğüs siperinin karşısına çarpıyordu. İki bölük geri çekilmişti ve açık alanı geçerken ağır zayiat vermişlerdi. Sürekli bir piyade tüfeği ateşi cayırtı ve çatırtısı her yönden geliyordu ve çok yavaş, ama istikrarlı bir şekilde yaklaşıyordu. Ara sıra, bir kayadan diğerine geçen koyu bir şeklin hızlı hareketi taarruz edenlerden görünen tek şeydi. İngilizler yavaş ve istikrarlı bir şekilde ateş etti, çünkü her bir mühimmat sayılıydı, fakat Boerler o kadar akıllıca siper almışlardı ki nadiren nişan almaya değecek bir şey vardı. Orada olanlardan biri: "Görebileceğin tek şey, tüfeklerin namlularıydı." diyordu. O uzun sabah boyunca düşünmek için zaman vardı ve tören alanınındaki mekanik nişancılık eğitimlerinde ya da yılda bir defa torba dolusu mühimmat ile bilinen mesafeli ve açıktaki hedeflere ateş ederek böyle bir savaş için ne gibi bir hazırlık yapılmış olabileceği, bazı askerlerin aklına gelmiş olabilir. Gelecekte öğrenilmesi gereken, Laffan Ovası'ndaki değil, Nicholson Geçidi'ndeki savaştır.

Bu bunaltıcı saatler zarfında, mermilerin süpürdüğü tepenin üzerinde yere yatan ve havadaki dinmeyen mermi vınlaması ve kayalara çarpma seslerini dinleyen İngiliz askerleri, güneylerinde şiddetlenen savaşı görebiliyorlardı. Bu iç açıcı bir manzara değildi, Carleton ve Adye cesur silah arkadaşlarıyla birlikte izlerken daha da üzüldüğünü hissetmiş olmalıydılar. Boerlerin mermileri İngiliz bataryaları arasında patlıyor, İngiliz mermileri, rakiplerine göre kısa mesafede patlıyordu. Kırk beş derece açı yapan Uzun Tomlar, devasa mermilerini İngilizlerin görev yapmayı hayal edemeyeceği bir mesafeden İngiliz toplarının içine bıraktılar. Sonrasında piyade tüfeği ateşi de yavaş yavaş son buldu, White Ladysmith'e doğru çekilirken daha zayıf bir şekilde cayırdıyordu. Saat on birde, Carleton'un birliği kendi kaderine terk edildiğinin farkına vardı. Daha saat dokuzda fırsat bulduklarında geri çekilmeleri için bir heliogram gönderildi, ancak tepeden ayrılmak kesinlikle bir imhaya yol açacaktı.

Askerler daha sonra altı saat boyunca ateş altında kaldı, kayıplarının artması ve mühimmatlarının azalması ile birlikte tüm umutlarını kaybettiler. Ama yine de bir saat, sonra bir saat daha ve yine bir saat daha, inatçı bir şekilde direndiler. Dokuz buçuk saat, o taş yığınına tutundular. Hafif piyadeler, Glencoe'den yürüyüşleri ve o zamandan beri fasılasız olarak çatışmalarını nedeniyle tükenmiş bir durumdaydılar. Birçoğu kayaların arkasında uykuya dalmıştı. Bazıları, işe yaramaz tüfekleri ve yanlarında boş fişekliklerleriyle inatçı bir şekilde oturdular. Bazıları ölen silah arkadaşlarının mühimmatını topladı. Ne için savaşıyorlardı? Durum umutsuzdu ve bunu biliyorlardı. Ancak, her zaman bayrağın onuru, alayın şan ve şerefi, gururlu ve cesur bir askerin yenilgiyi kabul etmeye karşı duyduğu nefret vardı. Böyle olduğu hâlde yenilgi gelmek zorundaydı. Bu birliğin içinden bazıları İngiliz ordusunun şerefi ve bir askerî erdem örneği olma uğruna veya "Fagh-a-ballagh"[1] çocuklarına ya da cesur 28'inci Alayına görün-

---

1 ÇN: Fagh-a-ballagh: İrlandalılar tarafından kullanılan ve yolu temizle manasına gelen bir savaş narası, Amerikan iç savaşında da kullanılmıştır.

meyen düşmana karşı boş tüfeklerle ölümüne son bir taarruzda önderlik etmek için bulundukları yerde vurdumduymaz bir şekilde ölmeye hazırdı. Onlar, bu yiğitler, haklı olabilirdi. Leonidas ve üç yüz askeri, Sparta Davası için hatıraları ile yaşarkenki yiğitliklerinden çok daha fazlasını yapmışlardı. İnsan kahverengi yapraklar gibi ölür, ancak bir ulusun geleneği, onları döken meşe ağacı gibi yaşar ve eğer ağacın gövdesi onlar için bir ses vermezse yaprakların ölümü bir şey ifade etmez. Ancak mükemmel bir fikir, bir çalışma masasında olduğunda kolaydır. Söylenecek başka şeyler de vardı; subayların askerlerinin yaşamlarına karşı sorumluluğu, askerlerin ülkelerine yine de hizmet edebilecekleri umudu gibi. Her şey tartıldı, hepsi düşünüldü ve sonunda beyaz bayrak çekildi. Beyaz bayrağı çeken subay, yara almadan kendini kurtaran birini göremedi, çünkü siperlerdeki herkes vurulmuştu ve diğerleri o kadar iyi mevzilenmişlerdi ki, topluca geri çekildikleri izlenimine kapılmıştı. Bu bayrağın çekilmesinin ister istemez birliğin tümünü tehlikeye atıp atmadığı zor bir sorudur, ancak Boerler bir anda mevzilerini terk ettiler ve bazıları ciddi bir şekilde temasta olan arka siperlerdeki askerlere subayları tarafından ateş kesmeleri emredildi. Galip Boerler, bir anda onların arasındaydı.

Orada bulunanların bana söylediğine göre, bu günlerde üzerinde durulacak ya da görülmek istenecek bir manzara değildi. Bitkin subaylar, kılıçlarını kırdılar ve doğdukları güne lanet ettiler. Erler, lekeli yüzlerini elleriyle örterek hüngür hüngür ağlıyordu. Birçoğuna göre bugüne kadar katlandıkları tüm disiplin testlerinden en ağırı, dalgalanan lanetli mendilin temsil ettiği her şeye boyun eğmekti. Hafif piyadeler papazlarına: "Peder, peder, ölmeyi tercih ederdik," diye haykırdılar. Düşük ücretli, takdir edilmeyen, bu cesur yüreklerin özverili sadakatleri ve fedakârlıkları ile dünyadaki başarıları ne kadar kötü bir şekilde kıyaslanıyordu.

Fakat bu talihsizliklerine hakaret ve aşağılanmanın ızdırabı eklenmedi. Ulusların kavgalarının üzerinde yükselen ve en sonunda bu kavgaları tatlıya bağlamakta başarılı olacağını ümit ettiğimiz cesur askerler arasında bir dostluk vardır. Oradaki her kayanın arkasından, birçoğu garip ve acayip şahıslar olan, ceviz kahverengisi, kaba sakallı bir Boer çıkmış ve tepeye akın etmişlerdi. Dudaklarından ne zafer veya ne de kınama sözü çıktı. "Artık genç Boer'in ateş edemediğini söyleyemezsiniz." Sözü, aralarında en az kendine hâkim olanın kullandığı en sert ifadeydi. Yüz ile iki yüz arasındaki ölü ve yaralı tepenin üzerine yayılmıştı. Ulaşılabilenler, verilebilecek her türlü yardımı aldı. Hafif piyadelerden Yüzbaşı Rice, yaralı olarak bir devin sırtında tepeden aşağıya kadar taşındı ve adamın kendisine takdim edilen altın parçasını nasıl reddettiğini anlattı. Bazıları günün hatırası olarak askerlerden işlemeli bel kemerlerini istedi. Bu kemerler, nesiller boyunca, bazı koloni çiftliklerinin en değerli süs eşyası olarak kalacaktı. Sonra galipler bir araya geldiler, çok sevinçli değillerdi, fakat hüzünlü ve titrek bir sesle

İncil'den ilahiler okudular. Kederli bir birlikte bulunan, yorgun, bitkin ve derbeder esirler, Pretoria'ya gidecek trene binmek için Waschbank'taki Boer kamp yerine doğru uygun adım yürüdüler. Ladysmith'te, kolu sargılı, elbisesi ve şahsı üzerinde muharebenin izleri olan Hafif Piyadelerin borazancısı, kendi imhaları pahasına White'ın geri çekilen ordusunun kanadını koruyan iki gönüllü alayının haberleri ile birlikte kampa girdi.

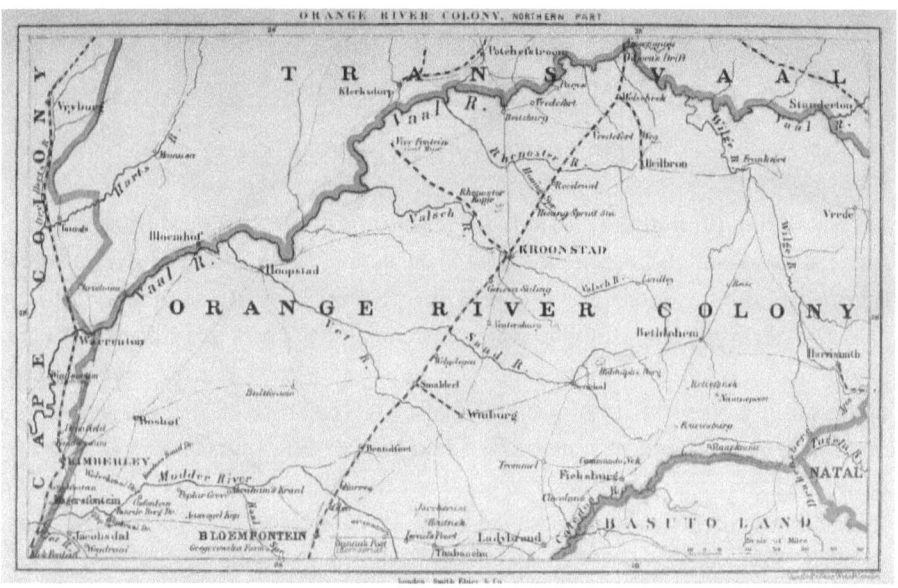

8. BÖLÜM

LORD METHUEN'İN İLERLEYİŞİ

Natal'daki iki haftalık fiilî silahlı çatışmanın sonunda, Boer ordusunun durumu, ülke içinde halkı çok ciddi şekilde dehşete düşürmüş ve tüm Avrupa uluslarının basınında neredeyse evrensel zalim bir zevk korosuna neden olmuştu. Nedeni ister bize karşı duyulan nefret, isterse daha büyük olanlara karşı daha küçük olanı destekleyen sportmence duygular ya da her yerde bulunan Dr. Leyds[1] ve onun gizli servis fonunun etkisi olsun, Avrupa gazetelerinin, olağanüstü orantısız ve millî karakterimiz hakkındaki bilgisizlikleri ile birlikte, İngiliz İmparatorluğu'na zarar verici bir darbe olarak değerlendirdikleri şeyle ilgili erken sevinçlerinde hiçbir zaman bu kadar hemfikir olmadıkları açıktır. Fransa, Rusya, Avusturya ve Almanya bize karşı eşit derecede nefret doluydu. Kendi içinde nazik ve zamanında bir eylem olsa da Alman İmparatoru'nun ziyareti, ana vatan basınının anlamsız kinini tam olarak telafi edemedi. İngiltere, alışılagelmiş ilgisizliğinden sıyrıldı ve bu nefret korosu tarafından seslendirilen yabancı kaynaklı düşünceye itibar etmedi ve sonuç olarak daha büyük bir çaba için kendini hazırladı. İngiltere, aynı duyguları paylaşan Amerika Birleşik Devletleri'ndeki arkadaşları tarafından alkışlandı ve özellikle İtalya, Danimarka, Yunanistan, Türkiye ve Macaristan gibi küçük Avrupa ülkelerinin iyi dilekleriyle desteklendi.

İki hafta süren bu sert darbelerin sonunda gerçek durum, Natal kolonisinin dörtte biri ve demir yolunun yüz millik kısmının düşmanın elinde olmasıydı. Muhtemelen hiçbiri tam olarak bir savaş anlamına gelmeyen, beş farklı muharebe yapılmıştı. Bunlardan biri belirgin bir İngiliz zaferiydi, ikisinin sonucu kesin değildi, biri talihsiz ve biri de mutlak bir felaketti. Yaklaşık bin iki yüz esir vermiş ve küçük toplardan oluşan bir bataryayı kaybetmiştik. Boerler iki iyi top kaybetmiş ve üç yüz esir vermişti. On iki bin İngiliz askeri Ladysmith'te hapsedilmişti ve işgalciler ile deniz arasında ciddi bir kuvvet yoktu. Sadece, kirli gemi

---

1 ÇN: Willem Johannes Leyds (1 Mayıs 1859 - 14 Mayıs 1940) Güney Afrikalı avukat ve devlet adamı. 1898'den 1902'ye kadar İkinci Boer Savaşı'nın kritik döneminde, Brüksel'in birçok Avrupa devletine akredite edilmiş olan Boer Cumhuriyeti'nin özel elçisi ve tam yetkili bakanı.

ateşçilerinin kürekle yüklediği ve çaba sarfettiği bu uzak mesafeli nakliye gemilerinin içinde, Natal'ın güvenliği ve İmparatorluğun onuru için umut vardı. Bir Özgür Devlet istilasını durdurabilecek herhangi bir şey olmadığını ve eğer bu istila gerçekleşirse ne kadar ilerleyebileceği konusunda sınır konulamayacağını ya da Hollandalı nüfus üzerinde ne gibi etkilerinin olabileceğini çok iyi bilen Cape Kolonisindeki yönetime sadık olanlar, nefeslerini tutarak beklediler.

Görünen o ki, şimdilik Ladysmith'i, kendini bilinçli bir şekilde onu boğma işine adayan Boerlerin kollarının arasına bırakarak, savaşın batıdaki merkezine geçmeli ve Kimberly kuşatması ile başlayan ve onu kurtarmak için Lord Methuen'in birliğinin başarısız girişimine yol açan olayların sırasıyla açıklaması yapılmalıdır.

Savaş ilanı üzerine Boerler tarafından batıda iki önemli manevra icra edildi. Bunlardan biri, başlı başına bir bölümü hak eden bir harekât olan müthiş Cronje'nin yönetimindeki hatırı sayılır bir birliğin Mafeking'e taarruz etmek için ilerlemesiydi. Diğeri ise Wessel ve Botha'nın emir komutası altındaki çoğunlukla Özgür Devlet vatandaşlarından oluşan bir kuvvet tarafından Kimberley'in kuşatılmasıydı. Burası, kasabaya ulaşan son trenlerden biri ile kendisini cesurca kasabaya atan Cecil Rhodes'nun tavsiyesi ve yardımıyla desteklenen, Albay Kekewich tarafından savunuluyordu. Büyük De Beers elmas madenlerinin kurucusu ve direktörü olarak, ihtiyaç duydukları zamanda halkıyla birlikte olmak istemişti ve onun inisiyatifiyle kuşatmaya destek olmak için kasabaya piyade tüfekleri ve top tedarik edilmişti.

Albay Kekewich'in emrinde olan birlikler, birkaç Kraliyet istihkâmcısı, bir dağ bataryası ve iki makineli tüfek ile birlikte sadık Kuzey Lancashire Alayı'nın (kendi alayının) dört bölüğünden oluşuyordu. Buna ek olarak, son derece ateşli ve yetenekli yerel güçler, Cape polisinden yüz yirmi kişi, iki bin gönüllü, Kimberley Hafif Süvarilerinden bir birlik ve yedi librelik hafif topçu bataryası vardı. Ayrıca madenleri çevreleyen ve en etkili kaleleri oluşturan devasa moloz tümseklerinin üzerine yerleştirilen sekiz Maksim makineli tüfeği bulunuyordu.

Küçük bir polis takviyesi, trajik koşullar altında kasabaya ulaşmıştı. İngiliz Bechuanaland'ın başkenti Vryburg, Kimberley'nin 145 mil kuzeyinde bulunuyordu. Kasaba, güçlü bir şekilde Hollanda'ya müzahirdi ve Boer kuvvetlerinin topçu birlikleri ile birlikte yaklaştığı haberleri üzerine kasabanın savunulamayacağı açıktı. Polis amiri Scott, bir savunma örgütlemek için birkaç girişimde bulundu, fakat topçusunun olmaması ve çok az destek bulması nedeniyle işgalcilere karşı taarruzdan vazgeçmeye zorlandı. Cesur Scott, askerleriyle güneye doğru at sürdü ve duyduğu utanç ve karakolunu koruyamamanın üzüntüsüyle bu yolculuk esnasında beynini patlattı. Vryburg, hemen Boerler tarafından işgal edildi ve İngiliz Bechuanaland, resmî olarak Güney Afrika Cumhuriyeti'ne ilhak edildi. İstila edilen tüm bölgelerin anında ilhak edilmesi politikası, bu yolla onlara katılan İngiliz vatandaşlarının ihanetinin sonuçlarından korunacağı düşüncesi ile alışıldığı şekliyle düşman tarafından gerçekleştirildi. Bu arada birkaç bin Özgür Devlet ve Transvaal vatandaşı, topçu birliği ile birlikte Kimberley etrafında toplandı ve kasabadan gelen tüm haberler kesildi. Kimberley'in kurtarılması, ülkenin içine doğru akan ordu birliklerine verilen ilk görevlerden biriydi. Böyle bir manevranın üssü, bariz bir şekilde Orange Nehri olmalıydı, orada ve De Aar'da ileri harekât için ikmal maddeleri toplanmaya başladı. Özellikle, koloninin kuzeyindeki ana demir yolu kavşağı olan bir sonraki yerde, İngiliz Hükümeti'nin uzun kolunun dünyanın birçok bölgesinden topladığı binlerce katırla birlikte, muazzam miktarda erzak, mühimmat ve hayvan yemi bir araya getirildi. Bu pahalı ve gerekli ikmal maddelerinin bulunduğu yerdeki muhafızın, tehlikeli derecede zayıf bir birlik olduğu görünüyordu. Orange Nehri ve altmış mil uzaklıktaki De Aar arasında 9'uncu Mızraklı Süvari Alayı, Kraliyet Royal Munster[1], 2'nci Kraliyet Özel Yorkshire Hafif Piyadeleri ve 1'inci Northumberland Hafif Piyade Alayı olmak üzere toplamda üç bin kişiden daha az asker, iki milyon sterlin değerindeki ikmal maddeleri ile birlikte bulunuyordu ve Özgür Devlet sınırı, onlara bir gezinti mesafesindeydi. Gerçekten eğer bu savaşta şikâyet ettiğimiz bir şeyler varsa, şükretmemiz gereken çok daha fazla şey vardı.

Ekim sonuna kadar durum o kadar tehlikeliydi ki, düşmanın bundan yararlanamamış olması, gerçekten anlaşılır gibi değildir. Bizim ana kuvvetimiz, Kimberley üzerine yapılacak ileri harekât için çok gerekli olan Orange Nehri demir yolu köprüsünün savunulmasına odaklanmıştı. Bu durum, De Aar'ın ve kıymetli ikmal maddelerinin savunulması için geriye topçusu olmayan tek bir alay bırakmıştı. Atılgan bir lider ve atlı piyadelerin baskın yapması için bundan daha uygun bir hedef hiç görülmemişti. Fakat Boerler, daha önce birçok defa kaçırdıkları gibi, bu defa da fırsatı kaçırmışlardı. Kasım ayı başlarında Colesberg ve Naauwpoort, De Aar'da toplanan küçük müfrezelerimiz tarafından boşaltıldı. Berkshire Alayı, Yorkshire Hafif Piyade'lerine katıldı ve ayrıca dokuz sahra topu geldi. General Wood, etarfındaki tepeciklerin tahkim edilmesi için çok çaba sarfetti, mevzi bir hafta içinde oldukça güvenli bir hale getirildi.

Savaşın merkezindeki bu bölümünde muhalif güçler arasındaki ilk çarpışma, 9'uncu Ağır Süvari Alayından Albay Gough'un bir sahra topçu bataryası ile birlikte, kendi alayının iki takımı, Northumberland Hafif Piyadelerinin atlı piyadeleri, Royal Munsters ve Kuzey Lancashire birlikleri ile kuzeyde Orange Nehri'nden başlayarak keşif yaptığı 10 Kasım'da gerçekleşti. Belmont'un doğusunda, yaklaşık on beş mil uzakta, topu olan bir düşman müfrezesi ile karşılaştı. Atlı piyadeler, Boer mevziinin üstesinden gelmek için kanatlarından birinin etafından dörtnala koşturdular, bunun yaparken keskin nişancılar tarafından işgal edilmiş küçük bir tepeciğin yakınından geçtiler. Kayalar arasından aniden ölümcül bir

---
1 ÇN: Munster: İrlanda'nın güneybatısında bulunan tarihî bir bölge.

ateş açıldı. Vurulan altı askerden dördünün subay olması, keskin nişancıların ne kadar soğukkanlı ve ileride muharebe meydanında ortadan kalkacak olan (subayların) kıyafet farklılığının ne kadar tehlikeli olduğunu gösteriyordu. Sudan'da ün kazanmış olan Northumberland Alayından Albay Keith-Falconer vurularak öldürüldü. Kuzey Lancashire Alayından Wood da aynı şekilde öldü. Northumberland Alayından Hall ve Bevan yaralandı. Kamptaki birliklerin trenle ilerlemesi, Boerleri püskürttü ve küçük kuvvetimizi tehlikeli olduğu kanıtlanabilecek bir durumdan kurtardı, çünkü sayıca üstün olan düşman, kanatlarının çevresinde başarılı olmaya başlamıştı. Birlikler iyi bir sonuç elde edemeden kampa geri döndüler, hâlbuki birçok süvari keşfinin önlenemez kaderi bu olmalıydı.

12 Kasım'da Lord Methuen Orange Nehri'ne ulaştı ve Kimberley'in kurtarılması için ilerleyecek birliği hazırlamaya başladı. General Methuen, geçmişte, 1885'te Bechuanaland'da büyük bir gayri nizami süvari grubuna komuta ettiği zaman, biraz Güney Afrika deneyimine sahip olmuştu. Şöhreti, cesur ve korkusuz bir asker olmasıydı. Henüz elli beş yaşında bile değildi.

Orange Nehri'nde kademeli olarak toplanan kuvvet, sayısından ziyade kalitesi nedeniyle zorluydu (müthişti). Bu birlikler, bir Muhafız Tugayı (1'inci İskoç Muhafızları, 3'üncü El Bombacılar, (Grenadiers), 1'inci ve 2'nci Coldstream Alayları, 2'nci Yorkshire Hafif Piyadeleri, 2'nci Northampton Alayı, 1'inci Northumberland Alayı ve silah arkadaşları, donanma topçularından ve denizcilerden oluşan denizci tugayı ile birlikte Kimberley'i savunan North Lancashires Alayından bir süvari taburundan oluşuyordu. General Methuen, süvari olarak atlı piyadelerden müfrezelerle birlikte 9'uncu Mızraklı Süvarileri ve topçu olarak Kraliyet Sahra Topçularından 75'inci ve 18'inci bataryalara sahipti.

Birlik içinde azami seviyede hareket kabiliyeti amaçlamıştı, subaylar ve askerler için çadırlara da herhangi bir tür konfora da izin veriliyordu. – Bu durum, tropik bir günün arktik bir geceyi izlediği bir iklimde hafife alınacak bir mesele değildi. 22 Kasım günü şafak vakti, yaklaşık sekiz bin kişiyi bulan kuvvet, olaylarla dolu yolculuğuna başladı. Kimberley'e olan mesafe altmış milden fazla değildi ve muhtemelen bu kuvvetin içinde, bu yürüyüşün ne kadar süreceğini veya yolda kendilerini bekleyen deneyimlerin ne kadar korkunç olacağını hayal edebilen tek bir kişi yoktu. Lord Methuen 22 Kasım Çarşamba gününün şafağında, Belmont'taki Boer mevzileriyle temas sağlayana kadar ilerledi. Mevziler, o akşam Albay Willoughby Verner tarafından incelendi ve sabahleyin taarruz edilmesi için her hazırlık yapıldı.

Boerlerin kuvveti bizimkinden çok daha azdı, toplamda iki veya üç bin kişiydi. Ancak mevzilerinin doğal gücü, üstesinden gelinmesini zorlaştırmasına rağmen, bu mevziler ikmal hatlarımıza bir tehdit olarak arkada bırakılamazdı. Kimberley'e giden yolun karşısında çift sıra dik tepeler uzanıyordu ve bu tepelerin sırtları boyunca, kayaların arasına sıkıca sokulan düşmanımız bizi bekliyordu. Haftalar süren hazırlıkları içinde, piyade tüfeği ateşiyle arazi yüzeyinin tamamını tararken, içinde nispi bir güvenlik içinde yatabilecekleri, özenle hazırlanmış koruyucu mevziler inşa ettiler. Mektupları, savaşın en ayrıntılı yazıları arasında yer alan Amerikalı muhabir Bay Ralph, saman ve yiyecek artıkları etrafa saçılmış, birbirinden ayrı, her biri kendi acımasız ve ürkütücü sakinini içinde barındıran bu sığınakları tasvir etmişti. Ralph, "Yırtıcı kuşların yuvaları" ifadesiyle onları bizim evimize getirmişti. Bu sığınaklardan, Boerlerin dikkatle bakan gözleri ve tüfeklerinin namlularından başka hiçbir şey görünmüyordu. 23'ü sabahı şafak sökerken, Boer keskin nişancıları çömeldiler ve güneşte kurutulmuş et dilimlerini ve mısırlarını çiğneyerek yediler. Gün ışığı ile birlikte düşmanları kapılarına dayanmıştı.

Bu eski ve güzel ilk çağlara ait İngiliz tarzı bir askerler savaşıydı, küçük ölçekte ve daha ölümcül silahlara karşı bir Alma Muharebesiydi. Birlikler, karşılarına çıkan, vahşi görünümlü, kaya serpiştirilmiş, tepesi sarp kayalık mevziye doğru, bir ölüm sessizliği içinde ilerlediler. Kahvaltılarını yapmadıkları için öfkeli bir ruh hâli içindeydiler ve Agincourt'tan Talavera'ya kadar olan askerî tarih, İngiliz askerleri arasında açlığın tehlikeli bir özelliği harekete geçirdiğini göstermektedir. Bir Northumberland Hafif Piyadesi, silah arkadaşlarının hırçınlığını, bunu ifade eden kelimelere dökmüştü. Fazlasıyla enerjik bir kurmay subay, kasıla kasıla yürüdüğü sırada, o sert kuzeyli lehçesi ile, "Lanet olsun, onları cehenneme gönderelim ve haydi ateş edelim!" diye haykırmıştı. Yükselen güneşin altın sarısı ışığında, askerler dişlerini sıktılar ve yukarı tepelere doğru hızla tırmandılar. Sürünen, düşen, tezahürat yapan, küfreden, cesur askerler, cesurca yönetildiler. Tek düşünceleri, üstlerindeki kayaları çevreleyen o korkunç tüfek namlularından oluşan dikenlere yaklaşmaktı.

Lord Methuen'in niyeti cepheden ve yandan bir taarruz yapmaktı, fakat nedeni ister el bombacıların istikametlerini kaybetmesi, isterse de kanattan bir taarruzu imkânsız kılan Boerlerin hareket kabiliyeti olsun, hepsinin cepheden olacağı kesindi. Savaş, farklı İngiliz alaylarının her zaman başarılı bir şekilde ve her zaman kayıp vererek farklı tepeciklere hücum ettiği bir dizi birbirinden bağımsız harekât içinde çözüme kavuştu. Zayiat listelerinin korkunç raporları ile ölçülen savaşın şerefi, El bombacılar, Coldstremler, Northumberlands ve İskoç Muhafız Alaylarına aitti. Cesur Muhafız Alayının askerleri, sık bir şekilde yamaçlarda yatıyorlardı, ama silah arkadaşları zirveleri taçlandırmıştı. Boerler çaresizce direndiler ve tüfeklerini taarruz edenlerin tam yüzüne doğru ateşlediler. Genç bir subayın, kendisine kıl payı değen bir tüfekle çenesi parçalara ayrıldı. Bir başkası, Muhafızlardan Blundell, matarasını sunduğu yaralı bir haydut tarafından vurularak öldürüldü. Savunmada olanlar tarafından bir yerde bir beyaz bayrak sallandı, bunun üzerine İngilizler, siperi terk ettiler ancak bir yaylım ateşi ile karşılaştılar. "Morning Post" gazetesinden Bay E. F. Knight'in harp teamüllerinin iki kez suistimal edilmesinin kurbanı olduğu yer orasıydı, çünkü sağ kolunu kaybettiği yaralanması, patlayıcı bir kurşundan kaynaklanıyordu. Bayrağı kaldıran adam ele geçirildi ve hemen oracıkta süngülenmemiş olması, İngiliz askerlerinin merhameti konusunda çok şey anlatır. Yine de, bir azınlığın kabahatleri için bütün bir halkı suçlamak adil değildir ve bu tür yöntemlere tenezzül edenlerin veya kasten ambulanslarımıza ateş edenlerin, bizim tarafımızdan olduğu kadar kendi silah arkadaşları tarafından da infaz edilmiş olması muhtemeldir.

Zafer pahalıya mal olmuştu, elli ölü ve iki yüz yaralı yamaçta yatıyordu ve Boerlerle yaptığımız pek çok muharebede olduğu gibi az bir maddi getirisi oldu. Onların kayıplarının bizimki kadar fazla olduğu görünüyordu ve askerlerin büyük ilgi gösterdiği yaklaşık elli esir ele geçirmiştik. Bu esirler kaba bir şekilde giyinmiş, somurtkan, huysuz bir kalabalıktı ve orta çağda olduğu gibi, zenginlik iyi bir at anlamına geldiğinden, Boerlerin muhtemelen savaşta en fazla acı çeken, en fakirlerini temsil ediyorlardı. Düşmanın çoğu, muharebeden sonra çok rahat bir şekilde dörtnala uzaklaştı ve peşlerine düşen süvarilerimizi durdurmak için tepecikler arasında keskin nişancılar bıraktılar. Lord Methuen, bu yenilginin niçin bir bozguna dönüştürülemediğine dair verdiği iki neden, süvari ve hafif koşulu topçunun bulunmayışı idi. Öyle ki, geri çekilen Boerlerin duyguları, galiplerle alay etmek maksadıyla uzanmış parmaklarını burnuna yerleştirmek için eyerinin üzerinde geriye dönen, aralarından biri tarafından ifade edildi. Bunu yaparken bir taburun yarısının ateşine maruz kaldı, ama muhtemelen bizim mevcut tüfek atışı talimatımızla bir İngiliz taburunun yarısının bir şahsa ateş açmasının çok ciddi bir sorun olmadığının farkındaydı.

Ayın 23'ünün geri kalanı Belmont Kampı'nda geçirildi ve ertesi sabah, on mil ötedeki Enslin'e bir ileri harekât icra edildi. Burada, Belmont'takiler kadar tehlikeli bir tepeler hattı ile çevrelenen Enslin Ovası bulunuyordu. Ordunun zayıf, ama çok yetenekli süvarileri olan Mızraklı Süvari ve Rimington Alaylarının keşif kolları "tepelerin güçlü bir şekilde tutulduğu" raporu ile geldi. Kimberley'in kurtarıcılarının önünde biraz daha sert, zorlu bir yürüyüş vardı.

İlerleme, Cape Town'dan Kimberley demir yoluna giden hat üzerindeydi ve Boerler tarafından demir yoluna verilen hasar, bir donanma topuyla zırhlı bir trenin birliklere eşlik etmesine izin verecek ölçüde onarılmıştı. Bu top tepelere karşı faaliyete geçtiğinde ve sahra bataryalarının topları tarafından yakından takip edildiğinde, ayın 25'i Cumartesi sabahı saat altıydı. Savaşta edinilen derslerden biri de şarapnel ateşinin etkisi konusunda hayal kırıklığına uğramamız oldu. Teorik olarak savunulamaz hâle getirilen mevzilerin, çok sıkıntı verecek tarzda tekrar tekrar kullanıldığı görülmüştü. Fiilen temasa giren askerler arasında, şarapnel ateşinin etkisine olan güven, deneyimleriyle birlikte giderek azaldı. Kayaların arasına ve siperlerin arkasına yatan askerlerlerle başa çıkmak için patlayan bir şarapnel mermisinden gelen kavisli kurşun dışında, başka bir topçu ateşi yöntemi düşünülmesi gerekiyordu.

Şarapnel üzerine yapılan bu yorumlar, savaştaki muharebelerin yarısının açıklamasına dahil edilebilir, ancak bu yorumlar, özellikle Enslin'deki harekât için uygundu. Burada tek bir büyük tepecik, mevzinin kilit noktasını oluşturuyordu ve onu İngiliz saldırısına hazırlamak için hatırı sayılır bir zaman harcanmıştı. Bir topçu ateşinin onun üzerine yönlendirilmesiyle birlikte bu ateşin onun yüzeyini temizlemesi ve bir keskin nişancının gizlenebileceği her köşesini yoklaması bekleniyordu. Temasa giren iki bataryadan biri, beş yüzden az olmamak üzere mermi attı. Daha sonra piyadenin ilerlemesi emredildi, Muhafız Alayı Belmont'ta gayret sarf etmesi nedeniyle ihtiyatta tutuldu. Northumberland, Northampton, Kuzey Lancashire ve Yorkshire Alayları, tepenin etrafından sağ tarafa doğru faaliyet gösterdi ve topçu ateşinin yardımıyla önlerinde bulunan siperleri temizlediler. Bununla birlikte, taarruzun şeref payesi, askerlerin nadiren karşılaştığı ve yine de galip olarak çıktığı çetin bir sınava maruz kalan Donanma Tugayı'nın gemicilerine ve denizcilerine verilmelidir. Topçumuz tarafından şiddetli bir şekilde dövülen bu korkunç tepeyi ele geçirme görevi onlara düşmüştü. Büyük bir hızla yokuşu temizlediler, fakat korkunç bir ateşle karşılaştılar. Her kaya alev püskürttü ve mavzer fırtınasından önce ön saflar soldu. Bir görgü tanığı, tugayın, mermilerin savurduğu kumun ortasında güçlükle görülebildiğini kaydetmişti. Bir an için tekrar siper aldılar ve biraz nefeslendikten sonra geniş göğüslü bir denizcinin kükremesi ile tekrar tırmanışa geçtiler. Toplamda sadece dört yüz kişi, iki yüz denizci ve iki yüz deniz piyadesi vardı ve bu hızlı hücumdaki kayıplar korkunçtu. Yine de bazıları küçük çocuk- deniz asteğmenleri olan cesur subayları, onları yüreklendirerek bir araya topladılar. Powerful'''un komutanı Ethelston yere serildi. Plumbe ve Deniz Piyadelerin kıdemlisi öldürüldü. "Doris'in" yüzbaşısı Prothero, denizcilere: "Şu tepeciği alın ve ona sıkı tutunun!" diye bağırırken yere yıkıldı. Asteğmen Küçük Huddart'ın mütevazı ölümü, boşa yaşanacak onlarca yıla bedel bir ölümdü. Deniz Kuvvetleri'nden Jones yaralı olarak yere düştü, ancak tekrar ayağa kalktı ve askerleriyle birlikte hücum etti. En ağır kayıplar, denizde veya karada, her yerde ve her şekilde savaşmaya hazır olan bu cesur deniz piyadelerine düşmüştü. Sonunda o ölüm saçan tepenin zirvesinde yer edinmeyi başardıklarında, arkalarında toplam 206 kişi olan birlikten, üç subay ve seksen sekiz asker bırakmışlardı ki bu, birkaç dakika içinde neredeyse yüzde 50'lik bir kayıptı. Bahriyeliler, tepenin eğiminin yardımıyla aralarından on sekiz kişilik bir bedelle ucuz kurtuldular. Bu harekâttaki toplam İngiliz kayıplarının yarısı, alındıkları birliğin şeref ve itibarını en mükemmel bir şekilde koruyan bu küçük birliğin askerlerine düştü. İngiliz donanmasının beyaz bandırası altındaki bu türden askerler sayesinde biz, adadaki evlerimizi gönül rahatlığı ile arkamızda bırakıyoruz.

Enslin Savaşı, bize ölü ve yaralı olarak yaklaşık iki yüz kişiye mal olmuştu ve başka bir aşamayla Kimberley'e giden yolu açmış olmamız gerçeğinin ötesinde, bundan nasıl bir fayda sağladığımızı söylemek zordu. Tepecikleri kazanmıştık, ama askerlerimizi kaybetmiştik. Öldürülen ve yaralanan Boerler muhtemelen bizim zaiyatımızın yarısından daha azdı ve süvarilerimizin zayıflığı ve bitkinliği takip etmemizi önledi ve toplarını ele geçirmemize engel oldu. Üç gün içinde askerler, susuz bir ülkede ve tropikal bir güneşin altında iki yorucu muharebe yapmıştı. Çabaları harikaydı, böyle olmasına rağmen sonuçsuzdu. Bunun neden böyle olduğu, doğal olarak hem ordugâhta hem de memleketteki halk arasında şiddetli bir tartışmanın konusuydu. Lord Methuen'in süvari ve hafif koşulu topçu yokluğuna dair şikâyeti, her zaman akla geliyordu. Bazı konularda olağanüstü ve beklenmedik bir şekilde başarılı bir bakanlık olan Harbiye Nezaretimize pek çok haksız suçlama yöneltildi, ancak süvarilerimizin ve topçularımızın gönderilmesindeki bu gecikmeyle ilgili sorunda, bizim de bildiğimiz şekliyle düşmanın aşırı hareketliliği bilindiğinden bir soruşturma için kesinlikle neden vardı.

Bu iki muharebede savaşan Boerler, esas olarak Jacobsdal ve Fauresmith komandoları ile bazı Boshoflu Boer çiftçilerinden alınmıştı. Bununla birlikte, ünlü Cronje, eski Transvaallı muhafızlarıyla birlikte Mafeking'den aşağı inmişti, Belmont ve Enslin'deki savaş esirleri, Cronje'nin emir komutayı devralmak için zamanında gelmemiş olması nedeniyle büyük bir hayal kırıklığına uğradıklarını ifade etmişlerdi. Buna rağmen, bu son muharebede düşman takviyelerinin gelmek üzere olduğuna ve Kimberley'i kurtarma kuvvetinin emekleri hiçbir şekilde sonuca ulaşmayacağına dair deliller vardı. Çatışmanın en civcivli anında, sağ kanadımız üzerinden dışarıya gönderilen mızraklı süvari devriyeleri, sağ arkamızdaki bir tepede mevzilenen kayda değer bir Boer süvari birliğinin yaklaştığını bildirdi. Oradaki konumları bariz bir şekilde tehditkârdı ve Lord Methuen, Albay Willoughby Verner'i Muhafız Tugayını çağırması için gönderdi. Cesur subay, geri dönerken atının tökezlemesi nedeniyle ciddi şekilde yaralanma talihsizliğini yaşadı. Buna rağmen görevi, yaptığı etki nedeniyle başarılı oldu, çünkü düzlükte hareket eden Muhafızlar, takviye kuvvetlerinin, tüm Boer geleneklerine aykırı olarak açıktan bir taarruza geçmeden, savunanlara yardım edemeyecekleri bir şekilde duruma müdahale ettiler ve takviye kuvvetlerini savunanların yenilgisine tanık olmaya zorladılar. Bu süvari birliği ertesi gün kuzeye döndü ve şüphesiz bunlar, Modder Nehri'nin bir sonraki muharebesinde karşılaştıklarımız arasındaydı.

Orange Nehri'nden ileri harekât çarşamba günü başlamıştı. Perşembe günü Belmont, cumartesi günü Enslin muharebeleri yapıldı. Ne gündüzleri güneşten ne de geceleri soğuğa karşı herhangi bir koruma vardı. Su bol değildi ve kalitesi bazen mide bulandırıcı idi. Askerlerin dinlenmeye ihtiyaçları vardı, bu yüzden cumartesi gecesi ve pazar günü Enslin'de kaldılar. Pazartesi sabahı (27 Kasım) Kimberley'e doğru giden yorucu yürüyüşe yeniden başlandı.

27 Kasım Pazartesi günü, şafak vakti erkenden, tozlu vadide toz renkli bir birlik olan küçük İngiliz ordusu, yeniden hedefine doğru ilerlemeye başladı. O gece Klipfontein havuzlarında mola verdiler, bir kez olsun düşmanla temasa geçmeden, tam günlük bir yürüyüş yaptılar. Muhtemelen birbirini izleyen iki yenilginin Boerlerin yüreklerine korku saldığına ve ileri harekâta karşı daha fazla direnç göstermeyeceklerine dair umutlar yükselmişti. Bununla birlikte, Cronje'nin varlığından, onun müthiş karakterinden haberdar olan bazıları durumla ilgili daha doğru bir bakış açısına sahipti. Belki de Joubert'in doğuda oynadığı rolün aynısını savaşın merkezinin batı tarafında oynayan ünlü lider hakkında birkaç söz söylenebilecek yer burasıdır.

Komutan Cronje, savaş sırasında altmış beş yaşında, sert, esmer bir adamdı. Sakin tabiatlı, vahşi ruhlu, eşsiz kararlılığı nedeniyle cesur erkeklerden oluşan bir milletin arasında ayrı bir üne sahipti. Esmer yüzü sakallı ve erkeksiydi, ama sakin ve nazikti. Az ama öz konuşurdu ve zayıf insanları destekleyip güçlendiren o ateşli sözleri söyleme yeteneğine sahipti. Av gezilerinde ve yerlilerle yapılan savaşlarda cesaretiyle ve yeteneklerinin fazlalığı ile yurttaşlarının hayranlığını ilk zamanlarda kazanmıştı. 1880 savaşında, Potchefstroom'u kuşatan Boerlere komuta etmişti ve kibar harp teamülleri ile engellenmeyen amansız bir kuvvetle taarruza geçmişti. Neticede, genel bir ateşkes imzalandığını garnizondan gizleyerek mevziyi teslim olmaya zorladı. Bu, sonrasında kendi hükümeti tarafından sahiplenilmeyen bir hareketti. Sonraki yıllarda, çiftlikleri ve sürüleri arasında, birçokları tarafından saygı duyulan, fakat herkesin korktuğu, bir otokrat ve bir aile reisi olarak yaşadı. Bir süreliğine Yerli Komiserliği yaptı ve yaptığı zorlu işlerle arkasında bir ün bıraktı. Jameson baskını ile tekrar göreve çağrıldı, düşmanlarını acımasızca içinden çıkılması imkânsız bir duruma soktu ve daha önce belirtildiği gibi tutsak alınanlara en ağır cezanın verilmesini istedi. Takviye edilmiş ve aşılması zor bir orduyla birlikte, Lord Methuen'in yorgun askerlerinin yolunu kesen, yetenekli, kurnaz, demir gibi sert, çekici adam buydu. Bu adil bir dövüştü. Bir tarafta dayanıklı adamlar, eğitimli keskin nişancılar, iyi bir topçu ve savunma; öte yanda tarihi İngiliz piyadesi, görev, disiplin ve ateşli bir cesaret vardı. Toz renkli yürüyüş kolu, büyük bir şevkle tozlu bozkırın üzerinde ilerledi.

Tepeler ve Boer Savaşı, liderlerimizin zihninde, birbiriyle o kadar çok ilişkilendirilmişti ki, Modder Nehri'nin bir ovanın üzerinden dolandığı öğrenildiğinde, orada bir direniş olabileceği fikri akıllarından çıkmış gibi görünüyordu. Kendine güven o kadar yüksek ve keşif faaliyeti o kadar gevşekti ki sayısal olarak kendilerine eşit bir kuvvet, onlardan yedi mil uzaklıkta birçok topla birlikte toplanmıştı. Hâl böyle iken ileri harekât, herhangi bir muhtemel savaş beklentisi olmadan sevk ve idare ediliyormuş gibi görünüyordu. Bir nehrin inatçı bir direnişle karşılaşmak için muhtemel bir yer olacağı varsayımı bir sivil için bile aşikârken göz ardı edilmiş olduğu anlaşılıyordu. Bizimkinden daha fazla onun canını sıkan bir olay için bu General'i suçlamak belki de pek adil değildi. Uykusunda kendisine "o iki topa sahip olman gerekirdi" diye seslenildiğini duyan, bu nazik ve cesur adama sempati duyulabilir, fakat ne süvarilerin ne de İstihbarat Dairesinin bu kadar olağanüstü bir bilgisizlik nedeniyle hatalı olmadığını düşünmek mantık dışıdır.[1] 28 Kasım Salı sabahı, İngiliz birliklerine derhal yürüyüşe geçmeleri ve Modder Nehri'ne vardıklarında kahvaltı yapacakları söylendi. Bu, söylenenleri değerlendirmek için hayatta kalanlara yapılmış korkunç bir şakaydı.

Ordu, bir önceki gece, haftanın kayıplarını karşılayan Argyll ve Sutherland İskoç Dağ Alaylarının eklenmesiyle takviye edilmişti. Bulutsuz bir sabahtı ve masmavi bir gökyüzünde göz kamaştırıcı bir güneş doğuyordu. Askerler aç olmalarına rağmen, neşe içinde yürüyorlardı, pipolarının dumanı saflarının üzerinde dalgalanıyordu. Ölüm saçan tepeciklerin geride kalmış olduğunu ve büyük düzlüğün, nehrin akış yönünü gösteren yeşil bir çizgiye doğru hafifçe aşağıya doğru yöneldiğini görmek, kısa bir süre için onları neşelendirmişti. Diğer kıyıda, Kimberley'in iş adamları tarafından hafta sonu dinlenme yeri olarak kullanılan büyük bir otel, ile etrafa yayılmış birkaç bina vardı. Açık pencereleri gülümseyen bir bahçeye bakan otel şimdi sakin ve masum bir şekilde duruyordu; fakat pencerelerinde ölüm pusuda bekliyordu ve bahçesinde ölüm vardı. Kapının yanında duran ve dürbününden yaklaşan askerî birliğe bakan asık suratlı küçük adam, ölüm bakanı, tehlikeli Conje idi. Onunla istişare hâlinde, çok daha uzun süreliğine ve çok daha zorlu olduğunu kanıtlayacak olan biri vardı. Sami ırkına ait bir çehre, yüksek burunlu, gür sakallı ve keskin bakışlı, bozkır yaşamının kahverengine çevirdiği derisi ile bu adam De la Rey'di, adı her zaman Boerlerin kahramanca direnişi ile anılacak olan savaşçı şefler üçlüsünden biriydi. De La Rey danışman olarak oradaydı, ancak Cronje en üst düzey komutandı.

Aldığı önlemler, hem ustaca hem de eşsizdi. Nehir savunmasındaki mutat askerî uygulamaların aksine, adamlarını her iki kıyıya da gizlemişti. Daha önce belirtildiği gibi, sadakatlerine en az güvediklerini nehrin İngiliz yakasına yerleştirmişti, dolayısı ile onlar sadece acımasız arkadaşlarının tüfeklerinin ateşi altında geri çekilebilirlerdi. Siperler, zeminin eğimine öylesine uygun olarak kazılmıştı ki, bazı yerlerde üç taraftan ateş hattı emniyete alınmıştı. Birkaç ağır silah ve birkaç makineli tüfekten (şeytani "pompomlardan" biri de dahil) oluşan topçuları, akıntının diğer tarafına zekice yerleştirilmişti ve sadece koruyucu mevziler ile donatılmadılar, aynı zamanda bir dizi yedek mevzileri de vardı. Bu sayede toplar, yerleri tespit edildiğinde, kolayca yer değiştirebiliyorlardı. Sıra sıra siperler, geniş bir nehir, taze siper sıraları, tahkim edilmiş evler ve iyi görev yapan ve iyi mevzilendirilmiş bir topçu. Bu, küçük cesur ordunun önünde duran ciddi bir görevdi. Tüm mevzi dört ile beş mil arasındaki bir araziyi kaplıyordu.

---

1   Daha sonraki bilgiler, süvarilerin düşmanın varlığını Lord Methuen'e rapor ettiğini kesinleştirmektedir.

Burada asker olmayan her okuyucunun aklına bariz bir soru gelecektir: "Bu mevziye niçin taarruz edilecekti? Niçin böyle zorlu engellerin olmadığı bir yerden daha yükseğe geçmedik?" Cevap, cevaplanabildiği kadarıyla, düşmanımızın hazırlıkları hakkında o kadar az şey biliniyordu ki, biz farkına bile varmadan umutsuzca muharebeye girmiştik ve sonrasında orduyu bu zor durumdan çıkarmak, taarruza devam etmekten daha tehlikeliydi. O açık düzlükte bin metrenin altındaki bir menzilde geri çekilmek, hem tehlikeli hem de felakete neden olan bir hareket olurdu. Oraya bir kez vardığınızda, sonuna kadar gitmek en akıllıca ve en doğrusuydu.

Korkutucu Cronje, otelin bahçesinde hâlâ düşünceli bir şekilde bekliyordu. Bozkırın karşısından piyade taburları akıp gidiyordu. Zavallılar, bu dağlık bölge havasında yedi mil yürüdükten sonra, kendilerine vaat edilen kahvaltıya ulaşmak için can atıyorlardı. Mızraklı süvarilerden oluşan devriyelerimize ateş açıldığında saat yediye çeyrek vardı. O hâlde yemekleri ile onlar arasında Boerler vardı! Topçu birlikleri göreve çağrıldı, Muhafız Alayı (öncüler) sağ taraftan, yeni gelen Argyll ve Sutherland İskoç Dağ (Highlander) Alaylarının dahil olduğu, Pole-Carew'in emir komutasındaki 9'uncu Tugay sol taraftan ileriye doğru sevk edildi. Ölümcül ateş bölgesinin içine doğru hızla ilerlediler ve ancak o zaman, orada üzerlerine dört millik tüfek, makineli tüfek ve top ateşi açıldığında, generalden erine kadar farkında olmadan bu savaşta şimdiye kadarki en şiddetli muharebeye girdiklerini anladılar.

Mevzinin yeri anlaşılmadan önce, Muhafız Alayı, Boer siperlerinin yedi yüz metre yakınındaydı ve diğer birlikler, bir siper bulmayı epeyce zorlaştıran çok yumuşak eğimli taraftaydı. Önlerinde dingin bir manzara uzanıyordu. Nehir, evler, otel ne bir insan hareketi ne de duman vardı. Ara sıra ani bir ışıldama ve alev parlaması dışında her şey huzurlu ve her yer tenhaydı. Ama gürültü korkunçtu ve dehşet vericiydi. Sinirleri büyük topların gürlemesine ya da Maximlerin monoton kükremesine ve mavser ateşinin takırtısına karşı hazırlanmış olan askerler, otomatik seri ateşlinin tahripkâr "pulop, pulop seslerinde" yeni bir dehşeti keşfettiler. İskoç Muhafızlarının Maxim'i, otomatik topun cehennem kar fırtınasına yakalandı- her bir mermi iri bir cevizden daha büyük değildi, fakat bir isabet dizisi halinde uçuyorlardı- ve askerler ile silah bir anda yok edildi. Tüfek mermilerine gelince, ortam onlarla birlikte uğulduyor ve titreşiyordu ve kum, duşun altındaki bir su birikintisi gibi taranıyordu. İlerlemek imkânsızdı, geri çekilmek ise nahoştu. Askerler onların cephesine hücum ettiler ve zemine yakın bir yere toplandılar, eğer uygun bir karınca yığıntısı onlara zayıf bir koruma sağlıyorsa bundan çok mutlu oldular. Sürekli olarak, piyade tüfeği ateş hatları kademeli bir şekilde önlerine çarpıyor ve yükselip alçalıyordu. Piyade de ateş üstüne ateş etti, ama orada ateş edecek ne vardı? Ara sıra bir siperin kenarından veya bir taşın arkasından görünen bir göz ve bir el, yedi yüz metrede hedef olamazdı. O gün kaç İngiliz mermisinin hedefini bulduğunu bilmek öğretici olacaktır.

Süvari işe yaramazdı, piyade yetersizdi, geriye sadece toplar kalmıştı. Bir ordu çaresiz kaldığında ve taciz edildiğinde, yalvaran gözlerle her zaman toplara bakar ve gerçekten de nadiren bu cesur topçuların yanıt vermediği olur. Şimdi 75'inci ve 18'inci Sahra Bataryaları, tangır tungur, fakat hızla ilerleyerek ön tarafa geldiler ve bin metre mesafede göreve hazırlandılar. Donanma topları dört bin metrede görev yapıyordu, ancak ikisi birlikte karşılarına çıkan büyük kalibreli topların ateşini baskı altına almak için yetersizdi. Lord Methuen, Wellington'un gece boyunca yaptığı gibi toplar için dua etmiş olmalıydı ve bir dua hiçbir zaman daha dramatik bir şekilde cevaplanmamıştır. İngilizlerin gerisinden beklenmedik, bilinmedik, tuhaf bir batarya çıkageldi, ter ve kirle kaplanmış askerler, soluk soluğa kalan yorgun atları yol üzerinde hızlı hızlı nefes alırken, onları son bir kasılımla tırısa zorladılar. Aşırı yorgunluktan ölen atların cesetleri izledikleri yolu gösteriyordu. Çavuşların atları top arabasına koşulmuştu ve çavuşlar top arabasının ön kısmının yanında sendeleyerek yürüyorlardı. Bu sekiz saatte otuz iki mil yol kateden ve şimdi önlerindeki çarpışmayı duyarak, son bir müthiş gayretle kendini ateş hattına atan 62'nci Sahra Bataryasıydı. Büyük övüç kaynağı, Binbaşı Granet ve askerleriydi. Spicheren'de[1] piyadeleri kurtaran o kahraman Alman bataryaları bile daha büyük bir başarı gösteremezdi.

Şimdi, toplara karşı toplar vardı. Bırakalım en iyi topçular kazansın! Düşmanın gizli topuna karşı on sekiz sahra topumuz ve donanma topları vardı. Havada birbirlerinin yanından uluyarak geçen mermiler ileri geri uçuşuyodu. 62'nci Batarya'nın yorgun askerleri, kil renkli 15 poundluklarına eğildiklerinde ve çaba sarf ettiklerinde sıkıntılarını ve yorgunluklarını unuttular. Askerlerin yarısı tüfek menzilindeydi ve top arabasını çeken atlar, daha kısa bir menzil içine gönderildikleri ve Tugela'dakinden daha korkunç bir etkiye sahip oldukları için şiddetli bir ateşin odağındaydı. Aynı taktiklerin birbirinden çok farklı iki noktada benimsenmiş olması, savaşın ayrıntılarının Boer liderleri tarafından önceden ne kadar özenle düzenlendiğini gösteriyordu. Bir subay: "Atlarımı dışarı çıkarmadan önce, sürücülerimden birini ve iki atı vurdular ve benim kendi atımı indirdiler. Topları döndürdüğümüzde, topçulardan biri beyninden vuruldu ve ayaklarımın önüne düştü. Bir diğeri, mermi çıkarılırken vuruldu. Sonra bir fırsat elde ettik." diyordu Topların gürlemesi sağır ediciydi, ancak İngilizler yavaş yavaş üstünlüğü ele geçiriyordu. İleri yamaçta, tek tük, sürekli alev püskürten küçük tepecikler, sakin ve sessizce duruyordu. Daha ağır olan toplardan biri devre dışı bırakılmış, diğeri ise beş yüz yarda geri çekilmişti. Ancak piyade

---

1 ÇN: Spicheren Muharebesi (5 Ağustos 1870) Forbach muharebesi olarak da bilinir, Fransa-Prusya savaşı sırasında Prusya'nın kazandığı zaferler sonucunda Fransızlar Metz savunma hattına çekildiler.

ateşi, siperler boyunca hâlâ cayırdıyor ve hafifçe dalgalanıyordu ve toplar, hayatta kalan askerler ve atlarla daha yakına gelemezdi. Öğlen çoktan geçmişti ve o uğursuz kahvaltı, her zamankinden daha uzak görünüyordu.

Öğleden sonra saatler ilerledikçe, tuhaf bir durum oluştu. Toplar ilerleyemiyordu ve dahası, kayıplar o kadar ağırdı ki, topları 1200'den 2800 yarda menziline çekmek gerekliyordu. Değişim sırasında 75'inci Batarya, beş subayından üçünü, on dokuz askerini ve yirmi iki atını kaybetmişti. Piyade ne ilerleyebilir ne de geri çekilebilirdi. Sağ taraftaki Muhafız Alayının kanattan açılıp düşman hattını dolaşıp geçmesi, Modder Nehri'ne neredeyse dik bir açıyla birleşen Riet Nehri'nin önlerinde olması nedeniyle yapılamadı. Başlarının üzerinde kurşun yağmuru vızıldarken, bütün gün kavurucu bir güneşin altında yattılar. Olayın canlı bir şahidi olan muhabir, "Mermiler, telgraf telleri gibi kesintisiz çizgiler hâlinde geldi," demişti. Askerler sohbet etti, sigara içti ve birçoğu da uyudu. Kullanılabilecek kadar serin kalmalarını sağlamak için tüfeklerinin namlularının üzerine yattılar. Arada sırada hedefini bulan bir merminin kısık düşme sesi ve bir askerin nefes nefese kalışının ya da ayaklarıyla tempo tutuşunun sesi geliyordu; ancak bu noktadaki kayıplar çok fazla değildi, çünkü küçük bir örtü (koruma) vardı ve ıslık çalan mermileri büyük ölçüde yukarıdan geçiyordu.

Fakat bu arada solda, muharebeyi İngiliz zaferine çevirecek bir gelişme oldu. Bu tarafta açılmak için geniş bir alan vardı ve 9'uncu Tugay, ateşin daha az öldürücü olduğu ve nehre yaklaşmanın daha fazla taarruzun lehine olduğu bir noktaya gelene kadar düşman hattının aşağısına doğru açıldı. Burada Yorkshire Alayı, Teğmen Fox'un emrindeki bir müfrezesi ile bir çiftlik evine taarruz ederek, Tugay komutanları tarafından şahsen sevk ve idare edilen Highlander ve Hafif Piyade Alaylarından karışık bir kuvvetin üzerinden zorla geçtiği geçit yerinin hâkimiyetini ele geçirdi. Sayıca beş yüzden fazla olmayan bu piyade birliği, hem Boer nişancılarının hem de her iki tarafın topçularının taarruzuna maruz kaldı. Kendi topçularımız, Modder'ın başarılı bir şekilde karşıya geçtiğinden habersizdi. Ancak Rosmead adlı küçük bir mezra, bir direnek noktası oluşturdu ve takviyeler uzak taraftan onlara doğru akarken, piyade bu direnek noktasına inatla sarıldı. Kuzey Lancashire Alayının Binbaşısı Coleridge suya atlarken: "Şimdi çocuklar, kim su samuru avlamak ister?" diye bağırıyordu. O kavurucu sıcak günde, askerler vücutlarına yapışan ıslak hâkî üniformalarıyla karşı kıyıya tırmanmak için ne kadar büyük bir memnuniyetle sıçradılar ve nehre atladılar! Bazıları çukurlarda tökezledi ve silah arkadaşlarının çözülmüş tozluklarına tutunarak kurtuldu. Böylece saat üç ile dört arasında, İngilizlerin güçlü bir birliği, Boerlerin sağ kanadında mevzi aldı ve günün kaderinin ellerindekini korumalarına bağlı olduğunu zekice bir değerlendirme ile tespit ederek, mevziye sıkıca tutundular.

Codrington umutsuz girişimini sağa doğru yönlendirdiğinde ve Riet nehrinin geçilmesi gerektiğini gördüğünde, "Hey, burada bir nehir var!" diye haykırdı. Lord Methuen resmî raporunda: "Modder Nehri'nin her yerinden geçilebilir olduğunu anlamam sağlandı." diyordu. Bize bu kadar pahalıya mal olan sıradan, yarım yamalak bilgilerden etkilenmeden muharebelerin hikâyesi okunamaz. Askerler, daha önce ağır ağır, zorla ilerledikleri gibi burda da ağır ağır ilerlediler; ama sadece ne yapmaya çalıştığımızı açıkça bilseydik, bu görev onlar için çok daha hafif hâle getirilebilirdi. Öte yandan, Lord Methuen için kendi kişisel kahramanlığının ve gözü kara cesaretinin birlikleri en fazla teşvik eden örneği oluşturduğunu söylemek doğrudur. Hiçbir general, adamlarına cesaret vermek için daha fazlasını yapamazdı.

Şimdi uzun, yorucu, kavurucu sıcak ve açlıkla geçen gün sona erdiğinde, nihayet Boerler siperlerinden geri çekilmeye başladı. Şarapneller onları dışarıda yakalıyordu ve kanatlarına doğru gelen bu kuvvet, onların değerli topları için belli belirsiz bir endişe ve korku duymalarına sebep oldu. Bu nedenle hava karardığında nehrin karşısına geçtiler, toplar geri çekildi, siperler boşaltıldı. Ertesi sabah yorgun İngilizler ve onların endişeli generalleri, bir kez daha korkunç görevlerine döndüğünde, terk edilmiş bir köy, bir sıra boş ev ve inatçı düşmanlarının nerede durduğunu gösteren etrafa saçılmış boş mavzer fişeği kovalarını buldular.

Lord Methuen, birlikleri başarılarından dolayı tebrik ederken, "Harp ceridelerimizdeki en zor kazanılan zaferden" söz etti ve resmi raporunda bu türden bir ifade kullandı. Kuşkusuz, savaşın heyecanı hâlen üzerinde olan yaralı bir asker tarafından kullanılmış bir terime çok yakından bakmak aşırı bir eleştiridir. Fakat yine de bir askerî tarih öğrencisi, bu muharebenin çarpışan İngiliz sayısının farklı olmadığı Albuera ya da Inkerman benzeri diğer muharebeler ile bu şekilde kıyaslanmasına gülecektir. Beş yüz askerin öldüğü ve yaralandığı bir muharebe, galiplerin çoğunluğunun savaş alanından yürüyerek çıkmak yerine sedye ile taşındığı şiddetli ve dehşetli çarpışmalarla aynı grupta sınıflandırılamaz. Yine de, Modder Nehri'deki savaşı, alaylarımızın sancaklarını süsleyen yüzlerce muharebeden herhangi birinden ayıran birkaç eşsiz özelliği vardı. Bu, birliklerin bir hafta içinde yaptığı üçüncü savaştı, on ya da on iki saat ateş altında kalmışlardı, tropikal bir güneşin altında susuz kalmışlar ve yiyecek sıkıntısı nedeniyle zayıf düşmüşlerdi. İlk defa, açık alanda modern tüfek ateşi ve modern makineli tüfeklerle yüzleşmeleri istenmişti. Sonuçlar, bundan sonra İngilizlerin Alma'da ya da Fransızların Waterloo'da yaptıkları gibi bir cephe taarruzu yapmanın artık imkânsız olduğunu savunanların düşüncelerini haklı çıkarma eğilimindeydi. Seri ateş eden modern silahlardan gelen acımasız kurşun ve topçu atışlarıyla yüzleşmek, bir insanın tahammül sınırının ötesindedir. Eğer kanadımız nehrin karşısında bir köprü başı elde etmemiş olsaydı, mevziyi ele geçirmemiz imkânsız olurdu. En iyi topçuların bile kararlı ve iyi yerleştirilmiş keskin nişancıları yok etmek için ne kadar yetersiz olduğu, bir kez daha kanıtlanmıştı. 62'nci Bataryanın cebrî yürüyüşünün kaydı her zaman küçük ilgi alanlarından kalacak ve topçular, Boerler tarafından kullanılan ve konumlarının mesafesi asla kesin olarak tespit edilememesini sağlayan top mevziilerini not edeceklerdir.

İngilizlerin tarafında günün şerefi, Argyll ve Sutherland Highlander, Yorkshire Hafif Piyade, 2'nci Coldsteam Alaylarına ve topçulara aitti. Yaklaşık 450 kişilik toplam kayıp listesinin 112'den az olmayan bir kısmı, cesur Argyll Alayından ve 69'u da Coldstream Alayından gelmişti. Boerlerin kaybı hakkında tahminde bulunmak son derece zordu, çünkü savaş boyunca bunu gizlemek için çok büyük bir çaba göstermişlerdi. Pretorya'nın resmî kayıtlarına göre, yaralı bir kasabalı Boerin kaybı ile sonuçlanan uzun süreli ve umutsuz muharebelerin sayısı, bir şekilde daha iyi bir politika olabilir, ama Harbiye Nezareti'nin salonlarında kalbimizi burkan şu uzun listelerden daha üstün bir toplumsal erdem standardı anlamına gelmez. Kesin olan şey, Modder Nehri'ndeki kayıpları bizimkinden çok daha aşağı olamazdı ve bu kayıplar neredeyse tamamen topçu ateşinden kaynaklanıyordu, çünkü onların çok sayıda piyadeleri muharebenin hiçbir anında görünür değildi. İngiliz askerleri işgal ettikleri yerde kendilerini yere atıp yorgunluktan uykuya dalarken; Cronje, asık suratlı bir şekilde geleceğe yönelik şiddetli bir kararlılıkla dolu cesur kalbiyle karanlığın örtüsü altında geri çekiliyordu, böylelikle bu uzun, sefil karşılaşma sona erdi.

9. BÖLÜM

MAGERSFONTEİN SAVAŞI

Lord Methuen'ün kuvveti, şimdiye kadar bir haftalık süre içinde üç muharebede savaşmış, ölü ve yaralı olarak yaklaşık bin kişiyi ya da toplam sayısının onda birini kaybetmişti. Düşmanın ciddi şekilde moralinin bozuk olduğuna dair bir kanıt olsaydı, hiç şüphesiz general, derhal yirmi mil uzaklıktaki Kimberley'ye doğru ilerlerdi. Bununla birlikte, ona ulaşan bilgiler, Boerlerin çok güçlü bir mevzii olan Spytfontein'ından geri çekildikleri, savaşma azminde oldukları ve Mafeking'den bir komando birliği tarafından güçlü bir şekilde takviye edildikleriydi. Bu şartlar altında, Lord Methuen'in askerlerine hak ettikleri istirahati vermekten ve takviye beklemekten başka seçeneği yoktu. Kuşatmayı yapan kuvveti tam anlamıyla mağlup etmediği sürece Kimberley'e ulaşmasının bir faydası yoktu. Aklında Lucknow'un[1] ilk kurtarılışının tarihi vardı ve böyle bir olayın tekrarına karşı tetikteydi.

Methuen'in konumunu güçlendirmesi çok daha zaruriydi, çünkü ilerlediği her kilometrede ikmal hattı, Fauresmith ve Orange Özgür Devleti'nin güney bölgelerinden gelebilecek bir baskına daha açık bir hâle geliyordu. Arkalarındaki demir yoluna gelecek herhangi bir ciddi tehlike, İngiliz ordusunu çok kritik bir durumda bırakacaktı ve hattın daha savunmasız kısımlarının korunması için önlemler alınmıştı. İyi ki böyle oldu, çünkü 8 Aralık'ta Orange Özgür Devleti'nden komutan Prinsloo bin atlı ve yedi poundluk iki hafif topla birdenbire Enslin'de ortaya çıktı ve istasyonu savunan Northampton Alayı'nın iki bölüğüne şiddetli bir şekilde taarruz etti. Aynı zamanda birkaç menfezi yıktılar ve demir yolu hattının üç yüz metrelik kısmını tahrip ettiler. Yüzbaşı Godley komutasındaki Northamptonlar birkaç saat boyunca, yoğun bir şekilde baskı altında kaldılar, ancak Modder kampına bir telgraf gönderilmişti ve 12'nci Mızraklı Süvari Alayı ile birlikte hazır olan 62'nci Batarya, yardımlarına gönderildi. Boerler, her zamanki hareket kabiliyetleriyle geri çekildiler ve on saat içinde hat tamamen eski haline getirildi.

---
1 ÇN: Lucknow kuşatması (1857) Büyük Hint Ayaklanmasında kuşatılan şehir, ilk kurtarma girişiminde çok fazla zayiat verildiği için ilk birlik şehre ulaşmasına rağmen ikinci bir kurtarma harekâtına ihtiyaç duyulmuştur.

Takviye kuvvetleri şimdiye dek Modder Nehri'ndeki kuvvete ulaşmıştı ve bu da onu başladığı zamankinden çok daha üstün bir hâle getirdi. Çok önemli bir takviye de bu kuvvetin hareket kabiliyetini artıracak ve generale, bir darbe vurduktan sonra onu devam ettirmesine imkân verecek olan 12'nci Mızraklı Süvari Alayı ve çekili topçuların G bataryası idi. İskoç Dağ (Highland) Tugayı'nı oluşturan muhteşem alaylar (2'nci İskoç Black Watch Alayı, 1'inci Gordon Alayı, 2'nci Seaforth Alayı ve 1'inci Dağcı Hafif Piyade Alayı) cesur ve talihsiz Wauchope'un emir ve komutasında gelmişti. Topçuları takviye etmek için dört adet beş inçlik obüs de gelmişti. Aynı zamanda Kanadalılar, Avustralyalılar ve birkaç genel maksat alayı De Aar'dan Belmont'a doğru hareket etti. Ana vatandaki halka, ezici bir ileri harekât için gerekli kuvvet varmış gibi görünüyordu; ancak sıradan bir gözlemci ve hatta belki de askerî bir eleştirmen, modern silahların savunma icra eden kuvvete sağladığı avantajın ne kadar büyük olduğunu henüz anlamamıştı. Cronje ve De la Rey, büyük bir özenle ilerleyişimizin önündeki en çetin mevziyi, kendi sahalarında ve kendi koşulları altında olduğu için haklı oldukları kanıtlanacak bir inançla tahkim ediyordu. Bu muharebede de diğer üç muharebede olduğu gibi onlarla çarpışacaktık.

9 Aralık Cumartesi sabahı İngiliz generali, önündeki bu yarım daire şeklindeki tehlikeli tepelerin arasında ne olduğunu bulmak için bir girişimde bulundu. Bu amaçla general, sabahın erken saatlerinde, Çekili Topçu G Bataryası, 9'uncu Mızraklı Süvari Alayı ve önündeki otuz iki öküzün görkemli yürüyüşüne, seksen deniz topçusunun katıldığı, hantal 4,7'lik donanma topundan oluşan bir keşif kuvvetini gönderdi. Bu kuvvet, ovada gıcırdayarak ilerledi. Önündeki güneşten kavrulmuş kayalarla kaplı tepelerde ateş edecekleri ne vardı? Tepeler, Afrika gündüzünün göz kamaştırıcı parıltısı altında sessiz ve sakin bir şekilde uzanıyordu. Büyük top, elli poundluk lidit patlayıcılı devasa mermilerini boşu boşuna, sırtların üzerinde patlattı. Daha küçük çaplı toplar, şarapnelleriyle her yarık ve oyuğu boş yere yokladılar. Uzak tepelerden hiçbir cevap gelmedi. Ne tek bir ışıltı ne de bir parıltı, kayaların arasında gizlenen vahşi gruplara ihanet etmedi. Kuvvet, kampa döndüğünde ayıldığı zamankinden daha bilgili değildi.

Her gece tüm askerler tarafından görülebilen ve görevleri esnasında kurtarıcılara cesaret verebilecek tek bir şey vardı: Kuzey ufkunun üzerinde, o tehlikeli tepelerin ardında, orada karanlıkta, bir meleğin kılıcı gibi yukarı aşağı sallanan uzun, parıldayan, titrek bir ışık yanıp sönüyordu. Bu, yardım için dua eden Kimberley'di. Kimberley merakla haber bekliyordu. Büyük De Beers ışıldağı hevesle, telaşlı bir şekilde söndü ve yandı. Karşılık olarak yirmi millik karanlığın karşısında, Cronje'nin gizlendiği tepelerin üzerinden, cevap veren, umut veren ve teselli eden, güneydeki diğer ışık sütunu geldi. "Gönlünü ferah tut, Kimberley. Biz burdayız! İmparatorluk arkamızda. Sizi unutmadık. Günler sonra olabilir veya haftalar sonra da olabilir, ancak geleceğimizden emin olabilirsiniz." deniyordu.

Magersfontein hattının içinden orduya bir yol açmayı amaçlayan kuvvet, 10 Aralık Pazar günü öğleden sonra yaklaşık saat üçte, umutsuz olduğu kanıtlanacak olan girişimi için yola çıktı. 3'ücü Tugay veya İskoç Dağ Tugayı, İskoç Alayı, Seaforth, Argyll ve Sutherland Alayları ile İskoç Yayla Hafif Piyadelerinden oluşuyordu. Gordonlar henüz o gün kampa gelmişlerdi ve ertesi sabaha kadar ilerleyemediler. Piyadelerin yanı sıra 9'uncu Mızraklı Süvariler, atlı piyadeler ve tüm topçular, ön cepheye doğru hareket ettiler. Yağmur şiddetli bir şekilde yağıyordu ve düşmanın bulunduğu yerden yaklaşık üç mil uzaktaki askerler, iki kişi arasında bir battaniyeyle, soğuk ve nemli zeminde, açık havada gecelediler. Saat birde, aç ve sırılsıklam bir hâlde, çiseleyen yağmur altında ve karanlıkta o korkunç hatlara taarruz etmek için ileri doğru hareket ettiler. Kraliyet topçularından Binbaşı Benson, Rimington'un iki klavuzuyla birlikte, zorlu yollarında onlara öncülük ettiler.

Bulutlar gökyüzünden alçalıyordu ve yağmur, karanlığı daha geçilmez bir hâle getiriyordu. İskoç Dağ Tugayı, önde İskoç Blackwatch Alayı, ardından Seaforth Alayı ve diğer ikisi de arkada olmak üzere bir yürüyüş kolu oluşturdular. Askerlerin gece dağılmasını önlemek için dört alay, mümkün olduğu kadar sık bir şekilde kapalı bir yürüyüş koluna toplandılar ve sol taraftaki kılavuzlar düzeni korumak için bir ip taşıyorlardı. Talihsiz müfreze, nereye gittikleri ve ne yapmaları gerektiği belirsiz bir şekilde, pek çok kez sendeleyerek ve tökezleyerek ortalıkta dolaştı. Sadece er ve erbaşlar arasında değil, aynı zamanda önde gelen subaylar arasında da aynı katıksız cehalet vardı. Tuğgeneral Wauchope hiç şüphesiz biliyordu, ama sesi kısa süre sonra ölümüne kesilecekti. Diğerleri ya düşmanın siperlerini kuşatmak ya da onlara hücum etmek için ilerlendiğinin elbette farkındaydı, ancak kendi intikal düzenlerinden henüz keskin nişancılara yakın olup olamayacaklarını tartışmış olabilirler miydi? Neden hala o yoğun yığın içinde ilerliyor olduklarını bilmiyoruz ve yanlarında yürüyen cesur ve deneyimli liderin zihninden hangi düşüncelerin geçtiğini tahmin edemiyoruz. Bir önceki gece garip bir şekilde onun çilekeş yüzünde, tek kelimeyle "acayip" olarak özetlenen ölümün gölgesini gördüğünü iddia eden bazı kişiler vardı. Yaklaşmakta olan Azrail'in elinin soğukluğu, çoktan ruhuna düşmüş olabilir. Orada, onun yanı başında acımasız, gözünü ayırmadan bakan, hevesli yüzlerden oluşan hatlar ve tüfek namlularından oluşan çıkıntılarla donatılmış uzun bir siper uzanıyordu. Geleceğini biliyorlardı. Hazırlardı. Bekliyorlardı. Fakat yine de yaklaşık dört bin kişi kuvvetindeki yoğun yürüyüş kolu, hâlâ ayaklardan gelen tekdüze uğultu ile birlikte, yağmurun ve karanlığın içinde geziniyordu. Ölüm ve sakatlık, yollarının üstüne sinmişti.

Bir Boer gözcüsü tarafından bir fenerin yakılıp söndürülmesi, bir askerin tele takılması veya saflarda bir silahın ateşlenmesi olabilir, sinyali neyin verdiğinin önemi yoktu. Bunlardan herhangi biri olabilir veya hiçbiri olmayabilirdi. Aslında orada bulunan bir Boer tarafından, onları rahatsız eden şeyin alarm tellerine bağlı teneke kutuların sesi olduğu konusunda ikna edildim. Her nasıl olursa olsun, bir anda karanlığın içinden yüzlerine ve kulaklarına doğru yakın mesafeden bir ateş kükremesi geldi ve piyade tüfeklerinin ard arda gelen alevleri ile gecenin karanlığı bölündü. Bu olaydan hemen önce, liderlerinin zihninde nerede olduklarına dair bazı şüpheler belirmişti. Açılma emri daha yeni verilmişti, ancak askerlerin bunu uygulamak için zamanları yoktu. Kurşun yağmuru, ölüm saçan yaylım ateşi altında paramparça olan yürüyüş kolunun ön tarafına ve sağ kanadına çarpmıştı. Wauchope vurulmuştu, ayağa kalkmak için çabaladı ve yine ama ebedî olarak yere yıkıldı. Ölmekte olan dudaklarından serzenişte bulunan sözler döküldüğüne dair söylentiler vardı. Fakat hem kibar hem de askerce olan mizacı bu varsayıma imkân vermiyordu. "Yazık oldu!" İskoçyalı dağlı kardeşinin kendisine atfettiği tek söz buydu. Askerler gruplar halinde aşağı indiler, çılgına dönmüş ve mücadeleci kalabalığın içinden yükselen öfke ve acı dolu bir feryat, bozkırın ötesinde uzaklardan duyuldu. Yüzlercesi yere yığılmıştı bazıları ölü, bazıları yaralı, bazıları da parçalanan safların koşuşturması ve sağa sola savrulmasıyla yere düşmüştü. Korkunç bir görevdi. Böylesine yakın bir mesafede ve böyle bir intikal düzeninde, tek bir mavzer mermisi, pek çok askerden geçebilirdi. Birkaç kişi öne doğru fırladı ve siperlerin hemen kenarlarında ölü olarak bulundular. İskoç Black Watch Alayının A, B ve C bölüklerinden hayatta kalan az sayıdaki kişi, gerçekte hiç geri çekilmemişti, fakat Boer siperlerinin hemen önüne yapışmış gibi göründükleri sırada, diğer beş bölükten geriye kalanlar, Boer kanadını kuşatmaya çalışıyorlardı. Akşam olduğunda, ilk birlikten sadece altı kişi bütün gün düşmana iki yüz metre mesafe içinde yattıktan sonra, yara almadan kurtulmuştu. Tugayın geri kalanı dağılmıştı ve kendilerini ölenlerden ve ölmekte olanlardan güçlükle sıyırarak o lanetli yerden kaçıp kurtuldular. Hepsinden daha talihsiz olan bazıları, karanlıkta tel engelli savunmasına yakalandılar, bir görgü tanığının ifade ettiği şekliyle sabahleyin "kargalar gibi" asılmış ve kurşunlarla delik deşik edilmiş bir hâlde bulundular.

İskoç Dağ Tugayı'nı, geri çekildikleri için kim suçlayabilir? Çaresiz ve baskına uğramış askerler tarafından değil de tamamen soğukkanlı ve aklıselim ile bakıldığında bu, yapabilecekleri en iyi şeymiş gibi görülebilir. Kaosa sürüklenmiş, subaylarından ayrı düşmüş, hiç kimsenin ne yapılacağını bilmediği bir durumda yapılacak ilk iş, zaten onlardan altı yüz kişiyi yere seren bu ölümcül ateşten korunmaktı. Asıl tehlike, bu kadar çok sarsılan askerlerin paniğe kapılması, karanlıkta araziye dağılması ve bir askerî birlik olmaktan çıkmalarıydı. Ancak İskoçyalılar, kendi karakterlerine ve geleneklerine sadıktı. Karanlıkta, Seaforth'ları, Argyll'leri, C Bölüğünü, H Bölüğünü çağıran bağırışlar, boğuk sesler vardı ve koyu karanlığın her yerinden kabile üyelerinin yanıtları geldi. Günün ağarmasıyla birlikte yarım saat içinde, İskoç Dağ alayları yeniden düzenlendi. Paramparça olmuş ve zayıflamışlardı, ama yılmamışlardı, mücadeleye yeniden girişmek için hazırlandılar. Bir ilerleme esnasında birkaç kez sağ tarafa taarruz girişiminde bulunuldu, küçük bir takım eğilerek ve sıçrayarak siperlere kadar ulaştı ve harp esirleri ile birlikte kana bulanmış süngülerle geri döndü. Askerler çoğunlukla yüzüstü yere yatmışlardı ve fırsat bulduklarında düşmana ateş ediyorlardı; fakat sonradan tuttukları mevzi o kadar mükemmeldi ki, 120 mermi harcayan bir subay, kesin olarak nişan alabileceği herhangi bir şeyi bir kez bile görmediğini kayıtlara geçirmişti. Teğmen Lindsay, Seaforth'ların Maxim'ini ateş hattına getirdi ve ikisi hariç tüm mürettebatı vurulmasına rağmen, gün boyunca başarılı bir şekilde görev yapmaya devam etti. Mızraklı Süvarilerin Maximi de en sonunda yalnızca sorumlu teğmen ve onu çalıştıracak bir asker kalmasına rağmen aynı derecede güvenilirdi.

Neyse ki toplar yakındaydı ve her zamanki gibi sıkıntıya düşenlerin yardımına çabucak yetiştiler. Obüsler, 4000 yarda mesafeden patlayıcı lidit mermilerini fırlatmadan önce güneş pek yükselmemişti. Üç sahra bataryası (18'inci, 62'nci, 75'inci) bir mil mesafeden şarapnel ile görev yapıyordu ve Çekili Topçu birliği, yukarıda sağ cephedeki siperleri derinliğine ateş altına almaya çalışıyordu. Topçular, piyade tüfeği ateşini baskı altına aldı ve bitkin düşmüş İskoçyalılara bu sıkıntılı durumda biraz nefes aldırdı. Şimdi durum tümüyle başka bir Modder Nehri Savaşı'na dönüşmüştü. Altı yüz ile sekiz yüz adım arasında bir mesafeden ateş altına alınan piyade, ilerleyemediği gibi geri de çekilemedi. Topçu, yalnızca savaşın devam etmesini sağladı ve arkadan gelen devasa donanma topu, kulakları sağır eden gürültüye derinden gelen patlamaları ile katılıyordu. Ancak Boerler topçu ateşinin siperin içinde kayaların arasındakine göre daha az tehlikeli olduğunu çoktan öğrenmişlerdi ve deneyimlerini bu kadar çabuk özümsemeleri, Boerlerin en değerli askerî niteliklerinden biriydi. Oldukça özenli hazırlanmış bir yapıya sahip olan bu siperler, tepelerin eteklerinden birkaç yüz metre ötede kazılmıştı, bu nedenle topçu ateşimiz için neredeyse hiçbir nirengi noktası yoktu. Yine de Boerlerin o gün verdikleri tüm kayıpların nedeni topçu ateşiydi. Cronje'nin siperleri tepeciklerin birkaç yüz metre ilerisinde yerleştirme becerisi, yükselen herhangi bir nesneye karşı bir topçunun sahip olduğu hayranlıkla ifade edilmektedir. Prens Kraft, Sadowa savaşında toplarını Chlum kilisesinin iki yüz metre önüne nasıl mevzilendirdiğini ve Avusturyalıların karşı ateşinin neredeyse her zaman nasıl çan kulesine düştüğünü anlatmaktadır. Bu yüzden, bizim kendi topçularımız, iki bin yarda nişangâhında bile, bu görünmez çizgiyi ıskalamaktan kurtulamıyordu ve arkasındaki görünür hedefi vuruyordu.

Gün ilerledikçe kampı korumak için bırakılan kuvvetten gelen piyade takviyeleri ortaya çıktı. Gordonlar, Coldstream Muhafızlarının birinci ve ikinci taburlarıyla birlikte geldiler ve tüm toplar, düşmanın mevziinin daha da yakınına hareket ettirildi. Aynı zamanda, sağ kanadımıza bir saldırı olduğuna dair bazı belirtiler olması nedeniyle, Yorkshire Hafif Piyade'nin beş bölüğü ile birlikte Grenadier Muhafızları bu yöne doğru hareket ederken, Barter'in Yorkshire askerlerinden geriye kalan üç bölüğü, düşmanın Modder nehrini geçebileceği bir geçit yerinin emniyetini aldı. Başarılı olması durumunda, İskoç Highlander Alayını tehlikeli bir durumda bırakabilecek olan sağ kanadımıza yönelik bu tehditkâr manevra, Muhafız ve Yorkshire Alayları yaya olarak gelmeden önce, atlı piyadeler ve 12'nci Mızraklı Süvariler tarafından sabah vaktinde cesurca durduruldu. 3'üncü Tugay'ın kanatlarını örtmek için yapılan bu uzun ve başarılı mücadele sırasında, Binbaşı Milton, Binbaşı Ray ve diğer birçok cesur asker hayatını kaybetti. Coldstream ve Grenadier Alayları bu cephedeki baskıyı hafifletti ve Mızraklı Süvariler, ilk defa olmamak kaydıyla, modern bir karabina ile süvarinin bir anda kendisini çok hızlı bir şekilde faydalı bir piyade askerine dönüştürebileceğini göstererek atlarına doğru geri çekildiler. Lord Airlie, askerlerini alışılmadık şekilde kullanması ve hem kendisini hem de askerlerini savaşın en kritik dönüm noktasına atılmasını sağlayan cesareti için tüm övgüyü hak ediyordu.

Coldstream, Grenadier ve Yorkshire Hafif Piyade Alayları sağ kanadımızdaki Boer taarruzunu durdururken, yılmaz Gordonlar, İskoç Dağ Tugayındaki silah arkadaşlarının intikamını alma arzusuyla yanıp tutuşan Dargai[1] askerleri, doğrudan siperlere doğru ilerlemiş ve fazla bir kayıp vermeden siperlerin dört yüz metre yakınına ulaşmayı başarmışlardı. Ancak tek bir alay, bu mevziyi ele geçiremezdi ve aldığımız ağır mağlubiyetin ardından güpegündüz genel bir ilerleme gibi bir şey söz konusu değildi. Lord Methuen'in zihninden geçmiş olabilecek bu çeşit herhangi bir plan, felakete uğramış tugayın aniden ve emir beklemeksizin geri çekilmesiyle sonsuza dek defedildi. Bu olayda çok kötü bir şekilde idare edilmişlerdi, çoğu için bu onların ateşle vaftiz edilmesiydi ve bütün gün yakıcı bir güneşin altında yiyeceksiz ve susuz kalmışlardı. Hızlı bir şekilde bir mil geri çekildiler ve toplar bir süreliğine kısmen açıkta kaldı. Neyse ki, sık sık bir dost olarak yanımızda duran Boerlerin inisiyatif eksikliği, bizi felaket ve aşağılanmaktan kurtarmak için görev aldı. Muhafız Alayının düşmana karşı segiledikleri sarsılmaz, cesur tavır nedeniyle, geri püskürtülmemiz daha da ciddi bir şeye dönüşmedi.

Gordonlar ve İskoç Muhafızları hâlâ toplara eşlik ediyorlardı, ancak düşman siperlerinin çok yakınına kadar ilerlemişlerdi ve destekleyecek başka birlik yoktu. Bu koşullar altında, İskoç Dağ Tugayının toplanması zorunluydu ve Binbaşı Ewart, hayatta kalan diğer subaylarla birlikte dağınık saflar arasında koşuşturdular ve onları toplamak ve bir araya getirmek için çok uğraştılar. Askerler, başlarına gelenler karşısında şaşkına dönmüştü ve tabiat ana, mermilerin çok yoğun bir şekilde düştüğü o ölümcül bölgeden geri çekilmişti. Fakat namlular patladı ve borazanlar çalındı, zavallı yorgun askerler, güneşte yere uzanarak yatmaları nedeniyle bacaklarının arkalarının derisi öylesine yüzülmüş ve kabarmıştı ki bacaklarını güçlükle bükebiliyorlardı, topallayarak vazifelerine geri döndüler. Bir kez daha toplara doğru hareket ettiler ve tehlike anı geçti.

Ancak akşama doğru vakit ilerledikçe, hiçbir taarruzun başarılı olamayacağı ve bu nedenle askerleri düşman mevzisinin önünde tutmanın bir faydası olmadığı

---

1 ÇN: Dargai: Pakistan'ın kuzeybatısındaki Malakand Bölgesi'nin idari bölgelerinden birisi.

ortaya çıktı. Hendekler ve dikenli teller arasında pusuda bekleyen kötü Cronje'ye mağlup edilmeden yaklaşılmaması gerekiyordu. Modder Nehri'nde yaptığımız gibi orada direnmiş olsaydık, düşmanın gece bize tekrar yol açacak kadar uzlaşmacı olacağını ve sabahleyin Kimberley'e giden yolu açık bulacaklarını düşünen bazı kimseler vardı. Böyle bir görüşü destekleyecek hiçbir gerekçe bilmiyorum, ama buna karşı olan birkaç tane biliyorum. Modder'da arkasında başka ve daha güçlü olanlar olduğunu bilen Cronje, mevzilerini terk etti. Magersfontein'de Boer mevzilerinin arkasında düz bir ova vardı ve o mevzileri terk etmek, tam anlamıyla yenilgiyi kabullenmekti. Ayrıca, mevzilerini niçin terk edecekti? Bize çok sert bir darbe vurduğunu biliyordu. Savunması üzerinde kesinlikle hiçbir etkimiz olmamıştı. Tüm avantajlarından uysal bir şekilde vazgeçmiş ve zaferinin meyvelerini mücadele etmeden teslim etmiş olabilir miydi? Bir mağlubiyetin yasını, biraz daha azmin onu bir zafere dönüştürebileceğini düşünmenin ilave acısı olmadan tutmak, yeterliydi. Boer mevzisi sadece onu kuşatarak alınabilirdi ve biz onu kuşatacak kadar sayıca çok veya hareketli değildik. Sorunlarımızın tüm görünmeyen sebepleri burada yatmaktaydı ve başka koşullar altında ne olabileceğine dair hiçbir varsayım, bu gerçeği değiştiremezdi.

Açıklanamayan bir nedenle bütün gün boyunca sessiz kalan Boer topları, saat beş buçuk civarı süvarilere ateş açtı. Onların ortaya çıkışı, merkez için genel bir geri çekilme işaretiydi ve günü kurtarmak için yapılacak son bir girişimden vazgeçildi. İskoç Dağ Tugayı bitkin bir haldeydi; Coldstream Alayı usanmıştı, atlı piyade fena halde hırpalanmıştı. Geriye yeni bir hücum için uygun olan Grenadier Alayı, İskoç Muhafız Alayı ile iki veya üç hat alayı[1] kalmıştı. Sadowa'da olduğu gibi bir generalin son kozunu oynaması gereken durumlar vardır. Kuvvetini muhafaza ederek ve bir kez daha deneyerek daha iyisini yapabileceği, gerisinde takviyelerin olduğu başka durumlar da vardı. General Grant'ın[2] bir ilerleme için en iyi zamanın tamamen tükenmiş olduğunuz an olduğu konusunda herkesçe kabul edilen bir sözü vardı, çünkü muhtemelen bu an, düşmanın da tamamen tükendiği ve bu tür iki güçten taarruz edenin moral üstünlüğe sahip olduğu bir andı. Lord Methuen, umutsuzca tedbirlere gerek olmadığına- şüphesiz çok akıllıca- karar verdi. Askerleri, Boer toplarının menzilinin dışına çekildi- bazı durumlarda kendiliklerinden geri çekildiler- ve ertesi sabah, incinmiş ve gururu kırılmış bir şekilde Modder Nehri'ndeki kamplarına geri dönüş yolundaydılar.

Magersfontein'da geri püskürtülmeleri İngilizlere, ölü, yaralı ve kayıp olarak, yaklaşık bin askere mal oldu; bunların yedi yüzden fazlası İskoç Dağ Tugayı'na aitti. Sadece bu tugaydan, tuğgeneralleri ve Gordon'lardan Albay Downman da dahil ol-

---

1 ÇN: Hat Alayı: 20. Yüzyılda Avrupa'daki alayların çoğunluğunu oluşturan ve muhafız alayları gibi herhangi bir uzmanlığı bulunmayan alay.
2 ÇN: General Ulysses S Grant (27 Nisan 1822 - 23 Temmuz 1885) Amerikalı general ve siyasetçi, 18'inci ABD başkanı.

mak üzere elli yedi subay kayıp verilmişti. Coldstream Alayından, Albay Codrington erken saatlerde yaralanmıştı, muharebe boyunca savaştı ve akşam bir Maxim silahıyla geri döndü. Aynı taburdan Lord Winchester, bütün gün kendini tedbirsizce, ama kahramanca ifşa ettikten sonra öldürüldü. İskoç Blackwatch Alayı tek başına on dokuz subayını ve ölü veya yaralı olarak üç yüzden fazla askerini kaybetmişti. Bu görkemli alayın kanlı ve şanlı tüm tarihinde bu felaket, sadece 1757'de Ticonderoga'da Montcalm'ın tüfeklerinin önünde en az beş yüz kişinin öldüğündeki katliam ile karşılaştırılabilir. İskoçya'nın hiçbir zaman Magersfontein'deki bugünden daha acı veren bir günü olmamıştır. İskoçya, her zaman en iyi neslini büyük bir cömertlikle imparatorluk için vermiştir, ancak şimdiye kadar tek bir savaşın Tweed'den Caithness sahiline kadar bu kadar soylu ve alt sınıf aileyi yasa boğup boğmadığı şüphelidir. İskoçya'ya kara haber geldiğinde eski Edinburgh Kalesi'nin hayalet ışıklarla aydınlatıldığına ve gece yarısının pusunda her pencerede beyazlığın parıldadığına dair bir efsane vardır. Şayet görgü tanıkları şimdiye kadar böylesine meş'um bir manzara gördüyseler, bu 11 Aralık 1899'un ölümcül gecesindeki olmalıydı. Boerlerin kaybına gelince, bunu belirlemek imkânsızdı. Resmî raporlarında yetmiş ölü ve iki yüz elli yaralı olduğu ifade edilmektedir, ancak esir düşenlerin ve asker kaçaklarının raporları, bunu çok daha yüksek bir rakama oturtmaktadır. Bir birlik, İskandinav müfrezesi birliği, Spytfontein'de ileri bir mevziye konuşlandırıldı ve onu oluşturan seksen askeri öldüren yaralayan veya esir alan Seaforth Alayı tarafından ağır bir yenilgiye uğratıldı. Harp esirlerinin ve asker kaçaklarının hikâyeleri, resmî olarak kabul edilenlerden çok daha fazla zaiyat olduğunu gösteriyordu.

Ertesi gün Lord Methuen'in savaşla ilgili açıklamalarında İskoç Dağ Tugayı'nı suçladığı söylendi ve genel kabul görene kadar raporun itiraz edilmeden kalmasına izin verildi. Bununla birlikte bu durum, Lord Methuen'in cesaretleri nedeniyle onları övdüğü ve görkemli alaylarının verdiği zayiat için onlarla birlikte yas tuttuğu sözlerinin tamamen yanlış anlaşılmasından kaynaklanmıştı. Hiçbir birliğin bugüne kadar maruz kalmadığı koşullar altında subayların ve askerlerin dayanma şekli, İngiliz ordusunun üstün geleneklerine yaraşıyordu. Sabahın erken saatlerinde Wauchope'un ölümünden, tugay komutasının öğleden sonra geç saatlerde Hughes-Hallett tarafından üstlenilmesine kadar, kimse emir almamış gibi görünüyordu. Bir er: "Teğmenim yaralandı ve yüzbaşım öldürüldü." diyordu. "General ölmüştü ama biz bulunduğumuz yerde kaldık, çünkü geri çekilme emri yoktu." Boerlerin kuşatma manevrası, onları geri çekilmeye zorlayana kadar geçen sürede tugayın tüm hikâyesi buydu.

Muharebenin en çarpıcı dersi, modern savaşın bazı koşullarda aşırı derecede kanlı geçmesi, diğer bazı koşullarda ise kansız olmasıydı. Burada, toplamda yedi yüzü yaralı olan yaklaşık binin altındaki zayiat, beş dakika içinde meydana gelmişti ve tüm gün süren topçu, makineli tüfek ve piyade tüfeği ateşi, zayiatın sadece üç yüz küsürünü meydana getirmişti. Ladysmith'te de İngiliz kuvvetleri

(White'ın birliği) saat 5.30'dan 11.30'a kadar ağır ateş altındaydı ve kayıp, yine yaklaşık üç yüzün altındaydı. Sağduyulu liderlik ile gelecekteki savaşlarda verilen kayıplar, geçmiştekilerden çok daha az olacak ve sonuç olarak savaşlar çok daha uzun sürecektir ve kazanacak olan en ateşli olan değil, en uzun süre dayanan olacaktır. Günler yerine haftalarca sürecek uzun süreli dayanıklılık gerektiren faaliyetleri esnasında savaşanlara yiyecek ve su ikmali, onları ayakta tutmak için son derece önemli hâle gelecektir. Öte yandan, bir generalin kuvvetinin gizliliği tehlikeli bir şekilde ifşa edildiğinde, bu o kadar ağır cezalandırılır ki, imha olmadan kurtulmanın tek alternatifi, hızlı bir şekilde teslim olmak olabilir.

Bizim için çok ölümcül olduğu ispat edilen yanaşık kol düzeni konusunda; Tel el Kebir'de[1] yürüyüşün açık bir çöl üzerinde olmasının istisnaî durumu, birliklerin son bir veya iki mil daha fazla genişletilmiş bir düzende hareket etmesine izin vermesine rağmen, bir gece taarruzu esnasında başka herhangi bir ilerleme biçiminin pek mümkün olmadığı unutulmamalıdır. Karanlıkta muhafazası en zor olan bölüklerin ikili kolda, taburun saf düzeninde olduğu düzendir ve herhangi bir karışıklık felakete yol açabilir. Bütün hata, siperlerin yerinin birkaç yüz yarda yanlış hesaplanmasında yatıyordu. Alaylar beş dakika önce konuşlandırılmış olsaydı, (kesin olmamakla birlikte) mevzinin ele geçirilmesi mümkün olabilirdi.

Bu muharebe, bir felaketi yumuşatan ve gelecek için daha parlak bir söz veren askerî erdem örneklerinden yoksun değildi. Muhafız Alayı, muharebe sahasından saflarının üzerinde patlayan Boer topçu mermileri ile birlikte, sanki geçit törenindeymiş gibi geri çekildi. Çekili Topçunun G Bataryası'nın savaştan sonraki sabah vakti kendine hâkim olması güzeldi. Bir ateşkesin var olduğu anlaşılmıştı, ancak bundan haberi olmayan donanma topu, en solumuzda ateş açtı. Boerler, çekili topçuya derhal ateş açtı, çekili topçu hatanın farkına vardı. Düşman durumu anladığında, birazdan yavaşlayacak ve kesilecek olan ateşi dikkate almadan, bütün atları, topçuları ve sürücüleri ile birlikte kendi yerlerinde hareketsiz ve hazırlık yapmadan kaldı. Bu savaşta muharebeye giren üç sahra bataryasının yanı sıra Kraliyet Çekili Topçularından (R.H.A.) G Bataryasından her birinin 1000 mermi ateşlediğini ve Boer mevzinin 1500 yarda yakınında kesintisiz 30 saat kaldığını belirtmek gerekir.

Ancak tüm kolordu içinde övgüyü hak eden, tüm tehlikelerle yüzleşen ve savaş heyecanı yaşamayan cesur cerrahlar ve ambulansın sedye taşıyıcılarından daha yiğit kimse yoktu. Bu adamlar, bütün gün ateş altında yaralılar arasında çalıştılar ve zahmet çektiler. Beevor, Ensor, Douglas, Probyn hepsi eşit derecede kendini adamıştı. Neredeyse inanılmaz, ama yine de gerçek olan, savaştan sonraki sabah saat onda, askerler kampa dönmeden önce sayısı beş yüzden az olmayan yaralı trendeydi ve Cape Town'a gidiyordu.

---

1 ÇN: Tel El Kebir Savaşı 13 Eylül 1882'de Kahire'nin 110 km kuzeydoğusundaki Tel El Kebir'de yapıldı. Arap milliyetçisi Ahmed Arabi Paşa komutasındaki Mısır kuvveti, ateş dahi edemeden bozguna uğratıldı.

10. BÖLÜM

STORMBERG SAVAŞI

Şimdiye dek, Kuzey Natal'da Ladysmith'in kuşatılmasıyla sona erecek olan ve birbirini takip eden olayları kabaca açıklamaya ve ayrıca savaşın merkezinin batı tarafında Kimberley'i kurtarmak için ilerlemeye teşebbüs eden kuvvetin kaderini göstermeye çalıştık. Bu kuvvetler arasındaki mesafeyi, Avrupalı okuyucunun bildiği terimlerle anlatmak istersek, Paris'i Frankfurt'tan ayıran mesafe olduğu ya da Amerikalılar için Ladysmith'in Boston'da olduğunu ve Methuen'in Philadelphia'yı kurtarmaya çalıştığını varsayarak ifade edebiliriz. Susuz çöller ve engebeli dağ sıraları, iki harekât alanını birbirinden ayırmıştı. İngilizler söz konusu olduğunda, iki manevra arasında bir bağlantı kurulamazdı, fakat Boerlerin iki güzergâh seçeneği vardı. Yaklaşık bir milden fazla bir kara yolculuğuyla ya Bloemfontein-Johannesburg-Laing Geçidi demir yolu yoluyla ya da Harrismith'ten Ladysmith'e doğrudan bir hat ile Cronje ve Joubert birleşebilirdi. Bu iç hatlara sahip olmak, Boerlere kuvvetlerinin önemli bir kısmını beklenmedik bir şekilde bir taraftan diğerine aktarmalarını sağlayan çok büyük bir avantaj sağlamıştı.

Daha sonraki bir bölümde, birinci öncelikli olarak koloninin istila edilmesini önlemek ve ikinci öncelikle kuşatılmış garnizonu kurtarmak için İngiltere'den gelen kolordunun büyük ölçüde nasıl Natal'a yönlendirildiği kayda geçirilecektir. Bu arada, doğu ve batı orduları arasındaki geniş bir alanda icra edilen askerî harekâtlarla ilgilenmek gerekir.

Savaş ilanından sonra, Cape Kolonisi'nin kuzey kesiminin tamamı boyunca İngiliz mevzilerinin tehlike altında olduğu birkaç haftalık bir dönem vardı. Özgür Devlet baskınının insafına kalmış olan De Aar'da muazzam miktarda ikmal malzemeleri toplanmıştı ve eğer Boerler, Stuart ya da Sheridan'ın gibi cüretkâr bir süvari komutanına sahip olsalardı, bize bir milyon paund değerindeki erzaka mal olacak ve tüm askerî harekâtı altüst edecek bir darbe indirebilirlerdi. Bununla birlikte, bu fırsatın kaçmasına izin verildi ve 1 Kasım'da nihayet Boerler işi ağırdan alarak sınır üzerinde başıboş bir şekilde dolaştığında önemli noktaları korumak için takviye kuvvetler oluşturulup yığınaklanma yapılarak gerekli önlemler alınmıştı. Genel bir karşı taarruz için uygun zaman gelene kadar, İngiliz komutanlarının hedefleri; Orange Nehri Köprüsü'nü elde tutmak (Kimberley'e giden yolu açan), İkmal maddelerinin bulunduğu De Aar Kavşağı'nı korumak, Cape Town'dan Kimberley'e giden demir yolu hattını her ne pahasına olursa olsun muhafaza etmek ve biri Colesberg diğeri Stormberg üzerinden Özgür Devlet'e giden diğer iki demir yolu hattında mümkün olduğunca tutunmaktı. Koloniye giren işgalcilerin iki grubu, bu iki demir yolu hattı boyunca hareket etti. Biri Orange Nehri'ni Norval Pont'unda geçerken diğeri nehri Bethulie'den geçiyordu. Onlar ilerledikçe Cape Kolonisinin Hollandalıları arasından pek çok yeni gönüllüyü askere aldılar ve az sayıdaki İngiliz kuvveti, onların önünden, bir hat üzerindeki Colesberg'i ve diğer hat üzerindeki Stormberg'i terk ederek geri çekildi. Bu durumda, iki İngiliz müfrezesinin manevralarına değinmeliyiz. Colesberg hattında görev yapan müfreze, Boerlerin bu hatta doğru hızlı bir ilerleyişi, değerli Cape Town - Kimberley bağlantısına tehdit oluşturacağından, (ikisi içinde çok daha hayati olandı) neredeyse tamamı atlı birliklerden oluşmuştu ve Elandslaagte savaşını kazanan aynı General French'in emir komutası altındaydı. Bu savaşın ilk evrelerinde İngilizlerde çok nadir rastlanan öngörülü bir hareketle, Salisbury Ovası'ndaki son büyük manevralarda bir süvari lideri olarak büyük ustalık gösteren General French, oradan geçen en son trenle Ladysmith'ten gönderildi. Süvari ve çekili topçuları eğitici bir şekilde kullanarak icra ettiği harekâtları ayrı olarak ele alınabilir.

Stormberg istikametinde ilerlemekte olan Boerlerle karşı karşıya kalan diğer İngiliz kuvvetine, General Gatacre emir komuta ediyordu. Kendisi (General Gatacre) özellikle Sudan seferinde, askerlerinden aşırı ve gereksiz yere çaba sarf etmelerini istediği için eleştirilmesine rağmen, cesareti ve bitmek tükenmek bilmeyen enerjisiyle büyük bir ün kazanmıştı. Kaba bir askerî şakayla "Sırt ağrıtan general" olarak adlandırılmıştı. İnce, uzun vücuduna, sıska Don Kişot yüzüne ve kavgacı çene yapısına bir göz atılması, kişisel enerjisini gösterecekti, fakat başkomutanlık için gerekli zihnî yeteneklere sahip olduğu konusunda gözlem yapan kişiyi tatmin etmeyebilirdi. Atbara muharebesinde, görevli tuğgeneral olarak, düşmanın kampına ilk ulaşan ve onu kendi elleriyle yıkan kişiydi. Bu, bir askerin kahramanca davranışı, fakat bir general için tartışmalı bir durumdu. Onun gücü ve zayıflığı, bu olayda yatıyordu.

General Gatacre görünürde bir tümen komutanıydı, fakat askerleri, bir kısmı Natal'daki Buller'e, bir kısmı da Methuen'e gönderilerek, öylesine aşırı bir şekilde ondan ayrılmıştı ki, bir tugaydan fazlasını toplayamıyordu. Boer ilerleyişinin önünde geri çekilerek, aralık ayının başlarında Sterkstroom'a geldi, bu sırada Boerler, kendisinden otuz mil kadar kuzeyde Stormberg'in çok güçlü bir mevzisini işgal ettiler. Düşman ona bu kadar yakınken saldırmak, Gatacre'nin doğasında vardı ve kendini yeterince güçlü hissettiği bir anda bunu yaptı. Hiç şüphe yok ki

Gatacre, Boerlerin koloni Hollandalıları üzerinde elde ettiği tehlikeli nüfuz hakkında özel bilgilere sahipti. Buller ve Methuen doğuya ve batıya doğru hücum ederken, Gatacre'yi düşmanı merkezde tutmak için bir şeyler yapmaya zorlamış olmaları mümkündür. 9 Aralık gecesi Gatacre taarruza geçti.

Gerçek şu ki, bunu yapmak üzere olduğu ve hatta hareket saati, fiilî hareketten birkaç gün önce ordugâhtaki herkes tarafından bilindiği âşikârdı. "Times" muhabiri, 7 Aralık tarihli yazısında, yapılması planlanan her şeyi ayrıntılarıyla anlatıyordu. Generallerimizin harekât süresince olağanüstü derecede az aldatma harekâtına başvurmuş olması, bir erkek olarak övgüye değerdir, ancak bir asker olarak onların aleyhinedir. Kendilerinden bekleneni yaptılar ve yapmak üzere oldukları şeyin aşikâr olmasına izin verdiler. Napolyon'un Mısır'a yaptığı saldırı düşünüldüğünde; Napolyon seferin asıl hedefinin İrlanda olduğunu yurt dışına nasıl da yaymıştı, ancak bir ya da iki yakınının kulağına, gerçekte Cenova'ya gidileceğini üflemişti. Toulon'daki önde gelen yetkilinin, Fransa filosunun ve ordusunun nereye gittiği hakkında, tersanedeki en alçakgönüllü kalafat işçisinden daha fazla fikri yoktu. Bununla birlikte, Korsikalıların kurnazlığını açık sözlü bir Sakson'dan beklemek pek adil değildir, ancak casuslarla dolu bir ülkede herhangi birinin çok yakında sözde bir "baskın" yapılacağını önceden bilmesi, garip ve üzücüdür.

General Gatacre'le ile birlikte ilerleyen kuvvet, 2'nci Northumberland Hafif Piyade Alayı, bir Maxim makinalı ile birlikte 960 kişi gücünde; 2'nci İrlanda Piyade Alayı bir maksim makinalı ile birlikte 840 kişi ve 250 kişilik atlı piyadeden oluşuyordu. 74'üncü ve 77'nci olmak üzere iki adet sahra topçu bataryası vardı. Toplam kuvvet 3000 kişinin çok altındaydı. Öğleden sonra yaklaşık saat üçte, askerler yakıcı bir güneşin altında üstü açık vagonlara bindirildi ve generalin aceleci ruhunu gücendirmiş olması gereken bazı nedenlerle üç saat bekletildiler. Saat sekizde Molteno'da trenden indiler ve kısa bir dinlenmenin ve yemeğin ardından, gün ağarırken Boer siperlerinde bitmesi planlanan gece yürüyüşüne başladılar. Sanki birisi Magersfontein muharebelerini tekrar anlatıyormuş ve acı verici bir şekilde aynı benzerlikler olmaya devam ediyormuş hissini veriyordu.

Yürüyüş kolu Molteno'dan çıkıp bozkırın kasvetli karanlığına gelip çattığında, zifirî karanlıktı ve saat dokuzdu. Topların tekerlekleri, tıkırtıyı hafifletmek için sarılmıştı. Mesafenin on milden fazla olmadığı biliniyordu ve bu yüzden saatler geçmesine rağmen kılavuzlar hâla hedefe ulaştıklarını söyleyemediklerinde, yolu kaçırdıkları tam olarak ortaya çıkmış olmalıydı. Askerler aşırı derecede yorgundu, gün boyu süren bir faaliyeti, uzun bir gece yürüyüşü takip etmişti ve karanlıkta uykulu bir şekilde ağır ağır ilerliyorlardı. Arazi engebeli ve düzensizdi. Yorgun askerler, yürürken tökezliyordu. Güneş doğdu ve hâlâ hedefini arayan yürüyüş kolunu açığa çıkardı, ateşli general atı arkasında en önde yürüyor ve yol gösteriyordu. Planlarının başarısız olduğu açıktı, ancak zinde ve cüretkâr mizacı, bir darbe vurulmadan geri dönmesine izin vermeyecekti. Her ne kadar onun enerjisini övsekte, konuşlanması karşısında dehşete düşmekten başka elden bir şey gelmez. Arazi vahşi ve kayalıktı, Boerlerin üstün olduğu şu baskın taktikleri ve pusu kurmak için çok uygun yerlerdi. Yine de yürüyüş kolu, hâlâ sıkışık bir düzende amaçsızca ilerliyordu ve eğer ön cephede ve kanatlarda herhangi bir keşif teşebbüsü olduysa, gelinen sonuç ne kadar etkisiz bir şekilde icra edildiğini gösteriyordu. Bir Güney Afrika sabahının parlak ışığında saat dördü çeyrek geçe, bir atış, sonra bir diğeri ve ardından gürleyen bir piyade tüfeği cayırtısı gelerek, bize savaşın olağan önlemlerini ihmal etmemizin sonucu olarak kötü bir ders daha alacağımızı söyledi. Yukarıda dik tepenin ön yüzündeki bir hatta Boer piyadeleri saklanıyordu ve kısa bir mesafeden açtıkları piyade tüfeği ateşi, açıktaki kanadımızı ağır bir şekilde cezalandırdı. Bu adamlar, uzak bozkırların Boerleri değil, esas olarak kolonideki isyancılar gibi görünüyordu ve ateşlerinin nispeten zararsız olması, bu açık tahlimize bağlı olabilir. O anda bile, yaşanan şoka rağmen eğer afallamış askerler ve bezgin subaylar tam olarak ne yapacaklarını bilselerdi durum kurtarılabilirdi. Araba devrildikten sonra yol gösteren çok olur, ancak şimdi öyle görünüyor ki, tavsiye edilebilecek tek yol, birlikleri mevzilerindeki zor durumdan çıkarmak ve sonra eğer uygun görülürse bir taarruz planlamak olacaktı. Bunun yerine, yamaca doğru bir hücum yapıldı ve sonuçta piyadeler biraz daha ileriye giderek önlerinde tırmanılamayacak gerçek bir kaya çıkıntısı olduğunu keşfettiler. Bu hücum aniden durdu ve askerler, yanına yaklaşılamayan nişancılardan gelen şiddetli ateşten korunmak için üstlerindeki kayaların altına uzandılar. Bu arada topçu arkalarından ateş açmıştı ve açtıkları ateş (bu savaşta ilk defa olmuyordu) dost birlikler için düşmanlarınkinden daha ölümcüldü. En azından, İngiliz top mermilerinin şarapnelleri ile parçalanan tanınmış bir subay, askerlerinin arasına düşmüştü. Talana Tepesi ve Modder Nehri, muhtemelen daha az trajik bir düzeyde olsa da, uzun menzilli modern topçu ateşiyle ve dumansız barut kullanan piyadeleri bulmanın zorluğu ve nelere mal olacağını bize göstermişti. Bataryalara komuta eden subayların askerlik görevindeki en soğukkanlı ve en güçlü gözlere sahip olan askerlerden seçilmesi gerekmektedir, çünkü gittikçe daha da dehşet verici bir hâle gelecek olan bir sorumluluk, onların değerlendirmesine bağlı olacaktı.

Taarruz başarısız olduğu için şimdiki mesele, askerlerin mevzilerinden nasıl çıkarılacağıydı. Birçoğu kayalardan açık alana çıkar çıkmaz, düşmanın çapraz ateşinde koşarak tepeden aşağıya doğru geri çekildi, bu sırada diğerleri mevzilerini terk etmedi: Bunlardan bazıları, eninde sonunda zaferin kendilerine döneceğine dair askerce bir ümitle, diğerleri kayaların arasında bulunmanın, mermilerin taradığı boşlukları geçmekten açıkça daha güvenli olduğunu düşünüyordu. Bu kuvvetten kendilerini kurtaranlar, silah arkadaşlarından kaçının geride kaldığını fark etmemiş gibi görünüyordu ve bu nedenle mevzide kalan askerlerle geri çekilenler arasındaki boşluk yavaş yavaş arttığında, iki birliğin yeniden bir araya gelmesi için tüm umutlar tükendi. Yamaçta kalan tüm piyadeler esir alındı. Geri kalanlar pusuya düştükleri yerin bin beş yüz metre uzağında bir noktada toplandı ve Molteno'ya doğru düzenli bir şekilde geri çekilmeye başladı.

Bu esnada sırtın üstündeki üç güçlü Boer topu çok büyük bir hassasiyetle ateş açmıştı, fakat neyse ki kusurlu mermilerle ateş açmışlardı. Bu savaşta, düşmanın mühimmat tedarik eden müteahhitleri topçuları kadar güvenilir olsaydı, zayiatımız çok daha ağır olurdu ve bu ülkenin felaketlerinden biri olan bu yozlaşmanın bazı sonuçlarını burada görmek bize kısmet oldu. Toplar sırt boyunca büyük bir ustalıkla hareket ettirildi ve tekrar tekrar ateş açtı, ancak hiçbir zaman büyük bir sonuç alamadı. Kendi bataryalarımız olan 74'üncü ve 77'nci bataryalar, bir avuç atlı askerimizle birlikte, geri çekilmeyi örtmek ve düşmanın takibini engellemek için çok çaba harcadı.

Bu konuyu tartışmak üzücü olsa da bir savaşta çatışan birlikler arasında moral bozukluğuna neden olan birçok felaketi içeren tek örnekti. Magersfontein muharebe sahasının dışına doğru Hyde Park'taki kararlılıkla yürüyen Muhafız Alayı, diğer bir deyişle Nicholson Boyun Noktası'ndaki askerler kızgındı, çünkü umutsuz son bir taarruza sevk edilmemişlerdi, yenilgide bile askerî erdem derslerine karşı çıkıyorlardı. Fakat burada yorgunluk ve uykusuzluk, askerlerin tüm heyacan ve hevesini kırmıştı. Yol kenarında uykuya daldılar ve yorgun subaylar tarafından dürtülmek zorunda kaldılar. Birçoğu, arkalarından gelen düşman tarafından uykusunda esir alındı. Birlikler dağınık küçük gruplara ayrıldılar. Saat on sularında Molteno'ya gelen kuvvet moralsiz ve dağınık bir birlikti. Geriden gelenler içinde, övgüye layık olan, başından sonuna kadar biraz da olsa askerî kuruluş ve düzenini koruyan İrlanda Piyade Alayıydı. Ölü ve yaralı olarak zayiatımız ağır değildi. Daha fazla olsaydı askerî onurumuz daha az yara alırdı: Yirmi altı ölü, altmış sekiz yaralı; hepsi bu. Fakat yamaçtaki askerler ile birliğin uyurgezerleri arasındaki İrlanda Piyadeleri Northumberland Hafif Piyade Alayları arasında eşit olarak dağılmış olan altı yüz kişi esir düşmüştü. Aceleyle yapılan geri çekilme esnasında iki top da kaybedilmişti.

Kişisel cesareti ile yapılabilecek her şeyi yapan ve sonrasında Molteno'daki bekleme odasının masasında hıçkıra hıçkıra ağlarken görülen ve zavallı askerlerinin yasını tutan bu cesur adamın acısını gereksiz yere arttıracak bir söz söylemek, bir tarihçiye, özellikle sivil bir tarihçiye düşmez. Bir felakete uğramıştı, fakat Teneriffe'de Nelson, Akra'da Napolyon da birer felakete uğramışlardı ve buna rağmen büyük ün yaptılar. Fakat bir felaketin iyi yönü, onu inceleyerek gelecekte daha iyisini yapmayı öğrenebilmemizdir ve bu nedenle eğer yenilgilerimizin açık ve dürüst bir tartışma için uygun bir konu olmadığı konusunda hemfikir olsaydık, gerçekten tehlikeli bir şey yapmış olurduk.

Muharebeye girenlerin cesur olması ve önemli ölçüde fiziksel çaba harcamasını gerektirmesi bir askerî harekâtın zararına değildir. Aksine, bu tür planların tasavvur edilmesi, büyük bir askerî aklın belirtilerinden biridir. Fakat ayrıntıların düzenlenmesinde, aynı askerî akıl, böyle bir planın uygulanmasını zorlaştırabilecek her türlü gereksiz şeyi öngörmek ve önlemekle fazlasıyla meşgul olmalıdır. Stormberg'e ani bir saldırı fikri mükemmeldi. Harekâtın ayrıntıları ise her zaman için eleştiriye açıktır.

Boerlerin Stormberg'de ne kadar kayıp verdiği tarafımızdan bilinmiyordu, ancak bu olayda, kayıplarının çok hafif olduğu yönündeki açıklamalarından şüphe etmek için hiçbir neden yoktu. Biz genellikle açıkta savaşırken, onlardan hiç kimse hiçbir zaman bizim ateşimize maruz kalmadı. Sayıları muhtemelen bizimkinden daha azdı, atışlarının isabetli olması ve takip etmekteki isteksizlikleri, yenilgiyi daha da sinir bozucu bir hâle getiriyordu. Diğer taraftan, topları ustalıkla ve cesaretle görev yapmıştı. Bunlar, Olivier'in emri altındaki Bethulie, Rouxville ve Smithfield'den gelen komandolardan ve aklını çelerek tabiiyetlerinden çıkardıkları kolonicilerden oluşuyorlardı.

General Gatacre'nin muhalif bir bölgede ve büyük stratejik öneme sahip bir yerde meydana gelen bu yenilgisi, çok vahim sonuçlara yol açabilirdi.

Neyse ki çok kötü bir sonuç meydana gelmedi. İsyancıların toplanmasına yardım edildiği konusunda hiçbir şüphe yoktu, ancak ileriye doğru bir hareket olmadı ve Molteno elimizde kaldı. Bu arada Gatacre'nin kuvveti, yeni bir batarya olan 79'uncu batarya ve güçlü bir alay olan Derbyshires Alayı ile takviye edildi. Neticede Gatacre, 1'inci Kraliyet İskoç Alayı ve Berkshire Alayının bir müfrezesi, ile birlikte genel bir ilerleme için uygun zamana gelene kadar durumunu muhafaza edebilecek kadar güçlüydü. Böylelikle Stormberg bölgesinde, Modder Nehri'nde olduğu gibi, aynı aşağılayıcı ve çıkmaza girmiş saçma durum tesis edildi.

11. BÖLÜM

COLENSO SAVAŞI

Hafta içinde, Güney Afrika'daki İngiliz kuvvetleri iki ciddi yenilgiye uğramıştı. Cape kolonisinin kuzey kesiminde Gatacre'nin aşırı derecede bitkin olan birlikleri, çoğunluğu İngiliz vatandaşlarından oluşan bir kuvvet tarafından yenilgiye uğratıldığı ve kovalandığı sırada, siperlerinin ve dikenli tel örgülü engellerinin arkasına gizlenen Cronje, Methuen'in Kimberley yolunu kapatıyordu. Fakat yurt içindeki halk, kalplerini katılaştırdı ve gözlerini Natal'a dikti. Orada üst rütbeli generalleri ve birliklerinin ana gövdesi bulunuyordu. Tugay ardından tugay, batarya ardından batarya Cape Town'a ulaştı ve hemen Durban'a gönderildi. Bu bölgede üst düzey azami çaba sarf edileceği ve eninde sonunda ışığın görüleceği aşikârdı. Kulüpte, yemek odasında ve demir yolu vagonunda – her nerede erkekler bir araya geldiyse ve konuştuysa- aynı sözcükler duyulabilirdi: "Buller hareket edene kadar bekle." Bu ifade de büyük bir imparatorluğun umutları yatıyordu.

Sir George White, Ladysmith'e geri püskürtüldüğünde tarih 30 Ekim'di. 2 Kasım'da kasaba ile telgraf iletişimi kesildi. 3 Kasım'da, demir yolu hattı kesildi. 10 Kasım'da Boerler, Colenso'yu ve Tugela hattını işgal etti. 14'ünde zırhlı tren olayı gerçekleşti. 18'inde düşman, Estcourt'un yakınlarındaydı. 21'inde Mooi Nehri'ne ulaşmışlardı. 23'ünde Hildyard, Willow Grange'da onlara hücum etti. Bütün bu çarpışmalar başka bir yerde incelenecektir. Bu sonuncusu durumun tersine döndüğünü gösteriyordu. O andan itibaren Sir Redvers Buller, nehri geçmek ve toplarının kuzeydeki tepeler hattının arkasından gürleyerek, ısrarcı taarruzların ve inatçı savunmaların hikâyelerini anlattığı Ladysmith'i kurtarmak maksadıyla gösterilecek büyük gayretin hazırlıkları için birliklerini Chieveley'de topladı.

Ancak bu görev, en savaşçı generalin isteyebileceği kadar ağır olan görevlerden biriydi. Güney taraftaki bayırlar, düşman piyade tüfeği ateşiyle bir ustura gibi traş edilebilecek uzun bir yamacı oluşturuyordu. Bu geniş açık alanda nasıl ilerleneceği, gerçekten bir sorundu. Eğer yere yatan bir adamı koruyabilecek kurşungeçirmez bir siper inşa edilebiliyorsa, bunun niçin denenmediği, bu savaşta merak edilen birçok olaydan biriydi. Her sıçramadan sonra güvenli bir şekilde dinlenebilen bölüklerin birbirini izleyen sıçramaları, askerleri bitmek tükenmek bilmeyen ölümcül atışların sürekli gerginliğinden kurtaracaktı. Yine de, denemeleri azaltmak için neler yapılabileceğini tartışmak gereksizdi. Açık arazinin geçilmesi gerekiyordu ve sonrasında düşmana değil, ama muhtemelen yıkılmış tek bir köprüsü ve gerçekte bulunmadığı tespit edilen tek bir sığ geçiş yeri ile geniş ve derin bir nehre ulaşılıyordu. Nehrin ötesinde, hayranlık uyandıran bir topçu tarafından desteklenen, dünyanın en iyi keskin nişancılarından binlercesi tarafından savunulan, taş duvarlarla kaplı ve siperle birleştirilmiş, ardı ardına yükselen tepeler hattı vardı. Açık arazide ilerlenmesine ve nehir geçişine rağmen, bir sırt ele geçirilse bile, bir sonraki sırtın mahkumunda kalıyordu ve dahası, okyanusun dalgaları gibi birbiri ardına tepeler ve çukurluklar silsilesi, kuzeye Ladysmith'e doğru inişli çıkışlı uzayıp gidiyordu. Tüm taarruzlar açıktan yapılmalıydı. Tüm savunma, örtü ve gizleme altındaydı. Buna, genç ve enerjik Louis Botha'nın Boerlere emir komuta ettiğini de ekleyin. Bu umutsuz bir görevdi, hâl böyle iken onurumuz, garnizonun kendi kaderine terk edilmesine engel oluyordu. Bu riske girilmesi gerekiyordu.

Harekâtla ilgili en bariz eleştiri, eğer taarruz yapılması gerekiyorsa bunun düşmanın şartlarında yapılmaması gerektiğiydi. Neredeyse her engeli (yokuşlu yaklaşma istikameti, nehir, siperler) mümkün olduğunca zorlaştırmak için yolumuzun dışına çıkıyor gibiydik. Gelecekteki harekâtlar, Boerlerin dikkatini dağıtmanın ve hızlı manevralar ile Tugela Nehri'ni geçmenin o kadar zor olmadığını kanıtlayacaktı. Gerçeğin ne olduğunu bilmiyorum, ama bir askerî uzman, kararlı bir ordunun tarihinde bir nehir hattı tarafından durdurulmasının örneğinin olmadığını ve nehirlerin kolaylıkla geçilebildiğinin Douro'daki Wellington'dan Tuna'daki Ruslara kadar birçok örneğinin olduğunu okuyucuların hatırlayacağını ifade etmişti. Ancak Buller'ın uğraşması gereken bazı istisnai sorunlar vardı. Atlı birlikler yönünden zayıftı ve eğer açığa çıkarırsa kanatlarına ve gerisine saldırabilecek fevkalade hareketli bir düşmana karşı koyuyordu. Kendisine daha sonra gelen ve geniş bir dönme manevrasını denemesine izin veren sayısal üstünlüğe sahip değildi. Sahip olduğu bir avantaj, daha güçlü bir topçu elde bulundurmaktı, ancak en ağır topları, doğal olarak en az hareketli olanlardı ve ilerleyişi ne kadar doğrudan olursa topları o kadar etkili olacaktı. Bu ya da diğer nedenlerle zorlu Boer mevziine yapılacak cephe taarruzuna karar verdi ve 15 Aralık Cuma günü şafak vakti Chieveley Kampı'ndan ayrıldı.

General Buller'in muharebeye soktuğu birlik, Alma Muharebesi'nden[1] bu yana herhangi bir İngiliz generalinin sevk ve idare ettiği en iyi kuvvetti. Piyade olarak dört güçlü tugaya sahipti: 2'nci Devonlar, 2'nci Kraliçe veya Batı Surrey, 2'nci Batı Yorkshire ve 2'nci Doğu Surrey birliklerinden oluşan 2'nci Tugay (Hilyard'ın); 2'nci Cameronyalılar, 3'üncü Piyade, 1'inci Durham Alaylarından

---

1 ÇN: Alma Muharebesi, Kırım Savaşı'nın önemli ilk muharebesidir, 20 Eylül 1854 tarihinde Alma Nehri'nin güneyinde gerçekleşmiştir.

oluşan 4'üncü Tugay (Lyttelton'un) ve 1'inci Piyade Tugayı; 1'inci Inniskilling Hafif Piyadeleri, 1'inci Connaught Ranger, 2'nci Dublin Hafif Piyadeleri ve Sınır Alayı, bu sonuncusu Gatacre ile birlikte gelen 2'nci İrlanda Piyade Alayının yerini almıştı. Orada 2'nci Kraliyet Hafif Piyadeleri, 2'nci İskoç Hafif Piyadeleri, 1'inci Galler Hafif Piyadeleri ve 2'nci İrlanda Hafif Piyade Alaylarını içeren 6'ncı Tugay (Barton'un tugayı), toplam olarak yaklaşık 16.000 piyade eri kaldı. Lord Dundonald tarafından emir komuta edilen atlı birlikler, 13'üncü Hafif Süvari Alayını, 1'inci Kraliyet Alayını, Bethune'nin Atlı Piyade'lerini, Thorneycroft'un Atlı Piyadelerini, üç taburluk Güney Afrika Süvarileri ile Avcı erlerinin atlı piyadelerinden, Natal Karabina Taburu ile birlikte Dublin Hafif Piyadelerinden ve İmparatorluk Hafif Piyade Birliğinden oluşturulan karma alayı içeriyordu. Bu düzensiz atlı birlikler aşırı disiplinli amirler ve ukalâ şahıslar tarafından eleştirilebilir, fakat onların bazısı, Boerlere olan kişisel nefreti ile ve bazıları da sadece macera arzusu ile harekete geçen, ordudaki en iyi savaşçıların bir kısmını ihtiva ediyordu. Sonuncusuna bir örnek olarak, Güney Afrika Süvari Taburu, neredeyse tümüyle Teksaslı katırcılardan oluşuyordu; hayvanları ile birlikte gelip, kendi cesur ruhları tarafından kendi akrabalarının muharebe hattına çekildiler.

Süvari, General Buller'in en zayıf tarafıydı, ancak topçusu hem kalite hem de silah sayısı bakımından güçlüydü. Beş sahra topçu bataryası (30 top) vardı. Bunlar, 7'nci, 14'üncü, 63'üncü, 64'üncü ve 66'ncı bataryalardı. Bunların yanı sıra, H.M.S. Terrible savaş gemisinden[1] on dördü 12 librelik ve diğer ikisi hem Ladysmith hem de Methuen'de iyi hizmette bulunmuş 4,7 inçlik (120 mm.), sayısı on altıdan daha az olmayan donanma topu vardı. Chieveley Kampı'ndan çıkan toplam kuvvet, yaklaşık 21.000 kişiyi bulmuştu.

Orduya verilen vazife, planlama açısından basitti, ancak icra edilirken ne kadar korkunç olduğunu ispatlayacaktı. Nehirden geçilebilecek iki nokta vardı, biri solda üç mil uzaktaki Bridle Drift'ti, diğeri ise doğruca Colenso Köprüsü'nün üzerindendi. 5'inci Tugay veya İrlanda tugayı, Bridle Drift'ten geçmeye çalışacak ve sonrasında Colenso'dan geçecek olan 2'nci Tugayı ya da İngiliz Tugayını desteklemek için nehir kıyısının uzak kenarından aşağıya doğru ilerleyecekti. 4'üncü Tugay, zor durumda kalması hâlinde her ikisine de yardım etmek maksadıyla ikisinin arasından ilerleyecekti. Bu arada en sağda bulunan Dundonald'ın emri altındaki atlı birlikler, yanları kapatacak ve Tugela'nın güney yakasında düşman tarafından kuvvetli bir şekilde tutulan ve zorlu bir mevzi olan Hlangwane Tepesi'ne taarruz edecekti. Kalan hafif piyade tugayı bu manevrayı sağ taraftan destekleyecekti. Topçular, farklı taarruzları ateşiyle destekleyecek ve eğer mümkün olursa siperleri derinliğine ateş altına alacak bir mevzi elde edeceklerdi. İngiliz ordusuna tevdi edilen ve basit bir şekilde açıklanan bu vazifeydi. Açık,

---

1 ÇN: HMS Terrible, J. G. Thomson tarafından inşa edilen ve Mayıs 1895'te Glasgow'da denize indirilen devasa bir askerî kruvazördü. HMS Powerful'un kardeş gemisiydi.

parlak bir sabah güneşi ışığında, bulutsuz mavi bir gökyüzünün altında, büyük umutlarla taarruza kalktılar. Önlerinde uzun, muntazam bir düzlük ardından nehrin kıvrımı ve ötesinde, sessiz ve sakin, dingin bir rüya manzarası gibi, birbiri ardına uzanmış hafifçe eğimli tepeler hattı uzanıyordu. Donanma topları patlamaya başladığında ve uzaklardaki tepelerden gelen büyük kırmızı toz bulutlar, liditin[1] nerede patladığını gösterdiğinde sabah saat tam beşti. Ne karşılık verildi ne de güneşli tepeler üzerinde herhangi bir hareket oldu. Çok nazik ve tepkisiz böyle bir kırsal bölgeye gösterilen bu öfkeli şiddet, âdeta insanlıktan uzaktı. En keskin gözler bile hiçbir yerde topların ya da askerlerin bir emaresini göremedi, böyle olduğu halde ölüm her çukura gizlenmiş ve her kayanın yanına sinmişti.

    Bunun gibi yedi ya da sekiz millik bir cephe üzerinde savaşılırken, modern bir savaşı anlaşılır hâle getirmek çok zordur. Muhtemelen en iyisi, Hart'ın İrlanda tugayının Bridle Drift'e taarruz için ilerlerdiği sol kanattan başlayarak her bir yürüyüş kolunun faaliyetini sırasıyla ele almak olacaktır.

    İrlanda Piyadeleri, ağır silahların karşılık verilmeyen ve bu nedenle hedef gözetmeksizin açılan ateşinin korumasında, taarruz etmeleri emredilen noktalara doğru ilerledi. Dublinliler öncülük etti, ardından Connaughtlar, Inniskillingler ve Bordererlar ilerledi. Magersfontein ve Stormberg'deki son deneyimlerden sonra, gerideki iki alayın askerlerinin yanaşık düzende kolda ilerlediği ve düşman ateşi açılana kadar mevzilendirilmediğinin ortaya çıkması şaşırtıcı gelebilir. Şarapnel, yanaşık düzendeki bu birliği vurmuş olsaydı ki neredeyse olacaktı, can kaybı gereksiz olduğu kadar ağır olurdu.

    Konumu ve hatta varlığı çok net bir şekilde tanımlanmamış gibi görünen bu geçiş yerine yaklaşırken, birliklerin nehir tarafından oluşturulmuş bir kavisin içinde ilerlemesi gerektiği, böylece cepheden şarapnel yağmuruna tutulurken, sağ kanatlarından çok ağır bir çapraz ateşe maruz kaldıkları tespit edildi. Askerler hızlı bir şekilde yere düşse de, düşmana dair hiçbir emare görülemiyordu. İlerlediğiniz yön, arkanızdan gelerek onları yere seren atışların nereden geldiğini yaralarının konumuna bakarak sadece tahmin edebilen, hıçkırarak ağlayan, güçlükle nefes alan, ağrıdan kıvranan askerler tarafından işaretlenirken, gün ışığında ve geniş cephesi üzerinde en ufak bir hareket olmayan, görünürde ıssız bir kırsal alanda ilerlemek, tuhaf ve ruhu sarsan bir deneyimdir. Mavzerlerin çatırtısı ve cayırtısı, tavada yağın cızırdaması gibi, çepeçevreydi; ancak ortam bununla doluydu ve hiç kimse tam olarak hangi taraftan geldiğini kestiremiyordu. Uzak ufuktaki bazı tepelerin üzerinde, az önce hep birlikte ölen altı askerin nerede olduğunu göstermek için çok şeffaf ince bir duman perdesi asılıydı. Sanki acımasız bir tatbikatmış gibi, ölümle yüz yüze gelmişlerdi. Askerler bu savaş esnasında böyle bir cehennem fırtınasının içine doğru defalarca ilerlemişti, ama böyle bir çileye dayanması istenen son ölümlüler arasında olduklarını kanıtlayıp kanıtla-

---

1   ÇN: Lidit: başlıca pikrik asitten oluşan kuvvetli bir patlayıcı madde.

madıkları tartışılabilir. Başka taarruz yöntemleri bulunmalı ya da taarruzdan vazgeçilmeliydi, çünkü dumansız barut, seri ateşlemeli toplar ve modern piyade tüfekleri, savunma için her şeyi mümkün kılıyordu!

Cesur İrlandalılar, muharebe heyecanıyla ve kayıplarını umursamadan ilerlediler. Tüm askerî teşkilatlanmanın hızla ortadan kalkması ile dört alay bir araya geldi, geriye onların cesur ruhları ve düşmanla gırtlak gırtlağa gelme arzularından başka bir şey kalmadı. İrlandalılar, bağıran öfkeli askerlerin geniş dalgası içinde yuvarlanarak, nehir kıyısına sürülünceye kadar asla açılan ateşten ürkmediler. Kuzey Inniskilling ve Connaught'un güneylileri, turuncu ve yeşil, Protestan ve Katolik, Kelt ve Sakson, şimdi onların birbiriyle tek rekabeti, ortak gaye için kimin kanını en özgürce dökebileceğiydi. Bu adamları birbirinden ayırabilecek eyalet politikaları ve dar mezhepsel inançlar, ne kadar nefret dolu görünüyor!

Nehrin kıyısına ulaşılmıştı, ama sığ geçiş yeri neredeydi? Nehir önlerinden, herhangi bir sığlık belirtisi göstermeden, geniş ve sakin bir şekilde akıyordu. Birkaç cesur adam nehre atladı, fakat mühimmat ve tüfekler onları dibe doğru çekti. Bir ya da ikisi, diğer tarafta bile mücadele etmiş olabilir, ancak bu konudaki delillerde bir çelişki bulunmaktadır. İnanılmaz gibi görünse de nehir geçiş yerini derinleştirmek için kısmen baraj yapılmış olabilirdi, ya da muhtemelen şimdiki hâliyle, hızlı ilerleme ve taarruz esnasında geçiş yerinin mevkii kaybedilmişti. Bu olmuş olsa da, birlikler hiçbir sığ geçiş yeri bulamadı ve cepheden ve yanlardan gelen aynı acımasız mermi yağmuru ile daha önceki pek çok harekâtta olduğu gibi geri çekilmek istemeyen ve ilerleyemeyen birlikler yere uzandılar. İrlandalılar, her çukurda ve her karınca yuvasının arkasında, yoğunlaştılar ve daha iyi bir fırsat beklediler. İrlandalıların, neşeli ve sabırlı mizaçlarının birçok örneği vardır. Connaughtlarda Albay Brooke askerlerinin başındayken vuruldu. Er Livingstone, onu güvenli bir yere taşımaya yardım etti ve sonrasında görevini tamamladı, "biraz kendini suçladığını" itiraf etti ve boğazından geçen bir kurşunla bayılıp yere yıkıldı. Bir diğeri, her iki bacağından geçen bir kurşunla oturmuştu. Düşünceli Dargai gaydacısı, "Bana oyuncak bir düdük getir ve ben de senin istediğin her melodiyi çalayım" diye bağırdı. Kolu bir tendonla asılı olan bir başkası, üzüntülü bir şekilde kısa siyah piposunu tüttürüyordu. Ara sıra, imkânsız olmasına rağmen, coşkun Kelt kahramanlığı şiddetli bir şekilde daha da alevleniyordu. Zenci bir çavuş; "Süngü tak, askerler, haydi meşhur olalım," diye bağırdı ve bir daha hiç konuşamadı. Tropikal güneşin altında, beş saat boyunca, sıcaktan kavrulmuş kirli askerler, işgal ettikleri yere tutundular. İngiliz mermileri kısa düşmüş ve askerlerin arasına denk gelmişti. Destekte olan alay, çok fazla ilerlemiş olan herhangi bir hattın yerini bilmeden onlara ateş açmıştı. Vahşice direnen 5'inci Tugay, önden, yanlardan ve arkadan vuruldu.

Fakat neyse ki geri çekilme emirlerinin eli kulağındaydı ve eğer bu emirler onlara ulaşmazsa, alayların bulundukları yerde boş yere yok edileceği kesindi.

Onlara geri çekilme emrini verenin, gün boyunca her zaman, her yerde ve olağanüstü kişisel gayret gösteren Buller'in kendisi olduğu görülüyordu. Geri çekilirken telaş ve panik kesinlikle yoktu, ancak subaylar ve askerler, ümitsiz bir şekilde birbirine karışmıştı ve kararları bazen sorgulanabilen, ancak fevkalâde cesareti övgünün ötesinde olan General Hart, altı saat önce Chieveley Kampı'ndan çıkmış olan bu görkemli tugayı düzene sokmak için çok çalışmıştı. Onlardan beş ile altı yüzü ölmüştü, Magersfontein'da Dağ Tugayı'nınkine yaklaşan bir kayıptı. Dublinliler ve Connaughtlar, en ağır kaybı verenler arasındaydı.

5'inci Tugayın yaşadığı felaket, çok daha fazlaydı. Aynı eski ihmallerin yine aynı eski sonuçlardan sorumlu olduğunu ifade etmek gereksizdir. Görünmeyen bir düşmana karşı ilerlerken askerler niçin yanaşık düzendeydi? Sığ geçiş yerinin konumundan emin olmak için neden hiçbir keşif kolu önden gitmedi? Böyle bir ileri harekâtta önden gidecek avcı eri grupları neredeydi? Savaş alanındaki son örnekler ve ders kitaplarının öğretileri, bu askerî harekât esnasında sıklıkla olduğu ve olması gerektiği gibi eşit şekilde hiçe sayıldı. Camberley'deki konferans salonlarında bir savaş bilimi olabilir, ancak o bilimden çok azı bozkıra giden yolu buldu. Erlerin zorlanan kahramanlığı, alay subaylarının dikkatsizce koşuşturması, sadece komutanlarımızın nadiren dikkati ve öngörüsü, bunlar bizim askerî niteliklerimizdi. Bu tür yorumlarda bulunmak nankör bir görevdir, ancak savaşın en büyük dersi, ordunun bir kastın eline düşemeyecek kadar hayati öneme sahip bir şey olduğu ve herkesin doğru bildiğine inandığı şeyi korkusuzca ve sebestçe konuşmasının millî bir görev olduğudur.

5'inci Tugay'ın talihsizliğini geçip, soldan sağa hareket ederek, taarruz etmemesi, fakat her iki taraftaki taarrruzu desteklemesi talimatı verilen 4'üncü Tugay'a ya da Lyttelton'un tugayı'na gelelim. 4'üncü Tugay, donanma toplarının yardımıyla, İrlandalıların geri çekilmesini sağlamak, sıkıştığı yerden kurtarmak ve desteklemek için elinden geleni yaptı, ancak harekât esnasında çok önemli bir rol oynayamadı ve kayıpları önemsizdi. Sıradaki birlik, sağındaki, Hildyard'ın İngiliz tugayı Colenso ve köprü üzerine yaptığı taarruzlarını geliştirmişti. Hildyard'ın liderliğindeki alaylar, 2'nci Batı Surrey, 2'nci Devonlar (1'inci taburu Ladysmith kuvveti ile birlikte çok iyi performans göstermişti), Doğu Surreyler ve Batı Yorkshire alaylarıydı. Düşman, asıl taarruzu açıkça bu mevkiden bekliyordu ve sadece diğer taraftaki siperler son derece güçlü değil, aynı zamanda topçuları, üzerine ateş eden seri ateşlemeli bir miktar topun yanısıra en azından bir düzine ağır top, köprüye doğru yöneltilmişti. Doğu Survey ve Batı Yorkshire Alayları tarafından desteklenen Devon ve Kraliçe Alayları, dağınık düzende (durduklarında güçlükle görülebilen, çok hayranlık uyandıran bir şekilde ova ile uyum sağlayan geniş bir hâkî noktalar hattı) taarruza öncülük etti. Çok ağır bir ateş altında ilerleyen tugay, baştan itibaren yarım bölüklük kollar halindeki dağınık düzenlerini koruyarak, bunu altı adıma çıkaran ve önlerindeki nehir buna izin vermediğinden İrlandalılar için çok ölümcül olan sağ kanat ateşi nedeniyle sayıları azalan, Hart'ın tugayındaki silah arkadaşlarıyla aynı zorlu sınava maruz kaldılar. Yaklaşık iki yüz asker kaybeden öncü alaylar, Colenso'ya ulaşmayı başardı ve bir seferde elli yarda koşarak ilerleyen Batı Surrey Alayı, istasyona yerleşti. Ancak erken bir saatte, Batı Survey Alayını destekleyen topçuda, daha fazla ilerlemeyi imkânsız hale getiren, bir felaket meydana gelmişti. Bu nedenle, onların sağ tarafındaki bir sonraki birliğin faaliyetlerini takip etmeliyiz.

Bunlar, asıl taarruzu desteklemesi emredilen topçunun önemli bir bölümünü oluşturuyordu. Albay Long'un emir komutasındaki iki sahra bataryası, 14'üncü ve 66'ncı Bataryalar ve "Terrible'dan" Teğmen Ogilvy emri altındaki altı donanma topundan (ikisi 4.7 inçlik ve dört adedi 12 librelik) oluşuyordu. Atbara savaşında Mısır Topçusuyla başa çıkarak harekâtın başarısında büyük bir payı olan Long'un çok gayretli ve cesur bir subay olarak şöhreti vardı. Maalesef, Fransızların da kendi Cezayirlileriyle keşfettiği gibi, barbarlara karşı yapılan ve sonuçlarını umursamadan inisiyatif alınabilen bu harekâtlar, kötü bir gelenek bıraktı. Kendi kapalı düzenimiz, yaylım ateşine olan bağlılığımız ve bu olayda topçumuzun kullanımı, hepsi vahşilerle yaptığımız savaşların mirasları gibi görünüyor. Sebep ne olursa olsun, harekâtın erken bir aşamasında, Long'un topları öne doğru fırladılar, piyade tugaylarının kanatlarından daha ileri gittiler. Yavaş hareket eden donanma toplarını kağnıları ile birlikte geride bırakıldı ve düşman siperlerine dokuz yüz metre mesafede atış görevine hazırlanıldı. Bu mevziden, bu kısımdaki Boer mevzilerinin merkezi olan kendi karşısındaki Fort Wylie'ye ateş açtılar.

Fakat onun umduğu gibi, iki şanssız bataryasının kaderinde savaşın gidişatını tersine çevirmek yoktu, aksine modern piyade tüfeği ateşine karşı topçunun çaresizliğinin klasik bir örneğini sunmak vardı. Mercer'in yan ateşinin, Waterloo'daki hafif koşulu (atlı) topçu birliği üzerindeki etkisi ile ilgili ünlü tasviri bile, bu iki talihsiz bataryanın üzerinde kopan şiddetli kurşun sağanağının hakkını veremezdi. Koşum hayvanları yere yığılmıştı. Bazıları ölmüş, bazıları ağır yaralanmıştı ve kendi çılgınca mücadelelerinde diğerlerini sakatlıyorlardı. Korkudan çıldırmış bir sürücü, öncü bir ata atladı, koşum kayışını kesti ve çılgınca savaş meydanından ayrıldı. Ancak topçuların büyük çoğunluğu arasında mükemmel bir disiplin hâkimdi ve verilen emirler, topların mevzilendirilmesi ile işleyişi Okehampton'daki[1] kadar muntazamdı. Sadece, kısmen öndeki hatlardan ve kısmen de sol kanatlarındaki Colenso köyünden gelen çok ölümcül piyade tüfeği ateşi yoktu. Aynı zamanda, menzili hassas bir şekilde tespit eden Boer seri ateşli otomatik topları ve sürekli olarak bataryaların üzerinde patlayan ve onları vuran küçük mermiler vardı. Zaten her topun çevresinde dağılmış ölüleri vardı, ama hâlâ her birinin çevresinde kendi öfkeli subayları ve yılgın terli topçular grubu bulunuyordu. Zavallı Long, kolundan bir kurşun ve karaciğerinden başka bir kurşunla vu-

---

1 ÇN: Okehampton: İngiliz topçu birliklerinin muharebe eğitimi aldığı atış alanı.

rulmuştu. "Bırakın lanet olsun! Topları terk etmiyoruz!" onu, küçük bir oyuktan oluşan, yakındaki bir sığınağa sürüklediklerı sırada son çığlığı olmuştu. Yüzbaşı Goldie öldü. Üsteğmen Schreiber de öldü. Albay Hunt, iki yerinden vurularak düştü. Subaylar ve askerler hızlı bir şekilde ölüyordu. Toplar kullanılamıyordu ve şimdi de hareket ettirilemiyordu, çünkü top arabalarının beklediği sığınaktan koşum hayvanlarını getirmek için gösterilen her çaba, atların ölümüyle sonuçlanıyordu. Hayatta kalanlar, ölüm saçan ateşten, mermi parçalarının sıçradığı top hattına yaklaşık yüz metre mesafedeki Long'un taşındığı küçük oyuğa sığındılar. Sağdaki bir topta onu terk etmeyi reddeden dört kişi hâlâ görev yapıyordu. Fışkıran kumların ve patlayan mermilerin mavi halkavî dumanları arasında, sevgili 15 poundluk toplarını bağrına basıp onunla güreşen bu dört kişi, çok şanslı görünüyordu. Sonra, birinin nefesi kesildi ve patikanın karşısına düştü ve onun silah arkadaşı göğsünün üzerindeki çenesi ile tekerin yanına yıkıldı. Üçüncüsü yenilgiyi kabul etti ve ileri doğru yüzüstü çakıldı. Korkunç barut lekeli bir çehresi olan şahıs da vurulana kadar ölümün gözlerinin içine bakarak esas duruşta bekledi. Gereksiz bir fedekârlık olduğunu söyleyebilirsiniz; ancak onları ölürken gören askerler, böyle bir hikâyeyi kamp ateşinin etrafında anlatabilir. Bunun gibi ölümlerin örnekleri, ırkımızın savaşçı ruhunu coşturmak için borazanın sesinden ya da davulun gümbür gümbür çalmasından daha fazlasını yapar.

İki saat boyunca küçük düşürülmüş, üzgün subaylar ve askerler, oyuğun şüpheli korumasında yere yattılar ve kurşunla süpürülmüş ovaya ve sessiz topların bulunduğu hatta baktılar. Birçoğu yaralanmıştı. Amirleri aralarında yatıyordu, sayıklamasında hâlâ toplarına sesleniyorlardı. Ölüm saçan bir ateşin ortasında oyuğun karşısına doğru at süren ve yaralı askerler için elinden geleni yapan, cesur bir cerrah olan kahraman Baptie onlara katıldı. Ara sıra, bazen başka bir atış yapma ve bazen de mermilerin acımasız yağmurundan yaralı bir arkadaşlarını getirme umuduyla, açıklığa doğru hamle yapılıyordu. Bir topçunun vücudunda altmış dört kurşun yarasının bulunması gerçeğinden, bu kurşun yağmurunun ne kadar korkunç olduğu anlaşılabilir. Birkaç asker bu hamleler esnasında vuruldu ve cesareti kırılmış olan sağ kalanlar, bir kez daha oyuğun içine yerleşti.

Topların gerçekte kaybedilmemiş olması, onların tutundukları umuttu, belki de piyadelerin gelişi, onların topları bir kez daha kullanmalarına imkân sağlayacaktı. Piyade sonunda geldi, ama o kadar az sayılarda geldi ki durumu kolaylaştırmak yerine daha da zorlaştırdı. Albay Bullock, topların asıl muhafızı olan İskoç Hafif Piyadelerinin iki bölüğüne (A ve B) katılması için Devonlardan iki bölüğü ileri sürdü, ancak bu bir avuç asker, gidişatı tersine çeviremedi. Onlar da oyuğa sığındılar ve fırsat kolladılar.

Bu arada, topların çaresiz durumu, Generaller Buller ve Clery'in dikkatini çekti ve geriye kalan topçeker atlar ve sürücülerinin olduğu ilerideki kuru dere yatağına doğru ilerlediler. Burası, Long, Bullock ve onların Devonları ve topçularının çömeldiği diğer oyuğun biraz gerisindeydi. Buller "Aranızdan biri topları kurtarmak için gönüllü olmayacak mı?" diye bağırdı. Hasta bakıcı onbaşı, topçu eri Young ve başka birkaç kişi daha yanıt verdi. Tehlikeli girişim, Generallerin üç emir subayı, Congreve, Schofield ve ünlü askerin tek oğlu Roberts tarafından sevk ve idare edildi. İki top çeker at takımı alındı; atlar cehennem ateşiyle çılgınca dörtnala koşturdu ve her takım bir topla geri dönmeyi başardı. Ama kayıp korkunçtu. Roberts, ölümcül şekilde yaralanmıştı. Congreve, bin metrede modern bir tüfek ateşinin nasıl bir şey olduğunu gösteren bir açıklama bıraktı. "İlk mermim sol kolumdan geçti ve dirsek eklemimin kanamasına yol açtı, sonra sağ koluma vuran bir taş parçası beni yakaladı, sonra atım bir mermi aldı, sonra sağ bacağım bir tane mermi aldı, daha sonra atım başka bir mermi aldı ve bu, bizim işimizi bitirdi." Cesur adam oyuktaki kazazede grubuna kadar sürünmeyi başardı. Roberts, diğerlerine engel olacağı korkusuyla, vurulduğu yerde bırakılması konusunda ısrar etti.

Bu arada 7'nci Bataryadan Yüzbaşı Reed, iki yedek at takımı ile gelmişti ve toplardan bazılarını kurtarmak için onun liderliği altında ikinci bir kararlı çaba sarfedildi. Fakat ateş çok ölümcüldü. Atlarının üçte ikisi ve kendisi de dahil olmak üzere adamlarının yarısı öldü ve General Buller, terk edilmiş bataryalara ulaşmak için yapılan tüm diğer çabalardan vazgeçilmesi emrini verdi. Hem o hem de General Clery, hafif şekilde yaralanmıştı ve tüm harekât alanı boyunca zihinlerini meşgul edecek birçok faaliyet vardı. Ancak, birçok görevin baskısını ve büyük bir harekâtın karmaşa ve karışıklığını hesaba katarsak, İngiliz Askerî Tarihinde bu olay, topların düşman eline geçmesine izin verilen en esrarengiz olaydan biri gibi görünüyordu. Eğer topçularımız düşman ateşi altında hayatta kalamıyorsa, düşmanın da birkaç tabur piyadenin ateşi altında toplarını hareket ettirmesinin eşit derecede imkânsız olduğu açıktır. Henüz tam temasa girmemiş ve böyle bir amaç için ilerletilebilecek birçok alay vardı. Atlı piyade erleri, aslında bu iş için gönüllü oldular ve başka hiç kimse, bu iş için daha uygun olamazdı. Üstelik yeterli zaman da vardı, çünkü toplar saat on birde terk edilmişti ve Boerler, saat dörde kadar onları ele geçirmek için bir girişimde bulunmamıştı. Yalnızca toplar kurtarılmakla kalmayıp aynı zamanda bu topların Boerleri siperlerinden çıkaracak bir tuzak için mükemmel bir yeme dönüştüğü düşünülebilirdi. Cherry Emmett ve adamlarının toplara ilk yaklaşmaları korku ve titreme içinde olmuştur, çünkü böyle inanılmaz iyi bir servetin onlara geldiğine nasıl inanabilirlerdi? Her şeye rağmen küçük düşürücü ve izah edilemez olan durum şuydu; toplar o kadar geride bırakılmıştı ki bütün kuvvet çekildiğinde sadece on top değil, aynı zamanda albayları ile birlikte az sayıda Devonlar ve hafif piyade de gün boyunca onları koruyan oyuğun içinde esir alınmıştı.

Şimdiye kadar soldan sağa doğru ilerleyerek Hart'ın tugayının Bridle Drift'teki harekâtını, destek görevindeki Lyttelton'ın tugayının, Colenso'ya taarruz eden

Hildyard'ın tugayının ve onu destekleyecek olan şanssız bataryaların harekâtlarını inceledik. Geriye sağ taraftaki iki birlik kaldı. Daha uzaktaki, nehrin güneyinde tahkim edilmiş bir Boer mevzii olan Hlangwane Tepesi'ne taarruz edecek olan Dundonald'ın atlı askerlerinden ve onu destekleyerek ve bu taarruzun merkezî harekâtla irtibatını sağlayacak olan Barton'un tugayından oluşuyordu.

Dundonald'ın kuvveti böyle siperlerle korunan zorlu bir tepenin ele geçirilmesi gibi bir harekât için kesinlikle çok zayıftı ve muhtemelen manevranın maksadı, bir taarruzdan ziyade bir keşifti. Toplamda binden fazla askeri yoktu ki çoğunluğu düzensiz birliklerden oluşuyordu ve karşısındaki mevzi, dikenli tel engeller ve otomatik silahlarla birlikte, sarptı ve tahkim edilmişti. Ancak cesur koloniciler, ilk muharebelerini yaptılar ve coşkulu cesaretleri, taarruzu hedefe ulaştırdı. Atlarını bırakarak, gizlenmiş piyade erlerinin yakın menziline girmeden önce bir buçuk mil yayan olarak ilerlediler. Tüm hat boyunca kendi silah arkadaşlarına öğretilen dersi, sayılarının yaklaşık olarak eşit olduğu bilinen gizlenmiş bir savunmaya karşı açık alanda yapılan taarruzun herhangi bir şansının olmadığını ve ne kadar kahramanca hücum ederlerse o kadar ağır bir şekilde geri püskürtülecekleri dersini onlardan aldılar. Düzensiz birlikler, eski askerler gibi davrandılar; ölümlü bir adamın yapabileceği her şeyi yaptılar ve cesur askerlerden 130'unun kaybı ile birlikte yavaşça ve soğukkanlı bir şekilde geri çekildiler. 7'nci Sahra Bataryası, ilerlemeyi desteklemek ve geri çekilmeyi korumak için mümkün olan her şeyi yaptı. Bu felaket gününde, hiçbir yerden, kalpleri ısıtacak ve çok cefakâr askerlerimizin çabalarını ödüllendirecek en azından bir başarı pırıltısı bile gelmedi.

Barton'un tugayı ile ilgili anlatılabilecek kayda değerdilecek herhangi bir şey yoktu, çünkü bu tugay ne bu taraftaki Hlangwane Tepesi'ne yapılan taarruzu desteklemiş ne de diğer taraftaki kötü kaderli topların korunmasına yardımcı olmuş gibi görünmüyordu. Dundonald yardım için Barton'a başvurdu, fakat Barton herhangi bir birliğini sevk etmeyi reddetti. Eğer General Buller'ın gerçek düşüncesi Boer hatlarının konumunu ve gücünü ortaya çıkarmak amacı ile yapılacak bir cebrî keşif ise, bu durumda tabii ki tugay komutanlarının, tugaylarını gerçekten bir yanlış anlaşılmanın sonucu olan bir muharebeye bulaştırma konusunda bir isteksizlik hissetmiş olmaları gerekirdi. Diğer taraftan, eğer, o günkü emirlerin gösterdiği gibi, her fırsatta ciddi bir çarpışma amaçlandıysa, dört tugaydan ikisinin bu kadar önemsiz bir rol oynaması garipti. Barton tugayı'na Boerlerin sağ kanattan yapacakları taarruzları önleme sorumluluğu verilmişti, bu sorumluluk böyle bir taarruzun tasarlanmadığı açığa çıkana kadar ona engel oldu. Bundan sonra durum değerlendirilmiş olsaydı, piyade tüfeği ateşiyle terk edilmiş topları korumak için en az iki taburun ayrılması gerektiği düşünülebilirdi. İskoç Hafif Piyadelerinden iki bölük, topların kaderini paylaştı. Diğer iki bölük ve İrlanda Hafif Piyadelerinde bir bölük destekte kaldı, fakat 1'inci Kraliyet Alayı ve 13'üncü Hafif Süvari Alayı ile birlikte, tugayın bir bütün olarak yaptığı faaliyetlerin o günün kaderi üzerinde herhangi bir etkisi ancak onlar Aldershot'ta[1] olsalardı olabilirdi.

Böylece Ladysmith'in kurtarılması için yapılan ilk girişim sona erdi. Saat on ikide, sahadaki bütün birlikler kamplarına doğru geri çekiliyordu. Hezimete ya da paniğe benzer hiçbir şey yoktu ve geri çekilme, ileri harekât kadar düzenliydi; bununla birlikte tam 1200 ölü, yaralı ve kayıp askerimiz vardı ve kesinlikle hiçbir şey kazanmamıştık. Düşmanımızın cezalandırılmasının yanı sıra cezaya katlandığımızı bilmek bile bizi memnun etmemişti, çünkü düşman gün boyunca o kadar zekice gizlenmişti ki, kendi saflarında yüzden fazla zayiatın meydana gelip gelmediği şüpheliydi. Bir kez daha sığınak içinde bulunan düşmana karşı topçunun ne kadar zayıf bir silah olduğu teyit edildi.

Neyse ki, etkili olan topçu ateşinden ziyade piyade tüfeği ateşi olduğunda her zaman olacağı gibi yaralılarımız, ölenlerimize göre yüksek bir orandaydı. Kabaca 150 ölü ve 720 yaralı zayiatımız vardı. Daha da utanç verici olan husus, yaklaşık 250 askerin kayıp olmasıydı. Bu askerler, oyuğun içinde toplu olarak esir alınan Connaughtlardan, Dublinlilerden ve diğer alaylardan küçük gruplar halinde bir siper (sığınak) bulduktan sonra onu terk edemeyen ve alaylarının geri çekilmesi onları umutsuz bir durumda bırakıncaya kadar orada tutunan topçular, Devonlar ve İskoç Hafif Piyadeleriydi. Mahkûm sayısını arttırmakta hiçbir şekilde istekli görünmeyen Boerler tarafından, akşamleyin bu küçük asker kümelerinden bazılarının geri çekilmesine müsaade edildi. Inniskilling Hafif Piyadelerinden Albay Thackeray, kendini bir avuç adamıyla birlikte düşmanla çevrili olarak buldu, ancak morallerinin yerinde olması ve komutanlarının ortama uygun davranması sayesinde, Albay Thackeray, onları güvenli bir şekilde geri çekmeyi başardı. Kayıplar esas olarak Hart'ın tugayından, Hildyard'ın tugayından ve savaşma onurunu kazanan koloninin düzensiz birliklerindendi.

General Buller, resmi raporunda Albay Long'un hamlesi ve sonrasında meydana gelen topçuların felaketi olmasaydı, muharebede başarılı olabileceğini düşündüğünü ifade etmişti. Bu ağır bir ithamdı ve cesur, fakat talihsiz topçulara muhtemelen çok fazla sorumluluk yüklüyordu. Savaşta, topçumuzun daha büyük bir hamlesinin günün kaderini değiştirdiği durumlar olmuştur ve risk alan, fakat başarısız olan birine karşı çok sert olmak, kötü bir hareket tarzıdır. Önünde bir nehir olan gizlenmiş bir düşmana karşı açıktan ilerlenmesi ile birlikte harekâtın tümü kesinlikle o kadar umutsuzdu ki, Long, durumu ancak umutsuz önlemlerin kurtarabileceğini görmüş olabilirdi. Düşman piyadesinin mevzileri açıkça belirlenmeden, topları piyadelerin önünde harekete geçirmek, daima savaşın en tehlikeli girişimlerinden biri olarak kalacaktır. Prens Kraft "Piyade mevzi daha kısa mesafeden piyadeler tarafından ateş altına alınmadığı sürece, topçuyu piyade

---

[1] ÇN: Aldershot: İngiltere'nin Hampshire bölgesindeki bir kasaba, Kırım savaşı esnasında 1854 yılında, İngiliz Ordusunun ilk kalıcı eğitim kampının kurulduğu yerdir.

tarafından savunulan bir mevziye 600 veya 800 yarda mesafeye kadar ilerletmek, kesinlikle tam bir aptallık olur." demektedir. Bu "safi aptallık" tam olarak Albay Long'un yaptığı şeydi, ancak Boerlerin tepelerde olduğu fikrini başkalarıyla paylaştığı ve ön siperlerinin nehrin aşağısında olduğu hakkında hiçbir bilgisinin olmadığı unutulmamalıdır. Albay Long, elinde bulunan kısıtlı imkânlarla, elinden geldiği kadarıyla böyle bir keşif yapmıştı. Eğer ateşli ve aceleci ruhu onu kendisine çok pahalıya mal olan bir duruma sürüklediyse, eleştirenler için onun bu hatasını, terk edilmiş topların düşman eline geçmesine müsaade eden daha sonraki hatasına göre mazur göstermesi, kesinlikle daha kolaydır. Bu topların kaybedilmesinin, harekâtın kaderini ciddi bir şekilde etkilediğine dair herhangi bir kanıt yoktu, çünkü piyadenin topçuyu tam ve kesintisiz olarak desteklediği savaş alanının diğer bölgelerindeki sonuç, merkezdekinden daha iyi değildi.

Colenso için çok fazlaydı. İngiliz askerî tarihi boyunca daha kötü ve bir bakıma daha anlaşılmaz bir harekât bulunamaz ve üzerine düşen ışık ne kadar çoksa, savaş o kadar olağanüstü görünür. İngiliz halkının yenilgiye uğramış bir generale yardım eli uzatmaya her zaman hazır olduğunu gösterdiği hayırseverliğine ciddi bir darbe vuran harekâtın bir başlangıcı ve bir de sonuç kısmı vardı. Başlangıç, General Buller, General White'a 17'sinde taarruz etmesini önerdiğini bildiren bir haber yollamışken, asıl taarruz 15'inde gerçekleştirildi. Bu nedenle garnizon, kuşatma yapan kuvvetin, onlara ihtiyaç duysa, önemli bir takviyeyi Botha'ya göndermesini engelleyebilecek olan bu gösteri taarruzunu yapmaya hazır değildi. Sonuç daha ciddiydi. Yenildiğinde tüm cesaretini kaybeden General Buller, White'ın yetmiş günlük erzakı olduğu konusunda, resmî olarak bilgilendirilmiş olmasına rağmen, garnizonun teslim olmasını öneren bir heliyograf mesajı gönderdi. White'ın ilk cevabı, düşmanın Buller'in mesajını değiştirdiğine inandığı mealindeydi ki bu cevap, Nelson'un kör gözündeki dürbün anektodu[1] ile birlikte anılmayı hak ediyordu. Buna karşı Buller, Sir George White'ın cevabı ile birlikte değiştirilmiş ekli belgedeki mesajı gönderdi:

17 Aralık 1899'da değiştirildiği şekliyle 16 Aralık'ın mesajı.

"Colenso'yu dün denedim, ama başarısız oldum; kuşatma harekâtı hariç düşman benim kuvvetim için çok güçlü ve bunların hazırlanması tam bir ay sürecek. Bu kadar uzun süre dayanabilir misin?

"Kaç gün dayanabilirsin? Mümkün olduğu kadar çok mühimmat kullanmanızı ve yapabileceğiniz en iyi anlaşmayı yapmanızı öneririm. Farklı bir öneriniz varsa burada kalabilirim, ama yardım almadan kuşatmayı yaramam. Piyadele-

---

1 ÇN: Nelson'un kör gözü: Amiral Nelson meslek hayatının erken safhasında bir gözünü kaybetmişti. 1801'deki Kopenhag savaşından sonra, üstü Amiral Sir Hyde Parker'ın geri dönüş çağrısını görmezden geldi. Danimarkalıların kaçmakta olduğunu görmek için Parker'dan çok daha iyi bir pozisyonda olan Nelson, sancak kaptanına "Biliyor musun Foley, yalnızca tek gözüm var, bu nedenle zaman zaman kör olma hakkım var," demiş ardından teleskopu kör gözüne tutup "Sinyali gerçekten de göremiyorum!" demişti.

rimin kamptan on milden daha uzakta savaşamayacağını ve ondan sonrasında sadece su bulunabilirse savaşabileceklerini ve suyun burada kıt olduğunu görüyorum. Ne olursa olsun, şifrenizi, şifre çözücüyü, kod kitaplarınızı ve tüm deşifre edilmiş mesajları yakmayı unutmayın."

Sir G. White'dan Sir R. Buller'a. 16 Aralık 1899.

"Sizin bugünkü mesajlarınız alındı ve anlaşıldı. Benim önerim, düşmanla teması sürdürmenizi ve onu topçu ateşi ve diğer yöntemlerle olabildiğince çok taciz edebilmenizi sağlayacak mevcut olan en güçlü mevziyi işgal etmenizdir. Yiyeceğin bir aydan daha uzun süre dayanmasını sağlayabilirim ve yapmak zorunda kalana kadar anlaşma yapmayı düşünmeyeceğim. Düşmana sandığınızdan daha sert vurmuş olabilirsiniz. Yerli casuslarımızın tümü, topçu ateşinizin düşman üzerinde önemli bir etki yarattığını bildiriyor. Kayıplarınız çok mu ağır? Düşmanla teması keserseniz bu, düşmanın beni ezme imkânını büyük ölçüde artıracak ve başka yerlerde çok kötü bir etki yaratacaktır. Siz onunla temas ve benimle de iletişim halindeyken, düşman her ikimizin gücünü hesaba katacaktır. Hindistan da dâhil olmak üzere mümkün oldüğunca erken takviye almak için her türlü çabayı gösterin ve her iki kolonide görev yapmak isteyen ve ata binebilen her erkeği askere alın. Her şey daha parlak görünebilir. Buradaki 12.000 askerin kaybı, İngiltere'ye ağır bir darbe olacaktır. Henüz bunu düşünmemeliyiz. Korkarım size doğru kendime yol açamayacağım. Tifo burada korkutucu bir şekilde artıyor. Hepsi son bir ay içinde olmak üzere, şu anda 180 vaka var. Tam olarak cevaplayın. Planlarınızı öğreninceye kadar her şeyi şu an için gizli tutuyorum."

Yenilginin zihinsel şoku ve Buller'in katlandığı fiziksel eziyet altında bocalayan bir adama çok fazla müsamaha gösterilmesi gerekir. Onun anında geri çağrılmaması, hükümetin böyle bir müsamaha gösterdiğini açıkça belli etmektedir. Hâl böyle iken, somut gerçek sadece on iki mil uzakta, 12.000 askerin başındaki diğer generale, toplam İngiliz kuvvetine göre sayıca kesinlikle çok küçük bir orduya teslim olmasını öneren, 25.000 askerin başında bulunan bir İngiliz generaline sahip olmamızdı. Bu nedenle, İmparatorluğun tüm kaynaklarının böyle şok edici bir felaketi önlemek maksadıyla Natal'a akıtılması için hâlâ zaman olduğunu bilmesine rağmen, mağlup oldu. Bu, Buller'in verdiği ve White'ın reddettiği tavsiyenin basit bir açıklamasıdır. O an için sadece Güney Afrika'nın değil, inanıyorum ki, imparatorluğun kaderi de düşman saldırılarına olduğu kadar kendi generalinin tekliflerine de sert bir şekilde direnmek zorunda olan Ladysmith'deki yaşlı askerin kararına bağlıydı. Çok fazla yardıma ve cesaretlendirmeye ihtiyacı olan General White, mesajının da gösterdiği gibi, yardım eden ve cesaretlendiren kişi oldu. Bu muazzam bir sınavdı ve Sir George White, bizi yalnızca mevcut kahredici felaketten değil, aynı zamanda gelecek yüzyıllarda İngiliz askerî tarihine musallat olacak korkunç bir anıdan kurtaran bu sınavın güvenilir bir şekilde ve sadakatle üstesinden geldi.

12. BÖLÜM

KARANLIK SAATLER

10 Aralık ile 17 Aralık 1899 arasında uzanan hafta, bizim neslimizde bilinen en karanlık ve yüzyıl boyunca İngiliz ordusu için en korkunç olandı. Yedi gün gibi kısa bir süre içinde, tüm hafifletici sebeplerin ya da mazeretlerin ötesinde, üç ayrı savaşı kaybettik. Tek başına hiçbir yenilgi, kendi içinde hayati bir öneme sahip değildi, fakat bu yenilgilerin Güney Afrika'daki başlıca İngiliz kuvvetlerinin her birinde meydana getirdiği gibi, toplu olarak, etkisi çok büyüktü. Toplam kayıp, yaklaşık üç bin asker ve on iki top olarak gerçekleşirken, dolaylı etkileri, kendi açımızdan itibar kaybı ile düşmanımızın artan kendine güveni ve daha fazla sayıda asker toplamasının değeri hesap edilemezdi.

O sırada Avrupa basınından alıntılara bakmak ve yenilgi haberlerimiz ulaştığında, alınan zevki ve aptalca sevinci gözlemlemek tuhaftı. Bunun Fransız gazetelerinde görülmesi doğaldı, çünkü tarihimiz büyük ölçüde bu güçle mücadeleden ibaretti ve biz bunu gönül rahatlığıyla, başarılarımızın getirisi olan bir düşmanlık olarak kabul edebiliriz. Avrupa devletlerinin en az gelişmiş ülkesi olan Rusya da, çıkarları konusunda olmasa bile, bireysel özgürlüğü ve özgürlükçü kurumları en belirgin bir şekilde temsil eden güce karşı, doğal bir fikrî karşıtlığa sahipti. Vatikan'ın kurumları için de aynı kötü mazeret gösterilebilir. Fakat yüzyıllardır müttefiki olduğumuz bir ülke olan Almanya'nın insafsız hakaretleri hakkında ne söyleyeceğiz? Marlborough'un[1] zamanında, Büyük Frederick'in en karanlık saatlerinde, Napolyon'a karşı dünyaca verilen büyük mücadelede, bu insanların silah arkadaşları olmuştuk. Aynı şekilde Avusturyalıların da. Eğer bu her iki ülke, sonuçta Napolyon tarafından haritadan süpürülmediyse, bunu büyük ölçüde İngiliz devlet desteği ve İngiliz kararlılığına borçludurlar. Hâl böyle iken bunlar, modern tarihte dostlarımızı düşmanlarımızdan ayırt etme şansımız olduğu yegâne zamanda, çok kesin bir şekilde bize karşı dönen milletlerdir.

---

1 ÇN: Marlborough Dükü: Blenheim Muharebesi'nde (13 Ağustos 1704) Marlborough Dükü John Churchill'in en ünlü zaferi, Fransız ordusunun 50 yılı aşkın bir süren sonra yaşadığı ilk büyük yenilgi.

İnanıyorum ki bir daha asla, herhangi bir bahane ile bir İngiliz altını harcanmayacak ya da bir İngiliz askeri veya denizcisi bu tür müttefikler için kanını dökmeyecektir. Bu yazarın verdiği politik ders, imparatorluk içinde kendimizi güçlü kılmamız ve bizim iznimiz ya da engellememiz olmadan kendi yollarına giden ve kendi kaderlerini yaşayan Amerikalı soydaşlarız hariç, geri kalan her şeyi bunun dışında bırakmamız gerektiğiydi. Amerikalıların bile kendilerinin geldiği soyu çok az anlayabildiğini görmek şaşırtıcıydı ki "New York Herald" gibi bazı gazeteler, Colenso'daki yenilgimizin savaşı sonlandırmamız için iyi bir fırsat olduğunu düşünüyordu. Öte yandan, önde gelen diğer Amerikan gazeteleri, durum hakkında daha mantıklı bir görüşe sahipti ve böyle on yıllık yenilgilerin, ne bizim kararlılığımızı ne de kaynaklarımızı tüketemeyeceğinin farkına varmışlardı.

Britanya adaları ve imparatorluğun genelindeki talihsizliklerimiz, savaşı başarılı bir şekilde sonuçlandırmak ve bu sonuca giden hiçbir fedakârlıktan kaçınmamak için karamsar, fakat kat'i bir kararlılıkla karşılandı. Yenilgilerimizin utancını yaşadığımız süreçte, düşmanlarımızın eylemleri, en azından saçma bir düşünce olan güçlünün gereksiz yere zayıf olana saldırdığı fikrini vermiş olması nedeniyle, altan alta belli bir memnuniyete neden oldu. Yenilgi uyarısı altında savaşa muhalefet, önemli ölçüde azalmıştı. Her yeni ayrıntı, Boerlerin böyle beklenmedik bir durum için nasıl iyiden iyiye hazırlandığını ve bizim ne kadar çok durumu düzeltmek zorunda olduğumuzu gösterdiğinde, Boerlere karşı bir mücadeleye zorlandığımızı iddia etmek, en mantıksız kürsü konuşmacısına bile çok saçma gelmeye başlamıştı. Sırf daha küçük olanı daha büyük olana karşı destekleyen sportmence duygularla savaşa karşı çıkan pek çok kişi, bu insanların coğrafi konumlarını, ülkelerinin doğasını ve kuvvetlerinin hareket kabiliyetini, sayısını ve cesaretini hesaba kattıktan sonra, böyle bir askerî çabayı gerektirecek, daha önce hiç yapmak zorunda kalmadığımız bir görev üstlendiğimizin farkına varmaya başladı. Savaşın başlangıcında Kipling[1]: "Elli bin süvari ve piyade Masa (Table Bay) Körfezi'ne gidiyor." dediğinde, bu açıklama aşırı görünüyordu. Şimdi bu sayının dört katının aşırı bir tahmin olmayacağı, kamuoyunda yer buluyordu. Fakat millet bu çaba için görkemli bir şekilde ayağa kalktı. Sık sık ve yüksek sesle ifade ettikleri tek korku, Parlamento'nun durumu çok uysal bir şekilde ele alacağı ve yeterli fedakarlığı talep etmeyeceğiydi. Ülke üzerinde böyle bir duygu dalgası vardı ki kesin bir isyan olmadan herhangi bir yerde bir barış toplantısı yapmak imkânsızdı. Çok becerikli bir şekilde düzenlenmiş olmasına rağmen savaşa karşı çıkan tek Londra gazetesi, genel hassasiyetin etkisiyle baskı altına alındı ve çizgisini değiştirmeye zorlandı. Eyaletlerdeki muhalefet de neredeyse sessizdi ve büyük koloniler, ana vatandan daha fazla bir oy çoğunluğu ile destekliyordu. Başarının duygusal bir muhalefete yol açabileceği bir ortamda, bu talihsizlik, bizi birleştirmişti.

---

1 ÇN: Joseph Rudyard Kipling, (30 Aralık 1865 - 17 Ocak 1936). İngiliz şair, roman ve hikâye yazarı.

Genel olarak, hükümetin aldığı önlemler, ulusun enerjik havasını yansıtıyordu. Denizaltı kabloları bize kayıplarımızı bildirmeden önce, gizli kaynaklarımızın ne kadar büyük olduğu ve ruhen ne kadar kararlı olduğumuzu dünyaya göstermek için adımlar atılmıştı. Colenso'dan iki gün sonra, 18 Aralık'ta, askerî harekâtı yürütmek için aşağıdaki önlemler alındı:

1. General Buller'in Natal'da işi başından aşkın olduğundan askerî harekâtın tüm sevk ve idaresi, Lord Roberts ile onun kurmay başkanı Lord Kitchener'in ellerine emanet edilecekti. Böylece bu ünlü eski asker ve ünlü genç asker, ikisi birlikte ülkenin yardımına çağrıldı.

2. Geriye kalan tüm ordu ihtiyatları, seferber edilecek.

3. 7'nci Tümen (10.000 kişi) Afrika'ya gönderilecek ve 8'inci Tümen hizmete hazır hâle getirilecek.

4. Obüs tugayı da dahil olmak üzere kayda değer miktarda topçu takviyeleri gönderilecek.

5. Onbir Milis taburu yurtdışına gönderilecek.

6. Güçlü bir gönüllüler birliği gönderilecek.

7. Gönüllü bir süvari kuvveti gönderilecek.

8. Süvari kolordusu, Güney Afrika'daki başkomutanın takdirine bağlı olarak artırılacak.

9. Kolonilerden gelecek vatansevere ilave birlik teklifleri, memnuniyetle kabul edilecektir.

Bu tedbirlerle, sayıları hâlihazırda yüz binden az olmayan Güney Afrika ordularımıza yetmiş ila yüz bin askerin ekleneceği hesaplandı.

Bununla birlikte, kağıt üzerinde takviyeleri ayarlamak başka bir şeydir ve hiçbir zorlamanın tolere edilmeyeceği özgür bir ülkede bu planları gerçek alaylara ve süvari taburlarına dönüştürmek başka bir şeydir. Ancak bu kadim ulusun hâlâ gençliğinin ruhu ile coştuğundan şüphe edenler varsa, korkularını derhal gömmeleri gerekir. Görülmeyen düşmana ve onun ölüm saçan pusularına karşı, bu uzak mesafeli savaş için o kadar çok gönüllü vardı ki yetkililer, onların sayıları ve kararlılıkları karşısında mahcup oldular. Sanki bu yaşamda olan kötü yiyecekler, bir bozkır yatağı ve Boer kurşunları elde etmeye değermiş gibi, çok aşırı bir hevesle bölük odası için sıralarını bekleyen silindir şapkalı, redingotlu genç erkeklerin uzun kuyruklarını görmek, heyecan verici bir manzaraydı. Özellikle süvari ve nişancılardan oluşan bir birlik olan İmparatorluk Gönüllü Süvari Alayı, ırkımızın avcılık iç güdülerine hitap ediyordu. Birçoğu ata binebiliyor, ama ateş edemiyordu, pek çoğu da ateş edebiliyor, ama ata binemiyordu. Kabul edilenden daha fazla aday reddedildi ve nihayet çok kısa bir sürede her sınıftan sekiz bin erkek gri palto giyiyor ve palaska takıyordu. Bu fevkalade ve hayranlık uyandıran kuvvet, sıkı binici İrlandalı tilki avcılarından oluşan birlik ile birlikte, İngiltere ve İskoçya'nın her tarafından çekilerek oluşturulmuştu. Soylular ve seyisler, er olarak diz dize at sürüyordu ve subaylar birçok tanınmış soylu ve usta avcılardan oluşuyordu. İyi atlarla donatılmış ve iyi silahlanmışlardı, mevcut görev için daha iyi bir kuvvet hayal edilemezdi. Vatanseverlik o kadar yükseldi ki, erkekler sadece kendi ekipmanlarını bulmakla kalmadı, aynı zamanda maaşları ile savaş fonuna katkıda bulunan heyetler oluşturuldu. Eğlence düşkünü birçok genç erkek, ilk kez varlıklarını haklı çıkardı. Özellikle zengin gençlere tahsis edilmiş olan tek bir kulüpten üç yüz üye, savaşa doğru at sürmüştü.

Bu uzaktaki, ama gerekli olan takviyeleri beklemek dışında, Afrika'daki generaller, diğeri denizdeyken biri hâlihazırda ulaşmış olan iki tümene sahiptiler. Bunlar Sir Charles Warren emrindeki 5'inci Tümen ve General Kelly-Kenny emrindeki 6'ncı Tümeni oluşturuyorlardı. Bu kuvvetler gelene kadar, üç ordunun beklemesi, açıkçası en doğrusuydu çünkü kuşatılmış garnizonlar konusunda acil yardıma ihtiyaç duyulmadığı ve Avrupa'nın pek yakında sorun çıkarma ihtimali olmadığı sürece, geçen her hafta, bizim lehimizeydi. Bu nedenle bu savaş içinde, Methuen'in Modder Nehri'ndeki konumunu güçlendirdiği, Gatacre'nin Sterkstroom'da kendi gücünü koruduğu ve Buller'in Ladysmith'i kurtarmak maksadıyla başka bir girişim için gücünü topladığı uzun bir sessizlik (sükûnet, dönemi vardı. Bu zaman zarfında birbiri ile bağlantılı tek harekât serisi, General French'in Colesberg civarındaki harekâtlarıydı ve bunların açıklaması bütün yönleriyle başka bir yerde bulunabilir. Bu sessizlik dönemi sona erene kadar, bu kuvvetlerin her birinin faaliyetleri hakkında burada kısa bir açıklama yapalım.

Methuen, Magersfontein'dan geri püskürtüldükten sonra Modder Nehri hatlarına geri çekilmiş ve herhangi bir saldırıya karşı kendini güvende hissedebileceği şekilde bu hatları tahkim etmişti. Öte yandan Cronje, mevzisini hem sağa hem de sola doğru genişletmişti ve hâlihazırda çok zorlu olduğunu öğrendiğimiz siperleri güçlendirmişti. Böylece, gerçekten bizim menfaatimize olan bir hareketsizlik durumu tesis edildi, çünkü Cronje'ye gidecek bütün ikmal maddeleri, karayoluyla yüz millik bir mesafeden gelmesi gerekirken Methuen ikmalini demir yolu ile sağlamayı sürdürmüştü. İngiliz birliklerinin ve özellikle Dağ Tugayının, maruz kaldıkları çok şiddetli eziyetlerden ve ağır zayiattan sonra fena hâlde dinlenmeye ihtiyacı vardı. Geçmişteki askerî icraatları ile "Savaşan Mac" lakabını hak eden, General Hector Macdonald, bahtsız Wauchope'nin yerini almak üzere Hindistan'dan gönderildi. Onun ve takviyelerin gelmesini bekleyen Methuen sessiz kaldı ve neyse ki Boerler de onu taklit etti. Kuzey ufkunun üzerinden gelen bu gümüş rengi ışık parlamaları, Kimberley'in hâlihazırda cesur ve gelecekten umutlu olduğunu haber veriyordu. 1 Ocak'ta İngiliz Kuruman karakolunun düşmesiyle on iki subay ve 120 polis esir edildi. Kasaba tecrit edilmişti ve onun ele geçirilmesinin harekâtın geneli üzerinde herhangi bir etkisi olmayabilirdi, fakat şimdiye kadar Boerler tarafından ele geçirilen tek tahkimli karakol olduğundan dikkat çekiciydi.

Bu uzun bekleyişin monotonluğu, Methuen'in ana ikmal yolundaki bir müfreze tarafından gerçekleştirilen cesur bir akınla bozuldu. Bu kuvvet 200 Queenslandlı[1], 100 Kanadalı (Toronto Bölüğü), 40 Atlı Munster[2] Hafif Piyadesi, Yeni Güney Galler Ambulansı ve Cornwall Dükü'nün Hafif Piyade Alayından 200 kişi ile bir çekili bataryadan oluşuyordu. Sayıca çok küçük olduğu hâlde dünyanın her köşesinden taranarak toplanan bu fevkalâde kuvvet, Albay Pilcher'ın emrindeydi. Belmont'tan aniden ve hızlı bir şekilde hareket ederek, ülkenin o kısmındaki koloni isyancılarının işgal ettiği, etrafı arabalarla kuşatılmış kamp yerinden[3] oluşan Boer hattının en sağına hücum etti. Hiçbir şey, kolonicilerin çatışma beklentisindeki coşkusunu geçemezdi. Kanadalılardan ilerlemeleri emredildiğinde yükselen ses "Nihayet!" idi. Sonuç mutlak bir zaferdi. İsyancılar bozguna uğradılar ve kaçtılar, kampları ele geçirildi ve kırk tanesi bize esir düştü. Bizim kendi kaybımız hafifti, üç ölü ve birkaç da yaralı. Hızla ilerleyen kol, Douglas kasabasını işgal etti ve İngiliz bayrağını oraya çekti; fakat kasabanın elde tutulabileceği zamanın henüz gelmediğine karar verildi ve kuvvet Belmont'a geri çekildi. İsyancı mahkumlar, yargılanmak üzere Cape Town'a gönderildi. Bu manevra, Methuen'in birliğinden Babington emri komutasındaki bir kuvvetin ilerlemesi ile korunmuştu. Bu müfreze, 9'uncu ve 12'nci Mızraklı Süvari Alayları ve biraz atlı piyade ve çekili topçunun G birliklerinden oluşuyordu ve Pilcher'ın kuvvetine kuzeyden gelebilecek herhangi bir müdahaleyi engellemişti. İki birlik birbirine otuz millik bir mesafede harekât icra etse de, soru ve cevap arasında geçen ortalama süresi on yedi dakika olan bir telefon bağlantısını sürdürmeyi başarmış olmaları kayda değer.

Bu küçük başarıdan cesaret alan Methuen'in süvarileri, 9 Ocak'ta Özgür Devlet sınırına bir akın daha düzenledi; Albay Plumer'in Rodezya (Zimbabve) kuvvetinin olayını saymazsak, bu olayda düşman sınırları ilk kez geçilmişti. Babington emir komutası altındaki seferi harekât, Pilcher'in ilerlemesini koruyan aynı alaylar ve aynı bataryadan oluşuyordu. Seçilen güzergâh, Boer mevzisinin sol kanadının uzak kenarından dolaşmak maksadıyla güneydoğuya doğruydu. Viktorya Dönemi Atlı Piyadelerinden oluşan bir bölüğün yardımıyla, ülkenin önemli bir bölgesi yağmalandı ve bazı çiftlik evleri yok edildi. Aşırı bir önlem olan ikinci harekât, Natal'ın bazı bölgelerinde gerçekleştirdikleri bu tarz yağmalamaların cezasız kalmayacağına dair Boerlere bir uyarı olarak icra edilmiş olabilir, fakat böyle bir hareket tarzı, hem politika olarak hem de insani açıdan tenkide açık görünmektedir. Başkan Kruger'ın kısa bir süre sonra konuyla ilgili olarak bize yönelttiği şikâyetin bazı nedenleri vardı. Seferî harekât, iki gün so-

---

1 ÇN: Queensland: Avustralya'da bir eyalet
2 ÇN: Munster: Güneybatı İrlanda'nın tarihi bir bölgesi ve eyaleti.
3 ÇN: Laager: Güney Afrikada etrafı dairesel olarak yük arabaları ve kağnılar ile çevrilmiş kamp veya konak yeri.

nunda düşmanı görmeden Modder Kampı'na döndü. Bir veya iki benzer süvari keşif harekâtı, ara sıra yapılan uzun menzilli topçu muharebesi, biraz keskin nişancı atışı ve gece Magersfontein tüm cephesini öfkeli sarı ışık çizgileriyle yaran, bir veya iki yanlış alarm dışında, gerçekten bir parçası olduğu Lord Roberts'in kesin sonuçlu muharebesi ile bağlantılı olarak değerlendirilebilecek olan General Hector Macdonald'ın Koodoosberg'e yaptığı manevraya kadar Methuen'in birliğinde kayda değer hiçbir şey olmadı.

General Gatacre'nin kuvvetinin, Stormberg'deki felaketi ile son genel taarruzu arasında geçen uzun zaman zarfındaki faaliyetleri, hızlı bir şekilde tarih sırasına göre kaydedilebilir. Görünürde bir tümene emir komuta etmesine rağmen, Gatacre'nin birlikleri, sürekli olarak doğuya ve batıya doğru çekildi, bu nedenle nadiren emri altında bir tugaydan daha fazlası bulunuyordu. Beklemede geçen haftalar boyunca, cephesinde muzaffer bir düşman ve etrafındaki hoşnutsuz bir nüfus ile birlikte Sterkstroom'dan sahildeki Doğu Londra'ya kadar tüm bölgeyi elde tutmak zorunda olan kuvveti; üç sahra bataryası, 74'üncü, 77'nci ve 79'uncu bataryalar, bir miktar atlı polis ve düzensiz atlı asker, Kraliyet İrlanda Piyadelerinden ve 2'nci Northumberland Hafif Piyadelerinden geriye kalanlar, 1'inci Kraliyet İskoçya Alayı, Derbyshire Alayı ve Berkshire Alayından oluşan toplamda yaklaşık 5500 askerdi. Bu koşullar altında Sterkstroom'daki mevzisini korumaktan başka yapabileceği daha fazla bir şey yoktu ve Boer savunma hattı çökene kadar korkusuzca yaptığı da buydu. Çoğunluğu, bir gerilla liderinin bütün özelliklerine sahip olan ve erken ölümü meslek hayatını birdenbire sona erdiren Yüzbaşı De Montmorency tarafından düzenlenen keşif ve akınlar, hareketsizliğin yeknesaklığını kırmıştı. Yılı sona erdiren hafta boyunca, merkezi Dordrecht kasabası olan ve birbirini izleyen küçük çarpışmalar, birliklere gayrinizami harp eğitimi yaptırdı.

3 Ocak'ta Boer kuvvetleri ileri harekâta geçti ve Gatacre'nin ana mevzisinin yaklaşık sekiz mil önündeki Cape Atlı Polis kampına taarruz etti. Oysaki, bu gönülsüz bir manevraydı ve onların tarafında küçük, bizim tarafta ise daha az bir kayıpla püskürtüldü. O andan itibaren, Gatacre'nin birliğinde, tüm hat boyunca önündeki engelleri ortadan kaldıran genel taarruza kadar önemli bir harekât gerçekleşmedi.

Bu arada, General Buller da beklemede kalmıştı ve Ladysmith'in hâlâ dayanabileceği bilgisine güvenerek, baskı altında olan ve uzun süredir dayanan garnizonu kurtaracak ikinci bir hamle için güç topluyordu. Colenso'da geri püskürtüldükten sonra, Hildyard'ın ve Barton'un tugayları, atlı piyadeler, donanma topları ve iki sahra bataryası ile birlikte Chieveley'de kalmıştı. Kuvvetin arta kalanı birkaç mil gerideki Frere'ye geri çekildi. Başarıları ile cesaretlenen Boerler, Tugela nehrinin her iki kanadı üzerinden akın kıtaları gönderdiler. Bu kıtalar sadece batıdaki Springfield'den doğudaki Weenen'e kadar genişletilen devriyelerimiz sayesinde önlendi. Yağmalanan birkaç çiftlik evi ve her iki tarafta ölü ve yaralı süvarilere ait küçük bir liste, bu düzensiz ve gönülsüz harekâtların yegâne sonucuydu.

Zaman burada her yerde olduğu gibi İngilizlerin lehine çalışıyordu, çünkü Buller'in ordusuna sürekli olarak takviye geliyordu. Yeni yıla gelindiğinde Sir Charles Warren'ın tümeni (5'inci) Estcourt'ta neredeyse tamamlanmıştı ve her an cepheye ulaşabilirdi. Bu tümen, İmparatorluk Hafif Piyade Alayı, 2'nci Somersetler, 2'nci Dorsetler ve 2'nci Middlesex Alayında oluşan 10'uncu Tugayı; ayrıca Lancashire Tugayı olarak anılan ve 2'nci Kraliyet Lancaster Alayı, 2'nci Lancashire Hafif Piyadeleri, 1'inci Güney Lancashire Alayı ile York ve Lancaster Alaylarından oluşan 11'inci Tugayı içeriyordu. Tümen, ayrıca 14'üncü Ağır Süvari Alayını ve 19'uncu, 20'nci ve 28'inci Sahra Topçu bataryalarını da içeriyordu. Bir obüs bataryası da dahil olmak üzere diğer topçu bataryaları, şu anda 30.000'den fazla askere ulaşan Buller'ın kuvvetini takviye etmek için gelmişti. Bununla birlikte, bu kuvvetin bir kuşatma manevrasına yönelik gerekli hareket kabiliyetine sahip olmasından önce yoğun bir nakliye hazırlığı yapılması gerekiyordu ve General Buller'ın yeni taarruz planları 11 Ocak'a kadar hayata geçirilemedi. Bu planların ne olduğunu ve onları bekleyen hayal kırıklığına neden olan kaderlerini tarif etmeden önce, Ladysmith kuşatmasının hikâyesine geri döneceğiz ve kurtarmaya gelen birliklerin kendilerinden yardım bekleyen kasabanın gözlerinin önünde düşmesini görme utancından – bazıları rezilliğinden diyebilir- nasıl kıl payı kurtulduğunu göstereceğiz. Bunun gerçekleşmemesi, tamamen onu koruyan zayıf mevzileri elde tutan hastalıklı ve yarı aç askerlerin şiddetli azim ve vahşi dayanıklılığından kaynaklanmaktaydı.

13. BÖLÜM

LADYSMİTH KUŞATMASI

30 Ekim 1899 Pazartesi günü, herhangi bir Britanyalı tarafından hayırla yâd edilecek bir tarih değildir. Aceleye gelmiş ve kötü yönetilen bir harekâtın içinde, sağ kanadımız büyük bir kayıp vermeden biraz rezil bir şekilde Ladysmith'in içine koştururken müfrez sol kanadımızı neredeyse tek er kalana kadar kaybetmiştik. Toplarımız menzil dışındaydı, piyademiz durdurulmuş ve süvarimiz felç olmuştu. Bir Sedan veya hatta bir Ulm Muharebesi ile karşılaştırıldığında sekiz yüz harp esiri, büyük bir kayıp gibi görünmeyebilir; ancak bu tür meseleler görecelidir ve Nicholson Geçidi'nde teslim olan birlik, büyük dedelerimizin döneminde korkunç York Dükü'nün Flanders'ta komutanlık yaptığı zamanından bu yana teslim olan en büyük İngiliz birliğiydi.

Sir George White, şimdi arkalarındaki açık demir yoluna rağmen çok sayıda gereksiz boğazın kasabada kalmasına izin verilmesi nedeniyle hiçbir hazırlık yapılmayan bir durumla, mutlak bir kuşatma ile karşı karşıya kaldı. Ladysmith bir çukurda bulunuyordu ve bazıları yakın ve bazıları uzak tepelerden oluşan bir halkanın hâkimiyeti altındaydı. Yakın olanları bizim elimizdeydi, fakat savaşın ilk günlerinde Bulwana Tepesi, Lombard Tepesi ve diğer mevzileri tahkim etmek ve savunmak için hiçbir girişimde bulunulmamıştı. Bunların başarılı bir şekilde savunulup savunulamayacağı, ordu mensupları tarafından çok tartışıldı. Ağır basan görüş, en azından kendi su kaynağına sahip olan Bulwana'nın elde tutulabileceğiydi. Ancak, dış tepeler düşmanın elinde olduğu için bu, zaten akademik bir soruydu. Böyle olduğu gibi iç hat, (Sezar Kampı, Vagon Tepesi, Piyade Karakolu ve Helpmakaar Tepesi'nin etrafını dolaşmak) on dört millik bir çevre uzunluğu demekti. Aynı zamanda hem dış tepeleri boşaltması hem de süvarileri kasabanın içinde tutması nedeniyle bu kadar geniş bir hattı tutmanın güçlüğü, General White'ı temize çıkarmaktan uzaktı.

Ladysmith savaşından ve İngilizlerin geri çekilmesinden sonra Boerler, temkinli ama etkili bir şekilde kasabanın kuşatılmasına karar verirken, İngiliz komutanı da aynı şeyi kaçınılmaz olarak kabul etti. Eğer koloniyi tehdit eden bu işgal seline set çekip onu durdurabilseydi bundan memnun olurdu. Salı, çarşamba, perşembe ve cuma günleri komandolar, yavaş yavaş güneyi ve doğuyu kuşattılar, etkisi basın tarafından çok abartılan birkaç süvari ve keşif harekâtı ile bizim taraftan taciz edildiler. 2 Kasım Perşembe günü, son tren, yolcular koltukların ters tarafındayken, canlı bir ateş altında kaçıp kurtuldu. Aynı gün öğleden sonra saat 2'de telgraf hattı kesildi ve ıssız kasaba, kendisini kurtaracak ordunun güneylerinde bulunan dağ labirenti arasında görüneceği güne kadar-ki yakın olması gerekir- coşkulu Boerlere karşı koyma görevini ağırbaşlı bir şekilde üzerine aldı. Orada olan ve hem düşmanı hem de dağları bilen bazıları, kendilerine bir ordunun nasıl gelebileceğini sorduğunda kalplerinde soğuk bir ürperme hissetmişlerdi, fakat generalinden erine kadar çok sayıda kişi silah arkadaşlarının cesaretine ve İngiliz Ordusunun şansına kesin olarak güveniyordu.

Bu tarihsel şansın bir örneği, savaşın gerçek dönüm noktasında Pepworth Tepesi'ndeki canavara engele olmak ve Ordunun geri çekilmesini örtmek için bu paha biçilmez donanma toplarının tam zamanında çarpıcı bir şekilde yetişmesi, daha önce hiç olmadığı kadar onların gözlerinin önündeydi. Ancak onlara göre kuşatılmış olanlar, devasa Creusotların namluları altında aciz kalmalıydı. Ancak, Boerler tarafından (samimi bir Alman eleştirmenin "Tanrının El Koyması" olarak tanımladığı) bazı takdiri ilahitarzında olaylara karşı ileri sürülen naif iddialara rağmen, bu savaşın ilk aylarında her seferinde çok olağandışı bir derecede, İngilizleri felaketten kurtaran güzel bir rastlantı ya da ilahi bir müdahale geldiği kesindi. Kasımın ilk haftasındaki bu şartlar altında, kuzey, güney, doğu ve batıdaki her tepe birden parlayarak dumanla kaplandığında ve büyük 96 librelik mermiler kasabanın üstünde çığlık atarak inlediğinde, askerler ve kasaba halkının yardım beklediği, uzun ince 4,7'lik toplar ve onları kullanan bahriyeli sakallı askerlerdi. 10 No'lu Dağ Bataryası'ndan sağ kalanlar tarafından takviye edilen eski model iki 6,3'lük obüs ile desteklenen Lambton'un bu topları, ağır Boer toplarının ateşini baskı altına almak için mümkün olan her şeyi yaptı. Engel olamazlarsa bile en azından karşılık verebilirlerdi ve biri size eziyet ederken aynı zamanda eziyet görüyorsa, eziyete katlanmak o kadar kötü bir şey değildir.

Kasım ayının ilk haftasının sonunda Boerler, ateş çemberlerini oluşturmuştu (kurdular). Kasabanın doğusunda, kuşatılmış atlar ve sığırlar için otlatma alanı sağlayan, Klip Nehri'nin kavisleri ile parçalanmış, birkaç kilometre genişliğinde geniş, yeşil bir ova vardır. Onun ötesinde, büyük bir Creusot ve birkaç küçük topun bulunduğu uzun düz bir tepe olan meşhur Bulwana yükseliyordu. Kuzeyde, Pepworth Tepesi'nin üzerinde başka bir Creusot bulunuyordu ve ikisinin arasındaki Lombard zirvesinin üzerinde Boer bataryaları vardı. İngiliz donanma topları bu tarafa yerleştirildi, çünkü nehrin oluşturduğu açık kavis bu uçta bulunduğu için, burası savunma mevzisinin saldırıya en açık kısmıydı. Buradan batıya doğru her yöne, aşağı doğru güneydeki Besters'a kadar her biri, uzaktaki kasabaya zarar veremese bile en azından oradaki garnizonu bulunduğu hatlarda tutacak kadar etkili olan Boer toplarıyla silahlandırılmış bir tepeler silsilesi bulunuyordu. Bu mevzilerin aşılması o kadar zordu ki, en açık sözlü eleştiriler de bile, White'ın, sınırlı sayıdaki bir garnizonla onları zorlama girişimini müteakip ağır kayıpları göze alarak bu mevzilere hücuma geçmesini haklı gören hiç olmadı.

Kuşatmanın ilk birkaç günü, donanmanın en umut vaat eden subaylarından biri olan ve "Powerful" da görev yapan Teğmen Egerton'un ölümü ile gölgelendi. Kum torbasından siperin üzerine uzanarak ateşimizin etkisini izlediği sırada bir bacağı ve diğer ayağı kopmuştu. Cesur sporcu, "Kriketçiliğim bir sonu var." dedi ve kenetlenmiş dişleri arasındaki bir sigara ile arka tarafa nakledildi.

3 Kasım'da düşmanın bu yönde sahip olduğu gücü tespit etmek için güçlü bir süvari keşif kolu, Colenso yolundan aşağı doğru sevk edildi. Albay Brocklehurst, 18'inci ve 19'uncu Hafif Süvari Alaylarını, 5'inci Mızraklı Süvari Alayını ve 5'inci Ağır Süvari Muhafızları ile Hafif Süvarileri ve Natal'ın gönüllülerini kendi yanında götürmüştü. Cesaret açısından düzenli birliklere denk ve böyle bir arazide gerekli olan taktikler açısından onlardan üstün olan kolonicilerin mükemmel hareket tarzları nedeniyle dikkat çekici olan ve sonuç alınamayan birkaç muharebe meydana geldi. Binbaşı Tauton, Yüzbaşı Knapp ve savaşın ilerleyen safhalarında büyük hizmetleri olan bir generalin oğlu genç Brabant'ın ölümü, Boerlerin güneyde oldukça güçlü oldukları bilgisini almak için ödenen ağır bir bedeldi.

Bu haftanın sonunda, kasaba zaten kuşatmanın alışılmış usul ve düzenine girmişti. General Joubert, kendisinin her zamanki ayırt edici özelliği olan şövalye ruhu ile garnizonun, sivillleri, topçu mermilerinden korunacakları, Intombi Kampı adı verilen (alaycı bir bir grup tarafından gecikmeden Funkersdorp olarak isimlendirildi) bir yere göndermesine izin vermişti. Elbette oradakilerin desteklenmesinin yükü, çok güvenilir levazım sınıfının üzerine düşmüştü. Kasaba halkının sağlıklı erkekleri, çok defa genel tehlikeden kaçınmayı reddettiler ve top mermileri ile hasargörmüş kasabalarına inatla sarıldılar. Neyse ki nehir, derin bir kanaldan geçerken kenarlarını yontmuş ve yanlarında pratik olarak bombaya dayanıklı mağaraları oymak mümkün olmuştu. Dinî tatil günlerini önemseyen kuşatmacıları tarafından ve kendilerine sağlanan ve çok makbule geçen yedinci dinlenme günü vesilesiyle evlerine geri dönen kasaba halkı, burada birkaç ay boyunca ilkel bir yaşam sürdürdü.

Çepecevre savunma paylaştırılmıştı, böylelikle her bir birlik, kendi bölümünden sorumlu olacaktı. Güneyde Sezar Kampı adı verilen tepenin üzerinde Manchester Alayı vardı. Lombard Tepesi ile kuzeydoğudaki kasaba arasında Devon Alayı bulunuyordu. Kuzeyde, saldırıya açık bir nokta gibi görünen yerde Piyade Tugayı, Piyade Alayı ve 18'inci Hafif Süvarilerinden geriye kalanlar vardı. Batıda 5'inci Mızraklı Süvari, 19'uncu Hafif Süvari ve 5'inci Ağır Süvari Alayı bulunuyordu. Kuvvetin geriye kalanı, kasabanın etrafında kenar mahallelere kamp kurmuştu.

Boerlerin aklında, sadece kasabanın üstünde hâkim bir mevkiyi elde tutmalarının kısa süre içinde ordunun teslim olmasını gerektireceği düşüncesi var gibi görünüyordu. Bununla birlikte, bir haftanın sonunda İngilizler gibi Boerler de önlerinde bir kuşatmanın durduğunu fark etmişlerdi. Kasaba üzerine açtıkları ateş ağırdı, fakat haftalar ilerledikçe daha etkili olmasına rağmen ölümcül değildi. Beş mil mesafeden yaptıkları uygulama, son derece isabetliydi. Aynı zamanda Boer piyade erleri, daha cesur bir hâle gelmişti ve 7 Kasım Salı günü, Manchester Alayının güney mevzilerine zorlanmadan geri püskürtülen, gönülsüz bir hücum gerçekleştirdiler. Bununla birlikte, ayın 9'undaki girişimleri, daha ciddi ve sürdürülebilir bir mahiyetteydi. Asıl tehlikeli nokta olan güneydeki Sezar Kampına gidecek takviyeleri tekrar önleme amacındaki taarruz, her iki tarafın piyade tüfeği ateşi gösterisi ve ağır bir topçu ateşiyle başladı. Boerlerin en başından beri mevzinin kilit noktasının burası olduğuna karar verdikleri açıktı, çünkü 9 Kasım ve 6 Ocak'ta yapılan iki ciddi taarruz, bu noktaya yönlendirilmişti.

Sezar Kampı'ndaki Manchester Alayı, Waggon Tepesi olarak adlandırılan aynı sırtın uzanımını savunan 60'ıncı Piyade Alayının 1'inci Taburu ile takviye edildi. Şafakla birlikte Boer piyade erlerinin sekiz yüz metre mesafe içinde olduğu anlaşıldı ve o andan itibaren akşama kadar tepenin üzeri kesintisiz bir piyade tüfeği ateşine tutuldu. Ancak Boerler, şansları yaver gittiği zamanlar hariç, kayda değer şahsi cesaret sahibi olmalarına rağmen, taarruzda o kadar başarılı değillerdi. İnsan yaşamının tasarruflu kullanılması zorunluluğuna bağlı olarak ırkçı gelenekleri, bunu yapmalarına engel oluyordu. Sonuç olarak, iyi bir şekilde mevzilendirilen iki alay, ölü ve yaralı otuz kişiyi geçmeyen bir kayıpla gün boyunca onları durdurabilmişti. Piyadenin tüfek ateşine olduğu kadar 42'nci bataryanın şarapnellerine de maruz kalan düşman, çok daha ağır kayıplar vermiş olmalıydı. Muharebenin sonucu, Boerlerin gündüz gözüyle mevzileri ele geçirebilme şansının çok az olduğuna dair sağlam temelleri olan bir inanışa varılmış olmasıydı. O gün, Galler Prensi'nin doğum günü olduğu için, donanma toplarının yirmi bir parelik selamlama atışı, başarılı bir günü sonlandırdı.

Ladysmith'e yönelik girişimin başarısızlığı düşmanı, açlık, topçu ateşi ve salgın hastalıkların onlara müttefik olduğu bir beklemede kalma oyununun açık bir taarruzdan daha güvenilir ve daha az maliyetli olacağına ikna etmiş görünüyordu. Garnizon ve sivil vatandaşlar, çok ciddi bir şekilde sabırla otururken ve 96 librelik top mermilerinin düşmesinden ve şarapnellerin oluklu demir çatılarındaki patırtısından zevk almasalar bile buna katlanmayı öğrenirken, Boerler, uzaktaki tepelerin doruklarından kasabayı taciz etmeye devam ettiler. İkmal maddeleri yeterliydi ve kuşatılmış olanlar, kuşatmayı olabildiğince uzatmak amacıyla, sivil ve askerî tüm yiyeceklerin toplanmasını ve dağıtılmasını, Albay Stoneman'ın yardımıyla düzene sokan ve birinci sınıf bir organizatör olan Islingtonlu meşhur Albay Ward'ın orada olması nedeniyle şanslıydılar. Başlarının üstünde yağan yağmur, ayaklarının altındaki çamurla, kendi tembelliklerinden rahatsız olan ve kendi konumlarından utanan askerler, asla gelmeyecek olan yardım için bu bıkkınlık veren haftalar boyunca beklediler. Bazı günlerde daha fazla topçu ateşi varken, bazı günler daha azdı. Bazılarında keskin nişancı vardı, bazılarında ise yoktu. Bazen kasabanın dışına küçük bir süvari ve topçu keşfi gönderdiler, çoğunlukla hareketsiz kaldılar. Ladysmith'teki yaşamın iniş ve çıkışları bunlardı. Kaçınılmaz kuşatma gazetesi "The Ladysmith Lyre" ortaya çıktı ve fıkralarının hiddetiyle, monotonluğu hafifletmek için çalıştı. En çekingen olanların cesareti olmasa bile kaderciliği öğrenmesini sağlayıncaya dek gece, sabah ve öğlen kasabanın üzerine top mermileri yağdı. Çarpmanın gürültüsü ve şarapnellerin ilginç müzikal tıngırtısı giderek kulaklarına çalınıyordu. Garnizon dürbünleri ile talihsiz kasabanın çektiği işkenceyi görmek için trenle gelen Boer hanımlarının parlak elbiselerini ve güneş şemsiyelerini görebiliyorlardı.

Güçlü mevzileri ve mükemmel topçuları ile desteklenen Boerler, Ladysmith kuvvetini tespit etmek ve aynı anda taarruz ederek Natal'ı fethedecek sayısal üstünlüğe sahiptiler. Eğer bunu yapmış olsaydılar, atlarını tuzlu suya indirmelerine neyin engel olabileceğini tahmin etmek zordu. Boerler ve Durban arasında birkaç bölük pörçük, eksik tabur ve yerel gönüllüler bulunuyordu. Fakat burada, Orange Nehri'nde olduğu gibi, olağandışı bir felcin onları etkilemiş olduğu görünüyordu. Bu yol önlerinde açık dururken, kolordunun ilk nakliye gemileri St. Vincent'i ancak geçmişlerdi, fakat Boerler bu yolu almaya karar vermeden önce Durban limanı gemilerimizle dolmuştu ve onların yolunun üstüne on bin asker atılmıştı.

Bir süreliğine, Boerlerin güneye doğru bu manevrasını takip etmek için Ladysmith'i kendi kaderine terk edebiliriz. Boerler, kasabanın kuşatıldığı ilk iki gün içinde, uzun menzilli atışlarla kışlalarının dışındaki Durban Hafif Piyade Alayını topa tutarak, sol kanadın etrafından dolaşıp on iki mil güneydeki Colenso'ya taarruz ettiler. İngilizler yirmi yedi mil geri çekildi ve hayati derecede önem taşıyan Colenso demir yolu köprüsünü düşmanın eline bırakarak, Estcourt'ta yoğunlaştı. Bundan sonra İngilizler Tugela'nın kuzeyini elde tuttular ve biz bir kez daha durumu kontrol altına almadan önce pek çok dul kadın, siyah matem tülünü takmıştı. Savaşta daha kritik bir hafta hiç olmadı, fakat Boerler, Colenso'ya sahip olarak biraz daha fazlasını yaptılar. Kuzey Natal'ın tamamını Orange Özgür Devleti'ne resmî olarak ilhak ettiler. Bu, durumun tersine çevrilmesi gerektiği zaman için tehlikeli bir örnekti. İnanılmaz bir kendine güvenle Boer savaşçıları, çiftlikleri kendileri için işaretlediler ve bu yeni kazanılan mülkleri işgal etmeleri için kendi insanlarını gönderdiler.

Boerler öylesine hareketsiz kalmıştı ki, 5 Kasım'da İngilizler, küçük bir kuvvetle Colenso'ya geri döndüler ve bazı ikmal maddelerini götürdüler: Bu da, başlangıçtaki geri çekilmenin erken olduğunu akla getiriyordu. Dört gün (bizim için dört değerli gün) hareketsiz geçti ve dördüncü günün akşamı, 9 Kasım'da

Masa Dağı'ndaki sinyal istasyonunda bulunan gözlemciler, Robben Adası'nı geçerek gelen büyük bir buharlı vapurun dumanını gördüler. Bu, ilk takviyeler ile birlikte gelen "Roslin Castle" idi. Bir hafta içinde "Moor," "Yorkshire," "Aurania," "Hawarden Castle," "Gascon," "Armenian," 'Oriental" ve diğer gemilerden oluşan bir filo 15.000 askerle Durban'a geçti. Bir kez daha deniz hakimiyeti, İmparatorluğu kurtarmıştı.

Boerler aniden ve etkileyici bir şekilde inisiyatif aldı, ancak artık çok geç kalınmıştı. General Hildyard'ın denizden günlük olarak takviye edildiği yer olan Estcourt'un kuzeyinde iki küçük kasaba ya da en azından coğrafi bir nokta (demir yolu) vardı. Frere, Estcourt'un yaklaşık on mil kuzeyindeydi; Chieveley, bunun beş mil kuzeyinde ve Colenso'nun güneyine yaklaşık aynı mesafede bulunuyordu. 15 Kasım'da hattın üstünde ne olup bittiğini görmek için Estcourt'tan zırhlı bir tren gönderildi. Bu harekâtta kullanışsız icatlar nedeniyle zaten başımıza bir felaket gelmişti ve şimdi daha ağır olan bir tanesi, tek başına hareket etmenin, bütünüyle kabul edilemez olduğu görüşünü teyit edecekti. Her iki kanatta da harekât icra eden bir kuvvet için, arkasında sağlam bir geri çekilme yolu ile topçunun taşınma aracı olarak zırhlı trenlerin modern savaşta bir yeri olabilir, fakat zırhlı trenlerin bir keşif yöntemi olarak bugüne kadar icat edilmiş en verimsiz ve aynı zamanda en pahalı yöntem olduğu aşikârdır. Akıllı bir süvari, daha fazla bilgi toplar, daha az görünür ve hareket kabiliyetini korur. Bizim bu deneyimlerimizden sonra zırhlı tren, askerî tarihin dışına atılabilir.

Trende Dublin Hafif Piyadelerinden doksan, Durban gönüllülerinden seksen asker ve 7 librelik donanma topu ile birlikte on denizci vardı. Harekâta Gordonlardan Yüzbaşı Haldane, Teğmen Frankland (Dublin Hafif Piyadelerinden) ve tanınmış bir muhabir olan Winston Churchill eşlik etti. Ne öngörüldüyse o gerçekleşti. Tren, ilerleyen Boer ordusunun içine daldı, üzerine ateş edildi, kaçmaya çalıştı, arkasındaki rayların kesildiğini fark etti ve devrildi. Dublinliler ve Durbanlılar, ağır ateş altında vagonlarının dışında aciz bir şekilde vuruldular. Demir yolu kazası sinir bozucu bir olaydı ve aynı zamanda bir pusuya düşmek de öyle, ancak ikisinin bileşkesi, dehşet verici olmalıydı. Gerçi bu durumun üstesinden gelen cesur yürekler vardı. Haldane ve Frankland, askerî birliklerin ve Churchill de makinistin yardımına koştu. Lokomotif kurtarıldı ve kabini yaralılarla dolu olarak gönderildi. Bu olay üzerine kaçan Churchill, arkadaşlarıyla aynı kaderi paylaşmak için cesurca geri döndü. Sarsılmış ve sersemlemiş olan askerler, bir müddet boş yere direnmeyi sürdürdü, fakat ne yardım geldi ne de kaçabildiler, teslim olmaktan başka yapabilecekleri bir şey yoktu. En cesur askerî eleştirmen bile onları suçlayamaz. Birkaç kişi, lokomotif üzerinde kaçanlarla birlikte sıvışmıştı. Kaybımız iki ölü, yirmi yaralı ve yaklaşık seksen kişinin esir alınmasıydı. Haldane ve Churchill'in dahil olduğu üç liderin Pretoria'dan kaçmayı başarması, dikkat çekicidir.

Şimdi iki silahlı asker dalgası, Güney Natal'ın içinde doğru akıyordu. Aşağıdan, her istasyonda ziyafet verilen ve alkışlanan trenler dolusu İngiliz düzenli birliği, birbiri arkasına bu tehlikeli bölgeye geliyordu. Demir yolu hattının yanındaki tenha çiftlik evleri, İngiliz bayraklarını asmışlardı ve büyük trenler rayların üzerinde ilerlerken verandadaki halk, koroların kükremesini duyuyordu. Yukarıdan aşağıya doğru akın eden Boerler, Churchill'in onları gözlemlediği şekliyle, asık suratlı, kararlı, yağmurda sessizce at süren veya kamp ateşlerinin etrafında ilahiler söyleyen dürüst, cesur çiftçilerdi, fakat bizim kaba dilli tomilerimiz bile medeniyet, ilerleme ve herkes için eşit hakları savunurken, onlar bilinçsizce Orta Çağ âdetlerini ve yolsuzluğu savunuyorlardı.

Sayıları birkaç bini aşmayan ve sadece hareket kabiliyetleri üstün olan işgal kuvveti, Estcourt'taki daha güçlü, ama daha az hareketli kuvvetin etrafından dolaştı ve ikmal hattını arkadan vurdu. Bir ya da iki gün süresince daha uzak bir yere geri çekilme konusunda tartışmalar oldu, ancak Albay Long'un orada bulunması ve tavsiyesi ile güç kazanan Hildyard, geri çekilmemeye kararlıydı. 21 Kasım'da Boer akıncıları, Estcourt'un otuz mil güneyinde ve kayda değer şehir olan Pietermaritzburg'un sadece kırk mil kuzeyindeki bir noktaya, Nottingham yoluna kadar güneye inmişlerdi. Durum ciddiydi. Ya işgalciler durdurulacaktı ya da kolonideki en büyük ikinci kasaba işgalcilerin eline geçecekti. Her taraftan yağmalanmış çiftliklerin ve yıkılan evlerin haberleri geliyordu. En azından bazı akıncılar, kasten vahşice davranmışlardı. Paramparça olmuş piyanolar, parçalanmış resimler, boğazlanmış çiftlik hayvanları ve iğrenç ibareler, hepsi birden çelişkili Boer karakterinin yağmacı ve vahşi yönünü sergiliyor.[1]

Hilyard'ın Estcourt'taki kışlasının gerisinde bulunan bir sonraki İngiliz karakolu, otuz mil güneyde, Mooi Nehri'nin kıyısında bulunan Barton'un kışlasıydı. Boerler bu karakol üzerine gönülsüz bir hücumda bulundular, fakat Joubert, İngiliz takviyelerinin gücünün ve emrindeki birliğin mevcudu ile birbirini takip eden bir sıra hâlindeki İngiliz karakollarını işgal etmenin imkânsız olduğunun farkına varmaya başlamıştı. Joubert, Botha'ya Mooi Nehri'nden çekilmesini ve kuzeye doğru yürüyüşe başlamasını emretti.

Willow Grange'nin faaliyetlerinin buna sebep olduğunu iddia edemesek de, Boerlerin Natal istilasının dönüm noktası belirlenmişti. Bu dönüm noktası, Estcourt garnizonunun komutanlığını yapan Hilyard ve Walter Kitchener tarafından, Louis Botha'nın emri altındaki yaklaşık 2000 işgalciye karşı verilen savaştı. Temasa giren birlikler, Doğu ve Batı Surrey'ler (daha sonra gelen dört bölük), Batı Yorkshire Alayı, Durban Hafif Piyade Alayı, 7 Numaralı Kraliyet Sahra Topçu bataryası, iki donanma topu ve koloni süvarilerinden birkaç yüz kişiydi.

---

1 Birçok defa Özgür Devlet çiftçilerinden başlarına gelen bu yıkımın Natal'ın aşırılıklarına karşı hak edilen adil bir ceza olduğunu kabul ettiklerini duydum.

Düşmanın, Estcourt'a çok yakın mesafedeki bir tepede bir topu olduğu gözlenmişti. Bir kuvvet, 22 Kasım'da bir gece taarruzu yapmak ve o topu ele geçirmek için harekete geçti. Tepe zorlanmadan alındı, ancak topun götürüldüğü tespit edildi. Gündüz Boerler tarafından şiddetli bir karşı taarruz icra edildi ve birlikler, fazla kayıp vermeden ve daha küçük bir zaferle kasabaya dönmeye zorlandı. Surrey ve Yorkshire Alayları çok iyi mücadele ettiler, fakat bir çıkmazdaydılar ve topçu desteği yetersizdi. Martyn'in Atlı Piyadele Birliği, geri çekilmeyi büyük bir cesaretle korudu, ancak çarpışma, İngilizlerin on dört ölü ve yaralı veya kayıp elli zayiatı ile sona erdi ki bu zayiat, Boerlerinkinden kesinlikle daha fazlaydı. Willow Grange'in bir sonuca ulaşmayan bu faaliyetinden, 27 Kasım'da General Buller'in cepheye gelişine kadar Boer istilası geriye çekildi ve düşmanın bir kez daha Tugela hattını işgal ettiği anlaşıldı. General Buller, zamanını ve enerjisini, üç başarısızlıktan sonra kaderinde kendisini Ladysmith'te başarıya ulaştıracak olan bu kuvvetin toparlanmasına tahsis ettiği Frere'ye doğru ilerledi.

Boer seferinin Güney Natal'daki beklenmedik ve az bilinen bir sonucu, liderleri, şövalye ruhlu Joubert'in atının tökezleyerek kendisini yaralaması ve harekâtın geri kalanında fiziksel olarak görev yapamaz hâle getirmesiydi. Hemen Pretoria'ya döndü ve Tugela'nın komutasını Louis Botha'nın ellerine bıraktı.

Buller'ı ordusunu organize etmek için Frere'de, Boer komutanlarını da zorlu siperlerini düzenlemek için Tugela kıyısında bırakarak, bir kez daha dünyanın ilgi odağı ve muhtemelen imparatorluğun kaderinin düğüm noktası olan bahtsız kasabadaki olaylara geri döneceğiz. Eğer Ladysmith düşmüş ve on iki bin İngiliz askeri ile milyonlarca pound değerindeki ikmal maddeleri işgalcilerin eline geçmiş olsaydı, mücadeleyi bırakma ya da Cape Town'dan başlayarak kuzeye doğru Güney Afrika'yı yeniden fethetme seçenekleri ile yüz yüze kalacağımız kesindi. Güney Afrika, İmparatorluğun kilit taşıdır ve şu an için Ladysmith Güney Afrika'nın kilit taşıydı. Fakat topçu ateşi ile paralanmış küçük kasabayı savunan birliklerin cesareti ve onları izleyen halkın güveni, bir an için olsun boşa gitmedi.

Kuşatılmış garnizon tarafında gerçekleştirilen kahramanca bir davranış, 8 Aralık gününe damgasını vurdu. Gerçekleşecek hücum ile ilgili bir fısıltı bile duyulmamıştı ve yola çıkmadan on beş dakika öncesine kadar görevli subayların konuyla ilgili hiçbir fikri yoktu. Ah keşke bütün her şey böyle olsaydı (O si sic omnia[1])! Saat onda bir grup asker, dikkat çekmeden gizlice kasabadan ayrıldı. İngiliz generallerinin en genç ve en cesuru olan Hunter'ın emri altında, İmparatorluk Hafif Süvarilerinden, Natal Karabinalı Askerleri ve Atlı Sınır Piyade birliğinden alınan hepsi gayrinizami, altı yüz asker vardı. Edwardes ve Boyston alt seviye komutanlardı. Askerlerin nereye gittikleri veya ne yapmaları gerektiği konusunda hiçbir bilgileri yoktu, fakat askerler kayan bir gökyüzünün altında, ilk dördündeki ay doğarken, mimoza gölgeli bir düzlük üzerinde sessizce sürünüyorlardı. Sonun-

---
1 ÇN: O si sic omnia!: Latince deyim; "Ah, Keşke bütün her şey böyle olsaydı."

da önlerinde koyu renkli bir kütle belirdi; burası, büyük Creusot'lardan birinin onları rahatsız ettiği Gun (Top) Tepe'siydi. Tepenin eteğinde güçlü bir ihtiyat (dört yüz asker) bırakıldı ve diğerleri, yüz kişi imparatorluk hafif süvarilerinden, yüz kişi Sınır birliği ve Karabinalılardan ve on istihkâmcı kılavuz olarak Binbaşı Henderson'la birlikte yukarı doğru sürünerek ilerlediler. Bir Hollanda ileri karakolu parola sordu, ama Hollandaca konuşan bir Karabinalı'dan tatmin oldu. Askerler yükseğe daha da yükseğe süründü. Sessizlik, sadece ara sıra bir taş kayması veya kendi nefeslerinin hışırtısıyla bozuluyordu. Birçoğu botlarını aşağıda bırakmıştı. Askerler karanlıkta bile düzenlerini epeyce korudular ve sağ kanat, savunmayı kuşatmak için öne doğru kıvrıldı. Aniden bir Mauser patlaması ve püsküren bir alev, daha sonra başkası ve bir diğeri! Karri Davies: "Haydi çocuklar! Süngü Tak!" diye bağırdı. Süngüleri yoktu, ama bu küçük bir ayrıntıydı. Bu söz üzerine topçular kaçıp gitmişlerdi. Orada karanlığın içinde saldıran birliğin önünde muazzam top belirdi, bu belli belirsiz ışıkta devasaydı. "Büyük kama gövdesi ile dışarı! Yalın uzun namlunun çevresini pamuk barutu kuşakları ile sarın! Çalışma süresince, iş bitene kadar nöbet tutun!" komutları ortalığı inletti. Hunter, patlayıcı madde yerleştirilene kadar elinde bir gece lambası ile ayakta bekledi ve sonra, her iki orduyu da çadırlarından çıkaran bir gürültü ile devasa namlu kundağı üzerinde şahlandı ve geriye doğru bir çukurun içine devrildi. Yanında bir obüs gizlenmişti ve o da tahrip oldu. Toplara eşlik eden Maxim makineli tüfeği, onu ele geçiren ve günün ilk ışıklarıyla birlikte tezahüratlar ve kahkahalar arasında kasabaya ulaşan zafer sarhoşu şahıslar tarafından çekilerek getirilmişti. Bir asker yaralanmıştı, cesur Henderson, çok iyi planlanmış ve çok kahramanca icra edilen bir eylem için az bir bedeldi. Planlamada gizlilik, icrada atiklik, bunlar askerlik sanatının ana fikirleridir. Baskın o kadar kolay bir şekilde gerçekleştirildi ve Boer nöbetçileri o kadar hatalıydı ki, muhtemelen tüm toplar aynı anda saldırıya uğrasaydı, Boerler sabahleyin tek bir ağır toplarının bile kalmadığını görmüş olabilirlerdi.[1]

Aynı sabah (9 Aralık'ta) Pepworth Tepesi istikametine bir süvari keşif birliği gönderildi. Şüphesiz amaç, düşmanın hâlâ tüm gücüyle orada olup olmadığını tespit etmekti ve mavzerlerin müthiş bir şekilde gürlemesi, bunu olumlu olarak cevapladı. İki ölü ve yirmi yaralı, bilgi almak için ödediğimiz bedeldi. Kuşatmanın ilk beş haftası içinde bu tarz üç keşif yapılmıştı ve ne gibi avantajlar sağladıklarını veya nasıl bir gerekçe göstereceklerini anlamak zordu. Bu tür konularda ahkâm kesmek sivillerin haddine değil, fakat herhangi biri, subayların büyük çoğunluğunun görüşünü, birinin kararının en iyisi olduğunu desteklemek için tekrar edebilir.

---

1 Creusot'un imhası, umulduğu kadar mükemmel değildi. Top Pretoria'ya geri götürüldü, namludan bir metre kesildi ve yeni bir kama gövdesi temin edildi. Bu top daha sonra Kimberley'e gönderildi ve bu kuşatmanın tarihi içinde geç gelen ve kasaba sakinleri arasında büyük bir şaşkınlığa neden olan ağır top buydu.

Koloni birliklerinin önde gitmeleri gerektiği için muvazzaf askerler arasında bir kıskançlık oluştu, bu nedenle üç gece sonra aynı görev onlara verilerek savaşçı kıskançlıkları giderildi. Seçilen birlik, 2'nci Piyade Tugayından dört bölüktü, birkaç istihkamcı ve topçu ile birlikte hepsi aynı taburdan Albay Metcalfe'nin emri altındaydı. Hedef Surprise Tepesi'nin üzerindeki tek bir 4,7'lik howitzer topuydu. Yine karanlıkta gizlice ilerlendi, yine tepenin eteğinde ihtiyat bırakıldı, yine iki bölük dikkatlice tırmandı, yine parola soruldu, koşturmaca, hızlı hareket ve top, hücum edenlerin eline geçmişti.

Burada ve sadece burada hikâye değişmektedir. Bazı nedenlerle, pamuk barutu için kullanılan fünye arızalıydı ve patlama, obüsü yok etmeden önce yarım saat geçti. Patlama, mükemmel bir şekilde olmuştu fakat meydana gelişini beklemek bıktırıcıydı. Sonra askerlerimiz tepeden indi, ancak Boerler zaten her iki taraftan da kalabalıklaşıyordu. Askerlerin İngilizce çığlıklarına Boerler tarafından İngilizce olarak karşılık verildi ve karanlıkta belli belirsiz görünen sarkık bir şapka veya bir miğfer, dost ya da düşmanın yegâne işaretiydi. Orada bulunan genç Reitz'in (Transvaal Sekreterinin oğlu) kişisel mektubu, günümüze kadar gelmiştir. Onun açıklamasına göre, orada sadece sekiz Boer vardı, ancak böyle bir gecenin karanlığında bir iddia veya bir yalanlama eşit derecede değersizdir ve onun ifadesinde de bazı bariz tutarsızlıklar vardı. Reitz, "Onların arasında ateş ettik" diyordu. "Durdular ve hepsi birden: "Piyade Tugayı!" diye bağırdılar. Sonra içlerinden biri "Hücum!" emrini verdi. Bir subay, Yüzbaşı Paley iki kurşun yarası olmasına rağmen ilerledi. Joubert ona bir atış daha yaptı ve o, üstümüze düştü. Dört İngiliz, Jan Luttig'i yakaladılar, tüfekleriyle kafasına vurdular ve süngü ile karnından yaraladılar. İkisini boğazından yakaladı ve "Yardım edin, çocuklar!" diye bağırdı. En yakın iki silah arkadaşı, onlardan ikisini vurdu ve diğer ikisi fırlayıp kaçtı. Sonra çok sayıda İngiliz ortaya çıktı, patika boyunca yaklaşık sekiz yüz kişi (tepenin üzerinde iki yüz kişi vardı fakat bu abartı karanlık nedeniyle mazur görülebilir) ve biz, tümseğin kenarında bir fare kadar sessiz bir şekilde kaldık. Daha ileride İngilizler, üç askerimizi süngü ile öldürdü ve ikisini de yaraladı. Sabah Yüzbaşı Paley'i ve onlardan yirmi iki kişiyi ölü ve yaralı olarak bulduk." Reitz'in kendi küçük birliğinin sekiz kişi olduğunu kastettiği açıkça görülüyordu ve bu birlik, geri çekilen piyadelerin yolunu kesen kuvveti temsil etmiyordu. Reitz'in kendi bilgisi dahilinde, beş vatandaşı mücadele esnasında öldürülmüştü, bu yüzden toplam kayıp muhtemelen yüksekti. Bizim kendi zaiyatımız on bir ölü, kırk üç yaralı ve altı esirdi, fakat bu bedel, obüsün tahribi ve böyle başarılı baskınlarla yükselen moral için aşırı değildi. Bu talihsiz fünye olmasaydı, ikinci başarı, birincisi kadar kansız olabilirdi. Cana yakın bir muhabir, felakete uğramış Paley'e: "Üzgünüm," dedi. Paley: "Ama topu ele geçirdik," diye fısıldadı, hem kendi hem de Tugay adına konuşmuştu.

Topçu atışı, yetersiz tayın, tifo ve dizanterinin ortasında rahatlatıcı bir ışık hüzmesi, her zaman garnizonu aydınlatmıştı. Buller, sadece on iki mil ötedeydi – onun topçularını duyabiliyorlardı- ve ileri harekât gerçekten başladığında, çektikleri acılar son bulacaktı. Fakat şimdi bir anda bu tek umut ışığı söndü ve durumlarının gerçek mahiyeti onlara açıklandı. Buller gerçekten hareket etmişti... ama geriye doğru. Buller Colenso'da mağlup olmuştu ve kuşatma sona ermiyor, bilakis yeni başlıyordu. Askerler ve kasaba halkı, büyük bir üzüntü içinde fakat, kararlılıklarında bir azalma olmadan uzun süreli, haşin bir mücadeleye koyuldular. Zafer sarhoşu düşman, parçalanmış toplarını yeniledi ve felakete uğramış kasabanın etrafını saran mevzilerini daha da yakına çekti.

Kuşatma ile ilgili yeni yılın başlangıcına kadar giden bir belge, hastalık raporları ve gıda fiyatlarındaki iğrenç ayrıntılara odaklanır. Bir günde elli, ertesi gün yetmiş kişi, aşırı çalışan ve özverili doktorların elinden geçti. Garnizondan bin beş yüz kişi ve daha sonrasında iki bin kişi hastalanmıştı. Hava kötü kokulu kanalizasyon ile zehirlenmiş, tiksindirici sinekler ile kararmıştı. Sinekler yetersiz miktardaki yiyecekleri lekeliyordu. Yumurtaların her biri zaten bir şilin, sigara altı peni, bir şişe viski beş sterlindi. Oburluktan ve sarhoşluktan daha fazla arınmış bir şehir, hiç görülmedi.

Topçu ateşi, bu savaşta, asgari seviyede tehlikeye girerek savaşma heyecanı yaşamak isteyenler için mükemmel bir yöntem olarak kendini gösterdi. Fakat arada sırada – belki beş binde bir ihtimalle- bazı uğursuz aksilikler bir bombayı çok korkunç bir sonuca yönlendirir. Kimberley yakınlarında Boerler arasına düşen böyle ölümcül bir top mermisinin dokuz kişiyi öldürdüğü ve on yedi kişiyi yaraladığı söyleniyordu. Ladysmith'te de topçunun bildiğinden daha iyi vuruş yaptığı ve kırmızı ile işaretlenmesi gereken günler vardı. 17 Aralık'ta bir topçu mermisi, altı askeri (Natal Karabinalar) öldürdü, üçünü de yaraladı ve on dört atı yok etti. Beş ayrı insan bacağının yerde yattığı, korkunç bir olay olarak kaydedildi. 22 Aralık'ta başka bir korkunç top mermisi Devonlardan beş kişiyi öldürdü ve on iki kişiyi de yaraladı. Aynı gün 5'inci Mızraklı Sürvarilerden dört subay (Albay dahil) ve bir çavuş yaralandı, çok talihsiz bir gündü. Biraz sonra sıra, tekrar, bir subayı ölen ve on tanesi de yaralanan Devon Alayına geldi. Noel, sefaletin, açlığın ve hastalığın ortasında başladı, Neol Baba'nın hediyesinin genellikle 96 poundluk bir top mermisi olduğu bir zamanda, çocukları eğlendirmek ve neşeli bir mevsime uygun yaşamak için yapılan ümitsiz girişimler, daha da acıklıydı. Diğer tüm sorunların üstünde, ağır top mühimmatının tükenmek üzere olduğu ve acil durumlar için idareli kullanılması gerektiği artık biliniyordu. Bununla birlikte, kasabaya düşen sabit mermi yağmurunda bir boşluk meydana gelmedi. İki veya üç yüz mermi, alışılmadık bir günlük istihkak değildi. Yeni yılı başlatan monoton bombardıman, çok yakında çok muhteşem ve heyecan verici bir silahlı çatışma ile yer değiştirecekti. 6 Ocak'ta Boerler, Ladysmith'e büyük bir saldırı gerçekleştirdi. Çok cesurca yapılan ve İngiliz askerî tarihindeki klasik muharebeler arasında yer almayı hak edecek kadar cesurca karşılanan bir taarruz. Bu her iki tarafın da anlatmaktan utanmaması gereken bir hikâyedir. Bu hikâyenin şeref payesi, tuttukları mevziyi bu kadar uzun süre savunan sağlam piyadelere ve ayrıca eğitimsiz siviller tarafından yönetilen ve bizi dayanma gücümüzün son sınırına kadar zorlayan bozkırın kaba adamlarıne aittir.

Boerler, en nihayetinde her ne pahasına olursa olsun, geri bölgelerine yönelik sürekli bir tehdit ile bunu yapmak istemiş olabilirler. Ya da Buller'in ikinci bir ileri harekât için yaptığı planlı hazırlıklar Boerleri telaşlandırmış ve eğer harekete geçeceklerse bunu hızlı bir şekilde yapmaları gerektiğini fark etmeleri olabilir. Her halükârda, Yeni yılın başında çok nihai bir taarruza karar verildi. Taarruz grubu, de Villiers liderliğindeki Heidelberg (Transvaal) ve Harrismith (Özgür Devlet) birliklerinden seçilmiş yüzlerce gönüllüden oluşuyordu. Başarılarını güvence altına alabilecek veya geri çekilmelerini koruyabilecek birkaç bin keskin nişancı tarafından desteklendiler. On sekiz ağır top, bir ucu Sezar kampı ve diğer ucu ise Waggon Tepesi olarak adlandırılan bu uzun sırt üzerine nişan almıştı. Üç mil uzunluğundaki bu tepe, kasabanın güneyinde bulunuyordu ve Boerler, buranın en savunmasız yer olduğunu çabucak fark etmişti, çünkü 9 Kasım'daki taarruz, bu yere yönlendirilmişti. Şimdi, iki ay sonra, daha zayıf bir düşmana karşı daha fazla kararlılıkla bu girişimi yenilemek üzereydiler. Saat on ikide nöbetçilerimiz, Boer kampları içinde okunan ilahilerin seslerini duydular. Sabahleyin saat ikide çıplak ayaklı adamlar topluluğu, sırtın tabanında bir araya geliyordu ve tepenin yamacını kaplayan mimoza çalıları ve etrafa serpilmiş kayalar arasından, ellerinde piyade tüfekleri, ilerliyorlardı. Bazı çalışma grupları topları mevziye yerleştiriyordu ve çalışmalarının gürültüsü, Boer ilerleyişinin sesinin bastırılmasına yardımcı oldu. Hem sırtın doğu ucundaki Sezar Kampı'nda, hem de batı ucundaki Waggon Tepesi'nde (tekrar edeyim, bu yerlerin aras üç mildi) bu taarruz tam bir baskın olarak gerçekleşti. İleri karakollar ya vuruldu ya da püskürtüldü ve taarruz edenler, varlıkları tespit edilir edilmez, neredeyse sırtın tepesindeydiler. Toplarının namlu aleviyle kayalar hattı parladı.

Sezar Kampı'na, bir adet Colt otomatik topu ile desteklenen ve sağlam bir alay olan Manchester Alayı konuşlanmıştı. Savunma, her biri on ile yirmi kişi tarafından savunulan iki üç kişilik küçük siperler şeklinde düzenlenmişti. Bunlardan birkaçı karanlıkta püskürtüldü, ama Lancashire'ın askerleri kendilerine hâkim oldular ve geriye kalanlara karşı şiddetli bir şekilde direndiler. Piyade tüfeği ateşinin gürültüsü, uyuyan kasabayı uyandırmıştı. Subayların haykırışları ve askerler karanlıkta toplandığı ve tehlikeli noktalara aceleyle gönderildiği esnada silahlarından çıkan tıngırtı, sokaklarda yankılanıyordu.

Gordons'un üç bölüğü Sezar Kampı'nın yakınında bırakılmıştı ve Yüzbaşı Carnegie emrindeki bu bölükler muharebeye girdiler. İntikal esnasında, Elandslaagte'de aldığı yaraları iyileştikten sonra bu ilk meydana çıkışında, şans eseri üç bin yardadan vurularak ölen muhteşem Albayları Dick-Cunyngham'ı kaybeden Gordonların diğer dört bölüğü, destek olmak için kasabadan çıkıp geldi. Daha sonra Piyade Tugayı'nın dört bölüğü ateş hattına atıldı ve mevzinin bu ucu, toplamda takviyeli iki piyade taburu tarafından savunuldu. Bu kadar asker çok değildi. Günün ağarması ile birlikte, aralarındaki dar düzlüğün kimde olduğu tartışmalı ve kanlı bir alan oluşturmasına rağmen, Boerlerin güneyi, bizim de kuzey yamaçları tuttuğumuz görülebiliyordu. Bir milin dörtte biri genişliğinde bir cephede gözler vahşice parladı, tüfek namluları her bir kayanın arkasından alev saçtı ve uzun süren bu muharebe, hücum edenlerin yukarı doğru her fırlayışı ya da askerlerin kendini toparlaması ile biraz ileri biraz geri gidip geldi. Saatler boyunca savaşçılar birbirlerine o kadar yakındı ki birinden diğerine bir laf veya bir taş atılabiliyordu. Yer yer bazı siperler, Boerler onları geçmesine rağmen, hâlâ dayanıyordu. Manchester Alayından on dört asker yerleştirilen böyle bir mevzi ele geçirilemedi fakat kanlı günün sonunda savunanlardan geriye sadece iki kişi kalmıştı.

Havanın aydınlanmasıyla birlikte, daha önce Lombard Tepesi'nde takdire şayan iş çıkaran 53'üncü Sahra Bataryası, yine ülkesine çok iyi hizmet etti. Boerlerin arkasına geçmek ve doğrudan mevzilerine ateş açmak imkânsızdı, bu yüzden ateşlenen her top mermisinin karşı yamaca düşebilmesi için sırtın üzerindeki kendi askerlerimizin başlarının üzerinden ve çok yüksekten geçmesi gerekiyordu. Yine de, Bulwana'daki büyük Hollanda topundan gelen sürekli bir mermi yağmuru altında devam eden topçu atışı öylesine isabetliydi ki tek bir atış bile boşa gitmedi ve Binbaşı Abdy ve askerleri, bir sonraki yamacı kendi muharebe hattımızdan kayıp vermeden temizlemeyi başardı. Tam olarak aynı başarı, mevzinin diğer ucunda, 53'üncü Batarya'dan daha fazla tarama ateşine maruz kalan Binbaşı Blewitt'in 21'inci Bataryası tarafından eşit derecede, iyi bir şekilde gösterildi. İngiliz topçularının demir gibi dayanıklı olduğunu gören ve düşmanın patlayan top mermilerinin tozu dumanı içinden karşı atışların ateşlenmesine hayret eden herkes, açık alanda, etraflarındaki zemine saçılmış döküntü ve kıymıklar ile birlikte görev yapan bu bataryaların dürbünlerinin ne kadar mükemmel olması gerektiğini anlayacaktır. Görgü tanıkları, Binbaşı Blewitt'in topları arasında aşağı ve yukarı gezinmesinin ve ayak parmağıyla düşen son demir parçasını çevirmesinin, muharebeden aktardıkları en etkili ve en heyecan verici izlenimlerden biri olduğunu kayda geçirmişti. Bir Boer top mermisiyle kolu ve bacağı kopan kahraman Çavuş Bosley'in silah arkadaşlarına, vücudunu yolun dışına yuvarlamaları ve topu çalıştırmaya devam etmeleri için yalvardığı yer yine burasıydı.

Sezar Kampı'na yapılan şiddetli saldırı ile aynı zamanda veya belki biraz daha erken bir saatte, Waggon Tepesi olarak adlandırılan mevzinin batı ucuna, gizlilik ve kararlılıkla benzer bir saldırı gerçekleştirildi. Yalınayak Boerler, mevziyi savunan İmparatorluk Hafif Süvarileri ve istihkâmcıların küçük garnizonunun içinde piyade tüfeği ateşinin gürültüsüyle birlikte aniden ortaya çıktılar. İlk olarak Mathias, Digby-Jones ve ikinci olarak Dennis, "Sabahın saat ikisinde" Napolyon'un askeri erdemlerin en yüksek derecesi olarak gördüğü bu cesareti gösterdi. Onlar ve askerleri baskına uğramışlardı, ama düzenleri bozulmamıştı ve göğüs göğüse yorucu bir muharebede canlarını dişlerine takarak dayanmışlardı. Otuz istihkâmcıdan on yedisi ve küçük gayrinizami birliğin yarısından fazlası öldürüldü. Mevzinin bu ucu zayıf bir şekilde tahkim edilmişti. Tecrübeli ve sert bir asker olan Ian Hamilton'un bunu böyle bırakmış olması şaşırtıcıydı. Savunma, taarruz ile kıyaslandığında belirgin bir üstünlüğe sahip değildi. Ne siper ne mevzi ne de tel engeli vardı ve sayısal olarak son derece azlardı. 60'ıncı Piyade Alayının iki bölüğü ve her yerde bulunan Gordonlardan küçük bir birlik, tepenin üzerinde bulunuyordu ve muharebenin içine atıldılar, fakat durumu düzeltemediler. Teğmen MacNaughten'in emri altındaki otuz üç kişilik Gordonlardan otuzu yaralandı.[1] Askerlerimiz, kuzey taraftaki yamacın örtü ve gizlemesi altında geri çekilirken, vahşi Vikinglerin hamurundan yoğrulmuş bir adam olan iri yapılı Miller-Wallnutt'un emri altındaki Gordonlardan gönderilen ek yüz elli kişi ile takviye edildiler. Ayrıca, silah arkadaşlarına yardım etmek için yanıp tutuşan iki yüz İmparatorluk Hafif Süvarisi de onların yardımına koştu. Onlarla birlikte başka bir eksik piyade taburu da geldi. Uzun sırtın her iki ucunda şafak vaktindeki durum neredeyse aynıydı. Her birinde taarruz edenler sırtın bir tarafını ele geçirmiş, ancak diğer tarafta savunma yapanlar tarafından durma noktasına getirilmişlerdi, İngiliz topları, daha ilerideki yamacı ateşle taramak için kendi piyadelerinin başlarının üzerinden ateş açmıştı.

Boer gayretlerinin en kesintisiz ve en üstün olduğu ve bizim direnişimizin ise en umutsuz olduğu yer Waggon Tepesi tarafıydı. Ian Hamilton, savunmayı toparladığı ve onları düşman hatlarına karşı tekrarlanan hücumlarda sevk ve idare ettiği esnada cesur de Villers orada savaşıyordu. Aşağıdan sürekli olarak takviye edilen Boerler, olağanüstü bir kararlılıkla savaştı. Bu destansı mücadeleye tanık olan herhangi biri, düşmanlarımızın cesaretini asla sorgulamayacaktır. Bu, her iki taraf için de ölümcül bir görevdi. Hafif Süvarilerden Edwardes yere yıkıldı. Bir top mevzisinde, bir grup Boer ve İngiliz arasında çok yakın bir mesafeden tuhaf bir çarpışma meydana geldi. Özgür Devlet'ten De Villiers, Miller-Wallnut'u vurarak öldürdü, Ian Hamilton tabanca ile De Villiers'e ateş etti, ama onu ıskaladı. Hafif Süvarilerden genç Albrecht, De Villiers'ı vurdu. De Jaeger adında bir Boer, Albrecht'i vurdu. İstihkâmcılardan Digby-Jones, De Jaeger'i vurdu. Sadece birkaç dakika sonra, bir gazi için yeterince ün kazanmış olan cesur delikanlı, ölümcül şekilde yaralandı ve zafer gururu içinde silah arkadaşı Dennis'in yanına düştü.

---

[1] Gordonlar ve istihkâmcılar, oraya mevzilendirilecek olan Lambton'un 4,7'lik toplarından birine refakat etmek için oradaydılar. On denizci, topla birlikteydi ve savunma esnasında bu on kişiden üçünü kaybettiler.

Bu günlerde o ocak sabahında Waggon Tepesi'ndeki savaşın üzerine daha iyi bir savaş ve savunmanın merkezini oluşturan İmparatorluk Hafif Süvarilerinden daha iyi savaşçılar yoktur. Burada, Elandslaagte'de olduğu gibi, İngiliz ordusunun yetenekli alayları ile aynı safta durmaya layık olduklarını kanıtladılar.

Bu çatışma, sırtın zirvesi üzerindeki dengesini tüm gün boyunca korudu. Bu şekilde bir o yana bir bu yana sallandı, ancak taarruz edenlerin püskürtülmesi ya da savunanların bir bozguna uğraması asla vuku bulmadı. Savaşçılar öyle karışmışlardı ki yaralı bir asker, birden fazla kez kendini düşman tüfekleri için bir dayanak olarak bulmuştu. Bu durumdaki talihsiz bir asker, arkasındaki ölüm saçan keskin nişancıya ulaşma çabasındaki kendi silah arkadaşlarından altı mermi yarası daha aldı. Saat dörtte, savaşan askerler tarafından dikkate alınmayan, yukarı doğru yükselen devasa bir bulut öbeği, aniden parlak şimşekler ve şiddetli yağmur ile birlikte müthiş bir fırtınaya dönüştü. Bu tür başka bir fırtınanın Elandslaagte'deki İngiliz zaferinin müjdecisi olması ilginçti. Mermilerin süpürdüğü tepenin üzerinde, savaşan askerlerin uzak çevresinde olanlar, doğa olaylarını, birbirini boğazından kavramış olan iki buldoktan daha fazla önemsemedi. Çamur ve kanla kirlenmiş kaygan yamaçtan yukarı doğru Boer ihtiyatları geldi ve kuzey yamacından yukarı doğru ise, kendi ihyatımız olan ve o güçlü toprakların temsilcilerine yakışan, Devon Alayı geldi. Cesur albayları Park tarafından takdire şayan bir şekilde yönetilen Devonlar, Boerleri önlerine katıp sürdü ve piyadeler, Gordonlar ve Hafif Süvariler kesin olarak sırtı temizleyen vahşi hücuma katıldılar.

Ancak henüz sona gelinmemişti. Boerler, bu girişimleri için bir risk almıştı ve şimdi paylarına düşeni ödemek zorundaydılar. Boerler, çömelerek ve sıçrayarak tepenin aşağısına geçtiler, fakat arkalarından gelen seller, girdaplı akıntılara dönüştü ve kıyısında bir an tereddüt ettiklerinde arkadan acımasız bir mermi yağmuru geldi. Birçoğu geçitlerden aşağı ve Klip Nehri'nin içine doğru sürüklendi, bir daha asla saha görevine çağrı listesinde sayılamayacaklardı. Çoğunluk aradan fırladı, sığınaklarında atlarını buldu ve büyük Bulwana Ovası'nda dörtnala at koşturdular. Cesur erkekler, şimdiye kadar hiç olmadığı kadar adil bir savaşta adil bir şekilde yenilmişlerdi.

Devonların sırtı temizlerken attıkları zafer naraları, Sezar Kampı'ndaki yorgun askerleri benzer bir çaba için cesaretlendirmişti. Manchester, Gordon ve Piyade Alayları, iki bataryanın topçu ateşinin yardımıyla uzun süredir mücadele edilen mevziyi temizlediler. Islak, soğuk, bitkin ve yirmi altı saat boyunca aç kalan, pejmürde görünüşlü İngiliz askerleri, ölen ve ölmekte olan yığınlar arasından ayağa kalkıp bağırıyor ve el sallıyorlardı.

Tehlike çok yakındı. Eğer sırt düşmüş olsaydı, kasaba da onu takip edecek ve belki de tarihin seyri değişecekti. Eski sıkışık düzen Majuba günlerinde olsak bir saat içinde mevzimizden sürülmüş olacaktık. Ama kayanın arkasındaki kurnaz adam, şimdi önünde aynı derecede kurnaz bir adam bulacaktı. Asker, sonunda avcılık sanatı hakkında bir şeyler öğrenmişti. Siperine sıkıca tutundu, amacına odaklandı, giysilerini görmezden geldi, örgü saçlı atalarının on sekizinci yüzyıl geleneklerini bir kenara bıraktı ve Boerleri şimdiye kadar vurulduklarında daha sert bir şekilde vurdu. Bu olayda onların kayıpları ile ilgili bize hiçbir dönüş olmadı; yamaçların, dere yataklarının ve nehrin her birinin ayrı ayrı kendi hikâyesi varken, sadece sırtın üzerinden 80 ceset onlara iade edildi. Olası hiçbir tahmin, ölü ve yaralı üç yüz kişiden az olamazdı, ancak çoğu kişi bunu çok daha yüksek bir rakama oturtuyordu. Yaralanmaların büyük bir kısmının kaçınılmaz bir şekilde kafadan olması nedeniyle, kendi kayıplarımız çok ciddiydi ve ölenlerin yaralılara oranı, alışılmadık derecede yüksekti. Ölü olarak kaybımız 13 subay ve 135 askerdi. Yaralı olarak 28 subay, 244 asker toplam 420 kişi, onurlu bir babanın onurlu oğlu, ateşli Dick-Cunyngham, yiğit Miller-Wallnutt, cesur istihkâmcı çocuklar Digby-Jones ve Dennis, Hafif Süvarilerden Adams ve Packman, şövalye ruhlu Lafone. Ölenlerin sayılarının yanı sıra kalitesinin de yasını tutmalıydık. Zayiat raporlarının korkunç sonucu, günün onurunun İmparatorluk Hafif Süvarine (on subayı öldü ve alaya kıdemsiz bir yüzbaşı tarafından emir komuta edildi), Manchester, Gordon ve Devon Alayları ile 2'inci Piyade Tugayına ait olduğunu gösteriyordu.

Gün içinde, biri kuzeydeki Gözlem Tepesi'ne, diğeri doğudaki Helpmakaar mevkiine olmak üzere, İngiliz mevzisinin diğer iki noktasına hücum edildi. Bunlardan ikincisi, asla hedefe yönelik değildi ve bariz bir aldatmacaydı, ancak diğerinin durumunda taarruz edenler, komutanları Schutte ve kırk ya da elli askeri öldürülüp yaralanıncaya kadar girişimlerinden vazgeçmediler. Hücum edenler her noktada, aralıklı ancak aşılmaz aynı nişancılar hattını ve onları bekleyen aynı enerjik topçu bataryalarını buldular.

İmparatorluk genelinde bu büyük mücadelenin seyri, çok yoğun bir endişe ve hep birlikte zayıf destekten kaynaklanan acı verici duygularla izleniyordu. Heliogramla Buller'a ve de sinirleri telgraf telleri olan bu büyük bedenin en uzak uçlarına kadar saldırının haberi geldi. Bir saat aradan sonra şu mesajlar geldi: "Her yerde geri püskürtüldüler, ama savaş devam ediyor." Sonra "Taarruz devam ediyor. Düşman güneyden takviye aldı." Sonra "Taarruz tekrarlandı. Çok sert bir şekilde bastırıldı." Oradaki bu mesajlar, o gün için, İmparatorluğu korku ve endişe içinde bırakarak sona erdi. En karanlık tahminlere ve en iç karartıcı beklentilere, en ılıman ve en iyi bilgiye sahip olan Londra gazeteleri tarafından göz yumuldu. İlk defa halka, bu harekâtın gücümüzün üzerinde olabileceği ihtarı (telkini) yapıldı. Ve nihayet, saldırının geri püskürtüldüğüne dair resmî haberler geldi. Ladysmith'in çok uzaklarında, yorgun askerler ve onların zor bir süreçten geçen subayları, çok çeşitli lütuf ve inayetlerine karşılık Tanrı'ya şükretmek için bir araya geldiler. Ancak Londra'da da krizin büyüklüğü nedeniyle yürekler ciddi bir şekilde yanmıştı ve uzun süredir dua için kullanılmayan dudaklar, hayatını kaybeden savaşçılar için yapılan duaya katıldı.

14. BÖLÜM

COLESBERG HAREKÂTLARI

Savaş alanındaki dört İngiliz ordusundan, Kimberley'e yardım etmek için ilerleyen batıdaki, Colenso'da geri püskürtülen doğudaki ve Stormberg'de durdurulan merkezdeki ordunun hikâyesini anlatmaya çalıştım. Geriye, hakkında şimdi biraz bilgi verilecek olan diğer merkezî kuvvet kaldı.

Daha önce de belirtildiği gibi, savaş ilan edilmesinden sonra Turuncu Özgür Devlet güçleri Cape Kolonisi'ni işgal etmeye başlamadan önce, üç uzun hafta geçmişti. Ancak Allah'ın en büyük inayeti olan bu gecikme nedeniyle, muhtemelen nihai savaş, Stormberg ve Colesberg'in dağları ve tepecikleri arasında değil, Hex Vadisi'nde, Cape Town'un hemen kuzeyinde uzanan zorlu geçitlerin ortasında olacaktı. İşgalcilerin orduları, Koloni'deki akrabaları tarafından iki katına çıkarılacaktı. Savaşın nihai sonucu aynı olacaktı, fakat tüm Güney Afrika'nın alevler içindeki görüntüsü, her zaman çok ciddi bir tehdit olan Kıta Avrupası ile sorunlara neden olabilirdi.

Koloninin istilası, ülkeleri birbirine bağlayan iki demir yolu hattı boyunca iki noktadan yapıldı; biri Orange Nehri'nin üzerinden geçen Norval Pont'tan, diğeri yaklaşık kırk mil doğuda bulunan Bethulie'den. Hazırda hiçbir İngiliz birliği yoktu (Bu eğer varsa, İngilizlerin Boer Cumhuriyetlerine karşı herhangi bir plan yaptığını düşünenler tarafından dikkate alınması gereken bir gerçekti) ve Boerler, ırk ve dil birliği ile İmparatorluğun adil ve cömert muamelesine ilişkin bilgileri arasında tereddüt eden Hollandalı bir nüfusun arasından yavaşça güneye doğru ilerlediler. İşgalciler tarafından çok sayıda kişinin dostluğu kazanıldı ve bunlar taraf değiştiren herkes gibi sadık kalan komşularına karşı olan düşmanlıkları ve zalimlikleri ile kendilerini gösterdiler. Ara sıra demir yolu hattının dışındaki kasabalarda, Barkly East veya Ladygrey'de, tüfek ve fişeklikleri ile çiftçiler bir araya geldi, şapkalarının etrafına turuncu tülbent bağladılar ve düşmana katılmak için at sürdüler. Muhtemelen bu cahil ve tecrit edilmiş insanlar, ne yaptıklarını tam olarak bilmiyorlardı. O zamandan bu yana bunu öğrendiler. Sınır bölgelerinin bazılarında isyancılar Hollandalı nüfusun yüzde doksanını oluşturuyordu.

Bu arada, İngiliz liderleri çok emek harcayarak düşmana karşı koymak için birkaç askerî birliği bir araya getirmeye gayret ediyorlardı. Bu maksadın tahakkuku için iki küçük kuvvet gerekliydi. Biri Bethulie ve Stormberg istikametindeki ilerlemeye karşı koyacak, diğeri, Norval geçiş yerinden nehri geçen ve şu anda Colesberg'i işgal eden istilacılarla temas sağlayacaktı. İlk görev, daha önce gösterildiği gibi General Gatacre'ye verilmişti. İkincisi, Ladysmith'ten son trenle kurtulan, Elandslaagte'in galibi General French'e tahsis edilmişti ve kendisi, bu yeni ve önemli görevi üstlenmişti. French'in kuvveti Arundel'de ve Gatacre'nin kuvveti Sterkstroom'da toplandı. Şimdi ilkinin icra ettiği harekâtlara değineceğiz.

İlk defa Güney Afrika'nın itibarın mezarı değil, beşiği olduğunu kanıtlayan General French, savaştan önce zeki ve enerjik bir süvari subayı olarak nam yapmıştı. 1898'deki büyük Salisbury manevralarında hatırı sayılır bir atlı birliği sevk ve idare edişini seyredenlerden bazıları, kapasitesi ile ilgili çok yüksek bir beklenti oluşturdu. Bu barışçıl manevralara komuta eden General Buller'in güçlü desteği sayesinde French, Güney Afrika'daki görevine atandı. Fiziksel olarak kavgacı çenesi ile kısa ve tıknazdı. Karakter olarak, fevkalade kararlı ve ateşli bir enerjye sahip, ihtiyatlı, buna rağmen cüretkâr, eylemlerini iyi tartan, ancak bunları atlı bir lidere yakışan bir atılganlıkla gerçekleştiren bir askerdi. Hızlı karar vermesi ile dikkat çekiyordu. Bir hayranının ifade ettiği şekliyle "dörtnala giderken düşünebilirdi". Colesberg Boerlerini durdurmak için görevlendirilen, işte böyle bir adamdı; açıkgöz, becerikli ve kararlı.

İşgalcilerin ana ilerleyişi iki demir yolunun hatları boyunca olmasına rağmen, kendilerine karşı koyan kuvvetlerin ne kadar zayıf olduğunu fark ettiklerinde, hem doğu hem de batı istikametinden ayrılarak, bir tarafta Dordrecht'i ve diğer tarafta Stynsberg'i işgal etmeye cüret ettiler. Bu yerlere sahip olmanın hiçbir önemi yoktu ve biz, dikkatimizi ana harekât hattına odaklayabiliriz.

French'in asıl kuvveti, birçok farklı yerden toplanarak bir araya getirilmiş bir avuç askerdi. Naauwpoort, onun üssüydü ve 23 Kasım'da İskoç Alayından bir bölüğü, kırk atlı piyadeyi ve Güney Galler Mızraklı Süvarilerinden bir birliği yanına alarak, demir yolu hattındaki bir sonraki küçük köy olan Arundel'e doğru bir keşif yaptı. İki kuvvetin birbiriyle temas etmesi hariç, bu keşif seferinden hiçbir sonuç çıkmadı. Bu öyle bir temas ki, istilacılar Norval nehir geçiş yerinden bir kez daha geri püskürtülene kadar, kaderin farklı tecellileri altında aylarca sürmüştü. Arundel'in zayıf bir şekilde tutulduğunu fark eden French, Arundel üstüne yürüdü ve Aralık ayının sonuna doğru, Colesberg'in güneyinde, Rensburg'daki Boer hatlarının altı mil yakınında olan kampını orada kurdu. Görevi-mevcut kuvvetleriyle birlikte- düşmanın Koloni içinde daha fazla ilerlemesini önlemekti, ancak henüz onları çıkarmak için ciddi bir girişimde bulunacak kadar güçlü değildi.

13 Aralık'ta Arundel'e doğru hareket etmeden önce müfrezesinin sayısı artmıştı ve büyük ölçüde atlı adamlardan oluşuyordu. Bu yüzden bir İngiliz kuvveti için hiç alışılmadık bir hareket kabiliyetine sahipti. 13 Aralık'ta Boerler, İngiliz Süvari ve Hafif Koşulu Topçuları tarafından kolayca ele geçirilen güneye doğru ilerleme teşebbüsünde bulundular. French'in üzerinde harekât icra ettiği arazi, Boerlerin sevdiği türden münferit tepeciklerle doluydu. Bu tepecikler, genellikle şekil olarak o kadar garipti ki onlara bakıldığında sanki bir kırılma hatası sonucu oluşmuş oldukları hissi veriyorlardı. Öte yandan bu tepelerin arasında, bir süvari ya da atlı topçunun isteyebileceği en mükemmel alan olan yeşil ya da kızıl savanların geniş sahaları vardı. Piyadeler tepelere tırmandılar, French'in süvarileri temkinli bir şekilde düzlükte daireler çizdiler, dış taraftaki farklı tepecikleri kesmekle tehdit ederek yavaş yavaş Boer mevziini sıkıştırdılar ve böylece düşman, yavaşça Colesberg'e doğru sürüldü. Küçük, ama hareketli İngiliz kuvveti, çok geniş bir alanı kaplamıştı ve bu alanın herhangi bir yerinde düşmanla temas sağlanmadan geçen neredeyse hiçbir gün yoktu. Merkezi tutmak için bir piyade alayıyla (Berkshires), onun zorlu atlı Tazmanyalıları, Yeni Zelandalıları ve Avustralyalıları ile İskoç Grileri[1], Inniskillingler ve Karabinalılarla birlikte, Koloniyi korumak için esnek, fakat aşılmaz bir perde oluşturdular. Hafif Koşulu Topçuların iki bataryası O ve R, onlara yardım ediyordu. General French her gün atıyla dışarı çıkıyor ve düşman mevzilerini yakından bizzat incelerken, keşif kolları ve ileri karakollarına, mümkün olduğunca düşmanla yakın teması sürdürmeleri talimatını veriliyordu.

30 Aralık'ta düşman, ileri karakolları olan Rensburg'u terk etti ve gücünü Colesberg'de topladı. Bunun üzerine French, kuvvetlerini yukarıya doğru hareket ettirdi ve Rensburg'u ele geçirdi. General French, hemen ertesi gün, 31 Aralık'ta, şiddetli ve uzun süreli bir harekâtlar serisine başladı. Pazar akşamı saat beşte Colesberg'in batısında mevzi almak için Kraliyet Sahra Topçularından (R.F.A.) R ve O bataryalarının yarısını, 10'uncu Hafif Süvari Alayı, Inniskilling ve Berkshire Alayları ile birlikte Rensburg'daki ordugâhından ayrıldı. Aynı zamanda Albay Porter, O bataryasının kalan yarısı, kendi alayı (Karabinalılar) ve Yeni Zelanda Atlı Piyadeleri ile birlikte pazartesi sabahı saat ikide ordugâhtan ayrıldı ve düşmanın sol kanadında bir mevziyi işgal etti. Binbaşı McCracken komutasındaki Berkshire Alayı, bir Boer ileri karakolunu püskürterek tepeyi ele geçirdi. Süvariler, düşmanın sağ kanadını kuşattı ve tehlikeli bir topçu düellosunun ardından düşman topçularını susturmayı başardılar. Ancak ertesi sabah (2 Ocak 1900), güçlü bir şekilde takviye edilen Boerlerin eski mevzilerinin yakınına geri döndükleri görüldü ve General French, onları durdurmaktan ve daha fazla birlik gelmesi için beklemekten hoşnuttu.

Bu birliklerin gelmesi çok uzun sürmedi, çünkü Suffolk Alayı zaten gelmişti, ardından Karma Alay (Kraliyet Süvari Alayından seçilen) ve Kraliyet Sahra

---

1 ÇN: İskoç Grileri: Scots Greys, bir İngiliz süvari alayı

Topçularından 4'üncü batarya geldi. Boerler da takviye edilmişti ve etraflarına dolanan kordonu kırmak için büyük bir gayret gösteriyorlardı. Ayın dördünde, General Schoeman komutasındaki yaklaşık bin kişi tarafından, İngilizlerin sol kanadını kesmek için kararlı bir çaba gösterildi ve şafakta, ileri karakolların dikkatinden kaçtıkları ve mevzinin arkasındaki bir tepenin üzerine yerleştikleri ortaya çıktı. Ancak, O Bataryası tarafından top ateşine tutuldular ve ova istikametinde geri çekilirken, bazı kaçakların yolunu kesen 10'uncu Hafif Süvari Alayı ve Inniskilling'in bir süvari taburu tarafından takip edildiler. Aynı zamanda De Lisle, atlı piyadeleri ile başlangıçta tuttukları mevziyi ele geçirdi. Bu başarılı ve iyi yönetilen harekâtta Boerlerin kaybı doksan kişiydi ve buna ek olarak yirmi bir kişiyi esir almıştık. Kendi kayıplarımız, 10'uncu Alaydan Binbaşı Harvey dahil olmak üzere sadece altı ölü ve on beş yaralıydı.

Bu başarıdan cesaret alan Suffolk Alayı tarafından, düşman mevziinin kilit noktasını oluşturan bir tepeyi ele geçirme girişiminde bulunuldu. Colesberg kasabası, küçük tepelerden oluşan bir halkayla çevrili bir havzada yer almaktaydı ve bu tepeciklerden herhangi birinin bizim elimizde bulunması, burayı savunulamaz hale sokacaktı. Plan, Suffolks Alayından Albay Watson'a yüklendi, ancak başarısızlık durumda, bu sorumluluğun astların üzerine bırakılmasına karşı bir miktar itiraz edilmesinin zamanı geldi. Ordumuz başarılı olduğunda, generalimizi onurlandırmaktan mutluluk duyarız; ancak çabalarımız başarısızlıkla sonuçlandığında Albay Watson, Albay Long veya Albay Thorneycroft dikkatimizi çeker. Bu durumda General French'in Albay Watson'a tepeye gece saldırısı düzenlemesini emrettiğini söylemek, daha doğru olur.

Sonuç felaketti. Gece yarısı, branda bezinden ayakkabılar giyen ya da sadece çoraplı ayakları ile dört bölük, tehlikeli maceralarına doğru yola çıktılar ve şafaktan hemen önce kendilerini tepenin yamacında buldular. Sıralar arası iki adıma çıkarılmış, iki sıralı hat düzenindeydiler; H Bölüğü önde gidiyordu. Yolun yarısına gelindiğinde, karanlıkta yakın mesafeden üzerlerine ateş açıldı. Albay Watson, tahmin edildiği gibi, askerlerin yeni terk ettikleri ateş sahasının dışında kalan bölgede mevzi almalarını sağlamak amacıyla geri çekilme emrini verdi, ancak hemen ardından ölümü, meseleleri karmakarışık bir durumda bıraktı. Gece karanlıktı, arazi engebeliydi, bir kurşun yağmuru, safların içinde vızıldıyordu. Bölükler karanlıkta birbirine girdi ve birbiriyle çelişen emirler verildi. Öncü bölük subaylarından her biri, Brett, Carey ve Butler, vurulmasına rağmen, mevzisini korudu. Ancak diğer bölükler geri çekilmişti ve şafak sökerken çoğu yaralı olan bu insan şeridini, Boer tüfeklerinin tam altında yatarken buldular. O zaman bile bir süreliğine direndiler, ne ilerleyebildiler ne geri çekilebildiler, ne de bulundukları yerde gereksiz yere zayiat vermeden kalabildiler, bu nedenle hayatta kalanlar teslim olmaya zorlandı. Burada, düşmanın uyarıldığına ve hazır olduğuna dair Magersfontein'den daha iyi kanıtlar bulunuyordu. Albaydan genç teğmenine kadar temasa giren subayların her biri, ya öldürüldü ya yaralandı ya da esir edildi. Başarılı bir gece taarruzu için doğruluğun ve gizliliğin ne kadar önemli olduğunu kanıtlayan bu talihsiz, fakat onur kırıcı olmayan olayda bizim kaybımız, on bir subay ve yüz elli askerdi. Alayın dört bölüğü, subaylarını tamamlamak için Port Elizabeth'e gönderildi, fakat 1'inci Essex Alayının gelişi, French'e kendi kuvveti içinde oluşan boşluğu doldurma imkânı sağladı.

Bu sinir bozucu gecikmeye rağmen General French, düşmanı cepheden tespit etmek ve doğu istikametinde onun etrafından dolaşma şeklindeki ilk planını uygulamaya devam etti. 9 Ocak'ta, Karabinalılardan Porter, kendi alayı, Kraliyet Süvarilerinden iki taburu, Yeni Zelandalılar, Yeni Güney Galler Mızraklı Süvari Alayı ve dört topla birlikte ileriye doğru bir hamle daha yaptı. Kısa süreli bir çarpışmanın ardından, Norval Nehir Geçiş Noktası'nın ana geri çekilme istikametini tehdit etmek maksadıyla, halen kuzey ve doğu istikâmetlerine uzak olan, Slingersfontein adı verilen bir mevziyi işgal etti. Bunu birkaç çarpışma izledi, ancak mevzi muhafaza edildi. Ayın 15'inde Boerler, bu uzun çıkıntının bizi zayıflattığını düşünerek, Yeni Zelandalılar ve 1'inci Yorkshire Alayından bir bölük tarafından savunulan bir mevziye güçlü bir taarruz icra etti. Bu alay French'i takviye etmek için gönderilmişti. Bu taarruz, yaylım ateşi ve süngü hücumuyla karşılandı. Yorkshire Alayından Yüzbaşı Orr vuruldu; ancak kritik bir anda dikkat çekici bir cesaretle hareket eden Yeni Zelandalılardan Yüzbaşı Madocks komutayı ele aldı ve düşman, şiddetli bir şekilde geri püskürtüldü. Madocks, redingotlu silindir şapkalı Boer lideri ile yakın mesafeden bir tüfek düellosu yaptı ve güçlü rakibini öldürme şansını yakaladı. Muharebe sahasında kalan yirmi bir ölü ve çok sayıda yaralı Boer, Suffolks felaketini biraz telafi etti.

Buna rağmen ertesi gün (16 Ocak), kaderin terazisi dönüşümlü olarak bir o yana bir bu yana ağır bastıktan sonra, tekrar aleyhimize döndü. Bu muharebelerin ayrıntılarını açık bir şekilde anlatmak zordur, çünkü bu muharebeler, her bir tepeciğin bir kale gibi tutulduğu ve aradaki düzlüklerde süvarilerin devriye gezdiği, her iki cephede çok geniş bir alanı kaplayan ince şeritler halindeki askerler tarafından icra ediliyordu.

French doğuya ve kuzeye doğru açıldıkça, Boerler de onun kendilerini kuşatmasını önlemek için açıldı. Neticede bu küçük ordular, iki hareketli çatışma hattı oluncaya kadar açıldıkça açıldılar. Bu nedenle muharebeler, küçük birliklerin tesadüf muharebesine ve açığa çıkan devriyelerin karşılıklı kapışmasına dönüştü. Bu, Boerlerin gerilla taktiklerindeki yeteneğinin kendilerine bir miktar avantaj sağlamasına rağmen, bizim süvarilerimizin yeni koşullara hızla uyum sağladığı bir savaştı. Bu ortamda Güney Avustralya Süvarileri ve Yeni Güney Galler Mızraklı Süvarilerinden on altı kişilik bir devriye, pusuya düştü ve on biri esir alındı. Kampa dönüş yolundayken, geri kalan üçü kişiden, biri vurularak öldürüldü, biri de yaralandı.

Bir yanda General French, diğer yanda Schoeman ve Lambert arasındaki düello, bundan sonra savaşmaktan çok, karşılıklı manevra yapmaktı. Bu dönemde, İngilizlerin otuz milden daha uzun olan tehlikeli derecede uzatılmış cephe hattı, daha önce belirtildiği gibi, 1'inci Yorkshire ve daha sonra 2'inci Wiltshire Alayı ve 37'nci Obüs Bataryası'nın bir kısmı tarafından takviye edildi. Muhtemelen bu iki küçük ordu arasında sayı bakımından çok büyük bir fark yoktu, ama Boerler, her zaman olduğu gibi şimdi de iç hat manevrası icra ediyordu. Muharebelerin tekdüzeliği ovadan birkaç yüz fit yükseklikte bir tepe olan Coleskop'un zirvesine, 4'üncü Sahra Bataryası'nın iki 15 poundluk topunu halatlarla ve büyük bir istekle çıkartmayı başaran Essex Alayı'nın bu olağanüstü başarısı ile bozuldu. Bu tepe öylesine dik bir tepeydi ki, serbest biri için ona tırmanmak kolay bir iş değildi. Zirveden, Boer Kamplarının üstüne, birkaç gün boyunca Boerler tarafından yeri belirlenemeyen ve sonuçları itibarıyla kaydırılmak zorunda olan bir ateş açıldı. Topçularımızın bu etkili faaliyeti, güçlü bir mücadele ve sağlam silahların neler başarabileceğini henüz anlamadıklarını gösteren batarya komutanlarının bulunduğu diğer örnekleri telafi edebilir. Coleskop'taki toplar, yalnızca 9000 yardalık menzili içindeki daha küçük tüm tepelere hâkim olmakla kalmadı, aynı zamanda insani ve politik nedenlerden ötürü topa tutulamayan Colesberg kasabasına da tamamen hâkim oldu.

Kademeli olarak gelen takviyelerle, French'in emrindeki kuvvet, ocak ayı sonuna doğru oldukça iyi bir rakam olan on bin kişiye ulaşmış ve ülkenin büyük bir kısmına yayılmıştı. Piyadeleri; 2'nci Berkshire, 1'inci Kraliyet İrlandalı, 2'nci Wiltshire, 2'nci Worcester, 1'inci Essex ve 1'inci Yorkshire Alaylarından, süvarileri; 10'uncu Hafif Süvari Alayı, 6'ncı Ağır Süvari Muhafız Alayı, Inniskilling Alayı, Yeni Zelandalılar, N.S. W. Mızraklı Süvarileri, bir miktar Rimingtonlu rehber ve karma Kraliyet Süvari Alayından, topçusu; Kraliyet Hafif Koşulu Topçularından R ve O bataryaları, 4'üncü Kraliyet Sahra Topçu Alayı ve 37'nci Obüs Bataryası'nın bir kısmından oluşuyordu. Sıkıcı olma riskini alarak bu kuvveti oluşturan unsurları tekrarladım, çünkü savaş sırasında, muhtemelen Rodezya birliği haricinde, hakkında bilgi verilebilecek herhangi bir muharebe yoktu, ki bu konuda net bir izlenim edinilmesi çok zordu. Dalga dalga gelen kuvvetlerin, ülkenin geniş bir bölgesine yayılması ve mevkilere isimlerini veren küçük çiftlikler, meseleyi belirsiz ve anlatımı anlaşılmaz bir hâle getirmektedir. İngilizler hâlâ sağda Slingersfontein'den solda Kloof Kampı'na kadar uzanan bir yarım daire içinde bulunuyordu ve genel harekât planı, sağ taraftan bir kuşatma manevrası olmaya devam etti. General Clements, bu bölümdeki kuvvetlere komuta ederken, hareketli Porter, birbiri ardına ileri harekâtlar gerçekleştirdi. Cephe hattı, yaklaşık elli mil genişliğe ulaşıncaya kadar yavaş yavaş açılmıştı ve muharebelerin içinde bırakıldığı belirsizlik biraz da, tek başına herhangi bir muhabirin bu kadar geniş bir cephede neler olduğuna dair kesin bir fikre sahip olmasının imkânsızlığından kaynaklanıyordu.

General French, 25 Ocak'ta, Stephenson ve Brabazon'u Colesberg'in kuzeyine keşif yapmak için gönderdi ve Boerlerin kendi sınırlarına dokuz mil daha yakın olan Rietfontein'de yeni bir mevzi hazırladıklarını tespit etti. Wiltshire Alayı'ndan on ile on iki kişiyi kaybettiğimiz ve düşmanın hazırlıkları hakkında biraz bilgi edindiğimiz küçük bir harekât icra edildi. Bu ayın geri kalanında, iki kuvvet denge durumunda kaldı. Her biri güçlü bir şekilde tetikteydi ve hiçbiri diğerinin cephesini yaracak kadar güçlü değildi. General French, kısa süre sonra Güney Afrika'daki tüm askerî durumu değiştirecek olan planın hazırlanmasında General Roberts'a yardım etmek için Cape Town'a indi.

Takviye kuvvetleri hâlâ azar azar İngiliz kuvvetine akıyordu. Hoad'ın piyadeden süvariye dönüştürülen Avustralya Alayı ve Hindistan'dan gelen Kraliyet Hafif Koşulu Topçularından J Bataryası, son gelenler arasındaydı. Ancak Boerlere çok daha güçlü takviyeler gelmişti. Bu takviyeler o kadar güçlüydü ki, Boerler taarruza geçebildiler. De la Rey, Modder'ı üç bin adamla bırakmıştı ve onların varlığı, Colesberg'i savunanların canına can katmıştı. Modder'in Boerleri Colesberg'e geldiği anda, İngilizler de Modder'e Kimberley'ye yürüyüşe hazırlanması için süvari takviyesi göndermeye başlamıştı. Böylece Clements'in kuvveti, tam da düşmanın kuvveti büyük ölçüde arttığı sırada azaltılmıştı. Sonuç olarak, sadece kendilerini korumak için değil, aynı zamanda çok ciddi bir felaketten kaçınmak için yapabilecekleri tek şey buydu.

De la Rey'in manevraları, mevzinin sağından kuşatılmasına yönelikti. 9 ve 10 Şubat'ta atlı devriyeler, özellikle Tazmanyalılar, Avustralyalılar ve Inniskilling Alayları, Boerlerle temas sağladı ve her iki tarafta da ağır bir kayıp verilmeyen birkaç çarpışma meydana geldi. Bir İngiliz devriyesi kuşatıldı ve Tazmanyalılar ve rehberlerinden on bir esir verdi. Ayın 12'sinde Boer kuşatma manevrası açığa çıktı ve sağ tarafta Slingersfontein'de bulunan mevzimiz, şiddetli bir taarruza uğradı.

Bu noktada İngiliz mevziinin anahtarı, 2'nci Worcester Alayı'na bağlı üç bölük tarafından savunulan bir tepecikti. Bu mevzi üzerine Boerler şiddetli bir saldırı yaptı, ama aynı şiddetle geri püskürtüldü. Büyük Ladysmith taarruzunda yaptıkları gibi, ayın batışı ile güneşin doğuşu arasındaki karanlıkta ortaya çıktılar ve günün ilk loş ışıkları, ön siperlerde onların üzerine düştü. Boer generalleri gece saldırılarını sevmezler, ancak iyi bir mevzi ele geçirmek ve mümkün olan en kısa sürede ilerlemek için karanlığı kullanmaya fazlasıyla düşkündürler. Bu olayda da yaptıkları buydu ve ileri karakolların, şafak vaktinin soğuk, sisli ışığında onların varlığına dair edindikleri ilk emare koşuşturan ayaklar ve insan siluetleriydi. İki üç kişilik siperlerde bulunan askerler, tek kişi kalmayıncaya kadar öldürüldü ve hücum edenler, hızla ilerlediler. Güneş bozkır hattının üstüne çıktığında, tepenin yarısı onların elindeydi. Boerler, bağırarak ve ateş ederek hızla ilerlediler.

Fakat Worcester Alayının personeli güvenilir ve deneyimli askerlerdi. Tabur saflarında dört yüz elliden az olmamak üzere keskin nişancılar vardı. Bu keskin nişancılardan, tepenin üzerindeki bölüklerde gereken oranlarda vardı ve ateşleri o kadar isabetliydi ki Boerler, kendilerini daha fazla ilerleyemez bir hâlde buldular. Bu uzun gün boyunca iki nişancı hattı arasında, korkunç bir düello devam etti. Albay Cuningham ve Binbaşı Stubbs, kaybedilen araziyi yeniden ele geçirmeye çalışırken öldürüldüler. Hovel ve Bartholomew, askerlerini cesaretlendirmeye devam ettiler ve İngiliz ateşi o kadar ölümcül bir hâle geldi ki, Boerlerin ateşini baskı altına aldı. En yakın birliğe komuta eden Hacket Pain'in talimatıyla, J bataryasının topları açığa çıkarıldı ve küçük tepenin Boerler tarafından ele geçirilen kısmını top ateşine tuttu. İkincisi takviye edildi, ancak karşılaştıkları isabetli piyade tüfeği ateşi karşısında hiçbir ilerleme kaydedemedi. Taburun kahramanı Bisley, uyluğundan yediği bir kurşunla, kan kaybından ölmeden önce, yüz mermi harcadı. Bu mükemmel bir savunmaydı ve çok sık görülen, tecrit edilmiş bir kuvvetin çok sayıda ve inatçı düşman karşısında cesaretini kaybettiği durumlara karşı memnuniyet verici bir istisnaydı. Karanlığın çökmesiyle Boerler, ölü ve yaralı iki yüzden fazla zayiat vererek geri çekildiler. Tüm sağ kanadın çekilmesine yönelik emirler Clements'den geldi ve bu emirler üzerine muzaffer bölükten geri kalanlar, geceleyin birliğini Rensburg istikametinde hareket ettiren Hacket Pain tarafından, geri çekildi. İngilizlerin bu muharebedeki kaybı yirmi sekiz ölü ve yaklaşık yüz yaralı ve kayıptı. Bunların çoğu, sabahın erken saatlerinde mevzilere hücum edildiği sırada meydana geldi.

İngiliz mevzilerinin en sağında bu muharebeler yapılırken, 2'nci Wiltshire Alayı'nın konuşlandırıldığı en solda da benzer sonuçlarla ve aynı şiddetle başka bir muharebe yapılıyordu. Üzerlerindeki baskı Viktorya piyadelerinden yaklaşık yüz kişi tarafından gerçekleştirilen müthiş bir taarruz ile hafifletildiğinde, bu alayın birkaç bölüğü, bir tepecik üzerinde tecrit edilmiş ve Boer keskin nişancıları tarafından kuşatılmıştı. Cesur Avustralyalılar, askerlerinin büyük bir çoğunluğu ile birlikte Binbaşı Eddy ve yedi subaydan altısını kaybettiler. Ancak aynı kökenden gelen tüm bu dağınık uluslar içinde, büyük ada kıtasından gelen bu askerlerden daha ateşli bir cesarete ve yüksek bir görev bilincine sahip birinin olmadığını bir kez daha kanıtladılar. Bir tarihçinin talihsizliği, bu beklenmedik olaylarla uğraşırken işin doğası gereği ve bir kural olarak, keşif birliklerine ve hafif süvariye düşen görevleri yerine getirmek için bağımsız birliklerde görevlendirilmesidir. Dahası, zayiat listesini doldurma görevi verilmesi, fakat harp ceridesi sayfalarını doldurma görevi verilmemesidir. Buna rağmen, Afrika ordusu içinde atılganlığı ve cesareti ile büyük hayranlık uyandıran Avustralya ve Yeni Zelanda'nın iyi at binen, isabetli atış yapan, evlatlarından başka kimse olmadığının kesinlikle söylenmesi gerekir. Birçok cesur adama sahip olan bir orduda, onlardan daha cesur kimse yoktu.

Bu andan itibaren, kuşatma manevrasının başarısız olduğu açıktı ve düşman öyle bir güç geliştirmişti ki, kendimiz mutlak bir kuşatılma tehlikesi içindeydik. Durum çok ciddiydi: çünkü Clements'in kuvveti bertaraf edilebilirse, düşmanın, Roberts'ın Özgür Devlet'e doğru ilerlemek için topladığı ordunun ikmal hatlarını kesmesini engelleyecek hiçbir şey kalmayacaktı. Clements, aceleyle kanatlarını çekti ve tüm gücünü Rensburg'da yoğunlaştırdı. Saldırgan bir düşman karşısında zor bir harekâttı, ancak manevralar iyi zamanlanmış ve takdire şayan bir şekilde icra edilmişti. Bir geri çekilmenin her zaman bir paniğe dönüşme ihtimali vardır. O esnada meydana gelen bir panik, çok ciddi bir sorun teşkil edebilirdi. Bir talihsizlik meydana geldi. Wiltshire alayının iki bölüğü, kesin bir emir verilmeden bırakılmaları nedeniyle, mevcutlarının üçte birinin öldürüldüğü veya yaralandığı bir direnişin ardından irtibatları kesildi ve esir alındılar. O sıkıntılı zaman içinde hiç kimse, Wiltshire Alayından Albay Carter'dan daha fazla çalışmadı (geri çekilme gecesi uykusuz geçirdiği altıncı geceydi). İki bölüğün kaybı, bir savaşta her zaman meydana gelebilecek kazalardan biri olarak değerlendirilecektir. Inniskilling, Ağır Süvari ve Viktorya Atlı Piyade Alaylarından bazı birliklerin de geri çekilirken irtibatları kesilmişti, fakat genel olarak Clements, dağınık durumdaki ordusunu bu kadar az aksilikle toplayabildiği için çok şanslıydı. Geri çekilmek, cephenin genişletilmesi için çok yoğun ve çok uzun süreli olarak çalışan askerler için üzüntü vericiydi, fakat düşmanın Colesberg'de daha büyük bir güç meydana getirdiğini ve yakın zamanda batıda gerçekleştirilecek tehlikeli manevralara karşı koymak için daha az bir kuvvete sahip olduklarını anlayan Generaller tarafından soğukkanlılıkla karşılanacaktı. Bu arada Coleskop da boşaltılmış, toplar taşınmış ve tüm kuvvet 14 Şubat'ta Rensburg'dan geçerek, altı hafta önce General French'in bu heyecan verici harekâtlar dizisini başlattığı yer olan Arundel'e geri çekilmişti. Yine de, başladıkları yere geri döndükleri için başarısız olduklarını düşünmek pek adil olmaz. Öncelikli hedefleri Özgür Devlet vatandaşlarının kolonunun içlerine doğru daha fazla ilerlemesini önlemekti ve savaşın bu en kritik döneminde büyük bir başarı ve çok az bir kayıpla bu hedefe ulaşılmıştı. Sonunda baskı o kadar şiddetli hâle bir geldi ki, düşman, durumu rahatlatmak için genel konuşlanmasının en önemli kısmını zayıflatmak zorunda kaldı. Clements kendini bir kez daha Arundel'de bulduğunda, harekâtın hedefine fiilen ulaşılmıştı. Savaşın fırtına kırlangıcı olan French, Cape Town'dan geçip, Colesberg'dekinden daha büyük bir ödülün kendisini beklediği Modder Nehri'ne gitmişti. Clements, önemli bir demir yolu kavşağı olan Naauwport'u, Roberts'ın ordusunun ilerleyişi, tüm askerî durumun tamamen tersine dönmesine neden oluncaya kadar korumaya devam etti.

15. BÖLÜM

SPİON TEPESİ

Methuen ve Gatacre'nin, Modder ve Sterkstroom'daki mevzilerini korumakla yetindiği, hareketli ve enerjik French'in Boerleri Colesberg'e doğru sürdüğü sırada, ciddi, inatçı ve esrarengiz bir adam olan Sir Redvers Buller, Ladysmith'e yapılacak başka bir ileri harekât için birliklerini topluyor ve hazırlıyordu. Colenso'ya yapılan cephe taarruzunda, piyadesinin geri çekildiği, fakat on tane topunun geri çekilemediği o korkunç günden bu yana yaklaşık bir ay geçmişti. O zamandan beri kendisine, Sir Charles Warren'ın piyade tümeni ve hatırı sayılır bir topçu takviyesi gelmişti. Hâl böyle iken, karşısında bulunan arazinin korkunç doğası, Boerlerin savaşma gücü ve Boerlerin her zaman iç hat manevrası yaptığı gerçeği göz önüne alındığında, işinin ehli uzmanların görüşüne göre, Buller'in kuvveti, ele alınan sorun için şimdi bile çok zayıftı.

Bununla birlikte, onun lehine olan birkaç husus vardı. Mükemmel piyadeleri azimliydi ve komutanlarına güvenleri tamdı. Seferî harekât sırasındaki bazı olayları ne kadar çok eleştirsek de, takipçilerini etkileme ve cesaretlendirme yeteneğine sahip olduğunu ve Colenso'ya rağmen, eski kafalı şahsiyetinin görünüşü ve çok kayıtsız yüz ifadesi, etrafındakilere nihai bir zaferin güvencesini verdiği inkâr edilemez. Topçu silahlarında, özellikle mermi ağırlığı bakımından eskisinden çok daha güçlüydü. Süvarileri, diğer birliklerine oranla hâla zayıftı. Sonunda Boerleri kuşatmak için 10 Ocak'ta yola çıktığında, yanına on dokuz bin piyade, üç bin süvari ve 50 poundluk Pikrik asit (trinitrofenol (TNP)) mermisi atabilen altı havan topu ve on uzun menzilli donanma topunu içeren altmış topu almıştı. Barton'un tugayı ve diğer birlikler, üssü ve ikmal hatlarının korunmaları için geride bırakılmıştı.

Buller'in kuvvetinin ayrıntılı bir analizi, aşağıda sunulduğu gibiydi:
Clery'nin Tümeni:
    Hildyad'ın Tugayı
    2'nci Batı Surrey Alayı
    2'nci Devonshire Alayı

2'nci Batı Yorkshire Alayı
2'nci Doğu Surrey Alayı

Hart'ın Tugayı:
1'inci Inniskilling Hafif Piyade Alayı
1'inci Sınır Alayı
1'inci Connaugh komandoları.
2'nci Dublin Hafif Piyade Alayı
Sahra Topçusu, üç batarya; 19'uncu, 28'inci, 63'üncü bataryalar;
13'üncü Hafif Süvari Alayından bir tabur; Kraliyet İstihkam Alayı

Warren'in Tümeni:
Lyttelton Tugayı
2'nci Cameronian Alayı
3'üncü Kraliyet Piyade Alayı
1'inci Durham Hafif Piyade Alayı
1'inci Piyade Tugayı
Woodgate'in Tugayı.
2'nci Kraliyet Lancaster Alayı
2'nci Lancashire Hafif Piyade Alayı
1'inci Güney Lancashire Alayı
York ve Lancaster Alayları
Sahra Topçusu, üç batarya; 7'nci, 78'inci ve 73'üncü Bataryalar; 13'üncü Hafif Süvari Alayından bir tabur

Kolordu Birlikleri:
Coke'un Tugayı
İmparatorluk Hafif Piyade Alayı
2'nci Somerset Alayı
2'nci Dorset Alayı
2'nci Middlesex Alayı
61'inci Havan Bataryası; iki 4,7 Donanma Topu; sekiz 12 poundluk donanma topu;
13'üncü Hafif Süvari Alayından bir tabur; Kraliyet İstihkamcıları.

Süvari:
1'inci Kraliyet Ağır Süvari Alayı
14'üncü Hafif Süvari Alayı
Güney Afrika Süvarilerinden dört tabur
İmparatorluk Hafif Süvarilerinden bir tabur
Bethune'nin Atlı Piyadeleri
Thorneycroft'un Atlı Piyadeleri
Natal Karabinalılarından bir tabur
Natal Polisinden bir tabur

Kraliyet Atlı Piyadelerinden bir bölük
Altı Makinalı Tüfek Birliği
İcra ettikleri harekâtları açıklamaya çalışacağım kuvvet budur.
Colenso'nun yaklaşık on altı mil batısında, Tugela Nehri üzerinde Potgieter birikintisi adı verilen sığ bir geçit yeri vardı. General Buller'in görünürdeki planı, bu noktada çalışan feribotla birlikte bu yeri ele geçirmek ve böylece kendisini Colenso'daki Boerlerin sağ kanadına atmaktı. Nehir geçildikten sonra aşılması gereken zorlu bir tepeler hattı vardı, ama eğer bunlar geçilirse Ladysmith'in tepelerine ulaşılana kadar nispeten kolay bir arazi yapısı vardı. Buller ve askerleri, büyük umutlarla sefere çıktılar.

Dundonald'ın süvari kuvvetleri hızla ileri sürüldü. Ana nehrin bir kolu olan Küçük Tugela'yı Springfield'da geçtiler ve nehir geçit yerine hâkim olan tepelerin üzerine yerleştiler. Dundonald çok fazla ilerleyerek kendine verilen talimatların sınırını büyük ölçüde aşmıştı. Bunu yaptığı için cesaretini ve muhakeme yeteneğini takdir ederken, şahsi girişimleri felaket ile sonuçlanan ve kınanan daha az şanslı subayları hatırlamalı ve onlara karşı merhametli olmalıyız. Düşmanın tüm bu yolu tutmaya niyetli olduğu konusunda herhangi bir şüphe yoktu, fakat onlara engel olan tek şey, ilk manevralarımızın çabukluğuydu. Sabahın erken saatlerinde, Teğmen Carlisle komutasındaki küçük bir Güney Afrika Süvari grubu, ateş altında geniş nehri yüzerek geçti ve feribotu geri getirdi. Bu, çok soğukkanlı bir şekilde planlanan ve cesurca icra edilen ve neyse ki kansız biten bir girişimdi. Yol, ilerlememiz için artık açıktı ve eğer harekât başladığı gibi hızlı bir şekilde icra edilebilirse, muhtemelen Boerler toparlanamadan önce, onları dağınık bir halde yakalayabilirdik. Öyle olmaması piyadenin suçu değildi. Tüm seferî harekâtın en zorlu intikallerinden birinde, cebrî bir yürüyüşün ardından, üzerlerine çamur sıçramış ama neşeli bir şekilde atların hemen arkasından yorgun argın yürüyorlardı. Ancak 20.000 kişilik bir ordu, onları beslemek için ayrıntılı hazırlıklar yapılmadan herhangi bir üsten yirmi mil uzaktaki bir nehirden geçirilemez. Yollar öyle bir durumdaydı ki, yük arabaları güçlükle hareket edebiliyordu. Şiddetli bir yağmur henüz yağmıştı ve her bir dere, taşarak bir nehre dönüşmüştü. Öküzler zorlanabilir, ağır yük lokomotifi yavaşlayabilir ve atlar ölebilirdi, fakat eğer öncü birliğin kendi hızında gitmesine izin verilirse, hiç kimse ikmal maddelerini yetiştiremezdi. Neticede, geçiş yerine hâkim yükselti olan Alice Dağı'nı ele geçirerek nehrin bir ana geçiş noktasını güvenceye alan kuvvetler, karşı yamaçlar üzerinde kazı yapan, malzeme taşıyan ve çalışan koyu renkli, gayretli şahısları uzaktan izleyerek günlerce beklediler. Çok uzakta ufkun üzerinde, mor renkli pusun arasından, sabahtan akşama kadar gidip gelen küçük ışıltılı bir nokta parıldıyordu. Bu, Ladysmith'in sorunlarını anlatan ve yardım çağrısı yapan helyografıydı. İkisinin arasında bozkırın sert erkekleri öfkeyle siper kazarken, Alice Dağı'nın zirvelerinden cevap veren bir umut yıldızı hafifçe parıldadı ve rahatlatıcı, cesaret verici, durumu açıklayan bir ışık saçıldı. "Biz geliyoruz! Biz geliyoruz!" diye haykırdı Alice Dağı. Kazma ve kürekli adamlar ise "Cesetlerimizin üzerinden" dediler.

12 Ocak Perşembe günü Dundonald, zirveleri işgal etmişti, 13'ünde feribot ele geçirilmiş ve Lyttelton tugayı, süvarilerin elde ettiklerini emniyete almak için gelmişti. Ayın 14'ünde, geçişi korumak için ağır donanma topları ileri yanaştırıldı. 15'inde Coke'un tugayı ve diğer piyadeler geçiş yerinde toplanmışlardı. Ayın 16'sında, Lyttelton tugayı'nın dört alayı karşıya geçti. Ancak o zaman, Buller'in planının sanıldığından çok daha gizli ve kapsamlı bir plan olduğu ve Potgieter geçit yerindeki tüm bu faaliyetlerin, batıya doğru beş mil uzaklıktaki Trichard'ın geçit yeri adı verilen sığ geçit yerinden yapılacak gerçek nehir geçişini gizlemek için yapılan fiilî bir gösteri olduğu anlaşılmaya başlandı. Böylece, Lyttelton ve Coke'un Tugayları, Potgieter geçit yerine cepheden taarruz ederken, diğer üç tugay (Hart'ın, Woodgate'in ve Hildyard'ın Tugayları) ayın 16'sı gecesi Dundonald'ın süvarilerinin çoktan geçmiş olduğu gerçek geçiş yerine doğru hızla ilerlediler. Orada, ayın 17'sinde dubalar üzerine bir köprü kuruldu ve Potgieter'in önündeki siperleri sağdan kuşatacak şekilde güçlü bir kuvvet ayrıldı. Eğer o güne kadarki seferî harekât içinde İngiliz tarafında bir stratejik manevra olduğu söylenebilir ise bu, takdire şayan bir şekilde planlanan ve mükemmel bir şekilde icra edilen, kesinlikle en stratejik manevraydı. Ayın 18'inde piyade, süvari ve topların çoğunluğu, can kaybı olmadan güvenli bir şekilde karşıya geçti. Buna rağmen Boerler, zorlu iç hatlarını korudular. Bir konuşlanma değişikliğinin tek sonucu, Boerleri uzmanlaştıkları bu dehşet verici tahkimatlardan yeni bir dizi inşa etme zahmetine sokmak olduğu görülüyordu. Tüm düzenlemelerden sonra, İngilizlerin nehrin sağ tarafında olduğu doğruydu, fakat Ladysmith'ten başladıkları zamankinden çok daha uzaktaydılar. Bununla birlikte, yirmi milin on dörtten milden daha kısa olduğu zamanlar vardı ve bunun onlar arasında olduğunu kanıtlayacağı umut ediliyordu. Fakat ilk adım en ciddi olanıydı, çünkü tam karşılarında, Spion Tepesi'nin yüksek zirvesinin sol köşesini oluşturduğu yüksek bir platonun kenarında Boer mevzisi bulunuyordu. Eğer bu ana sırt hattı ele geçirilebilir veya ona hâkim olunabilirse, bu mevzi, onları hedeflerinin yarısına ulaştırmış olacaktı. Yeryüzündeki en inatçı ırklardan ikisi, bu vazgeçilmez tepeler için mücadele etmek üzereydi. Doğrudan bir ileri harekât ile bu mevzi hemen işgal edilebilirdi, fakat açıklanamayan bazı nedenlerle sol tarafa doğru amaçsız bir ilerlemeyi, Warren'in tümeni'nin ilk konumuna geri çekilmesi takip etti, bu nedenle paha biçilmez değerdeki iki gün boşa gitti. General Botha'nın Genelkurmay Başkanı olan Komutan Edwards'ın, bu dönemde sol tarafa doğru yapılacak güçlü bir kuşatma manevrasının Boer mevzilerine karşı tamamen üstünlük sağlayacağına ve Ladysmity'e bir yol açacağına dair güvenilir sözüne sahibiz.

Ender olması nedeniyle çok hoş karşılanan küçük bir başarı, bu ilk gün İngilizlerin kucağına düştü. Dundonald'ın askerleri, piyadenin ilerlemesinin sol yanını korumak ve Boer mevzilerinin sağ yanını tespit etmek için gönderilmişti. Tesadüfen uyurken yakalanan güçlü bir Boer devriyesi, düzensiz birliklerin pusu kurduğu yere doğru at sürdü. Bazıları kaçtı, bazıları küçük bir tepede çok cesurca direndi, ancak nihai sonuç, yirmi dört sağlam harp esirinin teslim olması ve Heilbron'un süvari bayraktar subayı olan Mentz'in de aralarında bulunduğu on üç kişinin ölü ve yaralı olarak bulunmasıydı. Bu iyi yönetilen olayda İngilizlerin kayıpları iki ölü ve iki yaralıydı. Dundonald'ın kuvveti, sonrasında Warren'ın ilerlemesinin en solunda konumlandı.

İngilizler, Boerlerin üzerine doğru iki ayrı grup hâlinde hareket ediyorlardı. Lyttelton'un ve Coke'un Tugaylarından oluşan ve Potgieter Geçit Yerinden geçen birlik, fiilen bir cephe taarruzu gerçekleştirirken, Trichard Geçit Yerinden karşıya geçen asıl birlik, Boerlerin sağ kanadını kuşatıyordu. Bu iki harekâtın ortasında, mavi gökyüzüne karşı ana hatlarıyla açıkça çizili olan Spion Tepesi'nin zorlu tabyası bulunuyordu. Alice Dağı'ndaki ağır donanma topları (iki 4,7'lik ve sekiz adet on iki poundluk), her iki ilerlemeyi destekleyecek şekilde yerleştirilmişti ve obüs bataryası, cephe taarruzuna destek olması için Lyttelton'a verilmişti. İngilizler, iki gün boyunca, Boerleri fasılasız bir topçu ateşi yağmurunun koruması altında yavaş yavaş, ama istikrarlı bir şekilde şıkıştırdılar. Asık suratlı ve cefakâr Boerler, ara sıra meydana gelen tüfek ateşi dışında hiçbir yanıt vermediler ve bu kriz, büyük toplarını zarar görme ihtimali ile karşı karşıya bırakıncaya kadar yanıt vermeyi reddettiler.

19 Ocak'ta Warren'ın kuşatma manevrası, karşı karşıya kaldığı direnişi otuz altı sahra topu ve kendisine iade edilen altı obüsle ezerek, onun düşmanla daha yakından temasa geçmesini sağladı. Önündeki arazi uzun kıvrımlar hâlinde katlanmıştı ve ilerlemesi, birbiri ardına sırtların ele geçirilmesi anlamına geliyordu. Savaşın ilk aşamalarında bu, tehlikeli bir kayba neden olurdu; ama biz dersimizi almıştık ve şimdi piyade, onar adımlık aralıklarla ve her asker kendi siperini seçip, mevzi üstüne mevzi ele geçirerek, uygun Boer usulü ile tırmandılar. Düşman ise her zaman temkinli ve terbiyeli bir şekilde geri çekiliyordu. Bu tarafta bir zafer ya da diğer tarafta bir bozgun yoktu, sadece istikrarlı bir ilerleme ve düzenli bir geri çekilme vardı. O gece piyade, muharebe hattında uyudu. Sabahın üçünde tekrar ilerlemeye başladılar ve sadece tüfeklerin değil, uzun süre sessiz kalan Boer topları da hep birlikte İngiliz ilerleyişine ateş açtığı anlaşıldığında güneş doğmuştu. Yine, Colenso'da olduğu gibi savaşın asıl yükü, Britanya'nın hizmetinde olsun ya da olmasın, isminin her zaman ilişkilendirildiği eski kahramanlık geleneğini sürdüren Hart'ın İrlanda tugayı'na düşmüştü. Lancashire Hafif Piyade, York ve Lancaster Alaylarının payına da zayiatın ve zaferin büyük bir kısmı düşmüştü. İngilizlerin amansız muharebe

hattı, yavaş ama emin adımlarla düşmanın elinde tuttuğu toprağın üstünden geçti. Cesur bir sömürge vatandaşı olan Güney Afrika Süvari Birliğinden Tobin, bir tepenin üstüne doğru at sürdü ve şapkasıyla oranın temiz olduğunun işaretini verdi. Silah arkadaşları, onu yakından takip ettiler ve binbaşıları Childe'nin kaybıyla mevziyi işgal ettiler. Bu çarpışma esnasında Lyttelton, Boerlere 1500 yarda mesafeye ilerleyerek, onları kendisine karşı siperlerinde tutmuştu, ancak bu taarruz daha fazla ilerletilemedi. O günün akşamı, yani 20 Ocak'ta İngilizler birkaç millik bir arazi kazanmıştı ve toplam kayıpları, ölü ve yaralı yaklaşık üç yüz kişiydi. Birliklerin keyfi yerindeydi ve hepsi de gelecek için umut vadediyorlardı. Askerler yine savaştıkları yerde yattılar ve şafakta yine büyük topların gürlemesi ve tüfeklerin takırtısı duyuldu.

Bugünkü muharebe, düşman tarafından şiddetli bir şekilde karşılık verilen, sahra bataryalarının ve 61'inci Obüs Bataryasının kesintisiz topçu atışı ile başladı. Yaklaşık saat on birde, hepsi soğukkanlı ve temkinli olan piyadeler, bu acımasız ölüm oyununda hiçbir hedef göstermeden, Aldershot'ın sert komutanlarını bile şaşırtacak bir şekilde sürünen, kıvrılan, bükülen, çömelen düzensiz bir grup olarak ilerlemeye başladılar. Kendine özgü üniformaları ve parlak kılıçlarıyla subaylar neredeydi, açıktan hızla ileri atılan kahraman neredeydi, vurulup yere düşmekten çokça gurur duyan askerler neredeydi? Üç ay öncesinin taktikleri, Orta Çağ'ın taktikleri kadar modası geçmiş görünüyordu. Muharebe hattı, tüm gün ileriye doğru dalgalandı ve akşama doğru, kayalarla kaplı araziden başka bir şerit daha elde edilmişti ve yine bir ambulans treni, yüz yaralıyı Frere'deki üssün hastanelerine taşıyordu. O günkü çatışmalar ve verilen kayıplar, genel olarak, sol taraftaki Hildyard'ın tugayına düşmüştü. 22 Ocak sabahı alaylar, Boer ana mevziinin sınırlarının çevresinde yoğun bir şekilde kümelendi ve o gün yorgun askerleri dinlendirmek ve nihai taarruzun hangi noktadan gerçekleştirileceğine karar vermekle geçti. Sağ cephede, her iki taraftan Boer hatlarına hâkim olan, Spion Tepesi'nin ıssız zirvesi yükseliyordu. Güya Boerler (Voortrekkers), ilk kez 1835'te onun zirvesinden vaat edilen Natal topraklarına bakmışlardı. Elbette sadece bu ele geçirilip savunulabilseydi! Buller ve Warren, Spion Tepesi'nin çıplak zirvesini dürbünleriyle taradılar. Bu bir maceraydı. Ancak tüm savaş bir maceraydı. Cesur adam, en fazla riskli girişimde bulunan kişidir. Tek bir ateşli taarruz ile tüm bu kilitli kapıların ana anahtarı, bizim elimizde olabilirdi. O akşam Londra'ya, tüm İmparatorluğu bir beklenti içinde bırakan bir telgraf geldi. O gece Spion Tepesi'ne taarruz edilecekti.

Bu görev için seçilen birlikler, 2'nci Lancashire Hafif Piyadelerinden sekiz bölük, 2'nci Kraliyet Lancashire'dan altı bölük, 1'inci Güney Lancashire'dan iki bölük, Thorneycroft'tan 180 kişi ve İstihkâm bölüğünün yarısı idi. Bu iş, Kuzey İngiltere'nin görevi olacaktı.

Yıldızsız bir gecenin dostane örtüsünün altında, Hindistan taburundaki askerler, savaşa hazır Irokualar'ın[1] kahramanlarından bir grup gibi, zirveye giden dolambaçlı ve belli belirsiz patikaya doğru gizlice hareket ettiler. Lancashire'ın Tuğgenerali Woodgate ve Hafif Piyade Alayından Blomfield, önden giderek yol gösterdiler. Bu, bozuk zemin üzerinde zahmetli bir yürüyüşün ardından gelen 2000 fitlik zorlu bir tırmanıştı, fakat faaliyet iyi zamanlanmıştı ve şafaktan önceki en karanlık saatte, son dik yokuşa ulaşılmıştı. Hafif piyadeler, nefeslenmek için kayaların arasına çömeldiler ve çok aşağıda altlarındaki düzlükte silah arkadaşlarının nerede dinlendiğini gösteren solgun ışıkları gördüler. Hafif bir yağmur yağıyordu ve başlarının üzerinde gürleyen bulutlar asılıydı. Doldurulmamış, fakat süngü takılmış tüfekleri ile askerler bir kez daha gizlice hareket ettiler ve vücutlarını eğdiler. Gözleri, düşmanın ilk işaretini görmek için karanlığı taradığında, düşmanın ilk işareti olarak gördükleri, genellikle ezici bir yaylım ateşiydi. Thorneycroft'un askerleri, cesur liderleriyle birlikte kalabalığın içinden kendilerine yol açıp ilerlediler. Daha sonra öncü taburlar doğru yolda ilerlediklerini anladılar. Sırt hattı ele geçirilmişti.

Yavaş adımlarla ve nefeslerini tutarak ilerleyen açık avcı zinciri, sırtın üzerinden aştı. Tamamen terk edilmiş olması mümkün müydü? Aniden karanlığın içinden kısık bir "Wie da?" (kim var orada?) sesi geldi, sonrasında Hafif Piyadeler süngüleriyle ileri doğru atılırken, bir tüfek atışı, bir bağırış geldi. Vryheid kasabası sakinlerinin Boer ileri karakolu, paldır küldür ve alelacele karanlığın içine doğru gitti ve uyuyan her iki orduyu da uyandıran bir tezahürat, baskının tamamlandığını ve mevzinin ele geçirildiğini haber verdi.

Gün doğumunun gri ışığında askerler, göze çarpan ucunu ele geçirdikleri dar, dalgalı sırt boyunca ilerlediler. Başka bir siper onları karşıladı, fakat bu siper zayıf bir şekilde savunuluyordu ve terk edilmişti. Sonra askerler ilerilerinde ne olduğundan emin olmadıkları için durdular, nerede olduklarını ve önlerinde duran işin ne olduğunu görmek için havanın tam olarak aydınlanmasını beklediler. Bu, sonuçlarının ispat ettiği gibi ölümcül bir duraklamaydı, ama yine de o kadar doğal bir molaydı ki, emri veren subayı suçlayamazdık. Gerçekten de, körü körüne hücum etmiş olsaydı ve böylece zaten kazanılmış olan avantajı kaybetseydi daha suçlu görünebilirdi.

General Woodgate, saat sekiz civarında, sisin dağılmasıyla durumun ne olduğunu gördü. Bir ucunu ele geçirdiği sırt, birkaç mil boyunca yükselip alçalıyordu. Platonun ucunun tamamına sahip olsaydı ve topları da olsaydı, mevkinin geri kalanına hâkim olmayı umabilirdi. Fakat platonun sadece yarısını elinde tutuyordu ve platonun uzak ucunda Boerler, güçlü bir şekilde mevzilenmişti. Spion Tepesi'nin bulunduğu dağ, gerçekten de Boer mevziinin göze çarpan ve keskin

---

1 ÇN: İrokualar: Kanada'da güney Québec ile güney Ontario'da, ABD'de New York, Wisconsin, Oklahoma ve Kuzey Karolina eyaletlerinde İrokua dillerini konuşan 6 kabile.

köşesiydi. Bu nedenle İngilizler, hem soldan hem de sağdan çapraz ateşe maruz kaldılar. Onun ötesinde avcı erleri, sıralarını ve birkaç topu barındıran diğer tepeler vardı. İngilizlerin elinde tuttuğu plato, genellikle basında temsil edilenden çok daha dardı. Pek çok yerde olası cephe genişliği yüz metreden fazla değildi ve tek bir bölüğün genişletilmiş bir düzen alması için yer olmadığından birlikler, bir araya toplanmak zorunda kaldılar. Bu platodaki örtü yetersizdi, üzerine gelen kuvvet için ise çok daha yetersizdi ve topçu ateşi- özellikle de pompomların ateşi - çok geçmeden çok ölümcül bir hâle geldi. Birlikleri platonun kenar örtüsünün altına yığmak, doğal olarak akla gelebilir, ancak Komutan Prinsloo'nun Heidelbergleri ve Carolina komandolarından oluşan Boer ileri hattı, büyük bir taktik beceriyle, o kadar saldırgan bir tavır sergiledi ki, İngilizler kendi karşılarında bulunan hatları zayıflatamadılar. Avcı erleri, etraflarında öyle bir şekilde sürünüyorlardı ki ateş gerçekten üç ayrı noktadan geliyordu. Soldan, merkezden ve sağdan, mevziinin her köşesi, onların mermileri ile taranıyordu. Çarpışmanın başlarında, cesur Woodgate ve onun Lancashire Alayındaki askerlerinin çoğu vurulmuştu. Geriye kalanlar, arada bir namlu ışıltısına ya da geniş kenarlı bir şapkanın anlık görüntüsüne ateş ederek, etrafa yayıldılar ve direndiler.

 Sabahtan öğleye kadar, topçu mermileri, Maxim makinalı ve tüfek ateşi, sürekli bir yoğun sağanak hâlinde bir uçtan bir uca tepeyi süpürdü. Aşağıdaki düzlükte bulunan İngiliz topları, düşman toplarının konumunu belirleyemedi ve yoğunlaşan kinlerinin acısını, açığa çıkan piyadelerden çıkardılar. Bunun için topçulara hiçbir suç yüklenemez, çünkü beş büyük top ve iki pompomdan oluşan Boer topçusunu gizlemek için araya bir tepe girmişti.

 Woodgate'in ölümü üzerine, tepeyi savunma sorumluluğu, Buller'in teklifi ile kararlı bir savaşçı şöhreti taşıyan Thorneycroft'a verildi ve öğleden sonra Coke'un tugayı, Middlesex, Dorset ve Somerset Alayları ile birlikte İmparatorluk Hafif Piyade Alayı ile takviye edildi. Platoyu savunanlara bu gücün eklenmesi, savunmanın gücünü artırmaktan çok, zayiat raporlarını artırma eğilimindeydi. İlave üç bin piyade, görünmeyen bir topun ateşini engellemek için hiçbir şey yapamazdı ve kayıpların ana kaynağı buydu. Öte yandan plato, birliklerle öylesine yığılmıştı ki bir top mermisinin hasar vermemesi, çok az bir olasılıktı. Onları koruyacak bir örtü yoktu ve açılabilecekleri bir alan da bulunmuyordu. En şiddetli baskı, Boerler tarafından terk edilen ve Lancashire Hafif Piyadeleri tarafından tutulan cephedeki derinliği olmayan siperlerin üzerindeydi. Tüfek ve toplar ile derinliğine ateş altına alınmışlardı, ölü ve yaralılar sayıca sağlam olanlardan çok daha fazlaydı. Avcı erleri birbirine o kadar yakındı ki, en azından bir defasında bir Boer ve bir Briton, kendilerini aynı kayanın her iki yanında buldular. Bir defasında, tahammülün ötesinde canı yanan bir avuç asker, yeterince sıkıldıklarının göstermek için birdenbire ayağa kalktı, fakat iri cüsseli Thorneycroft, ilerleyen Boerlere doğru koştu ve "Cehenneme gidin!" diye bağırdı. "Buraya ben komuta ediyorum ve teslim olmaya izin vermiyorum. Ateş etmeye devam edin." Louis Botha'nın askerlerinin taarruza geçerken gösterdiği cesareti hiçbir şey geçemezdi. Ladysmith'e yapılan büyük taarruz hariç, onlarla olan deneyimlerimizde benzeri olmayan bir pervasızlıkla kendilerini ifşa ederek, İngiliz ateş hattına doğru art arda ilerlemişlerdi. Yaklaşık saat ikide Hafif Piyadeler tarafından tutulan bir sipere hücum ettiler ve iki bölükten hayatta kalanları esir olarak aldılar, ancak müteakiben tekrar geri püskürtüldüler. Güney Lancashire Alayından ayrı düşen bir müfrezeye teslim ol çağrısı yapıldı. "Teslim olduğumda," diye bağırdı Bayraktar Çavuş Nolan, "Teslim olan benim cesedim olacak!" Saatler boyunca topçu mermilerinin kayaların arasına aralıksız olarak düşmesi ve tüm yaralanmaların en korkuncuyla parçalanan ve infilak eden askerlerin inlemeleri ile çığlıkları, birlikleri fena hâlde sarsmıştı. Kalabalık platoya dakikada yedi top mermisinin düştüğünü gören aşağındaki izleyiciler, fedakâr askerleri görev yerinde tutan dayanma gücüne hayran oldular. Askerler art arda, tekrar tekrar yaralandılar ve yine de savaşmaya devam ettiler. İnkerman'dan bu yana hiç bu kadar acımasız bir asker savaşı yapmamıştık. Bölüklerdeki subaylar harikaydı. Middlesex Alayından Yüzbaşı Muriel, yaralı bir adama sigara verirken göğsünden vurulmuştu, bölüğüne komuta etmeye devam etti ve beyninden tekrar vuruldu. Aynı alaydan Scott Moncrieff'i sadece kendisine isabet eden dördüncü kurşunla muharebe dışı bırakıldı. Thorneycroft'un askerlerinden Grenfell vuruldu ve "Sorun değil. Önemli bir şey yok." diye haykırdı. İkinci bir yara, "Tamam, ben halledebilirim" demesine neden oldu. Üçüncüsü onu öldürdü. Hasta yatağında sürünen Lancaster Alayından Ross, çok uzak bir tepede ölü bulundu. İskoç Piyadelerinden genç Murray, beş yarasından kan damladığı halde hâlâ askerleri arasında sendeleyerek dolaşıyordu ve bu askerler, böyle subaylara layıktı. Subaylar, ön cephe hattından bir kısmı içeri girdiğinde "Geri çekilmek yok! Geri çekilmek yok!" diye bağırdılar. Bütün alaylarda iradesi zayıf olan ve isteksizlik gösterenler vardı ve birçok asker tepede ölümle yüzleşmesi gerekirken ters taraftaki yamaçlarda dolaşıyordu, ancak İngiliz birlikleri bir bütün olarak bu ölüm saçan tepe üzerinde olandan daha ateşli hiçbir sınava sebat etmemişlerdi.

    Durum çok kötüydü, ne subayların ne de askerlerin onu düzeltmek için yapabileceği herhangi bir şey yoktu. Tehlikeli bir ikilem içindeydiler. Eğer siper almak için geri çekilirlerse, Boer avcı erleri mevziye hücum edeceklerdi. Eğer mevzilerini koruyacak olurlarsa, hiçbir şekilde karşılık veremeyecekleri bu korkunç topçu ateşi devam edecekti. Aşağıda Boer mevziinin önündeki Top (Gun) Tepesindeki bataryalarımız beşten az değildi: 78'inci, 7'nci, 73'üncü, 63'üncü bataryalar ve 61'inci obüs bataryası, ancak onlarla Spion Tepesi'ni bombalayan Boer topları arasına bir sırt, girmişti ve bu sırt güçlü bir şekilde tahkim edilmişti. Uzaktaki Alice Dağı'ndaki donanma topları ellerinden geleni yaptılar, ancak menzil çok uzundu ve Boer silahlarının konumu belirsizdi. Bu şekilde yerleştirilmiş olan topçu, piyadeleri katlandıkları bu korkunç işkenceden kurtaramazdı.

İngiliz toplarının zirveye çıkarılıp çıkarılamayacağı, tartışmalı bir konudur. Değerlendirmelerinin sağlamlığı savaş sırasında sıklıkla kanıtlanan Bay Winston Churchill, bunun yapılabileceğini iddia ediyordu. Şahsen orada bulunan biriyle ters düşmeyi göze alarak, patlatma ve diğer hazırlıklar yapılmadan bunun yapılamayacağını gösteren güçlü kanıtlar olduğunu düşünmeye cüret ediyorum, çünkü bunun yapılması için uygun zaman yoktu. 78'inci Kraliyet Sahra Topçularından Yüzbaşı Hanwell, muharebenin yapıldığı gün, dört atın yardımıyla hafif bir Maksim makineli tüfeğini çok büyük bir güçlükle tepenin üzerine çıkarmıştı. Onun ve diğer topçu subaylarının görüşü, yol hazırlanana kadar başarıya ulaşmak imkasızdı. Gece çöktüğünde Albay Sim, yolu temizlemek ve tepe üzerinde iki mevzi hazırlamak için bir grup istihkâm eri ile birlikte gönderildi, fakat ilerlerken geri çekilen piyadeler ile karşılaştı.

Gün boyunca, iki tam tugay muharebeye girinceye kadar takviye birlikleri, tepenin üstüne doğru hücum etmişti. Lyttelton, zirveye ulaşan ve tepenin üzerindeki katliamdan paylarını alan İskoç Piyadelerini, sırtın diğer tarafından göndermişti. Geceleyin gölgeler etrafı kapladığında ve patlayan top mermilerinin alevleri daha ürkütücü bir hâle geldiğinde, askerler susuzluktan kavrulmuş ve bitkin bir hâlde, kayalık zeminin üzerine uzanarak yattılar. Yüksek disiplinleri, daha az açıkta kalmaları ya da hâkî renklerinin onları diğerlerinden kısmen ayırması gibi nedenlerle uyum içinde olan Dorset Alayı hariç, askerler umutsuzca birbirlerine karışmışlardı. On iki saat süren korkunç bir deneyim, birçok askerin üzerinde garip bir etki yaratmıştı. Bazıları sersemlemişti ve muharebe şokuna girmişti, tam olarak anlamaktan acizlerdi. Bazıları sarhoşlar kadar tutarsızdı. Bazıları aşırı bir uyuşukluk içinde yatıyordu. Çoğunluk, inatçı bir şekilde sabırlıydı ve uzun süredir acı çekiyordu; su için diğer tüm duyguları geçersiz kılan güçlü bir özlem vardı.

Akşam olmadan önce, Lyttelton'un tugayından gelen Kraliyet Piyade Alayının üçüncü taburu tarafından, Spion Tepesi'ndeki silah arkadaşlarının üzerindeki baskıyı hafifletmek için çok kahramanca ve başarılı bir girişimde bulunuldu. Ateş ederek Boerlerin dikkatinin bir kısmını başka bir yöne çekmek için kuzey taraftan tırmandılar ve aynı sırtın devamını oluşturan tepeleri ele geçirdiler. Hareketin güçlü bir gösteri taarruzundan başka bir şey olmaması gerekiyordu, ancak piyadeler, nefessiz kalıp galip gelene kadar hücum ettiler. Takip ettikleri güzergâhı göstermek için yaklaşık yüz ölü ya da ölmekte olan askeri bırakarak, mevzinin tam tepesinde durdular. İlerlemeleri arzu edilenden çok daha fazla olduğu için geri çağrıldılar ve o sırada cesur Albayları Buchanan Riddell, Lyttelton'ın notunu okumak için ayağa kalktığında beyninden giren bir Boer mermisi ile yere yıkıldı. Alayının başında, yaşadığı gibi kahraman bir lider olarak ölen diğerlerine bir tane daha eklenmişti. Chisholm, Dick-Cunyngham, Downman, Wilford, Gunning, Sherston, Thackeray, Sitwell, MacCarthy O'Leary, Airlie, askerlerini ölümün eşiğine kadar götürdüler ve ölüme sevk ettiler. Bu 3'üncü Piyade Alayının güzel bir kahramanlığıydı. Tuğgeneralleri, "Daha mükemmel bir çarpışma, daha mükemmel bir tırmanma ve daha mükemmel bir savaşı, asla görmedim." dedi. Eğer Lyttelton iki alayını savaşa sokmasaydı, tepenin üzerindeki baskının dayanılmaz bir hâle gelebileceği kesindi; ayrıca eğer piyadelerin ele geçirdiği mevziyi savunsaydı, Boerlerin Spion Tepesi'ni yeniden asla işgal edemeyeceği de kesindi.

Şimdi gecenin gölgesi altında, fakat platonun üzerinde yoğun bir şekilde patlayan top mermileri ile birlikte, çok zor bir süreçten geçmiş olan Thorneycroft, karar vermek zorundaydı. Ya direndiği gibi böyle bir gün daha dayanacak, ya da şimdi lehine olan karanlıkta bitkin düşmüş kuvvetini başka bir yere götürecekti. Boerlerin cesaretsizliğini ve geri çekilmek için yaptıkları hazırlıkları görebilseydi, geri adım atmayabilirdi. Ama bu bilgi ondan gizliyken, kendi kayıplarının dehşeti çok açıktı. Askerlerinin yüzde kırkı ölmüştü. Geniş bir savaş alanında, ölen ve ölmekte olan bin üç yüz kişi, korkunç bir manzaraydı. Fakat bu sayı, sınırlı bir alana yığıldığı ve yüksek tek bir kayanın üzerinden, onların parçalanmış ve dağılmış vücutlarının görülebildiği, yaralıların uzun monoton bir koro hâlinde yükselerek kulağa ulaşan inlenmelerinin olduğu bir yerde, bu tür felaket görüntülerine dayanabilen, gerçekten de sağlam bir ruhtur. Daha zorlu bir dönemde Wellington, Badajoz[1] gediğinde dar bir alana yığılmış dört bin cesede göz atabilmişti fakat onun kararı, uğruna öldükleri askerî hedefin gerçekleştirilmiş olduğu bilgisi ile teselli bulmuştu. Eğer görevi tamamlanmamış olsaydı, onun kararlı ruhunun bile bu görevi tamamlamaktan çekinip çekinmeyeceği şüphelidir. Thorneycroft, o bir günlük korkunç tahribatı gördü ve böyle başka bir gün düşüncesinden ürktü. "Sabahleyin yenilgiye uğramaktansa altı taburu güvenli bir şekilde aşağıya indirmek daha iyidir." dedi ve geri çekilme emrini verdi. Askerler sendeleyerek aşağı inerken onlarla karşılaşmış olan biri bana, bozguna uğramaktan çok uzak olduklarını anlatmıştı. Karışık bir düzende, ancak sürekli ve sırayla uzun ince çizgi, karanlıkta yorgun argın yürüyordu. Susuzluktan kavrulmuş dudakları konuşmuyordu, ama yolda binbir zorlukla ilerlerken "Su! Su nerede?" diye fısıldaşıyorlardı. Tepenin dibinde bir kez daha alay düzenine girdiler ve kampa doğru ilerlediler. Sabahleyin kanlı tepenin zirvesi, ölü ve yaralı yığınlarıyla birlikte, cesareti ve azmi kazandıkları zaferi hak eden Botha ve askerlerinin ellerindeydi. O sabah saat 3'te, piyadelerin Boer mevzisini ele geçirdiğini bilen Botha'nın, durumun umutsuz olduğunu kabul ettiği konusunda artık

---

1 ÇN: Badajos: İspanya'da bulunan bir şehir. Wellington Dükü Arthur Wellesley 1812'de 5.000 Fransız askeri tarafında savunulan Badajoz'a taarruz etti 15.000 kişilik birliğinden 5.000 kişi zayiat vererek şehri aldı.

hiçbir şüphe yoktu ve iki keşif kolunun raporunda kendisine düşenin bir yenilgi değil, bir zafer olduğunu öğrendiğinde hiç kimse ondan fazla şaşırmamıştır.

Böyle bir muharebeyi, cesurca icra edilen ve cesurca karşı konulan cesur bir girişim olması dışında nasıl özetleyebiliriz? Savaş sırasında topçu ateşinin etkisi, her iki tarafta da hayal kırıklığı yarattı, ancak Spion Tepesi'nde muharebeyi onlar için kazanan, kuşkusuz Boer toplarıydı. Ana vatandaki hayal kırıklığı o kadar şiddetliydi ki, savaşı biraz sert bir şekilde eleştirme eğilimi vardı, ama elimizdeki mevcut kayıtlara göre, sonucu değiştirmek için neyin yapılmadığını söylemek şimdilik zordu. Eğer Thorneycroft bizim bildiğimiz her şeyi bilseydi, tepedeki hâkimiyetini elinde tutardı. Görünüşe göre, tüm harekâtın kaderinin bağlı olduğu bu kadar önemli bir kararın, neden tümüyle sabahleyin basit bir yarbay olan birinin yargısına bırakılmak zorunda olduğunu anlamak güçtür. Hafif piyadelerden biri: "Patronlar nerede?" diye haykırmıştı ve bir tarihçi, yalnızca bu soruyu tekrarlayabilirdi. General Warren tepenin dibindeydi. Yukarı çıkmış ve bu yerin hâlâ elde tutulması gerektiğine karar vermiş olsaydı, yorgun birlikleri aşağı gönderebilir, daha az sayıda yeni askeri yukarı çıkarabilir, istihkâmcılara siperleri derinleştirmelerini emredebilir, su ve topları yukarı getirmeye çalışabilirdi. Tüm gün boyunca çok şiddetli bir şekilde mücadele eden yorgun askeri rahatlatmak için, bu kadar kritik bir anda dizginleri ele alması gereken Tümen komutanıydı.

Resmî raporların sonraki basımı, Buller ve Warren arasında bir uyumsuzluk olduğunu ve Buller'in muharebeler esnasında astlarına olan tüm güvenini kaybettiğini göstermek dışında pek bir amaca hizmet etmedi. Bu belgelerde General Buller, eğer Warren'in harekâtı daha atılgan olsaydı, sola doğru olan kendi kuşatma manevrasının nispeten kolay bir iş olacağı görüşünü ifade ediyordu. Bu değerlendirmede, muhtemelen çoğu askerî eleştirmenle aynı fikirdedir. Bununla birlikte şunu ekliyordu: "19'unda, komutayı kendim üstlenmeliydim. İşlerin iyi gitmediğini gördüm. Aslında bunu herkes gördü. Bunu yapmadığım için şimdi kendimi suçluyorum. Yapmadım, çünkü eğer yapsaydım, General Warren'ı askerlerin gözünde itibarsızlaştırmış olurdum ve eğer vurulursam, o da Tugela'dan geri çekilmek zorunda kalırsa ve askerler ona karşı olan güvenlerini yitirmişlerse, sonuçları çok ciddi olabilirdi." Bu savunmanın geçerli olup olmadığını daha yüksek bir otoriteye bırakmalıyım. Bu bahanenin kesinlikle çürük olduğunu söylemek için sağduyudan daha yüksek bir otoriteye ihtiyaç yoktur. Hiçbir sonuç, harekâtın başarısızlıkla sonuçlanması ve Ladysmith'in kurtarılamamasından daha ciddi olamazdı ve böyle bir başarısızlık, her durumda Warren'i askerlerin gözünden düşürecekti. Üstelik bir ast, amiri kritik bir muharebeyi sevk ve idare etmek için devreye girdiğinde itibarını yitirmez. Bununla birlikte bu şahsi tartışmalar, hiçbir zaman çıkarılmaması gereken bir masa çekmecesinde kalmaya mahkûmdur.

Beş yüz kişiyi ancak ateşten koruyabilecek bir alana dört bin askerin yığılması nedeniyle, muharebedeki kayıplar çok ağırdı. Ölü, yaralı ve kayıp sayısı, bin beş yüzden az değildi, topçu ateşi nedeniyle ölenlerin oranı anormal derecede yüksekti. Lancashire Hafif Piyadeleri, en çok acı çekenlerdi ve Albayları Blomfield yaralandı ve düşmana esir düştü. Kraliyet Lancaster Alayı da ağır kayıplar vermişti. Thorneycroft'un muharebeye giren 180 askerinden 80'i vurulmuştu. Ateşle vaftiz edilmeye devam eden Rand mültecilerinin deneyimsiz birliği İmparatorluk Hafif Piyade Alayı, 130 asker kaybetti. Subaylarda kayıplar son derece ağırdı: Ölü ve yaralı olarak 60 kişi. Boer zayiat raporları, gerçeğe yakın bir şekilde yaklaşık 50 ölü ve 150 yaralıyı gösteriyordu. Topçu ateşi olmasaydı, İngilizlerin kayıpları çok fazla olmayabilirdi.

General Buller, Tugela Nehri'ni geçtiğinden bu yana yaklaşık iki bin asker kaybetmişti ve hedefine hâlâ ulaşamamıştı. Önündeki sırtlara hücum ederek kuvvetinin büyük bir kısmını kaybetme riskini mi almalıydı yoksa nehri geçip başka bir yerden daha kolay bir rota bulmaya mı çalışmalıydı? Hem halkın hem de ordunun şaşkınlığına ve hayal kırıklığına uğramasına rağmen, ikinci yolu seçti ve 27 Ocak'ta Boerler tarafından rahatsız edilmeden Tugela'nın diğer tarafına geri çekildi. Geri çekilmesinin takdire şayan bir şekilde sevk ve idare edildiği ve muzaffer bir düşman karşısında, geniş bir nehir üzerinden askerlerin, topların ve ikmal maddelerinin güvenli bir şekilde geçirilmesinin askerî bir başarı olduğu itiraf edilmelidir. Vurdumduymaz ve umursamaz, akıl almaz tavrı, öfkeli ve hayal kırıklığına uğramış birliklere huzur verdi ve güven kazandırdı. Hem onların hem de halkın arasında oldukça üzgün ve kederli insanlar olabilir. İki haftalık bir askerî harekâttan ve büyük kayıplara ve zorluklara katlandıktan sonra, hem Ladysmith hem de onu kurtarmaya gidenler, başladıkları zamandakinden daha iyi bir durumda değillerdi. Buller, hâlâ Alice Dağı'nın hâkim mevziini elinde tutuyordu ve böyle bir fedakârlık ve bu tür bir emeğe karşı göstermek zorunda olduğu tek şey buydu. Umutlarının ertelenmesinden rahatsız olan Ladysmith, güneyden yapılacak bir sonraki hamle için yarım tayın at eti ile hüzünlü bir şekilde beklerken, bir kez daha yıpratıcı bir bekleme sürecine girdi.

16. BÖLÜM

VAALKRANZ

Ne General Buller ne de askerleri, planlarının başarısızlığından ya da Spion Tepesi'nde doruk noktasına ulaşan manevranın yol açtığı ağır kayıplardan korkmuş görünmüyordu. Askerlerin gitmelerine izin verilmediği için homurdandığı ve sayılarının üçte ikisine mal olsa bile onu çevreleyen ölümle birlikte bu tepeler labirentinin arasından ilerlemeye yemin ettiği doğruydu. Gerçekten bunu yapabileceklerine şüphe yoktu. Fakat generalleri en başından sonuna kadar insan yaşamına büyük bir saygı göstermişti ve eğer daha az kan dökerek bir yol bulma şansı varsa, sırf zorlama ile bir yol elde etmeye hiç niyeti yoktu. Dönüşünün ertesi günü, mevzinin kilit noktasını bulduğunu ve bir hafta içinde Ladysmith'te olmayı umduğunu açıklayarak hem ordusunu hem de İmparatorluğu şaşırttı. Bazıları verilen bu söze sevindi. Bazıları omuz silkti. Dost ve düşmanlarından habersiz olan vurdumduymaz Buller, yeni birliği üzerinde çalışmaya devam etti.

Bundan sonraki birkaç gün içinde, önceki haftanın kayıplarını fazlasıyla telafi eden takviye kuvvetleri azar azar geldiler. Bir çekili topçu bataryası, iki ağır top, 14'üncü Hafif Süvari Alayının iki taburu ve askere alınan piyadelerden sayıları bin iki yüz ya da bin dörtyüz kişi, yaklaşmakta olan zafer ya da felaketi paylaşmak için gelmişti. 5 Şubat sabahı ordu, başka bir girişimle Ladysmith'e giden bir yol açmak için bir kez daha harekete geçti. Kasabada tifo salgını olduğu, top mermileri ve kurşunlar ile tifo mikrobunun garnizonun dehşet verici bir kısmını vurduğu ve aç kalan at ve levazım katırlarının tayınlarının azaldığı biliniyordu. Silah arkadaşları ile birlikte- çoğu durumda bağlı bulundukları taburlarıyla - Buller'in askerleri, onlardan on beş mil öteden böyle güç bir durumda bulunanları, büyük bir çaba ile desteklemek için yüksek güdülere sahipti.

Önceki taarruz girişimi, Spion Tepesi'nin hemen batısındaki hat üzerindeydi. Bununla birlikte, eğer Spion Tepesi'nin doğusuna doğru gidecek olursanız, Doornkloof denen yüksek bir dağa rastlarsınız. Bu iki zirve arasında, Brakfontein adında alçak bir sırt ve Vaalkranz adında küçük müstakil bir tepe bulunur. Buller'in fikri, eğer bu küçük Vaalkranz'ı ele geçirebilirse, bu tepe onun yüksek arazisinden tamamen kurtulmasını ve birliklerini onun ötesindeki platoya geçirmesini sağlayacaktı. Halen Potgieter'deki nehir geçiş yerini elinde tutuyordu, ayrıca Alice Dağı'ndaki ve Swartz Tepesi'ndeki ağır toplarla onun ötesindeki bölgeye hâkimdi. Neticede istediği zaman birlikleri karşıya geçirebilirdi. Brakfontein'e karşı gürültülü bir gösteri harekâtı yapacak, sonra birden Vaalkranz'ı ele geçirecekti ve böylece umut ettiği gibi Ladysmith'e giden geçide açılan dış kapıya sahip olacaktı.

Topların Swartz Tepesi'nin üstüne çıkarılması zor olduğu kadar gerekli bir ön hazırlıktı. Bir yol açılmıştı, denizciler, istihkâmcılar ve topçular, Binbaşıları Findlay ve Apsley Smith'in genel talimatları doğrultusunda gayretle çalıştılar. Bir dağ bataryası, iki sahra topu ve altı donanma 12 poundluk topu, çelik halatlarla çekildi. Denizciler halatlarda "Yeo ho!" diye bağırıyordu. Mühimmat yukarıya elde taşındı. Ayın 5'inin sabahı saat altıda diğer toplar, Brakfontein, Spion Tepesi ve karşısındaki tüm Boer mevzilerine şiddetli ve muhtemelen zararsız bir ateş açtı. Kısa bir süre sonra Brakfontein'e yapılan sahte taarruz başladı ve gerçek taarruzun geliştirilmesi için her şey hazır olana kadar büyük bir gürültü ve enerjik görüntüsüyle devam ettirildi. Woodgate'e ait olan ve Spion Tepesi'ndeki deneyiminin şokunu çoktan atlatmış olan Wynne'nin tugayı, planın bu kısmını altı sahra topçu bataryası, bir obüs bataryası ve iki adet 4,7'lik donanma topunun desteği ile tatbik etti. Üç saat sonra, Boerlerin asla ileriye gitme niyetinde olmayan bir taarruzu ne kadar muzaffer bir şekilde geri püskürttüğünü anlatan bir telgraf Pretoria'ya gidiyordu. Önce piyade geri çekildi, ardından topçu bataryaları dönüşümlü olarak harika bir sıra ve düzeni koruyarak geri çekildi. Son batarya olan 78'inci batarya, Boer toplarının yoğunlaşan ateşini almaya devam etti ve patlayan mermilerin tozuyla öylesine kaplanmıştı ki, sadece orada burada bir top ya da bir top arabası görülebiliyordu. Bu ölüm girdabından, bir kova bile yerinden çıkmadan sessizce yürüyerek çıktılar. Topçular, atları yok olan bir at arabasını çekiyordu ve böylece yavaş ve ağır bir geri çekilme gerçekleştirdiler. Topçuların yiğitliği, savaşın en çok göze çarpan özelliklerinden biri oldu, ancak asla Brakfontein'deki bu aldatmacadan daha dikkat çekici değildi.

Boerlerin dikkati Lancashire Alayının askerleri üzerinde yoğunlaşırken, birkaç mil doğuda, Munger'in geçit yeri denen yerde nehrin üzerine bir duba köprüsü kuruldu. Üç piyade tugayı, Hart'ı, Lyttelton'un ve Hildyard'ın tugayları, gösteri taarruzu yeterince dikkat çekici iken temastan çözülmek için zaten bir araya gelmişlerdi. Topçu ateşi, (Swartz Tepesindeki toplar ve ayrıca Brakfontein'deki gösteri taarruzundan geri çekilen bataryalar) yetmiş parça topun olağanüstü etkisiyle, aniden taarruzun asıl hedefi üzerine, tecrit edilmiş Vaalkranz'a yöneltildi. Tek bir topla atılan metal merminin ağırlığı, son büyük savaş zamanında tam bir Alman bataryasının attığı mermi ağırlığından daha fazla olduğu için, herhangi bir mevzinin şimdiye kadar bu kadar müthiş bir bombardımana maruz kalıp kalmadığı şüphelidir. Prens Kraft'ın söylemlerinde kullandığı 4 poundluk ve 6 poundluk toplar, bu güçlü obüslerin ve 4.7'lik topların yanında oyuncak gibi görünüyordu. Her ne kadar yamaç büyük katmanlara bölünmüş olsa da, bu korkunç topçu ateşinin, savaşmak zorunda olduğumuz maharetli ve görünmez keskin nişancılara çok fazla zarar verip vermediği şüpheliydi.

Öğlen saatlerinde piyadeler, Binbaşı Irvine'nin emrindeki bir bölük istihkâmcı tarafından yoğun ateş altında, çok cesurca ve etkili bir şekilde inşa edilen köprüden geçmeye başladılar. Taarruza Lyttelton tugayı'nın Durham Hafif Piyade Alayı öncülük edecek ve direkt destekteki 1'inci Avcı Tugayı, İskoç ve 3'üncü Avcı Alayları tarafından takip edilecekti. Bir İspanyol yamacına büyük bir gayret ve atılganlıkla tırmanan yarımadanın deneyimli hafif tümenin şöhreti, asla Vaalkranz'ın yamacı ile yüzleşen torunlarınınki kadar değildi. Şarapnellerin gürültü ve patırtısına karşı müthiş bir umursamazlıkla, açık düzende düzlükte ilerlediler. Sonra, Swartz Tepesi'nin üzerindeki seyirciler, dürbünleri ile tepenin üzerinde kalan son Boerler siperlerinden atılırken, süngülerin parıltısını ve hırsla koşuşturan adamların çektiği zahmeti görünceye kadar askerler, hızla hareket ederek, bir siperden diğerine zıplayarak, öne doğru eğilerek, sıçrayarak ve çömelerek yukarı tırmandılar. Mevzi ele geçirildi, ama fazladan pek bir şey yoktu. Kayalar arasında yedi subay ve yetmiş asker ölü ve yaralı olarak yatıyordu. Birkaç yaralı Boer, beş yara almamış esir ve bir dizi basuto midillisi zaferin kuru meyveleriydi. Ganimet bunlarla birlikte kendisinden çok fazla şey beklenen ve çok az şey kazandıracak olan çorak bir tepeydi.

Bu ilerleme sırasında, modern savaşta olağan olanın dışında görülmeye değer karakterde bir olay meydana geldi. Savaşçıların ve topların görülememesi ve bireyin topluluk içinde kaybolması, bu olayı gerekçe göstermedikleri takdirde, ona renk katan bu bölümlerden savaş meydanını yoksun bırakacaktı. Bu olayda, İngiliz ilerleyişi ile önü kesilen bir Boer topu, ot öbeğinden fırlayan bir yaban tavşanı gibi, aniden mevzisinin arkasından, dışarı çıktı ve emniyetli bir mevzi için ovanın üzerinde dörtnala koşturdu. Sağından solundan yaralar aldılar, atlar son güçlerine kadar zorlandı, sürücüler eğiliyor ve kırbaçlıyordu. Küçük top, arkalarından zıplaya zıplaya gidiyordu. Sağında solunda, arkasında ve önünde İngiliz top mermileri patlıyordu, lidit ve şarapneller çarpıyor ve parçalanıyordu. Cesur top, bir oyuğun kenarında, ortadan kayboldu ve birkaç dakika içinde İngiliz ilerleyişini bir kez daha ağır bir şekilde dövmeye başladı. İngiliz piyadeleri, tezahüratlar, haykırışlar ve kahkahalarla emniyetli bir mevzi için yapılan bu dörtnala koşturmacayı seyrettiler, maceracı ruhları ırkçı nefrete üstün geldi ve topun son kayboluşunu "deliğine kaçtı" diyerek bir tezahürat ile selamladılar.

Durham Alayı yolu temizlemişti, ama Lyttelton tugayının diğer alayları, hemen peşlerinden geldiler ve geceden önce tepeye sağlam bir şekilde yerleştiler. Ancak General Buller'in önceki muharebelerini akamete uğratan ölümcül yavaşlık, başarısını tamamlamasına yine engel oldu. Bu muharebeler esnasında en az iki defa, görevin orta yerinde silahları bırakma ve gün boyunca daha fazlasını yapmama konusunda ani bir istek olduğuna dair kanıtlar vardı. Aynen, tüm kuvvetin geri çekilmesi için erken bir saatte emir verildiği ve piyade ateşiyle korunması ve akşam hava karardıktan sonra geri çekilmesi gereken topların terk edildiği Colenso'da olduğu gibi. Yine aynı şekilde Vaalkranz'daki bu muharebenin kritik bir anında olduğu gibi. Orijinal harekât planında, kısmen Vaalkranz'a hâkim olan Green Tepe adı verilen bitişik bir tepenin de ele geçirilmesi planlanmıştı. İkisi birlikte tam bir mevzii oluştururken, tek tek her biri, diğeri için çok kötü bir komşuydu. Buna rağmen, kamptan çıkarken, General Buller'e bu ileri harekât için zamanın gelip gelmediği sorulduğunda, Buller, "O gün için yeterince iş yaptık" diye cevap vermiş ve tümden başarısızlıkla sonuçlanan orijinal planın bu önemli kısmı ihmal edilmişti.

Hızlı icraat, planın başarılı bir şekilde icra edilmesi için en önemli esastır. Bu nedenle, hız her zaman taarruzla birlikte olmalıdır. Savunma, darbenin nereden geldiğini bilmiyordu ve kilometrelerce uzunluktaki cepheyi örtmek için askerleri ve topları dağıtmak zorundaydı. Taarruz eden, nereye taarruz edeceğini bilir ve bir ileri karakol perdesinin arkasında kuvvetini toplayabilir ve tüm gücünü düşmanının sadece belirli bir kısmına karşı sevk edebilir. Ancak, bunu yapabilmesi için hızlı olması gerekirdi. Şiddetli bir hamle, kanatlar yardıma gelmeden önce cepheyi merkezden yarmalıdır. Eğer zaman verilirse, uzun bir hat şeklindeki birlikler bir noktaya odaklanabilirse, dağınık haldeki toplar bir araya getirilebilirse, gerideki savunma hattı iki misline çıkarılabilirse, işte o zaman, taarruzun sahip olduğu büyük bir avantaj, bir kenara atılabilirdi. Buller'in hem ikinci hem de üçüncü girişimlerinde İngilizlerin hareketleri o kadar yavaştı ki, düşman hareket kabiliyeti en yüksek değil de en yavaş ordu olmuş bile olsa yine de her zaman seçtiği herhangi bir manevrayı icra edebilirdi. Warren'in, Spion Tepesinde son bulan manevranın ilk günlerinde oyalanmasına, muhtemel ikmal sorunları nedeniyle biraz zorlama ile göz yumulabilir, ancak Vaalkranz'daki atalet için uygun bir gerekçe bulmak, en iyi niyetli eleştirmenin bile zekâsını zorlayacaktır. Gün ışığı saat dörtten hemen sonra gelse de muharebeler, yediden önce başlamadı. Lyttelton'un tugayı saat ikide tepeye hücum etmişti ve subaylar sinirlendiği, askerlerin küfür ettiği ve hareketli Boerlerin toplarını getirmek ve bizim almak zorunda olduğumuz yolu kapatmak için harıl harıl çalıştığı bu uzun akşam süresi boyunca, başka hiçbir şey yapılmadı. General Buller bir ya da iki gün sonra, yolun eskiden olduğu kadar kolay olmadığını söyledi. Bir balon yardımı olmadan da bu gerçek anlaşılabilirdi.

Tugay, daha sonra Vaalkranz'ı işgal etti ve iki üç kişilik siperler inşa edip bağlantı siperleri kazdı. Ayın 6'sı sabahı, İngiliz kuvvetlerinin durumu Spion Tepesi'ndekinden farklı değildi. Yine bir tepenin üzerinde birkaç bin asker vardı ve tepede onları destekleyecek toplar olmaksızın, farklı yönlerden gelen topçu ateşine maruz kaldılar. Bir veya iki noktada durum kendi lehlerine değişti ve bu sayede zayiat vermekten ve felaketten kaçarak kurtuldular. Daha geniş bir mevzi, piyadelerin bir araya gelmesine engel olabilirdi, fakat diğer taraftan durum, iki hafta önce kendilerinin içinde buldukları duruma benziyordu.

Orijinal plana göre, Vaalkranz'ın ele geçirilmesi, Brakfontein'in kuşatılması ve tüm Boer mevzisinin çembere alınması için ilk adımı oluşturacaktı. Ancak ilk hamlenin ardından İngilizlerin tavrı, taarruzdan çok savunmaya yönelik bir hâle geldi. Bu muharebelerin genel ve nihai etkisi ne olursa olsun, onların beklentilerinin orada bulunanlar için aşırı derecede sinir bozucu ve hayret verici olduğuna kuşku yoktur. 6 Şubat'taki durum buydu. Nehrin öbür tarafındaki tepenin üzerinde ayrı bir İngiliz tugayı vardı..Bu tugay, Doornkloof'ta konuşlandırılmış devasa bir topun (uzun Tomların en uzunu olan, 96 poundluk bir Creusot'un) ve tepenin kuytu yerlerinden ve yarıklarından onlara ateş püskürten, birkaç tane daha küçük top ile pompomların ateşine maruz kalmıştı. Bizim tarafımızda irili ufaklı yetmiş iki top vardı. Hepsi, çok gürültülü ve çok etkisizdi. Bana kalırsa, Boerlerin, kitabî kurallarla gereksiz yere engellenen bir konuya taze ve sağlıklı bir bakış açısı getirerek, bazı yönlerden topçunun kullanımı ile ilgili düşüncelerimizi kökten değiştirdiğini söylemek, abartılı olmaz. Boer sistemi, kimsenin göremeyeceği bir yere gizlenmiş tek bir sinsi toptur. İngiliz sistemi, aralıkları tam bir hat üzerinde faaliyete geçen ve herkes tarafından görülebilen hassas bir şekilde hizalanarak yayılan altı cesur toptan oluşuyordu. Topçu özdeyişlerimizden biri, "Tek topun, top olmadığını her zaman hatırlayın" diyordu. Bir tatbikat gününde daha güzel göründüğü açıktır, fakat hangisinin iş yapacağını bırakalım da altı Boer topu ile altmış İngiliz topu arasındaki düello açıklasın. Siyah barutlu topların, dumanları onlara ihanet edeceğinden gizlemesi gereksizdi. Dumansız barutla, toplar o kadar görünmezdi ki, ancak geri tepme esnasında top kundağından çıkan tozun güçlü dürbünlerle tespit edilmesi sayesinde subaylar ancak savaştıkları topların yerini belirleyebiliyorlardı. Ancak Boerlerin, biri o tepenin arkasında ve diğeri şu uzaktaki kayaların arasında olmak yerine, aynı hizada altı topu olsaydı, nerede olduklarını söylemek o kadar zor olmazdı. Buna karşın, İngiliz gelenekleri, topların birbirine yakın yerleştirilmesinden yanaydı. Vaalkranz'ın tam bu muharebesinde en büyük iki top öyle yerleştirilmişti ki, aralarında patlayan tek bir mermi ikisini birden etkisiz hale getirecekti. Onları oraya yerleştiren ve hayati bir konuda sağduyunun en bariz emirlerini göz ardı eden subay, muhtemelen herhangi bir teknik zekâ ihtiyacı olduğunda veya rutin tatbikattaki düzensizlikler karşısında neye uğradığını şaşıracaktı. Önemsiz hususların aşırı detaylandırılması, sağduyulu idare eksikliği ve yeni fikirlere uyum sağlayamama, ordumuza yöneltilebilecek en ciddi ve zarar verici eleştirilerdir. Piyadenin görevi ateş etmektir, Orta Çağ'daki mızrakçılar gibi davranmak değildir. Topçunun öncelikli vazifesi, mümkün olduğunca görünmez olmaktır. Bunlar, savaş sırasında sıklıkla eve götürdüğümüz derslerden ikisidir. Öyle ki dar görüşlü muhafazakârlığımız bile onlara karşı koyamaz.

Daha sonra Lyttelton tugayı, Vaalkranz'ı savundu; oraya, pusulanın üç yönünden büyük ve küçük çaplı top mermileri ile uzun menzilli piyade tüfeği mermilerinin kesintisiz sağanak yağmuru geldi. Onların arkasından, Woolwich

Common'da[1] faydalı olduğu kadar gösterişli bir yığın asker, iki piyade tümeni ve iki süvari tugayı vardı. Hepsi, dereler kırmızı renkte akana kadar kanlarını dökmek için sabırsızlanıyorlardı, tabii eğer onları bekleyen yarı aç yarı tok silah arkadaşlarının bulunduğu yere ilerleyebilirlerse. Ama hiçbir şey olmadı. Saatler geçti ve hiçbir şey olmadı. Büyük toptan gelen tesadüfi bir mermi aralarına düştü. Biri ucube bir topla, bir tümenin içinden yavaşça ilerledi ve askerler, o geçerken tezahürat ettiler ve keplerini ona fırlattılar. Swartz Tepesi'ndeki toplar, yaklaşık beş millik bir mesafeden, Doornkloof'taki canavarı topa tuttular ve nihayet piyadelerin alkışlamaları arasında cephaneliğini havaya uçurdular. Ordu için bu, bir piknik ve büyük bir gösteriydi.

Fakat Vaalkranz'ın üstündeki askerler için durum farklıydı. İki üç kişilik avcı boy çukurları ve siperlere rağmen, bu çapraz ateş onları avlıyordu; her iki taraftan da yoğunlaşan ateşi onların mevziinden başka yöne çekecek ne bir aldatma ne de bir gösteri hareketi geldi. Bir defasında tepenin batı ucunda ani bir alarm verildi. Eğilerek gelen, geniş kenarlı fötr şapkalı ve fişeklik kuşanmış, sakallı şahıslar, durdurulmalarına imkân vermeden, sırtın üzerindeydiler. İleri harekâtları, çok akıllıca icra edilmişti. Fakat Durham ve Piyade Alaylarının şiddetli hücumu, tepeyi tekrar temizledi ve bir kez daha savunmanın taarruzdan ne kadar güçlü olduğunu kanıtladı. Gün içinde inşa edilen başka bir duba köprüsü hariç, gece olduğunda mevzinin yeri değişmemişti. Hildyard'ın bu tugayının üzerinde, Swartz Tepesi'ndeki topların koruması altında dinlenmek için geri dönenler, Lyttelton'un tugayını kurtarmak için ilerledi. İki gün içindeki kayıpları iki yüz ellinin altındaydı. Bu kayıp, eğer herhangi bir hedef elde edilecekse önemsiz, fakat sırf bir gösteri harekâtı için aşırıydı.

O gece Hildyard'ın askerleri, Lyttelton tarafından yapılan savunma hazırlıklarını tamamladılar ve tepe üzerindeki müstahkem mevkilerini pekiştirdiler. Anlamsız bir gece taarruzu, bir anlığına kürekle tüfeğin yer değiştirmesine neden oldu. Sabah, Boerlerin doğal olarak yaptıkları gibi, civardaki toplarını götürdükleri anlaşıldığında, yorgun askerler gece harcadıkları emekten pişman olmadılar. Eğer mevzi örtü ve gizlenme şansı veren geniş bir mevziyse, şiddetli bir topçu ateşinin ne kadar zararsız olduğu bir kez daha görülmüştü. Güçlü bir tugaydan ölü ve yaralı toplam kırk kişilik bir kayıp, aralıksız bir top ateşi altında geçen uzun bir günün neticesiydi. Daha sonra akşam karanlığında, topların çok fazla olduğu, yolun da çok zorlu olduğu sonucuna vardılar ve bir kez daha bu lanetli nehrin karşısına geri çekilme emri verilmesi ile tüm büyük umutları, suya düştü. Vaalkranz terk edildi ve Hildyard'ın öfkeyle kaynayan tugayına bir kez daha kampına dönmesi emredildi.

---

1 ÇN: Woolwich Common: Londra'nın güney doğusunda yer alan askerî alanların ve kent parkının içinde bulunduğu, bir arazi parçası.

17. BÖLÜM

BULLER'İN SON İLERLEYİŞİ

Ladysmith kuşatmasının destansı anı, büyük Boer taarruzunun püskürtülmesine sahne olan anıydı. Destan, o dramatik anda bitmeliydi. Ancak bunu yapmak yerine hikâye, kalabalık hastanelerin, katledilen atların ve düzensiz topçu ateşinin önemsiz söylemine dönüştü. Cesur garnizon, hareketsiz kaldığı diğer altı haftalık süre boyunca, sıkıntı çekmekten talihsizliğe, talihsizlikten perişanlığa kadar adım adım gelişen tüm sefil dertlere katlandı. Güneyde Buller'in toplarının gümbürtüsünü uzaktan duydular ve kasabanın çevresindeki tepelerden, biraz daha fazla çabanın bu taarruzu onların kurtuluşuna dönüştüreceğine dair kesin inançlarını koruyarak, solgun yüzlerle ve nefeslerini tutarak Spion Tepesi'ndeki trajediyi izlediler. Topçu ateşinin azalması ile birlikte cesaretleri azaldı ve Vaalkranz'ın kükremesi ile birlikte yeniden cesaretlendiler. Ama Vaalkranz da onları hayal kırıklığına uğrattı ve çektikleri açlığın ve zayıflıklarının büyüklüğüyle gelecek yardımı beklediler.

General Buller'in şehri kurtarmak için üç girişimde nasıl bulunduğundan daha önce bahsedilmişti. Hiçbir şekilde umutsuzluğa meyilli olmayan ordusu, Kimberley cephesinden gelen iyi haberlerle son derece cesaret bulduğu sırada, umutsuzluğa meyilli olan General, Lord Roberts'tan gelen raporlarla derhal harekete geçirildi. Hem general hem de ordu, son bir azami gayret için hazırlandı. En azından bu kez askerler, açlıktan ölmekte olan silah arkadaşlarının yardımına giden yolu açmalarına ya da uzun süredir karşılarında duran tepelerin arasında kemiklerini bırakmalarına izin verileceğini umuyorlardı. İstedikleri tek şey, sonuca ulaştıracak bir savaştı ve şimdi bir sonuç elde etmek üzereydiler. General Buller, Boerler mevzilerinin merkezini denemişti, en sağ cephesini denemişti ve şimdi onların en solunu denemek üzereydi. Bu cephenin, ilk denemenin buraya yapılmamış olmasını şaşırtıcı kılan bariz bazı avantajları vardı. İlk olarak, düşmanın bu kanat üzerindeki ana mevzisi, Tugela Nehri'nin güneyinde bulunan Hlangwane Dağı'ndaydı. Böylelikle herhangi bir yenilgi durumunda nehir, arkalarında kalacaktı. İkincisi, Hlangwane Dağı, Colenso'daki Boer mevzisinin tam olarak derinliğine ateş altına alabilecek bir noktaydı ve bu nedenle zaferin getirisi, bu kanatta diğerinden daha büyük olacaktı. Son olarak, muharebelerin yapılacağı yer, demir yolu istasyonundan çok uzakta değildi ve Spion Tepesi'ne ilerleme esnasında olduğu gibi, kuvvetin maruz kalacağı kanatlardan saldırıya uğrama ya da ikmal hatlarının kesilmesi tehlikesi düşüktü. Bu güçlü mülahazalara karşı, ortaya konulabilecek tek olgu, Boerlerin sağdan kuşatılmasının Özgür Devlet askerlerinin geri çekilme istikametini tehdit edecek olmasıydı. Genel olarak, avantaj dengesi tamamen yeni girişimden yanaydı ve tüm ordu, başarıya ulaşacaklarına dair bir önseziyle ona doğru ilerledi. İngiliz birliklerinin unutulmaz niteliklerine dair savaşta verilen tüm örnekler arasında, üç defa kanlı bir şekilde geri püskürtüldükten sonra, yeni bir muharebeye giderken gösterdikleri kendilerine tam güven ve samimi sevinçten daha çarpıcı hiçbir şey yoktur.

9 Şubat'ta kuvvetin büyük bölümünü en soldan merkeze ve sağa doğru aktaran manevralar başlamıştı. Ayın 11'i ile birlikte, Lyttelton'un (eski adıyla Clery'nin) ikinci tümeni ve Warren'in beşinci tümeni, batı cephelerini koruması için Burn Murdoch'ın süvarilerini bırakarak, doğuya doğru ilerledi. Ayın 12'sinde Lord Dundonald, tüm sömürge süvarileri, iki tabur piyade ve bir batarya ile Boer mevzisini kuşatmak için işgal edilmesi gereken birkaç tepeden en yakını olan Hussar Tepesi'ne doğru cebrî bir keşif yaptı. Tepe ele geçirildi, fakat General Buller tarafından birkaç saat gözetleme mevzi olarak kullanıldıktan sonra tekrar boşaltıldı. Geri çekilen süvariler ile Boerler arasındaki uzak mesafeli çatışmalar, her iki taraftan birkaç kayıpla sonuçlandı.

Buller'in Hussar Tepesi'nde dürbünüyle geçirdiği bir iki saat boyunca gördükleri, onun görüşlerini açıkça teyit etmişti. İki gün sonra (14 Şubat) tüm ordu, bu noktaya doğru ilerledi. Ayın 15'i sabahı yirmi bin asker, bu yükseltinin yamaçlarında ve sırtlarında toplandı. Ayın 16'sında ağır toplar mevzi almışlardı ve hepsi ileri harekât için hazırdı.

Eğer doğrudan bir taarruzla onları ele geçirecek olurlarsa, kesinlikle birkaç bin askere mal olacak olan, aşılması zor Boer hatlarının Hlangwanc Tepesi ile Green Tepesi, şimdi onların karşısında yer alıyordu. Onların ötesinde, Boerlerin kanadında, Boer mevzilerinin en uç noktası gibi görünen, Monte Christo ve Cingolo Tepeleri vardı. Plan, müthiş bir topçu ateşi ve bir taarruz tehdidiyle ön cephedeki siperlerin dikkatini çekerken, aynı zaman zarfında, diğer herhangi bir tepeye yaklaşmadan önde elde edilmesi gereken Cingolo Sırtı'nı ele geçirmek için asıl taarruzu uzaktan ters istikamete yöneltmekti.

Ayın 17'sinde, sabahın erken saatlerinde, tan yerindeki ilk hafif mor renkle birlikte düzensiz süvari birlikleri ve Wynne'nin tugayı ile ikinci tümen (Lyttelton'un tümeni), geniş bir çark yaparak kuşatma maksatlı yan yürüyüşe başladı. Geçtikleri arazi o kadar engebeliydi ki süvariler, atlarını tek sıra halinde sürüyorlardı ve herhangi bir direniş karşısında kendilerini çaresiz bir durumda bulabilirlerdi. Neyse ki, Cingolo Tepesi çok zayıf bir şekilde tutuluyordu ve akşam olduğunda hem atlılarımız hem de piyadelerimiz, tepenin üzerinde sağlam bir mevzi elde etmişlerdi. Böylelikle Boer mevzinin en sol kanadı kuşatılmış oldu. Dağlık kaleleri bir kereliğine onlara karşı gelmişti, çünkü bir Boer kuvveti o kadar hareketliydi ki, Methuen'in karşı karşıya gelmiş olduğu gibi, açık bir mevzide bir kanat bulmak çok zordu ve büyük bir hareket kabiliyeti gerektiriyordu. Ancak birbirini takip eden bir tepeler dizisinde, göze çarpan bir tepenin hatlarının en uç noktasını göstermesi gerektiği açıktı ve Buller onu Cingolo'da bulmuştu. Boerlerin bu manevraya verdikleri cevap, yeni durumla yüzleşmek için kanatlarını geriye almak oldu.

Bununla birlikte, o zaman bile, görünüşe göre Boer liderleri, bunun asıl taarruz olduğunu anlamamışlardı ya da nehrin araya girmesi, onların takviye göndermelerini zorlaştırmış olabilirdi. Ne olursa olsun, ayın 18'inde kendilerini bekleyen görevin, İngilizler için umut ettiklerinden çok daha kolay olduğu kesindi. Günün şerefi, Hildyard'ın İngiliz tugayına (Doğu Surrey, Batı Surrey, Batı Yorkshires ve 2'nci Devon Alaylarına) aitti. Dağınık düzende ve hızlı bir ilerlemeyle, her tür örtü ve gizlemeden yararlanarak- Güney Afrika savaşında alışılagelenden daha iyi bir şekilde- Monte Christo sırtının ucunu ele geçirdiler ve ardından hızla tepeyi temizlediler. Temasa giren alaylardan en azından biri, Devon Alayı, kendi birinci taburunun Ladysmith'te onları beklediği düşüncesi ile cesaretlendirilmişti. Tepenin ele geçirilmesi, Buller'in karşısına çıkan siper hattını savunulamaz hâle getirdi ve Barton'un Hafif Piyade Tugayı ile aynı anda ilerleyerek, Hlangwane ve Green Tepesi'ndeki tüm Boer mevzilerini ele geçirebildi. Bu büyük bir taktik zafer değildi, çünkü Boer kamplarının değersiz enkazı dışında gösterecek herhangi bir ganimetleri yoktu. Ama bu çok büyük bir stratejik zaferdi, çünkü onlara sadece Tugela'nın güney kıyısının tamamına değil, aynı zamanda çok uzun zamandan beri yolu kapatmış olan Colenso siperleri de dâhil olmak üzere kuzey kıyısının büyük bir bölümüne toplarıyla hâkim olmasına imkân vermişti. Ölü ve yaralı yüz yetmiş kişi (bunlardan sadece on dördü ölmüştü), böyle bir sonuç için önemsiz bir bedeldi. En sonunda, zafer sarhoşu birlikler, ele geçirilen sırtlardan, çok uzaktaki Ladysmith'in çatılarının üzerinde uzanan ince dumanı görebiliyorlardı. Kuşatma altındakiler, kalpleri umutla çarparak, dürbünlerini, dostlarının yaklaşmakta olduğunu söyleyen uzaktaki lekeli arazilere çevirdiler.

20 Şubat'a kadar İngilizler, nehrin tüm güney kıyısı boyunca sağlam bir şekilde yerleşmişlerdi. Hart'ın tugayı Colenso'yu işgal etmişti ve ağır toplar, yukarıda daha ileredeki mevzilere sevk edilmişti. Bir sonraki harekât nehir geçişiydi ve nereden geçilmesi gerektiği sorunu ortaya çıkmıştı. Deneyimle gelen bilgelik, şimdi bize onların en soldaki kanadından geçmenin çok daha iyi olacağını gösteriyordu, çünkü bu hat üzerindeki bir ilerleme ile Colenso mevzilerini ku-

şattığımız gibi, onların güçlü Pieters mevzilerini de kuşatabilecektik. Elimizde kesinlikle iyi bir koz varken, onu kullanmayı reddettik ve oyunu daha sıkıcı ve tehlikeli bir süreçle kazandık. Görünüşe göre düşmanın moralinin bozuk olduğu ve bu nedenle mevzilerin güçlü bir şekilde savunulmayacağı (başka hiçbir hipotez ile mevcut durum anlaşılamaz) varsayımında bulunulmuştu. Kuşatma avantajımız terk edildi ve Colenso'dan Pieters mevziine bir cephe taarruzunu içeren doğrudan bir ilerleme emri verildi.

21 Şubat'ta Buller, duba köprüsünü Colenso yakınlarındaki nehrin üzerine kurdu ve aynı akşam ordusu nehri geçmeye başladı. Boer direnişinin hiçbir şekilde çökmediği hemen belli olmuştu. Wynne'in Lancashire tugayı, karşıya ilk geçen birlikti ve kendilerini akşam olmadan şiddetli bir şekilde çarpışırken buldular. Önlerindeki alçak tepecikler piyade tüfeği ateşiyle parlıyordu. Tugay mevzisini korudu, ancak tuğgenerali (bir ay içinde ikinci kez) ile 150 er ve erbaşını kaybetti. Ertesi sabah, piyadenin asıl kuvveti karşıya geçti ve ordu, Ladysmith'e giden yolda savaşmak için kesinlikle zorlu ve gereksiz bir teşebbüste bulundu.

Hâlbuki ön cephedeki kuvvet, hem sayı hem de moral olarak zayıflamıştı. Binlerce Özgür Devlet vatandaşı, Roberts'ın ileri harekâtına karşı kendi ülkelerini savunmak için ayrılmış, geri kalanı ise liderlerinin kendilerine ulaşmasına izin verdiği kadarıyla gelen haberler yüzünden bunalıma girmişti. Ancak bir Boer, inatçı bir savaşçıdır ve Buller ve White'ın Ladysmith'in ana caddesinde el sıkışabilmesi için hâlâ birçok cesur adamın ölmesi gerekiyordu.

Ordunun nehri geçtikten sonra karşılaştığı ilk engel, piyademizin ilerleyişi ile yavaş yavaş temizlenen dalgalı zeminli bir kuşaktı. Karanlık çöktüğünde, Boerlerin ve İngilizlerin ileri mevzileri birbirine o kadar yakındı ki, sabaha kadar aralıksız bir tüfek ateşi devam etti ve birden fazla noktada çaresiz Boer nişancıları, piyade süngülerimizin üzerine doğru hücuma kalktı. Sabah olduğunda, hat boyunca hâlâ mevzilerimizi koruyorduk ve piyadelerimizin gelişinin gitgide artması ve topların ardı ardına kükreyerek harekete geçmesi ile inatçı düşmanımızı kuzeye doğru sürmeye başladık. Ayın 21'inde Dorset, Middlesex ve Somerset Alayları, günün en sıcak anını yaşadılar. Ayın 22'sinde Kraliyet Lancashire Alayı, ardından Güney Lancashire Alayı hücuma katıldılar. Piyade tüfeği ateşine karşı mücadele eden ve savaşan bu askerî birliklerin, bu karışık inişli çıkışlı muharebe sahası içindeki faaliyetlerini takip edebilmek için Kinglake'in[1] sabrına ve ayrıca boş zamanına ihtiyaç vardı. Akşama doğru daha tehlikeli olan Pieter'in Tepeler hattı ile karşılaşana kadar, gün boyunca alçak tepecikler üzerinde istikrarlı bir ilerleme sağlandı. Muharebeler yeknesak bir kahramanlıkla icra ediliyordu. Her zaman aynı açık düzenle ilerleme, her zaman aynı mavzerlerin şakırtısı ve bir tepenin sırtından gelen pompomların takırtıları, çorak tepenin üzerinde, ön-

---

1 ÇN: Alexander William Kinglake: (5 Ağustos 1809 - 2 Ocak 1891) İngiliz tarihçi ve devlet adamı. Kırım Savaşı ile ilgili yazdığı yedi ciltlik eser ile ün kazanmıştır.

lerinde sakatlanmış birkaç Boer ve arkalarında sakatlanmış çok sayıdaki silah arkadaşları ile birlikte her zaman, aynı muzaffer askerler. Bunlar pahalı zaferlerdi; böyle olmasına rağmen her biri, onları hedeflerine yaklaştırıyordu. Şimdi de ilerleyen bir dalga gibi, Pieter Tepesi'nin eteklerine yığıldılar. Kendilerini yukarıya taşıyabilecek yeterli gücü toplayabilecekler miydi? Uzun süredir devam eden savaş meselesi ve Ladysmith'in kaderi bu soruya bağlıydı.

Taarruzun emanet edildiği Tuğgeneral Fitzroy Hart, bazı yönlerden, bir savaşta dönüştüğü kadarıyla eşsiz ve ilginç bir tiptir. Miğferinin tepesinden iyi cilalanmış kahverengi botlarının topuklarına kadar her zaman zerafetin timsali olan mükemmel bir asker, kıyafetine gösterdiği titizliğin aynısını askerî meselelere de taşıyordu. Doğruluk konusunda kitabîydi. Aslında Colenso savaşında muharebeye sokmadan önce İrlanda tugayına yarım saat talim yaptırmıştı ve yanaşık düzenden dağınık düzene geçerek yaptığı değişikliğin akademik olarak doğru olabilmesi için değerlendirme personellerini ölümcül bir ateşin altında ileri sürmüştü. Tugayın bu muharebede verdiği ağır kayıp bir dereceye kadar ona maledildi ve bu, saygınlığını etkiledi; fakat askerleri onu daha iyi tanıdıkça, romantik cesareti, tuhaf askerî espri anlayışı, bu askerlerin nefretini hayranlığa dönüştürdü. Şahsen tehlikeye aldırış etmemesi onun kötü şöhretiydi ve tenkide lâyıktı. Muharebedeki birisi: "General Hart nerede?" diye sordu. "Onu görmedim, ama onu nerede bulacağını biliyorum. Çatışma hattının ilerisine git ve onu bir kayanın üzerinde ayakta dururken göreceksin." cümlesi, sorunun cevabıydı. Şanslı bir yaşam sürdü. Onun yanında olmak bir tehlikeydi. "Kime gidiyorsun?" "General Hart'a," dedi emir subayı. "O zaman güle güle!" diyen arkadaşları, feryad etti. Doğasında acımasız bir mizah anlayışı vardı. Düşman ateşinden çekinmemeleri gerektiğini öğretmek için bir alayı bir tepenin üzerinde sıraya dizdiği ciddi bir şekilde kayda geçirilmişti ve genel olarak buna inanılıyordu. İrlandalılarının kahkahaları arasında, riske girerek ateş hattının açık safları arasında yürüyordu. İrlanda tugayına böylesine bir ruh katan işte bu adamdı ki, cesur askerlerden oluşan bu ordunun içinde böyle bir üne sahip hiç kimse yoktu. İşinin ehli kurt bir askeri gözlemci: "En hızlı ve en uzun süreli sıçramayı yapıyorlardı, örtü ve gizleme altında kalma süreleri en kısasıydı." demişti. Hart ve tugayına Ladysmith'e giden yolu temizleme görevi verilmişti.

Bu tehlikeli görev için yanında götürdüğü alaylar, 1'inci Inniskilling Hafif Piyadeleri, 2'nci Dublin Hafif Piyadeleri, 1'inci Connaught Komandoları ve imparatorluk Hafif Piyade Alayıydı, hepsi birlikte meşhur 5'inci Tugayı oluşturuyordu. Hâlihazırda İngiliz ilerleyişinin en ucunda bulunuyorlardı ve şimdi, ileri doğru hareket ettiklerinde, Lyttelton'un tugayından gelen Durham Hafif Piyade Alayı ve 1'inci Piyade Tugayı, onların yerini almak için gelmişti. Alınması gereken tepe, sağ tarafta bulunuyordu ve askerler, taarruz için en uygun görünen noktaya ulaşana kadar, bir milden daha uzun bir mesafeyi ağır bir ateş altında tek sıra halinde geçmeye zorlandılar. Silah arkadaşları, altmışı hariç zaten oradaydı, bir araya geldiler ve üstlerindeki kahverengi yamaca dizilmiş olan siperler ve avcı boy çukuru hattının üzerine doğru temkinli bir şekilde ilerlemeye başladılar.

Bir süreliğine örtü ve gizleme altında kalabildiler ve zayiatları nispeten azdı. Fakat şimdi, akşam güneşinin uzun gölgesi tepelerden aşağı doğru düştüğünde nihayet, öncü alay olan Inniskilling Alayı, kendilerini kayalık arazinin en uç kısmında bulmuştu. Onlarla düşmanın ana siperleri arasında açık bir yamaç vardı. Yukarıda şarapnellerin paralandığı ve büyük patlayıcı lidit mermilerinin çarptığı yerde, sakallı yüzlerden oluşan hattı ve kenarı aşağı doğru kıvrık şapkalardan oluşan siyah benekleri belli belirsiz bir şekilde görebiliyorlardı. Inniskilling Alayı nara atarak dışarı doğru fırladı, ilk siperi bir hücumla ele geçirdiler ve ikincisi için umutsuzca taarruza kalktılar. Bu, fevkalade istikrarlı bir direnişe karşı fevkalade gösterişli bir taarruzdu, çünkü Boerler, tüm yiğitçe kahramanlıkları içinde asla o Şubat akşamındakinden daha iyi savaşmamışlardı. Yaşayan hiçbir faninin şimdiye dek katlanmadığı kadar ezici bir topçu ateşinin ortasındaki bozkırın bu cesur adamları, inatla direndiler ve hem hızlı, hem de isabetli bir şekilde coşkulu İrlandalı askerlerin saflarına ateş açtılar. Taarruz edenlerin naraları, mavzerlerin acımasız kükremeleri ve geniş göğüslü çiftçilerin bağırışlarıyla cevaplandı. Piyadeler dalga dalga ilerliyordu; düşüyor, kalkıyor, siperlerin çatırdayan hattına inatla hücum ediyorlardı. Fakat sakallı simalar, sırtın üstünden hâlâ onlara bakıyordu ve kurşun yağmuru hâlâ onların saflarını dövüyordu. Alay sarsıldı, ilerledi, tekrar sarsıldı, Dublin ve Connaught'ların destek bölükleri arkadan yetiştiler. Tekrar ilerlediler, bir kez daha sarsıldılar ve en sonunda mevzi almak için hızlı bir şekilde, yaralı silah arkadaşlarının arasından geçerek geriye doğru koşan küçük parçacıklara ayrıldılar. Dünyada, hayatta kalanların utanmak için daha az nedeninin olduğu bir geri çekilme hiç olmadı. İnsanoğlunun tahammül kapasitesinin en uç noktasına kadar dayanmışlardı. Albayları, on subay ve alayın yarısından fazlası, bu ölümcül tepenin üzerinde yatıyordu. Onları onurlandırın ve aynı zamanda siperlerde kök salmış, böylesi şiddetli bir taarruzun hücum ve öfkesiyle yüzleşen yiğit Hollandalıları da onurlandırın! Bugün onlara, yarın bize, fakat savaşmaya değer düşmanlar için savaşların tanrısına teşekkür etmek bir askere yakışır.

Bununla birlikte, İngiliz askerini bozguna uğratmak, onları geri püskürtmekten farklı bir bir şeydir. İskoç Dağ Tugayının personeli, Magersfontein'deki çetin sınavdan birkaç yüz metre sonra askerî bir birlik olarak yeniden düzenlenmişti. Bu nedenle İrlandalılar, en yakın siperden daha fazla geriye çekilmediler ve orada ele geçirdikleri yerde kararlı bir şekilde tutundular. Dostumuz Boerler, savunmanın taarruz karşısında sahip olduğu avantajı bilselerdi, şimdi zafer ve sevinç anından sonra gelip bu inatçı adamların savunma hattına taarruz ederler miydi! Dostumuz Boerler, mevziyi ateşleriyle temizlemek için bir kuşatma bölüğünü göndererek, bunu denediler, hem de ustalıkla. Fakat tugay, ağır yara almış olmasına rağmen onları zorlanmadan geri püskürttü ve 24'ünün sabahı hâlâ ele geçirdikleri bölgede bulunuyorlardı.

Kayıplarımız çok ağırdı, Inniskillings'den Albay Thackeray, Dublins'den Albay Sitwell, üç binbaşı, yirmi subay ve fiilen muharebeye giren 1200 kişiden toplamda altı yüz kadarı. Böylesi bir eziyeti görmek ve maneviyatını korumak, askerî birliklerin maruz bırakılabileceği en büyük sınavdır. Bu zayiat önlenebilir miydi? Düşmanın sol yanını kuşatmamız gerektiğinde, Monte Christo'dan itibaren asıl ilerleme çizgisini takip ederek, belki bunu yapabilirdik. Ama aksi halde hayır! Tepe, yolun üstündeydi ve alınması gerekiyordu. Savaş oyununda riske girmeden oynayamazsınız. Kaybedersiniz ve cezasını çekersiniz, oyunun adil olduğu yerde en iyi oyuncu, ödemesini büyük bir nezaketle yapan kişidir. Taarruz iyi hazırlanmıştı, güzel icra edilmişti ve sadece savunmanın mükemmelliği nedeniyle başarısız olmuştu. Daha önce çok sık tecrübe ettiğimiz bir şeyi, bir kez daha denedik. Bu şey, seri atışlı tüfeklerle donatılmış cesur ve soğukkanlı adamlara karşı yapılacak bir cephe taarruzunda her türlü yiğitlik ve tam disiplinin bir işe yaramadığıydı.

İrlanda tugayı, Railway Tepesi'ne hücum ettiği sırada, sol taraftan bir taarruz düzenlendi. Bu muhtemelen Boerlerin savunma hatlarına yönelik gerçek bir hücumdan ziyade silah arkadaşlarını takviye etmelerini önlemek maksadıyla yapılan bir gösteri anlamına geliyordu. Böyle olmasına rağmen yine de en azından birkaç cesur askerin hayatına mal oldu, çünkü Galli Hafif Piyade Alayından Albay Thorold, ölenler arasındaydı. Bir akşam içinde Thorold, Thackeray ve Sitwell. İngiliz albaylarının askerlerine liderlik etmediğini kim söyleyebilir ki?

Ordu artık bir çıkmazdaydı. Railway Tepesi yolu kapatıyordu ve Hart'ın askerleri onu hücum ile ele geçiremezlerse, bunu kimin yapabileceğini söylemek zordu. Ayın 24'ünde, iki ordu bu kritik noktada karşı karşıya bulunuyordu. İrlandalılar hâlâ tepenin yamaçlarında tutunuyorlardı ve Boerler de zirvede sıralanmıştı. Aralarında şiddetli bir tüfek ateşi, gün içinde patlak verdi, ancak her iki taraf da iyice siper almış ve gizlenmişti. Destekte bulunan birlikler, rastgele topçu ateşinden biraz zarar gördü. Winston Churchill kendi gözlemlerine dayanarak, arka taraftaki yamaçtan tehlikeli bir şekilde ateşlenen üç şarapnel merisinin on dokuz asker ve dört atın kaybının sorumlusu olduğunu kayıt altına aldı. Düşman, bu üç merminin bize ne kadar şiddetli vurduğunu asla bilemez ve bunun sonucunda, topçu ateşimizin genellikle göründüğü kadar sonuçsuz olmadığına da inanabiliriz.

General Buller, Boerlerin yaptığı savaşın bir artçı birlik faaliyetinden ibaret olmadığını, Boer ordusunun tepelerle çevrili vadide inatçı bir şekilde direndiğini fark etmişti; bu yüzden olayların gösterdiği gibi asla terk edilmemesi gereken kuşatma manevrasına geri döndü. Hart'ın İrlanda tugayı, şu anda neredeyse ordunun sağındaydı. Buller'in ustaca bir çalışma olan yeni planı, Hart'ın Boerleri o noktada tespit etmeye devam etmesini sağlamak ve merkezi ile sol kanadını nehir boyunca hareket ettirip ardından geriye döndürerek düşmanın sol kanadını kuşatmaktı. Bu manevrayla, Hart en sağ yerine en solda yer alacaktı ve İrlanda tugayı, tüm ordunun etrafından dönmesi gereken dayanak noktası olacaktı. Bu, hassas bir şekilde uygulamaya konan büyük kapsamlı bir planlamaydı. Ayın 24'ü, faydasız bir topçu ateşinin ve gelecek için planların olduğu gündü. Ağır toplar bir kez daha karşıya Monte Christo sırtına ve Hlangwane'ye geçirildi ve orduyu batıdan doğuya geçirmek için hazırlıklar yapıldı. Düşman hâlâ şaşırtıyordu ve ara sıra Hart'ın askerlerinin önüne fırlıyorlardı, ancak kanatlarını korumak için bırakılan 2'nci Piyade Tugayı'nın dört bölüğü ile mevzileri güvende kaldı.

Bu arada, ileri karakollarımız ve Boerler arasında yaşanan bir talihsizlik nedeniyle, yaralılarımızı geri çekmemiz için bize izin verilmemişti ve talihsiz silah arkadaşlarımızın yüzlercesi otuz altı saat boyunca susuzluk nedeniyle acılar içinde mevziler arasında yatmışlardı. Bu savaşın en acı verici olaylarından biriydi. 25'inde, gecikmeden ateşkes ilan edildi ve hayatta kalanların acil ihtiyaçları ile ilgilenildi. Aynı gün, yük arabalarımızın ve toplarımızın bir kez daha nehri geçerek gidişini gören askerlerimizin kalbi kırıldı. Ne, yine mi bozguna uğradılar? Bu cesur adamların kanı boşuna mı döküldü? Bu düşünce ile dişlerini gıcırdattılar. Daha yüksek strateji onlar için değildi, ama geri çekilme, geri çekilmeydi ve ileriye gitmek, ileri gitmekti. Mağrur kalplerinin hangi yöne gitmek istediğini biliyorlardı.

Ayın 26'sı, taktiklerin tersine çevrilmesini gerekli kıldığı askerî birliklerin büyük manevraları ile doluydu. Ağır bir topçu ateşi perdesinin altında, İngiliz sağ kanadı sol, sol kanadı sağ kanat oldu. Hlangwane'deki eski Boer köprüsünün yanına ikinci bir duba köprüsü kuruldu ve bunun üzerinden büyük bir piyade kuvveti, Barton'un hafif piyade tugayı, Kitchener'in (Wynne'in yardımcısı, Woodgate'in yardımcısı) Lancashire Tugayı ve Norcott'un tugayının (eski adıyla Lyttelton'un) iki taburu geçti. Coke'un tugayı, sol kanadımıza ve ikmal hatlarımıza karşı yapılabilecek bir karşı taarruzu önlemek için Colenso'da bırakıldı. Böylelikle General Hart, Durham Alayı ve 1'inci Piyade Tugayı ile birlikte Boerleri cepheden tespit ederken, ordunun ana gövdesi hızla sol kanatlarına doğru çark etti. Ayın 27'si sabahına kadar hepsi yeni bir taarruz için hazırdı.

Askerlerin toplandığı noktanın tam karşısında üç Boer tepesi vardı; en yakın olanı, kolaylık sağlamak için Barton Tepesi olarak adlandırılabilir. Ordu daha önce mevzilenmiş olduğundan, bu tepeye yapılacak bir taarruz son derece güç bir iş olacaktı; ancak şimdi, yamaçlar ve zirvelerini temizleyebilecekleri, hâkim konumdaki mevzilerine geri getirilen ağır toplarla, başlangıçtaki üstünlük yeniden kazanılmıştı. Sabah güneşinin ışığında Barton'un Hafif Piyadeleri, nehri geçtiler ve topçu mermilerinin çığlıklarının gölgesi altında taarruz etmek için ilerlediler. Çömelerek ve ok gibi fırlayarak, parıldayan süngüleri zirvede ışıldayana dek, dalga dalga yukarıya çıktılar. Usta topçu görevini yerine getirdi ve Ladysmith'in kurtarılmasındaki bu son aşamada ilk uzun adım atılmış oldu. Kayıp azdı ve elde edilen avantaj çok büyüktü. Zirveyi ele geçirdikten sonra Hafif Piyadeler, tepenin yanlarına tırmanan avcı eri kümeleri tarafından art arda saldırıya uğradılar, ancak sağlam tutunmuşlardı ve geçen her saat, daha da sağlamlaşıyordu.

Alınması gereken üç Boer tepesinden en yakın olanı (veya doğudaki), artık İngilizlerin elindeydi. En uzağı (veya batıdaki), İrlanda tugayının, hâlihazırda, onları birkaç yüz yarda ileriye taşıyacak ve siperlerden ayıracak olan son bir sıçrama için her an hazır olarak çömeldiği yerdi. İkisinin arasına henüz dokunulmamış bir merkezî tepe giriyordu. Bunu ele geçirebilirsek, tüm mevzi bizim olurdu. Şimdi son bir gayretle! Her topu onun üstüne çevirin, Monte Cristo'nun toplarını, Hlungwane'nin toplarını! Her tüfeği onun üzerine çevirin! Barton'un askerlerinin tüfekleri, Hart'ın askerlerinin tüfekleri, uzaktaki süvarilerin karabinalarını! Tepesini makineli tüfek ateşiyle kesin (alın)! Ve şimdi sizlerle yukarıya, Lancashire askerleri, Norcott'un askerleri! Zirveyi almak ya da şerefli bir ölüm, çünkü o tepenin ötesinde acı çeken silah arkadaşlarınız sizi bekliyor! Her kurşunu, her askeri ve tüm topçu ateşinizle birlikte size yakışan ruhu bu son saate ortaya koyun; çünkü şimdi başarısız olursanız, sonsuza dek başarısız olursunuz, ama eğer kazanırsanız, o zaman saçlarınız beyazladığı zaman, o sabah yaptıklarınızı düşündüğünüzde yine kanınız kaynayacaktır. Bu uzun drama nihayet sona ermişti ve bu sonun nasıl olacağını göstermek için kısa bir günlük çalışma kalmıştı.

Fakat bu konuda hiçbir şüphe yoktu. İlerleme esnasında, genişletilmiş cephenin herhangi bir noktasında bir an bile bir duraksama olmadı. Uzun piyade safları dalga dalga parıldayarak tepenin üstüne doğru gittiği an, Natal seferinin en önemli anıydı. Solda, Lancashire Alayı, Lancashire Hafif Piyade Alayı, Güney Lancashire, York ve Lancaster Alayları, kuzeyli kaba köylü şivesiyle küfürler ederek zirveye ulaşmak için yarışmaya başladılar. Spion Tepesi ve bin silah arkadaşı, intikam istiyordu. Cesur MacCarthy O'Leary, "Unutmayın beyler, Lancashire'ın gözleri sizi izliyor!" diye bağırdı. Kırk yaşında yere serildi, fakat cesedi ele geçirdikleri yola damgasını vurmuştu. Sağda, Doğu Surrey, Cameronian, 3'üncü Tüfek Alayları, 1'inci Tüfek Tugayı, Durham Alayı ve çok ağır bir felakete uğramış ve buna rağmen çok hevesli olan cesur İrlandalılar, yukarıya ve ileriye doğru bastırıyorlardı. Boer ateşi dinmişti ve sona eriyordu, kaçıyorlardı! Hlangwane dağlarında şapka sallayan vahşi adamlar, ufuk hattı boyunca taarruz eden şahısların hareketli karaltılarını gördüler ve mevzinin kendilerinin olduğunu anladılar. Zafer sarhoşu askerler, sırtın üzerinde dans ettiler ve sevinç çığlıkları attılar. Güneş büyük Drakensberg dağlarının üzerinde ihtişamlı bir şekilde batıyordu ve bununla birlikte o gece Natal'daki Boer istilacılarının umutları da sonsuza dek batıyordu. Şüphe ve kargaşadan uzak olarak harcanan kan ve emek, en sonunda, daha aşağıda olanın daha yüksekte olanı yutmaması gerektiği, dünyanın on yedinci yüzyılın değil, yirminci yüzyılın insanına ait olduğu neticesine vardı. İki hafta süren bir çatışmanın ardından yorgun askerler, nihayet kapının aralandığı ve ışığın göründüğü güvencesi ile o gece, kendilerini yere attılar. Son bir çaba daha gösterecekler ve onların önünde bu kapı açılacaktı.

Orada ele geçirilen tepeler hattının ardında, Ladysmith'e böylesine büyük bir zarar vermiş olan kötü komşusu Bulwana'ya kadar giden büyük devasa bir düzlük uzanıyordu. Ayın 27'sinde Pieters mevzisinin yarısından fazlası Buller'in eline geçmişti ve geri kalanı savunulamaz hale gelmişti. Boerler, ölü, yaralı ve esir olarak yaklaşık beş yüzü kişi kaybetmişti.[1] İngiliz generali ve askerlerine, bir muharebe daha yapılması hâlinde güvenli bir şekilde Ladysmith'e ulaştıracaklarmış gibi görünüyordu.

Fakat burada yanlış bir hesaplama yaptılar. Bu savaşta biz o kadar çok yanlış hesaplama yaptık ki bir kez olsun gerçeğin beklediğimizden daha az olduğunu görmek, memnuniyet vericiydi. Boerler oldukça kötü yenilmiş ve cesaretleri kırılmıştı. Boerlerin tam olarak Natal seferî kuvvetlerinin gücünün mü yoksa batı cephesinde Cronje'nin felaketi ile ilgili haberlerinin mi onları doğuya doğru çekilmeleri gerektiği konusunda uyardığı, her zaman bir varsayım konusu olacaktır. Kendi adıma, bu şerefin Natal'ın yiğit askerlerine ait olduğuna ve bu hatlar üzerinde ilerleyerek, Cronje olsun ya da olmasın, muzaffer bir şekilde Ladysmith'e giden yolu kendilerine açacaklarına inanıyorum.

Şimdi bu uzun soluklu hikâye, hızlı bir şekilde sona eriyordu. İngilizler, bir grup atla birlikte dikkatlice ve ihtiyatlı bir şekilde ilerleyerek, büyük düzlüğün üzerinden hücum ettiler. Yer yer piyade tüfeklerinin patırtısıyla geciktirildiler, ama her zaman yaklaştıklarında engellerin onlara yol verdiğini veya ortadan kalktığını gördüler. En sonunda, Dundonald süvarileri ile kuşatılmış şehir arasında gerçekten bir engel olmadığı anlaşıldı. Dundonald, İmparatorluk Hafif Süvarilerinden ve Natal Karabinalılarından birer taburla birlikte, alacakaranlıkta Ladysmith'in ileri karakollarına yaklaşan süvarilere parola sorup, cesur kasaba kurtarılıncaya kadar at sürdü.

Kurtarılanların mı yoksa kurtarıcıların mı daha fazla dayanıklılık gösterdiğini söylemek zor. Hâkim tepelerin altındaki bir oyukta gizlenen savunmasız kasaba, 118 gün dayanmıştı. İki taarruza ve kuşatmanın sonuna doğru ağır mühimmattaki arızalar nedeniyle yeterli bir şekilde karşılık veremedikleri aralıksız bir bombardımana katlanmışlardı. Kasabaya 16.000 merminin düştüğü hesaplandı. Başarılı iki hücumda düşmanın üç ağır topunu imha etmişlerdi. Açlık nedeniyle zor durumdaydılar, at eti zaten tükenmek üzereydi ve hastalık, onları

---

[1] Kesin rakamlar muhtemelen asla elde edilemeyecek, ancak Pretoria'da tanınmış bir Boer, Pieters'in tüm savaş içinde onlar için en pahalı muharebe olduğu bilgisini verdi.

kırıp geçirmişti. 2000'den fazla tifo ve dizanteri vakası aynı anda hastanedeydi ve toplam hastaneye yatış sayısı, neredeyse garnizonun toplam mevcudu kadar fazlaydı. Aslında askerlerin ancak onda biri yaralanma veya hastalık nedeniyle ölmüştü. Elbiseleri yırtık pırtık, yalın ayak ve bir deri bir kemik kalmış bu cılız askerlerin içinde hâla cengâverlerin savaşçı ruhu saklıydı. Kurtarılmalarından bir gün sonra, bu askerlerden 2000 kişi Boerleri takip etmek için yola çıktı. Onlara yol göstermek için yardım eden biri, şimdiye kadar gördüğü en acıklı görüntünün, geri çekilen düşmanlarının peşinden giderken tüfeklerinin altında kamburu çıkan ve teçhizatlarının ağırlığı altında nefesi kesilen bu zavallı askerler olduğunu kayıtlara geçirmişti. Bir Verestschagen[1], bir deri bir kemik kalmış atlarıyla, zorlu bir düşmanın peşinde koşan bu 2000 inatçı adamı konu edinebilir. Onlara yetişememeleri, Allah'ın lütfuydu.

Eğer kuşatma altındaki kuvvetin başarısı büyükse, onları kurtaran ordunun başarısı bundan daha az değildi. Ümitsizliğin ve başarısızlığın en karanlık derinliklerinde, mutlak başarı için mücadele etmişlerdi. Colenso'da 1200, Spion Tepesi'nde 1700, Vaalkranz'da 400 asker kaybetmişlerdi ve şimdi çok uzun süren bu son faaliyette 1600 kişi daha kaybettiler. Toplam kayıpları, 5000 askerin üzerindeydi ki bu sayı, tüm ordunun yüzde 20'sinden fazlaydı. Belirli bazı alayların verdiği kayıplar, korkunç derecedeydi. Dublin ve Inniskilling Hafif Piyade Alayları, sadece beş subayla ve askerlerinin yüzde 40'ının ayakta kalmasıyla şehitler listesinde en üst sırayı aldılar. Onların yanında Lancashire Hafif Piyade Alayı ve Kraliyet Lancaster Alayı en ağır darbeyi yiyenlerdi. Art arda geri püskütülme ile yüzleşen askerlerin tekrar onun emrinde her zamanki gibi istikrarlı bir şekilde muharebeye girmesi, Buller'in askerlerinin güvenini kazanma ve elde tutma konusundaki gücünü kanıtlamaktadır.

3 Mart'ta Buller'in kuvveti, savunma hatları arasından ihtişamlı bir şeklide Ladysmith'e girdi. Dublin Hafif Piyadeleri, gösterdikleri kahramanlık nedeniyle tören alayının en önüne yerleştirildiler ve sokaklarda sıralanan askerler, güçlü bir taburun kalıntıları olan beş subayı ve küçük bir grup halindeki askerleri gördüklerinde muhtemelen ilk kez kurtarılmalarının neye mal olduğunun farkına vardılar. Birçoğu, çocuklar gibi hıçkıra hıçkıra ağladı. Cesur askerler, sevinç çığlıkları arasında kendileri kadar cesur diğer askerler tarafından oluşturulan sıralar arasından saatlerce akıp geçtiler. Fakat bu garnizon, savaş maksatları için kullanışsızdı. Bir kez daha sahaya çıkmaya hazır olabilmeleri için bir ay dinlenmeleri ve yemek yemeleri gerekiyordu.

Böylece Tugela sorunu, en sonunda çözülmüştü. Şimdi bile, konunun üzerine düşen tüm ışığa rağmen övgü ve yergiyi pay etmek zordur. Symons'ın[2] neşeli iyimserliğine karşılık olarak suçun bir kısmı ilk karmaşaya atılmalıdır. Şüphesiz

---

1   ÇN: Verestschagen: Rus ressam.
2   ÇN: Symons, Arthur William (1865-1945): İngiliz şair ve edebiyat eleştirmeni.

insan ölümlüydü ve kendi hatası için canını feda etmişti. Ülkede yalnızca bir haftadır bulunan White, istese bile askerî durumun temel gerçeklerini değiştiremezdi. Bir veya iki hata yaparak, bir veya iki noktada zekice hamle ile elinden gelenin en iyisini yaptı ve sonunda olağanüstü bir azim ve cesaretle savunmayı sevk ve idare etti. Neyse ki, Massena'nın Cenova'yı[1] savunmasında olduğu gibi kesinlikle umutsuz bir vakaya dönüşmedi; ancak birkaç hafta daha geç kalınması, onu askerî bir trajedi haline getirebilirdi. Emir komuta ettiği birlikler konusunda şanslıydı. Yarısı Hindistan'dan gelen eski askerlerdi[2] ve subayları konusunda çok daha şanslıydı. French (kuşatma öncesi muharebelerde), Archibald Hunter, Ian Hamilton, Hedworth Lambton, Dick-Cunyngham, Knox, De Courcy Hamilton ve diğer tüm iyi askerler ve onun yanında olan (ona katlanabildikleri sürece) ve ona sadık kişilerdi. Her şeyden önce, levazım subayları konusunda talihliydi ve kuşatma, Sezar Kampı'nın siperlerinde ve avcı boy çukurlarında olduğu kadar Albaylar Ward ve Stoneman'ın ofis odalarında kazanılmıştı.

White gibi Buller de, durumu bulduğu şekliyle üzerine almak zorunda kaldı. Buller'in, Natal'ın gerçek savunmasının Tugela hattı olduğuna inandığı iyi biliniyordu. Afrika'ya ulaştığında, Ladysmith çoktan kuşatılmıştı ve kendisi birlikleriyle birlikte, doğrudan işgal planını terk ederek White'ın tümenini kurtarmak için acele etmek zorunda kaldı. Orijinal plana sadık kalınarak onları daha hızlı bir şekilde kurtarıp kurtaramayacakları, uzun süredir askerî tartışmalar için mükemmel bir konu teşkil edecek bir sorudur. Eğer Buller kasım ayında, Ladysmith'in mart ayına kadar dayanma gücüne sahip olduğunu bilseydi, kendisi, tüm ordu birlikleri ve İngiltere'den çağırmak istediği kadar çok askeriyle, dört ay içinde Özgür Devlet'e doğru, onun hem Kimberley hem de Ladysmith kuşatmalarını kaldırmasını gerektirecek şekilde bir ilerleme kaydedemeyecek olması düşünülebilir mi? Eğer Boerler bu kuşatmalarda ısrar etselerdi, Bullerin aralığın ilk haftasına kadar Orange Nehri'ne getirebileceği 60.000 askeri karşılamak için 20.000'den fazla askeri oraya yerleştiremezlerdi. Methuen'in, French'in, Gatacre'nin ve Natal'ın kuvvetleri, Pietermaritzburg ve Durban için ayrılan garnizonlar hariç, ilerleme esnasında, boşlukları doldurmaya hazır olan kolonide ya da denizde bulunan diğer bir altmış bin kişilik bir ihtiyat kuvveti ile bir araya gelecekti. Fazlasıyla kanattan taarruz imkânı veren düz bir arazide ilerleyen Buller'in, Noel'de Bloemfontein'de ve ocak ayının sonlarında Vaal Nehri'nde olması muhtemeldi. Bu durumda Boerler ne yapabilirdi? Ladysmith'in önünde kalabilir ve başkentlerinin ve altın madenlerinin onların yokluğunda ele geçirildiğini öğ-

---

1 ÇN: Cenova savunması sırasında (6 Nisan – 4 Haziran 1800) Andre Massena komutasındaki küçük bir Fransız kuvveti Cenova'da yeterli miktarda Avusturya kuvvetini meşgul ederek, Napolyo'nun Marengo Savaşı'nda Avusturya'lıları yenmesine olanak sağlamıştı.
2 Ladysmith'teki üst düzey bir subay, birliklerin cesaret ve disiplinine örnek olarak bana, Boer siperlerindeki yanlış alarmların kuşatmanın başından sonuna kadar sürekli olarak meydana gelen olaylar olduğunu söyledi. İngiliz ileri karakollarının hata yaptığı tek bir durum yoktu.

renebilirlerdi. Ya da kuşatmayı terk edip kendi evlerini savunmak için geri dönebilirlerdi. Sivil bir eleştirmene göre bu, onlarla savaşmanın en ucuz yolu olurdu; ama tüm bu gerginliğin bir noktaya ulaşması gerekiyordu ve Ladysmith'in uzun süren mücadelesi, gelecekte daha kesin ve tam bir yenilgi anlamına gelebilirdi. En azından, benimsenen planla Natal'ı tam bir yıkımdan kurtarmıştık ve bunun büyük bir karşılığı olmalıydı.

Buller, savaş düzenine geçerek yavaş, ihtiyatlı ama kararlı bir şekilde görevine başladı. Bununla birlikte, bu kararlılığın büyük ölçüde Roberts'in cesaretlendirici tavsiyelerinden ve teslim olma önerisini kabul etmeyi reddeden White'ın askerce metanetinden kaynaklandığı inkâr edilemez. Kabul edelim ki, Buller'inki savaşın en zor problemiydi ve o, bunu çözmüştü. Sadece bu gerçeği kabul etmek bile, eleştirileri yumuşatmakta başarılı olur. Ancak olağandışı olan şey, eylemlerinde genel olarak kendisine atfedilmeyen nitelikleri göstermiş olması ve tam bu noktada halkın kendisine özgü olduğunu düşünmesini istemesidir. Tamamıyla tipik bir İngiliz savaşçısı ünüyle dolaşıyordu. Ya bunun cezasını çekecek ya da cezalandıracaktı, fakat gözünü kırpmadan yoluna devam ediyordu. Ona herhangi bir stratejik yetenek atfetmek için hiçbir neden yoktu. Fakat doğrusunu isterseniz, Colenso'daki girişimini bir kenara bırakırsak, Spion Tepesi için karşıya geçiş girişimi, gizliliği ifşa edilmiş olan ordunun geri çekilmesi, Brakfontein üzerine zekice bir hile ile Vaalkranz'ın geçilmesi, son muharebeler ve özellikle Pieters'in üçüncü gününden sonra cephenin tamamen değiştirilmesi, büyük ölçekli olarak planlanan ve takdire şayan bir şekilde icra edilen stratejik manevralardı. Öte yandan, ilerlemede bir tereddüt ve geçici bir başarısızlık durumunda bile risk alma ya da ağır meşakkate katlanma konusundaki isteksizlik, onun generalliğinin tutarlı özellikleriydi. Özellikle Vaalkranz muharebelerini, gereksiz yere yavaş ve gönülsüz olma konusundaki suçlamalara karşı savunmak zordur. "Asık suratlı savaşçı" adıyla anılan bu adam, askerlerinin yaşamları konusunda son derece hassas olduğunu kanıtladı. Kendi başına takdire şayan bir nitelik, fakat bugün askerlerini kurtarmanın yarın onları gereksiz yere tehlikeye atacağı durumlar da vardı. Zafer onundu ve yine tam bu zafer anında, kendisini mahveden nitelikleri sergiledi. Elindeki iki süvari tugayıyla, topları ve sayısız at arabalarıyla akıp giden, bozguna uğramış Boerleri takip etmeye kalkmadı. Ağır bir şekilde zayiat verebileceği doğruydu, ancak bir başarının Boerlerin Natal'ı işgaline son verebileceği ve askerlerimizin hayatının böyle bir amaç uğruna harcanabileceği de doğruydu. Eğer süvariler çok fazla ordu ağırlığıyla ve geri çekilen bir düşmanı takip etmek için kullanılmayacaksa, o zaman süvarilerin dönemi gerçekten de geçmişte kalmıştı.

Bizim neslimiz boyunca, muhtemelen daha sonradan Mafeking'in kurtarılması hariç, imparatorluğun tebaasını, hiçbir şey Ladysmith'in kurtarılması kadar çok heyecanlandırmamıştı. Ciddi ve duygusuz Londra bile ilk defa kendi ruhunu buldu ve neşeyle dalgalandı. Erkekleri, kadınları ve çocukları, zenginleri ve fakirleri, kulüp üyeleri ve taksi şoförleri, umumi eğlenceye katıldı. Garnizonumuza, onların mahrumiyetlerine, onları kurtarma konusundaki acizliğimize, hem bizim hem de onların rezil olma ihtimalimize dair düşünceler, aylarca ruhumuzu karartmıştı. Aklımızdan hiç çıkmasa da, bu konu, çoğunluğun sohbetleri için çok acı verici olana kadar üzerimize yük oldu ve şimdi, bir anda tehdit ortadan kaltı. Sevinç patlaması, cesur Boerlere karşı bir zafer değildi. Fakat bizim rezil olmaktan kendimizi kurtarmamızdı, evlatlarımızın kanının boş yere akmadığını bilmemizdi. En önemlisi, en karanlık saatler geçtiğine ve barışın ışığının uzakta belli belirsiz görüldüğüne dair inançtı. İşte bu yüzden Londra o mart sabahı mutluluk çanlarını çaldı ve işte bu yüzden İngiliz bayrağının üzerinde dalgalandığı tropikal güneşli topraklardan kuzey kutbunun karlarına kadar her kasaba ve mezrada bu çanlar yankılandı.

18. BÖLÜM

KİMBERLEY KUŞATMASI VE KİMBERLEY'İN KURTARILMASI

Ordu birliklerinin İngiltere'den gelişi üzerine, bazılarının batı tarafına giderken, büyük kısmının Natal'a nasıl çekildiği ve Lord Methuen komutasında Kimberley'in kurtarılması için yapılan tehlikeli girişimin nasıl başladığı, daha önce anlatılmıştı. Ayrıca, üç pahalı zaferden sonra, Lord Methuen'in kuvvetinin beklenmedik, felç edici bir felaketle nasıl karşılaştığı ve yardım etmeye geldikleri kasabaya yirmi mil mesafede nasıl hareketsiz kalmaya zorlandığı da ifade edilmişti. Bu yardımın en sonunda nasıl ulaştığını açıklamadan önce, şehir içinde meydana gelen olaylara biraz dikkat çekmek gerekir.

"Sizi temin ederim ki, Kimberley'in ya da koloninin herhangi bir kısmının veya yapılması tasarlanan herhangi bir faaliyetin saldırı tehdidi altında olduğuna dair endişe etmek için hiçbir neden yok. Bay Schreiner, korkularınızın temelsiz ve bu konudaki beklentilerinizin tamamen boş olduğunu düşünüyor." Üzerlerine düşen savaşın gölgesi ile yardım çağrısında bulunan ahalinin serzenişlerine verilen resmî cevap buydu. Bununla birlikte, ilerici bir İngiliz kasabasının genellikle yetkililerin müdahalesi olmadan kendi başına iş yapma kapasitesine sahip olması büyük bir şanstır. Kimberley, kasabanın düşman varlığı karşısında çaresiz kalmasını önlemek için yeterli cephane ve erzakı tedarik eden zengin ve gözü açık De Beers Şirketi'nin merkezi olduğu için özellikle şanslıydı. Ancak toplar, kısa bir menzile 7 poundluk bir mermi atan oyuncak silahlardı ve garnizon, yalnızca yedi yüz muvazzaf asker barındırıyordu, geri kalanı ise çoğunlukla eğitimsiz madenciler ve zanaatkârlardı. Bununla birlikte, aralarında kuzey savaşlarından gelen tek tük korkusuz adamlar da vardı ve savundukları toprağın İmparatorluk için gerekli olduğu bilgisiyle hepsi cesaretlenmişti. Ladysmith, diğer herhangi bir stratejik mevziden daha fazlası değildi, ama Kimberley eşsizdi, tüm dünyada boyutuna göre en zengin bölgenin merkeziydi. Kaybı, İngiliz davasına ağır bir darbe ve Boerlere çok büyük bir cesaret verirdi.

12 Ekim'de, Kruger'ın ültimatomunun sona ermesinden birkaç saat sonra Cecil Rhodes, kendini Kimberley'e attı. Dopper'in, Boer'in geçmişini temsil ettiği ka-

dar net bir şekilde Güney Afrika'nın geleceğini savunan bu olağanüstü adam, hem nitelik hem de karakter olarak, abartısız şekilde Napolyon'a has bazı özelliklere sahipti. Tükenmeyen enerjisi, çözüm bulma yeteneğindeki verimlilik, detaylara gösterilen özen, geniş kapsamlı düşünce, kısa ve özlü sözlerinin gücü, tüm bunlar büyük imparatoru hatırlatıyordu. Aşırı zenginliğin ortasında özel hayatın basitliği de öyleydi. Son olarak, bir ihtirasın daha da ileriye taşındığı bir noktada, örneğin parlamento desteğini elde etmek için İrlanda partisine yaptığı muazzam bağış ve Jameson baskınının hikâyesinde olduğu gibi bir vicdansızlık yapmıştı. Mutlak şüpheci bir zihin ve acımasız bir mizah anlayışı, bu paralelliği tamamlıyordu. Ancak Rhodes bir barış Napolyonuydu. Güney Afrika'nın en özgür ve en ilerici hükümet şekli altında birleştirilmesi, enerjisini ve servetini harcadığı büyük bir amaçtı, lakin demir yolu inşasından safkan boğaların ithalatına kadar bir ülkenin akla gelebilecek her açıdan kalkınması, sürekli olarak onun ilgisini çekiyordu.

15 Ekim'de Kimberley'in elli bin kişilik ahalisi, savaşın sesini ilk kez duydu. Bu ses uzaklarda bozkırın üzerinde dolaşan, ardı ardına gelen korkunç çığlıklar ve iniltiler hâlinde yükselip alçalıyordu ve civardaki çiftçiler, büyük madenlerin sirenleri ve fabrika düdüklerinden gelen rahatsız edici gürültüye hayret ediyorlardı. Her şeye göğüs gerenler- tüfek, top ve açlık- sinirlerini en çok yıpratanların bu sirenlerden gelen vahşi çığlıklar olduğunu söylemişlerdi.

Dağınık atlı çeteler hâlindeki Boerler, kasabanın etrafında yoğunlaşmış ve demir yolunu kapatmışlardı. Civardaki sığır sürülerine baskınlar düzenlediler, fakat savunmaya hücum etmek için herhangi bir girişimde bulunmadılar. Sivil ve asker sayıca dört bine yaklaşan garnizon, avcı çukurlarına ve tahkimli mevzilere gizlendi ve hiç gerçekleşmeyecek olan bir taarruzu bekledi. Savunulması gereken cephe, yaklaşık sekiz mil uzunluğundaydı, ancak cevher artıklarının yığınları, takdire şayan tahkimatlar oluşturmuştu ve kasabanın etrafında Ladysmith'inki gibi çok kötü komşular olan şu rahatsız edici yükseltilerden hiçbiri yoktu. Resmedilmeye değer bir çevre, savunmaya elverişli değildir.

24 Ekim'de, herhangi bir saldırının yapılmadığını tespit eden garnizon, bir keşif harekâtı yapmaya karar verdi. Vazifenin ve zayiatın büyük kısmını üzerine alan atlı birlik; Elmas Madeni Süvarileri, az sayıda Cape Polisi, bir Atlı Piyade bölüğü ve Kimberley Hafif Süvarileri olarak adlandırılan bir birlikten oluşuyordu. Bu kuvvetten iki yüz yetmiş gönüllüyle, gözü pek bir savaşçı olan Binbaşı Scott Turner, Boerlerle temasa geçene kadar ihtiyatlı bir şekilde kuzeye doğru ilerledi. Sayıca çok daha üstün olan ikincisi, onun yolunu kesmek için manevra yaptı, ancak Kuzey Lancashire Alayı'nın iki bölüğünün gelişi, durumu bizim lehimize çevirdi. Çarpışmada üç ölü ve yirmi bir yaralı zayiat verdik. Boerlerin kaybı bilinmiyordu, fakat komutanları Botha öldürülmüştü.

4 Kasım'da Komutan Wessels, kasabaya resmî bir çağrıda bulundu ve Albay Kekewich'e kadınları ve çocukları göndermesi için izin verdiğini bildirdi.

Bu subay, verilen izinden yararlanmadığı veya en azından bunu sivil makamlara iletmediği için suçlandı. Aslında suçlama, bir yanlış anlamaya dayanıyordu. Wessels'in mektubunda, Güney Afrikalı ve İngiliz kadınları arasında bir ayrım yapılıyor ve ilkine, kendi kampında sığınma hakkı sunuluyordu. Bu teklif duyuruldu ve yarım düzine kişi bundan yararlandı. Bununla birlikte, İngilizler söz konusu olduğunda, bu öneri Orange Nehri Kolonisi'ne nakledileceklerine dair hiçbir söz vermiyordu ve buna uymak, onları çaresiz rehineler olarak düşmanın ellerine teslim edecekti. Mesajı yayımlamama olayına gelince, bu tür resmî belgelerin yayınlanması olağan değildir, ancak teklifin kabul edilemez olduğu konusunda hemfikir olan Bay Rhodes'a gösterilmişti.

Kuşatma sırasında askerî otoriteler ile Bay Rhodes'un başkanı olduğu sivillerin bir kısmı arasında ciddi bir sürtüşme olduğuna dair üzücü, fakat dile düşmüş bir gerçeğe değinmeden bu konudan bahsetmek zordur. Diğer özelliklerinin yanı sıra, Rhodes her türlü baskı biçimini çok kötü bir şekilde sineye çekiyordu ve en iyisi olduğunu düşündüğü bir şeyi tam olarak yapamayınca ciddi bir şekilde rahatsız oluyordu. Bir barış Napolyonu olabilirdi, ancak en samimi arkadaşları bile onu asla bir savaş Napolyonu olarak tanımlayamazdı, çünkü askerî değerlendirmeleri hatalıydı ve Jameson hezimetinin yönetimi, konuyla ilgili herhangi birinin değerlendirmesine göre kesinlikle güven vermiyordu. Çok iyi niyetli olduğu ve imparatorluğun iyiliğini gönülden istediği rahat bir şekilde doğru farz edilebilir; fakat bu gerekçeler, onu askerî valiye karşı bir fitne çıkarmaya sevk ediyor ve hatta tehdit ediyordu veya Lord Roberts'ı bir askerî harekâta zorlamaya teşebbüs etmesi ise en içler acısı durumdu. Orduya yaptığı tüm yardımlar için her türlü övgüye layık olabilir, (aksi hâlde garnizonun el koyması gerekecek olan ikmal maddelerini memnuniyetle vermişti) fakat o olmadan kasabanın daha uyumlu ve dolayısıyla daha güçlü olacağı bir gerçekti. Albay Kekewich ve kurmay başkanı Binbaşı O'Meara, dışardaki Boerlerden rahatsız oldukları kadar içerideki entirikalardan da rahatsız olmuşlardı.

Kasabanın bombardımanı, 7 Kasım'da garnizonun topçularının yeterli bir şekilde karşılık veremediği, dokuz adet 9 poundluk toplarla başladı. Bununla birlikte, yedi yüz merminin atıldığı iki haftalık bir topçu ateşinin sonunda iki sivil hayatını kaybetmişti. Yiyecek meselesi, düşmanın ateşinden daha önemli bir sorun olarak kabul ediliyordu. Bununla birlikte, Methuen'in kuvvetinin ilerleyişi zaten bilindiğinden, erken bir kurtuluş muhtemel görünüyordu. Kişi başına bir poundluk ekmek, iki ons şeker ve yarım kilo ete izin verildi. Sadece süt kıtlığının küçük çocuklar üzerinde trajik etkisi anlatıldı. Ladysmith'te, Mafeking'de ve Kimberley'de bu masumların yüzlercesi kurban edildi.

25 Kasım, garnizonun Methuen'in çok uzakta olmadığı izlenimine kapılarak bir hücum yaptığı ve böylelikle onun harekâtına yardımcı olduklarını düşündükleri unutulmaz bir gündü. Hafif süvariler ve Cape polisi müfrezesinden oluşan bir

kuvvet tarafından Boer mevzilerinin birine taarruz edildi, bu faaliyetleri, parlak bir şekilde başarılı oldu. Tahkimli mevziye asıl taarruz, yaklaşık kırk asker tarafından gerçekleştirildi, bunlardan dördü öldürüldü. Zaferlerinin kanıtı olarak otuz üç harp esiri getirdiler, ancak Boer topu her zamanki gibi elimizden kaçtı. Bu parlak faaliyette Scott-Turner yaralandı, ama bu yaralanma, onu sadece üç gün sonra başka bir hücuma liderlik etmekten alıkoymadı. Birincisi ne kadar başarılı olduysa bu da o kadar büyük bir felaketle sonuçlandı. Çok istisnaî koşullar dışında, modern savaşta gerçekleşmesi olanaksız olan şeyler her zaman savunmaya bağlıdır ve muhtemelen garnizon daha iyi uyarılsaydı, düşmanlarının tahkimatlarına taarruz etmekten kaçınırlardı. Bu, Baden-Powell'ın Game Tree Tepesi'nde de öğrendiği bir gerçekti. Gerçekleştiği şekliyle, geçici bir başarıdan sonra İngilizler, şiddetli bir mavzer ateşi ile geri püskürtüldü ve inatçı Scott Turner'ı kaybettiler. Hepsi sömürge kolordusundan olan cesur silah arkadaşlarından yirmi biri öldü, yirmi sekizi de yaralandı. İmparatorluk, esas olarak uğruna savaştıkları insanların haklı gerekçelerini, kendilerinin kahramanlıkları ve adanmışlıklarıyla yapılan her türlü fedakârlığa değdiğini gösterdikleri için gururla dile getirebilir.

Kuşatma tekrar azalan tayınların ve tükenen umutların tekdüze bir kaydına dönüşmüştü. 10 Aralık'ta dış dünyadan bir umut ışığı geldi. Uzakta güney ufkunda, Afrika'nın mavi gökyüzüne karşı, küçük bir altın benek parıldıyordu. Bu Methuen'in güneş ışığında parıldayan balonuydu. Ertesi sabah, uzaktaki topun derinden gelen gürlemesi, dinleyen vatandaşlar için müziklerin en tatlısıydı. Ancak daha başka bir haber gelmeden günler geçti ve bir haftadan daha fazla bir süre geçmeden Magersfontein'de kanlı bir şekilde geri püskürtüldüğünü ve yardımın bir kez daha süresiz olarak ertelendiğini öğrendiler. Kurtarmaya gelen ordu ile helyografik iletişim açılmıştı ve güneyden gelen ilk mesajın at sayısı ile ilgili bir soru olduğu kayıtlara geçti. Akla hayale sığmaz bir aptallıkla bu mesaj, askerî ciddiyetsizliğin ve kabiliyetsizliğin bir örneği olarak gösterildi. Elbette sorunun amacı, garnizonla gerçekten iletişim halinde olup olmadıklarıyla ilgili bir testti. Kasabanın görünürde çok huysuz ve çok düşüncesiz bazı insanları barındırdığı kabul edilmelidir.

Yeni yılda, kısıtlama altındaki ahalinin sağlığı bozulmaya başladığında, kuşatılmış şehirde kişi başı et istihkakı çeyrek pounda düşürülmüştü. Bununla birlikte De Beers atölyelerinde düşmanlarına ulaşabilecek bir top imal etme girişimi, yoğun bir merak uyandırmıştı. Bu olağanüstü ağır top, Labram isimli bir Amerikalı tarafından, bu amaç için üretilen aletler ve kasabada bulunan kitapların yardımıyla inşa edilmişti ve en etkili topçu silahı olduğu ispat edilen 28 librelik yivli bir topun şeklini almıştı. Bay Rhodes'in selamları, mermilerin üzerine çirkin bir mizah anlayışıyla kazınmıştı. Ele geçirmesi hâlinde bir düşmanın onu kafes içinde Pretoria'ya götüreceği tehdidini açıkça ifade ettiği göz önüne alındığında makul bir cevaptı.

Boerler, bu beklenmedik ağır toptan bir süre uzak dursalar da ona karşı dehşet verici bir karşılık hazırladılar. 7 Şubat'ta, 96 lb.'lik bir mermi fırlatan devasa bir top, dört mil uzaklıktaki Kamfersdam'dan kasabanın merkezine ateş açtı. Topçu mermileri, Almanların kötü bir örnek teşkil eden 1870'teki uygulamasını taklit ederek müstahkem mevkiler yerine, yoğun nüfuslu şehrin içine doğru ateşlendi. Bu devasa mermiler, evleri paramparça ederek ve arada bir kasaba sakinlerini öldürerek ve sakat bırakarak gece gündüz fasılasız patladı. Binlerce kadın ve çocuk, rahat ve güvenli bir şekilde kaldıkları, elektrikle aydınlatılan tünellerin içine madenlerin altına taşındı. Boerlerin şaşırtıcı bir şekilde aldığı intikam, olağanüstü bir şans eseri olarak topları ile öldürdükleri az sayıdaki kişiden biri, 28 poundluk topu yapan pratik zekâlı Labram'dı. Daha da fevkalade bir şans eseri, hemen akabinde büyük Boer topunu getirmekten sorumlu olan Leon, garnizon tarafından uzun menzilli bir tüfekle vuruldu.

Bir tarihçi, Kimberley kuşatmasını heyecandan yoksun bir şekilde anlatmakla yetinmelidir, çünkü olayın kendisi sıkıcıdır. Aslında "kuşatma" yanlış bir adlandırmadır, çünkü bu, daha çok bir etrafını çevirme ya da abluka idi. Bununla birlikte, mevcut şekliyle, kuşatma altındaki ahali çok endişenlenmişti ve asla bir teslim olma düşüncesi olmamasına rağmen, kurtarma kuvvetinin uzayan gecikmesine karşı haddinden fazla bir sabırsızlık göstermeye başlamıştı. Çok geçmeden, Kimberley'in düşmanı yok etmek için son hazırlıklar yapılana kadar, onu meşgul etmek için ne kadar kurnazca bir yem olarak kullanıldığı anlaşıldı.

Nihayet büyük gün geldi. Savunmadakilerin atlı ileri karakolları ile kurtarmaya gelen ve hem dost hem de düşman tarafından beklenilmeyen bir şekilde ilerleme kaydetmiş olan öncü birliklerinin karşılaşmasının ne kadar etkileyici olduğu kayıtlara geçirildi. 15 Şubat'ta, her iki tarafça tanınmayan yeni bir atlı birlik düzlükte belirdiğinde ve düşmana ateş açtığında, Kimberley Hafif Süvarileri müfrezesi ile Boerlerin bir birliği arasındaki çatışma devam ediyordu. Yabancılardan biri keşfe çıktı. "Allah aşkına, apoletlerinizdeki K.L.H. manası nedir?" diye sordu. "Kimberley Hafif Süvarileri demektir. Sen kimsin?" "Ben Yeni Zelandalılardan biriyim." Macaulay[1], çok alıntı yapılan Yeni Zelandalı'nın geleceği hakkındaki en çılgın rüyasında bile, kendisini asla Afrika'nın kalbindeki bir İngiliz kasabasını kurtarmaya çalışan bir kuvvetin başında tasvir etmemiştir.

Halk, güneydoğu ufku boyunca yavaş bir şekilde ilerleyen muazzam toz bulutunu izlemek için toplanmıştı. İçindeki kırmızımsı merkezi ile batıya doğru hızla ilerleyen şey neydi? Umutla ve şimdi de korku ile bu büyük toz kümesinin gitgide yaklaştığını görüyorlardı. Birçoğunun aklından geçen, bunun Cronje'nin ordusunun tümüyle icra ettiği bir taarruz olduğu düşüncesiydi. Sonrasında toz bulutu dağıldı, içinden muazzam kalabalık bir süvari birliği çıktı ve her iki ka-

---

1 ÇN: Thomas Babington Macaulay, (25 Ekim 1800 - 28 Aralık 1859) İngiliz tarihçi ve Whig politikacısı.

nattaki yoğun toz bulutu hızla ilerleyen topçuların yerini işaret ederken, genişleyerek uzaklara yayılmış saflardaki mızrak uçlarının ışıltısı ve kılıç kınlarının parıltısı, Hafif Süvarilerin ve Mızraklı Süvarilerin bir belirtisiydi. Yüz millik atlı intikal nedeniyle yorgun ve bitkin olan süvariler ve nefes nefese kalmış, ter damlayan atları, önlerindeki geniş şehri gördüklerinde yeniden cesaretlerini topladılar ve tezahürat yapan kalabalığa doğru savaşçılara özgü gürültü ve patırtı ile hızla ilerlediler. Askerleri kasabanın dışında kamp kurduğu sırada, General French, bağırışlar ve gözyaşları arasında Kimberley'e girdi.

Bu ani ve beklenmedik faaliyete nasıl hazırlanıldığı ve nasıl icra edildiğini öğrenmek için hikâyenin ayın başına geri dönmesi gerekir. O dönemde Methuen ve askerleri, hâlâ Kimberley ve kurtarmaya gelen ordu arasındaki mevzilerini, arada sırada yapılan bombardımanlara rağmen, koruyan Cronje ve onun siperdeki kuvvetleri ile karşı karşıyaydı. Colesberg'deki muharebeleri Clements'e devretmiş olan French, Roberts ve Kitchener ile görüşmek için Cape Town'a gitmişti. Üçü de oradan, şu ana kadar icra edilenlerden daha geniş ölçekli olarak tasarlanmış bir dizi harekâtın üssü olacak olan Modder Nehri'ne doğru ilerledi.

Boerlerin dikkatini sol kanatlarına düşmek üzere olan yıldırımdan uzaklaştırmak maksadıyla, şubat ayı başlarında Cronje'nin en sağdaki mevzilerinin üzerine enerjik bir çarpışma ile son bulan güçlü bir gösteri harekâtı icra edildi. Kuzey İskoçya Dağ Tugayı, 9'uncu Mızraklı Süvari Alayının iki taburu, 7 Nolu Koloni Kraliyet İstihkâmcıları ve 62'nci Batarya'dan oluşan bu kuvvet, meşhur Hector Macdonald'ın emir komutası altındaydı. Askerlerinin ona verdiği isimle "Savaşan Mac", alayına bir er olarak katılmış ve şimdiye kadar, onbaşı, çavuş, yüzbaşı, binbaşı ve albay rütbelerinde çalışmıştı. Hâlâ yiğitliğin zirvesindeydi ve tugayının başında at sürüyordu. Kare biçimli savaşçı kafası ve buldog çenesi ile kemikli, sert bir İskoçyalıydı. Onu Dervişlere ve Boerlere karşı korkunç kılan aynı kararlı nitelikler ile İngiliz ordusunun sağladığı ayrıcalığı ve olağan imtiyazları elde etmişti. Soğukkanlı bir zekâ, sağlam bir sinir ve gururlu bir kalple, ideal bir piyade komutanıydı ve onu, Omdurman savaşının buhranında tugayına manevra yaptırırken görenler, muharebeden hatırladıkları büyük bir hatıra olarak ondan bahsediyorlardı. Savaş alanında, çocukluğunun konuşma tarzına, kuzeyli askerlerin sinirlerini güçlendiren, sivri uçlu, rahatsız edici, çirkin sözlere başvuruyordu. Talihsiz Wauchope'un yerini almak, cesur, fakat fena hâlde hırpalanmış olan tugayı yeniden cesaretlendirmek için Hindistan'dan gelen bu adamdı.

Bu kuvvetin piyade gücünü oluşturan dört alay- Kara Gözcü (Black Watch), Argyll ve Sutherlands, Seaforths ve İskoç Hafif Piyade Alayları- 3 Şubat Cumartesi günü Lord Methuen'in ordugâhından ayrıldı ve ertesi gün Koodoosberg'e geçmek için Fraser'in geçiş yerinde durdu. O gün çok sıcaktı ve çok ağır geçiyordu ve birçok asker, bazıları asla geri dönmemek üzere saflardan ayrıldı. Bununla birlikte, geçiş yerinin (veya sığ olan yerinin) savunmasız olduğu anlaşıldı ve Macdonald tarafından ele geçirildi. Macdonald nehrin güney tarafında kamp kurduktan sonra, Koodoosberg'i ve mevzinin kilit noktasını oluşturan ve geçiş noktasının kuzeybatısında yaklaşık bir milin dörtte üçü mesafede bulunan bazı komşu tepecikleri işgal ve tahkim etmek için güçlü müfrezeler gönderdi. Onun gelişini ana savunma kampına haber vermek için koşturan Birkaç Boer gözcüsü görüldü.

Bu mesajların etkisi, 6 Şubat Salı günü, Boerlerin nehrin kuzey yakasında toplandığı görüldüğü zaman ortaya çıktı. Ertesi sabah hatırı sayılır sayılarla oradaydılar ve Seaforth Alayının tuttuğu bir tepeye taarruz etmeye başladılar. Macdonald, Kara Gözcü'den iki bölüğü ve Kuzey İskoçya Hafif Piyadelerinden de iki bölüğü savaşa soktu. Boerler, 7 poundluk bir dağ topuyla mükemmel bir talim yaptılar ve askerlerimizin sahip olduğu sağlam örtü ve gizleme göz önüne alındığında piyade tüfeği ateşleri çok etkiliydi. Kara Gözcü'lerden, iyi bir avcı ve cesur bir asker olan talihsiz Tait, üzerindeki bir yarası henüz iyileşmemişken, tekrar vuruldu. Ölürken son sözleri: "Bu sefer beni yakaladılar." oldu. Seaforth'lardan Blair'in şah damarı bir şarapnel kurşunuyla kesildi ve bölüğündeki askerler atardamarı sıkmak için sıraya girerken, o saatlerce yerde yattı. Ancak topçumuz Boer topunu susturdu ve piyadelerimiz, onların avcı erlerini kolayca ele geçirdi. Babington, süvari tugayıyla birlikte, ordugâhtan çıkıp nehrin kuzey kıyısı boyunca hareket ederek yaklaşık saat 1.30'da oraya ulaşmıştı. Askerler ve atlar yorucu bir intikal nedeniyle bitkin olmalarına rağmen, Macdonald'ın kuvveti, süvari tugayının, Boerlerin etrafını çevireceğini ve onları ya da toplarını ele geçirmek için girişiminde bulunacağını ümit ediyordu. Fakat süvariler, tarafların mevzilerinin ya da hatırı sayılır bir darbe yapma imkânı olduğunun farkına varmamış gibi görünüyordu. Bu nedenle muharebe manasız bir sonuca vardı, Boerler taarruzlarından takip edilmeden geri çekiliyordu. 8 Şubat Perşembe günü, Boerlerin geri çekildikleri anlaşıldı ve aynı akşam, kendi kuvvetimizden geri dönmesi istendi. Birliğin kendilerinin gönderilme amacı olan, Boerlerin dikkatini onların sağ kanadına çekerek, zaten düşman üzerinde istenen etkiyi sağladığının farkında olmayan ülkedeki halk, şaşkınlık ve hayal kırıklığı içindeydi. Bekleyen büyük harekâtlar için gerekli olmaları nedeniyle tugay orada bırakılamazdı. Tugay ayın 9'unda geri döndü ve ayın 10'unda Lord Roberts tarafından şahsen tebrik edildiler; 11'inde, sadece Kimberley'i kurtarmakla kalmayıp, Boer davasına asla belini doğrultamayacağı bir darbe indirmeyi hedefleyen yeni hazırlıklar yapılmıştı.

Büzülmüş gözleri ve tetikte olan tavırları ile küçük, kahverengi ve buruşuk Lord Roberts, altmış yedi yaşında olmasına rağmen gençliğinin vücut yapısını ve enerjisini koruyordu. Hindistan'ın açık havada hareketli yaşamı, İngiltere'de olduklarında sadece koltukta oturan askerleri, at üstünde dizginleri ele almak zinde tutuyordu. Lord Roberts'in sırım gibi fakat adeleli yapısını ve tempolu yürüyüşünü gören birinin, onun askerliğinin kırk bir yılını sağlıksız bir iklim olarak görülen bir yerde geçirdiğini fark etmesi zordur. Lord Roberts askerî eğitim yapma alışkanlığını ileri yaşlarına kadar taşımıştı. Bir Rus gezgin, kendisini Hindistan'da en çok şaşırtan görüntünün, kıdemli ordu komutanının mızrağıyla ileri atılıp, deneyimli bir askerin becerisiyle saplamayı başarmasını görmek olduğunu kaydetmişti. İlk gençlik yıllarında, Hint İsyanı sırasında, dikkat çekici derecede bir askerin savaş enerjisine sahip olduğunu göstermişti, fakat süratli karar verme ve kararlılıkla icra etme gücü gibi daha nadir ve daha değerli yeteneklere sahip olduğunu ancak 1880 Afgan Savaşı'nda kanıtlama fırsatı buldu. Savaşın dönüm noktasında, o ve ordusu, halkın görüş alanından tamamen çıkmıştı ve kayboldukları yerden üç yüz mil uzakta bir noktada çarpıcı bir şekilde, zafer kazanarak ortaya çıktılar.

Lord Roberts, sadece bir asker olarak değil, bir insan olarak da bazı olağanüstü özelliklere sahipti. O, onu tanıyanların sadece saygısını değil, sevgisini de kazanan bir cazibeye sahipti. Chaucer'in deyimiyle, o çok mükemmel ve kibar bir şövalyeydi. Askerler ve alayın subayları, ona karşı, tarihimiz boyunca duygusuz İngiliz ordusunun hiçbir lidere karşı sahip olmadığı şekilde, kişisel bir muhabbet hissediyorlardı. Şövalyevarî nezaketi, hatasız zarafeti, nazik doğası, askerlerin çıkarlarına olan özverili ve bitmek bilmeyen fedakârlığı, hepsi birlikte, Napolyon'un Büyük İmparatorluk davasındaki Muhafız Askerleri kadar güvenerek ve özveri ile kendisini takip edecek olan bu kaba saba, sadık varlıklar için onu çekici kılıyordu. Diğer pek çok örnekte olduğu gibi, Roberts'ın durumunda da, Güney Afrika'daki kuru dere yatakları ve tepeciklerin, askerî bir şöhretin mezarını kazacağından ve mezar taşını dikebileceğinden korkan bazı kimseler vardı. Fakat bu duruma düşmek yerine, sürekli olarak en samimi hayranlarını bile şaşırtan geniş kapsamlı bir strateji yeteneği ve ülkenin büyük bir kısmına dağılmış olan manevraların etkisini kavrama gücü gösterdi. Şubat ayının ikinci haftasında hazırlıklar tamamlanmıştı ve bunu, Boerleri diz çöktüren süratli bir dizi hamle takip etti. Bunlar arasından sadece, yüz millik bir intikalden sonra kırmızımsı toz bulutunun içinden çıkarak Boer kuşatmasını, yoğun baskı altındaki Kimberley'den silip süpüren, üstün nitelikli süvari kuvvetinin kahramanlıklarını burada anlatacağız.

Lord Roberts, baskın yapmak maksadıyla, Boer hattının diğer ucundaki Koodoosdrift'te güçlü bir gösteri harekâtı yapmakla kalmayıp, aynı zamanda trenle ana kuvvetini kırk mil güneyden o kadar gizli bir şekilde çekip Belmont ve Enslin'e indirmişti ki, birlik komutanlarının bile birliklerin nereye gittiğine dair hiçbir fikri yoktu. Colesberg'deki French'in komutanlığından gelen süvari birliği, Naauwpoort'a kara yoluyla ve oradan da trenle intikal ederek buluşma yerine çoktan ulaşmıştı. Bu kuvvet, bir miktar atlı piyade ve iki çekili topçu bataryası ile birlikte, karabinalı askerler, Yeni Güney Galler Mızraklı Süvarileri, Inniskilling Alayı, yerel süvariler ve 10'uncu Hafif Süvarilerden karışık bir alaydan meydana geliyordu ve yaklaşık üç bin kılınçlık bir güç oluşturuyordu. Buna, Modder Nehri'nden gelen 9'uncu ve 12'nci Mızraklı Süvarileri, Hindistan'dan gelen 16'ncı Mızraklı Süvariler, savaşın başından beri Orange Nehri'nde devriye gezen İskoç Greys Alayı, Rimington Keşif Birliği ile Albay Ridley ve Hannay komutasındaki iki atlı piyade tugayı eklendi. Albay Hannay'ın komutasındaki kuvvet, buluşma yerine giderken şiddetli bir çatışma yaşadı ve ölü, yaralı ve kayıp olarak elli ya da altmış asker kaybetti. Bu kuvvete, Kraliyet istihkâmcılarından bir duba köprü magnası ile birlikte, toplamda batarya sayısını yediye çıkaran, çekili topçu bataryalarından diğer beş batarya daha eklendi. Toplam asker sayısı yaklaşık beş bin kişiydi. 11 Şubat Pazar gecesi, bu müthiş kuvvet, Belmont'un yirmi mil kuzeydoğusundaki Ramdam'da toplanmıştı ve ilerlemeye hazırdı. 12 Şubat Pazartesi sabahı saat ikide harekete başlandı ve gece süvarilerinin uzun, kıvrımlı çizgisi gölgeli bozkırın üzerinde ilerledi. Yirmi bin toynağın sesi, çeliğin şakırtısı, top tekerleklerinin ve kağnıların gürültüsü, tahta kiremitlerin üzerindeki dalgalanma gibi derinden gelen alçak bir gürlemeyle yükseliyordu.

İki nehir, Riet ve Modder, French ve Kimberley'in arasına girmişti. Ayın 12'sinde gündüz vakti, kuvvetin öncüsü, bir Boer bölüğü tarafından bir topla savunulduğu keşfedilen Waterval geçit yerine ulaştı. Onları tespit etmek için küçük bir müfreze bırakan French, askerlerini akıntının üst kısmındaki Dekiel geçit yerinden geçirerek düşmanı mevzisinden sürüp çıkardı. Boerlerin bu hatırı sayılır gücü Jacobsdal'dan gelmişti ve geçişe karşı koymak için mevzilenmekte çok geç kalmıştı. On dakika geç kalsaydık, durum çok daha ciddi olacaktı. Çok küçük bir kayıp pahasına, geçiş yerinin her iki tarafını da tuttu, ancak uzun yürüyüş kolunun tümünün karşıya geçirilmesi ve kuzey kıyısında açık ordugâh kurulması, gece yarısına kadar sürdü. Sabahleyin bir süvarinin daha gelmesiyle kuvvetin gücü, muazzam bir şekilde arttı. Bu süvari, askerlerini uğurlamak için at üstünde yanlarına gelen Roberts'in kendisiydi. Sırım gibi dik vücudunun ve kızıl kahverengi yüzünün görüntüsü, onları heyecan ve güven dolu bir şekilde gönderdi.

Ancak bu ikinci günün yürüyüşü (13 Şubat) biraz zorlu bir askerî harekâttı. Modder'a ulaşmadan önce susuz ve uzun otuz milin geçilmesi gerekiyordu ve yine de geçit yerini ele geçirmeden önce bir muharebeye girmek zorunda kalabilirlerdi. Hava çok sıcaktı ve uzun gün boyunca güneş, bulutsuz bir gökyüzünden vuruyordu. Bu sırada askerler, sadece içinde at sürdükleri toz yığını tarafından gölgeleniyordu. Taşlı tepelere doğru yükselen geniş ve kurak bir ova, her yanlarını kuşatmıştı. Aşırı uzak mesafelerde tek tük görünen atlı şahıslar, uçsuz bucaksız alanda hareket ediyordu- Boer keşif kolları, şaşkınlık içinde bu büyük asker dizisinin ilerleyişini tespit ediyordu. Bir veya iki defa bu adamlar bir araya geldiler ve sol kanadımıza doğru bir piyade tüfeği ateşi cayırtısı başladı, fakat bu büyük akıntı, onları alıp beraberinde götürdü. Bu ıssız topraklarda, çoğunlukla benekli Güney Afrika ceylanı ve gri antilop sürüleri, ovanın üzerinde hızla ilerlerken ya da bu olağan dışı manzaraya göz atmak için bir avcının yaptığı gibi merakla durup beklerken görülebilirdi.

Böylelikle hafif süvariler, ağır süvariler ve mızraklı süvariler, sararmış bozkırın üzerinde, biniciler ve atlar sıcaktan ve yorgunluktan bitkin düşene kadar bütün gün at sürdüler. Yaklaşık iki millik bir cephe tutuldu, alaylar aynı hizada iki dağınık düzende hareket ediyordu; fakat bu büyük çorak bozkırın üzerinde hızla hareket eden bu muhteşem atlı bulutunun görüntüsü muhteşemdi. Bozkırın sağ tarafı alev almıştı ve ona doğru gelen merkezi parlak kırımızı renkli siyah bir duman bulutu, kanadı kaplamıştı. Yukarıdan çarpan güneş ve aşağıdan gelen tozun bunaltıcılığı, çok kuvvetliydi. Top çeken atlar koşum takımlarının ve millerinin üzerine yığıldılar ve salt yorgunluktan öldüler. Susuzluktan kavrulmuş sessiz, fakat neşeli olan askerler, ufkun üzerinde hareket eden kesintisiz serabı delip geçerek Modder'in ilk işaretini yakalamak için gözlerini kıstılar. Nihayet, güneş batıya doğru yönelmeye başladığında, o çirkin akarsuyun kıyılarını çevreleyen çalıların ince yeşil çizgisi fark edildi. Süvariler yenilenmiş bir cesaretle ilerleyip, geçiş yerine doğru yöneldikleri sırada, bu kuvveti yönetmek gibi ağır bir vazife ile görevlendirilen Binbaşı Rimington, gerçekten de hedeflediği noktaya geldiğini gördüğünde rahat bir nefes almıştı.

Manevranın esası, her yere, düşman karşı koymak için toparlanmadan önce ulaşmak için gerekli olan hızlı hareket kabiliyetiydi. Bu durum, nehrin diğer yakasında bekleyen beş yüz ya da beş bin kişiyi bulup bulmayacaklarına bağlıydı. General French, ilk alayının Klip'in geçiş yerine inişini endişeli gözlerle izlemiş olmalıydı. Eğer Boerler onun gelişinden haberdar olsaydılar ve 40 poundluk toplarından bazılarını kaydırsalardı, French akıntıyı zorla geçmeden önce ağır bir zayiat verebilirdi. Ama bu sefer, en sonunda onlara karşı tam üstünlük sağlamıştı. Geleceği haberiyle birlikte kendisi geldi ve Broadwood, 12'nci Mızraklı Süvari Alayı ile geçiş yerine doğru hızla ilerledi. Küçük Boer kuvveti kaçarak kendini kurtardı ve kamp, at arabaları ve ikmal malzemeleri, galiplerin eline geçti. Ayın 13'ü gecesi Modder Nehri'nin geçiş yerini emniyete almıştı ve sabahın erken saatlerine kadar, atlar ve toplar nehrin kahverengi sularını sıçratarak içinden geçtiler.

French'in kuvveti, artık Boerlerin ana mevzisinin hizasına gelmiş, fakat en sol kanadına çatmıştı. En sağ kanat, Koodoosdrift gösteri taarruzu sayesinde elli mil uzak kalmıştı ve bu hat, sadece merkez konumdaki Magersfontein hariç, çok zayıf bir şekilde savunuluyordu. Cronje bu merkezî konumu zayıflatamadı, çünkü Methuen'in hâlâ önünde beklediğini gördü ve her halükârda Klip geçit yeri, Magersfontein'dan yirmi beş mil uzaktaydı. Fakat Boer sol kanadı, dağınık olmasına rağmen, 14 Şubat Çarşamba günü bir dereceye kadar uyum içinde bir araya geldi ve süvarilerin başarılı ilerleyişini durdurmak için gayret gösterdi. O gün, Kelly-Kenny, piyadeler ile birlikte ele geçirilen yerleri savunmak için gelene kadar Klip Drift'te dinlenmeleri gerekiyordu. Gün boyunca Boerlerin küçük müfrezeleri ve yürüyüş kolu ile onun hedefi arasına girmek ve mevzi almak için gelmişlerdi.

Ertesi sabah ilerlemeye devam edildi; yürüyüş kolu, Kimberley ile arasında gücü bilinmeyen bir düşmanla birlikte, Kimberley'den hâlâ kırk mil uzaktaydı. Yaklaşık dört mil ötedeki French, topçu tarafından desteklenen yoğun bir piyade tüfeği ateşinin geldiği, aralarında uzun alçak bir boyun noktası bulunan iki tepeye hücum etti. Fakat General French, sadece durdurulamaz değil, aynı zamanda geciktirilemezdi de. Boer ateşini tamamen göz ardı eden süvariler, alçak boyun noktasının üzerinden dalga dalga geçerek tepelerin eteklerini kuşattılar. Tepecikler üzerindeki Boer piyadeleri, 9'uncu Mızraklı Süvarilerin öncülüğünde ve hepsi çok açık bir düzende olan alayların, ardı ardına dörtnala ovayı geçmeleri ve dahası boyun noktasının üzerinden aşmaları esnasında muhteşem bir askerî geçit töreni görmüş olmalılar. Vurulan birkaç at ve onların yarısı kadar asker geride kaldı, fakat takip esnasında kırk ya da elli Boer öldürüldü. Savaş sırasında çok nadir görülen durumlardan biri olan bu olayda, modası geçmiş ve anlamsız bir silah olan kılıncın, taşıyan için gereksiz bir ağırlıktan başka bir şey olmadığı görüldü.

Şimdi bu kuvvetin önünde açık bir yol vardı, çünkü Magersfontein istikametinden ilerleyebilecek olan herhangi bir Boer kuvvetini geride bırakmıştı. Yetersiz yiyecek ve suyla dört günde yüz mil gelen atlar o kadar yorgundu ki, askerlerin sadece atlarını rahatlatmak için yürümekle kalmayıp, aynı zamanda eyer takımının devasa ağırlığının bir kısmını da taşıdığını görmek, alışıldık bir manzara değildi. Fakat yorgunluğa rağmen bu kuvvet, öğleden sonra kırmızımsı ovanın karşısında Kimberley'in tuğla evlerinin ve oluklu çatılarının uzak bir görüntüsü belirene kadar ilerlemeye devam etti. Kuşatmayı yapan Boerler, bu kuvvetin önünden çekildi ve o gece (15 Şubat), French ve karargâh personeli kurtarılan şehre giderken, kurtarmaya gelen askerî birlik, iki mil ötedeki düzlükte kamp kurdu.

Bu, ülkenin doğası ve düşman taktikleri nedeniyle her zaman ve her yerde engellenen süvariler için acımasız bir savaştı. Süvarilik, kuşkusuz yükselme imkânının en az olduğu askerlik sınıfıdır. Keşif ve devriye gezme görevi, bir askerin üstlenebileceği en tehlikeli vazifedir, ancak doğası gereği hiçbir tarihçi bundan bahsetmez. Providence[1] gibi savaş muhabirleri, her zaman büyük taburlarla birliktedir ve daha önce bunun kadar çok kayıt altına alınmamış kahramanlığın olduğu bir savaş hiç olmamıştı. Nöbetçilerin ve keşif kollarındaki öncülerinin kahramanlıkları, hiçbir gazete sütununda kendine yer bulamamıştır. Ancak savaşın daha büyük muharebelerinde süvarilerin, süvari olarak varlıklarını haklı

---

1 ÇN: Providence Journal: ABD'de sürekli yayınlanan en eski günlük gazetedir ve ilk olarak 1829'da yayınlanmıştır.

çıkardıklarını söylemek zordur. Birçok kişinin görüşüne göre gelecekteki gidişat tüm kuvvetin atlı piyadelere dönüştürülmesi olabilir. Albayları Lord Airlie'nin emriyle attan indirilen 12'nci Mızraklı Süvari Alayı'nın sabah boyunca tehdit altındaki kanada yapılan taarruzu Magersfontein'de durdurması, askerlerimizi mükemmel piyadelere dönüştürmek için ne kadar az şeye ihtiyaç duyulduğunu göstermişti. Siper alma konusunda küçük bir eğitim, çizme yerine tozluk ve karabina yerine tüfek, bize süvarilerimizin yaptığı her şeyi, üstelik çok daha fazlasını yapabilecek yirmi bin kişilik müthiş bir kuvvet verecektir. Bu savaşta pek çok kez, Colesberg'de, Diamond Tepesi'nde "Burada süvarilerimiz iyi iş çıkardı" dememiz kesinlikle mümkündür. Onlar iyi atlara binmiş cesur askerlerdi ve iyi iş çıkarmaları bekleniyordu. Ancak süvari davasını savunan birinin, süvarilerin aynı sayıda, aynı seviyede cesur ve eşit derecede iyi atlı piyadeler tarafından yapılamayacak bir şeyi yaptığı durumlara dikkati çekmelidir. Ancak işte o zaman süvarilerin mevcudiyeti haklı gösterilir. Hem Güney Afrika hem de Amerikan iç savaşından çıkan ders, yaya olarak savaşmak için eğitilmiş hafif süvarilerin geleceğin askerî sınıfı olduğudur.

Kimberley'in kuşatılması ve kurtarılmasının bu kısa hikâyesinin neticesi olarak birkaç söz söylemek gerekirse: Kağnılar tarafından saatte iki veya üç milden daha fazla bir hızla hareket ettirilemeyen ve tonlarca ağırlığa sahip olması gereken Kamfersdam'daki büyük topun süvarilerimizden paçayı kurtarmasının büyük bir sürpriz olduğu ifade edilmelidir. Bu gerçekten şaşırtıcı bir durumdu ve yine de bu duruma liderlerimizin herhangi bir ataletsizliği değil, savaş süresince Boerlerin kararlılığının en güzel örneklerinden biri sebep olmuştu. Kekewich, kurtarılacağından emin olduğu anda, müsait olan herkesi topladı ve bu topu ele geçirmeyi denemek için gönderdi. Top zaten oradan götürülmüştü ve geri çekilişi, hem piyadeler hem de hafif toplar tarafından savunulan Dronfield'ın güçlü mevzisi tarafından korunuyordu. Müfrezenin komutanı Murray, topu zorla ele geçiremeyeceğini fark ederek topun önünde kaldı. Ertesi sabah (Cuma) saat üçte French'in iki tugayının yorgun asker ve atları, aynı amaçla yola çıktılar. Fakat Boerler, hâlâ inatla Dronfield'e tutunuyorlardı ve mevzileri hâlâ ele geçirilemeyecek kadar güçlü ve yorgun atlarla kuşatılamayacak kadar genişti. Boerler, Cape polisinin eline hafif bir top bırakarak, mükemmel bir artçı muharebesi ile boşalttığı bir sonraki akşama kadar mevzi ele geçirilemedi, fakat ağır topları için öyle bir avantaj elde ettiler ki, görünürde başka ve çok daha önemli vazifeleri olan French, onu takip etmeye teşebbüs edemedi.

19. BÖLÜM

PAARDEBERG

Lord Roberts'ın takdire şayan bir gizlilikle hazırlanan ve olağanüstü bir gayretle icra edilen harekâtları, her biri elde edecek kadar şanslı olduğu iki farklı sonucu hedefliyordu. Birincisi, ezici bir süvari kuvveti, Boer mevzisinin etrafında at sürecek ve Kimberley kuşatmasını kaldıracaktı: bu seferin kaderi zaten açıklanmıştı. İkincisi, süvarilerin hemen ardından giden ve onların ele geçirdikleri her şeyi elinde tutan piyadeler, Cronje'nin sol kanadına yerleşecek ve onun Bloemfontein ile olan bağlantısını kesecekti. Şimdi açıklanacak olan muharebelerin bu bölümüdür.

General Roberts'in bir araya getirdiği kuvvet, çok zorlu bir piyade kuvvetiydi. Boer kuvvetini kontrol altına almak için Methuen'in emri altında Magersfontein hattının önünde Roberts'in bıraktığı kuvvet muhafız alayıydı. Onlarla birlikte, Methuen'in tüm muharebelerinde 9'uncu Tugay içinde savaşan alayları da bırakmıştı. Bu birlikler, hatırlanacağı gibi, 1'inci Northumberland Hafif Piyade Alayı, 2'nci Yorkshire Hafif Piyade Alayı, 2'nci Northampton Alayı ve Kraliyet Kuzey Lancashire Alayı'nın bir süvari taburu idi. Bunlar Cronje'yi mevzisinde tutmak için kalmıştı.

Üç piyade tümeni kaldı, bunlardan biri Dokuzuncu Piyade Tümeni, hemen oracıkta oluşturuldu. Bunlar şu şekilde oluşturuldu:

Altıncı Tümen (Kelly-Kenny):
    12'nci Tugay (Knox),
    Oxford Hafif Piyade Alayı,
    Glouscester Alayı (2'nci)
    Batı Riding Alayı
    Buff Alayı
    18'nci Tugay (Stephenson)
    Essex Alayı
    Welsh Alayı
    Warwik Alayı

Yedinci York Tümeni (Tucker):
    14'üncü Tugay (Chermside)
    İskoç Sınır Alayı
    Lincoln Alayı
    Hampshire Alayı
    Norfolk Alayı
    15'inci Tugay (Wavell)
    Kuzey Stafford Alayı
    Cheshire Alayı
    Güney Galler Sınır Alayı
Dokuzuncu Doğu Lancashire Tümeni (Colvile):
    İskoç Dağ Tugayı (Macdonald)
    İskoç Kara Gözcü Alayı (Black Watch)
    Argyll ve Sutherlands Alayı
    Seaford Alayı
    İskoç Hafif Piyade Alayı
19'uncu Tugay (Smith-Dorrien):
    Gordon Alayı
    Kanada Alayı
    Shrophire Hafif Piyade Alayı
    Cornwall Hafif Piyade Alayı

Bunlarla birlikte General Marshall'ın emri altındaki tümenlerin iki topçu tugayı vardı. İlki 18'nci, 62'nci ve 75'inci bataryalardan (Albay Hall); diğeri ise 76'ncı, 81'inci ve 82'nci bataryalardan oluşuyordu (Albay McDonnell). Bunların yanı sıra "Philomel" gemisinden Yüzbaşı Bearcroft'un emri altında dört 4,7'lik top ve dört 12 librelik toptan oluşan donanma birliğinin bir obüs bataryası vardı. Muhafız Alayının gönderilmesi ve daha fazla topçunun gelmesiyle kısa süre içinde kuvvetin gücü arttırıldı; fakat 12 Şubat Pazartesi günü yola çıkan sayı, kabaca yirmi beş bin yaya ve 98 topla birlikte sekiz bin atlı askerdi. Bu, yiyeceksiz ve neredeyse susuz bir ülkede idare edilmesi gereken hatırı sayılı büyüklükte bir orduydu. Hepsi, hazırlık ve organizasyon dehası olarak tanımlanan Lord Kitchener tarafından toplanan, on bir bin katır ve öküz tarafından çekilen yedi yüz at arabası, askerî yürüyüş kolunun arkasında inleyerek ve gıcırdayarak ilerliyordu.

Her iki ordu da Ramdam'da toplanmıştı. Süvariler yoldan aşağıya doğru, piyadeler demir yolu ile Belmont ya da Enslin'e kadar gidecekti. 12 Şubat Pazartesi günü süvariler yola çıktı ve salı günü piyadeler, onların peşinden sağlam bir şekilde topluca ilerledi. Yapılması gereken ilk iş, Cronje'nin kanadında bir mevzi ele geçirmekti. Bu amaçla 6'ncı ve 9'uncu Tümen (Kelly-Kenny'nin ve Colvile'nin), hızla ilerledi ve 15 Şubat Perşembe günü, aynı sabah süvarilerin boşalttığı Modder Nehri'ndeki Klip geçiş yerine ulaştı. Jacobsdal, kesinlikle sol kanadımızdaki düşmanın eline bırakılamazdı, bu yüzden 7'nci Tümen (Tucker'ın tümeni) kasabaya hücum etmek için yön değiştirdi. Wavell'in tugayı, şiddetli bir çatışmadan sonra burayı ele geçirdi. Şehrin imparatorluk gönüllüleri, ilk defa ateş altına girmişlerdi ve torunları oldukları eski tren çetelerinin cesaretine sahip olmaları, çok dikkat çekiciydi. Kaybımız iki ölü ve yirmi yaralıydı ve ilk kez düşman şehirlerinden birine sağlam bir şekilde yerleşmiş oluyorduk. Mükemmel Alman hastanesinde otuz ya da kırk yaralımız vardı.

Sabah Klip geçiş yerinden ayrılan süvarilerimiz, 15 Şubat Perşembe günü öğleden sonra, Kimberley'e doğru şiddetli bir şekilde hücum ettiler. Klip geçiş yerinde Kelly-Kenny'nin 6'ncı Tümeni vardı. 7'nci Tümen Jacobsdal'a yaklaşırken, Klip geçiş yerinin güneyinde bulunan Wegdraai'de, Colvile'nin 9'uncu Tümeni bulunuyordu. Hepsi birlikte bu İngiliz kuvvetleri kırk millik bir hat boyunca yayılmıştı. Aynı akşam Kimberley'in kurtuluşu ve Jacobsdal'ın ele geçirilmesi izlendi, fakat aynı zamanda hiç şüphesiz bizi hassas noktamızdan vuran cesur bir hamleye, konvoylarımızdan birinin Boerler tarafından ele geçirilmesine de tanık olundu.

Bu olayın olduğu sırada arkamızda beliren Boer gücünün nereden geldiği hiçbir zaman netlik kazanmadı. Daha önce Ramdam'daki buluşmaya katılmak için Orange Nehri'nden çıkarken, Hannay'ın atlı piyadeleri ile bir çatışmaya giren aynı birlik gibi görünüyordu. Eldeki kanıtlara göre Colesberg'den ya da daha uzak herhangi bir noktadan gelmemişlerdi, ama bunlar, iki ünlü kardeşten genç olan Piet de Wet'in emrindeki kuvvetlerdi. Bunlar, bizim tarafımızdan özenle korunuyor olması gereken, Riet Nehri üzerindeki geçiş yeri Waterval geçit yerine inerek bir sıra tepeciği işgal ettiler. Sonra nehrin kuzey yakasına inen konvoyun üzerine piyade tüfekleri ve toplarla yoğun bir ateş açtılar. Çok sayıda öküz, kısa süre içinde vuruldu ve yüz seksen kağnının taşınmasını imkânsız hâle getirdi. Yem ve erzak taşıyan konvoyun kendi koruması yoktu. Ancak kırk bin kişilik bir ordunun ikmal hattındaki en hayati ve en hassas noktası olan bu geçiş yeri, Albay Ridley tarafından, kesinlikle yetersiz olarak görülen bir kuvvetle, topçusu olmayan Gordon Alayından bir bölük ve yüz elli atlı piyade ile savunuluyordu. Boerler, başlangıçta yaklaşık beş ya da altı yüz kişiydi, fakat öyle bir mevzileri vardı ki taarruz edilemiyordu. Öte yandan, kağnılar ile saldırganlar arasında genişletilmiş bir düzende bulunan, istikrarlı ve etkili bir şekilde ateş etmeye devam eden İngiliz Muhafızlarını zora sokmak için mevzilerini terk edecek kadar güçlü değillerdi. Doğu Lancashire Alayından ve doğuştan kaliteli bir asker olan Yüzbaşı Head, ateş hattına emir komuta ediyordu. Hem kendisi hem de askerleri, düşmanı belirli bir süre için uzak tutabileceklerinden şüphe etmiyorlardı. Öğleden sonra Boerler için sürekli takviyeler geldi, ama Kitchener'ın çekili bataryası ve bir sahra bataryası geri gelerek, güç dengesini eski hâline getirdi. Akşamleyin Tucker, 14'üncü Tugayın tümü ile sahneye çıktığında, sahra bataryası İngilizlerin lehine etki etti; bir taarruz meselesi tartışılırken, Lord Roberts'den konvoyun terk edilmesi ve kuvvetin geri dönmesini gerektiğini söyleyen olumlu bir emir geldi.

Eğer Lord Roberts'in bu kararını haklı göstermek gerekiyorsa, gelecekteki olayların akışı, bu gerekçeleri verecektir. Napolyon'un savaştaki ilkelerinden biri, tüm enerjisini aynı anda tek bir noktaya yoğunlaştırmaktı. Roberts'ın amacı, Cronje'nin ordusunu kuşatmak ve imkân dâhilinde ele geçirmekti. Bir tugayın artçı muharebelerine katılmasına izin verilirse, hızlı hareket eden sefer planının tamamı alt üst olabilirdi. Yüz seksen kağnı arabasını kaybetmek çok can sıkıcıydı, ancak bu, sadece geçici bir rahatsızlık anlamına geliyordu. Esas olan sefer planıydı. Bu nedenle konvoyunu feda etti ve birliklerini asıl görevlerine doğru hızla hareket ettirdi. Uzun süredir savaşanlar, acı dolu sözlerle ve üzgün bir şekilde taarruzu yarıda bıraktılar, fakat şimdi en azından aralarından birkaçı, muhtemelen kağnıların feda edilmesindeki bilgeliği anlamamıştı. Bu olaydaki kaybımız, ölü ve yaralı olarak elli ile altmış arasındaydı. Boerler ele geçirdikleri ikmal maddelerinden kurtulamadılar ve sonuç olarak bu malzemeler yerel çiftçiler arasında dağıtıldı, İngiliz kuvvetleri arazi üzerinden geçerken tekrar ele geçirildi. Bir önceki gün, çölde bir kuyuya muhafız olarak bırakılan Kitchener'in süvarilerindeki E bölüğünden elli kişinin kaybıyla küçük bir felaket daha yaşadık.

Ancak, hareketli ve cesur bir düşmana karşı çok uzak mesafelerde icra edilen bir savaşta, önemsiz olan bu küçük gecikmeleri örtecek büyük olaylar yaklaşıyordu. Cronje, aniden etrafını saran ağın farkına varmıştı. Tepecikler hattını zaptedilemez kılmak için çok çaba sarfeden esmer ve vahşi adamlar için siperlerini ve avcı çukurlarını terk etmek, acı verici olmalıydı. Fakat Cronje inatçı olduğu kadar kurnazdı ve Boerlerin yok edilme korkusuna sahipti. Bu, düşmanlarına karşı at sırtında savaşan babalarından gelen kalıtsal bir içgüdüydü. Eğer Methuen, son on hafta boyunca herhangi bir zamanda makineli tüfekle desteklenen zayıf bir piyade hattıyla Cronje'yi cephede tutsaydı ve gücünün geri kalanını Jacobsdal'a ve doğuya doğru sevk etseydi, muhtemelen aynı sonucu elde ederdi. Bu şartlar altında, İngilizlerin kendi kanadının üzerine doğru geldiği söylentisi üzerine, Cronje, Bloemfontein ile olan ikmal hatlarını yeniden kurmak için, aniden mevzisini ve planlarını terk etti. Hızlı bir şekilde sağ kanadını geri çekti ve sonra büyük bir süvari, top ve at arabası yığınını, Kimberley'e giden İngiliz süvarisinin gerisi ile Klip geçiş yerindeki İngiliz piyadelerinin öncüleri arasındaki boşluktan geçirdi. Geçmek için sadece bir yer vardı ve bir tuzaktan hızla fırlayan vahşi bir hayvanın azgın enerjisiyle oraya doğru atıldı. Kuvvetlerinin bir kısmı ağır toplarla birlikte kuzeye Kimberley çevresinden Warrenton'a gitmişti; Freestater'ların çoğu da sıvışmış ve çiftliklerine dönmüştü. Geri kalanlar, çoğunluğu Transvaal'den gelen yaklaşık altı bin kişi, İngiliz kuvvetleri arasında imha edildi.

Bu manevra 15 Şubat gecesi icra edildi ve biraz daha hızlı olsaydı, biz farkına varmadan tamamlanabilirdi. Ancak hantal at arabaları ve kağnılar onu geciktirdi. 16 Şubat Cuma sabahı, kuzey taraftaki bozkırda, batıdan doğuya doğru hareket eden devasa bir toz bulutu, Klip geçit yerindeki ileri karakollarımıza Cronje'nin ordusunun neredeyse parmaklarımızın arasından kayıp gittiğini söyledi. O sırada Klip geçit yerindeki komutan olan Lord Kitchener, doğrudan takip için atlı piyadesini derhal sevk ederken, Knox'un tugayı nehrin kuzey kıyısı boyunca hızla geri çekilen birliğin sağ yanına asıldı. Cronje'nin adamları Magersfontein'den bu yana otuz millik bir gece yürüyüşü yapmışlardı ve kağnıları çeken öküzler bitkin haldeydi. Toplarını ve ikmal maddelerini tamamen terk etmeden, takipçilerinden kurtulması imkânsızdı.

Ancak kovaladıkları bu şey bir geyik değil, daha çok omzunun üzerinden dişleri parıldayan acımasız ve yaşlı bir Transvaal kurduydu. Uzakta yana yatmış beyaz kağnıların görüntüsü, her atlı piyadenin kanını kaynattı ve Oxford'ları, Buff'ları, West Riding'leri ve Gloucester'ları bir Afrika sabahının görkemli ve sert havasında nehir kıyısında yarışa sevk etti. Ama önlerinde vahşi Dopper[1] Boerlerinin yerleştiği tepecikler vardı ve bu cezbedici kağnılara ancak onların cesetlerinin üzerinden ulaşılabilirdi. İngilizlerin hızla geçmekte olduğu geniş ova, bir anda kurşun yağmuruna tutuldu. Uzun piyade hattı daha da uzadı ve Boer mevzisinin kanadını sardı. 81'inci sahra bataryası, derinden gelen kükremesini onların yüksek korosuna eklemek için aceleyle hareket ettiği sırada bir kez daha Mavzer ve Lee-Metford'un korkunç düeti başladı. Cronje, iyi bir muhakemeyle güvende olduğu son anda durdu ve sonra geriye doğru hızlı bir manevra ile iki mil ötedeki bir hattı ele geçirdi ve tekrar hevesli takipçilerine hücum etti. Gün boyunca ümitsiz ve yorgun artçı kuvveti piyadelerin ateşli ilerleyişini geciktirdi ve hava karardığında kağnılar hâlâ ele geçirilememişti. Hatırlanacağı gibi, nehrin kuzeyindeki takip kuvveti, sayısal olarak takip edilen kuvvetten daha azdı. Bu nedenle Knox'un tugayı, basit bir şekilde düşman ilerleyişini geciktirerek ve diğer İngiliz birliklerinin yaklaşması için zaman kazandırarak mükemmel bir iş çıkarmıştı. Cronje'ye doğru bir şekilde akıl verilmiş ya da doğru bilgilendirilmiş olsaydı, Modder üzerinden hızlı bir ilerlemeyle, hâlâ ordusunu güvenli bir şekilde alıp götürebileceğini umarak, toplarını ve kağnılarını geride bırakacaktı. Görünüşe göre Cronje, İngilizleri hem sayısal olarak hem de yaptıkları faaliyetler açısından hafife almıştı.

16 Şubat Cuma gecesi, Knox'un tugayı ve Hannay'in Atlı Piyadeleri arkasında olmasına rağmen, önünde hiçbir düşman bulunmayan ve hâlâ dokunulmamış olan ikmal maddeleri ve toplarıyla birlikte Cronje, Modder Nehri'nin kuzey kıyısında bulunuyordu.

Cronje'nin Bloemfontein'e tehlike oluşturması için nehri geçmesi gerekiyordu. Nehir kuzeye yöneldikçe, ne kadar çabuk geçerse Cronje için o kadar iyiydi.

---

1 ÇN: Dopper: Güney Afrika'da Protestanlığın katı bir Kalvinizme bağlı muhafazakar Afrikaner Kilisesi'nin bir üyesi

Bununla birlikte, nehrin güney tarafında hatırı sayılır miktarda İngiliz kuvveti vardı ve görünürdeki strateji, onları önden zorlamak ve geçebilecekleri her geçit yerini tıkamaktı. Nehrin arasından aktığı yatağın kıyıları o kadar sarptı ki, neredeyse küçük uçurumlar olarak nitelendirilebilirdi. Gidiş gelişe elverişli olan ve yıllardır kullanılması nedeniyle aşağındaki sığ bölgelere kadar eğimli yollar aşındıran yerler hariç, herhangi bir noktadan ne bir atlının ne de bir kağnının geçme şansı vardı. Bu nedenle İngilizler, tıkanması gereken yerlerin nereler olduğunu kesin olarak biliyorlardı. Tüm harekâtın başarısı veya başarısızlığı, önümüzdeki birkaç saatin kullanımına bağlıydı.

Cronje'ye en yakın nehir geçiş yeri, sadece bir iki mil uzaktaydı ve adı Klipkraal'dı. Onun yanında Paardeberg geçiş yeri, onun da yanında Wolveskraal geçiş yeri vardı. Her biri, diğerinden yaklaşık yedi mil uzaktaydı. Cronje, muharebeden sonra hiç beklemeden ilerlemeye devam etseydi, Klipkraal'dan karşıya geçebilirdi. Fakat askerler, atlar ve öküzler, yirmi dört saatlik uzun bir yürüyüşün ve savaşın ardından eşit derecede bitkindi. Yorgun askerlerine dinlenmeleri için birkaç saat verdi ve sonra kağnılarının yetmiş sekizini geride bırakarak, gün doğmadan üç geçiş yerinden en uzağına (Wolveskraal Geçiş Yeri) doğru ilerledi. Düşmanlarından önce oraya ulaşıp geçebilirse, güvende olacaktı. Bu esnada Klipkraal Geçiş yeri, Buff, Batı Riding ve Oxfordshire Hafif Piyade Alayları tarafından, olayların hızlı akışında hak ettiğinden daha az dikkat çeken ateşli küçük bir çatışmanın ardından emniyete alındı. Muharebenin asıl yükü, on ölü ve otuz dokuz yaralı kayıp veren Oxford Alayının üzerine düşmüştü. Buna rağmen, bu çatışma için boş yere verilmiş bir kayıp değildi. Küçük ve neredeyse kayda geçmemiş olsa da bu savaşta yer alan ve gerçekten de çok önemli bir çatışmaydı.

Lord Roberts'ın enerjisi, "Bob'un[1]" bu sefer "yaşlı Cronje'yi" yakalayacağına dair samimi bir inancı tümen ve tugay komutanlarına, albaylarına ve dahası karanlıkta ağır adımlarla yürüyen ve sendeleyen en alçakgönüllü Tommy'e kadar aşılanmıştı. Atlı piyade, nehrin kuzeyinden güneyine doğru dörtnala koşturmuş, Klip Geçit Yerinden geçerek Klipkraal'ın güney ucunu emniyete almıştı. Oraya Kelly-Kenny'nin tümeninden, Stephenson'un tugayı da gelmişti, bu esnada Cronje'nin gittiğini keşfeden Knoz, aynı noktaya doğru nehrin kuzey kıyısı boyunca ilerledi. Klipkraal güvende olduğu için, atlı piyade derhal ilerleyerek Paardeberg geçit yerinin güney ucunu emniyete aldı ve aynı akşam onları takip eden Stephenson ve Knox oraya geldi. Kapatılması gereken sadede Wolveskraal Geçit Yeri kalmıştı ve orası da bu savaşta yapılan zekice bir çalışma ile kapatılmıştı. French nereye gittiyse iyi iş çıkarmıştı, ancak zaferini taçlandıran, Cronje'nin geri çekilmesini önlemek için Kimberley'den yaptığı manevraydı.

Kimberley'in kurtarılmasında atlı askerlerin gösterdiği gayret, zaten anlatılmıştı. Oraya perşembe günü, yorgun düşmüş atları ile ulaşmışlardı. Cuma saba-

---
1 ÇN: Bob: Robert isminin kısaltması

hı saat üçte ayaktaydılar ve üç tugaydan ikisi, Dronfield mevzisini ele geçirmek için yapılan bir girişimde gün boyunca yoğun bir şekilde çalışmıştı. Oysaki aynı akşam gelen bir emir French'in, Cronje'nin ordusunun yolunu kesmek için derhal yeniden yola çıkmasını emrettiğinde French, birçok komutanın yapabileceği gibi gücünün yetersiz olduğunu iddia etmedi. Yalnızca atı kendisini taşımaya uygun olan her askeri alarak (En azından beş bin kişilik bir kuvvetten iki bin kişinin altında bir birlik) birkaç saat içinde yola çıktı ve gece boyunca ilerledi. Atlar binicilerinin altında telef oldu, ama yine de bu birlik, parlak yıldızların altındaki gölgeli bozkırın üzerinde ilerliyordu. Şans eseri ya da harika bir hesapla, doğruca hâlâ Cronje için açık olan tek geçiş yerine doğru yönelmişlerdi. Bu, ucuz atlatılan bir durumdu. Cumartesi günü öğle vakti Boer öncü birlikleri, geçiş yerine hâkim tepelere çoktan yaklaşmıştı. Fakat yaptıkları otuz millik intikalden (yürüyüşten) sonra hâlâ savaşma arzusunda olan French'in askerleri, kendilerini öne attılar ve gözlerinin önündeki mevziyi hemen ele geçirdiler. Geçiş yerlerinden sonuncusu kapatılmıştı. Eğer Cronje şimdi karşıya geçecekse, siperinden çıkıp Roberts'ın koşulları altında savaşmak zorundaydı ya da Roberts'ın kuvvetleri etrafını sarana kadar kendi koşulları altında bekleyebilirdi. Seçenekler önündeydi. Bu esnada, hâlâ etrafındaki kuvvetlerden habersiz olan fakat French tarafından yolunun kesildiğini fark eden Cronje, aşağıya nehre doğru ilerledi ve zorla karşıya geçebileceğini ümit ederek, Paardeberg Geçit Yeri ile Wolveskraal Geçit Yeri arasındaki uzun bir şeridi işgal etti. 17 Şubat Cumartesi gecesi durum buydu.

O gece boyunca, İngiliz tugayları, yorgunluktan sendeleyerek, fakat inatçı bir kararlılıkla, kaçan düşmanlarını ezmek için, Paardeberg'de bir araya gelecek şekilde ilerliyorlardı. Jacobsdal'dan Klip Geçiş Yerine kadar yumuşak kumlar üzerinde yapılan zorlu bir yürüyüşten bitkin düşen İskoç Dağ Tugayı, askerin safları boyunca ağızdan ağıza yayılan "Magersfontein" sözü ile yeni faaliyetler için cesaretlendirildi ve Paadeberg'e doğru on iki mil daha ilerledi. Hemen arkalarından, muhtemelen tüm ordudaki en iyi tugay olan Shropshire, Cornwalls, Gordon Alayları ile Kanadalılardan oluşan Smith-Dorrien'in 19'uncu Tugayı geldi. Nehri geçtiler ve nehrin kuzey kıyısında mevzi aldılar. Yaşlı kurt, şimdi tam anlamıyla kuşatılmıştı. Batıdaki İskoç Dağ Tugayı nehrin güneyinde, Smith-Dorrien ise nehrin kuzeyindeydi. Doğuda Kelly-Kenny'nin tümeni, nehrin güneyindeydi ve onun kuzeyinde süvarileri ve atlı piyadeleri ile French bulunuyordu. Bir general asla daha umutsuz bir durumda olmamıştır. Ne yaparsa yapsın, kaçış için olası bir boşluk yoktu.

Görünüşte yapılmaması gereken tek bir şey vardı, o da ona taarruz etmekti. Mevzisi, aşılması zor bir mevziydi. Sadece nehrin kıyılarını mükemmel bir örtü ve gizleme altındaki piyadeleri ile donatmakla kalmamıştı aynı zamanda bu nehrin kıyılarından her iki tarafa doğru, hayranlık uyandıran doğal bir siper oluşturan, bir dizi kuru dere yatağı uzanıyordu. Her iki tarafta da akla uygun tek taarruz istikameti, sayımızın yalnızca zayiatımızı artıracağı, en az bin ya da bin beş yüz yarda genişliğindeki düz bir ova üzerinden olabilirdi. Lord Kitchener'ın doğrudan sevk ve idaresi altında icra edilen bir harekâtı sorgulamaya cesaret edecek kişinin, cesur bir asker ve de çok daha cesur bir sivil olması gerekiyordu. Eleştiri yapanlar arasındaki genel fikir birliği, bireyin gösterdiği cüreti haklı çıkarabilir. Cronje'nin etrafı sıkı bir şekilde kuşatılmamış olsaydı, ağır kayıplara neden olan bu muharebe, kuşatma tamamlanana kadar onu tespit etmek için yapılan bir girişim olarak haklı görülebilirdi. Bununla birlikte, görünen o ki, hâlihazırda tamamen kuşatılmış olduğu ve tecrübelerle sabit olduğu üzere, teslim olmasını sağlamak için sadece onun etrafında beklememiz gerektiğine dair hiçbir şüphe yoktu. Büyük adamlara her askerî yeteneğini eşit derecede geliştirme hakkı verilmemiştir. Çekinmeden şunu söyleyebiliriz ki, Lord Kitchener'in savaş alanındaki doğru karar verme yeteneği, henüz ileriyi gören organizasyon becerisi ve demir gibi sağlam iradesi kadar kesin olarak kanıtlanmamıştı.

Sorumluluk meselesini bir kenara bırakırsak, 18 Şubat Pazar sabahı olan şey, kuzey ve güneydeki düz ovalar boyunca her yönden, nehir kıyılarının gerisindeki kuru dere yataklarında uzanan, umutsuz ve görünmez adamların cephesine doğru bir taarruzun zorlanmasıydı. Farklı alayların Colenso ve Modder Nehri'nde tekrardan aldıkları korkunç derslere yakın bir deneyim, her yerde yaşanıyordu. Daha önce fazlasıyla kanıtlanmış olan bir şeyi, yani sağlam bir şekilde mevzilenerek gizlenmiş piyadelere karşı cesaretin hiçbir faydasının olmadığı ve taarruz ne kadar güçlüyse hezimetin de o kadar ağır olacağı gerçeğini bir kez daha kanıtlamamıza kesinlikle gerek yoktu. Taarruzun uzun süren döngüsü boyunca Knox'un tugayının, İskoç Dağ Tugayı'nın ve Smith-Dorrien'in tugayının başına gelenlerin hepsi aynıydı. Her bir olayda ateş bölgesinin içine girene kadar askerlerin ilerlemesi ve ardından onları yere yatmaya ve orada kalmaya zorlayan, karşı konulmaz bir kurşun yağmuru vardı. Eğer imkânsızı denediklerini o zaman fark etmiş olsalardı, büyük bir zarar meydana gelmeyebilirdi. Fakat farklı alayların askerleri, asilce bir rekabetle nehir yatağına doğru bölük bölük küçük hücumlar yaptılar ve daha önce hiç olmadığı kadar yıkıcı bir ateşe maruz kaldılar. Nehrin kuzey kıyısında, Smith-Dorrien'in tugayı ve özellikle Kanada alayı, azimle taarruza devam ederken sergiledikleri olağanüstü dirayetle kendilerini gösterdiler. Aynı tugayın Cornwall Alayı, izleyen herkesin hayran olduğu bir taarruzla, neredeyse nehir kıyısına kadar olan kısmı temizledi. Johannesburg'lu madenciler, Cornwall'lıların savaşçı olmadığına dair bir izlenim vermişlerse, bu bölge alayının savaştaki sicili, bu iftirayı ebediyen çürüttü. Savaşçı olmayanlar, Smith-Dorrien'in tugayında veya Paardeberg'in sorumluluğunda görev alamazdı.

Piyadeler, Boer keskin nişancıları tarafından ciddi bir şekilde hırpalanıyordu. Bu arada, topçu ateşimizin her zamanki gibi dağınık ve gizlenmiş keskin nişancılara karşı çok az etkisinin olduğu kanıtlanmış olmasına rağmen, toplarımız, 65'inci obüs bataryasıyla birlikte 76'ncı, 81'inci ve 82'nci sahra bataryaları, nehir yatağını bombalıyordu. Yine de bu bombardıman, en azından onların dikkatlerini dağıttı ve önlerinde açıkta kalan piyadelere karşı ateşlerini daha az ölümcül hâle getirdi. Şimdi, Napolyon'un zamanında olduğu gibi, topların maddi tesirinden ziyade morale etkisi vardı. Öğleye doğru French'in çekili topları, kuzeyden faaliyete başladı. Dere yataklarından çıkan duman ve alevler, bazı top mermilerinin at arabalarının ve kolay tutuşan erzak ve ikmal maddelerinin arasına düştüğünü gösteriyordu.

Boer savunma hattı, her iki cephede de sağlam olduğunu kanıtlamıştı, fakat muharebenin sonucu, hattın her iki ucunda yukarıya doğru sürülmeleri ve Boerler tarafından savunulan nehir bölgesinin kısalmasıydı. Nehrin kuzey kıyısında Smith-Dorrien'in tugayı, hatırı sayılır oranda büyük bir araziyi ele geçirdi. Mevzinin diğer ucunda, Stephenson'ın tugayından Galler, Yorkshire ve Essex alayları, harika iş çıkardılar ve Boerleri nehir kıyısından aşağı doğru biraz uzağa ittiler. Nehrin kuzey kıyısına karşı çok kahramanca fakat başarı şansı olmayan bir hücum, Albay Hannay ve birkaç atlı piyade tarafından gerçekleştirildi. Albay Hannay, kendisini takip edenlerin çoğuyla birlikte vuruldu. 12'nci Tugay'dan General Knox ve İskoç Dağ Tugayından General Macdonald, yaralılar arasındaydı. Cornwall alayından Albay Aldworth, askerlerinin başında can verdi. Hücum etmeleri için batılı hemşerilerini cesaretlendirdiği sırada, başına isabet eden bir kurşun onu öldürmüştü. Bin yüz ölü ve yaralı, ateşli taarruzumuza ve Boer direnişinin acımasızlığına tanıklık etti. Kayıpların farklı taburlar arasındaki dağılımı şöyleydi: Kanadalılar arasından seksen, Batı Atlı Alayı'ndan doksan, Seaforths'tan yüz yirmi, Yorkshires'dan doksan, Argyll ve Sutherlands'den yetmiş altı, İskoç Kara Gözcülerinden doksan altı, Oxfordshires'dan otuz bir, Cornwalls'dan elli altı, Shropshires'dan kırk altı kayıp verilmesi, kahramanlığın ne kadar geniş kapsamlı olduğunu ve özellikle İskoç Dağ Tugayı'nın ne kadar iyi görev yaptığını gösteriyordu. Korkulan şey, sadece düşmanın ateşiyle değil, aynı zamanda ırmağın öte yakasındaki kendi silah arkadaşlarının ateşiyle de yüzleşmek zorunda olmalarıydı. Büyük bir askerî uzman, eğer bir alay ağır bir şekilde hırpalanmışsa, savaşçı ruhunu ve metanetini geri kazanmasının uzun yıllar alacağını ifade etmişti. Ancak Magersfontein'den sonra iki ay içinde, inatçı İskoç Dağ Tugayı, bu kanlı günün en kanlı hissesini çekinmeden üstlendiğini ve bunu muharebeye girmeden önce, hiç mola vermeden otuz millik bir yürüyüşün ardında yaptıklarını gördük. Bu bir hezimet olabilirdi, fakat kendi renklerinin bulunduğu zafer listesinde daha fazla gurur duyabilecekleri hiçbir isme kulak vermiyorlardı.

Bin yüz zayiatımızın karşılığında elimize ne geçmişti? Yaklaşık üç millik Boer mevziini iki milden daha azına indirmiştik. Çok iyi bir durumdaydık. Birbirlerine ne kadar yakın dururlarsa topçu ateşimizin o kadar etkili olması bekleniyordu. Fakat muhtemelen herhangi bir can kaybı olmadan, bizim şarapnelimiz tek başına aynı sonuca ulaşabilirdi. Araba devrildikten sonra akıl veren çok olur, ancak eldeki mevcut bilgimize göre Paardeberg muharebesinin pahalı olduğu kadar gereksiz olduğu, kesin olarak görünmektedir. 18 Şubat Pazar günü güneş, kanlı bir savaş meydanının ve kalabalık sahra hastanelerinin üzerinde alçalarak batıyordu. Aynı zamanda, Modder'ın kahverengi dik kıyılarını örten söğütler ve mimozalar arasında pusuya yatmış çaresiz adamların etrafını saran İngiliz birliklerinin kesintisiz bir İngiliz bir çemberi üzerinde de batıyordu.

Muharebe esnasında güneyimizde hareketli bir Boer kuvvetinin varlığına dair emareler vardı. Muhtemelen Waterval'deki konvoyumuzu ele geçiren, iyi yönetilen ve cesurca hareket eden, aynı birlikti. Kitchener'in atlılarından küçük bir müfreze, bu birlik tarafından baskına uğradı ve dört subayla birlikte otuz asker esir alındı. Güney Afrikalıların keşif harekâtında İngiliz düzenli birliklerine üstünlüğü hakkında çok şey söylenmiştir, ancak şunu da itiraf etmek gerekir ki, kolonicilerin kahramanlık bakımından hiçbiri, ikinci derecede olmasa da, üstün olmaları beklenen, tam da bu nitelikte kusurlu olduklarına dair pek çok örnek aktarılabilir.

Süvari keşif kolumuzun uğradığı bu baskın, asker kaybıyla ölçülebilecek olandan çok daha ciddi sonuçlara yol açtı, çünkü bu baskınla Boerler, mevzilerimizin kuzey doğusunda yaklaşık iki mil uzaklıkta bulunan, Kitchener Tepesi adı verilen muhkem bir tepeye hâkim oldular. Bu manevra, stratejik olarak onlar açısından takdire şayan bir hamleydi, çünkü kuşatılmış silah arkadaşlarına geri çekilme hattında bir ilk toplanma noktası sağlıyordu. Sadece o tepeye giden istikameti ele geçirebilirlerse, oradan kuvvetin en azından bir kısmının geri çekilmesini koruyabilecekleri bir artçı muharebesi icra edebilirlerdi. Eğer bu Güneyli Boerlerin manevralarından gerçekten De Wet sorumluysa, küçük kuvvetini kesinlikle ihtiyatlı bir cüretle kullandı. Bu da onun doğuştan bir lider olduğunu gösterdi ve sonrasında da kendisi bunu kanıtladı.

Eğer pazar günü Boerler çaresiz bir durumda idiyseler, pazartesi günü durumları umutsuzdu, çünkü sabah saatlerinde Lord Roberts ve hemen ardından Jacobsdal'dan Tucker'ın tümeni (7'nci Tümen) gelmişti. Topçumuz da kuvvetli bir şekilde takviye edildi. 18'inci, 62'inci ve 75'inci sahra bataryaları, üç adet 4,7'lik donanma topu ve iki adet 12 librelik donanma topu ile birlikte geldi. Otuz beş bin asker, altmış topla birlikte küçük Boer ordusunun etrafında toplanmıştı. Bu, yiğit çiftçilerin gösterdiği üstün metaneti alkışlamamak ve Cronje'ye modern tarihte herhangi bir kaydına rastlamadığımız, en korkutucu cesur liderlerden biri olma unvanını vermemek korkaklıktır.

Bir an için cesareti kırılıyormuş gibi oldu. Pazartesi sabahı Lord Kitchener'a yirmi dört saatlik bir ateşkes talebinde bulunan bir mesaj, Cronje tarafından iletildi. Cevap elbette sert bir ret oldu. Buna karşı, eğer ölülerini gömmesini engelleyecek kadar çok insanlıktan çıkmış olsaydık, onun için teslim olmaktan başka çare kalmayacağı cevabını verdi. Anlaşma koşullarını görüşmeye yetkili bir elçi gönderilmesi gerektiğine dair bir yanıt verildi, ancak geçen süre içinde Cronje, fikrini değiştirdi ve kibirli bir homurdanma ile sığınağına doğru gözden kayboldu. Kadın ve çocukların arabalarla çevrili kamp yerinde olduğu öğrenildi ve onlara güvenli bir yer öneren bir mesaj gönderildi, ancak buna bile bir ret cevabı verildi. Bu son kararın nedenleri akıl almazdı.

Lord Roberts'in aldığı önlemler basit, etkili ve hepsinden öte kansızdı. Hart'ın İrlandalı askerlerinin Natal'da kazandığı itibara yakın bir şöhreti Batı ordusunda kazanan Smith-Dorrien'in tugayı, fırsat buldukça yaklaşmak için siperleri kullanarak, yavaş yavaş yukarıya doğru baskı yapmaları emriyle batıya doğru nehrin her iki tarafına yerleştirildi. Chermside'ın tugayı, doğuda aynı mevziyi işgal etti. Diğer iki tümen ve süvariler, bir sıçan deliğinin etrafındaki teriyerler gibi, tetikte ve istekli bir şekilde bekliyorlardı. Bu esnada acımasız toplar, tüm gün sıradan mermilerini, şarapnellerini ve patlayıcı liditlerini nehir yatağına fırlatıyorlardı. Daha şimdiden aşağıda, yakıcı bir güneşin altında, katledilmiş öküzler ve ölü atların arasında, hastalıklı gazlarını kırsal alanlara gönderen korkunç bir salgın hastalık kaynağı oluşmuştu. Ara sıra nehrin aşağısındaki nöbetçiler, akan suyun kahverengi girdapları arasında, yukarıdaki katliam yerinden (Golgotha'dan) sürüklenen bir Boer'in yüzen cesedini görüyorlardı. Potchefstroom'a ihanet eden, yerlilerin despot hükümdarı, İngilizlere söven, Magersfontein'in acımasız galibi, asık suratlı Cronje! Sonunda senin için hesaplaşma günü geldi!

Ayın 21'i Çarşamba günü, artık Cronje'yi ele geçirdiklerinden emin olan İngilizler, akıntının güney doğusundaki tepeyi işgal eden Boer kuvvetine yöneldiler. Bu kuvvetin, geri püskürtülmediği takdirde, Ladysmith, Bloemfontein, Colesberg veya Boer'lerin asker ayırabilecekleri başka her neresi varsa, oradan toplanması beklenen kurtarma ordusuna öncülük yapacağı kesindi. Özgür Devlet'in işgal edildiğini duyduklarında, Natal'dan çıkan takviye kuvvetlerinin yaklaşmakta oldukları, zaten biliniyordu. Tepedeki kuvveti, çok güçlü bir hâle gelmeden önce ezmek gerekiyordu. Bu maksatla, süvariler yola koyulmuştu. Bir tarafta 10'uncu Hafif Süvari Alayı, 12'nci Mızraklı Süvari Alayı ve iki batarya ile Broadwood, bu esnada diğer tarafta French, 9'uncu ve 16'ncı Mızraklı Süvari Alayları, Yerli Süvari Birliği ve diğer iki batarya ile birlikte ilerliyordu. Boerlerin bir birliği ile karşılaşıldı ve bozguna uğratıldı. Bu sırada tepeyi savunanlar, önemli kayıplar vererek tepeden sürüldüler. Başarılı bir şekilde icra edilen bu faaliyette düşmanın kaybı, ellisi esir olmak üzere en az yüz kişiydi. 23 Şubat Cuma günü, güneyden başka bir kurtarma girişimi daha yapıldı, ancak yine Boerler için felaketle sonuçlandı. Bir müfreze Yorkshire alayı tarafından tutulan bir tepeye hücum etti ve bir yaylım ateşi ile geri püskürtüldü. Bunun üzerine Buffs Alayının onları daha sert bir şekilde karşıladığı ikinci bir tepeye taarruz ettiler. Seksen harp esiri, içeri doğru ilerledi. Bu süre içinde Boerlerden bazılarının arabalarla çevrili kamp yerinden kaçıp kendilerini bizim nöbetçilerimize teslim etmedikleri tek bir gece bile geçmedi. Haftanın sonunda toplam altı yüz kişiyi esir almıştık.

Bu arada kordon gitgide daha da daralıyordu ve topçu ateşi daha ağır ve daha ölümcül hâle gelirken, o korkunç yerdeki yaşam koşulları öylesine kötüydü ki, leş kokusu tek başına teslim olmaya zorlayabilirdi. Tropik fırtınaların gürlemesi, şimşeklerin parıltısı ve şiddetli yağmurun ortasında, İngiliz uyanıklığında hiçbir gevşeme olmadı. Havadaki bir balon tarafından yönlendirilen ve günden güne daha da şiddetlenen topçu ateşi, ayın 26'sında dört adet 5 inçlik obüsün gelmesiyle doruğa ulaştı. Ama yine de vahşi Boer ve onun cesur takipçilerinden hiçbir işaret gelmedi. Nehir kıyısındaki sığınakların derinliklerine gömülenlerin çoğu, mermilerden güvendeydi, ancak ileri karakollar hareket ettiğinde tüfeklerinden gelen tıkırtı sesi, siperlerin her zamanki gibi tetikte olduğunu gösteriyordu. Her halükârda, bu durumun tek bir sonucu olabilirdi ve Lord Roberts, takdire şayan bir muhakeme ve sabırla, askerlerinin hayatları pahasına acele etmeyi reddetti.

Boer hatlarının her iki ucundaki iki tugay, yaklaşmak için hiçbir fırsatı kaçırmadı ve şimdi hücum mesafesi içine girmişlerdi. 26 Şubat gecesi Smith-Dorrien'in askerlerinin şanslarını denemeleri kararlaştırıldı. İngilizlerin ön siperleri, o esnada Boer hatlarından yedi yüz metre uzaktaydı. Bu siperler, Gordonlar ve Kanadalılar tarafından tutuluyordu, Kanadalılarınki nehre daha yakındı. Harekâtın başarısını en azından çabuklaştırdığı için, taarruz hazırlıkları ile ilgili ayrıntılara girmekte fayda var. Verilen emir, Kanadalıların ilerlemesi, Gordon Alayının onu desteklemesi ve Shropshires Alayının Boerler tarafından gelebilecek herhangi bir karşı taarruzu kuşatacak şekilde sol tarafta bir mevzi almasıydı. Kanadalılar, karanlıkta ayın yükselişinden önceki sabahın erken saatlerinde ilerlemeye başladılar. Ön saflar tüfeklerini sol ellerinde tutuyorlardı ve her biri sağ ellerini uzatarak yanındaki askerin yenini kavramıştı. Arka sıra tüfeklerini asmıştı ve kürek taşıyordu. Nehir kıyısının en yakınında bulunan iki bölüğü (G ve H.), kazma ve boş kum torbaları taşıyan Kraliyet istihkâmcılarının 7'nci bölüğü takip ediyordu. Bu uzun sıra, her an Magersfontein'de İskoç Dağ Tugayı'nın önünde alev alev yanana benzer bir ateşin alevinin önlerine düşebileceğini bilerek, zifirî bir karanlığın içinden geçti. Yüz, iki, üç, dört, beş yüz adım atıldı. Siperlere yakın olmaları gerektiğini biliyorlardı. Eğer yeterince sessiz sürünebilirlerse, beklenmedik bir şekilde savunan birliğin üzerine atılabilirlerdi. Sessizlik için dua ederek, adım adım durup dinlenmeden sinsice ilerlediler. Ayakların kibarca sürünmesi, taş atma mesafesinde yatan askerler tarafından duyulacak mıydı? Umutları yükselmeye başlamıştı ki, yankılanan metalik bir tıngırtı, düşen bir askerin düşerken çıkardığı sesin boş bir gürültüsü ile gecenin sessizliği bozuldu! Bir tele asılı et konservesi tenekelerinden oluşan bir hattın içine girmişlerdi. Yapılan ölçüme göre bu hat, siperlere sadece doksan metre mesafedeydi. O anda tek bir tüfek sesi duyuldu ve

Kanadalılar kendilerini yere attılar. Altı yüz metre uzunluğundaki bir hattan, kızgın bir plakanın üzerindeki su damlasına benzer bir tıslama sesiyle birlikte, piyade tüfeği ateşinin güçlü bir parıltısı geldiğinde vücutları henüz yere temas etmişti. O korkunç kırmızı ışıkta, yatarak umutsuzca siper almaya çalışan askerler, Boerlerin kafalarının bir aşağı bir yukarı kalkıp indiğini ve tüfek namlularında oluşan şeridin titreyip parladığını görebiliyorlardı. Bu ateşin altında çaresiz kalan alayın imhadan nasıl kurtulduğu, görülmemiş bir olaydır. Böyle sürekli bir kurşun yağmuru karşısında siperlere hücum etmek olanaksız görünüyordu ve oldukları yerde kalmak da aynı derecede olanaksızdı. Kısa bir süre içinde ay yükselecek ve bir adam tarafından teker teker vurulacaklardı. Ovada bulunan dış taraftaki bölüklere çekilmeleri emredildi. Dağınık bir düzene girerek şaşırtıcı derecede az kayıpla geri döndüler; fakat beklenmeyen bir aksilik meydana geldi, çünkü aniden Gordon Alayı tarafından savunulan bir sipere atlayan adamların süngüleri karşısında donakaldılar. Bir teğmen ve on iki asker süngü darbelerine maruz kaldı, neyse ki hiçbiri, çok ciddi bir mahiyette değildi.

Hattın sol tarafında bu olaylar meydana gelirken, sağ taraftaki durum da pek iyi değildi. Tüm atışlar, o an için durmuştu. Boerler anlaşılan tüm saldırının geri püskürtüldüğü izlenimi altındaydı. Eğer Boerler siperlerini terk edecekse, ikinci hattın sağındaki küçük müfrezenin (halihazırda altmış beş istihkâmcı ve Kanadalıdan oluşan tek bir sıra halinde bulunuyordu) ateş açmak için ön cephesinin açık olup olmadığı belirsizdi. İstihkâmcılardan Yüzbaşı Boileau, nehir kıyısı boyunca sürünerek ilerledi ve ateş hattından hayatta kalan ve nehir kıyısının araba kampına bakan bir yarığına sıkıca yerleşmiş ve desteğin yakında olması nedeniyle güvenleri tazelendiği için oldukça mutlu olan Yüzbaşı Stairs ve Kanadalılardan on askere rastladı. Bunlar, cüretkâr grubun toplam sayısını yetmiş beş tüfek gücüne çıkardı. Bu sırada, son birkaç dakika boyunca siperlerinin içinden ve üzerinden hızla gelip geçen siluetler karşısında biraz şaşkına dönen Gordonlar, kendi cephelerinin ateş hattının temiz olup olmadığını ve eğer değil ise hayatta kalanların ne durumda olduğunu öğrenmek için nehir kıyısı boyunca bir haberci gönderdiler. Bu mesaja, taarruz eden müfrezeden geriye kalanların şimdi komutanı olan Kraliyet İstihkamcılarından Albay Kincaid, gün ışıdığında askerlerinin iyice yerleşmiş olacağı cevabını verdi. Küçük müfreze, hem karanlığın hem de Boerlere karşı tam konumlarından habersiz olmalarının sağladığı imkânla, mevzi kazmak için görevlendirildiler. Kazmaların sesi, iki defa karanlıktan gelen öfkeli yaylım ateşine neden oldu, ama çalışma hiç durdurulmadı. Şafakta çalışanlar, sadece kendilerini güvende hissetmekle kalmadılar, aynı zamanda Boer siperlerinin yarım milden fazla bir kısmını derinliğine ateş altına alabilecek bir konumda olduklarını da gördüler. Gün doğmadan önce İngilizler, sığınaklarında aşağıya çömeldiler, böylece sabahleyin gün ışıdığında Boerler, gece meydana gelen değişikliği fark etmediler. Bir Boer çiftçisi maşrapasını nehirde doldurduğu sırada vurulduğunda, ancak o zaman onların mevzisini gözden kaçırdıklarını anladılar. Yarım saat boyunca yoğun bir ateş devam etti ve bu sürenin sonunda siperden beyaz bir bayrak yükseldi. Kincaid siperinin üzerinde ayağa kalktı ve Boer tavşan tünelinden bitkin tek bir şahıs meydana çıktı: "Boerler yeterince bıktı; ne yapmaları gerekiyor?" dedi. O konuşurken silah arkadaşları arkasından tırmanarak dışarı çıktılar ve İngiliz hatlarına doğru koşarak geldiler. Ayağa kalkıp tezahürat yapan, susuzluktan kavrulmuş ve kirli savaşçılar tarafından unutulacak bir an değildi; ta ki uzaktaki İngiliz kamplarından bir çığlık, hızla onlara tekrar gelene kadar. Şüphesiz Cronje, direnişinin en son sınırına geldiğini çoktan anlamıştı, ancak Majuba Günü sabahı Paardeberg hatları üzerinde dalgalanan beyaz bayrağın sebebi olarak acilen hakkı teslim edilmesi gereken bir avuç istihkam ve Kanadalıydı.

General Pretyman, Lord Roberts'ın karargâhına gittiğinde saat, sabahın altısıydı. Arkasında beyaz bir atın üzerinde bir avcının hızlı ve tedirgin gözleriyle, orta boylu, kalın yapılı, uzun kahverengi keçe şapkanın altından kırlaşmış saçları dökülen, koyu renk sakallı bir adam vardı. Boer çiftçisinin siyah çuhasını yeşil bir yazlık paltoyla birlikte giymişti ve elinde küçük bir kırbaç taşıyordu. Görünüşü, özellikle arkasındaki kötü şöhreti ile çok saygı duyulan ve korkulan bir askerden çok, saygın bir Londra kilise komisyonu üyesi gibiydi.

Generaller el sıkıştı ve kısaca Cronje'ye teslim olmasının koşulsuz olması gerektiği üstü kapalı olarak söylendi ve o, kısa bir sessizlikten sonra bunu kabul etti. Tek şartı kişiseldi; karısı, torunu, sekreteri, emir subayı ve hizmetçisi ona eşlik edecekti. Cronje aynı akşam Cape Town'a gönderildi ve karakterinden çok yiğitliği nedeniyle hürmetle karşılandı. Benzi atmış, giysileri yırtık pırtık bir müfreze olan askerleri, çukurlarından ve sığınaklarından çıktılar ve tüfeklerini teslim ettiler. Hatıralarında onları çileden çıkaracak birçok şey varken, İngiliz erlerinin düşmanlarına Lord Roberts'ın onların liderlerine gösterdiği gibi hâlden anlayan bir nezaket gösterdiklerini eklemek güzeldi. Elimize geçen toplam harp esiri yaklaşık olarak Transvaal'dan üç bin ve Free State'den bin yüz kişi kadardı. Free State'den çok daha fazla olmaması, birçoğunun zaten çiftliklerine dağılmış olmasından kaynaklanıyordu. Cronje'nin yanı sıra, Transvaal'lı Wolveranlar ve Alman topçu Albrecht, kırk dört süvari lideri ve komutanı ile birlikte elimize geçti. Altı küçük top da ele geçirilmişti. Aynı öğleden sonra, Cape Town'a götürülmek üzere Modder Nehri'ne doğru giden, o esnada yeryüzünde görülebilecek en eşsiz insan topluluğu, yırtık pırtık, yamalı, grotesk, bazıları galoşlu, bazıları şemsiyeli, kahve demlikli ve en sevdikleri ağırlık olan İncilleri ile uzun esir konvoyları göründü. Böylece on günlük şanlı tarihlerini tamamladılar.

Kamplarına yapılan bir ziyaret, İngiliz hatlarına taşınan korkunç kokuların ve çamurlu nehirden aşağı dönerek inen şişmiş cesetlerin, kampın durumunun gerçek belirtileri olduğunu gösterdi. Sinirleri güçlü erkekler, kadınların ve çocukların on gün boyunca yaşadıkları yerin görüntüsünden yüzleri bembeyaz olmuş ve kusacak hâlde geri döndüler. Bu, bir uçtan bir uca, akıl almaz boyuttaki sinek sürüleri ile gölgelenmiş, çürüyen cesetlerin bir yığınıydı. Gerçi kötü manzaralar ve mide bulandırıcı kokularla karşılaşabilecek olan istihkâmcılar, bir piyadenin top mermilerinin asgari tehlikesine maruz kalarak çömelebileceği derin ve dar siperleri ve sivil halkın mutlak bir güvenlik içinde kaldıkları mağaralara yaptıkları bir inceleme ile bunların karşılığını aldı. Zayiatları hakkında kesin bir bilgimiz yok, ancak kuru bir dere yatağında bulunan iki yüz yaralı, yalnızca on günlük bir bombardıman sırasında değil, aynı zamanda bize bin yüz kişilik zayiata mal olan Paardeberg muharebesindeki Boer kayıplarını temsil ediyordu. Hem savunmanın taarruz karşısındaki avantajına ve hem de eğer taarruza maruz kalanların hazırlık yapmak için yer ve zamanları varsa, en şiddetli top ateşinin bile zararsız olduğuna dair daha inandırıcı bir örnek verilemez.

Lord Roberts'ın Ramdam'dan kuvvetlerini göndermesinin üzerinden bir iki hafta geçmişti ve o iki hafta, harekâtta tam bir devrim meydana getirmişti. Savaş tarihinde tek bir manevranın bu kadar çok sayıda ve farklı muharebede bu tarz bir değişime yol açtığı başka bir örnek göstermek zordur. 14 Şubat'ta Kimberley ele geçirilme tehlikesi altındaydı, muzaffer bir Boer ordusu Methuen ile karşı karşıya gelmişti. Magersfontein'in hatları zaptedilemez görünüyordu, Clements, Colesberg'de baskı altındaydı, Gatacre Stormberg'de durdurulmuştu, Buller Tugela'yı geçemiyordu ve Ladysmith tehlikeli bir durumdaydı. Ayın 28'inde Kimberley kurtarılmıştı, Boer ordusu dağılmıştı ya da ele geçirilmişti. Magersfontein'in hatları bizim elimizdeydi, Clements düşmanlarının kendisinden önce çekildiğini görmüştü, Gatacre Stormberg'de ilerleyebiliyordu, Buller'ın önünde zayıflayan bir ordu vardı ve Ladysmith kurtarılmanın arifesindeydi. Tüm bunlar, çoğundan hiçbir şekilde Lord Roberts'ın sorumlu olmadığı, çok makul bir can kaybı pahasına yapılmıştı. Burada en sonunda Güney Afrika Savaşı bile sağlam temelllere dayanan bir şöhreti ancak teyit etmiş ve onu artırmıştı. Tek bir usta el, bir anda İngiltere'nin gecesini gündüze çevirmiş ve çok uzun zamandır canımızı sıkan bu yanlış hesap ve felaket kâbusundan bizi kurtarmıştı. Bu usta el onun eliydi, ama yanında diğerleri olmadan o elin felç olabileceği başkaları da vardı: planlayıcı olarak Kitchener, süvari komutanı olarak French, harekâtların sonucu, komutanlarından sonra bu iki adama bağlıydı. Çok yetenekli İstihbarat Başkanı Henderson ve tüm zorluklara rağmen orduyu besleyen Richardson, her biri bu başarıda hak iddia edebilir.

20. BÖLÜM

LORD ROBERTS'İN BLOEMFONTEİN'E İLERLEYİŞİ

Cronje'nin teslim olması, 27 Şubat'ta gerçekleşti ve Boerlerin kazanılan zaferle ilgili yirmi yıldır sahip olduğu anıları, o tarihte sonsuza dek silindi. Karnı aç birliklere yiyecek temin etmek ve her şeyden önemlisi süvari atlarının toparlanmasını sağlamak için bir mola vermek gerekiyordu. Yem ikmali son derece yetersizdi ve hayvanlar henüz bozkırdaki solmuş kuru otlardan karınlarını doyurmayı öğrenmemişlerdi.[1] Buna ek olarak, geçen iki hafta boyunca çok aşırı derecede çalıştırılmışlardı. Lord Roberts, bu nedenle Paardeberg'e yakın bir çiftlik evi olan Osfontein'de süvarileri bir ilerleme için hazır olana kadar bekledi. 6 Mart'ta Bloemfontein için ilerlemeye başladı.

Paarderberg muharebeleri sırasında Roberts'in güneyinde ve doğusunda bekleyip duran kuvvet, bu süre zarfında hatırı sayılır oranlara ulaşıncaya kadar Colesberg'den ve Ladysmith'ten takviye edilmişti. De Wet liderliğindeki bu ordu, birkaç mil doğuda, kayda değer bir tepeler silsilesini kapsayan güçlü bir mevzi işgal etmişti. 3 Mart'ta, bu mevzilere yönelik olarak toplarımızın bazılarının temasa girdiği bir keşif yapıldı; ancak ordu üç gün sonrasına kadar bu mevzileri kuşatmak veya baskı yapmak amacıyla ileri hareket etmedi. Bu esnada, kısmen bu muharebeler sırasında başka noktalarda kullanılan alaylardan ve kısmen de imparatorluğun dışından yeni gelenlerden alınan takviye kuvvetleri, İngiliz ordugâhına geliyordu. Muhafız Alayı Klip Geçiş Yerinden çıkageldi, İmparatorluk Şehir Gönüllüleri, Avustralya Atlı Piyadeleri, Birmanya Atlı Piyadeleri ve Seylan'dan gelen hafif atlı bir müfreze beş kıtadan gelen bu ilginç işgal ordusunun oluşturulmasına yardım etti ve askerler arasında hâlâ hiçbir yabancı yoktu.

Düşmanın Poplars Grove'da ele geçirdiği mevzi (ismini mevzinin ortasındaki bir çiftlik evinin etrafındaki kavak ağaçları topluluğundan alır), Modder Nehri boyunca uzanıyordu ve her iki tarafta, aralarında aralıklı tepecikler bulu-

---

1 Atlarını otlatmaya çıkaran bir batarya, şaşkın hayvanların düzlükte dörtnala koştuğunu ve ancak beslenmeyle ilişkilendirdikleri bir borunun çalınması ile yeniden toplandıklarını, koşarak geri geldiklerini ve yem torbalarının takılması için sırada beklediklerini fark etti.

nan belirgin tepelerle destekleniyordu. Toplar, siperler, avcı boy çukurları ve dikenli teller ile inatçı bir general, onu başka bir Magersfontein olarak görebilirdi. Ancak, iki alayla yapılması zor olan bir işi, üç süvari tugayıyla yapmanın kolay olacağını söylemek, yalnızca Lord Roberts'in selefi olan komutanlara mahsustu. Asıl suç, iki alayla başarısız olan adama değil, yapması gereken görev için ona yetersiz bir kuvvet tahsis edenlere aitti. Bu kuvvetin tahmininde askerî yetkililerimiz, politikacılarımız ve halkımız, baştan beri eşit derecede yanılıyorlardı.

Lord Roberts'in planı kesinlikle basitti ve buna rağmen planlandığı şekilde uygulansaydı mutlak surette etkili olacaktı. Felaketine neden olmak için özenle inşa edilmiş hendek ve dikenli tellerden oluşan bu engellere yaklaşmak niyetinde değildi. Daha zayıf olan taraf, eğer akıllıysa, zayıflığını siperlerle telafi eder. Daha güçlü olan taraf, eğer akıllıca davranırsa, siperleri kendi başına bırakır ve kuvvetini onların etrafından dolaşmak için kullanır. Lord Roberts, etrafından dolaşmak istemişti. Askerlerinin ve toplarının sayı ve kuvvetçe muazzam üstünlüğü ile düşman ordusunun ele geçirilmesi veya dağıtılması, kesinlik kazanmıştı. Bir kez kuşatıldıklarında ya açığa çıkmaları ya da teslim olmaları gerekecekti.

6 Mart'ta süvariler nehrin karşısına getirildi ve 7 Mart sabahı erken saatlerde Boerlerin sol kanadını ortadan kaldırmak ve onların geri çekilme hattına yerleşmek için karanlıkta sevk edildiler. Kelly-Kenny'nin tümeni (6'ncı Tümen) bu manevrayı takip etmek ve desteklemek için emir aldı. Bu esnada Tucker, nehrin güney kıyısı boyunca ilerlemeye devam edecekti, ancak kendisine verilen talimatların, bir direniş olması hâlinde taarruzunu hedefe kadar götürmemek olduğunu tahmin edebiliriz. Colvile'in 9'uncu Tümeni, Donanma Tugayının bir kısmı ile birlikte nehrin kuzeyindeydi. Donanma Tugayı, Boerlerin nehri geçmeye çalışması ve piyadenin diğer kanattaki süvari ile uyumlu olarak kuşatma manevrası yapması durumunda geçiş yerini topa tutacaktı.

Hâlbuki harekât planı, hatalı olduğu kanıtlanan bir varsayıma dayanıyordu. Bu kadar özenle bir mevzi hazırladıktan sonra, düşmanın onu savunmak için en azından kısa bir süre beklemesi gerekirdi. Ancak böyle bir şey olmadı ve süvarilerin yanlarında olduğunu anlayınca kaçıp gittiler. Piyade, tek bir atış dahi yapmadı.

Bu çok belirleyici geri çekilmenin sonucunda tüm hesaplamalar, tamamen altüst oldu. Boer ordusu tepeler arasında akarken süvari henüz yerinde değildi. Bununla birlikte, onları geçmiş olsalar bile, at arabaları ve toplar için bir hamle yapacakları düşünülebilirdi. Komutanın almış olabileceği kati emirleri kesin olarak bilmeden bir manevrayı eleştirmek haksızlıktır; fakat görünüşe göre, süvarilerimizin kapsama alanının yeterince geniş olmadığı ve sağdan ziyade sola doğru yanaşarak hata yaptıkları, bu nedenle kaçan düşmanların her zaman onlardan uzakta kaldığı açıktır.

Yine de görünen o ki, topları ele geçirmek için her türlü imkân vardı, ama De Wet, çok akıllıca davranarak onları avcı erleri ile korudu. Sağ kanatta bir çiftlik evini ele geçirerek 16'ncı Mızraklı Süvarilere ve Kraliyet Çekili Topçu Alayından (R.H.A.'dan) P bataryasına güçlü bir şekilde ateş etmeye devam ettiler. P bataryası nihayet onları mevzilerinden çıkardığında, tekrar alçak bir tepeciğin üzerinde tertiplendiler ve sağ kanat üzerine o kadar rahatsız edici bir ateş yağdırdılar ki, biz bu elli kişilik küçük birliği mevzilerinden sürüp atana kadar tüm manevra sekteye uğradı. Bir saatlik bir gecikmeden sonra, süvari nihayet onları yerinden etmeyi başardığında veya muhtemelen amaçlarına ulaştıktan sonra geri çekildiklerini söylemek daha uygun olabilir. Toplara ve at arabalarına artık erişilemezdi ve daha da önemlisi, Boerlerin direnişini pekiştirmek için gelen iki başkan, hem Steyn hem de Kruger, ellerinden kaçmıştı.

Atların bitkin halleri hesaba katıldığında, süvarilerimizin bu olayda gayretle veya ferasetle kullanıldığını söylemek mümkün değildir. Askerler ve toplardan oluşan böylesi bir kuvvetin, böylesine küçük bir direniş gösteren, bu denli önemli bir hedeften uzak tutulması bize hiçbir kazanç sağlamaz. Eğer engelin üzerinden geçemiyorsak, Kimberley taktiklerini tekrarlamak ve alayların dağınık düzende yayılarak engelin yanından geçmesi daha iyi olurdu. Zayıf bir şekilde savunulan bu küçük tepeciğin diğer tarafında savaşı sona erdirecek muhtemel bir durum vardı ve bizim çatlak süvari alaylarımız saatlerce manevra yaparak, onun elimizden kaçmasına izin verdi. Bunanla birlikte, Lord Roberts'ın muharebenin sonunda güler yüzlü bir şekilde dediği gibi, "Savaşta her şeyin yolunda gitmesini bekleyemezsiniz." General French, zafer tacındaki defne çelenginden bir yaprak kaybetmeyi göze alabilir. Öte yandan, bu ezici süvari kitlesiyle yüzleşme ve onları bu bir avuç insanın ciddi artçı muharebesi yapan bir kuvvet olarak görmeleri için blöf yapma cesaretini gösteren bu cesur küçük Boer takımı için söylenecek hiçbir söz, abartı değildir. Savaş hikâyeleri, gelecek bir asır boyunca olacağı gibi, bozkırın ücra çiftlik evlerinde ocak başında anlatıldığı zaman, bu savaş hak ettiği şerefli yeri alacaktır.

Zafer, eğer böyle bir kelime böyle bir muharebe için kullanılabilecekse, süvarilerden ölü ve yaralı olarak yaklaşık elli ya da altmış kişiye malolmuştu, Boerlerin kaybının aynı miktarda olup olmadığı şüphelidir. İngiliz tarafındaki en iyi askerî gösteri, on saat boyunca neredeyse hiç durmadan yol alan Kelly-Kenny'nin 6'ncı Tümeninin muhteşem ilerleyişi olmuştu. Yegâne ganimet, 9 poundluk bir Krupp topuydu. Öte yandan Roberts, onları müstahkem mevzilerinin dışında kuşatmış, Bloemfontein yolunda on iki veya on beş mil ilerlemiş ve ilk kez sayısal üstünlüğümüze şans veren bir ülke içinde bir Boer ordusunun ne kadar aciz kaldığını göstermişti. Bu andan itibaren Boerler, ancak baskın ve pusuda bir başarı umut edebilirlerdi. Hem biz hem onlar, açık alanda direnilemeyeceğini öğrenmiştik.

Poplars Grove Muharebesi, 7 Mart'ta yapıldı. Ayın 9'unda ordu yeniden yola çıktı ve ayın 10'unda Boerlerin, Driefontein veya Abram'ın ağılı olarak adlandırılan bir yerde işgal ettikleri yeni mevziye taarruz etti. Yedi millik bir cepheyi öyle bir düzende kapattılar ki, kanatlarının kuzeyi nehir tarafından, güneyi ise geriye doğru bir miktar uzanan tepelerin yan tabyaları tarafından korunuyordu. Mevzi, seçildiği kadar iyi savunulsaydı, vazifeyi yerine getirmek çok pahalıya malolurdu.

Modder Nehri düşmanın sağ tarafını kapattığı için, kuşatma manevrası, yalnızca onların sol tarafından geliştirilebilirdi ve bu amaçla Tucker'ın tümeni, o tarafta çok uzak bir yere sevk edildi. Ancak bu arada, tüm İngiliz ileri muharebe hattını altüst eden ve ciddi şekilde engelleyen bir aksilik meydana geldi. General French, Kelly-Kenny'nin tümeni, 1'inci Süvari Tugayı ve Alderson'un atlı piyade birliğinden oluşan sol kanadın komutanıydı. Aldığı emirler, merkezle sürekli temas halinde olmak ve taarruzunu hedefe yöneltmekten kaçınmaktı. French, bu talimatları yerine getirmeye çalışırken, Boerler ve Lord Roberts'ın merkez yürüyüş kolu arasına gerçekten sıkışıncaya kadar askerlerini giderek daha fazla sağa kaydırdı, böylelikle yürüyüş kolunu gizlemiş oldu. Tüm harekâtın esası, Tucker, mevzinin arkasına doğru ilerleyene kadar cephe taarruzu yapılmayacak olmasıydı. Kanatların çok mu yavaş ya da cepheden taarruz edenlerin çok mu hızlı olduğuna karar vermek, askerî eleştirmenlerin işidir, ancak Kelly-Kenny'nin tümeninin, süvari ve 7'nci Tümen yerlerini almadan önce taarruz ettiği kesindir. Kelly-Kenny'ye önündeki mevzinin terk edildiği ve dört alayın, Buffs, Essex, Welsh ve Yorkshire Alaylarının o mevziye karşı ilerlediği bilgisi verildi. Mavzer ateşi önlerinde birden patladığında açık alandan geçiyorlardı ve mermiler, saflar arasında vınlama ve çarpma sesi çıkarıyordu. Çekilen eziyet çok ağırdı. Yorkshire Alayı geniş bir şekilde sağa doğru döndü, ancak tugayın geri kalanı, Galler Alayı önderliğinde sırta doğru bir cephe taarruzu yaptı. Taarruz soğukkanlı ve bilinçli bir şekilde icra edildi, askerler mümkün olan her örtüden yararlandı. İngilizlerin çatırdayan, sallanan hattı yamacın üzerinde giderek daha da yükseğe çıkarken, Boer'lerin küçük gruplar halinde mevzilerini terk ettikleri görülebiliyordu. Nihayet, Gallerli askerler, Kent ve Essexli silah arkadaşlarıyla birlikte, bir nara atarak, Johannesburg Polisi olarak bilinen gözü pek maceracılardan oluşan çok uluslu gürühun saflarının içinden geçip zirveyi temizlediler. Bu sefer savunmanın kaybı, taarruz edenlerinkinden daha fazlaydı. Bu paralı askerler, Boer'e kaçmak için doğru anı gösteren içgüdülere sahip değildi ve kaçamayacak kadar çok uzun bir süre mevzilerini korumuşlardı. İngilizler bu cesur ileri harekâtın yoluna yüz asker bırakmıştı, ancak bunların büyük çoğunluğu, genellikle savaşı daha korkunç hâle getiren, patlayan ya da infilak eden mermilerle yaralananlardı. Boer'lerden yüzden fazlasını hâlihazırda sırta gömmüştük ve onların toplam zayiatı bizimkinden bir hayli fazla olmalıydı.

Bu harekât, stratejik olarak iyi tasarlanmıştı; Lord Roberts'ın tam bir zafer kazanmak için yapabileceği her şey yapılmıştı; ama asker ve top sayısındaki muazzam üstünlüğü göz önüne alındığında, taktiksel olarak zayıf bir hâdiseydi. O kurşun yağmuruna karşı cephe alan dört alay dışında iftihar edilecek bir şey yoktu. Topçu iyi bir iş çıkarmadı ve ateşleri ile baskı altına almaları gereken toplar tarafından sindirildiler. Süvarilerin de başarılı olduğu söylenemez. Yine de, sonuç olarak, bu önemli bir muharebeydi çünkü sonuçları düşmanı fena halde sarsmıştı. En iyi birlikleri arasında yer alan Johannesburg Polisi, fena halde hırpalanmıştı ve kasabalı Boerler, disiplinli birlikler karşısında açık alandan yaklaşan herhangi bir şeyi durdurmanın imkânsızlığının bir örneğini daha görmenin etkisi altındaydı. Roberts topları ele geçirememişti, ama onun için Bloemfontein'e ve daha da tuhafı Pretoria'ya giden yol temizlenmişti; çünkü Driefontein savaş alanı ile Transvaal başkenti arasında yüzlerce mil olmasına rağmen, meydan muharebesinde piyadelerinin gözlerinin içine bakmaya istekli bir kuvvetle bir daha hiç karşılaşmadı. Baskınlar ve çatışmalar çoktu, ancak sadece Doornkop'u hariç tutarsak, etkili bir piyade tüfeği ateşi için seçilmiş bir mevzi bir daha savunulmadı, süngü hücumu da cabasıydı.

Şimdi ordu, hızla başkente doğru süzüldü. Riet Nehri'ni geçtiklerinden beri birbiri ardına ilerleme kaydeden ve yorulmak bilmeyen 6'ncı Tümen, savaşın ertesi günü, 11 Mart Pazar akşamı Asvogel Tepesi'ne ulaştı. Pazartesi günü ordu, Blucher'ın[1] 1814'te Paris'te saldırdığı gibi, diğer her şeyi göz ardı edip, doğrudan kalbe hücum ederek, ilerlemeye devam ediyordu. Öğle vakti, Jameson baskınından sonra reform tutuklularını yargılamış olan Gregorowski'nin çiftliğinde mola verdiler. Süvariler Kaal Spruit'in aşağısına doğru ilerlediler ve akşam, Bloemfontein'i koloniye bağlayan Güney demir yolu hattını geçerek, kasabadan yaklaşık beş mil uzakta bir noktada bu hattı kestiler. Bir Boer kuvvetinin çok şiddetli olmayan direnişine rağmen, Kraliyet Çekili Topçu Alayından U batayasının yardımıyla, bir miktar atlı piyade ve Rimington'un kılavuzlarıyla birlikte Greyslerin bir taburu tarafından bir tepe ele geçirildi ve tüm gece boyunca elde tutuldu.

Aynı akşam, savaşta en azından parlak bir başarı sergilemiş bir subay olan Binbaşı Hunter-Weston, Teğmen Charles, bir avuç atlı istihkâmcı ve hafif süvari ile birlikte kuzey hattını kesmesi için gönderildi. Çok karanlık bir gecede zorlu bir yolculuktan sonra Binbaşı amacına ulaştı ve bir menfezi bulup patlatmayı başardı. Üniforma süsü dışında herhangi bir getirisi olmayan kahramanlık nişanına layık bir yiğitlik vardır. Başka bir yiğitlik daha vardır, serinkanlı bir beyinden ve coşkulu bir kalpten doğan çok daha büyük bir yiğitlik olan muhakeme cesaretidir ve bu nadir meziyete sahip olan askerlerden büyük savaşçılar doğar. Tarafsız bir değerlendirme yapıldığında, bu demir yolu hattının kesilmesi ya da müteakiben Grant ve Popham tarafından Bethulie Köprüsü'nün kurtarılması gibi başarılar,

---

1 ÇN: Gebhard Leberecht von Blücher (1742 – 1819): Walstatt prensi ve Prusyalı Feldmareşal. Adına ithafen Almanca bir deyim bulunmaktadır. "Ran wie Blücher" ("Blücher gibi saldırmak") savaşta, direkt sonuca yönelik eylemlerde bulunanlar için kullanılır.

ülkeye herhangi bir seviyedeki saf yiğitlikten daha fazla hizmet eder. Diğer sonuçların yanı sıra, hattın kesilmesi, bize tamamı Bloemfontein istasyonundan ayrılmaya hazır olan yirmi sekiz lokomotif, iki yüz yük vagonu ve bin ton kömür sağladı. Küçük cesur takım, dönüş yolunda neredeyse imha oluyordu, ancak iki at kaybetmelerine rağmen yollarına devam ettiler ve böylece zaferle geri döndüler.

Driefontein'in savaşı ayın 10'unda yapıldı. İleri harekât ayın 11'i sabahı başladı. 13'ün sabahı, İngilizler fiilen Bloemfontein'e hâkim olmuşlardı. Mesafe kırk mildi. Hiç kimse, Lord Roberts'ın bir zaferi kazandığı kadar da o zaferden sonuna kadar yararlanamadığını söyleyemez.

Kasabanın kuzey batısında bazı hendekler kazılmış ve iki üç kişilik siperler inşa edilmişti; fakat Lord Roberts, her zamanki gibi yoldan çıkarak, yanlış dönemece saptı ve herhangi bir direnişin saçma olacağı güneydeki geniş ovada belirdi. Steyn ve uzlaşmak istemeyenler, bir süre önce kasabadan kaçmışlardı ve General, başkentin teslimini teklif etmek üzere Belediye Başkanı, Landdrost ve Bay Fraser'dan oluşan bir heyet tarafından karşılandı. Sağlam bünyeli, açık fikirli bir kuzey İskoçyalı (Highlander) olan Fraser, Özgür Devlet'te, vatandaşlığını kabul ettiği ülkeye olan tam bir sadakat ile Britanya İmparatorluğuyla sınırlarını zorlayan bir çatışmanın ne anlama geleceğini dürüst bir şekilde değerlendirmeyi birlikte yapabilen tek politikacıydı. Fraser'ın görüşleri galip gelseydi, Orange Özgür Devleti, hâlâ mutlu ve bağımsız bir devlet olarak varlığını devam ettirecekti. Bu durumda, Fraser, Orange Nehri Kolonisi'nin başbakanı olarak onun mutluluğa ve refaha ulaşmasına yardımcı olabilirdi.

13 Mart Salı günü saat bir buçukta General Roberts ve askerleri, ahaliden birçoğunun alkışları arasında Bloemfontein'e girdiler. Ya galip olanı yatıştırmak yahut gerçek sempatilerinin bir işareti olarak evlerinin üzerine İngiliz bayraklarını çekmişlerdi. Seyredenler, yarım tayın ve tam gün yürüyüşlerle yıpranmış, sarı renk üniformalı, yorgun askerlerin sonu gelmez yürüyüş kolunun, düşmanlarının başkentine girerken, hiçbir şekilde bir yuhalama, tek bir hakaret ya da sevinç ifade eden bir söz gelmediğini kayıtlara geçirdiler. Birliklerin tavrı, şövalye nezaketindeydi ve ahaliyi en az hayrete düşüren manzara, İngiltere'nin zarif birlikleri, büyük kraliçenin şahsi hizmetkârı olan Muhafız Alayının geçişiydi. Güneş ve tozla kapkara, otuz sekiz millik bir yürüyüşten sonra sendeleyen, sıska ve bitkin askerlerin kıyafetleri öyle bir durumdaydı ki, nezaket gereği, bazı askerlerin yürüyüş kolunun yoğun olan kısımlarına ihtiyaten saklanması gerekiyordu. Buna rağmen şerbetçi otu toplayan kentli edasıyla ve kahramanların tavrıyla hızla şehre girdiler. Ülkemiz, saygıdeğer annemiz, Kırım kışından son derece azalmış sıralarla geri geldiklerinde, yürüyerek geçen sakallı asker saflarını hatırlayacaktır; o kahraman askerler bile, kendi saygın soylarından gelen bu askerlerden daha fazla dayanamaz ve ülkeye onlardan daha büyük bir sadakatle hizmet edemezlerdi.

Lord Roberts ve ordusu, Ramdam'dan yola çıktıktan sadece bir ay sonra düşmanın başkentine girdi. O döneme kadar Afrika'da, asker eksikliği nedeniyle geciken generaller ve general eksikliği nedeniyle alıkolunan birlikler vardı. Ancak başkomutan ana ordunun komutasını ele aldığında, yeterli askere ve onları nasıl idare edeceğini bilen bir adama sahip olduk. Sonuç, yalnızca Güney Afrika'nın geleceği sorununu çözmekle kalmayıp, askeri öğrencilere klasik hâle gelecek bir strateji dersi örneği verdi. Olayların seyrinin ne kadar hızlı olduğu, yürüyüş ve savaşın ne kadar kesintisiz olduğu kısa bir özet ile gösterilebilir. 13 Şubat'ta süvari ve piyade, asker ve atlar ellerinden gelen tüm çabayı göstererek ilerliyorlardı. Ayın 14'ünde süvari durduruldu, ancak piyade hızla ilerlemeye devam etti. Ayın 15'inde süvari kırk mil yol kat etti, bir muharebeye girerek, Kimberley'i kurtardı. Ayın 16'sında, piyade, Cronje'nin artçısıyla savaşırken ve gün boyunca onları yakından takip ederken, süvari bütün gün Boer toplarının peşindeydi ve geceleyin Modder'a doğru otuz millik bir intikale başladılar. 17'sinde, piyade hızlı bir şekilde ilerliyordu. Ayın 18'inde Paardeberg savaşı vardı. 19'undan 27'sine kadar, Cronje ile savunma kampı içinde ve dışarıda De Wet ile aralıksız bir şekilde savaşıldı. Ayın 28'inden 6 Mart'a kadar dinlenildi. 7 Mart'ta zorlu bir yürüyüşle birlikte Poplars Grove muharebesi vardı; 10 Mart'ta Driefontein savaşı yapıldı. Ayın 11 ve 12'sinde piyade kırk mil yol kat etti ve 13'ünde Bloemfontein'e vardı. Bütün bunlar, güneşin yarı tropikal ve suyun kıt olduğu, her bir piyadenin yaklaşık kırk poundluk bir ağırlık taşıdığı bir ülkede, yürütülmenin dışında zorlanamayacak atlarla ve yarım tayınla yapıldı. İngiliz ordusunun tarihinde, bunun gibi birkaç parlak başarı daha vardır. Taktikler bazen hatalıydı ve Paardeberg savaşı harekâtın üzerinde bir lekeydi; ama General'in stratejisi ve askerin ruhu, aynı oranda takdire şayandı.

21. BÖLÜM

LORD ROBERTS'İN İLERLEYİŞİNİN STRATEJİK ETKİLERİ

Lord Roberts, ordusuyla birlikte Ramdam'dan ilerlediği andan itibaren Güney Afrika'daki diğer tüm İngiliz kuvvetlerinin; Colesberg kuvvetinin, Stormberg kuvvetinin, Brabant'ın kuvvetinin ve Natal kuvvetinin önlerindeki baskıyı hafifletti. Asıl kuvvetin her yeni başarısıyla bu baskının hafifleme eğilimi arttı. Bu farklı orduların faaliyetlerini ve elde ettikleri sonuçları hızlı bir şekilde takip etmek ve Lord Roberts'ın stratejisinin onların manevraları üzerindeki etkisinin izini sürmek için kısa bir bölüm ayrılmalıdır. Bu faaliyetler, batıdan doğuya şu şekilde sıralanabilir:

General Clements emrindeki kuvvet (eski adıyla French'in kuvveti), daha önce de söylendiği gibi, süvari ve atlı topçularının neredeyse tümünden mahrum bırakılmış ve bu nedenle, düşmanın çok üstün bir birliği karşısında kalmıştı. Bu koşullar altında Clements, mutlu düşmanı tarafından yakından takip edilirken, son derece genişletilmiş olan cephesini geri çekmek ve Arundel'e odaklanmak zorunda kaldı. Durum, halkın haberdar olduğundan çok daha ciddiydi, çünkü eğer bu kuvvet yenilirse, Boerler, Lord Roberts'ın ikmal hattını kesebilecek bir konumda olacak ve asıl ordu, tehlikeli bir durumda kalacaktı. Sadece General Clements değil, aynı zamanda Wiltshire Alayından Carter, Worcester Alayından Hacket Pain, 4'üncü Kraliyet Topçu Alayından (R.F.A.) Butcher, takdire şayan Avustralyalılar ve İmparatorluk adına boşluğu kapatmak için ellerinden gelenin en iyisini yapan diğer tüm iyi askerler ve gerçek kişiler, büyük bir övgüyü hak ediyorlardı.

Boerlerin bu noktaya güçlü bir taarruz düşüncesi, stratejik olarak takdire şayandı, ancak taktiksel olarak hücumu hedefe taşıyacak yeterli kuvveti yoktu. İngiliz kanatları geri çekilmeyi başardı ve Arundel'deki toplanan kuvvet, taarruz etmek için çok güçlüydü. Yine de her şeyin muallakta kaldığı bir zaman vardır, o zamanda her bir asker o kadar önemli bir hâle gelir ki elli Hintli seyisin bile, savaşta ilk ve son kez, kendi kişisel tatminleri için yirmi dört saatliğine asker olarak kendi doğal rollerini oynamalarına izin verildi.[1] Ama sonra, ön cephedeki hızlı darbelerle tehlike saati geçti ve Boer hücumu, önce bir duraksama yaptı, sonra bir geri çekilme gerçekleşti.

27 Şubat'ta Inniskilling Alayı ve Avustralyalılar tarafından desteklenen Binbaşı Butcher, Rensburg'a taarruz etti ve şehrin dışındaki düşmanı topa tuttu. Ertesi sabah Clements'in tüm kuvveti Arundel'den çıkarak ilerlemiş ve eski mevzisini almıştı. Aynı öğleden sonra, Boerlerin geri çekildikleri açığa çıkmıştı ve onları takip eden İngilizler, çok uzun bir süredir etrafında manevra yaptıkları Colesberg'e doğru ilerlediler. Kasabada bulunan ve Steyn'den De Wet'e gönderilmiş olan bir telgraf, geri çekilmenin tüm hikâyesini anlatıyordu: "Sahip olduğunuz askerlerle içinde bulunduğunuz mevziyi savunabildiğiniz kadar uzun süreyle savunun. Eğer yapamazsanız, şartların elverdiği kadar çabuk bir şekilde buraya gelin, çünkü burada işler ciddi bir hal alıyor." Bütün birlik, herhangi bir engelle karşılaşmadan Orange Nehri'ni geçti ve arkasındaki, Norval geçiş yerindeki demir yolu köprüsünü havaya uçurdu. Clements'in tugayı, 4 Mart'ta bunu takip etti ve bir hafta içinde nehrin üzerine bir duba köprüsü inşa edip Orange Özgür Devlet'e geçmeyi başardı. Bu esnada Roberts, Bloemfontein'i ele geçirmişti. Birlikler arasındaki ikmal ve iletişim demir yoluyla yeniden sağlandı ve Clements, ahalisinin biatlarını kabul etmek ve silahsızlanmalarını sağlamak için Phillipolis, Fauresmith ve güneybatıdaki diğer kasabalara gönderildi. Bu arada istihkâmcılar, yaklaşık iki hafta sonrasında tamamlanacak olan Orange Nehri üzerindeki demir yolu köprüsünün tamir edilmesi için harıl harıl çalışıyorlardı.

Stormberg'deki hezimetten bu yana geçen uzun süre boyunca General Gatacre, düşmana taarruz etmeme emri ile Sterkstroom'daki mevzisini korudu ve ona taarruz etmeye cesaret ettikleri tek bir olayda onları kolayca geri püskürttü. Şimdi Lord Roberts'ın kazandığı başarıdan yararlanma sırası ondaydı. 23 Şubat'ta Molteno'yu yeniden işgal etti ve aynı gün düşmanın Stormberg'deki mevzisini keşfetmek için bir kuvvet gönderdi.[2] Bu olay, İngiliz ordusunun en genç ve en fazla gelecek vaat eden subaylarından biri olan Yüzbaşı de Montmorency'nin ölüm nedeni olarak akılda kalacaktır. Başlangıçta dört kişiden oluşan, ancak kısa süre sonra yetmiş ya da seksen kişiye ulaşan bir keşif birliği

---

1   Bu halis Sihlerin, asker olarak doğal vazifelerinden uzak tutulmalarının acınacak bir yanı vardı. Bloemfontein'de onlardan oluşan bir heyet, "çocuklarının geri dönmeden önce küçük bir savaş görüp göremeyeceklerini" sormak için pek çok selamlama yaparak, Lord Roberts'ı bekledi.
2   De Montmorency, yabani takipçileri üzerinde dikkate değer bir etki yaratmıştı. Askerleri, savaşın sonuna kadar gözleri yaşarmadan ondan bahsedemezlerdi. Çavuş Howe'a yüzbaşısının tepeye neden neredeyse tek başına çıktığını sorduğumda, onun cevabı "Çünkü yüzbaşı korku nedir bilmiyordu." idi. Habercisi Byrne (komutanı gibi Omdurman'da alınmış bir kahramanlık nişanı sahibi), ertesi sabah yüzbaşısını canlı veya ölü olarak geri getirmek için eyerlenmiş bir atla dörtnala çılgınca koşturdu ve süvarilerimiz tarafından zorla yakalanıp hapsedilmek zorunda kaldı.

oluşturmuştu. Bu askerlerin başında, müthiş cesareti için Sudan'da kazandığı şöhreti pekiştirdi ve bu şöhrete onu bir hafif süvari komutanı yapacak olan atılganlığın ve muhakeme yeteneğinin kanıtlarını ekledi. Keşif sırasında, üç arkadaşının, (Londra'dan gönüllü bir Albay olan Hoskier, bir sivil olarak Vice ve Çavuş Howe) eşliğinde küçük bir tepeye tırmandı. Tam zirveye ulaşırken silah arkadaşlarına "Tam tepemizdeler" diye bağırdı ve hemen sonrasında kalbine isabet eden bir kurşunla yere yıkıldı. Hoskier, beş yerinden vuruldu ve Vice, ölümcül şekilde yaralandı, sadece Howe kurtuldu. Keşif erlerinin geri kalanı, daha geride olduklarından, siper alabildiler ve birliğin geri kalanı tarafından kurtarılana kadar savaşmaya devam ettiler. Toplamda, kaybımız nicelikten ziyade nitelik olarak korkunçtu, çünkü vurulanların sayısı bir düzineden fazla değildi ve bu esnada Boerler, topçu ateşimizden oldukça fazla zarar görmüştü.

5 Mart'ta General Gatacre, önündeki Boerlerin geri çekildiklerini gördü. Hiç kuşkusuz, daha önce Colesberg'de ele geçirilenlere benzer bir mesaja karşılık vermek içindi. İleri doğru hareket ederek, uzun süredir karşısında duran mevziyi işgal etti. Orada, dağınık müfrezelerini toplamak ve demir yolunu onarmak için birkaç gün harcadıktan sonra, 12 Mart'ta Burghersdorp'a ilerledi ve oradan da 13'ünde Bethulie Köprüsü'nün güneyindeki Olive Siding'e geçti.

Basutoland dağlarının sularıyla yükselen geniş, çamurlu Orange Nehri'nin üzerinden geçen iki köprü vardır. Bunlardan biri, geri çekilen Boerler tarafından çoktan harabeye çevrilmiş olan fevkalade yüksek demir yolu köprüsüdür. Ölü askerler ya da parçalara ayrılmış atlar, savaşın amansız vahşeti hakkında, çok hoş ve çok önemli bir yapının, büyük bükülmüş bir kiriş yığını haline gelmiş ve yıkılmış köprü ayaklarının görüntüsünden daha canlı bir etki bırakamazlar. Yarım mil batıda, geniş ve eski moda kara yolu köprüsü vardır. Zorlu nehri geçmenin yegâne yolunu muhafaza etmek için tek umut, birliklerin bu köprüyü yok etmek üzere olan Boerleri önceden tahmin etme ihtimaliydi.

Bu konuda tuhaf bir şekilde şans, onlardan yanaydı. Küçük bir keşif birliği ve Binbaşı Nolan-Neylan komutasındaki Cape polisi, köprünün ucuna vardıklarında, onu havaya uçurmak için her şeyin (patlayıcılar gömülmüş, fünyeler yerleştirilmiş ve kablo döşenmiş olarak) hazır olduğunu keşfettiler. Sadece kablo ile patlayıcı madde arasındaki bağlantı henüz yapılmamıştı. Boerler, patlayıcı madde etkisinin yetersiz olması ihtimaline karşı, emin olmak için son açıklığın altına birkaç kutu da dinamit yerleştirmişlerdi. Yalnızca altı kişi olan, Nolan-Neylan komutasındaki polis öncü birliği, kendilerini köprünün yaklaşma istikametlerine hâkim binaya attılar ve bu bir avuç asker o kadar şevkli ve o kadar isabetli bir ateş açtı ki, Boerler köprüye yanaşamadılar. Yeni keşif erleri ve polisler gelerek, ateş hattına atıldılar ve tüm gün boyunca tahrip ekibini köprüden uzak tuttular. Eğer düşman ne kadar zayıf olduklarını ve destekten ne kadar uzak olduklarını bilseydi, onları kolayca yok edebilirdi, ancak blöf oyunu takdire şayan bir şekilde oynandı ve düşmanı avcı boy çukurlarında tutan bir ateşe devam edildi.

Boerler köprüye hâkim bir siperdeydiler ve şiddetli ateşleri köprüyü geçmeyi imkânsız hâle getiriyordu. Öte yandan piyade tüfeği ateşimiz, patlayıcı maddeye hâkim konumdaydı ve herhangi birinin onu patlatmasına engel oldu. Ancak karanlığın çökmesiyle bunun yapılacağı kesindi. Bu durumdan, Derbyshires Alayından genç Popham'ın yiğitliği sayesinde kurtulduk. İki askerle birlikte sürünerek karşıya geçip fünyeleri çıkardı. İleridəki açıklığın altında hâlâ dinamit vardı ve köprünün üzerinde ağır bir ateş altında kolayca onun da üstesinden geldiler. Bu görev, kısa bir süre sonra, patlayıcıları yerleştirildikleri deliklerden çekip çıkaran ve onları nehre bırakan ve böylelikle, ertesi sabah topçu ateşiyle patlama ihtimalini önleyen istihkâmcılardan Yüzbaşı Grant'ın kahramanca davranışı ile tamamlandı. Popham ve Grant'in başarısı, yalnızca çok büyük bir kahramanlık olmakla kalmayıp, ülkeye de olağanüstü bir hizmet sağlıyordu; fakat en fazla övgüye layık olan, yaptığı hücumdaki atiklik ve cesareti nedeniyle polis teşkilatından Nolan-Neylan ve desteklediği için McNeill'di. Lord Roberts'in ordusu, ikmal maddeleri için bir ay boyunca o kara yolu köprüsüne ve Norwal Geçiş yerindeki duba köprüsüne bağımlıydı.

15 Mart'ta Gatacre'nin kuvveti, Orange Özgür Devleti'ne geçerek Bethulie'yi ele geçirdi ve süvarileri Cape Town ve Doğu Londra'dan gelen demir yollarının buluştuğu kavşak olan Springfontein'e gönderdi. Burada süvariler, Lord Roberts'in kuzeydeki kuvvetinden trenle gönderilen Pole-Carew komutasındaki Muhafız Alayının iki taburuyla buluştular. Roberts Bloemfontein'de, Gatacre Springfontein'de, Clements güneybatıda ve Brabant Aliwal'da, Özgür Devlet'in güney kesiminin asayişini sağlanmış gibi görünüyordu. Savaş benzeri harekâtlar o an için sona ermiş gibi görünüyordu ve dağınık gruplar, birliklerin söylediği şekliyle "ilan yapıştırarak", yani Lord Roberts'ın bildirisini ıssız çiftlik evlerine ve uzaktaki köylere taşıyarak ülkeyi dolaştılar.

Bu esnada o kibar, yaşlı Afrikalı savaşçı General Brabant'ın kolonici tümeni, savaştaki rolünü oynamaya başlamıştı. Lord Roberts'ın Cape'e gelir gelmez yaptığı pek çok mantıklı düzenleme arasında, dağınık kolonici çetelerinin büyük bir kısmını tek bir tümende toplaması ve onun başına hem yasama meclisinde hem de sahada imparatorluğun çıkarlarını savunan, kendilerinden bir generalin yerleştirilmesi de vardı. Gatacre'nin mevzisinin doğusunda kalan arazinin savunması, bu kuvvete emanet edildi ve 15 Şubat'ta Penhoek'ten Dordrecht'e doğru ilerlediler. İmparatorluk birlikleri, Queenstown ve Doğu Londra gönüllüleri ile birlikte Kraliyet İskoçya Alayı ve 79'uncu Kraliyet Sahra Topçusundan bir kısım, Brabant'ın koloni süvarileri, Kaffrarian Atlı Piyadeleri, Cape Atlı Piyadeleri ve Cape Polisinden oluşuyordu. Bu kuvvet Dordrecht'e doğru ilerledi ve 18 Şubat'ta Brabant'ın süvarilerinin seçkin bir rol oynadığı ateşli bir muharebeden sonra şehri işgal etti. 4 Mart'ta tümen, birkaç mil kuzeyde, Labuschagne Geçidi'ndeki Boer mevzisine taarruz etmek amacıyla bir kez daha ilerledi.

79'uncu Kraliyet Sahra Topçu Bataryası'nın isabetli atışlarının yardımıyla koloniciler, uzun bir gün boyunca gelişigüzel yapılan savaşın ardından düşmanı mevziinden çıkarmayı başardılar. Dordrecht'te bir garnizon bırakarak, başarıdan faydalanan Brabant, iki bin asker ve sekiz top (altısı 7 librelik hafif top) iler birlikte Jamestown'u işgal etmek için ileri doğru harekete geçti ve direniş olmadan işgali gerçekleştirdi. 10 Mart'ta kolonicilerin kuvveti, sınır kasabası Aliwal'a yaklaştı ve Binbaşı Henderson'ın Brabant'ın süvarileri ile ilerlemesi o kadar hızlıydı ki, Aliwal'daki köprü, düşman onu havaya uçurmadan önce ele geçirildi. Köprünün diğer tarafında, düşman tarafından inşa edilmiş mevzide, birkaç Krupp topu bulunan güçlü bir direnek noktası vardı; ama hafif süvariler, ölü ve yaralı yirmi beş kişi kayıp vermesine rağmen, nehre hâkim tepelerde tutundular. Aliwal'in merkezî bir rol oynadığı, Cape Colony'nin geniş kuzeydoğu bölümünün güvenliğini sağlamak için bir hafta veya on gün harcandı. Barkly East, Herschel, Lady Grey ve diğer kasabalar, Rouxville'den geçen ve böylelikle Basutoland sınırı boyunca Wepener'e kadar Özgür Devlet'in güneydoğu bölgesinin içine doğru da ilerleyen Kolonici Süvarilerin küçük müfrezeleri tarafından ziyaret edildi. Koloni'deki isyan, kuzeydoğuda bu şartlar altında tümüyle sona ermişti. Kuzeybatıda ise sadece mesafelerin çok büyük ve isyancı kuvvetlerin çok dağınık olması nedeniyle, Prieska ve Carnarvon bölgelerinde isyan canlılığını koruyordu ki, akıncı kollarımızın onlara ulaşması oldukça zordu. Lord Kitchener, ikmal yollarımızdaki bu tehlike ile ilgilenmek için Paardeberg'den dönmüştü ve onun gayretleriyle, tehlikenin ciddileşme ihtimali, kısa süre içinde ortadan kalktı. Lord Kitchener, kayda değer bir süvari ve gönüllü süvari kuvvetiyle, için için yanan isyan ateşlerini söndürerek ülkenin üzerinden hızla geçti.

Clements'in, Gatacre'nin ve Brabant'ın Özgür Devlet içindeki manevraları için bu kadarı fazladır. Geriye, Ladysmith'in kurtarılmasından sonra Natal seferinin pek maceralı olmayan tarihinin izini sürmek kalıyor.

General Buller, iki gün içinde Newcastle ve Dundee yollarında en az iki bin at arabası ve kağnı sayılmış olmasına rağmen, Boerlerin geri çekilişini taciz edecek herhangi bir girişimde bulunmadı. Toplar trenle taşınmış ve ardından demir yolu imha edilmişti. Natal'ın kuzeyinde Biggarsberg dağ silsilesi uzanıyordu ve Transvaal Boerleri buraya çekilmişti. Bu sırada Özgür Devlet Boerleri, Roberts'ın başkentlerine yürüyüşüne karşı beyhude bir direniş yapmak için aceleyle, tam zamanında Drakensberg geçitlerine gelmişlerdi. Tahmini sayıları beş ile on bin arasında değişen Transvaal Boerlerinin gücü hakkında kesin bir bilgi gelmemişti, ancak mevzilerinin zorlu olduğu ve toplarının Dundee ve Newcastle yollarına hâkim olacak şekilde yerleştirildiği biliniyordu.

General Lyttelton'ın tümeni, Burn Murdoch'un süvarileri ile birlikte Elandslaagte kadar uzakta bir yerde kamp kurmuştu. Bu sırada Dundonald'ın tugayı, Burn Murdoch'ın batı karakolları ile Drakensberg geçitleri arasındaki boşluğu kapatıyordu. Az sayıda Boer görülmüştü, ancak geçitlerin bir miktar kuvvetle tutulduğu biliniyordu. Bu arada demir yolu hattı geride tamir ediliyordu ve 9 Mart'ta cesur White'ın Durban'a giden trene binmesine izin verildi, ancak on gün sonrasına kadar Colenso köprüsü tamir edilemedi. Ladysmith garnizonu, sağlıklarına kavuşmaları için aşağıya Colenso'ya gönderilmişti. Orada yeni bir tümene, 4'üncü Tümene, dönüştürüldüler. Tugayların komutası Howard ve Knox'a ve tümenin komutası ise eski tümeni olan 2'nci Tümeni Clery'e iade eden Lyttelton'a verildi. 5'inci ve 6'ncı tugaylar da tek bir tümeni, güneyde Afrika'nın kuzeyinde kazandığı ünü pekiştiren Hunter'ın ehil komutası altına verilen 10'uncu Tümeni meydana getirdi. Nisan ayının ilk haftasında Hunter'ın tümeni Durban'a doğru aşağıya gönderildi ve Kimberley'e doğru ilerleyecekleri batı yakasına nakledildi, buradan da kuzeye doğru ilerledi. Bu savaşta at üzerindeki bir asker, yaya askere göre çok büyük bir avantaja sahipti, ancak gemideki askerlerin dengeyi yeniden sağladığı zamanlar oldu. Yüzbaşı Mahan, Hunter'ın tümeninin nakledilmesinde ya da müteakiben Beira'ya[1] yapılan seferde bazı yeni konular bulabilir.

10 Nisan'da Boerler dağlarından indiler ve etkili bir topçu ateşiyle uykulu ordularımızı uyandırdılar. Kendi toplarımız onları susturdu ve birlikler, hemen tekrar uykuya daldılar. Sonrasında iki hafta boyunca, İngiliz Bechuanaland'ın valiliğini almak için ordudan ayrılan Sir Charles Warren'ın manevrası hariç, iki tarafta da başka bir hareket olmadı. Halen sıkıntılı bir durumda olan İngiliz Bechuanaland'ı, Transvaal Cumhuriyeti'nin ilk günlerinde bir kısmını Boer egemenliğinden kurtardığı için Sir Charles Warren'in orada bulunmasının özel bir anlamı vardı. Hildyard, 5'inci Tümen'in emir komutasını devraldı. Lord Roberts, demir yolu ikmal hattının tehlikede olması ve her türlü askerî malzemeye, özellikle de süvarileri için atlara ve askerleri için botlara ihtiyaç duyulması nedeniyle Bloemfontein'de altı haftalık bir beklemede kaldı. Nihayet 2 Mayıs'ta Pretoria'ya doğru ünlü yürüyüşüne başlayana kadar Natal kuvveti, hareketsiz durumda bekledi. Bununla birlikte, bu zafer yürüyüşünde ona eşlik etmeden önce, zorunlu olarak hareketsiz kalınan bu dönemde Bloemfontein'in doğusu ve güneydoğusunda meydana gelen olaylar ve muharebeler dizisine bir bölüm ayırmak gerekir.

Askerî olmaktan çok siyasi olmasına rağmen, burada kayda geçirilmesi gereken bir olay vardır. Bu olay, Paul Kruger ve Lord Salisbury arasındaki barışa ilişkin notların değiş tokuşuydu. "Hollandalıların hatası, çok az vermek ve çok istemek" diyen eski bir İngiliz tekerlemesi vardır, fakat bunun kesinlikle bundan

---

1 ÇN: Beira: Mozambik'te bir liman şehri.

daha tuhaf bir örneği yoktur. Birleşen başkanlar, yıllarca savaşa hazırlanmışlar, üzerimize aşağılayıcı bir ültimatom göndermişler, talihsiz kolonilerimizi istila etmişler, işgal edilen tüm bölgeleri resmî olarak ilhak etmişlerdi. Nihayet geri püskürtüldüklerinde, onlara başlangıçtaki tüm sorunu güvence altına alacak bir barış teklif edilmişti. Bu tekliflerin ciddi bir şekilde yapılmış olabileceğine inanmak zor, ancak planlarının Avrupa müdahalesini güvence altına almak için gönderilen Barış heyetinin elini güçlendirmek olması, daha büyük bir olasılık. Transvaal'dan bir öneri ve İngiltere'den bir ret cevabı gösterebilirler mi, olabilir; çok dikkatli bir şekilde incelenmediyse, gerçeklerden ziyade duygularını takip edenlerin sempatisini kazanabilir.

Belgeler aşağıdaki gibiydi:

"Orange Özgür Devlet ve Güney Afrika Cumhuriyeti Başkanlarından Salisbury Markisine. Bloemfontein 5 Mart 1900.

"Bu savaştan acı çeken binlerce kişinin kanı ve gözyaşları ile şu anda Güney Afrika'yı tehdit eden tüm ahlaki ve ekonomik iflasın görüntüsü, savaşan her iki tarafın tarafsız bir şekilde ve Tanrı baba, oğul ve kutsal ruhun nazarında ister uğruna savaştıkları şey ve ister her birinin amacı olsun, tüm bu korkunç sefalet ve yıkımı haklı gösterip göstermediğini kendilerine sormasını gerekli kılıyor.

Bu amaçla ve çeşitli İngiliz devlet adamlarının, bu savaşın Majestelerinin Güney Afrika'daki otoritesini kasten baltalamak ve tüm Güney Afrika'da Majestelerinin Hükümeti'nden bağımsız bir yönetim kurmak maksadıyla başlatıldığı ve sürdürüldüğü yönündeki iddiaları ışığında: Bu savaşın yalnızca Güney Afrika Cumhuriyeti'nin tehdit altındaki bağımsızlığını korumak için bir savunma önlemi olarak üstlenildiğini ve yalnızca egemen uluslararası devletler olarak her iki cumhuriyetin tartışılmaz bağımsızlığını güvence altına almak ve korumak ile Majestelerinin tebaasından bizimle birlikte bu savaşa katılanların hiçbir şekilde can ve mal kaybına uğramayacaklarına dair güvence elde etmek için devam ettiğini ciddiyetle beyan etmeyi görevimiz olarak görüyoruz.

Bu koşullar altında, ama yalnızca bu koşullarda, geçmişte olduğu gibi şimdi de Güney Afrika'da barışın yeniden tesis edildiğini görmek ve Güney Afrika'da hüküm süren kötülüklere son vermek arzusundayız. Eğer Majestelerinin Hükümeti, cumhuriyetlerin bağımsızlığını yok etmeye kararlıysa, bize ve halkımıza, Britanya İmparatorluğu'nun ezici üstünlüğüne rağmen, hâlihazırda başlamış olan sürecin sonuna kadar sebat etmekten başka bir yol kalmıyor. Kalplerimizde ve atalarımızın kalplerinde özgürlük aşkının sönmez ateşini yakan Tanrı'nın bizi terk etmeyeceğinin, lakin eserini bizde ve bizim neslimizde gerçekleştireceğinin bilincindeyiz.

Üstünlük her zaman bizim tarafımızda olduğu ve kuvvetlerimiz Majestelerinin kolonilerinden çok uzaklarda savunma mevzileri tuttukları sürece, böyle bir beyannamenin İngiliz halkının onurunu incitebileceğinden korktuğumuz için, Ekselanslarına bu beyanı daha önce yapmakta tereddüt ettik. Ama şimdi, İngiliz İmparatorluğu'nun itibarının, kuvvetlerimizden birinin ele geçirilmesiyle güvence altına alındığı düşünüldüğü ve bu nedenle işgal ettiğimiz diğer mevzileri boşaltmak zorunda kaldığımıza göre, bu sıkıntı sona ermiştir ve artık hükümetinize ve halkınıza tüm medeni dünyanın gözü önünde neden savaştığımızı ve hangi koşullarda barışı sağlamaya hazır olduğumuzu bildirmek için tereddüt edemeyiz."

Sadeliğindeki derinlik ve samimiyetindeki kurnazlıkla, yaşlı başkan tarafından gönderilen mesaj buydu, çünkü mesajın her satırında okuduğumuz, Kruger'in üslubuydu. Okuduktan sonra gerçeklere, cumhuriyetlerin muazzam savaş hazırlıklarına, İngiliz kolonilerinin hazırlıksız durumuna, verilen ültimatoma, ilhaklara, isyanın kışkırtılmasına, başarılı oldukları günlerde barış konusundaki sessizliklerine, "Söndürülemez özgürlük aşkı'" ile ifade edilen diğer beyaz erkekleri köle olarak tutma konusundaki sarsılmaz kararlılık olduğu gerçeğine geri dönmek gerekiyordu. Ancak o zaman Kruger'in mesajının değeri hakkında tarafsız bir fikir edinebiliriz. Ayrıca, sade ve dindar tabirlerin ardında, bizim için çok kurnaz olan bir adamla karşı karşıya olduğumuzu da tekrar tekrar hatırlamalıyız. Müzakerede bulunduğu ve savaştığı vahşiler kadar kurnaz bir adam. Mütevazı barış sözleriyle bu Paul Kruger, nazik sözlerle Johannesburg'un silahsızlandırılmasını garantileyen ve ardından düşmanlarını anında tutuklayan kişi ile aynı Paul Kruger'di. Adı, Güney Afrika'da "incelik" [kurnazlık] için bir deyim olan adam. Böyle bir adam için en iyi silah, Lord Salisbury'nin yanıtı ile karşılık verdiği mutlak ve çıplak hakikattir:

Dışişleri Bakanlığı: 11 Mart.

Bloemfontein'den gelen ve esas olarak Majestelerinin Hükümeti'nin Güney Afrika Cumhuriyeti'nin ve Orange Özgür Devleti'nin "uluslararası egemen devletler" olarak "tartışılmaz bağımsızlığını" tanımasını talep eden ve bu şartlarda savaşı bir sonuca ulaştırmak için teklifte bulunan 5 Mart tarihli telgrafınızı kabul etmekten onur duyarım."

"Ekim ayının başında, Majesteleri ile iki cumhuriyet arasında o zamanlar var olan anlaşmalar uyarınca son barış yürürlükteydi. Cumhuriyetteki İngiliz vatandaşlarının maruz kaldığı bazı çok ciddi haksız muamelelerin giderilmesini sağlamak maksadıyla, birkaç aydır, Majesteleri Hükümeti ile Güney Afrika Cumhuriyeti arasında görüşmeler devam etmektedir. Majestelerinin Hükümeti'nin bildiği kadarıyla, bu müzakereler sırasında cumhuriyet, büyük miktarda silah yığınağı yaptı ve sonuç olarak, Majesteleri Hükümeti, Cape Town ve Natal'daki İngiliz garnizonlarına benzer şekilde takviye sağlamak için adımlar attı. İngiliz tarafında o zamana kadar anlaşmalarla güvence altına alınan haklardan hiçbiri ihlal edilmemiştir. Aniden, iki günlük bir bildirimle, Güney Afrika Cumhuriyeti, aşağılayıcı bir ültimatom yayınladıktan sonra savaş ilan etti ve hiçbir görüşmenin yapılmadığı Orange Özgür Devleti de benzer bir adım attı. Majestelerinin toprakları iki cumhuriyet tarafından hemen işgal edildi, İngiliz sınırındaki üç kasaba kuşatıldı, iki koloninin büyük bir kısmı büyük miktarda mal ve can kaybıyla birlikte istila edildi. Cumhuriyetlerin, ahaliye sanki bu topraklar bu cumhuriyetlerden birine ya da diğerine ilhak edilmiş gibi muamele ettiği iddia ediliyor. Bu faaliyetlere önlem olarak Güney Afrika Cumhuriyeti, uzun yıllar boyunca, niteliklerine göre yalnızca Büyük Britanya'ya karşı kullanılması amaçlanmış olabilecek muazzam ölçekte askerî ikmal maddesi yığınağı yapıyordu.

Zatı âliniz, yapılan bu hazırlıkların amacının olumsuz bir nitelikte olduğuna dair bazı gözlemler yaptınız. Sorduğunuz soruları tartışmaya gerek görmüyorum. Ancak büyük bir gizlilikle sürdürülen bu hazırlıkların sonucu, Britanya İmparatorluğu'nun maliyetli bir savaşa ve binlerce değerli canın kaybına neden olan bir işgalle yüzleşmek zorunda kalması oldu. Bu büyük felaket, İngiltere'nin son yıllarda iki Cumhuriyetin varlığına razı olması nedeniyle çektiği cezadır.

İki Cumhuriyetin kendilerine verilen konumu hangi amaçla kullandıkları ve sebepsiz saldırılarının Majesteleri'nin topraklarında yol açtığı felaketler göz önüne alındığında; Majesteleri'nin Hükümeti, zatı âlinizin telgrafına, sadece ne Güney Afrika Cumhuriyeti'nin ne de Özgür Turuncu Devlet'in bağımsızlığını kabul etmeye hazır olmadıkları cevabını verebilir."

İmparatoluğun bu dürüst ve kesin cevabı vermesi, ahmaklar ve teorisyenlerin küçük bir grubu dışında, yürekten kabul edildi. Kalemler bırakıldı ve bir kez daha Mavzer ve Lee-Metford tartışmaya girdi.

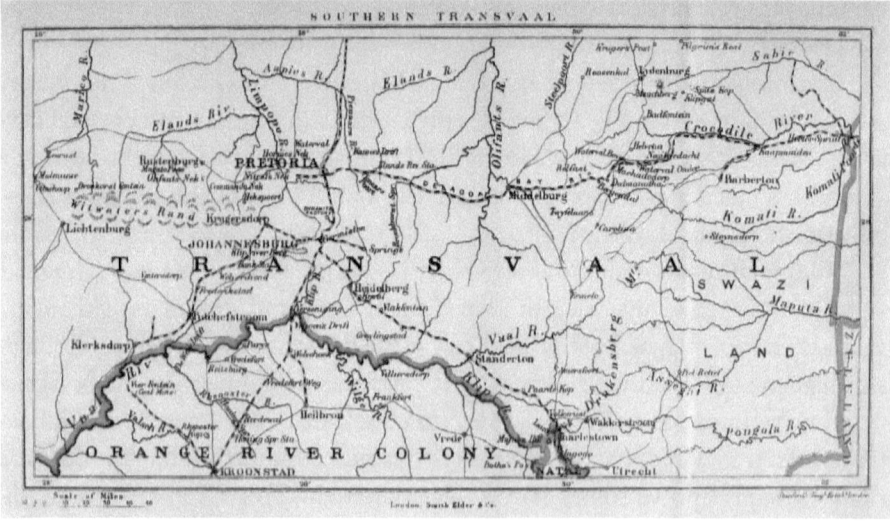

22. BÖLÜM

BLOEMFONTEIN'DE MOLA

13 Mart'ta Lord Roberts, Orange Özgür Devleti'nin başkentini işgal etti. Altı haftadan fazla bir süreden sonra 1 Mayıs'ta, ileri harekât yeniden başlatıldı. Bu uzun gecikme, bir önceki ayın yoğun faaliyetlerinde bitkin düştüğü söylenen on bin at ve katırın yerini doldurmak için kesinlikle gerekliydi. Bu gecikme, sadece çok sayıda süvari savaş atının ölmesi ya da sahipsiz kalması nedeniyle değildi, fakat atlardan geriye kalanların çoğunluğunun acil bir görev için işe yaramaz durumda olmasından kaynaklanıyordu. Bundan ne kadar süreyle kaçınılabileceği tartışmaya açıktır, çünkü General French'in bir at ustası olarak ününün bir süvari lideri olarak sahip olduğu şöhret kadar yüksek olmaması, kötü bir durumdu. Ancak atların yanı sıra, botlardan hastanelere kadar her türlü erzağa acilen ihtiyaç vardı ve gelebilmelerinin tek yolu, tek hatlı bir demir yolunda birleşen iki tek hatlı demir yolu ile alternatif olarak Norval geçiş yerindeki tehlikeli bir duba köprüsünden geçerek ya da Bethulie'deki kara yolu köprüsü üzerinden kamyon kamyon taşınmasıydı. Bu koşullar altında, bir üs bölgesinden sekiz yüz mil uzaktaki elli bin kişilik bir orduyu beslemek basit bir mesele değildi ve hedefe ulaşmayacak olan vakitsiz bir ilerleme, talihsizliklerin en büyüğü olabilirdi. Ülkedeki halk ve Afrika'daki ordu, bu hareketsizlik karşısında huzursuz olmuştu, ancak bu, Lord Roberts'in muhakemesinin mutlak doğruluğu ve ona bağlı kalmaktaki tam kararlılığının bir başka örneğiydi. Özgür Devlet'in sakinlerine, silahlarını getirip çiftliklerine yerleşecek herkese koruma vaat eden bir bildiri yayınladı. Yağma veya kişisel şiddete karşı en katı emirler verildi, ancak hiçbir şey, birliklerin nezaketini ve güler yüzlülüğünü gölgede bırakamazdı. Aslında, onları fethedilen düşmanlarının zorbalığına karşı koruyacak bir emre daha fazla ihtiyaç vardı. Badajoz[1] ve San Sebastian'daki[2] vahşi askerlikten sadece doksan yıl ayrıldığımızı düşünmek ilginçtir.

---

1 ÇN: Badajoz Kuşatması: (16 Mart - 6 Nisan 1812) İngiliz ve Portekiz ordularının İspanya'da Fransız denetimindeki Badajoz kentini kuşatması. Şehir düştüğünde çoğunluğu kadın ve çocuk 4 binden fazla İspanyol'un katledilmesi

2 ÇN: İkinci San Sebastian Kuşatması: (31 Ağustos 1813) İspanyol bağımsızlık savaşları sırasında İngiliz ve Portekiz ordusunun şehri ele geçirdikten sonra sivilleri öldürmesi, tecavüzler ve şehri yerle bir etmesi ile ilgili olaylar.

Küçük Hollanda kasabasının bu süre zarfında oluşan sokakları, imparatorluğun kaynaklarında ibretlik bir derstir. Dağınık tüm Anglo-Kelt ırkları, ortak amaç uğruna savaşmak için en iyi neslini göndermişlerdi. Savaş, güçlü bir birleştirici olduğu için barış da en büyük çözücüdür. Alman İmparatorluğu için olduğu kadar İngilizler için de pek çok erdem, savaşın sıkıntılarından ve zorlamasından kaynaklanmaktadır. Bloemfontein'in pazar meydanında durup etrafınızdaki savaşçı tiplerini görmek, ırkımızın geleceğinden emin olmaktır. Orta boylu, muhafazakâr tavırlı, güneşte bronzlaşmış, saman sakallı İngiliz muvazzaf askerleri kaldırımları doldurdu. Orada ayrıca sert yüzlü Kanadalılar, gevşek uzuvlu atılgan Avustralyalılar, kanı kaynayan ve hevesli, yüzlerinde yer yer bir Maori dokunuşu olan esmer Yeni Zelandalılar, Tazmanya'nın cesur adamları, Hindistan ve Seylan'ın centilmen askerleri ve her yerde fişeklikleri ve bakımsız sırım gibi atlarıyla Güney Afrika'nın gayrinizami birlikleri, rakun derisi kuşakları ile Rimington'un askerleri, bazıları Hint sarıklı, bazıları kuşgözü desenli, fakat hepsi aynı tipte sert, sağlam ve atik, siyah tüylü sorguçları ile Robert'in süvarileri de görülebilirdi. Bu muhteşem askerleri gören ve çoğunluğu onlar kendilerini Afrika'nın kalbindeki savaşırken bulmadan önceki zamanda, parada ve refahta yapılan fedakârlığı hatırlayan biri, ırkımızın ruhunun her zamankinden daha parlak bir şekilde yandığından şüphe ediyorsa, muhakeme yeteneğinden ve anlayıştan yoksun demektir. İngiliz ırkının gerçek zaferleri geçmişte değil, gelecektedir. İmparatorluk belli belirsiz adımlarla yürüyor ve hâlâ yürüyebilir, ancak her yıl adımları daha da sertleşecektir, çünkü zayıflığı, yaşlanmanın azalması değil, gençliğin artmasıdır.

Savaşın en büyük talihsizliği, o dönemde ısrar etmenin açıkça uygunsuz ve siyaset dışı bir konu olduğu, Bloemfontein'in işgali ile başlamıştı. Bu olay, askerler arasında büyük bir tifo salgınının başlamasına neden oldu. İki aydan fazla bir süreyle hastaneler, bu hastalıkla boğuştu. Beş yüz yataklı bir genel hastane, neredeyse tamamı tifo olan bin yedi yüz hastayı barındırıyordu. Elli yataklı bir yarı seyyar sahra hastanesinde üç yüz yetmiş vaka bulunuyordu. Toplam vaka sayısı altı ya da yedi binden az olamazdı- ve bu, geçici ve kolayca tedavi edilen bir rahatsızlık değildi. Aksine sürekli yüksek ateşlerin en inatçısı ve en çok güçten düşüreni, aynı zamanda çok özenli bir alâka ve dikkatli bir bakım gerektiren bir hastalıktı. Izdırabın ne kadar büyük olduğunu sadece onunla karşılaşmak zorunda olanlar söyleyebilir. Askerî hastanelerin ve özel yardımlarla donatılan diğer hastanelerin çabaları, uzun bir mücadeleden sonra krizi aşmak için yeterli oldu. Sadece Bloemfontein'de bir günde elli kadar asker ölüyordu ve mezarlıktaki 1000'den fazla yeni mezar, salgının ciddiyetine tanıklık etmekteydi. Ne bu savaştaki hiçbir asker, ülkesine sıhhiye sınıfındaki subaylardan ve askerlerden daha fazla lâyıkiyle hizmet etmiş ne de salgını atlatanlardan herhangi biri, etraflarındaki askerlerin göreve bağlılık standartını yükselten o takdire şayan hemşirelerin cesareti ve cömertliği unutulmuştur.

Tifo ateşi ülkede ve özellikle Bloemfontein'de her zaman sık görülen bir hastalıktı, ancak bu şiddetli salgının kökeninin Paardeberg sularında olduğuna şüphe yoktu. Tüm savaş boyunca, hastalıkları tedavi etme mekanizması mükemmelken, onu önlemeye yönelik mekanizma ya ilkel düzeydeydi ya da yoktu. Eğer kirli su bize düşmanın tüm kurşunlarından daha pahalıya mal oluyorsa, o zaman kaynatılmamış su içmeyi ciddi bir askerî suç haline getirmek ve her bölük ve taburun emrine su kaynatmak için en hızlı ve etkili araçları vermek, şüphesiz ki harcanan zamanımıza değerdi, çünkü yalnızca filtrelemek faydasızdı. Suyun kaynatılması sürekli bir külfet olabilirdi, ancak ordu için bir tümen kurtarırdı. Su kaynaklı salgın hastalıklarla dolu bir hastaneden çıkan bir hekim için, alaya ait bir su arabasının yol kenarındaki kirli bir havuzdan, itiraz edilmeden doldurulduğunu görmek, yürek parçalayıcıydı. Önlemler ve aşılarla tüm bu hayatlar kurtulabilirdi. Birliklerin ilerlemesi ve havaların soğumasıyla birlikte ateşli hastalık yavaş yavaş azaldı.

Askerî harekâtlara geri dönelim: Bunlar, asıl ordu söz konusu olduğunda şimdiye kadar hareketsiz olsalar da diğer bölgelerde aşırı derecede ve sıkıntı verecek bir tarzda hareketliydiler. Bloemfontein'deki duraklama dönemine, biri başarılı bir savunma, ikisi birliklerimiz için felaket olan üç küçük muharebe damgasını vurdu.

Kasabanın kuzeyinde, yaklaşık on iki mil uzaklıkta, bir demir yolu köprüsüyle geçilen Glen adı verilen bir yerde, geniş Modder Nehri uzanıyordu. Köprünün korunması oldukça önemliydi ve işgalimizin ilk birkaç günü içinde herhangi bir zamanda o bölgedeki çiftçilerin genel olarak tanık olacağı şekilde etki altına alınabilirdi. Buna rağmen, Boerlerin moral bozukluğunun ne kadar büyük olduğunu tam olarak anlayamamış gibi görünüyorduk. Takriben bir hafta içinde cesaretlerini toplayıp geri döndüler ve köprüyü havaya uçurdular. Ağırlıklı olarak cesur ve gözü pek Johannesburg polisinden oluşan düşmanın seyyar bölükleri, nehrin güneyinde bile yeniden ortaya çıkmıştı. Yalnızca tabanca ile teçhiz edilmiş olarak, cesur fakat düşüncesiz bir şekilde tutuklamaya çalıştıkları böylesi bir birlik tarafından genç Lygon öldürüldü, Albay Crabbe ve Albay Codrington, Yüzbaşı Trotter ile birlikte, tüm Muhafızlar ağır yaralandı.

Ülkeyi huzursuz eden ve Lord Roberts'ın bildirisinden yararlanan çiftçileri taciz eden bu seyyar devriyelerin merkezlerinin, Glen'in altı mil kuzeyinde Karee adında bir noktada olduğu keşfedildi. Karee'de aşılması zor bir tepeler hattı İngiliz ilerlemesini kesti ve bu tepeler, düşmanın topları olan güçlü bir birliği tarafından işgal edildi. Lord Roberts, onları püskürtmeye karar verdi ve 28 Mart'ta Chermside'ın tugayı (Lincolns, Norfolks, Hampshires ve İskoç Borderers) ve Wavell'in tugayından (Cheshires, East Lancashires, North Staffords ve South Wales Borderers) oluşan Tucker'ın 7'nci Tümeni, Glen'de bir araya geldiler. Topçu, deneyimli 18'inci, 62'nci ve 75'inci Kraliyet Sahra Topçu bataryalarından oluşuyordu. Bir miktar atlı piyade ile zayıflatılmış üç süvari tugayı bu, kuvveti tamamladı.

Harekât eski tip olacaktı ve sonuç olarak bunun tam anlamıyla öyle olduğu kanıtlandı. French'in süvarileri bir kanatta, Le Gallais'in atlı piyadeleri diğer kanatta ve Tucker'ın tümeni cepheden taarruz edecekti. Hiçbir şey, teoride daha mükemmel ve görünüşe göre uygulamada daha kusurlu olamazdı. Diğer durumlarda olduğu gibi bunda da süvarilerin geri bölgede gösteri harekâtı yapması, mevzinin tamamen terk edilmesine neden olduğu için, piyade taarruzunun hedefinin ne olduğunu anlamak zordu. Arazi engebeliydi ve keşfedilmemişti. Yorgun atlarının üzerindeki süvariler, kendilerini düşman kanadının gerisine attıklarında vakit çok geçti. Bazıları, Le Gallais'in atlı piyadeleri ve Davidson'un topları, gece boyunca yürüyerek Bloemfontein'den gelmişti ve atlar, uzun yürüyüşten ve İngiliz birliklerindeki atlardan taşıması istenen saçma ağırlıklar nedeniyle bitkin haldeydiler. Tucker, piyadesini aynı Kelly-Kenny'nin Driefontein'de yaptığı gibi ve tam da benzer bir sonucu alacak şekilde ilerletti. Taburları kademeli olarak ilerleyen sekiz alay, düşmanın sessizliğinden mevzilerin terk edilmiş olduğunu sanmıştı. İki yüz yardalık bir mesafeden İskoç Sınır Alayının iki bölüğünü vuran amansız bir ateş, onları yanıltmadı. Geri püskürtüldüler, fakat kurumuş bir ırmak yatağında yeniden düzenlendiler. Yaklaşık saat iki buçukta bir Boer topu Lincolnshires ve İskoç Sınır Alayları üzerinde şarapnel mermisini biraz tesirli bir şekilde patlattı; tek bir mermi, ikinci alaydan beş kişiyi öldürdü. Chermside'ın tugayı şimdi tamam olarak muharebeye girmiş ve Wavell, destek için gelmişti, ancak arazi çok açıktı ve mevzi, taarruzu hedefe kadar götürmek için çok güçlüydü. Neyse ki, saat dört civarında, French ile birlikte gelen çekili bataryalar, varlıklarını arkadan hissettirmeye başladı. Boerler hemen mevzilerini terk ettiler ve French ile Le Gallais arasında hâlâ mevcut olan geniş boşluktan kaçtılar. Brandfort ovası süvari için ideal bir yer gibi görünüyordu, buna rağmen düşman toplarıyla birlikte güvenli bir şekilde kaçmıştı. Piyadenin ölü ve yaralı olarak zayiatı yüz altmış kişiydi, zayiatın ve muharebe onurunun büyük kısmı İskoç Sınır Muhafızları ve Doğu Lancashires Alayına düşmüştü. Piyade doğru bir şekilde kullanılmamıştı, süvari yavaştı ve toplar etkisizdi. Bütün yönleriyle utanç verici bir gündü. Yine de stratejik olarak önemliydi, çünkü ele geçirilen sırt, birkaç aralıkla kuzeye doğru uzanan büyük ovaya gelmeden önceki son noktaydı. 29 Mart'tan 2 Mayıs'a kadar Karee ileri karakol görevinde kaldı.

Bu arada doğuda ciddi bir felaketle sonuçlanan bir dizi harekât icra edilmişti. Bloemfontein'in (18 Mart'taki) işgalinden hemen sonra Lord Roberts, 10'uncu Hafif Süvari Alayı, karma alay, Çekili Topçu Alayının iki bataryası (Q ve U), bir miktar atlı piyade, Roberts'in süvarileri ve Rimington'un kılavuzlarından oluşan küçük bir birliği doğuya gönderdi. Doğu ufkunda başkentten kırk mil uzakta, fakat bu açık havada mesafenin sadece yarısından görünen Thabanchu (kara dağ) adlı etkileyici bir dağ vardır. Tüm Boerler için burası tarihi bir yerdir, çünkü çeşitli yerlerden ve dolambaçlı yollardan gelen Voortrekker'ların at arabalarının toplandığı yer burasıydı. Thabanchu'nun diğer tarafında, kuzeyinde ve doğusunda, merkezi Ladybrand olan Özgür Devlet'in tahıl yetiştirilen en verimli kısmı yer alıyordu. Bloemfontein ile Thabanchu arasında bulunan kırk millik mesafe, yarısında Modder Nehri tarafından kesiliyor. Bu noktada, kasabanın bağımlı olduğu sağlıksız su kuyularının yerini almak için son zamanlarda modern makinelerle inşa edilen su arıtma tesisleri bulunuyordu. Kuvvet, hiçbir direnişle karşılaşmadı ve küçük Thabanchu kasabası işgal edildi.

Douglas baskınının lideri Albay Pilcher, biraz daha ileriyi keşfetmeye niyetliydi ve atlılardan oluşan üç bölük ile doğuya doğru ilerledi. Bu birlik tarafından Grobler'e ve Olivier'e ait olduğu varsayılan iki komando birliği, Özgür Devlet'in kuzeyinde yeni hükümet merkezi olan Kroonstad'da güçlerini topladığı bilinen Steyn'e katılacaklarını akla getirecek bir istikamette ilerlerken görüldüler. Pilcher büyük bir cüretle, yorgun atlarına binmiş küçük çetesiyle birlikte kendisine en yakın destekten otuz mil uzaktaki Ladybrand'a ulaşana kadar ilerledi. Kasabaya girerken eyalet başkanını ve Boer birlik komutanını ele geçirdi, ancak düşmanın güçlü birliklerinin üzerine doğru hareket ettiğini ve bulunduğu yeri savunmanın kendisi için imkânsız olduğunu gördü. Bu nedenle, esirlerini sıkıca elde tutarak geri çekildi ve küçük bir kayıpla, başladığı yere geri döndü. Göz alıcı bir güç gösterisiydi ve Douglas kahramanlığı ile birlikte ele alındığında, Pilcher'ın elindeki daha büyük imkânlarla neler yapabileceğini gösterme şansına sahip olabileceğine umut bağlanmasına neden oluyordu. Düşmanın onu bütün kuvvetiyle takip ettiğini anlayınca, aynı gece Thabanchu'ya doğru ilerledi. Atlıları, yirmi dört saatte elli ile altmış mil yol kat etmiş olmalıydı.

Görünüşe göre Pilcher'in kahramanlığının etkisi, kuzeybatıya doğru ilerlerken görülen komandoların yürüyüşlerini durdurması ve yönlerini Thabanchu'ya doğru çevirmelerine neden olmuştu. Mısır'da ün kazanmış genç bir süvari komutanı olan Broadwood, mevzisinin gereksiz yere açığa çıktığını düşündü ve Bloemfontein'e geri çekildi. Yolculuğunun yarı yolunda, ilk gece su arıtma tesisleri yakınında mola verdi.

Boerler pusuda büyük ustalardır. Hiçbir ırk, kurnaz vahşilerle birbirini takip eden uzun bir mücadelenin mirası olan bu savaş biçimi için böylesine bir yetenek göstermemişti. Belki hiçbir zaman bu muharebede De Wet'in yaptığı hazırlıklar kadar zekice ve cüretkâr bir şey de yapmamışlardır. Taarruzlarındaki zekâ ve yaratıcılık, aynı zamanda onları destekleyen şansa hayran olmadan bu konu ele alınamaz, çünkü diğerlerine kurdukları bu tuzağın kendileri için kesin bir ölüm tuzağı olduğu kolaylıkla ortaya çıkarılabilirdi.

İngilizlerin kamp kurduğu Modder Nehrinin yanındaki mevzinin kuzeyinde ve doğusunda çok sayıda engebeli tepe vardı. Yaklaşık iki bin kişi olduğu tahmin edilen bir Boer kuvveti, yanlarında birkaç ağır topu getirerek geceleyin aşağı indi ve sabahın erken saatlerinde kampa şiddetli bir ateş açtı. Baskın tamamlanmıştı. Ancak Boer taktiklerinin inceliği, baskın içinde baskın olması olayında yatıyordu ve daha ölümcül olan ikincisiydi.

Broadwood'un sahip olduğu kuvvet, 10'uncu Hafif Süvari Alayı ve Karma Alay, Rimington'un Keşif Birliği, Roberts'in Süvarileri, Yeni Zelanda ve Burma Atlı Piyadeleri ile Q ve U Çekili Topçu bataryalarından oluşuyordu. Tamamen atlılardan oluşan böyle bir kuvvetle, Boer toplarının yerleştirildiği tepelere hücum edemezdi ve on iki librelik topları düşmanın daha ağır toplarına ulaşamıyordu. Yapabileceği en iyi şey, açıkça Bloemfontein'e doğru ilerleyişini sürdürmekti. O, süvarilerle birlikte, düşmanın uzun menzilli toplarının her zamanki gibi iyi yönlendirilmiş ancak zararsız ateşini sürdürdüğü arka tarafı korurken, önemli miktarda at arabası ve toplardan oluşan konvoyu önden göndermişti.

Broadwood'un geri çekilen birliği, kendisini şimdi Bloemfontein'e kadar uzanan, her ikisinin de bizim elimizde olduğu bilinen iki tepe tarafından kesilen devasa bir ovada buldu. Ova, birliklerimiz ve konvoylarımız tarafından sürekli olarak bir uçtan bir uca geçilen bir yerdi. Böylece ovanın yüzüne çıktığında tüm tehlikeler sona ermiş gibi görünüyordu. Broadwood'un kendini güvende hissetmek için ek nedenleri vardı, çünkü kendisinin akıllıca talebi üzerine Colvile'ın tümeni, onunla buluşmak üzere o sabah gün doğmadan önce Bloemfontein'den gönderildiğini biliyordu. Birkaç mil sonra onların öncüsü ile kendisininkinin buluşması gerekiyordu. Açıkçası Boerler ovada yoktu, ama olsaydı kendilerini iki ateş arasında bulurlardı. Bu nedenle cephesini hiç düşünmedi, ancak Boer toplarının kükrediği ve Boer keskin nişancılarının at sürebileceği arkaya doğru atını sürdü.

Fakat bariz olan bu duruma rağmen, ovada Boerler vardı. Öyle yerleştirilmişlerdi ki, ya dikkate değer bir baskın yapacaklar ya da hepsi birden imha edilecekti. Bozkırın karşısında, su arıtma tesisinden birkaç mil ötede, birçoğundan biri, ama en büyüğü olan derin bir kuru nehir ya da akarsu yatağı bulunuyordu. Kuru nehir yatağı, bozuk yolu dik açılarla kesiyordu. Derinliği ve genişliği, bayırdan aşağıya inen bir at arabası karşı tarafın tepesinde tekrar görünene kadar yaklaşık iki dakika boyunca kaybolacak kadardı. Görünüşte, dibinde durgun bir dere bulunan büyük, kıvrımlı bir hendek idi. Hendeğin eğimli kenarları, şafaktan önce oraya at süren ve şimdi tehlikenin farkında olmayan birliği bekleyen Boerler ile çevriliydi. Sayıları üç yüzden fazla değildi ve kendi sayılarının dört misli, onlara yaklaşıyordu; fakat şarjörlü tüfekleriyle gizlenmiş bir askerle, açıktaki bir asker arasındaki farkı, hiçbir üstünlük oranı yansıtamazdı.

Bununla birlikte, Boerlerin kaçındığı iki tehlike vardı ve aldıkları maharet gerektiren önlemler kadar şansları da eşit derecede yüksekti, çünkü alınan risk çok büyüktü. Bu risklerden biri, diğer yönden gelen bir kuvvetin (Colvile'ınki sadece birkaç mil ötedeydi) yetişmesi ile üst ve alt değirmen taşları arasında öğütülmeleriydi. Diğeri ise, İngiliz keşif erlerinin bir kez alarm vermesi ile Broadwood'un atlı askerlerinin hızla sağa ve sola çark etmeleri ve uzun nehir yatağının uçlarını emniyete almalarıydı. Böyle bir şey olursa, onlardan tek bir adam bile kurtulamazdı. Ama cesur askerler gibi şanslarını denediler ve talih onlardan yanaydı. At arabaları, herhangi bir keşif eri olmadan geldi. Arkalarında U bataryası, ardından Q, bataryası yanlarında Roberts'in süvarileri ve gerisinde süvarilerin geri kalanı vardı.

Çoğunlukla sadece silahsız hasta askerler ve zenci sürücüleri bulunan at arabaları, geçidin aşağısına indiğinde, Boerler hızla ama sessizce onları ele geçirdi ve onları uzaktaki yokuştan yukarı doğru sürdü. Böylelikle arkadaki birlikler, at arabalarının alçaldığını, yeniden ortaya çıktığını ve güzergâhlarına devam ettiklerini gördüler. Bir pusu düşüncesi ortaya çıkamadı. Mutlak bir felaketi yalnızca bir şey önleyebilirdi ve o da, silah arkadaşlarını uyarmak için kesin bir ölümü kabul eden bir kahramanın ortaya çıkmasıydı. Böyle bir asker, at arabalarının yanından geçiyordu, ne yazık ki, o anın baskı ve telaşı içinde adı veya rütbesi hakkında kesin bir bilgi bulunmuyor. Sadece mutlak bir ölüm karşısında tabancasını ateşleyecek kadar cesur birinin bulunduğunu biliyoruz. Onun atışına karşılık veren atışların başlaması, birliği kurtaran olaydı. Bir erkeğe bu isimsiz askerin ölümü gibi bu tarz bir ölümü seçme şansı, pek sık verilmez.

Fakat müfreze öyle bir konumdaydı ki, hiçbir şey onu ağır bir zayiattan kurtaramazdı. At arabalarının dokuzu dışında hepsi geçmişti ve öncü topçu bataryası, kuru nehir yatağının en ucundaydı. Hiçbir şey top arabasına bağlı bir batarya kadar çaresiz olamaz. Göz açıp kapayıncaya kadar koşum atları vuruldu ve topçular esir alındı. Aynı anda, topları yakından takip eden Roberts'in süvarileri üzerine korkunç bir yaylım ateşi açıldı. "Tabur tek sıra! Dörtnala!' diye bağırdı Albay Dawson. Albay Dawson ile Binbaşı Pack-Beresford'un çabalarıyla müfreze kurtarıldı ve birkaç yüz metre ileride yeniden düzenlendi. Fakat atlar ve askerler, ağır zaiyat vermişti. Binbaşı Pack-Beresford ve diğer subaylar vurulmuştu ve atı olmayan her asker, zorunlu olarak kuru nehir yatağındaki keskin nişancıların namluları altında bir esir olarak kaldı.

Roberts'in süvarileri dönüp canını kurtarmak için düzlüğün üzerinde dörtnala koşarken, Q bataryasının altı topundan dördü ve U bataryasının bir topu (en arkada) kendi etrafında döndü ve güvenli bir yer bulmak için çılgınca koşturdu.[1] Aynı anda, kuru nehir yatağı hattındaki her Boer ayağa fırladı ve şarjörünü, koşuşturan, bağıran askerler, kaçan atlar ve çığlık atan Kâfirler yığınına boşalt-

---

[1] Diğer ikisinden biri devrilmiş ve düzeltilememiş, diğeri ise tekerleklerinden vurulmuş ve kargaşada kurtarılamamıştı. Q bataryasının toplarının nehir yatağının bin metre uzağında durdurulduğu resmî olarak belirtilmişti, fakat araziyi incelediğimde edindiğim izlenim, bu mesafenin altı yüz metreden fazla olmadığıydı.

tı. Birkaç dakika için herkesin kendini kurtarmayı düşündüğü genel bir bozgun vardı. U bataryasının kıdemli başçavuşu Martin, tek bir sürücü ve tekerlekli bir araçla bataryanın son topunu da kurtardı. Binbaşı Phipps-Hornby komutasında Q bataryasından kurtarılan dört top, ovada döndü ve durdu. Toplar, arabalarından ayrıldı ve nehir yatağına yaklaşık bin metre mesafeden yoğun bir şarapnel ateşi açtı. Batarya, iki katı mesafeye gitmiş olsaydı faaliyeti daha etkili olurdu, çünkü daha az ölümcül bir tüfek ateşi altında olurdu, ama her halükârda, kaçmak yerine disipline ve düzene ani bir geçiş tüm kuvveti yola getirdi. Roberts'in askerleri atlarından atlayarak Birmanya ve Yeni Zelandalılar ile birlikte bir çatışma hattına balıklama daldılar. Süvariler, kuru nehir yatağını geçebilecekleri bir geçiş yeri bulmak için sola doğru hareket ettiler ve oradaki kargaşadan çıkarak birkaç dakika içinde sakinleştiler ve asıl vazifelerine döndüler.

Kuvvetin geri çekilişini örtmek Q bataryasının göreviydi ve bu görevi, çok asil bir şekilde yerine getirdi. İki hafta sonra, ovanın yüzlerce metre ötesinden görülebilen bir at yığını, topların nerede bulunduğunu gösteriyordu. Burası, çekili topçuların Colenso'suydu. Şeytani bir kurşun yağmuru içinde, tek bir asker kalana kadar doldurup ateşleyerek görevlerinin başında kaldılar. Toplardan bazıları, onları çalıştırmak için iki askere bırakılmıştı. Biri tek bir subay tarafından doldurulup ateşleniyordu. Nihayet geri çekilme emri geldiğinde, birçoğu yaralı olan sadece on asker ayakta kalmıştı. Tek bir topçu tarafından sürülen top arabalarından acele ile toplanmış koşum atları ile on iki paundluklar, sendeleyerek muharebe dışına çıktılar. Onlar geçerken, atlı piyadelerin çatışma hattı, onları kutlamak için kurşun yağmurunun ortasında ayağa kalktılar.

Bu feci şekilde felakete uğramış kuvveti, coşkulu bir düşmanın yakın temasından kurtarmak ve onu o korkunç nehir yatağının karşısına yönlendirmek, kolay bir iş değildi. Buna rağmen Broadwood'un soğukkanlılığı ve artçı kuvvetinin kararlılığı sayesinde bunu başardılar. Rimington'un Yüzbaşısı Chester-Master tarafından iki mil güneyde uygun bir geçit yeri bulunmuştu. Bu birlik, Roberts'in birliği, Yeni Zelandalılar ve 3'üncü Atlı Piyade ile birlikte, sırayla geri çekilmeyi korudu. Bu yaya olarak savaşmak üzere eğitilmiş bir süvarinin normal süvarilerden çok daha iyi savaştığı muharebelerden biriydi. İki saat içinde kuru nehir yatağı geçildi ve kuvvetten hayatta kalanlar emniyetteydi.

Bu korkunç fakat onur kırıcı olmayan muharebedeki zaiyat ağırdı. Yaklaşık otuz subay ve beş yüz asker öldürüldü, yaralandı veya kayboldu. Harp esirleri üç yüzden fazlaydı. Yüz araba, önemli miktarda erzak ve yedi on iki librelik top beşi U bataryasından ve ikisi Q'dan kaybettiler. U bataryasından sadece Binbaşı Taylor ve Başçavuş Martin kurtulmuş, geri kalanı ise tümüyle ele geçirilmiş gibi görünüyordu. Q bataryasından neredeyse her asker ölmüş veya yaralanmıştı. Roberts'ın süvarileri, Yeni Zelandalılar ve atlı piyadeler, çok ağır zayiat veren diğer birliklerdi. Ölen birçok cesur asker arasında hiçbiri, atlı piyadede görev yapan

Northumberland Hafif Piyadelerinden Binbaşı Booth'tan daha büyük bir askerî kayıp değildi. Dört silah arkadaşıyla birlikte geri çekilmeyi koruyacak bir mevzi işgal etti ve burayı terk etmeyi reddetti. Bu tür adamlar, geçmişin geleneklerinden ilham alırlar ve kendi ölümlerinin hikâyesini geleceğin yeni kahramanlarına ilham vermek için aktarırlar.

Broadwood, serbest kaldığı an yüzünü döndü ve toplarını faaliyete geçirdi. Ancak ne o yeterince güçlüydü ne de askerleri düşmana ciddi şekilde hücum edecek durumdaydı. Queenslanders tarafından yönlendirilen Martyr'ın atlı piyadeleri birdenbire ortaya çıktılar ve bir miktar kayıp vermek pahasına, dağılmış olan kuvvetin kurtarılmasına yardımcı oldular. Colvile'ın tümeni, Bushman Tepesi'nin arkasında, sadece birkaç mil ötedeydi. Tümenin hücum edeceğine ve topların ve silahların götürülmesini engelleyeceğine dair umutlar vardı. Colvile bir hücum yaptı, fakat durumu kurtarmak için hızla ileri atılmak yerine yavaş ve yan bir istikametten hücum etti. Yine de bu, generalin karşılaştığı sorunun büyük ve başa çıkılması zor durumlardan biri olduğu kabul edilmelidir. Askerlerini muharebeye sokmadan önce ele geçirilen topların onun ulaşamayacağı bir yerde olacağı neredeyse kesindi ve kendisi bu felaketi büyütebilirdi. Bununla birlikte, tüm iyi niyetine rağmen gece boyunca takviye aldıktan sonra ertesi sabah, Boer mevzisini ele geçirmek için herhangi bir girişimde bulunmadan geri dönmesini, inisiyatif eksikliğine yormaktan başka yapılabilecek bir şey yoktur.[1] Bu zafer, su arıtma tesislerinin hâkimiyetini Boerlere verdi ve Bloemfontein, kuyularına geri dönmek zorunda kaldı; bu değişiklik, zaten birliklerin büyük bir kısmını yok etmekte olan tifo salgınına çok kötü bir şekilde tesir etti.

Sanna Karakolu yenilgisinin etkisi, sadece dört gün sonra (4 Nisan'da) birliklerimizin başına daha da elim ikinci bir felaketin gelmesiyle daha da arttı. Bu olay, ikisi atlı olmak üzere beş piyade bölüğünün Reddersberg'de teslim olmasıydı. Savaş sırasında askerî birliklerden o kadar çok sayıda küçük birlik teslim olmuştu ki, halk, bizim art arda gelen ve bitmek bilmez Avrupa savaşlarında "teslim olma" kelimesinin ne kadar nadiren duyulduğunu hatırlayarak, bu konuda çok huzursuz oldu. Bazen bu yeni ve küçük düşürücü gerçeğin ruhumuzda bir miktar bozulma anlamına gelip gelmediğini sorgulamasına neden oluyordu. Korku doğaldı, hâl böyle iken kırmızı haçlı bayrak altında yürüyen bu muhteşem orduya bundan daha büyük bir haksızlık yapılamazdı. Hadise yeniydi, çünkü koşullar yeniydi ve bu durum, koşulların doğasında vardı. Çok uzak mesafele-

---

1   General Colvile'ın savunmasında, tümeninin Bloemfontein'den uzun bir yürüyüş yaptığı ileri sürülebilir. Herhalükârda, Macdonald'ın ve Smith-Dorrienin ki gibi iki tugaya sahip olan bir tümen, herhangi bir faaliyet için kolaylıkla çağrılabilirdi. Colvile'ın tümenindeki topçu subaylar, silah arkadaşlarının toplarını, "kısımlar hâlinde atış" yaparken duydular ve bunun umutsuz bir durumun işareti olduğunu anladılar.

rin olduğu bu ülkede, büyük birliklerin kapladığı alan tüm askerî amaçlar için yeterli olmadığından, küçük birlikler birbirinden ayrılmalıydı. Keşifte, bildiri dağıtmada, silah toplamada, uzak mahallelere baskın yapmada küçük birlikler kullanılmak zorundadır. Süvariler üzerindeki talepler aşırı olduğundan, bu birlikler sıklıkla piyade askerlerini içermektedir. Bilmedikleri dağlık bir ülkede hareket eden bu tür birlikler, hareketli bir düşman tarafından kuşatılmaya her zaman elverişlidir. Bir kez kuşatıldıklarında direnişlerinin uzunluğu üç şeyle sınırlıydı: mühimmatları, suları ve yiyecekleri. Wepener veya Mafeking'de olduğu gibi üçüne de sahip olduklarında süresiz olarak dayanabilmekteydiler. Reddersberg ya da Nicholson Geçidinde olduğu gibi, biri ya da diğeri eksik olduğunda, durumları ümitsizdi. Kaçamadılar, çünkü yayalar atlılardan nasıl kaçabilir? Bu nedenle tekrarlanan bu küçük düşürücü durumların, savaşın gidişatını az çok veya hiçbir şekilde engellemediği ve savaşın yapıldığı koşullar içinde gerçekten ödememiz gereken kaçınılmaz bedellerden biri olarak kabul edilmesi gerekir. Sayılar, disiplin ve kaynaklar bizim lehimizeydi. Hareket kabiliyeti, mesafeler, ülkenin doğası, ikmalin tehlikede olması onlardan yanaydı. Bu nedenle, tüm bu güçler kendilerine karşı hareket ederken, askerlerimizin bazen kendilerini ne bilgeliğin ne de cesaretin onları kurtaramayacağı bir durumda bulduklarında bunun zorumuza gitmemesi gerekir. İnsanüstü büyüklük ve güçte siper ve kaleler ile diğer her şeyden önce savunma savaşı için tasarlanmış, her yolu kapatan bu ülkeyi dolaşan biri, bu tür olayların nasıl daha sık ve daha vahim bir şekilde olmadığına hayret eder. İngiliz birliklerinden bir bölüğün üzerinde beyaz bayrağın dalgalanmış olması, içler acısı bir durumdur, ama bu konuda eleştiride bulunanlar Güney Afrika'da hiç dolaşmamıştır.

Reddersberg'deki felakette, bölüklerden üçü İrlanda Piyade Alayına ve ikisi 2'nci Northumberland Hafif Piyade Alayına aitti. Stormberg'de daha önce hezimete uğrayan aynı talihsiz alaylar, karargâhı Springfontein'de bulunan Gatacre'nin 3'üncü Tümeni'nden ayrılmışlardı. Thabanchu'nun boşaltılması ve Sanna Karakolu felaketi üzerine, müstakil birliklerimizi doğuya çekmemiz gerektiği açıktı. Bu yüzden beş bölüğe, garnizon kurdukları Dewetsdorp'tan ayrılmaları ve demir yolu hattına geri dönmeleri emredildi. Ya emir çok geç verildi ya da emre uyma konusunda çok yavaş kaldılar, çünkü Reddersberg kasabası yakınlarında henüz yolculuklarının yarısındayken düşman beş topla onların üzerlerine geldi. Topçu olmadan güçsüzdüler, ancak bir tepeyi ele geçirerek, yapabildikler kadarıyla siper aldılar ve yardım gelmesi ümidiyle beklediler. Görünüşe göre saldırganlar, De Wet'in kuzeydeki kuvvetinden ayrılmış ve Sanna Karakolunun galiplerinin birçoğunu aralarında barındırıyordu. Taarruz, Nisan'ın 3'ü saat 11.00'de başladı ve askerler, top ve tüfek mermisi yağmuruna maruz kalarak gün boyunca kayaların arasında yattılar. Ancak siper iyiydi ve zayiatlar ağır değildi. Toplam zayiat, ölü ve yaralı olarak ellinin altındaydı. Düşmanın ateşinden daha ciddi olan konu, bir at arabasındaki çok sınırlı bir miktar dışında, suyun olmamasıydı. İçinde bulundukları zor durum hakkında bir mesaj iletildi ve haber, ikindi vakti karargâha ulaştı. Lord Roberts, Mısır'dan yeni gelen Cameron Alayını, hattaki en yakın nokta olan Bethany'ye gönderdi ve Springfontein'deki Gatacre'ye, tehlikeli bir durumda olan müfrezesini kurtarmaya yönelik önlemler alması için telgraf çekti. Telgraf, ayın 3'ü akşamı erken saatlerde Gatacre'ye ulaşmış olsaydı Gatacre, bin beş yüz kişilik bir kuvvet toplamış, bu kuvveti trene bindirmiş, kırk mil yol kat etmiş, trenden indirmiş ve on ya da on iki mil uzaklıktaki Reddersberg'e ertesi sabah 10.30'a kadar ulaşmış olurdu. Fakat artık çok geçti ve kuşatılmış kuvvet, o yakıcı güneşin altında susuz ikinci bir gün geçiremeyecek durumda olduğundan, teslim olmuştu. Susuzluğun baskısı kuşkusuz korkunçtu. Hâl böyle iken savunmanın sabır ve metanette en yüksek noktaya ulaştığı söylenemez. Yardımın çok uzakta olamadığını bilen garnizon, tüfeklerini kaldırabilecek durumdayken dayanmalıydı. Eğer mühimmat azalıyorsa, çok hızlı bir şekilde mermi harcanmasına neden olan şey, kötü bir sevk ve idaredir. Birliğe komuta eden Yüzbaşı McWhinnie, son derece kişisel bir cesaret sergiledi. Sadece askerler değil, General Gatacre de felakete katıldı. Dewetsdorp'ta bir müfreze bıraktığı ve Reddersberg'de üzerinden geri çekilebileceği bir destek unsuru olmadığı için o suçlanmış olabilir; ancak toplam kuvvetinin küçük olduğu ve ikmal hatlarının çok uzun bir bölümünü koruması gerektiği unutulmamalıdır. General Gatacre'nin enerjisine ve yiğitliğine gelince, bu, orduda herkesçe bilinen bir şeydi; ama Stormberg felaketinden sonra gelen bu yeni talihsizlik, komutasının devamını imkânsız hâle getirdi. İstisnasız tüm subaylar ve askerler tarafından sevildiği ve saygı gördüğü orduda, ona çok büyük bir yakınlık gösterildi. İngiltere'ye döndü ve tümeni, General Chermside tarafından devralındı.

Tek bir hafta içinde, savaşın beli kırılmış gibi göründüğü bir zamanda, yedi topla birlikte yaklaşık bin iki yüz askerimizi kaybetmiştik. Özgür Devlet'in askerleri- çünkü savaş çoğunlukla Ladybrand, Winburg, Bethlehem ve Harrismith bölgelerinden gelen komandolar tarafından yapıldı - bu güzel başarı için büyük bir övgüyü hak ediyordu ve liderleri De Wet, atılgan ve yorulmaz bir lider olarak önceden kazandığı şöhreti pekiştirmişti. Gücü o kadar zayıftı ki, Lord Roberts gerçekten kendi gücünü ona karşı yönlendirmeyi başardığında, onu önünden süpürüp attı; ama De Wet'in Roberts'ın zorunlu hareketsizliğinden yararlanması ve böylesine güçlü bir düşmanın arkasına geçmeye cesaret edişi, kahramanlık ve inisiyatif kullanmanın güzel bir örneğiydi. Ana vatandaki halk, işlerin bu ani ve beklenmedik dönüşünden rahatsız olmuştu; fakat karara varılmıştı. Kendi amacına bağlı kalan General, seferler yaparak gücünün boşa gitmesine ve süvarilerinin tekrar düzensiz bir hâle gelmesine izin vermedi, ama Pretoria'ya saldıracak kadar güçlü olana kadar zalimce bekledi.

Bu kısa süreli buhran döneminde, batıdan bir ışık parıltısı geldi. Bu, altmış Boer komandosunun ya da daha doğrusu Boerler için savaşan altmış yabancının ele geçirilmesi ve Güney Afrika'da Kruger'in Washington'una Lafayette rolünü oynayacak hırsa sahip olan cesur Fransız De Villebois-Mareuil'in ölümüydü. Kimberley yeniden işgal edildiği tarihten bu yana İngilizler, Roberts'in Bloemfontein'den yaptığı ile örtüşecek güçlü bir manevra yapacak olan kuvvetlerini orada topluyordu. Natal'dan Hunter'ın tümeni, Kimberley civarına hareket etmişti ve Methuen, zaten yeni gelen İmparatorluk Gönüllü Süvarileri'nin de dahil olduğu hatırı sayılır bir birlik grubuna komuta ediyordu. Methuen, bu birliklerle çevredeki arazinin güvenliğini sağladı ve ileri karakollarını bir tarafta Barkly West'e, diğer tarafta Boshof'a ve merkezde Vaal Nehri üzerindeki Warrenton'a kadar genişletti. 4 Nisan'da Boshof'a, "kasabanın yaklaşık on mil doğusunda bir Boer komandosunun görüldüğü ve Gönüllü Süvariler, Kimberley Hafif Süvari ve Butcher'ın deneyimli 4'üncü bataryasının yarısından oluşan bir kuvvetin onlara taarruz etmek üzere gönderildiği" haberi ulaştı. Tüm Boer geleneklerinin aksine, onu destekleyecek başka tepeler olmayan bir tepeciğin üzerinde mevzilendikleri tespit edildi. French'in generalliği kesinlikle Boer kurnazlığı kadar keskin bir zekaya sahip değildi. Tepecik anında kuşatıldı ve toplarımız karşısında topları olmayan zirvedeki küçük kuvvet, kendisini askerlerimizin yirmi dört saat önce Reddersberg'de bulunduğu durumda buldu. Gönüllü süvariler ve hafif süvariler atlarını bırakıp tepeye süngü ile çıktıkları için, atlı piyadenin süvari karşısındaki üstünlüğü bir kez daha sergilendi. Üç saat içinde her şey bitmişti ve Boerler teslim olmuştu. Villebois, yedi arkadaşıyla birlikte vurulmuştu ve yaklaşık altmış harp esiri vardı. Gönüllü süvarilerin çarpışması ve Lord Chesham'ın onları sevk ve idare etme şekli, tepeye ateş altında çıkmalarına rağmen sadece dört ölü ve birkaç yaralı zayiatı verdikleri için takdir edilmelidir. Olay küçüktü, ama mükemmeldi ve bir başarıya çok ihtiyaç duyulduğu bir zamanda gelmişti. Hareketli bir hafta, Karee'nin pahalı zaferini, Sanna Karakolu ve Reddersberg felaketlerini ve Boshof'un başarılı çarpışmasını görmüştü. Başka bir bölüm de Boer kuvvetlerinin güneyine doğru yapılan manevraya ve Lord Roberts'in onlarla karşılaşmak için yaptığı hazırlıklara ayrılmalıdır.

23. BÖLÜM

GÜNEYDOĞUNUN TEMİZLENMESİ

Lord Roberts hiçbir zaman, Bloemfontein'deki altı haftalık molasından daha açık bir şekilde kendine olan hâkimiyetini ve amaca olan bağlılığını göstermedi. Boer komutanlarının en cüretkâr ve saldırganı olan De Wet, doğudaki karakollarına saldırıyor ve ikmal hattını tehdit ediyordu. Telaşlı ya da gergin bir general, birkaç hırslı komandoyu kovalamaya çalışarak askerlerini usandırır ve atlarını yorardı. Roberts başkentte gücünü artırarak ve Bloemfontein'den Bethulie'ye uzanan demir yolu hattı boyunca yaklaşık yirmi bin adam yaymakla yetindi. Zamanı geldiğinde saldıracaktı, ama o zamana kadar dinlendi. Ordusunun yalnızca atları yenilenip, onlara nal takılmıyordu. Ordu, aynı zamanda birçok yönden yeniden yapılandırılıyordu. Bu haftalar boyunca oluşturulan güçlü silahlardan biri, merkez ordunun atlı piyadelerinin, Hutton ve Ridley'in tugay komutanı olarak görev yapacağı Ian Hamilton'un komutasına verilecek tek bir tümen hâlinde toplanmasıydı. Hutton'ın tugayı; Kanadalıları, Yeni Güney Gallerli askerleri, Batı Avustralyalıları, Queenslandlıları, Yeni Zelandalıları, Victorialıları, Güney Avustralyalıları ve Tazmanyalıları, dört tabur Kraliyet Atlı Piyadesini ve birkaç hafif bataryayı içeriyordu. Ridley'in tugayı, bazı kraliyet birlikleriyle birlikte Güney Afrika'nın düzensiz süvari alaylarından oluşuyordu. Tüm tümenin gücü on binden fazla tüfekli askere ulaşmıştı ve saflarında eski bayrağın dalgalandığı dünyanın her köşesinden en dayanıklı ve en iyiler at sürüyordu.

Roberts yapacağı hamle için hazırlanıklarını sürdürürken, bizde birliklerin genel dağılımına bir göz atalım. Sahada on bir piyade tümeni vardı. Bunlardan 1'incisi (Methuen'in) ve 10'uncunun (Hunter'ın) yarısı Kimberley'deydi ve Lord Roberts'ın ordusunun fiilen yüz mil uzaktaki sol kanadını oluşturuyordu. General Villebois'in keşfettiği gibi, bu tarafta da önemli bir gönüllü süvari kuvveti vardı. Merkezde Roberts ile birlikte 6'ncı Tümen (Kelly-Kenny'in) Bloemfontein'de, yirmi mil kuzeyde 7'nci Tümen (Tucker'ın) Karee'de, 9'uncu (Colvile'in) ve 11'inci Tümenler (Pole-Carew'in) Bloemfontein yakınında bulunuyordu. French'in süvari tümeni de merkezdeydi. Hattı Cape'e doğru indirdiğimizde, şimdi

Reddersberg'e taşınan 3'üncü Tümen'e (Chermside'ın, öncesinde Gatacre'nin) ve daha sonra daha güneyde 8'inci Tümen'e (Rundle'ın) rastlarız. Güneyde ve doğuda Hunter'ın tümeninin diğer yarısı (Hart'ın tugayı) ve yarısı Wepener'de, kalanı ise Aliwal'da mahsur kalan Brabant'ın sömürge tümeni vardı. Kuruluş aşamasındaki atlı piyade tümeninin eklenmesi ile birlikte bunlar, Özgür Devlet'te faaliyet gösteren birliklerdi.

Natal'da üç tümen kalmıştı. Bunlar Burn-Murdoch, Dundonald ve Brocklehurst'un süvari tugayları ile birlikte, 2'nci Tümen (Clery'nin), 4'üncü Tümen (Lyttelton'un) ve 5'inci Tümen (Hilyard'ın sonrasında Warren'in)'di. Bunlar, ikmal hatları boyunca sayısız milis ve tugaysız alay ile birlikte Güney Afrika'daki İngiliz ordusunu oluşturuyordu. Mafeking'de, yaklaşık 900 düzensiz asker köşeye sıkıştırılmıştı. Biraz kuzeyde Plumer'in komutasında yaklaşık aynı büyüklükte başka bir kuvvet, onları kurtarmaya çalışıyordu. Askerleri geçirebileceğimiz, anlaşmadan doğan haklara sahip olduğumuz bir Portekiz limanı olan Beira'da, Avustralyalılar, Yeni Zelandalılar ve diğerlerinden oluşan tuhaf karma bir kuvvet, Boerlerin o yönde yapabileceği herhangi bir yürüyüşü kesmek için karaya çıkarılıyor ve Rodezya'ya doğru sevk ediliyordu. Güney Afrika savaşı konusunda büyük bir deneyime sahip, acımasız, yaşlı bir asker olan Carrington, silah arkadaşları Cape kışının soğuk güney rüzgârlarında titrerken, tropik ormanların ortasında timsahların gezdiği dereler üzerinde hareket eden bu görülmeye değer kuvvetin komutanıydı. Hükümetimiz de, halkımız, ve dünya da bu savaşın başında üstlendiğimiz görevin ne kadar ciddi olduğunu anlamadı, fakat bunun farkına varıldığında tereddütsüz bir şekilde yerine getirildiğini kabul etmek gerekir. Muharebelerin cereyan ettiği saha o kadar genişti ki, Kanadalı, bir ucunda kendi doğal iklimini diğer ucunda ise Queenslander'ın[1] iklimini bulabilirdi.

Bu dönemde Özgür Devlet'in güneydoğu kesiminde, Boerlerin manevralarını ve İngilizlerin karşı manevralarını yakından takip etmek, tarihçinin çalışkanlığını ve okuyucunun sabrını zorlayacaktır. Mümkün olduğunca çok genel ve gerçek bilgilerin, mümkün olan en az coğrafî ayrıntıyla anlatılması gerekir. Sürekli olarak haritaya atıf yapılarak kesintiye uğrayan hikâye anlatımı, kusurlu bir aktarımdır.

Özgür Devlet askerlerinin ana kuvveti, devletlerinin kuzeydoğu köşesinde toplanmıştı ve İngiliz ileri karakollarının doğu hattına istedikleri zaman hücum ederek veya uzak durarak buradan güneye doğru hamle yaptılar. Sanna Karakolundaki ilk çatışmaları, önemli ve hak edilmiş bir başarıydı. Üç gün sonra Reddersberg'deki beş bölüğü ele geçirdiler. Zamanında uyarılan diğer küçük İngiliz birlikleri, direnek noktalarında kuşatıldı. Ordunun varlığı için çok gerekli olan demir yolu hattı, o besleyici ana yol, saldırıya karşı çok güçlü bir şekilde savunuldu. Bethulie Köprüsü özellikle önemli bir noktaydı; fakat Boerler ona yaklaşsalar

---

1 ÇN: Queensland: Avustralya'da bir eyalet.

ve hatta onu yok ettiklerini resmen ilan edecek kadar ileri gitseler de aslında hiç saldırıya uğramadı. Bununla birlikte, Basutoland sınırındaki Wepener'de, tecrit edilmiş bir kuvvet buldular ve hemen, geleneklerine göre onu kuşatmaya ve bombalamaya başladılar. Ta ki üç büyük müttefiklerinden biri (yiyecek sıkıntısı, su sıkıntısı veya mühimmat sıkıntısı), onları teslim olmaya mecbur edene kadar.

Gerçekten de bu olayda Boerler, güçlerinin ötesinde bir görev üstlenmişlerdi. Wepener'deki birliklerin sayısı bin yedi yüzdü ve nitelik olarak çok güçlüydü. Mevzi, Mafeking'i savunan asıl askerlerden, cesur düzensiz birliklerden oluşan Brabant'ın koloni tümeni'nin bir bölümü tarafında işgal edilmişti. Bu tür adamlar, savunulamaz bir mevziye sürülmeyecek kadar kurnaz ve savunulabilir bir mevziden vazgeçemeyecek kadar cesurdurlar. Birliğe, ünlü adaşı kadar sert bir savaşçı olan Cape Atlı Piyadelerinden atılgan bir asker olan Albay Dalgety komuta ediyordu. Yanında Brabant'ın süvarilerinden yaklaşık bin asker, Cape atlı piyadelerinden dört yüz kişi, dört yüz Kaffraria[1] Süvarisi, bir miktar keşif eri ve yirmi paha biçilmez istihkâmcı da dâhil olmak üzere yüz muvazzaf asker vardı. Topçu olarak güçlüydüler: iki yedi librelik, iki donanma on iki librelik, iki on beş librelik top ve birkaç makineli tüfek. Wepener'in üç mil kuzeyinde mevzi aldıkları Jammersberg, çok güçlüydü ve onları oradan çıkarmak için De Wet'in sahip olduğundan daha büyük bir güç gerekiyordu. Savunma, istihkâmcılardan Binbaşı Cedric Maxwell tarafından tanzim edilmişti; yaklaşık sekiz millik devasa çevre uzunluğu, bu kadar küçük bir kuvvetle savunulmasını çok zor bir mesele haline getirse de sonuç, yaptığı hazırlıklarının ne kadar iyi olduğunu kanıtladı.

Aynı zamanda Boerler, topçularda üstünlüğe, asker sayısında ise muazzam bir üstünlüğe sahip oldukları için, zafer kazanacaklarına dair tam bir öz güvenle gelmişlerdi. Fakat bir veya iki günlük şiddetli bir mücadeleden sonra taarruzları, tam bir kuşatmaya dönüştü. 9 Nisan'da hem gündüz hem de gece şiddetli bir şekilde hücum ettiler ve 10 Nisan'da baskı eşit derecede şiddetliydi. Zayiatın büyük bir çoğunluğu bu iki gün içinde meydana geldi. Ancak müdafaa edenler, İngiliz muvazzaf askerlerinin henüz ulaşamadığı bir seviyede siper aldılar ve hem tüfekleri hem de toplarıyla rakiplerine üstün geldiler. Yüzbaşı Lukin'in topçuyu sevk ve idaresi özellikle ustacaydı. Hava kötüydü ve aceleyle kazılmış siperler yarısı suyla dolu hendeklere dönüştü, ama ne rahatsızlık ne de tehlike, cesur kolonicilerin cesaretini sarsmıştı. Taarruz üstüne taarruzlar püskürtüldü ve topun ağır eziyetine, umursamaz bir tavırla tahammül edildi. Boerler, iki topu Jammersberg'in yüksek bir zirvesine çekip götürerek kampa ateş açtıklarından, topçu kullanımındaki önceki tüm becerilerini mükemmelleştirmişlerdi. Neredeyse tüm atlar öldürülmüş ve üç yüz asker vurulmuştu. Bu, resmî raporun iki

---

1 ÇN: Kaffraria: Kaffraria, bugün Güney Afrika'nın Doğu Burnu'nun güneydoğu kesimine verilen isim, Kaffraria, yani Kaffirlerin ülkesi, şu anda King Williams Town ve East London olarak bilinen bölgeler.

katı olan bir sayıydı. Birlik ruhu o kadar yüksekti ki, sadece çok ciddi şekilde yaralananlar kendilerini tamamen yaralı rapor etmişti. Çok yetersiz imkânlarla takdire şayan işler yapan Dr. Faskally'nin eline, ciddi vakalar dışında hiçbiri ulaşmadı. Düşmanın ne kadar zayiat verdiği asla kesin olarak bilinemez, ancak hedefe doğru birkaç taarruz yaptıklarından, kayıplarının muzaffer müdafilerden daha az olduğunu düşünmek olanaksızdır. On yedi günlük çamur ve kanın sonunda, cesur gayrinizami birlikler boş bir araba kampı ve terk edilmiş siperler gördüler. Kendi direnişleri ve Brabant'ın onları kurtarmak için ilerlemesi, düşmanın aceleyle geri çekilmesine neden olmuştu. Wepener, Mafeking, Kimberley, ilk topun Ladysmith'te ele geçirilmesi, İmparatorluk Hafif Süvarilerinin faaliyetleri, Güney Afrikalı gayrinizami kuvvetlerimizin bu savaş için parlak bir sicile sahip olduğu inkâr edilemez. Birçok zafere ve birkaç felakete dahil olmuşlardı. Onların iyi sicili, bence, ırkımızın bir bölümünün diğeriyle karşılaştırıldığında daha büyük bir metanete sahip olduğuna pek yorulamaz, çünkü bir Güney Afrikalı, en iyi sömürge birliklerindeki askerlerin en az yarısının Britanyalı İngilizler olduğunu kabul edecektir. İmparatorluk Hafif Süvarilerinde bu oran, çok daha yüksekti. Fakat açıkça tarşılabilecek olan şey, onların başarılarının ispat ettiği, Amerikan iç savaşının ise uzun zaman önce kanıtladığı, Alman disiplin anlayışının modası geçmiş bir saplantı olduğu ve bireyselciliği ezilmek yerine teşvik edilen özgür insan ruhunun herhangi bir savaş kahramanına denk olduğudur. Sir George White'a göre, hayranlık uyandıran bir askeri meydana getirenin eğitim ya da disiplin değil, içindeki ruhtu. Gordon'larla omuz omuza, süngüleri olmadan Elandslaagte Tepesi'ne çıkan ve 6 Ocak'ta Ladysmith'i kurtaran memurlar, madenciler ve mühendisler, ırkımızın erkekleri ile birlikte bu ruhun sonsuza dek var olduğunu göstermişti. Bu gerçeğin akıllıca değerlendirilmesi, önümüzdeki birkaç yıl içinde, bize savaş için harcayacağımız kadar para tasarruf ettirebilir.

İngilizlerin, sayıca büyük üstünlükleri ile Boerleri defetmek için kolayca bir ordu gönderebilecekleri hâlde, on yedi gün gibi uzun bir süre boyunca, arkalarındaki bir kuvvete nasıl tahammül edebildikleri pekâlâ sorulabilir. Cevap, Lord Roberts'ın güvenilir yardımcısı Kitchener'ı Aliwal'a göndermesi, orada Kitchener'in Wepener ile heliografik iletişimde bulunarak, mevzinin dayanabileceğinden emin olması ve Kimberley'de yaptığı gibi onu yok etmek için planlarını yaparken düşmanı meşgul etmek içindi. Bu, onları kendi helâklarına götüren bir yemdi. Tuzağı kapatmakta biraz yavaş kalınmasaydı, Özgür Devlet'teki savaş, hemen oracıkta sona erdirilebilirdi. Ayın 9'undan 25'ine kadar Boerler, Wepener'ın cephesinde tutuldu. Bu süre zarfındaki diğer İngiliz müfrezelerinin manevralarını inceleyelim.

Brabant'ın kuvveti Hart'ın tugayı ile birlikte, Hunter'ın tümeninin bir bölümünü teşkil edeceği Kimberley'e doğru giderken başka tarafa yönlendirildi. Rouxville üzerinden ilerleyerek güneyde Wepener'e doğru hareket etti, fakat gizlilikleri yeterince ifşa edilmeden önce Boerleri korkutup kaçırmamak için yavaş yavaş ilerlediler. Chermside'ın 3'üncü Tümeni Bethany'deki demir yolundan çıkıp, Boerlerin geri çekilme istikametini doğrudan tehdit edebileceği Reddersberg'den Dewetsdorp'a doğru geçerek, kuzeybatı istikametinden yaklaşıyordu. Manevra, kıvrılmış bir elin durumdan habersiz bir sineğe yaklaştığı gibi, güven verici bir yavaşlık ve itinayla icra edildi. Sonra aniden, 21 Nisan'da Lord Roberts, her şeyi akışına bıraktı. Unsurların hareketleri, planlayıcının zihni kadar hızlı ve enerjik olsaydı, De Wet bizden kaçamazdı.

Taarruza hazır olduktan sonra birkaç gün boyunca Lord Roberts'i engelleyen şey, kötü hava koşullarıydı. Bardaktan boşanırcasına yağmur yağıyordu ve Güney Afrika'nın yollarını, çamurunu ve akıntılarını bilenler, bu şartlar altında hızlı bir askerî manevranın ne kadar zor olduğunu anlayacaklardır. Fakat bulutların ilk kez açılması ile birlikte, Bloemfontein'in güneyindeki ve doğusundaki tepelere, keşif erlerimiz yayılmıştı. Rundle, sekizinci tümeniyle güneyden hızla harekete geçerek Reddersberg'in doğusunda Chermside ile birleşti ve otuz topla birlikte 13.000 piyadeden oluşan bütün kuvvet, kıdemli subay olarak Rundle'ın komutasında Dewetsdorp'a doğru ilerledi. Onlar ilerlerken, yirmi mil kadar güneyde Wepener'in mavi tepeleri gökyüzünü kaplamıştı ve yürüyüşlerinin amacı ve hedefi, her asker için anlamlıydı.

Rundle, 20 Nisan'da Dewetsdorp'a giden yolda ilerlerken topçusu olan bir kuvvetle karşılaştı. Bir Boer ordusunu oluşturan gizlenmiş askerlerin ve pusuda bekleyen topların sayısını hesaplamak her zaman zordur, ancak Wepener'deki toplamları hakkında biraz bilgi sahibi olunduğunda, karşısına çıkan kuvvetin kendisininkinden çok daha az olması gerektiği kesindi. Boerleri mevzide bulduğu Constantia Çiftliği'nde üç binden fazla asker olduğu düşünülemez. Sol kanatları zayıf noktalarıydı, çünkü o taraftan yapılacak bir manevra, onları Wepener'dan ayıracak ve kuzeydeki asıl kuvvetimize doğru sürecekti. Üç bin kişilik bir tespit kuvveti ve sekiz bin kişilik bir kuşatma manevrasının, daha önce ve şimdiye kadar birçok defa olduğu gibi onları oradan çıkaracağı düşünülebilir. Yine de 20 Nisan Cuma günü uzun menzilli bir harekât başladı ve ayın 21'i, 22'si ve 23'ü boyunca devam etti. Bu sırada çok az kayıp verdik, ancak düşman üzerinde hiçbir etki meydana getiremedik. Worcester Alayında 30 kişi gece yanlış yola saptı ve tutsak edildi, ancak bu istisna dışında, dört günlük gürültülü çatışmalar, her iki taraf için de elli zayiata mal olmuş gibi görünmüyordu. Harekâtlar icra edilirken yaşanan gecikmenin, Rundle'ın diğer kuvvetler yerlerini alan kadar bekleme talimatından kaynaklanmış olması muhtemeldir. Daha sonraki manevraları, taarruz etmekten korkan bir general olmadığını göstermiştir.

22 Nisan Pazar gecesi Pole-Carew, Bloemfontein'den çıkarak, kendisini Rundle'a karşı cephe almış Boerlerin sağ kanadının etrafından dolaştıracak bir hatta hücum etti. Hâlbuki Boerler, onun yolunu kesen Leeuw Tepesinde güçlü

bir mevzi işgal etmişlerdi. Bu sayede, Dewetsdorp Boerleri, Wepener Boerlerini koruyor ve karşılığında Leeuw Boerleri tarafından korunuyorlardı. Herhangi bir şey yapılmadan önce, yoldan çekilmeleri gerekiyordu. Pole-Carew, savaşı dengelememize yardımcı olan değerli keşiflerden biridir. Yakışıklı, atılgan, nazik Pole-Carew, kaygısız bir okul çocuğunun bir futbol sahasına yaklaştığı gibi savaş alanına girerdi. Bu olayda, gayretli bir şekilde ve sağduyu ile hareket etti. Süvarileri düşmanın kanatlarını tehdit etmiş ve Stephenson'ın tugayı mevziyi az bir zayiatla ele geçirmişti. Aynı akşam General French geldi ve şimdi iki süvari tugayı ve bir atlı piyade birliği ile birlikte Stephenson'ın tugayı ve Muhafız Tugayından (11'inci Tümeni oluşturan) oluşan kuvveti devraldı. Ertesi gün, ayın 23'ünde, süvarilerin savaşın yükünü üstlenmesi ile ilerleme yeniden başladı. Sanna Karakolundaki davranışları takdire şayan olan kahraman birlik, Roberts'in süvarileri, diğer kayıplarının arasında Albay Brazier Creagh'ı da ekleyerek yine kendini gösterdi. Ayın 24'ünde, süvarilerin payına yine savaşın şerefi ve zayiat vermek düşmüştü. Savaşın gururunu taşıyan ve muvazzaf bir süvari alayı olan 9'uncu Süvari Alayı birkaç asker ve subay kaybetti. 8'inci Hafif Süvari Alayı da kayıp vermişti, fakat Boerler mevzilerinden çıkarıldı ve bu çarpışmada savaştaki bazı büyük muharebelerdekinden daha ağır bir zayiat verdiler. Ordu Donatım Bakanlığı'nın gecikmiş gayreti ile bize sağlanan "pompom makineli topları", bu çarpışmada biraz etkili bir şekilde kullanıldı ve Boerler, ilk kez bu gürültülü, ama özellikle ölümcül olmayan ve topçularımızın kulaklarını sık sık çınlatan çatapatların ne kadar sinir bozucu olduğunu öğrendiler.

Çarşamba sabahı French, kanatta bir mevzide iken, Pole-Carew'in tümeninin eklenmesiyle Rundle, bir taarruz için yeterince güçlüydü. Büyük bir zafer için gerekli olan her şey, bir düşmanın varlığı dışında oradaydı. Wepener kuşatması kaldırılmıştı ve Rundle'ın önündeki kuvvet, sadece Boer ordularının kaybolabileceği şekilde ortadan kaybolmuştu. Birleşik manevra, düşman adına takdire şayan bir faaliyetti. Önlerinde hiçbir düşman kuvveti bulamayınca French, Rundle ve Chermside'dan oluşan karma birlikler, Dewetsdorp'u işgal etti, Rundle burada kaldı, diğerleri ise yaklaşık bir ay önce tüm sorunlarımızın başladığı fırtına merkezi Thabanchu'ya doğru ilerledi. Başından beri De Wet'in geri çekilen ordusunun hemen önlerinde olduğunu ve ayrıca Bloemfontein'den Thabanchu'ya Boerlerin yolunu kesmek için bir kuvvet gönderildiğini de biliyorlardı. Lord Roberts, De Wet'in geçmesi gereken iki kordon oluşturduğunda, doğal olarak birinin veya diğerinin onu tutması gerektiğini farz edebilirdi. Ancak De Wet, bölgede ikamet eden herkesin kendi istihbarat servisinin bir üyesi olması gerçeğinin de yardımıyla, olağanüstü bir beceri ve hareket kabiliyetiyle, kendisi için döşenen çifte ağdan sıyrıldı. İlk ağ zamanında yerinde değildi ve ikincisi, onu elinde tutamayacak kadar küçüktü.

Rundle ve French, anlatıldığı şekilde Dewetsdorp'ta ilerlerken De Wet'i hedef alan diğer kuvvet, doğrudan Thabanchu'ya gitmişti. İleri harekât, 22 Nisan'da Ian Hamilton'un sekiz yüz atlı piyadeyle su arıtma tesisi üzerine yaptığı bir manevra ile başladı. Tepeleri geride tutan düşman, üç topla ateş açmadan önce Hamilton'ın kuvvetinin Modder'a doğru inmesine izin verdi. Atlı piyade geri çekildi ve gece için menzil dışında kamp kurdu.[1] Sabah olmadan önce Smith-Dorrien'in tugayı (Gordonlar, Kanadalılar ve Shropshire'lar – Cornwall Alayı arkada bırakılmıştı) ve birkaç atlı piyade birliği ile takviye edildiler. Gün ışığıyla birlikte güzel bir ilerleme başladı. Tugay çok geniş bir düzende ilerledi ve atlı askerler, savunmanın sağ kanadını kuşattı. Akşama doğru Bloemfontein için en önemli nokta olan su arıtma tesisini yeniden ele geçirmiştik ve ona hâkim tüm tepeler hattını kontrol altına almıştık. Pole-Carew'in ve French'in iki gün önce Rundle'a katılmak için yaptıkları ve mevziyi güneyden kuşatmalarını sağlayan faaliyetleri olmasaydı, bu güçlü mevzi bu kadar kolay ele geçirilemezdi.

Savaşta daha öncesinde iyi hizmet vermiş, Elandslaagte'deki piyadeye komuta eden ve Ladysmith'in savunmasında en önde gelen liderlerden biri olan Ian Hamilton, bu andan itibaren daha önemli ve daha bağımsız bir görevi kabul etti. İnce, kıvrık, yumuşak bir sese ve nazik tavırlara sahip bir adam olarak, maceralı kariyeri boyunca, yalnızca bir askerin yüksek derecedeki cesaretine değil, aynı zamanda doğuştan bir liderin soğukkanlılığına ve kararlılığına da sahip olduğunu birçok defa kanıtlamıştı. Davranışlarındaki ruhsuz bir zarafet, kurnaz bir beyni ve ateşten bir ruhu gizliyordu. Çarpık ve yarı felçli bir el, onu gören kişiye, Hamilton'un genç bir teğmen olarak Majuba'da Boer tüfekleriyle yüzleşmenin ne olduğunu bildiğini hatırlatmaktaydı. Şimdi kırk yedi yaşında, bu içler acısı ilk askerî harekâtın sonuçlarını tersine çevirmek için olgunlaşmış ve hayranlık uyandıran bir şekilde geri dönmüştü. Bu, Lord Roberts'ın en sonunda ana ilerleyişinin sağ kanadını oluşturacak olan güçlü kuşatma birliğinin komutasını emanet ettiği adamdı. Su arıtma tesisinin İskoç Dağ Tugayı tarafından ele geçirilmesinden sonra Cornwall Alayı ve iki ağır donanma topuyla sabahleyin takviye edilen kuvvetinin tümü, yedi bin kişiden fazlaydı. Bunlardan su arıtma tesisi için bir garnizon ayırdı ve geri kalanlarla Thabanchu ile aralarındaki dağlık arazi üzerinde ilerlemeye devam etti.

İsrail Geçidi adı verilen ve iki tepe arasında bir boyun noktası olan bir mevzi, 25 Nisan'da onlara karşı kullanılmıştı, fakat Kanadalılardan bir ölü ve iki yaralı zayiat verilerek, çok fazla bir sorun yaşanmadan ele geçirildi. Cesur komutanları Albay Otter yaralılardan biriydi, Grahamstown'da askere alınan bir koloni birliği olan Marshall'ın süvarilerinin en az yedi subayı ve birçok askeri ölmüş veya

---

1 Bu olay, top ateşinin açık düzendeki birliklere karşı etkisiz olduğunun dikkate değer bir göstergesiydi. Bizzat kendim, onur kırıcı bir yürüyüşle geri çekilen atlı piyade safları arasında patlayan en az kırk mermi gördüm. Hiçbir can kaybı olmadı.

yaralanmıştı. Ertesi sabah Thabanchu kasabası ele geçirildi ve Hamilton kendini Boer geri çekilme hattının doğrudan üzerinde buldu. Yola hâkim olan geçidi ele geçirdi ve ertesi gün tüm gün boyunca hevesle bekledi ve en sonunda güneyden onlara doğru uzun bir toz bulutunun geldiğini gördüklerinde askerler heyecanlanmaya başladı. En sonunda kurnaz De Wet'in yolu kesilmişti! Tozun içinden hâkî üniformalı bir süvari birliği ortaya çıktığında, küfürler ağır ve içtendi ve bunun French'in takip kuvveti olduğu ve Dewetsdorp'tan gelen Rundle'ın piyadeleri tarafından yakından takip edildiği anlaşıldı. Boerler, sıyrılmış ve çoktan kuzeyimize geçmişlerdi.

Savaşın bu bölümünde Boer kuvvetlerinin manevra yapma şekline hayranlığımızı gizleyemeyiz. Weneper kuvveti cepheden çözülene kadar French ve Rundle'ın birliklerini ihtiyat ve cüret karışımı bir tarzda geciktirmesi, bu örtme kuvvetinin daha sonra geri çekilme şekli ve nihayet hepsinin sıyrılarak zekice bir yöntemle Hamilton'u geçmesi, eşsiz bir strateji meydana getiriyordu. Başkomutan (Generalissimo) Louis Botha, tüm ipleri elinde tutuyordu ve onları çekme şekli, vatandaşlarının bu yüksek makam için doğru adamı seçtiğini ve onun önderliğinin, bağımsız komandolara liderlik yapan bu mükemmel doğal savaşçılar arasında bile baskın bir insan olduğunu gösteriyordu.

İngiliz kuvvetlerinin kuzeyine geçen Botha, kaçmak için hiçbir çaba göstermedi ve French'in 27 Nisan'da icra ettiği ve bir taarruza dönüşen keşif harekâtı üzerine aceleci bir davranışa girmedi. Kitchener'in süvarileri, önceki gece bir çatışmada on dört askerini kaybetmişti ve ayın 27'sindeki muharebe, bize bir o kadar daha can kaybına mal oldu. Bu çatışma, Boer kuvvetinin yaklaşık altı ya da yedi bin kişi gücünde, yavaş bir şekilde geri çekilen ve birkaç mil ötedeki Houtnek'te savunma mevzisi işgal eden sağlam bir kuvvet olduğunu öğrenmemizi sağladı. French, daha sonra Lord Roberts'in ilerleyişine katılacağı yer olan Thabanchu'da kaldı. Hamilton, şimdi kuşatma birliğinin tam komutasını üstlendi ve onunla birlikte kuzeye Winburg'a doğru ilerlemeye başladı.

İlerleyen İngiliz kuvvetinin solunda kalan Thoba Dağı, Houtnek mevzisine hâkim konumdaydı ve bu yer, Hamilton'ın taarruzunun sıklet merkeziydi. Burası, Smith-Dorrien'in askerlerinin hızlı bir şekilde desteklediği Kitchener'ın süvarileri tarafından çok kahramanca ele geçirildi. Dağ, canlı bir muharebenin bir sahnesi haline geldi ve tepe temizlenmeden önce karanlık çökmüştü. 1 Mayıs'ta şafak sökerken çatışmalar yeniden başladı ve Shropshire Alayı, Kanadalılar ve Gordon Alayının kararlı bir şekilde ilerleyişi ile mevzi ele geçirildi. Tepenin diğer yamacından aşağı doğru kaçan Boerler, piyadelerimizin ağır ateşi altında kaldılar ve ellisi yaralandı ya da esir alındı. Bu muharebede, tepedeki çarpışma sırasında, Gordon'lardan Yüzbaşı Towse, gözlerinden vurulmuş ve tamamen kör olmasına rağmen, askerlerini, etrafında toplanmış bir grup düşmana karşı taarruza teşvik etmişti. Bu zaferden sonra on günün yedi günü boyunca savaşan

Hamilton'un askerleri, dinlenmek için Jacobsrust'ta durdular ve burada Broadwood'un süvarileri ve Bruce Hamilton'un piyade tugayı onlara katıldı. Ian Hamilton'ın birliği, artık iki piyade tugayı (Smith-Dorrien'in ve Bruce Hamilton'ın), Ridley'in atlı piyade alayı, Broadwood'un süvari tugayı, beş topçu bataryası, iki ağır top, toplam 13.000 askerden oluşuyordu. Ian Hamilton, bu kuvvetle birlikte Botha'nın artçısıyla sürekli temas halindeyken, 4 Mayıs'ta bir kez daha hücum etti. Hamilton, 5 Mayıs'ta Kitchener'ın süvarilerinin ve 12'nci Mızraklı Süvari Alayının kendilerini gösterdiği hareketli bir süvari çarpışmasında yer aldı ve aynı gün Winburg'u ele geçirdi. Böylelikle Lord Roberts'ın büyük taarruzunun sağ tarafını örttü.

Ana ordunun bu son ileri harekâtı sırasında, Özgür Devlet'in doğu tarafındaki birliklerin dağılımı şöyleydi: Atlı piyadeleriyle birlikte Ian Hamilton, Smith-Dorrien'in tugayı, Macdonald'ın tugayı, Bruce Hamilton'ın tugayı ve Broadwood'un süvarileri Winburg'daydı. Rundle Thabanchu'daydı ve Brabant'ın koloni tümeni, aynı noktaya doğru ilerliyordu. Chermside, Dewetsdorp'taydı ve Lord Castletown komutasındaki bir kuvveti Wepener garnizonunda görevlendirmek için ayırmıştı. Hart, Smithfield'ı işgal etmişti, kendisi ve tugayı kısa bir süre sonra buradan Kimberley kuvvetine aktarılacaktı. Toplamda, ülkenin bu bölümünü temizlemek ve kontrol altına almakla uğraşan sayı, otuz binden daha az olamazdı. French'in süvarileri ve Pole-Carew'in tümeni, merkezî ilerlemede yer almak için geri dönmüştü.

Bu büyük ve belirleyici manevranın bir tanımına girmeden önce, küçük bir muharebeyi yorumlamak gerekir. Bu olay, Karee'deki bir keşif esnasında Lumsden'in Süvarilerinden yirmi askerin katledilmesiydi. Teğmen Crane'in komutasındaki küçük bir devriye kolu, bir yanlış anlaşılma yüzünden kendisini düşmanın ortasında tecrit edilmiş halde buldu. Utanç bayrağını çekmeyi ve teslim olmayı reddedip, kuşatmayı yararak dışarı çıktılar. Mevcutlarının yarısını kaybettiler, diğer yarısında ise kıyafetlerinde veya vücudunda kurşun izi gösteremeyen hiç kimsenin olmadığı anlatılmaktadır. Bu birliğin askerleri, Hindistan'da yaşayan İngiliz gönüllülerdi. Bu çok zorlu savaşın zorlu gidişatı ve zorlu mücadelesi için doğu yaşamının rahatlığını ve hatta lüksünü terk etmişlerdi. Gelişleri ile tüm imparatorluğa ruhen çok iyi bir örnek teşkil ettiler ve şimdi savaş alanına ilk çıkışlarında orduya bir askerî erdem örneği gösterdiler. Outram gönüllülerinin gururlu gelenekleri, Lumsden'in süvarileri tarafından yüceltildi. Göz ardı edilemeyecek bir diğer küçük çarpışma da, 29 Nisan'da Derbyshire Gönüllü Süvarileri (Binbaşı Dugdale) ve bir İskoç Muhafız bölüğü tarafından bir konvoyun savunulmasıdır. At arabaları, Thabanchu'nun yaklaşık on mil batısındaki bir noktada saldırıya uğradığında Rundle'a doğru gidiyorlardı. Küçük muhafız kuvveti, saldırganları çok cesur bir şekilde mağlup etti ve ertesi sabah Brabazon tarafından kurtarılana kadar dayandılar.

Savaşın bu aşamasına, İngilizlerin davranış şekillerindeki belirgin bir değişiklik damgasını vurdu. Hiçbir şey, Lord Roberts'ın orijinal niyetinden ve beyanlarından daha yumuşak olamazdı ve uzlaştırma girişimlerinde, devletin sivil yöneticisi olarak atanan General Pretyman tarafından çok başarılı bir şekilde destekleniyordu. Bununla birlikte, bu nezaketin bazı kasabalı Boerler tarafından zayıflık olarak yorumlandığına dair belirtiler vardı ve Boer'in Wepener'e taarruzu sırasında değersiz bir ateşli silah teslim eden birçok kişi, ustaca hazırlanmış bir saklanma yerine gizlenmiş olan mavzerler ile yeniden ortaya çıktı. Beyaz bayraklı çiftlik evlerinden birliklere ateş açıldı ve kocası tepelerden ona ateş ederken, iyi huylu ev kadını, süt ve yem için fahiş fiyatlar talep etmek niyetiyle geride kalmıştı. Kasabalı Boerlerin ya barış içinde ya da savaşarak yaşayabilecekleri, ancak her ikisinin aynı anda mümkün olmayacağı anlaşılmıştı. Bu nedenle, yasaları ihlal eden çiftlik evlerinden bazıları ibret olması için cezalandırıldı ve mal sahibinin sahtekârlık yaptığına dair kanıt bulunduğunda hayvanlarına el konuldu. Malın candan çok daha değerli olduğu bir ülkede alınan bu önlemlerin, at ve silaha sahip olmaya yönelik daha katı kurallarla birlikte, geri bölgemizde bir ayaklanma olasılığını ortadan kaldırmakta çok büyük faydası oldu. En kötü barış türü zorla yapılan barıştır, ancak bu sağlanabilirse zaman ve adalet, gerisini halledebilir.

    Burada açıklanan muharebeler, nihayet kısa bir paragrafta özetlenebilir. Bir Boer ordusu, İngiliz hattının güneyine geldi ve bir İngiliz garnizonunu kuşattı. Üç İngiliz kuvveti, French'in, Rundle'ın ve Ian Hamilton'unki, bu kuvveti imha etmek için gönderildi. Boer ordusu, aralarından başarıyla geçti ve kurtuldu. Bu ordu, kuzeye doğru İngilizlerin elinde kalan Winburg kasabasına kadar takip edildi. Lord Roberts, De Wet'in ordusunu imha etme planında başarısız olmuştu, ancak birçok intikal ve çatışma pahasına, devletin güneydoğusu düşmandan temizlenmişti.

24. BÖLÜM

MAFEKİNG KUŞATMASI

Birkaç hafta içinde bilinmezlikten şöhrete tırmanan bu küçük yer, güneyde Kimberley'i kuzeyde Rodezya'ya bağlayan uzun demir yolu hattı üzerinde yer almaktadır. Karakter olarak, hâlihazırda az bir mal varlığına sahip, fakat muazzam arzuları olan Batı Amerika kasabalarından birine benzer. Anglo-Kelt uygarlığının her yerindeki ilk meyveler olan düzensiz oluklu demir çatılarda, kilisede ve hipodromda, geleceğin büyük şehrinin tohumları görülmektedir. Burası, bir yandan batı Transvaal için bariz bir depo, diğer yandan Kalahari Çölü'ne yapılacak tüm harekâtların başlangıç noktasıdır. Transvaal sınırı birkaç mil ötededir.

Savunmaya yardımcı olacak doğal bir üstünlüğe sahip olmayan, geniş bir ovada tehlikeye açık olduğu çıktığı için, imparatorluk yetkililerinin burayı neden elde tutmak istedikleri açık değildi. Haritaya bakıldığında, demir yolu hattının şehrin hem kuzeyinden hem de güneyinden kesinlikle kesileceği ve garnizonun herhangi bir takviyeden iki yüz elli mil kadar uzak bir noktada tecrit edileceği görülecektir. Boerlerin herhangi bir sayıdaki asker ya da topu bu yere doğru sevk edebilecekleri düşünüldüğünde, eğer burayı gerçekten ele geçirmek isterlerse, bunu yapabileceklerine kesin gözüyle bakılıyordu. Normal koşullar altında, orada mahsur kalan herhangi bir kuvvet, esir alınmaya mahkûmdu. Ancak, basiretsiz gibi görünen bir politika, görevli komutan Baden-Powell'ın olağanüstü azmi ve yeteneği sayesinde çok akıllıca bir hareket hâline geldi. Onun çabaları sayesinde kasaba, Boerler için bir yem işlevi gördü ve diğer savaş alanlarında bulunmaları hâlinde ve İngiliz davası için felaket olabilecekleri bir zamanda, faydasız bir kuşatma için hatırı sayılır bir kuvveti meşgul etti.

Albay Baden-Powell, İngiliz halkı arasında fazlasıyla popüler olan bir askerdir. Yetenekli bir avcı ve birçok av türünde uzman biri olarak, savaştan hevesli bir şekilde zevk almasında her zaman avcılıktan gelen bir şeyler vardı. Matabele savaşında, kendisini takip eden vahşi izcileri geride bırakmıştı ve onları kendi dağlarında, genellikle yalnız ve geceleri takip etmekten zevk almıştı. Onların takibinden kurtulmak için kauçuk tabanlı ayakkabılarıyla kayadan kayaya zıplama becerisine güvenmişti. Cesaretinde, subaylarımız arasında ender görülen bir zekâ özelliği vardı. Bozkırı kullanma sanatında usta ve yetenekliydi. Onun zekâsını alt etmek, onu mağlup etmek kadar zordu. Ancak karmaşık doğasının bir başka ilginç yanı daha vardı. Fransızlar kahramanlarından biri için "Il avait cettegrene de folie dans sa bravore que les Francais aiment"[1] demişlerdi ve bu sözler, Powell için de söylenebilirdi. İçindeki şeytanî mizah anlayışı birden ortaya çıktı ve yaramaz okul çocuğu, bir savaşçıya ve bir yöneticiye dönüştü. Boer komandolarını, dikenli tel engeller ve avcı boy çukurları kadar rahatsız edici olan şaka ve esprilerle karşıladı. Kişisel başarılarının şaşırtıcı çeşitliliği, en çarpıcı özelliklerinden biriydi. İki eliyle aynı anda karikatürler çizmekten ya da etek dansı yapmaktan ümitsiz girişimlere liderlik etmeye kadar, hiçbir şey ona zor gelmedi. Liderin erdemlerinden bir kısmını askerlerine aktarmasını sağlayan o cazibeye sahipti. Kraliçe için Mafeking'i savunan böyle bir askerdi.

Çok erken bir aşamada, savaş resmî olarak ilan edilmeden önce, düşman batı sınırına birçok komando yığmıştı. Bu adamlar Zeerust, Rustenburg ve Lichtenburg'dan alınmıştı. Baden-Powell, aralarında Albay Gould Adams, İngiltere Başbakanı'nın asker oğlu Lord Edward Cecil ve Albay Hore'un da bulunduğu çok kıymetli mükemmel bir subay grubunun yardımıyla, burayı bir savunma mevzisi hâline getirmek için mümkün olan her şeyi yapmıştı. Bu konuda, kasabanın ikmalinde büyük bir gayret göstermiş olan tanınmış bir Güney Afrikalı müteahhit Benjamin Weil'den muazzam bir yardım aldı. Öte yandan Güney Afrika Hükümeti, Kimberley olayında sergilenen aynı aptallığı veya ihaneti sergiledi ve toplar ve takviyeler gibi bu tür gerekli önlemler konusundaki tüm talepleri aptalca bir şüpheyle karşıladı. Bu acil ihtiyaçları karşılamaya çalışırken, savaşın ilk küçük felaketiyle karşılaşıldı. 12 Ekim'de, savaşın ilanından bir gün sonra, Mafeking savunması için gönderilen iki adet 7 librelik topu taşıyan bir zırhlı tren raydan çıktı ve hedeflerinin kırk mil güneyindeki bir Boer akıncı grubu tarafından Kraaipan'da ele geçirildi. Düşman, parçalanan treni beş saat sonra komutanları Yüzbaşı Nesbitt ve yirmi kadar askeri teslim olana kadar topa tuttu. Bu küçük bir olaydı, ancak savaşta dökülen ilk kan ve ilk taktik başarı olması nedeniyle önem kazandı.

Şöhreti kesinlikle Güney Afrika tarihinde yaşayacak olan kasabanın garnizonu, küçük bir grup mükemmel subay dışında hiçbir nizami birlik içermiyordu. Sömürge Alayından üç yüz kırk, polislerden yüz yetmiş ve gönüllü iki yüz kişiden meydana gelen gayrinizami birlikler, her zaman Britanya İmparatorluğu'nun voortrekkerleri olan maceracılar, evin küçük oğulları, iflas etmiş beyefendiler ve umursamaz avcıların eşsiz karışımından oluşuyorlardı. Bu adamlar, Rodezya'da, Natal'da ve Cape'de çok başarılı olan ve hayranlık uyandıran diğer doğal savaşçılar ile aynı soydan geliyorlardı. Onlarla birlikte savunmada, sağlam vücutlu

---

[1] ÇN: "Il avait cettegrene de folie dans sa bravore que les Francais aiment": Cesaretinde Fransızların sevdiği bir delilik vardı.

dükkân sahipleri, iş adamları ve kasaba sakinlerini de içeren, tamamı yaklaşık dokuz yüz kişi olan şehir muhafızları vardı. Topçuları son derece zayıftı: iki adet 7 librelik oyuncak top ve altı makineli tüfek. Ancak adamların ruhu ve liderlerinin kabiliyeti, her mahzuru telafi ediyordu. Albay Vyvyan ve Binbaşı Panzera savunmayı planladı ve küçük ticaret kasabası, kısa sürede bir kale görünümü almaya başladı.

Boerler, 13 Ekim'de Mafeking'in önünde boy gösterdi. Aynı gün Albay Baden-Powell, iki kamyon dolusu dinamiti oradan dışarı gönderdi. İstilacılar tarafından bu kamyonlara ateş açıldı ve sonuçta infilak ettiler. 14 Ekim'de kasabanın etrafındaki nöbetçiler, Boerler tarafından püskürtüldü. Bunun üzerine zırhlı tren ve Sömürge Alayı'nın bir taburu, nöbetçileri desteklemek için dışarı çıktı ve Boer'leri önlerine katıp kovaladılar. Bu Boerlerden bir bölük aynı yoldan geri döndü ve İngilizler ile Mafeking'in arasına girdi, ancak 7 librelik şarapnel fırlatan iki taze birlik onları püskürttü. Bu coşkulu küçük çarpışmada garnizon iki ölü ve on dört yaralı zaiyat verdi, ancak düşmana da hatırı sayılır ölçüde zarar verdiler. Yüzbaşı Williams, Yüzbaşı FitzClarence ve Lord Charles Bentinck, askerlerini sevk ve idare etme biçimleri nedeniyle büyük bir övgüyü hak ediyorlardı; fakat olayın tümü, çok düşüncesizce icra edilmişti çünkü eğer bir felaket meydana gelseydi, Mafeking garnizonsuz kalacağından düşmüş olacaktı. Böyle bir hücumdan alınabilecek hiçbir olası sonuç, üstlenilen riski haklı çıkaramazdı.

16 Ekim'de kuşatma gerçekten başladı. O tarihte Boerler iki adet 12 librelik top getirdiler ve bu bitmek tükenmek bilmeyen top mermisi yağmurunun ilki kasabaya düştü. Düşman su kaynağını ele geçirmişti, ancak garnizon zaten su kuyularını kazmıştı. 20 Ekim'den önce, zorlu Cronje'nin komutasındaki beş bin Boer, kasabanın çevresinde toplanmıştı. "Kan dökülmesini önlemek için teslim olun" Cronje'nin mesajıydı. Powell "Kan ne zaman dökülmeye başlayacak?" diye sordu. Boerler birkaç haftadır kasabayı bombalarken, kaygısız Albay haber göndererek, eğer daha fazla devam ederlerse, bunu bir savaş ilanına eş değer bir davranış olarak kabul etmesi gerekeceğini söyledi. Cronje'nin de biraz mizah anlayışına sahip olduğu beklenebilir, aksi halde tuhaf rakibi tarafından İspanyol generallerinin Lord Peterborough'un saçma istekleri karşısında olduğu gibi fena hâlde şaşırmış olması gerekirdi.

Kasabayı savunacak olanların çözmesi gereken pek çok sorun arasında en ciddi olanı, çevresi beş ya da altı mil olan ve yaklaşık bin kişinin savunacağı bir mevzinin karşısında, istedikleri zaman, istedikleri yerde her an bir dayanak noktası ele geçirmeye çalışabilecek bir kuvvet olmasıydı. Bu durumun üstesinden gelmek için ustaca yapılmış küçük bir kale sistemi tasarlandı. Bunların her biri on ile kırk piyade eri barındırıyordu ve bombaya dayanıklı, üstü kapalı irtibat hendekleri ile donatılmıştı. Bombardımana dayanıklı olan merkez, emir eri kullanımını azaltmak için uzakta bulunan tüm mevzilere telefonla irtibatlandırıldı. Bir top mermisi geldiğinde, sakinlerinin sığınağa kaçmalarını sağlamak için kasabanın her mahallesini uyaran bir çanlı uyarı sistemi kuruldu. Her ayrıntı, kontrol eden zihnin yaratıcılığını gösteriyordu. Yeşile boyanmış ve etrafı çalılarla kaplanmış zırhlı tren, kasabayı çevreleyen çalı yığınları arasında fark edilmeden duruyordu.

24 Ekim'de, aralıklarla yedi ay boyunca süren vahşi bir bombardıman başladı. Boerler, Pretoria'dan 96 kiloluk bir mermi fırlatan muazzam bir topu karşılarına getirmişti ve bu top, birçok küçük top ile birlikte kasaba üzerinde faaliyet gösteriyordu. Sonuç, kendi topçu ateşimizin sıklıkla Boerlere yöneltildiğinde olduğu gibi faydasızdı.

Mafeking'in topları düşmanın ateşine cevap veremeyecek kadar zayıf olduğundan, olası tek cevap bir hücum gerçekleştirmekti ve Albay Powell, buna karar verdi. Bu hücum, 27 Ekim akşamı, yalnızca süngü kullanma talimatı verilen Yüzbaşı FitzClarence komutasındaki yaklaşık yüz askerin Boer siperlerine doğru hareket etmesiyle ve büyük bir cesaretle icra edildi. Mevzi çabucak ele geçirildi ve Boerlerin çoğu kendilerini örten brandalardan çıkamadan süngülendi. Arkadaki siperler karanlıkta çılgınca ateş açtı ve muhtemelen bizimkiler kadar onların askerleri de de bu tüfek ateşiyle vuruldu. Bu cesur olaydaki toplam zayiat, altı ölü, on bir yaralı ve iki harp esiriydi. Düşmanın kaybı, her zamanki gibi bilinmese de kesinlikle çok daha fazlaydı.

31 Ekim'de Boerler, şehrin güneyindeki küçük bir kale ve bir yükselti olan Cannon tepeciğine bir taarruz girişiminde bulundular. İngiliz Güney Afrika Polisi'nden Albay Walford ile birlikte elli yedi adamı tarafından ve üç küçük topla savunuluyordu. Bu taarruz, Boerlerin ağır kayıplar vermesi ile püskürtüldü. İngiliz zayiatı altı ölü ve beş yaralıydı.

Bu taarruzdaki deneyimleri sonucunda, Boerlerin, kasabaya hücum etmek için daha fazla pahalı girişimde bulunmamaya karar verdiği görülüyordu ve birkaç hafta sonrasında kuşatma, bir ablukaya dönüşmüştü. Cronje daha önemli bir iş için geri çağrılmıştı ve Komutan Snyman tamamlanmamış olan bu görevi devralmıştı. Zaman zaman büyük top, devasa mermilerini kasabaya fırlattı, ancak tahta duvarlar ve oluklu demir çatılar bir bombardımanın tehlikelerini en az seviyeye indirdi. 3 Kasım'da garnizon, düşmanın keskin nişancıları tarafından savunulan Brickfields'a hücum etti ve 7 Kasım'da başka bir küçük hücum, mücadeleyi devam ettirdi. 18'inde Powell, Snyman'a, oturup ona bakarak kasabayı alamayacağına dair bir mesaj gönderdi. Aynı zamanda genel olarak Boer kuvvetlerine, "evlerine ve ailelerine geri dönmelerini tavsiye eden" bir mesaj gönderdi. Bazı komandolar, Cronje'ye Methuen'e karşı direnişinde yardım etmek için güneye gittiler ve kuşatma, 26 Aralık'ta garnizonun maruz kaldığı en büyük kayba neden olan tehlikeli bir hücum ile uyanana kadar gitgide zayıfladı. Modern silahlarla ve kuvvetlerin eşit olduğu bir durumun, her zaman çok büyük bir farkla savunmanın lehine olduğuna dair ibretlik ders, bir kez daha teyid edilmeliydi.

Bu tarihte kuzeydeki Boer kalelerinden birine şiddetli bir taarruz icra edildi. Kalenin, merdivenlerle tırmanılmadan ele geçirilemeyecek kadar güçlendirilmiş olduğu tespit edildiğinden, düşmanın niyetimizi sezmiş olduğuna dair az da olsa şüphe vardı. Taarruz kuvveti, Sömürge Alayı'nın iki taburundan ve üç topla desteklenen Bechuanaland piyadelerinin bir taburundan oluşuyordu. Fiilen taarruz eden tarafın hücumu o kadar umutsuzdu ki - eğer bir ümit varsa bu gerçekleşmeyecek bir ümitti - seksen üç kişiden elli üçü öldü ve yaralandı. İlk birlikten yirmi beş ve ikincisinin yirmi sekiz kişi ve savunmanın ruhu olan o yiğit subaylardan birkaçı da yaralılar arasındaydı. Yüzbaşı FitzClarence yaralandı, Vernon, Sandford ve Paton öldürüldü, hepsi de düşman toplarının namlularına çok yakındı. Baden-Powell'ın dürbünü kapatıp "Ambulans çıksın!" dediği an, hayatının en acı anlarından biri olmalıydı.

Bu ağır darbe bile ne savunmanın moralini bozdu ne de azmini azalttı. Ama bu darbe, pahalıya mal olan daha başka bir taarruzî girişimde bulunarak küçük kuvvetini tüketmemesi gerektiği konusunda, Baden-Powell'ı uyarmış oldu ve o andan itibaren, en azından, kuzeyden Plumer ya da güneyden Methuen ona yardım eli uzatana kadar sıkı bir şekilde dayanmakla yetinmek zorunda kaldı. İhtiyatlı ve inatçı olan, oynadığı oyunda olası hiçbir noktayı kaçırmayan Baden-Powell ve onun cesur garnizonu, yeni yılı bayrağı dalgalandırmaya kararlı bir şekilde karşıladı.

Ocak ve şubat ayları kayıtları, kuşatılmış her şehrin kaderi olan heyecanın sıkıcılığa dönüşmesini gösterir. Bir gün bombardıman biraz daha fazla olur, başka bir gün biraz daha az. Bazen yara almadan kurtuldular, bazen de Yüzbaşı Girdwood'u, Süvari eri Webb'i ya da başka bir cesur askerin kaybıyla garnizon daha da zayıfladı. Ara sıra, yaptığı atışın etkisini görmek için bir anlığına siperinden bakan çok meraklı bir Hollandalı, ambulansla araba kampa geri götürüldüğünde küçük zaferlerini elde ettiler. Pazar günleri genellikle ateşkese riayet edildi ve tüm hafta boyunca karşılıklı tüfek atışları yapan keskin nişancılar, o günlerde ara sıra neşeli şakalarla bir araya geldiler. Boer Generali Snyman, Ladysmith'teki kahraman yaşlı Joubert'i yücelten o şövalyelik özelliklerinden hiçbirini Mafeking'de göstermedi. Kadınlar veya hastalar için tarafsız bir kamp olmamasının yanı sıra, Boer toplarının bölge sakinleri üzerinde baskı oluşturmak için Mafeking'deki kadın mahallelerine kasten çevrildiğine dair hiçbir şüphe yoktur. Pek çok kadın ve çocuk, bu acımasız politikaya kurban edildi ki bu politika, savaştığımız bu kaba görünüşlü, ama nazik halka değil, adil bir şekilde vahşi liderlerinin hesabına yazılmalıdır. Her ırkta zalim bireyler vardır ve onların işledikleri suçlar nedeniyle davranışlarımızın etkilenmesine veya duygularımızın kalıcı olarak incinmesine izin vermek, politik bir hata olur. Hesap, ülkesinden değil, şahsın kendisinden sorulmalıdır.

Garnizon, artan kayıplar ve azalan yiyeceğe rağmen, komutanından yansıyan yüksek moralden hiçbir şey kaybetmedi. Bekâr subaylar tarafından askeri heyecana getirmek için düzenlenen tek bir gününün şenlik programı şöyleydi: -Şenliği neye dayandırmak zorunda olduklarını sadece Tanrı bilir- Sabahları bir kriket maçı, öğleden sonraları spor, akşamları bir konser ve bir dans gösterisi. Baden-Powell'ın kendisi, komik bir şarkı veya esprili bir anlatımla herkesi gülmekten kırıp geçirmek için, köprüdeki bir kaptan gibi zilleri çaldığı ve telefonla emir verdiği kartal yuvasından inmiş gibi görünüyordu. Programı bozan bir hücumu püskürtmek için verilen bir ara hariç, balo takdire şayan bir şekilde icra edildi. Oyunlar gayretle geliştirildi, siperlerin ve tahkimatların kirli sakinleri kriket veya futbolda birbirlerine karşı yarıştı.[1] Monotonluk, kasabanın batısında, kuşatmacılar tarafından tümden kontrol edilemeyecek olan uçsuz bucaksız çorak topraklarda ortaya çıkan veya kaybolan bir postacının arada bir yaptığı ziyaretlerle bozuluyordu. Bazen sürgündekileri neşelendirmek için ana vatandan birkaç mesaj gelirdi ve aynı belirsiz ve pahalı yollarla cevap verilebilirdi. Yollarını bulan evraklar, her zaman önemli ve hatta hoş karşılanan bir karaktere sahip değildi. En azından bir asker, kızgın bir terziden gelen ödenmemiş bir fatura almıştı.

Mafeking özellikle bir konuda, çok daha kısıtlı imkânlarla, Kimberley'e rakip olmuştu. Demir yolu atölyelerinde kurulan bir mühimmat fabrikası, çalışmaya başlamıştı ve Lokomotif departmanından Connely ve Cloughlan tarafından idare ediliyordu. Polisten Daniels, çalışmalarını hem barut hem de fünye yaparak destekledi. Fabrika top mermisi üretti ve nihayet yuvarlak bir mermiyi büyük bir doğrulukla hatırı sayılır bir menzile fırlatan, 5.5 inçlik yivsiz namlulu bir top inşa ettiler. Nisan ayında garnizon, tüm kayıplara rağmen, ekim ayında olduğu kadar etkili ve kararlıydı. Her iki taraftaki ileri siperler o kadar yakındı ki, her iki taraf da eski moda el bombalarına başvurdu ve Boerler tarafından atılanlar, Sömürge Alayı'dan becerikli Çavuş Page tarafından bir misinaya dizildi. Bazen kuşatmayı yapanlar ve toplarının sayısı azalıyordu. Bu kuvvetler, Plumer'in kurtarmaya gelen kolunun kuzeyden ilerlemesini önlemek için ayrılmıştı; ancak kalanlar, İngilizlerin hücum ederek ele geçirme gücünün ötesinde olan kalelerini korudukları için, artık garnizonun teselli edilmesi çok daha kolaydı. Ladysmith'in yerine Mafeking'i ve Buller'in yerine Plumer'i koyarsak, durum Natal'da var olandan farklı değildi.

Bu noktada, çok uzak bir mevkide olduğu için her yerde bulunan haber muhabirlerinin bile ulaşmakta zorluk çektiği anlaşılan kuzeydeki kuvvetin faaliyetleri hakkında biraz bilgi verebiliriz. Hiç şüphe yok ki en sonunda bu kitap, dergide ihmal edilenleri telafi edecektir, fakat burada Rodezya birliği ile ilgili özet bazı bilgiler aktarılabilir. Faaliyetleri savaşın gidişatını etkilemedi, ancak çok zor bir göreve buldog köpekleri gibi sarıldılar ve sonunda, kurtarma birliği tarafından güçlendirildiklerinde, Mafeking'e doğru yola çıktılar.

Bu kuvvet, başlangıçta Rodezya'yı savunmak amacıyla oluşturulmuştu ve Rhodes'in enerjisiyle Britanya İmparatorluğu'na eklenmiş olan yeni büyük ara-

---

1 Pazar kriketi Snyman'ı o kadar çok şaşırttı ki, devam etmesi hâlinde ateş açmakla tehdit etti.

zilerden gelen ve üstün fiziksel özellikleri olan öncülerden, çiftçilerden ve madencilerden oluşuyordu. Bu adamların çoğu, yerlilerle yapılan savaşların gazileriydi ve hepsi cesur ve maceracı bir ruha sahipti. Öte yandan, Watersberg ve Zoutpansberg sakinleriyle yüzleşmeye çağrıldıkları kuzey ve batı Transvaal'ın adamları, bir akşam yemeğinin satın alınmak yerine vurularak elde edildiği bir arazide yaşayan zorlu sınır bölgesi sakinleriydi. Orta Çağ'da bir İngiliz'in bir yay kullandığı gibi bir tüfek kullanan ve bozkır yaşam sanatının her türlü hilesinde ustalaşmış, saçları taranmamış, killi, yarı vahşi adamlar, bu dünyanın onlara gösterebileceği en zorlu rakiplerdi.

Savaş patlak verdiğinde Rodezya'daki liderlerin ilk düşüncesi, Mafeking üzerinden güneyle bağlantılarını sağlayan demir yolu hattının mümkün olduğu kadar fazlasını korumaktı. Bu amaçla, ültimatomun sona ermesinden sadece üç gün sonra, Transvaal ve Bechuanaland sınırlarının birleştiği Bulawayo'nun dört yüz mil güneyindeki bir noktaya bir zırhlı tren gönderildi. Albay Holdsworth, bu küçük İngiliz kuvvetine komuta ediyordu. Sayıları bin kadar olan Boerler demir yoluna inmişti ve ardından bunu bir çatışma izledi. Bu çatışmada trenin, genellikle bu uğursuz tuzaklara düşenlere göre daha şanslı olduğu anlaşılıyordu. Boer komandoları püskürtüldü ve bir kısmı öldürüldü. Muhtemelen, düşmanlıkların patlak vermesinden çok kısa bir süre sonra Pretoria'daki kasvetli söylentilere neden olan, Mafeking'de meydana gelen bu olayın haberinden başka bir şey değildi. Bir haber ajansı, Boer başkentinin sokaklarında kadınların ağladığını telgrafla bildirdi. Aynı manzarayı Pall Mall'da[1] ne kadar kısa bir süre içinde ve ne kadar sık göreceğimizi o zaman fark etmemiştik.

Maceracı zırhlı tren, Lobatsi'ye kadar ilerledi ve burada köprülerin yıkıldığını gördüler. Bu nedenle Boer komandolarıyla bir kez daha karşılaşarak ve yine olağanüstü bir şekilde, bariz kaderinden kaçarak önceki konumuna geri döndü. O zamandan itibaren yeni yıla kadar demir yolu hattı, Mafeking'e yaklaşık yüz millik bir mesafeye kadar takdire şayan bir devriye sistemi ile açık tutuldu. Muharebe sahasının bu kısmındaki İngiliz muharebelerinde, başka yerlerde çok sık görülmeyen, atılgan bir ruh ve inisiyatifi cesurca kullanma yeteneği sergileniyordu. 24 Kasım'da Sekwani'de, Albay Holdsworth tarafından planlanan ve icra edilen bir baskınla hatırı sayılır bir başarı elde edildi. Yüz yirmi sınır askerinden oluşan bir kuvvet, sabahın erken saatlerinde Boer araba kampına yaklaştı ve hücum etti. Ateşleri o kadar etkiliydi ki, Boerler sayılarının birkaç bin olduğunu tahmin etmişti. Otuz Boer öldürüldü veya yaralandı ve geri kalanı ise dağıldı.

Demir yolu hattı bu şekilde savunulduğu sırada, Transvaal'ın kuzey sınırında da bazı çarpışmalar meydana gelmişti. Savaşın patlak vermesinden kısa bir süre sonra, cesur Blackburn, altı arkadaşıyla birlikte sık çalılıklarda keşif yaparken, kendisini hatırı sayılır bir komando birliğinin karşısında buldu. İngilizler

---

1 ÇN: Pal Mal: Londra'da çoğu özel kulübün bulunduğu cadde. St. James ilçesinin ana caddesi.

kendilerini yolun kenarında gizlediler, ancak Blackburn'ün ayağı, keskin gözlü bir Kaffir tarafından görüldü ve onu efendilerine işaret etti. Ani bir yaylım ateşi Blackburn'ü kurşunlarla delik deşik etti; fakat arkadaşları onun yanında kaldı ve düşmanı püskürttü. Blackburn, muharebenin resmî bir raporunu yazdırdı ve ardından öldü.

Aynı bölgede, Yüzbaşı Hare komutasındaki küçük bir kuvvet, bir Boer birliği tarafından imha edildi. Çoğu kaçan yirmi asker dışında, papaz J.W. Leary, Teğmen Haserick (takdire şayan bir şekilde kahramanca davrandı) ve altı asker esir edildi.[1] Bu gruba ve aynı gün Albay Spreckley'in kuvvetine taarruz eden komandolar, birkaç topu olan güçlü bir birlikti. Hiç şüphe yok ki bu taarruz, Boerler arasında kuzeyden istila edileceklerine dair korkular olduğu için düzenlenmişti. İngilizlerin bu civarda büyük ölçekli mütecaviz bir manevra niyetinde olmadığı anlaşıldığında, kasabalı Boerler, diğer komandolara katıldı. Kuzeyden gelen bu kuvvetin liderlerinden biri olan Sarel Eloff, daha sonra Mafeking'de esir alındı.

Albay Plumer, hedefi için hâlihazırda kuzeyden Mafeking ile demir yolu hattı boyunca görev yapan küçük ordunun komutasını almıştı. Plumer, Afrika savaşında önemli deneyime sahip bir subaydı. Küçük, sessiz, kararlı bir asker olarak, uğraşmak zorunda olduğu çok kaba malzeme üzerinde nazikçe disiplin sağlama becerisine sahipti. Asla bin kişiyi geçmeyen ve genellikle altı ile yedi yüz kişi arasında değişen zayıf kuvvetiyle, arkasındaki uzun hattı açık tutmak, önündeki harap olmuş demir yolunu imar etmek ve zorlu, atılgan bir düşman karşısında yavaş yavaş ileriye doğru yanaşmak zorundaydı. Mafeking'in seksen mil kuzeyinde bulunan Gaberones, uzun bir süre Plumer'in karargâhı olarak kaldı ve buradan kuşatma altındaki garnizonla hassas muhabereyi devam ettirdi. Mart ayının ortasında, Mafeking'e elli milden daha yakın olan Lobatsi'ye kadar güneye ilerledi; ancak düşmanın çok güçlü olduğu ortaya çıktı ve Plumer, biraz kayıp vererek Gaberones'teki asıl mevzisine tekrar geri çekilmek zorunda kaldı. Görevine azimli bir şekilde bağlı kalan Plumer, yeniden güneye geldi ve bu sefer Mafeking'e bir günlük yürüyüş mesafesi içindeki Ramathlabama'ya kadar ilerledi. Bununla birlikte, yanında sadece üç yüz elli adam vardı ve hedefe doğru ilerlemiş olsaydı, garnizona ilave aç askerler eklenebilirdi. Bununla birlikte, kurtarmaya gelen kuvvet, Boerlerin şiddetli bir hücumuna uğradı ve on iki ölü, yirmi altı yaralı ve on dört kayıpla kamplarına geri dönmek zorunda bırakıldılar. İngilizlerin bir kısmı yaya askerlerdi ve Plumer'ın saldırgan atlı düşmanların arasından onları güvenli bir şekilde çıkarabilmesi, çarpışmayı sevk ve idare edişi hakkında çok şey söylemektedir. Şahsen, kendi atını göndererek ve en arkadaki askerleriyle birlikte yürüyerek takdire şayan bir örnek oluşturmuştu. Yüzbaşı Crewe Robert-

---

[1] Leary bir mermiyle ayağından yaralanmıştı. Alman topçu, yattığı kulübeye girdi. "İşte, yaptığını beğendin mi?" dedi Leary neşeyle. Sevimli Alman topçu ise "Keşke daha kötü olsaydı," dedi.

son ve ünlü Yorkshire kriket oyuncusu Teğmen Milligan öldürülmüştü ve Rolt, Jarvis, Maclaren ve Plumer ise yaralanmıştı. Rodezya kuvveti, tekrar Lobatsi yakınlarına çekildi ve başka bir akın için toparlandı.

Bu esnada, görünüşe göre kendi kaderine terk edilmiş olan Mafeking, hâlâ yaralı bir aslan kadar ürkütücüydü. Savunması zayıflamak şöyle dursun, daha saldırgan bir hâle geldi. Keskin nişancıları o kadar azimli ve yetenekliydi ki, büyük Boer topu, her defasında kasabadan uzaklaştırılmak zorunda kaldı. Siperler ve avcı boy çukurlarında geçen altı ay, her kasaba sakinini deneyimli bir askere dönüştürmüştü. Arada bir dışarıdan onlara övgüler ve teşvik edici sözler geliyordu. Bu, bazen Kraliçe'den özel bir mesaj, bazen de Lord Roberts'tan kurtarılacaklarına dair bir söz oluyordu. Fakat İngiltere'ye giden tren rayları otlarla kaplanmıştı ve kalpleri hemşerilerini görmenin ve seslerini duymanın özlemini çekiyordu. "Ne kadar, ya Rab, ne kadar?" yalnız kaldıklarında onları inciten bir feryattı. Fakat bayrak hâlâ dalgalanıyordu.

Nisan, savunma için sıkıntılı bir aydı. Vaal Nehri üzerindeki Fourteen Streams'e kadar ilerlemiş olan Methuen'in Kimberley'de yeniden geri çekildiğini biliyorlardı. Ayrıca Plumer'ın kuvvetinin Ramathlabama'da geri püskürtülmesi nedeniyle zayıfladığını ve askerlerinin çoğunun sıtma hastalığı ile yattığını biliyorlardı. Yorucu geçen altı ay boyunca bu kasaba, amansız bir tüfek mermisi ve topçu ateşi yağmuruna karşı koymuştu. Yardım, onlardan hiç olmadığı kadar uzak görünüyordu. Fakat eğer sorunlar acıların paylaşılması ile giderilebiliyorsa, onlarınki hafife alınmalıydı. Tüm imparatorluğun dikkati onlara odaklanmıştı ve hatta Roberts'ın ordusunun ilerlemesi bile, kahramanca mücadele ederek, bayrağı bu kadar uzun süredir dalgalandıran bu bir avuç adamın kaderi karşısında ikinci plana düşmüştü. Avrupa'da da direnişleri büyük ilgi gördü ve hayal gücü kuvvetli yazarların, savaş muhabirinden daha ucuz olduğunu gören sayısız dergi, bir zamanlar Ladysmith için yaptıkları gibi berlirli aralıklarla onların ele geçirildiklerini duyurdu. Sadece teneke çatılı bir kasabadan ibaret olan Mafeking, bir zafer ödülüne dönüşmüş, Güney Afrika'nın büyük beyaz ırklarından birinin ya da diğerinin üstün yiğitliğinin görünür işareti olması gereken bir ödül hâline gelmişti. Uyandırdıkları duyguların keskinliğinden habersiz olan garnizon, kulübün kurşunlarla yıpranmış bilardo salonundaki açık turnuva onların mesai saatlerini doldurmaya başladığında, at derisinden yiyecek üretiyor ve bir zevk olarak öğle yemeği için çekirge yakalıyorlardı. Fakat hem onların ve hem de Conning kulesindeki şahin gözlü askerin teyakkuz durumunda asla bir gevşeme olmadı. Kuşatma kuvvetinin sayısı artmıştı ve topları, eskisinden daha fazlaydı. Baden-Powell'dan daha az zeki bir adam, yardım gelmeden önce kasabayı ele geçirmek için en az bir umutsuz çaba sarf edeceklerini düşünebilirdi.

12 Mayıs Cumartesi günü, Boerlerin gözde saatinde, sabahın ilk ışıkları ile taarruz edildi. Taarrruz, kuşatma hatlarının en uzak tarafına doğru sürünerek

giden, Eloff komutasındaki yaklaşık üç yüz gönüllü tarafından, kasabanın batısına doğru kahramanca icra edildi. İlk hücumda, onlar tarafından hemen ateşe verilen yerlilerin mahallesine girdiler. Bu tarafta herhangi bir büyüklükteki ilk bina, Albay Hore ve yaklaşık yirmi subayı ve adamı tarafından savunulan Sömürge Alayı'nın kışlasıydı. Burası, telefonla Baden-Powell'a, onu aldıklarını söylemek için sevinçli bir mesaj gönderen düşman tarafından ele geçirildi. Hattın içindeki diğer iki mevzi, biri taş bir ağıl ve diğeri bir tepe, Boerler tarafından işgal edildi, ancak takviyeleri yavaş geldi ve savunanların manevraları o kadar hızlı ve enerjikti ki, üç mevzi de kendilerini tecrit edilmiş ve kendi hatlarıyla irtibatları kesilmiş bir hâlde buldular. Kasabaya girmişlerdi, ama onu almaktan hiç olmadığı kadar uzaklardı. İngiliz kuvvetleri, gün boyunca, onlara karşı bir hücum girişiminde bulunmadı, ancak kaçacak bir yer bırakmayacak şekilde çembere alarak, Boer mevzilerinin çevresindeki kordonu daha da sıktılar. Birkaç kasabalı Boer, ikişerli ve üçerli gruplar hâlinde sıvışıp kayıplara karıştı, ancak ana gruptakiler, tek çıkışın piyade tüfeği ateşiyle tarandığı bir hapishaneye doğru koştuklarının farkına vardılar. Akşam saat yedide durumlarının umutsuz olduğunu anladılar ve Eloff, 117 adamla birlikte teslim oldu. Verdikleri zayiat on ölü ve dokuz yaralıydı. Bazı nedenlerle ister uyuşukluk, ister korkaklık ya da ihanet olsun Snyman, muhtemelen sonucu değiştirebilecek olan takviyeleri getirmemişti. Bu, yiğitçe karşılanan cesur bir taarruzdu ve İngilizler savaştaki büyük kurnazlıklarını bir kez daha göstermişti. Sonuç ayırt edici nitelikteydi. "İyi akşamlar Komutan," dedi Powell, Eloff'a; "içeri gelip yemek yemeyecek misin?" Harp esirleri – Kasabalı Boerler, Hollandalılar, Almanlar ve Fransızlar- şehrin yoksul kilerlerinin sağlayabileceği kadarıyla iyi bir akşam yemeği ile ağırlandılar.

Böylece, tarihi Mafeking kuşatması içindeki, küçük bir zafer parıltısı ile sona erdi, çünkü Eloff'un tarruzu, garnizonun yüzleşmek zorunda kaldığı sorunların en kötüsü olmasa da sonuncusuydu. Takdire şayan bir şekilde yönetilen bu olayda İngilizlerin zayiatı altı ölü ve on yaralıydı. 17 Mayıs'ta, savaştan beş gün sonra, kurtarma kuvveti ulaştı, kuşatan düşman dağıldı ve uzun süredir hapsedilen garnizon, bir kez daha özgürdü. Haritalarına bakan ve Afrika'nın tam kalbinde tecrit edilmiş olan bu karakolu gören birçok kişi, kahraman hemşerilerine bir kez daha ulaşma umudunu yitirmişti ve şimdi Toronto'dan Melbourne'e kadar dünya çapında çalan sevinç çanları ve yakılan şenlik ateşleri, çocukları tehlikedeyken imparatorluğun uzun kolunun erişemeyeceği hiçbir yer bulunmadığını ilan ediyordu.

Mısır'da süvari komutanı olarak ün yapmış genç bir İrlandalı subay olan Albay Mahon, mayıs ayının başlarında, İmparatorluk Hafif Süvari Alayı (bu amaçla Natal'dan getirilen), Kimberley Atlı Birlikleri, Elmas Madeni Süvarileri, bir miktar İmparatorluk Gönüllü Süvarisi, Cape Polisinden bir müfreze, Hafif Piyade Tugayından 100 gönüllü ile Kraliyet Çekili Topçularından M Bataryası ve pompom makineli topları ile birlikte, toplamda bin iki yüz askerden oluşan küçük, ama hareketli bir kuvvetle Kimberley'den yola çıkmıştı. Hunter 4 Mayıs'ta Rooidam'da kendi muharebesinde çarpışırken, Mahon askerleriyle birlikte sert bir şekilde Boerlerin batı kanadına çattı ve hızla kuzeye doğru ilerledi. Beş günde yüz yirmi mil yol kat ederek, 11 Mayıs'ta, yolun yarısı olan Vryburg'u arkalarında bırakmışlardı. Düşman tarafından yakından takip edildiklerini bilseler de doğadan başka hiçbir muhalefetle karşılaşmadan ilerlemeye devam ettiler. Koodoosrand'da cephelerinde bir Boer kuvvetinin mevzilendiğini keşfettiler, ancak Mahon biraz batıya dönerek onlardan kaçındı. Fakat yoldan sapması onu çalılık bir araziye götürdü ve burada düşman, birliğe öncülük eden, hazır ve nazır İmparatorluk Hafif Süvarilerine kısa mesafeden ateş açarak onun yolunu kesti. Ölü ve yaralı otuza yakın zayiat verilen, fakat İngilizlerden kesinlikle çok daha zayıf bir kuvvete sahip olan Boerlerin bozguna uğratılması ve dağılması ile sonuçlanan kısa bir çarpışma yaşandı. 15 Mayıs'ta kurtarmaya gelen birlik, daha fazla bir mukavemetle karşılaşmadan Mafeking'in yirmi mil batısındaki Masibi Stadt'a ulaştı.

Bu esnada Plumer'ın kuzeydeki kuvveti, Binbaşı Eudon komutasındaki Kanada Topçularının C Bataryasından dört adet 12 librelik top ve Queenslander Alayından bir birliğin katılması ile takviye edildi. Bu kuvvetler, General Carrington'la birlikte Beira üzerinden gelen küçük ordunun bir parçasıydı ve binlerce millik bir yoldan sonra, sahip oldukları muhteşem enerjileriyle, kurtarma birliğinin bir bölümünü oluşturmak için tam zamanında yetiştiler. Savaşla ilgili tecrübesi birlikleri bir sınırın ötesine ilerletmek olan yabancı askerî eleştirmenler, askerkeri savaşa girmeden önce İmparatorluğun ne yapması gerektiğini düşünmelidir. Bu birlikler uzun demir yolu yolculuklarıyla bir araya getirilmişti. Binlerce mil okyanusu aşarak Cape Town'a ulaştırılmış, yaklaşık iki bin mil daha giderek Beira'ya getirilmiş, dar hatlı bir demir yolu ile Bamboo Creek'e aktarılmış, daha geniş bir hatta geçerek Marandellas'a nakledilmiş, at arabalarıyla yüzlerce mil kat ederek Bulawayo'ya gönderilmişlerdi. Daha sonra dört ya da beş yüz mil daha gitmek için trenlere aktarılarak Ootsi'ye nakledilmiş ve son olarak orada bulunmalarına şiddetle ihtiyaç duyuldukları andan birkaç saat önce savaş alanına getiren yüz millik bir cebrî yürüyüş yapmışlardı. Kötü durumdaki yollarda art arda dört gün boyunca yürüyerek günde ortalama yirmi beş mil ilerlemeleri, savaşın en başarılı icraatlarından biriydi. Bu gözü pek takviyelerle ve kendi cesur Rodezyalıları ile birlikte Plumer, taarruza geçti ve iki birlik bir saat içinde birbiri ardınca Masibi Stadt mezrasına ulaştı. Birleşik olarak güçleri, Snyman'ın kuvvetlerinin onlara karşı koyabileceği herhangi bir kuvvetten çok daha üstündü.

Fakat cesur ve inatçı Boerler, avlarını son bir gayret daha göstermeden bırakacak değillerdi. Küçük ordu Mafeking'e doğru ilerlerken, düşmanı güçlü bir mevzide beklerken buldular. Birkaç saat boyunca Boerler, mevzilerini cesurca korudular ve topçu ateşleri her zamanki gibi çok isabetliydi. Ama bizim toplarımız daha çoktu ve eşit derecede iyi görev yapıyorlardı ve bu mevzi, kısa sürede savunulamaz hâle geldi. Boerler, Mafeking'i geçerek geri çekildiler ve doğu tarafındaki siperlere sığındılar, ancak savaşta pişmiş garnizonu ile Baden-Powell dışarı çıktı ve kurtarmaya gelen birliğin topçu ateşi desteğiyle onları sığınaklarından çıkarttı. Her zamanki takdire şayan taktikleriyle büyük topları başka yere götürülmüştü, ancak birkaç at arabası ve önemli miktarda erzak ile birlikte hatıra olarak küçük bir top, kasaba halkı tarafından ele geçirilmişti. Doğu ufkunda dalgalanan uzun bir toz bulutu, ünlü Mafeking kuşatmasının nihayet sona erdiğini haykırıyordu.

Ağır toplara sahip, sayıca üstün ve cesur bir düşmana karşı, düzenli hiçbir askeri bulunmayan ve topçusu çok yetersiz, korumasız bir kasabanın, fevkalade bir olay olan savunması, böylece sona erdi. Maruz kaldıkları sıkıntılara bu kadar uzun bir süre ve bu kadar cesurca katlanan kasaba halkı ve yorucu yedi ay boyunca siperleri dolduran sebatkâr askerler, övgüyü hak ediyorlardı. Sadakatleri, imparatorluk için çok büyük bir değerdi. Başka yerlerde bulunmaları hâlinde ölümcül sonuçları olabilicek en azından dört ya da beş bin Boerin, ayın başında onlar tarafından alıkonulması, hayati bir önem taşıyordu. Savaşın geri kalanı boyunca, iki bin asker ve sekiz top, (dört büyük Creusot'tan biri dâhil) orada tutuldu. Bu durum Rodezya'nın işgalini engelledi ve Kimberley'den Bulawayo'ya kadar uzanan geniş bir bölgede sadık beyazlar ve yerliler için bir toplanma noktası sağladı. Bütün bunlar, iki yüz kişinin canı pahasına, düşmanlarından en az bin kişiyi öldüren, yaralayan ya da esir eden bu özverili asker grubu tarafından yapılmıştı. Eleştirmenler, imparatorluktaki coşkunun aşırı bir seviyede olduğunu söyleyebilirler, ancak en azından bu coşku, bunu hak eden askerler ve savaşta gösterilen üstün bir kahramanlık için sarf edilmişti.

25. BÖLÜM

PRETORİA'YA YÜRÜYÜŞ

Mayıs ayının ilk günlerinde, yağmur mevsimi geçmiş ve bozkır yeşile dönmüşken, Lord Roberts'ın altı haftalık zorunlu hareketsizliği sona eriyordu. Bir kez daha kendisini Belmont'tan Bloemfontein'e getiren ya da eski günlerde onu Kâbil'dan Kandahar'a götüren kadar kesin olması gereken ve bir o kadar da karşı konulmaz kaplan sıçrayışlarından biri için hazırlanmıştı. Ordusu hastalıktan kırılmıştı ve sekiz bin asker hastanelere gönderilmişti; fakat sancakla birlikte olanlar, harekete geçme arzusuyla yanıp tutuşan cesur yüreklerdi. İstilacılarından çok korkunç bir şekilde öcünü almış olan haşerelerle dolu, kötü kokulu başkentten onları uzaklaştıracak herhangi bir değişiklik, daha iyisi için olmak zorundaydı. Bu nedenle, merkezdeki birlik, mutlu yüzler ve tempolu bir yürüyüşle, 1 Mayıs'ta Bloemfontein'den ayrıldı ve kuzey yolu boyunca Bando eşliğinde ilerledi.

3 Mayıs'ta ana kuvvet, yol üzerinde yirmi mil uzaklıktaki Karee'de toplandı. Onları Pretoria'dan ayıran iki yüz yirmi mildi, fakat yola çıktıkları günden itibaren bir aydan biraz fazla bir süre içinde, bozuk demir yoluna, birbirini izleyen nehirlere ve düşmanın mukavemetine rağmen bu ordu, Transvaal'ın başkentinin ana caddesinde yürüyordu. Orada hiç düşman olmasaydı bile, yine de bu büyük bir başarıydı. Özellikle bu ordunun yirmi mil ya da daha fazla genişlikte bir cephede hareket ettiği ve bu cephenin her parçasının kalan kısımla koordine edilmesi gerektiği düşünüldüğünde, bu, büyük bir başarıydı. Bu bölümün ele alacağı konu, bu büyük yürüyüşün hikâyesidir.

Roberts, devletin güneydoğu köşesini temizleyerek yolu hazırlamıştı ve ilerlediği anda kuvvetleri, sağ tarafta Thabanchu yakınındaki Ian Hamiton'un emri altında, sol tarafa Karee'de olan, yarım daire şeklinde yaklaşık kırk millik bir cepheyi kaplamıştı. Bu konuşlanma, Özgür Devlet boyunca güneyden kuzeye doğru tarayacak ve gittikçe daralacak olan geniş bir ağdı. Plan takdire şayandı ve Boerlerin Zululardan ödünç aldığı kendi stratejilerinden alınarak benimsenmiş gibi görünüyordu. Kuvvetli merkez, karşısına çıkan herhangi bir kuvveti tespit ederken, hareketli kanatlar, solda Hutton ve sağda Hamilton, Cronje'nin Paardeberg'de kıstırıldığı gibi bu kuvveti kuşatabilir ve onu hareketsiz bırakabilirdi. Küçük ölçekte yapıldığında hayranlık uyandıracak kadar basit görünüyordu. Fakat cephenizin karşı cepheyi kaplayacak kadar geniş olması gerektiği için, ölçek kırk mil olduğunda ve yayılmış kanatların faydalanılacak bir demir yolu hattı olmadan beslenmesi gerektiğinde, muharebeleri başarıya ulaştırmak için Lord Kitchener gibi idari ayrıntılarda uzman birisi gerekir.

En kuzeydeki karakolumuz Karee'den çıkış günü olan 3 Mayıs'ta, Lord Roberts'ın ordusunun tertiplenme şekli kısaca şöyleydi: Solunda, imparatorluğun dört bir yanından gelen karma atlı piyade kuvvetiyle Hutton bulunuyordu. Az sayıdaki çekili topçu ve pompom makineli top bataryası ile bu müthiş ve hareketli birlik, demir yolunun birkaç mil batısında, ona paralel olarak kuzeye doğru ilerleyen bir hattı tuttu. Roberts'ın asıl kuvveti, Girouard ve talihsiz Seymour emrindeki Demir yolu İstihkâm Alayı ve mühendisler tarafından olağanüstü bir hızla onarılan demir yolu üzerinden ilerledi. Geçerken parçalanan menfezleri fark etmek ve hâl böyleyken bir gün içinde trenler tarafından geçildiğini kaydetmek inanılmazdı. Bu asıl kuvvet, Muhafız Alayı ve Stephenson'ın tugayını (Warwick, Essex, Welsh ve Yorkshire Alayları) içeren Pole-Carew'in 11'inci Tümeninden oluşuyordu. Onlarla birlikte 83'üncü, 84'üncü ve 85'inci Kraliyet Sahra Topçusu (R.F.A.), ağır toplar ve küçük bir piyade kuvveti vardı. Geniş bir alana yayılmış olan İngiliz hattından geçerek, yedi ya da sekiz millik bir boşluktan sonra, Maxwell'in tugayı (eskiden Chermside'ın - Norfolk, Lincoln, Hampshire ve İskoç Sınır Alayları) ve Wavell'in tugayından (Kuzey Stafford, Cheshire, Doğu Lancashire ve Güney Galler Sınır Alaylarından) oluşan Tucker'ın tümenine (7'nci Tümen) rastlanıyordu. Bunların sağında Ridley'nin atlı piyadeleri bulunuyordu. Onların ötesinde, kilometrelerce uzanan ve aralarında önemli mesafeler bulunan Broadwood'un süvarileri, Bruce Hamilton'un tugayı (Derbyshires, Sussex, Camerons ve C.I.V.[1]) ve son olarak en sağda Ian Hamilton'ın tüm kuvveti süvari ve atlı piyadelerle birlikte, İskoç Dağ Alayı (Highlanders), Kanada, Shropshire ve Cornwall Alayları vardı. Bu birlikler, Lord Roberts'ten kırk mil sonra başlayor ancak yanındaki birliklerle birleşmek ve Winburg'u daha önce açıklandığı şekliyle işgal etmek için yol boyunca batıya doğru sokuluyordu. Bu, Lord Roberts'ın birlikte Transvaal'a taarruz ettiği kırk ile elli bin kişilik bir orduydu.

Bu esnada Lord Roberts, hareketli ve atılgan düşmanlarımızın bizim etrafımızdan dolaşacağını ve bizi arkadan vuracağını tahmin etmişti. Bu ve benzeri herhangi bir eylemle başa çıkılması için yeterli kaynak ayrılmıştı. Rundle, 8'inci Tümen ve Brabant'ın koloni tümeni ile birlikte onu kuşatabilecek herhangi bir kuvvete karşı koymak için sağ kanadın arkasında kaldı. Bloemfontein'de bir süvari kuvveti ve toplar ile Kelly-Kenny'nin tümeni (6'ncı) ve Chermside'ın tümeni

---

1 ÇN: C.I.V.: Londra Şehri İmparatorluk Gönüllüleri (The City of London Imperial Volunteers), İkinci Boer Savaşı sırasında İngiliz gönüllülerden oluşan bir birlikti.

(3'üncü) bulunuyordu. Kimberley'den başlayıp Boshof'a doğru görev yapan Methuen, ondan yüz mil uzakta olmasına rağmen, ana taarruzun en sol kanadını oluşturdu. Lord Roberts, mükemmel bir öngörüyle, çekinmemiz gereken tehlikenin sağ kanadımızda olduğunu fark etti ve burası, bu tehlikeyi karşılamak için her türlü tedbirin alındığı yerdi.

İlk günkü yürüyüşünün hedefi, Karee'nin on mil kuzeyindeki küçük Brandfort kasabasıydı. Ana yürüyüş kolunun öncüsü ona cepheden yaklaşırken, sol kanat onu kuşattı ve Boer kuvvetini mevzilerinden çıkarttı. Sağdaki Tucker'ın tümeni bir miktar mukavemetle karşılaştı, ama topçu ile bunun üstesinden geldi. 4 Mayıs piyade için bir istirahat günüydü, ancak 5'inde, daha önceki ile aynı düzende yirmi mil daha ilerlediler ve düşmanın güçlü bir direniş için hazırladığı Vet Nehri'nin güneyine ulaştılar. Şiddetli bir topçu düellosu başladı. İngiliz topları, her zamanki gibi görünmez bir düşmana karşı açıktaydı. Üç saatlik çok sıcak bir çatışmadan sonra, atlı piyade sol taraftan nehri geçti ve Boerlerin kanadını kuşattı, buradaki Boerler aceleyle çekildiler. İlk işgal, Yüzbaşı Anley'in 3'üncü Atlı Piyade Birliği tarafından güçlü bir şekilde desteklenen iki Kanadalı ve Yeni Zelandalı bölük tarafından gerçekleştirildi. Batı Avustralyalı yirmi üç asker tarafından bir tepeciğin taarruzla ele geçirilmesi, kayıplarımızın önemsiz olduğu bu muharebeye damgasını vuran diğer bir kahramanca hadiseydi. Hutton'ın askerleri tarafından bir maksim makineli tüfeği ve yirmi ya da otuz kadar harp esiri alındı. Ertesi gün (6 Mayıs) ordu Vet Nehri'nin zorlu akıntısını geçti ve o gece oranın yaklaşık beş mil kuzeyindeki Smaldeel'de mola verdi. Aynı zaman zarfında Ian Hamilton, Winburg'a ilerleyebildi. Böylelikle ordu cephesini yarıya indirmişti, ancak ordu göreceli olarak mevzilerini korudu. Hamilton, Jacobsrust'taki takviye kuvvetleriyle birleştikten sonra, emrinde o kadar güçlü bir kuvvete sahipti ki, tüm direnişin üstesinden geldi. Thabanchu ve Winburg arasındaki faaliyetleri, Boerlere ağır kayıplara mal oldu ve bir çatışmada Alman lejyonu mağlub edildi. Kendi hükümetlerince engellenmeyen birçok ulusun vatandaşı tarafından bize karşı yapılan gayri resmî savaş, gururun ve muhtemelen politikanın şikâyet etmemizi yasakladığı bir konudur, ancak eğer bu, onların gevşekliklerinin çok tehlikeli bir örnek oluşturduğunu kanıtlamıyorsa, şaşırtıcı bir durumdur. Fransa ya da Almanya'nın girişeceği bir sonraki küçük savaşta, kendilerine karşı savaşan tüfekli birkaç yüz İngiliz maceracı bulduklarında itiraz etmekte zorlanacaklardır.

Ordunun ilerleyişi ile ilgili kayıtlar, artık askerî olmaktan çok coğrafiydi, çünkü büyük köprülerin yıkımını telafi eden demir yolu saptırmalarının inşasına neden olmaları hariç, hiçbir engelle karşılaşmadan kuzeye doğru ilerlediler. Piyade bu şartlar altında, bu savaşta, her zaman olduğu gibi mükemmel bir şekilde yürüdü; İngiliz yollarında sağlıklı bir adam için günde yirmi mil makul bir mesafe gibi görünse de Afrika güneşi altında taşınması gereken otuz ile kırk pound arasındaki bir yükle birlikte dikkate değer bir faaliyetti. Askerlerin güler yüzlü hâli takdire şayandı ve durmadan önlerinden kaçıp giden ele avuca sığmaz düşmana yaklaşmak için can atıyorlardı. Boerler, kısmen kendi geri çekilişlerini örtmek ve kısmen de kararmış yüzeyde hâkî üniformamızı ortaya çıkarmak için kuru otları ateşe verdiği için, kuzeye doğru büyük duman bulutları gökyüzünü örtüyordu. Uzak kanatlarda, parıldayan heliograflar, geniş bir alana yayılmış kanatların mevkisini ortaya çıkardı.

10 Mayıs'ta Lord Roberts'ın Smaldeel'de üç gün boyunca mola veren kuvveti, Welgelegen'e doğru ilerledi. French'in süvarileri kara yoluyla geldiler ve ordunun merkez ve sol kanadını hızla takviye ettiler. Ayın 10'u sabahı işgalciler, kendilerini Boerlerin Sand Nehri'nin kuzey kıyısında ele geçirdikleri zorlu bir mevziyle karşı karşıya buldular. Orduları arazide yirmi milden fazla yayılmıştı. Komutan olarak iki Botha vardı ve her şey bir meydan savaşını işaret ediyordu. Mevziye cepheden hücum edilmiş olsaydı, ikinci bir Colenso için her türlü şart mevcuttu, fakat İngilizler bu tür savaşların kanla değil beyinle kazanılabileceğini öğrenmişlerdi. French'in süvarileri bir taraftan, Bruce Hamilton'ın piyadeleri diğer taraftan Boerleri kuşattı. Teorik olarak Boer kanatlarını asla geçemedik, ancak pratikte hatları o kadar fazla genişti ki, onu herhangi bir noktada delebiliyorduk. Hiçbir zaman şiddetli bir çarpışma olmadı, aksine İngiliz tarafında istikrarlı bir ilerleme ve Boerlerin tarafında ise istikrarlı bir geri çekilme meydana geldi. Sol tarafta, Sussex alayı kritik bir tepeye hücum ederken sergiledikleri atılganlıkla kendini gösteriyordu. Kayıplar, düşmanın güçlü bir kuvveti tarafından aniden yolu kesilen ve Yüzbaşı Elworthy'nin öldürüldüğü ve Inniskillings Alayından Haig'in, Avustralya Süvarilerinden Wilkinson'ın ve yirmi askerin esir edildiği müstakil bir süvari birliği dışında hafifti. Ayrıca kırk ya da elli harp esiri ele geçirdik ve düşmanın kayıpları, yaklaşık olarak bundan daha fazlaydı. Londra'dan Woking sahiline kadar uzanan genişlikteki bir cephede yapılan bu dağınık muharebenin tümü, İngilizlere en fazla birkaç yüz kişilik bir zayiata mal oldu ve ordularını karşılaştıkları çok zorlu bir savunma mevzisine taşıdı. Bilinen tarihteki asker sayısı ve yakılan barut miktarı göz önüne alındığında, savaşın daha sonraki evrelerinin çok kansız olması elbette sevindirici bir nitelik taşımaktadır. Piyadeleri zafere götüren canlarının değil, botlarının harcanmasıydı.

11 Mayıs'ta Lord Roberts'ın ordusu, Geneva Siding'e doğru yirmi mil ilerledi ve Boerlerin yeni başkentleri Kroonstad'ı savunacağından emin olduğu için ertesi gün yapılacak bir savaş için her türlü hazırlık yapıldı. Hâlbuki burada bile direnmeyeceklerini gösterdiler ve 12 Mayıs saat birde Lord Roberts at sürerek kasabaya girdi. Steyn, Botha ve De Wet kaçtılar ve Lindley kasabasının hükümetin yeni merkezi olduğu ilan edildi. İngilizler şimdi Pretoria'ya olan yolculuklarının yarısını tamamlamıştı ve Vaal'ın güney tarafında onları ciddi bir direnişin beklemediği açıktı. Kasabalı Boerler, serbest bir şekilde silahlarıyla teslim

oluyor ve çiftliklerine dönüyorlardı. Güneydoğuda Rundle ve Brabant, yavaş yavaş ilerliyorlardı. Karşılarına çıkan Boerler ise Lindley'e doğru geri çekildiler. Batıda, Hunter Windsorton'da Vaal'ı geçmişti ve Barton'ın hafif piyade tugayı, Rooidam'da şiddetli bir muharebeye girmişti. Bu esnada Mahon'un Mafeking'i kurtarma birliği, Boerlerin kanatlarını geçmişti. Bu, İngiliz halkının gözünden kaçmış, ama kesinlikle Boerlerin gözünden kaçmamıştı. Rooidam harekâtındaki zayiat dokuz ölü ve otuz yaralıydı, fakat hafif piyadelerin taarruzuna karşı konulamazdı ve bu sefer, bir tepeden diğerine koşuşturan Boer'in kaybının, İngilizlerinkinden daha fazla olduğu görünüyordu. Gönüllü Süvariler, bir kez daha Güney Afrika'da, sadece taarruz emri verildiğinde karşı konulmaz bir istekle "Hücum!" nidaları atarak kökenlerinin kanıtını gösteren bu eyaletin iyi avcılarından daha azimli birlikler olduklarını gösterme fırsatı buldular. Boer kuvvetleri, muharebeden sonra Vaal hattı boyunca geri çekildi ve Christiana ve Bloemhof'a doğru gittiler. Hunter, onları takip etmek için Transvaal'a girdi, savaşın başlarında akıncı Rodezyalılar hariç, sınırı geçen ilk kişi oldu. Bu arada Methuen, Hunter'a paralel fakat onun güneyinde olan bir güzergâhı takip ediyordu, öncelikli hedefi ise Hoopstad'dı. Pek çok İngiliz hanesinde savaş haritalarına takılan küçük bayraklar, şimdi hızla yukarı doğru hareket ediyordu.

Buller'ın kuvveti de kuzeye doğru ilerliyordu ve en sonunda gücüne ve sağlığına kavuşan Ladysmith garnizonunun, kendisine bu kadar uzun süre eziyet edenlere karşılık verme fırsatına sahip olacağı zaman gelmişti. En iyi birliklerin çoğu, savaş merkezinin diğer uzak bölümlerine çekilmişti. Hart'ın tugayı ve Barton'ın hafif piyade tugayı, Hunter ile birlikte 10'uncu Tümeni oluşturmak için Kimberley tarafına gitmişti ve İmparatorluk Hafif Süvari Alayı, Mafeking'i kurtarmak için götürülmüştü. Buna rağmen, askere alınanlar ve ana vatandan gelen gönüllülerin eklenmesiyle güçlendirilmiş alaylardan oluşan müthiş bir kuvvet kaldı. En az yirmi bin kılıç ve süngü, Biggarsberg dağlarını geçmek için hazır ve istekliydi.

Bu engebeli tepeler hattı, her biri düşman tarafından güçlü bir şekilde savunulan sadece üç geçitle delinir. Onları ele geçirmeye yönelik herhangi bir doğrudan girişim, önemli miktarda zayiata neden olacaktı. Hâlbuki Buller, mükemmel bir muhakeme ile cephede Hildyard'ın askerleriyle gösteri harekâtı yaparken, ordunun geri kalanı, etrafından dolaşarak direniş hattını arkasına geçti ve 15 Mayıs'ta Dundee'ye taarruz etti. Penn Symons'ın üç kahraman alayını Talana Tepesi'ne çıkardığı o ekim gününden bu yana çok şey değişmişti. Ancak şimdi en sonunda, yedi yorucu ayın ardından ele geçirdiği topraklar yeniden işgal edildi. Eski askerleri onun mezarını ziyaret ettiler ve ulusal bayrak, her zamanki gibi onun uğruna ölen cesur bir askerin kalıntılarının üzerine çekildi.

Kuvvetleri birkaç bini geçmeyen Boerler, şimdi Kuzey Natal'dan kendi ülkelerine doğru hızla geri çekiliyordu. Ladysmith'teki uzun gerginlik kötü etkilemişti ve tanışmak zorunda kaldığımız askerler, Spion Tepesi'nin ve Nicholson

Geçidi'nin savaşçılarından çok farklıydı. Muhteşem bir iş çıkarmışlardı, ancak insanın dayanma gücünün bir sınırı vardı ve bu köylüler, patlayan lidit ve öfkeli askerlerin süngüleriyle artık karşı karşıya kalmayacaklardı. Bu konuda biraz övünsek yeterli olacaktır. Savaş sırasında, dezavantajlı bir durumdayken sayıca üstün birliklerle yüz yüze gelmemizle biraz gurur duyabiliriz, ancak şimdi bu zavallı yiğit kasabalı Boerlerin kendilerini, çürümüş bir hükümetin ve kendi yanılgılarının kurbanları olarak buldukları bu duruma üzülebiliriz. Hofer'in Tirollüleri, Charette'in Vendean'ları ya da Bruce'un İskoçları hiçbir zaman bu bozkır çocuklarından daha iyi bir savaş vermediler, ama her durumda hayali değil gerçek bir zorbaya karşı savaştılar. Katliamı, sefaleti, onarılamaz kayıpları, askerlerin akan kanını ve kadınların acılı gözyaşlarını düşünmek, yürek burkucudur. Bunların hepsi, inatçı ve cahil bir adamı, yeryüzündeki diğer tüm uygar devletlerin örf ve âdetlerine uyması için yönetimi altındaki devlete izin vermeye ikna edilmiş olsaydı, bunların hepsinden kurtulunabilirdi.

Buller, şimdi önceki bazı harekâtlarıyla hoş bir tezat oluşturan bir hız ve kararlılıkla hareket ediyordu. Dundee, sadece 15 Mayıs'ta işgal edilmiş olmasına rağmen, Buller'in öncüsü, 18 Mayıs'ta elli mil kuzeydeki Newcastle'daydı. Buller, dokuz gün içinde 138 mil yol katetmişti. Ayın 19'unda ordu, uzun süredir Güney Afrika siyaseti üzerine uğursuz gölgesini düşüren Majuba'nın dokuma tezgâhının altına girdi. Önde, Natal'dan Transvaal'a giden ve içinden ünlü demir yolu tüneli geçen tarihî Laing Boyun Noktasındaki geçit vardı. Burada Boerler, on dokuz yıl önce İngiliz birlikleri için çok güçlü olduğu kanıtlanan bu mevziyi savunuyorlardı. Rooinekler[1] günler sonra şanslarını tekrar denemek için geri dönmüşlerdi. Birliklerin yanına aldığı on günlük erzak tükendiği için mola verilmesi emredildi ve demir yolu onarılana kadar beklenmesi gerekti. Bu mola, Hildyard'ın 5'inci Tümeni'ne ve Lyttelton'ın 42'üncü Tümenine, Dundonald'ın süvarileriyle birlikte öncü gücümüzü oluşturan Clery'nin 2'nci Tümeni'ne yaklaşmaları için zaman kazandırdı. Bu mükemmel ilerleyiş esnasında kayda değer tek zayiat, kanadımızın önünü açık olduğundan emin olmak için Vryheid yönüne gönderilen Bethune'nin atlı piyadelerinden oluşan tek bir tabura aitti. Bir pusuya düştüler ve yakın mesafeden açılan ateşle neredeyse imha ediliyorlardı. Bu muharebenin sonucu, altmış altı kişilik zayiat verilmesiydi ki bu zayiatın yaklaşık yarısı öldürülmüştü. Görünüşe göre bu sonuç, birçok yenilgimizde olduğu gibi keşfin yarım yamalak yapılmasından kaynaklanıyordu. Kalan iki tümenini çağıran ve arkasındaki demir yolunu onaran Buller, şimdi Boerleri tıpkı Biggarsberg'den manevra yaparak çıkarttığı gibi Laing Geçidinden de çıkarmak için manevrasına devam etti. Mayıs ayının sonunda Hildyard ve Lyttelton, geçidi Ultrecht üzerinden kuşatmaya yönelik bir niyet varmış gibi göstermek için doğu yönüne gönderildi.

---

1 ÇN: Rooinek: İngiliz ya da İngilizce konuşan Güney Afrikalılar için kullanılan bir isim.

12 Mayıs'ta Lord Roberts, Kroonstad'ı işgal etti ve ilerlemeye devam etmeden önce orada sekiz gün kaldı. Bu sürenin sonunda demir yolu onarılmış ve endişe duymadan tekrar ilerlemesine yetecek kadar ikmal malzemesi getirilmişti. Geçtiği arazi büyükbaş ve küçükbaş hayvan sürüleriyle doluydu. Ancak Wellington'un Fransa'nın güneyinde yaptığı gibi mülkiyet haklarına titizlikle saygı göstererek, hiçbir aç askerin geçerken bir tavuk bile almasına izin verilmedi. Yağmalamanın cezası hızlı ve şiddetliydi. Ara sıra çiftliklerin yakıldığı ve çiftlik hayvanlarına el konulduğu doğrudur, ancak bu bir sistemin parçası değil, belirli bir suçun cezasıydı. Topallayan Tommy, yol kenarındaki barajı kaplayan şişman kazlara göz ucuyla baktı, ama parmaklarının o baştan çıkarıcı beyaz boyunları sarmasına izin vermek, hayatına mal olabilirdi. Üzerindeki pis sular ve sığır eti konservesi ile, bereketli topraklarda dolaştı.

Lord Roberts'ın sekiz günlük molası, genel askerî durumu pekiştirmek için harcandı. Buller'ın Natal sınırına nasıl tırmandığını daha önce anlatmıştık. Batıda Methuen Hoopstad'a ve Hunter da Christiana'ya ulaştı. Giderken ülkeyi yatıştırdılar ve silahları topladılar. Güneydoğudaki Rundle, zengin tahıl arazilerini ele geçirdi ve 21 Mayıs'ta Ladybrand'a girdi. Önünde, onu çok uzun süre oyalayacak olan Senekal, Ficksburg ve Bethlehem yakınlarındaki o zorlu ve engebeli arazi uzanıyordu. Ian Hamilton kuzeye, demir yolu hattının sağına doğru çok ihtiyatlı bir şekilde ilerliyordu ve o an için Lindley ile Heilbron arasındaki bölgeyi temizleyerek her iki kasabanın içinden geçti ve Steyn'in başkentini tekrar devletin kuzeydoğu ucunda bulunan Vrede'ye değiştirmesine neden oldu. Bu harekâtlar boyunca Hamilton'un önünde müthiş De Wet kardeşlerden ikisi vardı ve ilerlemesine eşlik eden sürekli çatışmalarda yaklaşık zayiatı yüz kişiydi. Sağ kanadı ve geri bölgesi sürekli saldırıya uğradı ve doğrudan ilerleme hattımızın dışındaki kuvvetlere ait bu emareler, gelecek için tehlike arz ediyordu.

22 Mayıs'ta ana ordu, Honing Deresi'ne doğru on beş mil ileri hareket ederek ilerlemeye devam etti. Ayın 23'ünde, inişli çıkışlı güzel bir çayırlığın üzerinden yirmi millik bir başka yürüyüş, onları Rhenoster Nehri'ne ulaştırdı. Düşman, bir direniş için bazı hazırlıklar yapmıştı, ancak Hamilton sollarında Heilbron'un yakınındaydı ve French sağ kanatlarındaydı. Herhangi bir direnişle karşılaşılmadan nehir geçildi. Ayın 24'ünde, ordu Vredefort yolundaydı ve 26'sında öncü kuvveti, Viljoen'in geçit yerinden Vaal Nehri'ni geçti. Ayın 27'sinde tüm ordu onu takip etti. Hamilton'ın kuvveti, İngilizlerin sağ kanadından sol kanadına doğru zekice kaydı, böylece Boerler yanlış tarafta toplanmış oldu.

Demir yolu hattında direniş için hazırlıklar yapılmıştı, ancak yorulmak bilmeyen French ve Hamilton tarafından kanatlardaki geniş kuşatma manevraları, tüm mukavemeti boşa çıkardı. İngiliz yürüyüş kolları, duraksamadan daima ileri akıyordu, hedeflerine doğru sürekli kuzeye ilerliyorlardı. Özgür Devlet kuvvetlerinin büyük bir kısmı, kendi ülkelerini terk etmeyi reddetti ve İngiliz generallerinin (yanlış olduğu ileride kanıtlayacak şekilde) onlardan daha fazla zarar gelmeyeceğini düşündükleri devletin doğu ve kuzey kısmına hareket ettiler. Savunmak üzere silaha sarıldıkları devlet, gerçekten var olmaktan çıkmıştı, çünkü Bloemfontein'de Kraliçe adına, ülkenin İmparatorluğa ilhak edildiği ve bundan böyle yönetim şeklinin "Orange Nehri Kolonisi" gibi olacağı, zaten resmen ilan edilmişti. Bu önlemin gereğinden fazla sert olduğunu düşünenler, savaşın başlarında Özgür Devlet vatandaşlarının fethettikleri her bir kilometrenin onlar tarafından resmî bir şekilde ilhak edildiğini hatırlamalıdır. Aynı zamanda, bir zamanlar bir Devletin sahip olması gereken her şeyin modeli olan bu devletin tarihini bilen İngilizler, bu devletin şimdiye kadar gelen hükümetler içinde en fazla yozlaşmış olanlardan biri uğruna bilerek intihar ettiği düşüncesiyle üzüldüler. Transvaal, Orange Özgür Devleti gibi yönetilseydi, ikinci Boer savaşı gibi bir olay asla gerçekleşemezdi.

Lord Roberts'ın muazzam ilerleyişi, artık sona yaklaşıyordu. 28 Mayıs'ta birlikler yirmi mil ilerlediler ve Klip Nehri'ni savaşmadan geçtiler. Transvaal'lıların kendi mülklerine müttefiklerininkinden çok daha fazla dikkat ettikleri ve geri çekilen kuvvetler tarafından demir yoluna hiç zarar verilmediği şaşırtıcı bir şekilde gözlendi. Ülke daha kalabalık hâle gelmişti ve uzaklarda, tepelerin alçak kıvrımlarında yüksek bacalar ve İngiltere'nin kuzeyinden gelen askerlere bir vatan hasreti sancısı bırakan cılız demir pompalar görüldü. Şu uzaklardaki uzun tepe ünlü, Rand'dı ve onun solmuş otlarının altında Süleyman'ın Ophir'den[1] asla alamadığı zenginlikler yatıyordu. Bu, zaferin mükâfatıydı; hâl böyleyken mükâfat galiplere ait değildi, çünkü tozla kirlenmiş subaylar ve askerler, dünyanın bu zengin kaynaklarına çok az bir şahsi çıkarla bakıyorlardı. Döktükleri kan ve harcadıkları enerji, altın madenlerine adalet ve özgürlük getirdiği için bir kuruş bile daha zengin olmayacaklardı. Dünya için bir sanayiyi kullanıma açmışlardı. Tüm uluslardan insanlar, emekleri için daha fazla kazanç sağlayacak madenci ve finansör veya tüccar, onlardan eşit olarak yararlanacaktı, fakat hâkî renk üniformalı askerler, ödüllendirilmeden ve şikâyet etmeden, Hindistan'a, Çin'e, tüm dünyaya yayılmış olan imparatorluklarının ihtiyaç duyduğunda onları çağırdığı her yere gideceklerdi.

Vaal Nehri'nden ünlü altın sırtına doğru akan piyade, yolda hiçbir direnişle karşılaşmamıştı. Ama gündüzleri büyük duman bulutları ve geceleri parıldayan devasa alevli alanlar, düşmanın faaliyetlerini gösteriyordu. Hamilton ve French, sol kanatta ilerlerken, Boerlerin tepelerde kümelenmiş olduğunu gördüler, ancak iyi sevk ve idare edilen ve bize bir düzine zayiata mal olan bir çarpışma ile onları temizlediler. 29 Mayıs'ta French, hızla ilerleyerek, düşmanın Klip River Berg'in batısındaki Doornkop'ta birkaç topla birlikte çok güçlü bir şekilde konuşlandığını tespit etti. Süvari komutanının bu aşamada yanında üç çekili batarya, dört pompom makineli topu ve 3000 atlı askeri vardı. Bu mevzi, onun

---

1 ÇN: Ophir: Hz. Süleyman'ın döneminde altını ve değerli taşlarıyla bilinen, Arabistan'ın Kızıl deniz kıyısında yer aldığı düşünülen bir bölgesi.

için taarruzla alınamayacak kadar güçlü olduğundan Hamilton'un piyadeleri (19'uncu ve 21'inci Tugaylar) çağrıldı ve Boerler mevziden çıkarıldılar. Bu muhteşem kolordudan, Gordon'lar, açıkta ilerlerken yaklaşık yüz asker kaybetti ve diğer kanattaki C.I.V. birliği, deneyimli bir alay gibi savaştı. Bu şehirli askerler ilk geldiklerinde onlara karşı bir gülümseme eğilimi vardı, ama şimdi onların arkasını kolladığını hisseden general dışında kimse gülmüyordu. Hamilton'un taarruzuna destek olan, French'in Boerleri sağ taraftan kuşatma manevrasının baskısından ziyade bu korkutucu durumdu, ancak fiilî hücum, savaşın başlangıcında gerçekleştirilen her taarruz gibi tamamen cephedendi. Birliklerin muharebe düzeni, arkalarındaki güçlü topçu desteği ve belki de düşmanın düşük morali, böyle bir hareketi eskisinden çok daha az tehlikeli bir hâle getirmek için bir araya gelmişti. Her halükârda, Hamilton'un yiyecek tedariğinin durumu, her türlü tehlikeye rağmen yolu açmak zorunda bıraktığı için bu taarruz kaçınılmazdı.

Doornkop'taki bu muharebede İngiliz sol kanadı savaşırken, Henry'nin merkezdeki atlı piyadesi, madenlerden çıkan devasa beyaz atık yığınlarının ortasında yer alan kritik önemdeki Germiston kavşağına doğru ilerledi. Bu noktada veya yakınında Johannesburg ve Natal'dan gelen demir yolu hatları, Pretoria'ya giden hatla birleşir. Albay Henry'nin hücumu son derece cüretkârdı, çünkü piyadeler biraz gerideydi; ancak Boer keskin nişancılarının maden yığınlarından ve evlerin arasından çıkarılarak uzaklaştırıldığı düzensiz aceleci bir çatışmanın ardından, 8'inci Atlı Piyade Alayı, demir yolunun kontrolünü ele geçirdi ve onu elde tuttu. Bu kahramanca taarruz çok başarılıydı ve daha dikkat çekici bir şekilde ön plana çıkıyordu, çünkü savaşın gidişatı boyunca, daha büyük bir kazanç uğruna küçük kayıplar verme riskini bilerek alan bu iyi düşünülmüş cesur hareketin çok fazla örneği olduğu söylenemez. Henry, gayretli bir şekilde ve doğru muhakeme yeteneği ile kullanılan Kraliyet Çekili Topçu Alayından J bataryasının çok faydasını gördü.

French şimdi kasabanın batısındaydı, Henry doğuda demir yolunu kesmişti ve Roberts, güneyden geliyordu. Piyadeleri yedi günde 130 mil yol katetmişti, ancak her adımın onları Pretoria'ya yaklaştırdığı düşüncesi, flüt ve davulları kadar heyecan vericiydi. 30 Mayıs'ta muzaffer birlikler şehrin dışında kamp kurarken, Botha, ordusuyla birlikte ülkesinin zengin kaynaklarını savaşmadan terk ederek, geri çekildi. Kasabanın içinde karışıklık ve kargaşa hakimdi. Dünyanın en zengin madenleri, bir gün veya daha fazla bir süre, tüm uluslardan gelen kanunsuz bir ayaktakımının insafına kalmıştı. Boer yetkililerinin kendileri de fikir ayrılığına düştüler. Yargıç Koch şiddeti savunurken Krause, yasa ve düzeni savunuyordu. Bir kıvılcım kasabayı alevler içinde bırakabilirdi ve Robinson madeninin önünde paralı askerlerden oluşan bir kalabalık şiddet uygulanacağı tehditleriyle bir araya geldiği zaman en kötüsünden korkulmuştu. Müdür Tucker'ın kararlılığı ve nezaketi ile Komiser Krause'nin sert tavrı sayesinde durum kurtarıldı ve tehlike atlatıldı. 31 Mayıs'ta, can ve mal kaybı olmadan, İngilizlerin inşa etmek için çok uğraştığı bu büyük kasaba, en sonunda İngiliz bayrağı altındaydı. Adil yasaları, dürüst memurları ve eli temiz yöneticileri muhafaza ettiği sürece orada dalgalanacaktı. – bu şartları sağladığı sürece yoksa değil! -

Şimdi büyük yolculuğun son aşamasına ulaşılmıştı. Johannesburg'da iki gün geçirildi. Bu esnada ikmal malzemeleri getirildi ve sonra otuz mil kuzeydeki Pretoria'ya doğru harekete geçildi. Burası Boerlerin başkenti, hükümetin merkezi, Kruger'in evi, İngiliz karşıtı her şeyin merkeziydi. Her tarafını koruyan değerli kaleleri ile birlikte tepelerinin arasında çömelmişti. Güney Afrika'nın geleceğinin sürekli olarak Briton'la mı yoksa Hollandalıyla mı olacağına karar verecek olan o büyük savaşın nerede yapılacağı, en sonunda kesin olarak belli olmuştu.

Mayıs'ın son günü Binbaşı Hunter Weston komutasındaki iki yüz mızraklı süvari, istihkâmcılardan Charles ve savaş boyunca bir kahramanın rolünü oynamış olan keşif eri Burnham'la birlikte, ana ordudan ayrıldı ve bir köprüyü havaya uçurmak ve Boer geri çekilme hattını kesmek amacıyla Pretoria'dan Delagoa demir yolu hattına indi. Çok cüretkâr bir faaliyetti; ancak bu küçük birlik, yollarını kesen güçlü bir Boer komando birliği ile temasa girme talihsizliğini yaşadı. Bir çarpışmadan sonra, beş ölü ve on dört yaralı zayiat vererek geri dönmeye zorlandılar.

French'in komutasındaki süvariler, Johannesburg'un dokuz mil kuzeyinde bir noktada, bu faaliyetin sonucunu bekliyordu. 2 Haziran'da, batıya doğru geniş bir kavis çizmek ve böylelikle başkentin etrafını kuşatıp Pietersburg demir yolunu kuzeyden kesme emrini alarak ilerlemeye başladı. Johannesburg ve Pretoria arasındaki doğrudan hat üzerindeki arazi, süvari görevleri için fevkalade uygun olan bir dizi inişli çıkışlı yoldan oluşur, ancak French'in sapmak zorunda kaldığı dolambaçlı yol, onu Küçük Timsah Nehrinin kuzeyindeki vahşi ve engebeli bir bölgeye götürdü. Burada, birliklerinin mevzilenemediği bir arazide şiddetli bir saldırıya uğradı, ancak çok soğukkanlı bir şekilde davranarak ve isabetli kararlar vererek düşmanı mağlup etti. Bir günde otuz iki mil yol katetmek ve akşamları pusudan kurtulmak için savaşmak, her lider ve her birlik için çok zahmetli bir iştir. İki ölü ve yedi yaralı, tehlikeli olabilecek bir durumdaki önemsiz kayıplarımızdı. Boerler, birkaç mil ötede yol boyunca geçen güçlü bir konvoyun refakatçisi gibi görünüyordu. Ertesi sabah hem konvoy hem de düşmanlar ortadan kaybolmuştu. Süvariler, portakal bahçeleriyle dolu bir arazinin içinde at sürüyordu. Askerler olgunlaşmış meyveleri koparmak için üzengilerinin üzerinde ayağa kalkıyordu. Daha fazla çatışma olmadı ve French, 4 Haziran'da şehrin kuzeyine konuşlandı ve burada tüm direnişin sona erdiğini öğrendi.

Süvariler, bu kuşatma manevrasını gerçekleştirirken ana ordu, Johannesburg'u güvence altına almak için bir tugayı geride bırakarak hedefine doğru hızla ilerlemişti. Ian Hamilton sol taraftan ilerlerken, Lord Roberts'ın yürüyüş kolu demir yolu hattını koruyor, Albay Henry'nin atlı piyadeleri de ön tarafta keşif yapıyordu. Ordu, bozkırın alçak kıvrımlarını aştığında, önünde her biri araziye hâkim kısa bir bina ile teçhiz edilmiş, dikkat çekici iki tepe gördü. Onlar Pretoria'nın ünlü güney müstahkem mevkileriydi. Tepeler arasında dar bir boyun ve ötesinde Boer başkenti bulunuyordu.

Bir süreliğine girişin tamamen kansız olacağı düşünüldü, ancak çok geçmeden topların patlaması ve mavzer ateşinin gürlemesi, düşmanın sırtın üzerine hâkim olduğunu gösterdi. Botha, kendi ikmal maddelerini ve değerli eşyalarını kasabadan uzaklaştırırken İngilizleri uzak tutmak için güçlü bir artçı birliği bırakmıştı. Müstahkem mevkilerin sessizliği, topların götürüldüğünü ve uzun süreli bir direnişin amaçlanmadığını gösteriyordu; fakat bu esnada, topçu ile desteklenen kararlı piyadelerden gayrinizami gruplar, yaklaşma istikametlerini tutmuştu ve şehre girebilmek için önce onların temizlenmesi gerekiyordu. Yeni gelen her birlik yukarıya doğru tırmadıkça ateş hattını güçlendiriyordu. Henry'nin atlı piyadeleri, J bataryasının çekili topları ve Tucker'ın tümeninin topları tarafından desteklendi. Hem toplardan hem de piyade tüfeklerinden gelen yanıt o kadar şiddetliydi ki, bir an için nihayet gerçek bir savaş meydana gelecekmiş gibi göründü. Muhafız Tugayı, Stephenson'ın tugayı ve Maxwell'in Tugayları, yukarı doğru ilerlediler ve düşmanın sağ kanadında bulunan Hamilton, varlığını hissettirene kadar beklediler. Ağır toplar da gelmişti ve Pretoria'nın müstahkem mevkilerinden yükselen devasa bir moloz bulutu, ateşlerinin isabetli olduğunu gösteriyordu.

Fakat ya kasabalı boerler isteksizdi ya da bir direniş yapmak için ciddi bir niyetleri yoktu. Yaklaşık saat iki buçukta Boerlerin ateşleri azaldı ve Pole-Carew'e ilerlemesi için emir verildi. Bu nazik asker, iki tecrübeli tugayıyla bu emre şevkle itaat etti ve piyade, çoğunluğu Warwick Alayında yaklaşık otuz ya da kırk kişilik zayiatla tepeyi temizledi. Mevzi ele geçirildi ve geç gelen Hamilton, sadece çoğunluğu Avustralyalılardan oluşan ve Boerler maksim makineli tüfeklerinden birini açıkta yakalayan, De Lisle'nin atlı piyadelerini sevk edebildi. Bu muharebe, bize toplamda yetmiş askere mal olmuştu. Yaralılar arasında, basit bir gönüllü yüzbaşısı olarak hizmet etmek için bir kabine bakanının görevlerini ve onurunu bir kenara bırakarak yüksek bir sivil erdem duygusu sergileyen Norfolk Düküʼde vardı. Bu tek muharebenin sonunda başkent, Lord Roberts'ın insafına kalmıştı. Ana şehirleri için verdikleri savaşı düşünün, bunu İngilizlerin Mafeking kasabası için yaptıklarıyla karşılaştırın ve daha iyi bir amacın delili olan inatçı bir fedakârlık ve kararlılık ruhunun hangi tarafta mevcut olduğunu söyleyin.

5 Haziran sabahı erken saatlerde, Coldstream Muhafız Alayının askerleri, kasabaya hâkim tepelere çıkıyorlardı. Altlarında, temiz Afrika havasında, yeşile bürünmüş ünlü şehir uzanıyordu. Geniş villalar halkasının içinden görkemli bir şekilde yükselen güzel merkezî binalar. Muhafız Tugayı'nın ve Maxwell'in tugayının arasındaki boyun noktasından geçmiş ve o sabah atlarla dolu en az bir trenin hareket ettiği istasyonu ele geçirmişlerdi. Harekete geçmeye hazır olan diğer iki birlik, tam zamanında durduruldu.

İlk akla gelen İngiliz harp esirleriydi ve Marlborough Dükü komutasındaki küçük bir birlik onları kurtarmak için at sürdü. Boerlerin onlara karşı muamelesinin mükemmel olduğunu ve tek başına görünüşlerinin bunu kanıtladığını bir kez daha belirtelim. Hapishaneye dönüştürülen model okullarında yüz yirmi dokuz subay ve otuz dokuz asker bulundu. Bir gün sonra süvarilerimiz, Pretoria'nın on dört mil kuzeyindeki Waterval'e ulaştı. Burada, diğer bakımlardan iyi muamele görmüş gibi görünseler de, yiyecekleri kesinlikle çok kısıtlı olan üç bin asker hapsedilmişti.[1] Silah arkadaşlarından dokuz yüzü Boerler tarafından götürülmüştü, ancak Porter'ın süvarileri, sırtın üzerindeki bir Boer topundan gelen yoğun bir topçu ateşi altında diğerlerini kurtarmak için tam zamanında yetişmişti. Savaş sırasında şanslı olduğumuz pek çok olay vardı, fakat harp esirlerimizin kurtarılması olayı, düşmanı barış koşullarını zorlayacak olan tehlikeli bir kaldıraçtan yoksun bıraktığı için hepsinden daha şanslı olanıydı.

Kasabanın merkezinde, üzerine başkanın bir heykelinin yerleştirileceği çıplak bir kaide ile süslenmiş veya şekli bozulmuş geniş bir meydan vardı. Çok yakınında başkanın vaaz verdiği ahır benzeri kasvetli bir kilise ve her iki tarafta herhangi bir Avrupa başkentini de süsleyen devlet daireleri ve mahkeme binaları bulunuyordu. Lord Roberts, 5 Haziran öğleden sonra saat ikide burada, atına bindi ve şimdiye kadar kendisini bu kadar uzak bir mesafeye, çok büyük bir sadakatle takip eden askerlerinin önünden geçişini izledi: Muhafız Alayı, Essex, Galler, York, Warwick Alayları, topçular, atlı piyadeler, atılgan düzensizler, Gordon Alayı, Kanadalılar, Shropshire, Cornwall, Cameron, Derby, Sussex Alayları ve Londra Gönüllüleri. İki saatten fazla bir süre boyunca hâkî üniformalılar, dalgalar halinde, çelik armalarıyla yürüyerek geçtiler. Başlarının üzerinde Raad-saal'ın zirvesinde, büyük bir İngiliz bayrağı ilk kez dalgalanıyordu. Karanlık aylar boyunca aydınlığa ulaşmak için mücadele ettik. Şimdi nihayet bu tuhaf dramatik olaylar dizisi, sona yaklaşıyor gibi görünüyordu. Savaş tanrısı uzun zamandır ertelenen kararını vermişti. Ama o önemli anda çarpan tüm kalpler arasında, yenilgiye uğrayan bu cesur adamlara karşı az da olsa öfke duyan çok az kişi vardı. İdealleri için savaşmış ve ölmüşlerdi. Biz de kendi ideallerimiz için savaştık ve öldük. Güney Afrika'nın geleceği için umut edilen şey, kendilerinin veya onların soyundan gelenlerin, Pretoria'nın üzerinde dalgalanan bu bayrağın hiçbir şekilde ırksal hoşgörüsüzlük, altın açgözlülüğü, adaletsizlik veya yolsuzlukla aldatma anlamına gelmediğini, ancak bunun, tüm dünyadaki diğer tüm kıtalarda olduğu gibi herkes için tek bir yasa, herkes için tek bir özgürlük anlamına geldiğini öğrenmeleridir. Bu öğrenildiğinde, milletlerinin sembolünün dünya sancakları arasından sonsuza dek çıktığını görenler, 5 Haziran tarihinden itibaren kendileri bile daha mutlu bir yaşam ve daha geniş bir özgürlük elde edeceklerdi.

---

[1] Daha sonra elde edilen bilgiler, ne yazık ki, hastalık durumunda ve sömürge mahkûmlarına karşı yapılan muamelenin hiç de iyi olmadığını gösteriyordu.

26. BÖLÜM

DIAMOND (ELMAS) TEPESİ – RUNDLE'IN HAREKÂTLARI (MUHAREBELERİ)

Pretoria'nın işgali sırasındaki askerî durum, kabaca aşağıdaki gibiydi. Lord Roberts, otuz bin kadar askerle başkente hâkimdi, fakat arkasındaki uzun ikmal hattının savunmasını çok kusurlu bir şekilde bırakmıştı. Bu ikmal hattının yan tarafında, Özgür Devlet'in doğu ve kuzeydoğu köşesinde, Başkan Steyn'in etrafında toplanmış olan yenilgi görmemiş Freestater'lardan oluşan enerjik bir kuvvet vardı. Bu kuvvet, De Wet, Prinsloo ve Olivier'in yetenekli liderliği altında, iyi atlara sahip, yeterli sayıdaki topla birlikte, sayıları yaklaşık sekiz ya da on bin kişi kadardı. Hepsinden daha önemlisi, dağlık ve engebeli, muhteşem bir konuma sahiptiler, buradan bir kaleden çıkar gibi güneye veya batıya akınlar yapabilirlerdi. Bu ordu, Ficksburg, Senekal ve Harrismith komandolarıyla birlikte diğer bölgelerden çiftliklerini terk edip dağlara kaçan tüm aşağılanmış ve çaresiz kalan adamlardan oluşuyordu. Güneyde birleşik bir kuvvet olan Rundle'ın tümeni ve Koloni Tümeni tarafından kontrol altında tutulurken, Colvile ve daha sonra Methuen, onları batıdan kuşatmaya çalıştı. Ancak bu zorlu bir görevdi ve Rundle, hattını sağlam tutmayı başarsa da bu kadar geniş bir arazide, bu kadar hareketli bir düşmanı tümüyle hapsetmenin imkânsız olduğu görünüyordu. Boer baskınlarına önderlik eden De Wet'in tekrar tekrar demir yolu hattımıza saldırdığı ve ciddi bir kayıp vermeden geri döndüğü ilginç bir saklambaç oyunu başladı. Bu öğretici ve onur kırıcı bölümlerin hikâyesi, oluş sırasıyla anlatılacaktır. Gerilla şefinin enerji ve becerisi bizi kendisine hayran bırakıyordu ve bu mücadelede alınan puanlara İngiliz askerlerinin yaşamları damga vurmamış olsaydı, başarılarının sonuçları eğlenceli görülebilirdi.

General Buller, mayıs ayının ikinci yarısını Ladysmith'ten Laing Geçidine gitmek için harcamıştı ve haziran ayının başında, yirmi bin askerle birlikte bu zorlu mevzinin önündeydi. Teslim olmayla ilgili bazı konuşmalar yapıldı ve Boerlere komuta eden Christian Botha, hiçbir sonuç alınamayan birkaç günlük ateşkes kazanmayı başardı. Bu noktadaki Transvaal kuvvetlerinin sayısı birkaç binden fazla değildi, ancak konumları o kadar zorluydu ki, onları etkisiz hale getirmek tehlikeli bir görevdi. Her nasılsa, Van Wyk Tepesi savunmasız kalmıştı ve onu ele geçirmek, İngilizlere Botha Geçidi'nin hâkimiyetini vereceğinden, Güney Afrika Hafif Süvari Alayı tarafından çatışmasız bir şekilde ele geçirilmesi, büyük bir önem taşıyordu. 8 Haziran'da, piyade, taarruz etmeyi ve hâkim arazinin geri kalanını ve bu tepeyi üzerindeki toplarla birlikte çok az kayıpla ele geçirmeyi ve böylece geçide tam olarak sahip olmayı başardı. Botha, arkasındaki çayırı ateşe verdi ve surat asarak kuzeye çekildi. Ayın 9'u ve 10'unda konvoylar, geçitten geçirildi ve 11'inde ordunun ana gövdesi onları takip etti.

Operasyonlar, şimdi Natal'ın Transvaal ve Orange Özgür Devleti arasında uzanan çok dar bir alanda icra ediliyordu. Ordu, Botha Geçidi'ni geçerek, şimdi Orange Nehri Kolonisi olan yere gerçekten girmişti. Fakat bu çok kısa bir süreliğine yapılmıştı, çünkü harekâtın hedefi Laing Geçidi mevzisinin kuşatılması ve sonrasında Alleman Geçidi yoluyla Transvaal'a geri dönmekti. Cesur Güney Afrika Hafif Süvarileri önden gitti ve bir noktada ordunun yolunu açmak için çok savaştı. Şiddetli bir çarpışmada altı ölü ve sekiz yaralı zayiat verdi. Ayın 12'si sabahı, kuşatma manevrası çok ilerlemişti ve orduya sadece Alleman Geçidi'ni ele geçirmek kalmıştı, bu da orduyu Laing Geçidinin arkasına ve Transvaal kasabası Volksrust'a yakın bir yere konumlandırmıştı.

Boerler, Colenso ve Spion Tepesindeki adamlar gibi olsaydı, Alleman Geçidi'ne yapılan bu hücum, kanlı bir faaliyet olurdu. Mevzi güçlüydü, örtü ve gizleme azdı ve etrafından dolaşma imkânı yoktu. Ancak piyade, eski dik kafalı kararlılıkları onlara engel olmadan eski atılganlıkları ile ilerledi. Toplar yolu temizledi ve sonra Dorset, Dublin, Middlesex, Queen ve Doğu Surrey Alayları, gerisini halletti. Kapı açıktı ve Transvaal önümüzde duruyordu. Ertesi gün Volksrust elimizdeydi.

Tüm harekâtlar mükemmel bir şekilde planlanmış ve icra edilmişti. Colenso'yu bir tarafa koyarsak, General Buller'ın büyük gruplar halindeki birliklerini manevra yaptırma konusundaki dikkate değer bir yetenek gösterdiği inkâr edilemez. Spion Tepesinden sonra tehlikeli bir duruma düşen ordunun geri çekilmesi, Pieter Tepesi'ndeki taarruz istikametinin değiştirilmesi ve Kuzey Natal'a yapılan bu harekât sırasındaki yan yürüyüşler, hepsi çok ustaca yapılmış başarılı faaliyetlerdi. Bu olayda, Boerlerin aylardır hazırladıkları siperlerle güçlendirilen ve tepesine ağır toplar yerleştirilen bir mevzi, zekice bir kuşatma manevrasıyla savunulamaz hâle getirildi. Tüm faaliyet esnasındaki toplam zayiat, ölü ve yaralı olarak iki yüzden azdı. Natal işgalcilerden temizlenmişti, Buller'ın ayağı Transvaal'ın yüksek platosu üzerindeydi ve Roberts, kendisine güneydoğu istikametinden yaklaşan yirmi bin iyi askere güvenebilirdi. Hepsinden daha önemlisi, Natal demir yolu faaliyete geçmişti ve kısa süre sonra merkezî İngiliz Ordusu, ikmal maddeleri için Cape Town yerine Durban'a bağlı olacaktı. Bu sayede, mesafenin yaklaşık üçte ikisinden tasarruf sağlayacaktı. Kaçak Boerler, Middelburg yönünde kuzeye doğru ilerlerken, Buller, Lord Roberts onunla birlikte hareket etmek için Heidelberg üzerinden bir kuvvet gönderene kadar işgal etmeye devam ettiği Standerton'a doğru ilerledi. Natal seferi kuvvetlerinin haziran sonundaki durumu buydu. Batıdan ve güneybatıdan gelen İngiliz kuvvetleri de başkente yaklaşıyordu. İnatçı Baden-Powell, uzun süren sıkıntılı bir süreçle Boerlerin Zeerust ve Rustenburg'dan kovulmasının ardından dinlenmek ve bulunduğu bölgeyi değiştirmek istiyordu. Hunter ve Mahon'un kuvvetleri, Potchefstroom'da birleşti ve bu bölgeye yerleştikten sonra buradan demir yolu ile Krugersdorp ve Johannesburg'a nakledilebildiler.

İkmal hattında meydana gelen olaylar dizisini kısaca anlatmadan önce, bu hikâyede Pretoria'daki Lord Roberts'a dönelim ve onun bu şehri işgalini takip eden harekâtlarını açıklayalım. İngiliz Generali, Özgür Devlet'in henüz yenilgiye uğratılmamış kuvvetlerini arkasında bırakarak, kuşkusuz ciddi bir risk almıştı ve demir yolu ikmal hattının kesilme tehlikesiyle karşı karşıya olduğunun da bilincindeydi. Hızlı hareket ederek, önceden tahmin ettiği şey gerçekleşmeden önce düşmanın başkentini ele geçirmeyi başardı; fakat eğer De Wet, ona arkadan taarruz ederken Botha da onu Pretoria'da tutsaydı, durum çok ciddi olabilirdi. Roberts, asıl hedefine bir kez ulaştıktan sonra, De Wet'in 7 Haziran'da iki binden daha az sayıdaki hareketli bir kuvvetle Kroonstad'ın kuzeyindeki Roodeval'de hattı kestiğine dair beklenen haberi soğukkanlı bir şekilde karşıladı. Hem demir yolu hem de telgraf hattı imha edildi ve ordu birkaç günlüğüne tecrit edildi. Neyse ki devam etmek için yeterli ikmal malzemesi vardı ve işgalcileri uzaklaştırmak için derhal gerekli adımlar atıldı. Bununla birlikte tıpkı bir sivrisinek gibi, bir yerden kovulunca başka bir yere yerleşiyordu.

Lord Roberts, diğerlerini kopuk ikmal hattını yeniden kurmak için bırakıp, dikkatini bir kez daha, hâlâ on ya da on beş bin kişiyi komutası altında tutan Botha'ya çevirdi. Başkan, tahminen iki milyon sterlinden fazla olduğu tahmin edilen büyük bir meblağla Pretoria'dan kaçmıştı ve Başkan Steyn'inkinden bile daha hareketli bir hükümet konağına dönüştürülmüş olan bir tren vagonunda yaşadığı biliniyordu. Middelburg'un ötesindeki Waterval-Boven'dan, ya Delagoa Körfezi'ne doğru yolculuğuna devam edecek ve böylece ülkeden kaçacak ya da kuzeye, her zaman savunmanın son siperi olarak ilan edilen vahşi Lydenburg bölgesine gidecek bir konumdaydı. Başkan, altın çantalarıyla birlikte olayların beklenmedik bir şekilde gelişmesini bekleyerek burada kaldı.

Botha ve cesur taraftarları, başkentten fazla uzaklaşmamışlardı. Doğuda on beş mil uzaklıktaki demir yolu hattı, tepeler arasındaki Pienaars Poort denilen bir boşluktan geçiyordu ve burası, Boer'in elde tutmayı sevdiği türden bir mevziydi. Mevzi, cephede çok güçlüydü ve Boer generalleri için çoğu zaman ölümcül olan kuşatma manevralarını engelleyen aşılması zor komşu tepeler, geniş bir alana yayılmıştı. Arkasında, gerektiğinde topların taşınabileceği dokunulmamış bir demir yolu hattı vardı. Mevzinin tümü, bir kanattan diğerine on beş milden fazla bir genişlikteydi ve Lord Roberts'in artık daha önce güneyden ilerlerken yaptığı gibi geniş kuşatma manevralarını icra etmesine imkân verecek kuvvet üstünlüğüne sahip olmadığı, Boer generali tarafından iyi biliniyordu. Roberts'in ordusu, sayısal olarak ciddi şekilde azalmıştı. Tüm birlikler içinde en önemli sınıf olan süvarilerin atları o kadar yetersizdi ki, tugaylar alaylardan daha büyük değildi. Bir piyade tugayı (14'üncü) Johannesburg garnizonuna bırakılmıştı ve bir diğeri (18'inci) Pretoria'da özel görev için seçilmişti. Smith-Dorrien'in tugayı, ikmal hattında görev yapmak için ayrılmıştı. Tüm bu eksiklikler ve yaralanmalar ile hastalıkların neden olduğu kayıplarla birlikte bu kuvvet, şiddetli bir taarruza girişecek durumda değildi. O kadar zor bir durumdaydılar ki, Waterval'den serbest bırakılan üç bin harp esiri asker aceleyle Boer silahlarıyla silahlandırıldı ve daha hayati noktaları korumaya yardımcı olmak için cepheye sürüldü.

Eğer Botha güvenli bir mesafeye çekilmiş olsaydı, Lord Roberts, Bloemfontein'de yaptığı gibi kesinlikle duracak ve yedek atlar ile takviye kuvvetlerinin gelmesini bekleyecekti. Fakat zinde bir düşman, yalnızca on beş mil uzakta, iki şehre ve demir yolu hattına saldırı mesafesinde bulunuyorken, bu savaşın göz ardı edilmesine izin verilemezdi. İngiliz generali, toplayabildiği tüm birliklerle 11 Haziran Pazartesi günü, Botha'yı mevzisinden çıkarmak için bir kez daha harekete geçti. Yanında, yirmi topla birlikte yaklaşık altı bin kişiden oluşan Pole-Carew'in 11'inci Tümeni, bir piyade tugayından (Bruce Hamilton'ın) müteşekkil Ian Hamilton'ın kuvveti, bir süvari tugayı ve bir atlı piyade müfrezesinden oluşan kuvvetinin toplamda otuz topla birlikte altı bin kişi olduğunu söyleyebiliriz. Orada geriye kalan, kılıçlı ve tüfekli iki bini geçmeyen Hutton'ın Atlı Piyadeleri ile birlikte French'in süvari tümeniydi. Bu nedenle toplam kuvvet, yaklaşık yetmiş topla birlikte on altı veya on yedi bin kişiden fazla değildi. Görevleri, güçlü bir topçu ile en az on bin kasabalı Boer tarafından savunulan özenle hazırlanmış bir mevziyi ele geçirmekti. Haziran ayındaki Boerler Aralık Boerleri gibi olsaydı, İngilizlerin pek şansı olmazdı.

Lord Roberts ve Botha arasında bazı barış görüşmeleri yapılmıştı, ancak güneyden gelen De Wet'in başarı haberleri Boer generalinin kalbini katılaştırmıştı ve 9 Haziran'da süvariler ilerleme emrini aldılar. Hamilton, Boerlerin sol kanadında kuşatma görevi icra edecek ve French, Boerlerin sağ kanatlarında görev yapacak ve bu sırada piyade, merkeze gelecekti. Harekât alanı o kadar genişti ki, 11 Haziran'da her iki kanatta ve merkezde yapılan taarruz ve savunma, üç ayrı muharebeyi teşkil ediyordu. Bunlardan ikincisi çok önemli değildi, çünkü kuşatma kuvvetleri varlıklarını hissettirdiğinde, piyadenin sadece onların başarılarından yararlanabileceği bir noktaya ilerlemesi gerekiyordu. Merkez, bu savaştaki diğer birçok durumda olduğu gibi, ilerleme istikameti kendisi için temizlenmeden ilerleme hatasına düşmedi.

French, gücü azaltılmış kuvvetiyle pazartesi ve salı günleri o kadar güçlü bir direnişle karşılaştı ki, mevzisini korumakta zorlandı. Neyse ki yanında üç mükemmel çekili topçu bataryası vardı. G, O ve T bataryaları, çatışma süresince, cephane arabalarında sadece yirmi mermi kalana kadar görev yaptılar. Arazi süvariler için uygun değildi ve birlikler, atlarından inerek askerler arasında yirmi ya da otuz adımlık aralıklarla savaştılar. Bütün gün tüfek ve topçu ateşine maruz kalan, ilerleyemeyen ve geri çekilmek de istemeyen askerler, sadece açık muharebe düzenleri sayesinde yaklaşık otuz kayıpla kurtuldular. Cephesinde, yanlarında ve hatta arkasında Boerler olan French, geri çekilmesinin İngiliz ilerlemesinin diğer tüm noktalarında daha büyük bir baskı anlamına geleceğini fark ederek sert bir şekilde direndi. Yorgun askerleri geceleyin, savundukları mevzilerde uyudular. Pazartesi ve salı günü boyunca French, düşmanın ikmal hattını kesme girişimine umarsızca kayıtsız kalarak Kameelsdrift'teki hâkimiyetini sürdürdü. Çarşamba günü Hamilton, diğer kanatta üstünlük sağladı ve baskı gevşedi. French daha sonra ilerlemeye devam etti, ancak atlar o kadar bitkin bir haldeydi ki, etkili bir takip mümkün değildi.

French, Boer sağ kanadı tarafından durdurulduğu iki gün boyunca, Hamilton da ciddi bir şekilde sol kanatla meşguldü. Durum o kadar ciddiydi ki, bir defasında muharebe sanki ona karşı yapılıyormuş gibi görünüyordu. Çarpışma, ucu bucağı olmayan tepenin üzerindeki dumansız toplarıyla, görünmez adamlardan bıkmış olan askerleri dostça karşılayan bazı ayırt edici özelliklere sahipti. Bu olayda da askerler, toplar ve tepelerin olduğu doğrudur, fakat onu püskürtme girişimlerinde, hareketli geçen bir saat boyunca görülmeye değer bir savaş sahnesine dönüştüren bazı yeni gelişmeler meydana gelmişti. Düşman hattında bir boşluğun farkına varan Hamilton, Sanna karakolundaki felaketten zaferi çekip çıkaran topları, yani ünlü Q bataryasını ileri sürdü. Bir savaşta ikinci kez açığa çıktılar ve ele geçirilme tehlikesiyle karşı karşıya kaldılar. Atlı bir Boer birliği, müthiş bir atılganlık ve cesaret ile dörtnala aşağı indi ve yakın mesafeden ateş açtı. Aniden 12'nci Mızraklı Süvari Alayı onların üzerine gönderildi. Süvariler aşırı yorgun, ruhsuz Arjantin atlarını dörtnala koşturmaya çalışırken, İngiliz askerleri, iri kemikli ve uzun adımlı kendi atlarını kim bilir ne kadar da özlemişlerdir! Bununla birlikte, bu olayda, mızrak beş pounddan fazla gereksiz bir ağırlık ve binici için bir yük anlamına geliyordu. Toplar kurtarıldı, Boerler kaçtı ve bir düzinesi de yerde kaldı. Ancak bir süvari hücumu, yeniden düzenlenme ile sona ermelidir ve eğer bu esnada menzil içinde bozguna uğratılmamış herhangi bir düşman kaldıysa bu, tehlikeli bir durumdur. Şimdi geri çekilirken safların içinde bir kurşun yağmuru gürledi ve her zaman olduğu gibi alçakgönüllü ve cesur bir asker olarak kılıç çeken cesur Lord Airlie, kalbinden vuruldu. Savaş sarhoşu bir çavuşa söylediği "Dilinizi ölçülü kullanın!" sözü, yaptığı son özgün uyarısıydı. İki subay, on yedi asker ve otuz at, albaylarıyla birlikte yere düşmüştü, kalanların büyük çoğunluğu sadece hafif yaralıydı. Bu arada, sağ kanattaki artan baskı, Broadwood'un düşmanları püskürtmek için bu kez Muhafız Süvari Kıtasına ikinci bir hücum emri vermesine neden oldu. Muhafızların kılıçlarından ziyade görünüşleri galip geldi ve süvariler, süvari olarak var oluşlarının doğruluğunu, bu savaş sırasında hiç olmadığı kadar çok haklı çıkardılar. Toplar kurtarıldı, kanat taarruzu etkisiz hale getirildi, fakat hâlâ yüzleşilmesi gereken bir tehlike daha vardı, çünkü Heidelberg komandoları –Boerlerin seçkin bir birliği - Hamilton'un kanadının dışına çıkmayı başarmış ve arkasına geçmekle tehdit ediyordu. İngiliz General, soğukkanlı bir kararla, bir taburu ve bir bataryanın bir kısmını ayırdı, bu da Boerleri daha az tehditkâr bir konuma geri püskürttü. Bruce Hamilton'un tugayının geri kalanına öndeki tepelere doğru ilerlemeleri emredildi ve ağır bir topçu ateşinin yardımıyla, kış gecesi çökmeden önce düşmanın bu ilk savunma hattını ele geçirmeyi başardılar. Gece, bir o yana bir bu yana sallanan ve sonunda İngilizlerin tarafına meyleden istikrarsız bir mücadelenin üzerine çöktü. Sussex ve Şehir İmparatorluk Gönüllüleri, düşmanın sol kanadına asılırken, 11'inci Tümen, onları cepheden tespit ediyordu. Hepsi yarın için umut veriyordu.

Lord Roberts'ın emriyle Muhafızlar, Bruce Hamilton'un piyadelerinin yan taarruzunu desteklemek için ayın 12'si Salı günü erken saatlerde sevk edildi. Herkes hücum için hazır olduğunda öğleden sonrasıydı. Daha sonra Sussex, Londra Gönüllüleri ve Derbyshire Alayları, sırtın üzerinde bir mevzi ele geçirdiler, ardından üç muhafız alayı onları takip etti. Ancak sırt, Boer ateşi tarafından süpürülen önemli bir platonun kenarıydı, ciddi bir kayıp vermeden geniş bir açıklığın üzerinden ilerleme imkânı kesinlikle yoktu. Piyade, mevzinin kenarına uzun bir şerit hâlinde tutundu, ancak yokuşun aşılmaz dikliği nedeniyle, iki saat boyunca onları desteklemek için hiçbir topçu getirilemedi. Bir Vickers-Maxim tarafından derinliğine ateş altına alındıkları ve şarapnel yağmurlarının yanı sıra aralıksız tüfek ateşine maruz kaldıkları için, taarruz edenlerin yapabilecekleri tek şey mevzilerini korumaktı. Topçular, hiçbir zaman Binbaşı Connolly tarafından ateş hattına getirilen 82'nci bataryanın topları kadar hoş karşılanmamıştı. Düşmanın piyade tüfekleri sadece bin metre ötedeydi ve topçu muharebesi, Long'un Colenso'daki topçu muharebesi kadar gözü pek görünebilirdi. Anında on at yere yıkıldı ve topçuların dörtte biri vuruldu; fakat toplar birer birer kükreyerek muharebeye girdi ve şarapnelleri çok geçmeden günün sonucunu belirledi. Kuşkusuz bu şeref, Connolly ve askerlerine aitti.

Saat dörtte güneş batıya doğru kayarken, savaşın gidişatı taarruz lehine dönmüştü. İki batarya daha gelmişti. Her tüfek atış hattına gönderildi ve Boerlerin verdiği karşılığın yoğunluğu, giderek azalıyordu. Bir taarruzun cazibesi çok fazlaydı, ancak taarruz şu anda bile ağır can kaybı anlamına gelebilirdi ve Hamilton, bu zayiatı vermekten kaçındı. Sabah bu kararında haklı çıktı, çünkü Botha, mevzisini terk etmişti ve ordusu tam geri çekilme durumundaydı. Atlılar, Pretoria'dan yirmi beş mil uzakta olan Elands Nehri İstasyonuna kadar takip ettiler, ancak De Lisle'nin Avustralyalıları ve muvazzaf atlı piyadelerden oluşan küçük bir grup dışında düşmana yetişemediler. Sayısı yüzden az olan bu kuvvet, Boer ordusunun bir kısmına yukarıdan bakan bir tepeyi ele geçirdi. Sayıları daha fazla olsaydı, etkileri çok daha fazla olurdu. Bu hâliyle, Avustralyalılar sahip oldukları her mermiyi kalabalığa doğru ateşlediler ve birçok at ve askeri öldürdüler. Bu kadar hayati bir noktada neden sadece bu küçük birliğin mevcut olduğu ve eğer bu birlik böyle bir amaç için takibi sürdürebiliyorsa, diğerlerinin aynı şeyi neden yapamadıkları incelenmelidir. Zaman, bazı tuhaf intikam alma fırsatları sunuyordu. Paardeberg, Majuba Günü'ne çoktan gelmişti. Buller'ın muzaffer askerleri Laing geçidini ele geçirmişti. Şimdi, geri çekilen Boerlerin Avustralyalılar tarafından perişan edildiği bu dere yatağı, on dokuz yıl önce bir alayın vurulduğu yer olan Bronkers dere yatağıyla aynıydı. Pek çoğu, bu eylemin öcünün alınacağıyla ilgili bir kehanette bulunmuş olabilir; ama kim onun intikamını alacak askerleri tahmin edebilirdi ki?

Hamilton'ın taarruzunun karşısındaki sırtın adından da anlaşılacağı gibi Diamond Tepesi savaşı da böyleydi. İki gün boyunca süren mücadele, kasabalı Boerlerde hâlâ fazlasıyla savaşma azminin olduğunu gösterdi. Lord Roberts, onları ne bozguna uğratmış ne de toplarını ele geçirmişti; ama başkentin çevresini temizlemiş, onlara kesinlikle kendisininki kadar büyük bir kayıp verdirmiş ve karşı koymaya çalışmalarının anlamsız olduğunu bir kez daha kanıtlamıştı. Pretoria'da orduyu can sıkıntısından korumaktan başka hiçbir işe yaramayan ve ara sıra verilen küçük alarmlar ve yapılan çatışmalarla bozulan, uzun bir mola verildi. Arada bir ikmal hatlarında meydana gelen kesintilere rağmen, atlar ve erzak hızla geliyordu ve temmuz ortasında Roberts, tekrar sahaya çıkmaya hazırdı. Aynı zamanda Hunter, Potchefstroom'dan çıkmış ve Hamilton, Heidelberg'i almıştı ve kuvveti, Standerton'da Buller ile bir araya gelmek üzereydi. Batıda yer yer orada burada savaş durumu ortaya çıkıyordu ve bu esnada Mafekingli Snyman, Kanada Atlı Piyadeleri tarafından derhal elinden alınan iki topla birlikte yeniden ortaya çıktı. Eğer dehşet saçan De Wet yakalanabilirse, kasabalı Boerlerin İngilizler için can sıkıcı ve kendileri için ölümcül olan bir mücadeleyi bırakacaklarına dair her türlü umudun olduğu her yerde hissediliyordu. Müttefiki direnirken Botha'nın pes etmesi, bir onur meselesi olduğu için imkânsızdı. Bu nedenle, bu ünlü gerilla şefine döneceğiz ve onun kahramanlıklarını anlatacağız. Onları anlamak için, Özgür Devlet'teki genel askerî durum hakkında biraz açıklama yapmak gerekir.

Lord Roberts süpürerek kuzeye geçtiğinde, bu ülkenin kuzeydoğusunu oluşturan dikkate değer dörtgeni işgal eden Orange Özgür Devleti ordusunun göz bebeği olan şahsı göz ardı etmişti. Rundle'ın 8'inci Tümeni ve Brabant'ın koloni tümeni'nin işlevi, savaşan Boerlerin güneye gelmelerini ve huzurun sağlandığı bölgeleri rahatsız etmelerini engelleyerek koyunları keçilerden ayırmaktı. Bu amaçla Rundle, güvenlik şeridi görevi görmesi gereken uzun bir hat oluşturdu.

Trommel ve Clocolan üzerinden ilerlerken, Ficksburg 25 Mayıs'ta Koloni Tümeni tarafından işgal edildi. Rundle ise bu esnada kırk mil kuzeybatıdaki Senekal'ı ele geçirdi. Kasabaya ana gövdeden bir süre önce giren kırk kişilik küçük bir gönüllü süvari kuvveti, aniden Boerlerin taarruzuna uğradı ve ünlü binici ve avcı cesur Dalbiac, dört askeriyle birlikte öldürüldü. Bu savaştaki pek çok kişi gibi, tehlikeyi umursamayan kendi gururunun kurbanı oldu.

Boerler tam bir geri çekilme hâlindeydiler, ama şimdi, her zaman oldukları kadar, tehlikeliydiler. Onlar çantada keklik olarak kabul edilemezdi, çünkü tam da yenilgi anında, beklenmedik bir başarı gösterme kabiliyetleri vardı. Onları Senekal'den beri takip eden Rundle, Boerlerin Biddulphsberg'deki tepecikleri güçlü bir şekilde elde bulundurduklarını fark etti ve onları oradan çıkarma girişimi başarısız oldu. Bu muharebe, yaralıların olası akıbetini düşünmenin bile korkunç olduğu büyük ot yangınları arasında icra edildi. 2'nci Grenadier, İskoç Muhafızları, Doğu Yorkshire ve Batı Kent Alayları ile birlikte 2'nci ve 79'uncu Sahra Bataryaları ve bir gönüllü süvari kuvveti, düşmanla temasa girmişti. Açık alanda görünmeyen tüfeklerden meydana gelen zayiatımız, Grenadier Alayından Albay Lloyd da dâhil olmak üzere otuz ölü ve 130 yaralıydı. İki gün sonra Senekal'den gelen Rundle, Ficksburg'dan gelen Brabant ile el ele verdi ve bu iki yer arasında iki ay boyunca kesintisiz tutulan bir savunma hattı oluşturuldu. Muharebeler, karşısındaki kuvvetin büyük bölümünün ele geçirilmesi ile sonuçlandı. 1'inci İrlanda Kraliyet Alayı, 2'nci Bedford, 2'nci Worcester ve 2'nci Wiltshire Alaylarından oluşan Clements tugayı, Rundle'ı takviye etmek için gelmişti ve hepsi birlikte Rundle'ın emri altında on iki bin kadar asker vardı. Bu kuvvet, genişletilmiş hattının herhangi bir noktasında kendisine saldırabilecek en az sekiz bin kişilik hareketli bir düşmanı tutacak büyüklükte değildi. Bununla birlikte, mevzilerini o kadar iyi seçmişti ki, düşmanın çok sayıdaki her taarruz girişimi başarısızlıkla sonuçlandı. Yiyecek ikmali yetersiz olan o ve yarı aç durumdaki askerleri, görevlerini cesurca yerine getirdiler ve bu büyük ordu içindeki hiçbir asker, ülkesinden daha iyisini hak etmiyordu.

Mayıs sonunda, Koloni Tümeni, Rundle'ın tümeni ve Clements'in tugayı, Boerleri Basuto sınırındaki Ficksburg'dan Senekal'a kadar tuttu. Bu, onların güneye inmelerini engelledi. Ama orada batıya gelmelerini ve demir yolu hattına saldırmalarını önleyecek olan neydi? İngiliz mevzisinin zayıf noktası buydu. Lord Methuen Boshof'tan getirilmişti ve altı bin askeriyle birlikte hazırdı. Colvile de İskoç Dağ Tugayı ile birlikte o taraftaydı. Atılgan bir düşman tarafından toplanmayı bekleyen birkaç müfreze, hat boyunca serpiştirildi. Kroonstad tek bir milis taburu tarafından tutuldu; her bir müstakil kuvvet, zayıf muhafızlı konvoylarla desteklenmek zorundaydı. Hareketli ve yetenekli bir gerilla lideri için böyle bir savaş alanı hiç olmadı ve şans eseri, fırsatlardan sonuna kadar yararlanmaya hazır böyle bir adam, elinizin altındaydı.

27. BÖLÜM

İKMAL HATLARI

Bu isimdeki iki erkek kardeşin büyüğü olan Christian de Wet, o sıralarda kırk yaşını biraz geçmişti ve hayatının en güzel dönemindeydi. İri yarı, orta boylu, sakallı bir adamdı. Eğitim düzeyi düşüktü, ama çok fazla enerjiye ve sağduyuya sahipti. Askerî deneyimi Majuba Tepesi'ne kadar uzanıyordu, fakat Transvaal olayında da anlaşılabileceği gibi, Britanya İmparatorluğu'ndan herhangi bir zarar görmemiş bir Özgür Devlet vatandaşında bulunması açıklanamayan o tuhaf ırkçı nefrette büyük bir paya sahipti. Görme yeteneğindeki zayıflık, renkli gözlükler kullanılmasını zorunlu kılıyordu ve şimdi, bu gözlüklerini özellikle arkasındaki dikkatlice bakan bir çift gözle, dağınık İngiliz kuvvetlerine ve açıkta kalan uzun demir yolu hattına çevirmişti.

De Wet'in kuvveti, eyaletin dağlık kuzeydoğusunda bulunan De Villiers, Olivier ve Prinsloo komutasındaki Özgür Devlet ordusunun bir koluydu. Kendisine beş top, bin beş yüz asker ve atların en iyileri teslim edilmişti. İyi silahlanmış, iyi atlarla donatılmış ve ara sıra kaleye benzer tepeciklere sahip inişli çıkışlı ovalardan oluşan bir arazide faaliyet gösteren bu küçük kuvvetin her şey lehineydi. Önünde o kadar çok cezbedici taarruz hedefi vardı ki, nereden başlayacağını belirlemekte biraz zorluk çekmiş olmalı. Renkli gözlükler, ilk önce tecrit edilmiş Lindley kasabasına çevrildi.

İskoç Dağ Tugayı'ndan Colvile, Heilbron'a doğru ilerlemeye ve geçtiği arazide güvenliği sağlamaya yönelik emirlerle Ventersburg'dan çıkıp gelmişti. Hâlbuki bu bölge, boyun eğmeyi kabul etmemişti ve Ventersburg'dan Lindley'e yürüyüşü esnasında, yolun her milinde keskin nişancılar tarafından taciz edildi. De Wet ve adamlarının kendisine yakın olduğunu anlayınca Colvile, Lindley'de oyalanmadı, hedefine doğru ilerledi. 126 millik intikalinin tümü, ona, dokuzu ölümle sonuçlanan altmış üç kişilik zayiata mal oldu. Özellikle atlı görevlerin tümünü üstlenen bir avuç doğu eyaleti süvarisi için zor ve tehlikeli bir yürüyüştü. Bir talihsizlik sonucu, Cambridge Dükü'nün kendisinin ve İrlandalı bölüklerin de dâhil olduğu beş yüz gönüllü süvariden oluşan bir kuvvet olan 18'inci tabur Kroonstad'dan Lindley'deki Colvile'e katılmak üzere gönderilmişti. Albay Spragge bu birliğe komuta ediyordu. Bu süvari birlikleri, 27 Mayıs'ta hedeflerine ulaştıklarında Colvile'ın burayı çoktan terk ettiğini gördüler. Lindley'de bir günlüğüne durmaya ve sonra Colvile'ı Heilbron'a kadar takip etmeye karar vermiş gibi görünüyorlardı. Kasabaya girdikten birkaç saat sonra De Wet'in şiddetli bir taarruzuna uğradılar.

Albay Spragge, çok doğru bir karar vermiş gibi görünüyordu. Ağır bir ateş altındaki askerlerinin, nakliye araçlarını bıraktığı yer olan Kroonstad yolu üzerinde, birkaç mil uzaklıktaki sığırların ve atların güdülebileceği bir vadiyi koruyan, savunmaya elverişli üç tepenin olduğu bir noktaya geri çekilmesini sağladı. Vadinin içinden bir dere geçiyordu. İngiliz ordusuna şan kazandıracak bir direniş için gerekli tüm malzeme oradaydı. Askerler son derece kaliteliydi, birçoğu devlet okullarından ve üniversitelerden gelmişti ve eğer birileri ölümüne dövüşecekse, maceracı ruhları ve yüksek onur duygularıyla onlardan bunu yapmaları beklenebilirdi.

Dayanmak için daha güçlü gerekçeler vardı, çünkü zor durumda oldukları haberini Colvile ve Methuen'e iletmek maksadıyla girişimde bulunmuşlardı. İlki Heilbron'a doğru intikaline devam etti. Bunu yaptığı için onu suçlayamayız, fakat Methuen, gönüllü süvari onbaşısı Hankey tarafından büyük bir tehlikeye atılarak, kendisine iletilen mesajı duyunca bir felaketi önlemek hatta telafi etmek için çok geç kalmasına rağmen, çok büyük bir gayretle derhal ilerlemeye başladı. Colvile'in belirlenen bir tarihte Heilbron'a ulaşması emredildiği, kendi istikametinde ilerlediği ve ondan kurtarması istenen kuvvetin kendisininkinden çok daha hareketli olduğu unutulmamalıdır. O tarihteki süvarileri, doğu eyaleti süvarileri olan 100 kişiden oluşuyordu.

Albay Spragge'ın askerleri, kuşatılmalarının ilk üç gününde mevzilerini korumuşlardı. Bu süre boyunca, onlara çok ciddi bir kayıp verdirmeyen uzun menzilli bir tüfek ateşine maruz kaldılar. Başlıca savunmaları, onları tüfek mermilerinden koruyan, ancak Boerlerin topçu göndermesi gibi pek olası olmayan bir durumda kesinlikle mükemmel bir ölüm tuzağına dönüşecek olan, yaklaşık yirmi yard karelik taş bir ağıldan oluşuyordu. Askerlerin maneviyatı takdire şayandı. Yüzbaşı Humby ve Lord Longford'un önderliğinde birkaç cesur hücum gerçekleştirildi. Sonuncusu, komşu bir tepeyi temizleyen bir süngü hücumuyla sonuçlanan, son derece göz alıcı bir faaliyetti. Kuşatmanın başlarında, cesur Keith öldü. Dördüncü gün Boerler beş top getirdi. Üç gün gibi uzun bir süre içinde, birliğin komutanının, bu bariz olasılığa karşı, savaşın daha sonraki bir aşamasında Ladybrand'ı işgal eden bir avuç askerin başarıyla icra ettiği gibi hazırlıklar yapmasının imkân dâhilinde olduğu düşünülebilir. Elbette bu dönemde, istihkâmcılar olmasa bile, Boerlerin defalarca bizim topçularımızın karşısına çıktığı türden siperlerin inşaası zor değildi. Ancak yapılan hazırlıkların oldukça yetersiz olduğu ortaya çıktı. Daha küçük iki tepeden biri ele geçirildi ve garnizon diğerine çekildi. Bu birlik de teslim olmaya mecbur oldu ve en sonunda ana tepe de beyaz bayrağı çekti. Askerler hiçbir şekilde suçlanamaz, çünkü orada bulunmaları vatanseverliklerinin ve kahramanlıklarının yeterli bir kanıtıdır. Ancak savaştan alınan derslerin yeterince öğrenilmemiş olduğu görünüyordu. (Özellikle de yanaşık bir düzende top ateşinin dayanılmaz olduğu, az bir örtü ile açık bir düzenin ise asla teslim olmaya zorlanamayacağı konusunda kesin olan derslerin.) Zayiat listeleri (470 kişilik bir kuvvetten 80 ölü ve yaralı), gönüllü süvarilerin teslim olmadan önce ciddi bir şekilde hırpalandığını gösteriyordu, ancak savunmayı "çaresiz veya kahramanca" olarak adlandırmamıza izin vermiyordu. Albay Spragge'ın bir soruşturma mahkemesinde tüm suçlamalardan beraat ettiğini, ancak erken teslim olduğu konusunda hemfikir olduğunu ve bunu müstakil tepelerden birinin üzerine izinsiz bir beyaz bayrak çekilmesine bağladığını eklemek adil olur. General Colvile'in gönüllü süvarileri kurtarmak için geri dönmesi gerektiği konusundaki müteakip tartışmaya gelince, General'in davranış şekli dışında başka nasıl hareket edebileceğini görme ihtimali bulunmuyor.

Lord Methuen'in savaşın merkezî sahnesinde ortaya çıkışı hakkında biraz açıklama yapmak gerekiyor. Tümeni en son bahsedildiğinde, nisan ayının başlarında Villebois'in ölümüne yol açan başarılı muharebenin meydana geldiği Kimberley'den çok uzakta olmayan Boshof'ta bulunuyordu. Oradan Vaal boyunca ve sonra güneye Kroonstad'a doğru ilerledi ve 28 Mayıs'ta Kroonstad'a vardı. Yanında, altı ay önce Kimberley'i kurtarmak için onunla birlikte ilerlemeye başlayan birliklerden oluşan 9'uncu Tugay (Douglas'ın) vardı. Bunlar Northumberland Hafif Piyadeleri, Vefakâr Kuzey Lancashire, Northampton ve Yorkshire Hafif Piyade Alaylarıydı. Onunla birlikte ayrıca Munster Alayı, Lord Chesham'ın Gönüllü Süvarileri (beş bölük), 4'üncü ve 37'nci bataryalar, iki obüs ve iki pompom topu vardı. Toplam kuvveti yaklaşık 6000 kişi kadardı. Kroonstad'a vardığında, Colvile'nin İskoç Dağ Tugayı, az sayıda koloni süvarisi, Lovat'ın Keşif Birliği, iki donanma topu ve 5'inci batarya ile birlikte yiyecek ve mühimmatı tükenen Heilbron'u kurtarma görevi verildi. Bununla birlikte, Lindley'deki Gönüllü Süvarilerden gelen daha acil mesaj, Lord Methuen'i 1 Haziran'da bu kasabaya doğru sonuçsuz bir sefere çıkardı. Gönüllü süvarilerin takip harekâtı o kadar etkiliydi ki, Güney Notts Hafif Süvari Alayı ve Sherwood Komandolarından oluşan öncü taburlar, fiilen Boer konvoyunun yolunu kestiler ve eğer desteklenmiş olsalardı harp esirlerini kurtarabilirlerdi. Bu durumdayken geri çağrıldılar ve ağır yaralanan komutanları Albay Rolleston da dâhil olmak üzere, bir miktar kayıpla Lindley'e geri dönmek için savaşmak zorunda kaldılar. Paget'in komutasında bir garnizon bırakıldı ve kuvvetin geri kalanı, Heilbron'a doğru asıl görevine devam etti. 7 Haziran'da oraya vardıklarında İskoç Dağ Tugayı'nın tayını çeyreğe indirilmişti. Kendilerini kurtarmaya gelen kuvvete "Kurtuluş Ordusu" lakabı ile şükranlarını ifade ettiler.

Aynı hedefe gönderilen bir önceki konvoy, daha az şanslıydı. 1 Haziran'da elli beş vagon, demir yolu hattından Heilbron'a ulaşmak için yola çıktı. Muhafız birliği, Yüzbaşı Corballis komutasında topu olmayan İskoç Dağ alaylarına mensup yüz altmış kişilik müfrezeden oluşuyordu. Fakat renkli gözlüklü beyefendi yolda bekliyordu. "Bin iki yüz askerim ve beş topum var. Derhal teslim olun!" Muhafız birliğine ulaşan mesaj buydu ve savunmasız durumdayken buna boyun eğmekten başka yapacak bir şey yoktu. Böylece bir felaket diğerine yol açtı, çünkü gönüllü süvariler Lindley'de direnmiş olsaydı, De Wet 4 Haziran'da vagonlarımıza el koyamayacaktı ve eğer bizim vagonlarımızdan erzak temin etmemiş olsaydı, Roodeval'e taarruz edip edemeyeceği şüpheliydi. Burası, dikkatini yönelttiği bir sonraki noktaydı.

Roodeval istasyonunun iki mil ötesinde, demir yolu hattının yanında, biraz uzakta sağındaki ve solundaki diğer tepelerle birlikte çok belirgin bir tepecik vardı. Bir milis alayı, 4'üncü Derbyshire, bu mevkiyi işgal etmek için gönderilmişti. Hattın üzerinde Boerlerin olduğuna dair söylentileri vardı ve çeşitli alaylara mensup bin kişilik bir müfreze ile birlikte tren garına komuta eden Binbaşı Haig, 6 Haziran'da saldırıya uğramıştı, fakat saldırganları mağlup etmişti. Bazen yardımcısı Nel ile birlikte, bazen de ondan bağımsız olarak hareket eden De Wet, daha kolay bir av aramak için demir yolu hattını geçti ve 7 Haziran gecesi, topçu tarafından tümüyle etki altına alınabilecek bir mevkide kamp kurmuş olan milis alayına rastladı. Altında bulundukları tepeyi işgal etmeyi ihmal ettikleri doğru değildi, çünkü tepe üzerine iki bölük görevlendirilmişti. Ancak mutlak bir tehlike hiç düşünülmemiş gibi görünüyordu ve alay çadırlarını kurmuş ve renkli gözlüklere sahip beyefendiyi düşünmeden çok rahat bir şekilde uykuya dalmıştı. Gecenin bir yarısı, De Wet vızıldayan bir kurşun yağmuruyla onların üzerlerindeydi. Şafak sökerken toplar ateş açtı ve top mermileri aralarında patlamaya başladı. Acemi askerler için korkunç bir işkenceydi. Askerler, hayatlarında kesilmiş bir parmaktan akandan daha fazla kan döküldüğünü görmemiş madenciler ve tarım işçilerinden oluşuyordu. Dört aydır bu ülkede bulunuyorlardı, ancak taşıdıkları lüks ağırlıklara bakılırsa, yaşamları bir piknikti. Şimdi bir anda piknik sona ermişti ve gri soğuk bir şafak vakti savaş, etkisini göstermeye başladı. Kurşunların vızıldaması, acı haykırışlar, top mermilerinin patlaması, vücudun ve uzuvların korkunç bir şekilde parçalanması ve kopması ile birlikte korkunç bir savaş… En tecrübeli askerlerin bile sabrını taşıracak olan tehlikeli durumlarda, cesur madenciler başarılı oldular. En başından beri cesurca göğüs gerdikleri eziyetler hariç, kendilerini gösterme şansları hiç olmamıştı, fakat en azından bunu başarmışlardı. Mermiler her yönden aynı anda geliyordu ve henüz hiçbir düşman görünmüyordu. Setin bir tarafına sıralandılar ve arkadan vuruldular. Setin diğer tarafına sıralandılar ve tekrar arkadan vuruldular. Albay Baird-Douglas, beyaz bayrağı kaldıran adamı vuracağına yemin etti ve nefret edilen bayrağı görmeden öldü. Ama teslim olunması gerekiyordu. Askerlerden yüz kırk kişi yere yığılmıştı, birçoğu mermilerin açtığı korkunç yaralar nedeniyle acı çekiyordu. Ortalık bir savaş meydanıydı. Sonra bayrak yükseldi ve en sonunda Boerler göründü. Sayıca yetersizdiler, generalleri yoktu ve topları bulunmuyordu. Savaş sırasında ciddi bir şekilde muharebeye giren tek milis alayının saygın adına, en ufak bir lekenin gölgesi bile düşmemişti. Durumları daha ilk andan itibaren umutsuzdu ve bu durumdan ölerek, sakatlanarak ve onurlu bir şekilde çıktılar.

Rhenoster köprüsünün iki mil güneyinde, o haziran sabahı ordunun postalarını, kalın paltoları ve devasa mermilerle dolu bir kamyonu taşıyan bir trenin durduğu Roodeval istasyonu bulunuyordu. Farklı birliklerden gelen yüz kişi ya da daha fazla sayıda olan birkaç müfreze, trenden indi. Bunlar, yirmisi postane gönüllüsü, bazıları öncü demir yolu birliğinden, bir kısmı Shropshire Alayından ve diğerleri serseri ve başıboşlardan oluşuyordu. Sabahın erken saatlerinde renkli gözlüklü beyefendi onlar için geldi, elleri hâlâ Derbilerin kanıyla kıpkırmızıydı. "Bin dört yüz adamım ve dört topum var. Teslim olun!" dedi haberci. Fakat bir postacının mücadele etmeden posta çantasını bırakması, işin doğasına aykırıydı. Yiğit postacılar "Asla!" diye haykırdılar. Fakat top mermileri, oluklu saçtan yapılmış binaları kulaklarının dibinde art ardına dövüyordu ve canlarını çıkaran toplara karşı koymaları mümkün değildi. Teslim olmaktan başka çareleri yoktu. De Wet, milis torbasına İngiliz gönüllü ve İngiliz düzenli birliklerinin örneklerini ekledi. İstasyon ve tren yakıldı, kalın paltolar yağmalandı, büyük mermiler patlatıldı ve mektuplar yakıldı. Sonuncusu, o tarihe kadar De Wet'in sorumlu tutulabileceği tek sportmenlik dışı haraketti. Onun kuzeyindeki kırk bin asker, paltolarından ve yiyeceklerinden feragat edebilirdi, ancak evden gelen ve kömürleşmiş parçaları hâlâ çayırda uçuşmakta olan bu mektupları çok arzuluyorlardı.[1]

De Wet üç gün boyunca hattı savundu ve tüm bu süre boyunca hat üzerinde düşmanlığını sergiledi. Bu hat, kilometrelerce çok bilimsel bir bütünlükle harap edilmişti. Rhenoster köprüsü yıkılmıştı. Aynı şekilde, Roodeval köprüsü de ikinci kez yıkıldı. Raylar, cennete giden bitmemiş bir hat gibi görünecek şekilde dinamitle yukarı doğru patlatılmıştı. De Wet'in zalim eli her yerdeydi. On mil içinde tek bir telgraf direği bile ayakta kalmamıştı. De Wet'in karargâhı, Roodeval'deki tepede kalmaya devam ediyordu.

10 Haziran'da iki İngiliz kuvveti, bu tehlikeli noktada birleşti. Biri Heilbron'dan gelen Methuen'indi. Diğeri Shropshire Alayı, Güney Galler Sınır Alayı ve Lord Kitchener ile güneye gelen bir bataryasından oluşan küçük bir kuv-

---

[1] Galiplerin meraklı okumuş olması gereken mektup parçaları, sürekli olarak göze çarpıyordu. "Umarım şimdiye kadar bütün Boer'leri öldürmüşsünüzdür", görmezlikten gelemeyeceğim bir mektubun başlangıcıydı.

vetti. Lord Roberts tarafından, her seferinde güçlü bir adama ihtiyaç duyulan her noktaya enerjik Genelkurmay Başkanı gönderildi ve nadiren görevinde başarısız oldu. Fakat ilk gelen Lord Methuen oldu ve hemen De Wet'e taarruz etti. De Wet, hızlı bir şekilde doğuya doğru hareket etti. Savaş sırasında çok yaygın olan abartma eğilimiyle, bu olay bir zafer olarak nitelendirildi. Boerler açısından gerçekten stratejik ve neredeyse kansız bir manevraydı. Meydan muharebeleri yapmak, gerillalara göre değildir. Methuen, Kroonstad'ın ele geçirildiğini öğrenince güneye doğru ilerledi. Bunun doğru olmadığını anlayınca, De Wet'i aramak için tekrar doğuya yöneldi.

Bu kurnaz ve yorulmak bilmez adam, görüş alanımızın çok da dışına çıkmamıştı. 14 Haziran'da, meşhur Girouard'ın emri altındaki inşaat trenleri, daha önce yapılan hasarı onarmak için harıl harıl çalıştığı Rhenoster'da bir kez daha göründü. Bu sefer muhafız birliği onu mağlup etmek için yeterliydi ve De Wet tekrar doğuya doğru gözden kayboldu. Yine de bir miktar zarar vermeyi başardı ve neredeyse Lord Kitchener'ı kendisi ele geçiriyordu. Rhenoster'da, Shropshires Alayından Albay Spens'in sorumluluğu altında, kendi alayı ve birkaç topla birlikte kalıcı bir karakol kurulmuştu. Tümen komutanlarının en genç ve en aktiflerinden biri olan Smith-Dorrien, aynı zamanda hattın denetimini ve kontrolünü üstlenmişti.

Bu dönemde, çok önemli bir köprünün bulunduğu Kroonstad'ın güneyindeki Sand Nehri'ne yüz kadar Boer'den oluşan bir komando birliği tarafından bir saldırı yapılmıştı. Bu taarruz, birkaç piyade ve gönüllü süvarinin yardımıyla, Kraliyet Lancaster alayı ve Demir yolu istihkamcıları tarafından bozguna uğratıldı. Çarpışma bir süreliğine hareketliydi ve çarpışmanın asıl yükünü göğüsleyen istihkâmcılar, çok metanetli bir şekilde hareket ettiler. Çarpışma, esasen asil ruhlu bir Amerikalı olan İstihkâmcılardan Binbaşı Seymour'un ölümü nedeniyle dikkate değerdir. Tüm iftiralar ve yanlış beyanlar karşısında adalet ve özgürlük davası olduğunu bildiği şeye hizmet etmiş ve en sonunda bu uğurda hayatını vermişti.

Tüm bu önlemlerden sonra şimdi, renkli gözlüklü beyefendiyi son kez gördükleri umuluyordu, ancak o, 21 Haziran'da bir kez daha eski uğrak yerlerine geri döndü. Kroonstad ile Roodeval'in tam ortasındaki Honing Spruit İstasyonu, onun yeni baskın yeriydi. O tarihte bir tren, istasyonda beklerken De Wet'in askerleri aniden ortaya çıktı ve trenin diğer yanındaki rayları söktüler. Bu noktada hiç top yoktu ve mevcut tek birlik, Martini-Henry tüfekleri ve eski mühimmatla silahlanmış Pretoria'dan gelen üç yüz harp esiriydi. Bununla birlikte, komutanları iyi bir askerdi- Colenso'da kendini gösteren Devon'lardan Albay Bullock'du ve pejmürde kıyafetli, yarı aç zavallı her asker, daha önce katlanmış oldukları aşağılanmaları hatırlayarak cesaretlendiler. Yedi saat boyunca top mermisi atışı altında çaresiz beklediler, ama metanetleri, Albay Brookfield'ın 300 gönüllü süvari ve 17'nci Kraliyet Topçu Alayının dört topuyla birlikte gelmesi ve ardından akşam vakti güneyden daha büyük bir kuvvetin onu takip etmesiyle ödüllendirildi. Boerler kaçtılar, ancak aralarından birkaç kişiyi arkalarında bıraktılar. İngilizlerden ise Binbaşı Hobbs ve dört askeri öldürüldü ve on dokuz kişi yaralanmıştı. Top mermisi ve şarapnel ateşleyen üç topla birlikte yedi yüz Boer nişancısına karşı üç yüz yarı silahlı askerin bu savunması, çok başarılı bir faaliyetti. Aynı Boer birliği hemen ardından, Albay Evans'ın iki Shropshires bölüğü ve elli Kanadalı ile birlikte savunduğu bir karakola saldırdı. Tekrar kayıp vererek geri püskürtüldüler. Inglis'in emrindeki Kanadalılar, özellikle açığa çıkmış bir mevzideki umutsuz direnişleriyle kendilerini gösterdiler.

Tüm bu saldırılar, ne kadar rahatsız edici ve yıkıcı olursa olsun, savaşın genel gidişatını değiştiremedi. Diamond Hill savaşından sonra ele geçirilen mevzi, atlı piyade tarafından işgal edildi. Kuvvetlerin geri kalanı, çok ihtiyaç duyulan yedek atları beklemek için Pretoria çevresindeki kamplarına döndü. Muharebe sahasının diğer kısımlarında, İngiliz kordonu Boer kuvvetlerinin etrafını daha sıkı bir şekilde kuşatıyordu. Buller, Standerton kadar uzağa gelmişti ve Ian Hamilton, haziran ayının son haftasında Heidelberg'i işgal etmişti. Bir hafta sonra iki kuvvet bir araya gelmeyi başardı ve böylelikle Özgür Devlet'in Transvaal orduları ile bağlantısını tamamen kestiler. Hamilton bu harekâtlar esnasında köprücük kemiğini kırma talihsizliğini yaşadı ve bir süreliğine tümeninin komutası, ordunun uygun bir halef olarak kabul edebileceği belki de tek adam olan Hunter'a geçti.

De Wet ve Olivier gibi liderlerin komutasındaki yedi ya da sekiz bin kişilik yenilgiye uğramamış bir ordu, demiryollarını çevreleyen tepelerin arasında pusuda beklerken barışın sağlanamayacağı ve ikmal hatlarının güvenliğinin olmayacağı, İngiliz komutanları için açıktı. Bu nedenle, ülkenin o köşesini temizlemek için kararlı bir çaba gösterildi. Ian Hamilton ve Buller'ın birleştiği yer olan tek kaçış hattını kapatan altı ayrı birlik grubunun dikkati, cesur Özgür Devlet vatandaşları üzerine yoğunlaşmıştı. Bu birlikler güneyde Rundle ve Brabant'ın tümenleri, en sol tarafta Clements'in tugayı, Paget komutasındaki Lindley garnizonu, Macdonald komutasındaki Heilbron garnizonu ve hepsinden daha da ürkütücüsü, kuzeyde hareket halinde olan Hunter komutasındaki bir müfrezeydi. Bir kriz açıkça yaklaşıyordu.

Henüz ele geçirilmemiş en yakın önemli Özgür Devlet kasabası, savaştaki muharebeler ile bağlantılı yegâne isim olan Bethlehem'di. Bu kasabanın güneyindeki arazi, Rundle veya Brabant'ın ilerlemesine izin vermiyordu, ama kasabaya batı istikametinden daha kolay erişilebilirdi. Bu nedenle, İngilizlerin ilk harekâtı, bu taraftan ilerleyebilmek için yeterli sayıda birlik yığınaklanmasına dayanıyordu. Bu yığınaklanma, 1 Temmuz'da Senekal'den Clements ile Lindley'de komuta eden Paget arasında, ikinci yerin yakınında bir buluşma noktası meydana getirilerek yapıldı. Clements bir miktar direnişle karşılaştı, ancak mükemmel piyade alayları, İrlanda Kraliyet, Worcesters, Wiltshires ve Bedfords'un yanı sıra, yanında gönüllü süvariler ile birlikte 2'inci Brabant'ın süvarileri, atlı piyadeler, iki adet 5 inçlik top ve 38'inci Kraliyet Sahra Topçu Alayı vardı. Grenfell ve Brabant'ın yaptığı bir gösteri harekâtının yardımıyla, üç gün boyunca kesintisiz devam eden çarpışmalardan sonra ilerlemeye başladı.

Clements ile temasa geçen Paget, Lindley'den dışarı çıktı ve kasabada garnizon kurması için Buffs'ı geride bıraktı. Yanında Brookfield'in bin kişi gücündeki tugayı, sekiz top ve iki iyi piyade taburu, Munster Hafif Piyade Alayı ve Yorkshire Hafif Piyade Alayı vardı. 3 Temmuz'da, Leeuw Tepesi yakınlarında, üç topla birlikte dikkate değer bir Boer Kuvvetini karşısında buldu, Clements, o sırada kanattan ona yardım edemeyecek kadar çok uzaktaydı. 38'inci Kraliyet Sahra Topçusu'nun dört topu (Binbaşı Oldfield) ve şehir gönüllülerine ait iki top faaliyete geçti. Kraliyet Topçusunun topları görünüşe göre çok şiddetli bir ateşe maruz kalmıştı ve kayıplar o kadar ağırdı ki bir süreliğine hizmet dışı kaldılar. Koruma kuvveti yetersizdi, gerektiği kadar ileriye gitmemişti ve kötü yönetiliyordu. Bu nedenle Boer nişancıları, bir kuru dere yatağından sürünerek, 38'inci bataryanın içine girmeyi başardılar ve Teğmen Belcher ile birlikte cesur binbaşı, topları korurken öldürüldü. Orada bulunan diğer tek subay olan Yüzbaşı Fitz Gerald, iki yerinden yaralandı ve bir top kısmının neredeyse tüm atlarıyla birlikte yirmi askeri yere serildi. Albay Brookfield'in Gönüllü Süvarilerinin Tugay komutan yardımcısı olan Yüzbaşı Marks, Teğmen Keevil Davis ve 15'inci I.Y.'nin yardımıyla dağınık ve neredeyse yok olan kısmın imdadına yetişti. Aynı zamanda C.I.V.'in topları da yakın bir tehlike altındaydı, ama bataryanın icra subayı Yüzbaşı Budworth tarafından enerjik bir şekilde yoğun çaba harcanarak korunuyorlardı. Bununla birlikte kısa bir süre içinde, kuşatma manevrası icra eden piyade, Munster Hafif Piyade ve Yorkshire Hafif Piyade Alayları muharebeye girdi ve mevzi ele geçirildi. Kuvvet, ileri doğru hareket etti ve 6 Temmuz'da Bethlehem'in önündeydiler.

Bu yer, tepelerle çevriliydi ve düşmanın güçlü bir şekilde mevzilendiği anlaşıldı. Clements'in kuvveti şimdi solda ve Paget'in kuvveti ise sağ taraftaydı. Her iki taraftan da Boer kanatlarını kuşatmak için bir girişimde bulunuldu, ancak kanatların çok geniş bir cepheye yayıldığı ve güçlü oldukları anlaşıldı. Gün boyunca uzun menzilli bir çarpışma sürdürülürken, Clements mevzide bir zayıf nokta bulma ümidiyle yoluna devam etti, fakat akşamüzeri, Paget'in iki piyade alayı tarafından sağ kanada doğrudan bir taarruz yapıldı. Bu taarruz İngilizlere Boer mevzisinde bir tutunma noktası sağladı. Munster Hafif Piyadeleri ve Yorkshire Hafif Piyadeleri, bu kahramanca taarruzda, dört subay da dâhil olmak üzere ölü ve yaralı kırk asker kaybetti. Daha ağır kayıp veren ve daha büyük bir şerefe nail olanlar ise, Munster Alayının askerleriydi.

Mevzinin merkezi hâlâ savunuluyordu ve 7 Temmuz sabahı Clements, Kraliyet İrlanda Alayının albayına, durumun uygun görünmesi hâlinde mevziye hücum edilmesi talimatını verdi. Böyle bir alaya verilen böyle bir emir, durumun uygun görüleceği anlamına geliyordu. Üç uzun sıra hâlinde yukarı doğru çıktılar. Yolda kırk ya da elli kişi bırakmalarına rağmen, nefes nefese ve coşkulu bir şekilde bayırın zirvesine ulaştılar. Onların altında diğer tarafta, Bethlehem kasabası bulunuyordu. Ötesindeki yamaçların üzerinde yüzlerce atlı geri çekiliyordu ve bir top aceleyle kasabaya doğru götürülüyordu. Bir an için ganimet olarak hiçbir şey kalmamış gibi göründü, ama aniden keskin gözlü bir çavuş, bozkırda yankılanana kadar tekrar tekrar sevinç çığlığı attı. Tepenin altında, kırık bir tekerlekle yan yatmış bir top vardı. Stormberg'in 15 libreliklerinden biriydi ve onun tekrar ele geçirilmesi bir onur meselesiydi. Topçular, çoğu zaman piyadenin ihtiyaç duyduğu arkadaşları olmuştu. Şimdi bunun karşılığında bir şeyler yapma sırası piyadedeydi. O akşam Clements Bethlehem'i işgal etmişti ve kasabalarından biri daha Özgür Devlet vatandaşlarının elinden çıkmıştı.

Kuzeyden yaklaşan General Hunter'ın komutasındaki bu kuvvet hakkında şimdi biraz bilgi verelim. Zayıf, kartal gibi ve yorulmak bilmez, yiğit ve enerjik Hamilton, daha önce de belirtildiği gibi, Heidelberg'de köprücük kemiğini kırmıştı ve bu birlikleri, yardımcısı olarak Transvaal'ın dışında, Orange Nehri Kolonisi içinde sevk ve idare eden Hunter'dı. Piyadelerinin çoğu geride Heidelberg'de kaldı, ancak yanına Ridley'in atlı piyadeleri ile birlikte, Broadwood'un süvarilerini (iki tugay) ve Bruce Hamilton'un 21'inci Piyade Tugayı'nı almıştı, toplamda yaklaşık yedi bin askeri vardı. Bu kuvvet, 2 Temmuz'da Özgür Devlet'in kuzeyindeki Frankfurt'a dirensiyle karşılaşmadan ulaştı ve 3 Temmuz'da, Heilbron'dan gelen Macdonald'ın kuvveti de orada onlara katıldı. Böylece Hunter, kendisini on bir binden fazla askerin komutanı olarak buldu. Burada, ölmekte olan Devlet'e son darbenin vurulabileceği bir kuvvet, kesinlikle vardı. Şimdiye kadar ciddi bir dirensiyle karşılaşmadan güneye doğru ilerleyen Hunter, Reitz'i işgal etti ve son olarak Broadwood'un süvarilerini 8 Temmuz'da Paget ve Clements'e katıldıkları Bethlehem'e gönderdi.

Ağ şimdi yerindeydi ve çekilmek üzereydi, fakat son anda tüm balıkların en büyüğü, ondan dışarı doğru öfkeyle fırladı. Özgür Devlet'in ana kuvvetini arkasında çaresiz bir durumda bırakan De Wet, bin beş yüz iyi süvari ve beş topla birlikte, Bethlehem ve Ficksburg arasındaki Slabbert Geçidi üzerinden kuşatmayı yardı ve hızla kuzeybatıya doğru ilerledi, Paget ve Broadwood'un süvarileri tarafından yakından takip ediyordu. Kurtulmak için hamle yaptığında tarih, 16 Temmuz'du. Ayın 19'unda General Little, Lindley yakınlarında 3'üncü Süvari Tugayı ile birlikte onunla temas sağladı. De Wet silkelenip temizlendi ve fevkalade bir atılganlıkla bir kez daha Honing Spruit'in kuzeyindeki demir yolunu kesti, geçerken bir treni ele geçirdi ve iki yüz kişilik bir müfrezeyi esir aldı. 22 Temmuz'da De Wet, Vredefort'taydı, De Wet'in at arabalarını ve geride kalan personelini toplayan Broadwood, Ridley ve Little, onu hâlâ yakından takip ediyordu. Ardından, De Wet Vaal Nehri'nin birkaç mil güneyindeki dağlık araziye kendini attı; burada bir hafta ya da daha uzun süre pusuya yattı. Bu esnada Lord Kitchener, bir teslim olma ile sonuçlanması beklenen harekâtı yönetmek için güneye geldi.

İnatçı gerillayı saklandığı yerde bırakarak, hikâyenin, bu önemli balığın kaçmasına rağmen hâlâ devam eden balık ağının çekilmesi olayına geri dönmemiz gerekir. İngiliz kuvvetleri her taraftan yakınlaşmıştı ve bu kuvvetler, hem sayıca daha fazla hem de nitelik olarak daha üstündü. Bethlehem'den Basuto sınırı yönünde hızlı bir ilerlemeyle, Ficksburg'un kuzeyindeki tüm Boerlerin kuşatılacağı artık aşikârdı. 22 Temmuz'da yürüyüş kolları harekete geçti. O tarihte Paget, Bethlehem'in dışına doğru hareket etti ve Rundle, Ficksburg'un bir adım ilerisine çıktı. Bruce Hamilton, Cameron'un İskoç Dağ Tugayı'ndan yirmi kişinin kaybı pahasına, düşmanın pusuya yattığı o kayalık arazinin bir tabyası üzerinde zaten hâkimiyetini kurmuştu. Ayın 23'ünde Hunter'ın kuvveti, Retief Dağ Geçidinin zorlu boğazında Boerler tarafından durduruldu, ancak ayın 24'ünde, Slabbert Dağ Geçidinin Clements tarafından ele geçirilmesi geri bölgelerini tehdit ettiği için, bu geçidi terk etmek zorunda kaldılar. Bu ikinci geçit yeri özenle tahkim edildi. Bu geçit yerine ayın 23'ünde, Brabant'ın süvarileri ve Kraliyet İrlanda Alayı tarafından başarısız bir taarruz icra edilmişti. Günün ilerleyen saatlerinde Wiltshire Alayı'nın iki bölüğü de durduruldu, ancak tek bir bölük ölü ve yaralı 17 zayiat vermesine rağmen, Boer hatlarına bir taş atımlık mesafe içinde akşama kadar mevzisini korudu. Kraliyet İrlanda Alayı'nın bir kısmı da düşman siperlerine yakındı. Karanlığın örtüsü altında, Clements, Kraliyet İrlanda Alayında dört bölük ve Wiltshires Alayından iki bölüğü Albay Guinness komutasında, ileriye tepelerin zirvesine doğru bir kuşatma manevrası yapmak için gönderdi. Bu altı bölük, düşmanı tamamen şaşırttı ve onların alelacele mevziyi terk etmelerine neden oldu. Gece yürüyüşleri büyük zorluklarla gerçekleştirildi. Askerler, bir tarafı aniden 400 fit alçalan kayalık bir patika boyunca ellerinin ve dizlerinin üzerinde süründüler. Fakat çabaları ziyadesiyle ödüllendirildi. Slabbert Dağ Geçidinin düşmesi kuşatma manevralarının başarısına bağlıydı. Eğer Slabbert Dağ Geçidini ele geçirirsek, Retief Dağ Geçidi savunulamaz bir hâle gelirdi ve eğer ikisi de bizim elimizde olsaydı, Prinsloo'nun geri çekiliş yolu kesilirdi.

Tepelerdeki her açık alanda İngiliz topları ateş püskürüyordu ve her yükseltide İngiliz yürüyüş kollarının başları görünüyordu. İskoç Dağ Tugayı, yüz İskoç Hafif Piyade askerinin öldürüldüğü ve yaralandığı çetin bir çarpışmaya girmiş olsa da, Boer mevzisinin üzerine iyice yerleşmişti. Seaforth ve Sussex Alayları da önlerindeki mevzileri ele geçirmiş ve bunu yaparken biraz hırpalanmışlardı. Büyük dağ kalesinin tahkimatlarının tümü ele geçirildi ve 26 Temmuz'da İngiliz yürüyüş kolları Fouriesburg'da birleşti. Bu esnada geri çekilme hattındaki Naauwpoort ise Macdonald tarafından durduruldu. Boerler ile ilgili durum, artık an meselesiydi.

Ayın 28'inde Clements hala ilerliyor ve inatçı düşmanımızın işgal ettiği alanı daha da daraltıyordu. Clements Slaapkrantz'ın zorlu mevzisiyle karşı karşıya geldi ve Boerlerin yerinden edilmesinden önce küçük sıcak bir çatışma gerekiyordu. Bu çatışmayı yapmak Brabant'ın süvarileri, Kraliyet İrlanda Alayı ve Wiltshires Alayına düştü. İkinci birliğin üç bölüğü, düşmanın solundaki bir çiftliği ele geçirdi, ancak bunu yaparken on asker kaybettiler ve bu esnada cesur albayları Carter iki yerinden ağır yaralandı. Yüzbaşı Bolton tarafından mükemmel bir şekilde sevk ve idare edilen Wiltshires birliği, çiftliğe tutundu ve orada bir avuç İskoç muhafız tarafından takviye edildi. Gece, bu mevzi Boerler tarafından terk edildi ve ilerleme, hızlı bir şekilde devam etti. Her tarafta baskı, dayanılmaz hâle geliyordu. Vadideki kasabalı Boerler, aşağıdan her tepede İngiliz heliograflarının pırıltısını gün boyunca görebiliyordu. Geceleri ise sürekli yanıp sönen sinyaller, onları kuşatan uykusuz teyakkuz durumunu anlatıyordu. 29 Temmuz'da Prinsloo bir ateşkes talebinde bulundu, ancak reddedildi. Günün ilerleyen saatlerinde koşulsuz teslim olduğunu ilan eden bir bildiri ile birlikte beyaz bayraklı bir haberciyi Hunter'a gönderdi.

30 Temmuz'da İngilizleri uzun süredir uzak tutan rengârenk giysili ordu, dağların arasından çıktı. Ama çok geçmeden, Prinsloo'nun herkes adına konuşmakla gücünün sınırlarını aştığı belli oldu. Boer ordusunda disiplin düşük, bireyselcilik yüksekti. Her asker, silah arkadaşının beyaz bayrağını tanımayacağı gibi, komutanının kararını da reddedebilirdi. İlk gün Ficksburg ve Ladybrand komandolarından bin beş yüz at ve iki topla birlikte en fazla bin yüz asker teslim oldu. Ertesi gün, sekiz yüz atla birlikte yedi yüz elli adam daha geldi ve 6 Ağustos'a kadar tutukluların toplamı, ikisi bize ait olan üç topla birlikte dört bin yüz elliye çıktı. Fakat Olivier, bin beş yüz adam ve birkaç topla birlikte, ele geçirilen kuvvetten ayrıldı ve tepelerden kaçarak kurtuldu. Onurlu bir asker olan General Hunter, resmî raporunda bu olay hakkında şunları söylüyor: "Bunu, General Olivier adına güvenin suiistimal edilmesi olarak görüyorum ve onu şahsen sorumlu tutuyorum. General Prinsloo'nun kendisini koşulsuz teslimiyete dâhil ettiğini bildiğini itiraf etti." Kısa bir süre sonra Olivier'in yakalanması üzerine, savaş kurallarının bu ihlali nedeniyle divanı harpte yargılanmaması, aynı zamanda iyi huylu bir dev olan İmparatorluğun, geçmişi geçmişte bırakacak kadar hızlı -belki de çok hızlı- olması ilginçti. 4 Ağustos'ta Harrismith Macdonald'a teslim oldu ve böylelikle Van Reenen Geçidi'nin girişi ve Natal demir yolları sisteminin en uç noktası güvenceye alındı. Cape üssünden çok uzakta olan bu kadar çok sayıdaki birliğin ikmalinin sağlanması çok güç olduğundan, demir yolu sisteminin güvenliğinin sağlanması çok önemliydi. Bir gün içinde üs Durban'a kaydırıldı ve mesafe üçte iki oranında kısaldı. Bu arada ordu, ondan yüz mil uzaktan gelmek yerine demir yolu üzerine gelmeye başladı. Bu büyük başarı, Lord Roberts'ın ikmal hatlarını ciddi bir saldırıdan kurtardı ve bu, Pretoria'daki durumunu sağlamlaştırması açısından son derece önemliydi.

28. BÖLÜM

PRETORİA'DA VERİLEN MOLA

Lord Roberts, şimdiye kadar altı haftadır başkentteydi ve İngiliz birlikleri, Transvaal'ın güney ve batısının büyük bölümünü işgal etmişti. Buna rağmen, sözde güvenliğin sağlandığı ve silahtan arındırılmış yerlerde aniden alevlenen Boer direnişi devam ediyordu. Tarihin sıklıkla gösterdiği gibi, cumhuriyetçi bir orduyu yenmenin onu fethetmekten daha kolay olduğu anlaşıldı. Klerksdorp'tan, Ventersdorp'tan, Rustenburg'dan yeni kurulan İngiliz otoritesine karşı ayaklanma haberleri geliyordu. Gizlenmiş mavzerler ve kütüklükler, bir kez daha sığır ağıllarının çiğnenmiş köşelerinden çıkarıldı ve çiftçi, bir kez daha savaşçı oldu. De Wet'in kahramanlıklarıyla ilgili belli belirsiz haberler, kasabalı Boerleri harekete geçirdi ve teslim olanları utandırdı. Rustenburg yakınlarında teslim olan Cronje'nin oğluna gerilla şefinden gelen bir mektup ele geçirildi. De Wet, iki büyük zafer kazandığını ve kasabalı Boerlerin teslim ettiklerinin yerini alacak bin beş yüz tüfek ele geçirdiğini söylüyordu. Sadece uzak bölgeler isyan halinde değildi. Boerler, Pretoria'nın çevresinde bile saldırıya geçme eğilimindeydiler. Bu esnada hem o kasaba hem de Johannesburg, ikisi birden mevcut yönetime karşı hoşnutsuzlukla doluydu ve bir kez daha onların kollarına doğru uçmaya hazırdı.

Daha haziran ayının sonunda, Boerlerin, yedek atlar gelene kadar Lord Roberts'ın ne kadar çaresiz bir durumda olduğunu fark ettiklerine dair işaretler vardı. Sivrisinekler, sakat aslanın etrafında vızıldıyordu. 29 Haziran'da Johannesburg yakınlarındaki Springs'e bir saldırı oldu, ancak Kanadalılar tarafından kolayca püskürtüldü. Temmuz ayı başlarında, bazı süvari ve atlı piyade devriyeleri, başkentin yakınlarında ele geçirildi. Lord Roberts, bu doğrultuda Hutton ve Mahon'un Boerleri kendi sağından temizlemelerini ve onları Bronkhorst Spruit'e kadar püskürtmelerini emretti. Bu emir, 6 ve 7 Temmuz'da yerine getirildi. İngiliz ilerleyişi, piyade tüfeklerinin olduğu kadar hatırı sayılır bir topçu direnişiyle karşılaştı. Bu manevra ile Johannesburg'da tehlikeli bir karışıklık yaratabilecek olan sağ taraftaki baskı hafifletildi ve bu faaliyet, yarısı İmparatorluk Hafif Süvari'ne ait olan ölü ve yaralı otuz dört kişi gibi makul bir zayiat verilerek gerçekleştirildi. Mafeking'in kurtarılması sırasında Mahon'la karşılaşan bu ünlü birlik, birkaç gün önce Johannesburg sokaklarında karışık duygularla gezmiş ve birçoğu, bir zamanlar kendi yuvaları olan terk edilmiş evlerin önünden geçmişti. Hayatta kalanların onları işgal etmesinden önce, daha birçok yorucu ay geçmesi gerekecekti. 9 Temmuz'da Boerler yeniden taarruza geçtiler, ancak tekrar doğuya doğru geri püskürtüldüler.

Muhtemelen, düşmanın, Lord Roberts'in genişletilmiş mevzisinin sağında icra ettiği bu gösteri taarruzlarının tamamı, gerçekte Botha'nın aklındaki daha geniş kapsamlı planları gizlemek için yapılan aldatmacalardı. Boer kuvvetlerinin o sıradaki düzeni, şu şekilde görünüyor: Botha, ordusuyla birlikte Delagoa demir yolu hattı boyunca, Diamond Tepesinden daha doğuda bir mevzi işgal etmişti. Buradan Pretoria'nın güneydoğusundaki İngiliz mevzisinin en sağında bulunan Hutton'a taarruz eden birlikler görevlendirdi. Pretoria'nın kuzeyinde ikinci bir kuvvet Grobler komutasında hareket ederken, De la Rey komutasındaki üçüncü bir kuvvet Pretoria'nın kuzeybatısındaki İngilizlerin sol kanadının karşısına gizlice sevk edilmişti. Botha, sağındaki enerjik gösteri taarruzları ile Lord Roberts'ın dikkatini çekerken, Grobler ve De la Rey, her biri diğerinden on iki veya on beş mil uzakta olan onun merkezine ve sol kanadına ani bir saldırı yapacaklardı. İyi tasarlanmıştı ve başarılı bir şekilde icra edilmişti; ancak bunun doğal kusuru, bu şekilde alt bölümlere ayrıldığında, Boer kuvvetinin artık sadece bir ileri karakolun başarısından fazlasını elde edecek kadar güçlü olmamasıydı.

De la Rey'in taarruzu, 11 Temmuz'da, başkentin yaklaşık on sekiz mil batısındaki Uitval Dağ Geçidinde gün ağarırken gerçekleştirildi. Bu mevzinin Lord Roberts'ın savunma hattının bir parçası olduğu söylenemez, daha ziyade ordusunun Rustenburg'la irtibatını sağlayan bir bağlantı olduğu söylenebilir. Bu mevzi, destekte olan diğer iki bölüğü ile birlikte, Lincolns Alayının üç bölüğü, bir İskoç Greys süvari taburu ve Kraliyet Çekili Topçusundan O bataryasının iki topu tarafından zayıf bir şekilde savunuluyordu. Taarruz şafağın ilk gri ışığıyla geldi ve küçük garnizon, saatlerce ölümcül bir ateşe karşı direnerek hiç gelmeyecek olan yardımı bekledi. Bütün gün düşmanlarını uzakta tuttular, ancak akşama doğru cephaneleri tükendi ve teslim olmaya zorlandılar. Hiçbir şey, hem piyade hem süvari hem de topçulardan oluşan askerlerin tavır ve davranışlarından daha mükemmel olamazdı, ancak durumları umutsuzdu. Zayiat, ölü ve yaralı seksen kişiydi. Yaklaşık iki yüz kişi esir alındı ve iki top ele geçirildi.

De la Rey'in Uitval Dağ Geçidinde darbesini vurduğu gün, Grobler, kendisine taarruz eden 7'nci Ağır Süvari Muhafız Alayı'ndan birkaç taburu sert bir şekilde hırpalayarak şehrin kuzey tarafında varlığını göstermişti. Her yere yetişen O bataryasının bir kısmının ve 14'üncü Hafif Süvari Alayı'nın yardımıyla, Albay Lowe, süvarilerini düştükleri bu tuzaktan kurtarmayı başardı, ancak bunun bedeli, subay ve askerlerden ölü, yaralı ve esir alınan otuz ile kırk kişiydi. Yaşlı "Kara

At" tarihsel itibarını korudu ve bin piyade tüfeği ile dört topun ateşine maruz kaldıkları neredeyse umutsuz bir durumdan kuşatmayı yararak cesurca çıktı.

Bu çatışmaların olduğu aynı gün, 11 Temmuz'da, Gordan Alayı Uitval Dağ Geçidinin yirmi mil kadar güneyinde yeni bir vazife olduğunu görmüştü. 19'uncu Tugay'a (Smith-Dorrien'in) Krugersdorp'a ilerlemeleri ve oradan kuzeye doğru gitmeleri için emir verilmişti. İskoç Gönüllü Süvarileri ve 78'inci Kraliyet Sahra Topçu Bataryası'ndan bir kısım, onlara eşlik etti. Ana fikrin, o bölgedeki her bir Boer'i geri bölgelerindeki Uitval Geçidi garnizonu ile karşılaşacak şekilde kuzeye doğru sürmek olduğu anlaşılıyor. Fakat ileri harekât, Boer nişancıları tarafından güçlü bir şekilde savunulan Dolverkrantz adlı bir yerde durduruldu. İki top yeterince korunmamıştı ve düşman, onların yakın meziline girerek, topçuların çoğunu yaraladı ya da öldürdü. Görevli teğmen, ünlü Essex kriket oyuncusu A.J.Turner, üç yerinden yaralanıp yere düşene kadar topu kendi elleriyle doldurup ateşledi. Durum şimdi çok ciddiydi. Uitval Dağ Geçidindeki felaket haberi geldiğinde ve geri çekilmeleri emredildiğinde daha da ciddileşti. Ne geri çekilebildiler ne de topları bırakabildiler, çünkü açılan ateş o kadar yoğundu ki topları hareket ettirmek imkânsızdı. Gordon Alayının gönüllüleri tarafından kahramanca girişimlerde bulunuldu. Yüzbaşı Younger ve diğer cesur askerler, toplara ulaşmak ve onları top arabasına yüklemek için boş yere çaba harcayarak hayatlarını feda ettiler. En sonunda gecenin karanlığı altında, koşum hayvanlarına koşum takımları vuruldu ve iki sahra topu başarıyla çıkarıldı. Bu arada onları ele geçirmek için koşan Boerler, bir yaylım ateşiyle dağıtıldı. Muharebe esnasında otuz altı zayiat verilmiş ve hiçbir kazanç elde edilememişti. 11 Temmuz, kesinlikle İngiliz ordusu için şanslı bir gün değildi.

Botha, güneyden gelen her trenin Lord Roberts'ın ordusu için atları getirdiğini ve De Wet ile adamlarının onların gelişini engellemesinin giderek zorlaştığını iyi biliyordu. Son at galip gelmeliydi ve İmparatorluk, bu atları çekebileceği bir dünyaya sahipti. Boerler bir hareket yapacaksa bunu bir an önce yapmaları gerekiyordu, çünkü hem süvari hem de atlı piyade, bir kez daha tam güçleriyle hızlı bir şekilde geri geliyordu. Bu düşünce, 16 Temmuz'da Botha'yı bir taarruz gerçekleştirmeye zorlamış olmalı ki bu ilk başta bir miktar başarılı olsa da daha sonra düşman karşısında ağır kayıplar vererek bozguna uğratıldılar. Savaşın yükü en çok Pole-Carew ve Hutton'a düşmüştü. Temasa giren birlikler esas olarak Kraliyet İrlanda Hafif Piyade Alayı, Yeni Zelandalılar, Shropshires ve Kanada Atlı Piyadelerinden oluşuyordu. Düşman defalarca mevziye hücum etmeyi denedi, fakat her seferinde ölü ve yaralı yaklaşık yüz kişilik zayiat vererek geri püskürtüldü. İngilizlerin kaybı yaklaşık altmış kişiydi ve iki cesur genç Kanadalı subay, biri eski milis bakanının tek oğlu olan Borden ve Birch'i de buna dâhildi. Botha'nın Pretoria çevresindeki İngiliz mevzilerine yönelik yaptığı son girişim de böylelikle sona erdi. Savaşın sonu henüz gelmemişti, ama şimdiden anlamsız olduğu fazlasıyla ortadaydı. Bu durum, Hamilton ve Buller'ın birleşerek Transvaal ordusunu Özgür Devlet'inkinden ayırdığı günden itibaren daha da belirgin hâle gelmişti. Tutsaklarını gönderemeyen ve ayrıca onları besleyemeyen Özgür Devlet askerleri, Lindley ve Roodeval'de aldıkları harp esirlerini Natal'da teslim etmek zorunda kaldılar. Giysileri yırtık pırtık ve açlık çeken bir tabur olan bu askerler, Van Reenen Geçidi'nden geçerek Ladysmith'te ortaya çıktılar. Bu ve benzeri durumlarda, Boerler tarafından salıvermek için hiçbir şart dayatılmaması, tuhaf bir olaydır.

Lord Roberts, süvarilerinin büyük bir bölümünün atlarını yeniledi ve artık doğuya doğru ilerlemeye ve Botha ile savaşmaya hazırdı. Delagoa Demir yolu boyunca kayda değer ilk kasaba, başkentten yaklaşık yetmiş mil uzaklıktaki Middelburg'dur. Burası İngilizlerin hedefi hâline geldi ve kuzeyde Mahon ve Hamilton'un, merkezde Pole-Carew'in ve güneyde French ve Hutton'ın kuvvetleri, hep birlikte bu yere doğru hareket ettiler. Hava şartları çok kötü olmasına rağmen ciddi bir direniş olmadı ve 27 Temmuz'da kasaba, işgalcilerin eline geçti. Bu tarihten itibaren doğuya doğru nihai ilerlemeye kadar French, bu ileri karakol görevinde kaldı. Bu sırada Pole-Carew ise demir yolu hattını koruyordu. Batıdaki karışıklık söylentileri, Roberts'i üstünlüğünü doğuya doğru genişletmek için henüz zamanının gelmediğine ikna etmişti ve Ian Hamilton'ın kuvvetini bir süre savaşın merkezinin diğer tarafında faaliyet göstermesi için geri çağırdı. Mahon ve Pilcher'ın atlı piyadeleri, Kraliyet Çekili Topçusundan M bataryası, Elswick bataryası, iki adet 5 inçlik ve iki adet 4,7'lik top, Berkshires Alayı, Sınır Alayı, Argyle ve Sutherlands Alayları ve İskoç Sınır Muhafızlarından oluşan bu mükemmel küçük ordu, taktik intikallerde ve savaşlarda tüm sefer boyunca herhangi bir birlik grubu kadar çok çalışıp çabaladırlar.

Batıda birkaç hafta önce savaş yeniden alev almaya başlamıştı, ancak De la Rey ve kasabalı Boerlerin o tarafa aktarılmasıyla daha da hızlandı. Transvaal'da uğrunda savaşmaya değecek daha değerli başka bir bölge yoktu, çünkü burası çiftlik evleriyle bezeli, portakal bahçeleri ile yeşillenmiş, içinden çok sayıda berrak akarsu geçen şirin bir kırsal bölgeydi. Görünüşe göre ilk hareketlilik belirtisi, 7 Temmuz'da, Rustenburg'un yukarısındaki tepelerde toplarla birlikte bir komando birliğinin ortaya çıkmasıydı. Rustenburg komutanı olan Hanbury Tracy, aniden teslim olma çağrısıyla karşı karşıya kaldı. Sadece 120 askeri ve bir topu vardı, ama cesur bir davranış sergiledi. Albay Houldsworth, tehlikeyi duyar duymaz, Avustralyalı köylülerden oluşan küçük bir kuvvetle Zeerust'tan yola çıktı ve düşmanı çok cesur bir çarpışma ile uzaklaştırmak için tam zamanında Rustenburg'a yetişti. 8 Temmuz akşamı Baden-Powell komutayı devraldı, garnizon Plumer'in emriyle takviye edildi.

Buna rağmen, Boer komandosu hâlâ varlığını sürdürüyordu. De la Rey'in Uitval Dağ Geçidindeki başarısı sayesinde takviye edildi ve yeniden canlandırıldı. Boerler, 18 Temmuz'da tekrar Rustenburg'a yaklaşmaya başladılar ve Avustralyalılar ile aralarında küçük bir çatışma meydana geldi. Son altı haftadır Özgür Devlet'in kuzeyinde çok ağır bir görev icra eden Methuen'in tümeni, şimdi Transvaal'a doğru ilerleme ve sorunun merkezi olarak görünen Rustenburg'a giderken, kuzeye doğru karışıklık içindeki bölgelerden geçme emri aldı. Tümen, Kroonstad'dan Krugersdorp'a trenle nakledildi ve görevini yerine getirmek için 18 Temmuz akşamı, çorak ve ateşle kararmış bir araziden ilerledi. Ayın 19'unda, Lord Methuen, her iki tarafın çok az kayıp vermesi ile Boerleri güçlü bir mevziden çıkardı. Ayın 21'inde, Magaliesberg'in menzilindeki Olifant Dağ Geçidinden zorla geçti ve böylece, Baden-Powell ile irtibat kurdu. Baden-Powell'in, Albay Airey komutasındaki yiğit Avustralya Buşmenlerinin Magato Geçidi yakınlarında altı ölü on dokuz yaralı zayiat verdikleri ve yaklaşık iki yüz at kaybettikleri şiddetli bir çatışmada mevzilerini korudular. Yüzbaşı Fitz Clarence'in Sömürge Alayı ile birlikte şans eseri bölgeye ulaşması, bu olayda bir felaketin önlenmesine yardımcı oldu. Sadece 300 kişiden oluşan ve topu olmayan bu birlik, korkunç bir pusuya düştü, fakat askerlerin azmi ve yeteneği sayesinde kendilerini kurtardılar.

Methuen, Rustenburg'un menziline girmesine rağmen, gerçekte Baden-Powell ile birlik oluşturmadı. Hiç şüphe yok ki, bu kurnaz askerin kendi başının çaresine bakabilecek durumda olduğuna onu ikna edecek kadarını görmüş ve işitmişti. Arkasında bir Boer kuvvetinin varlığını öğrenen Methuen, geriye döndü ve 29 Temmuz'da Potchefstroom'dan Krugersdorp demir yoluna giden Frederickstad'a geri geldi. Planlarındaki ani değişikliğin nedeni, Vaal Nehri'ni geçme ihtimaline karşı De Wet'in yolunu kesme isteğiydi. Lord Roberts, Rustenburg'un etrafını düşmandan tamamen temizlemek için hâlâ istekliydi ve bu nedenle, Methuen'in De Wet çevresindeki kordonu tamamlaması gerektiğinden, Hamilton'un kuvvetini doğudan geri çağırarak, daha önce açıklandığı gibi Pretoria'nın batısına sevk etti.

Methuen'in kuvvetlerinin temasa gireceği büyük De Wet avının ayrıntılarına girmeden önce, Hamilton'un tümenini takip edeceğim ve faaliyetleri hakkında biraz bilgi vereceğim. Hamilton, 1 Ağustos'ta Pretoria'dan Rustenburg'a doğru yola çıktı. Hem o gün hem de ertesi gün, çoğu Berkshire Alayından olmak üzere kırk yaralı zayiat vererek onu Magaliesberg dağ silsilesinden başarıyla geçiren yoğun çarpışmalara girdi. 5 Ağustos'ta Rustenburg'a doğru ilerledi ve kuşatma kuvvetini püskürttü. Batı tarafında daha küçük bir kuşatma devam ediyordu, Mafeking'den başka bir asker, Albay Hore, Elands Nehri'nde kasabalı Boerler tarafından durdurulmuştu. Birkaç gün boyunca garnizonun teslim olduğundan korkuldu ve hatta resmî olarak ilan edildi. Carrington'ın 5 Ağustos'ta bu yeri kurtarma girişiminin geri püskürtüldüğü biliniyordu. Bölgenin durumu o kadar tehditkâr görülüyordu ki, Zeerust ve Otto'nun dairesini tahliye ederek ve burada toplanan önemli miktardaki erzak maddesini terk ederek, Mafeking'e kadar geri çekilmek zorunda kalacak veya kendini buna mecbur hissedecekti. Tüm bu uğursuz emarelere rağmen, garnizon hâlâ varlığını koruyordu ve 16 Ağustos'ta Lord Kitchener tarafından kurtarıldı.

Elands Nehri üzerindeki Brakfontein'deki bu direniş, savaşın en başarılı askerî faaliyetlerinden biri olarak görünüyor. Avustralyalılar, savaş sırasında o kadar bölünmüşlerdi ki, cesaretleri ve yeterlilikleri herkesçe kabul edilmiş olsa da, kendilerine ait diyebilecekleri tek bir başarıları yoktu. Fakat şimdi Kanadalıların Paardeberg'e gösterdikleri kadar gururla Elands Nehri'ndeki başarıyı gösterebilirler. Sayı olarak 500 kişiydiler; Victorialılar, Yeni Güney Gallerliler ve Queenslandlılar'dan oluşuyorlardı, Yeni Güney Galliler, Rodezyalıların müfrezesi ile birlikte daha büyük bir birlikti. Hore'un emri altında Rodezyalılardan Binbaşı Hopper'ı ve Queenslanderslar'dan Binbaşı Toubridge vardı. İki bin beş yüz Boer, onları kuşattı ve en uygun teslim olma koşulları teklif edildi ve reddedildi. Altı top onlara nişan aldı ve 11 gün boyunca hatlarına 1800 mermi düştü. Nehir, yarım mil uzaktaydı ve insanlar ya da hayvanlar için her damla su, oradan gelmek zorundaydı. Hemen hemen tüm atları ve 75 askerleri ölü veya yaralıydı. Küçük askerî birlik, olağanüstü bir enerji ve maharetle, derinlik ve etkinlik olarak Boerlerin tasarladıklarını aştığı söylenen siperler kazdı. Ne Carrington'ın geri püskürtülmesi, ne tek toplarının tutukluk yapması, ne de yiğit Annett'in ölümü cesaretlerini kırmaya yetmedi. Beyaz bayrak üzerinde dalgalanmadan önce ölmeye yemin ettiler. Neticede talihleri döndü. Cesur askerler canlarına dişlerine taktıklarında, şans eseri Broadwood'un şaşkınlık ve hayranlık içindeki askerleri, sayıları azalan ve bir deri bir kemik kalan, ama boyun eğmeyen garnizonun hatlarının içine doğru at sürüyordu. Avustralya'nın bestecileri bir konu aradıklarında, Elands Nehri'ne baksınlar, çünkü bu savaşta daha iyi bir direniş yoktu. Onlarla bu kahramanlığın şerefini ve tehlikesini paylaşan, 130 yiğit Rodezyalıya raporlarında yer vermeyi çok görmeyeceklerdir.

Ian Hamilton, 7 Ağustos'ta Baden-Powell ve askerlerini yanına alarak Rustenburg'u terk etti. Her kasabada bir garnizon kurmaya çalışarak İngiliz kuvvetlerini çok geniş bir alana dağıtmak, kesinlikle akıllıca değildi. Şu an için savaşın tüm ilgisi De Wet'e ve onun Transvaal'a yaptığı saldırıya odaklanmıştı. Bununla birlikte, süregelen hiçbir hikâyeye uymayan bir ya da iki küçük olay, burada aktarılabilir.

Bunlardan biri, Sir Charles Warren'ın Griqualand'daki isyanı bastırdığı Faber Geçidindeki (Faber's Put'taki) muharebeydi. Uçsuz bucaksız mesafelere sahip bu seyrek yerleşimli ülkede, isyanı kesin bir şekilde sona erdirmek, çok zor bir görevdi. Sir Charles Warren, olağanüstü yerel bilgi ve ilgisiyle bunu başardı ve Spion Tepesindeki muharebesi ile ilgili olarak hangi görüşe sahip olunursa olunsun, İmpratorluğun hizmetinde saçlarını ağartan bir askerin şerefini artıracağından, bu başarı iki misli memnuniyetle karşılandı. Çoğunluğu sömürgelerden gelen askerler ve gönüllü süvarilerden oluşan bir birlikle, isyancıları Douglas'ın on iki mil yakınına kadar takip etmişti. Burada, mayıs ayının sonunda ona karşı koydular ve şiddetli bir gece taarruzu düzenlediler. O kadar ani ve o kadar güçlü bir şekilde baskı yaptılar ki, hem General'e hem de birliklere taarruzu püskürttükleri için çok şey borçluyuz. Sabahın erken saatlerinde kamp, her yönden saldırıya uğradı. Atların büyük bir kısmı açılan ateş nedeniyle panik hâlinde kaçmıştı ve düşmanın nişancılarının çok yakın mesafede olduğu anlaşıldı. Çatışma bir saat boyunca yoğundu, ancak bu sürenin sonunda Boerler, arkalarında bir miktar ceset bırakarak kaçtılar. Tecrübeli askerlerin kararlılığını test edecek olan bu çok takdire şayan muharebede temasa giren birlikler, Edinburgh Dükü'nün gönüllülerinden dört yüz kişi, Paget'in süvarilerinin ve 8'inci Alayın İmparatorluk Gönüllü Süvarilerinin bir kısmı, Kanadalıların dört topu ve Warren'ın keşif birliğine mensup yirmi beş kişiden oluşuyordu. Zayiatları on sekiz ölü ve otuz yaralıydı. Gönüllülerden Albay Spence, alayının başındayken ölmüştü. Birkaç gün önce, 27 Mayıs'ta Albay Adye, batıya doğru biraz uzakta, Kheis'te küçük bir çatışmada zafer kazanmıştı ve iki muharebenin etkisi, açıktan yapılan direnişe son vermek oldu. 20 Haziran'da Boer lideri De Villiers, en sonunda Sir Charles Warren'a teslim oldu ve ikmal malzemeleri, tüfekler ve mühimmatla birlikte iki yüz yirmi adamını teslim etti. Kolonideki son kıvılcımlar, kısa bir süre için söndürülmüştü.

Burada anlatılması gereken, Özgür Devlet'ten Transvaal'a sıçramış olan ve trenler ile demir yoluna yapılan saldırılar kaldı. 19 Temmuz'da Potchefstroom'dan Krugersdorp'a giden bir tren, yolcuların ciddi bir zarar görmediği bir kaza yaptı. Ancak 31 Temmuz'da aynı olay, daha öldürücü bir etkiyle gerçekleşti. Tren, rayların üzerinde son sürat ilerliyordu. Bu içler acısı olayda Shropshirelilardan on üç kişi öldü ve otuz yedi kişi yaralandı. Bu kaza, bize birçok önemli çatışmadan çok daha pahalıya mal oldu. 2 Ağustos'ta Bloemfontein'den gelen bir tren, Kroonstad'ın birkaç mil güneyinde Sarel Theron ve çetesi tarafından raydan çıkarıldı. Otuz beş kamyon yükü erzak yakıldı ve yolculardan altısı (nekahet dönemindeki silahsız askerler) öldü veya yaralandı. Bir atlı piyade birliği, sayıları seksen olan Boerleri takip etti ve birkaçını öldürmeyi ve yaralamayı başardı.

21 Temmuz'da Boerler, Heidelberg'in on üç mil doğusunda bir noktada, bir köprüyle meşgul olan yüzden fazla Kraliyet İstihkâmcısının görev yaptığı tren garına, şiddetli bir taarruz gerçekleştirdi. Onlar Binbaşı English komutasındaki üç yüz Dublin hafif piyadesi tarafından korunuyorlardı. Birkaç saat boyunca bu küçük birlik, iki sahra topu ve bir pompom makineli topu olan Boerler tarafından baskı altına alındı. Buna rağmen, sağlam İrlanda piyadeleri üzerinde hiçbir etki yapmadı ve birkaç saat sonra General Hart'ın takviyelerle gelmesi, toplarını güvenli bir şekilde uzaklaştırmayı başaran saldırganları dağıttı.

Ağustos ayının başında Transvaal'daki genel durumun güven verici olmadığı kabul edilmelidir. Johannesburg yakınlarındaki su kaynakları, anlaşılmaz bir şekilde, savaşmadan düşmanın eline geçmişti. Güneybatıda önemli bir yer olan Klerksdorp da yeniden işgal edilmiş ve burada garnizon kuran bir avuç asker, direniş göstermeden esir edilmişti. Rustenburg terk edilmek üzereydi ve İngilizlerin Zeerust ve Otto'nun dairesinden geri çekildikleri ve Mafeking'e ağırlık verdikleri biliniyordu. Hâlbuki sonuç, tüm bu olanlar için endişe etmeye gerek olmadığını gösterdi. Lord Roberts, kuvvetini hayati önem taşıyan hedefler üzerinde yoğunlaştırıyor ve diğerlerini bir süreliğine kendi hâline bırakıyordu. Mevcut durumda açıkça önemli olan iki şey, De Wet'i yakalamak ve Botha'nın emri altındaki ana Boer ordusunu dağıtmaktı. İkinci faaliyet birincisini beklemek zorundaydı. Bu nedenle İngilizlerin hızla hareket eden yürüyüş kolları son derece aktif ve enerjik düşmanlarını ezmeye çalışırken, tüm harekât, iki hafta boyunca askıya alındı.

Temmuz ayının sonunda De Wet, Vaal Nehri'nin yedi mil güneyinde, Reitzburg yakınlarındaki son derece zorlu bir araziye sığınmıştı. O sıralarda Fouriesberg'deki ana orduya karşı icra edilen harekât, sağlıklı bir şekilde ilerliyordu ve ona taarruz etmek için yeterli sayıda birlik ayrılamadı, ancak Kitchener ve Broadwood tarafından süvari ve atlı piyadeden oluşan bir kuvvetle yakından izlendi. Prinsloo'nun teslim olmasıyla büyük bir ordu serbest kaldı ve eğer De Wet olduğu yerde kalırsa, kısa süre içinde kuşatılacağı belliydi. Öte yandan, onun güneyinde sığınacak hiçbir yer yoktu. Büyük bir cesaretle De la Rey'in kuvvetiyle iş birliği yapmak ya da Pretoria'nın kuzeyini geçerek Botha'nın ordusuna ulaşmak umuduyla Transvaal'a doğru ani bir hamle yapmaya karar verdi. Başkan Steyn de onunla birlikte gitti ve bir zamanlar onur konuğu olduğu ülkede kuduz bir köpek gibi kovalanmak, onun için çok tuhaf bir deneyim olmalı. De Wet'in kuvveti son derece hareketliydi, her adamın yedek bir atı vardı ve mühimmat, iki tekerlekli hafif at arabalarında taşınıyordu.

Ağustos ayının ilk haftasında İngilizler, onun gizlendiği yerin çevresinde yoğunlaşmaya başladılar ve De Wet, kendisi için gitme zamanının geldiğini biliyordu. Bir mevziyi tahkim ederek harika bir gösteri yaptı, fakat bu sadece kendisini izleyenleri aldatmak için yapılan bir hileydi. Olabildiğince hafif seyahat ederek, 7 Ağustos'ta kendi adını taşıyan geçit yerine doğru hızla ilerledi ve böylelikle Vaal Nehri'ni geçti, Kitchener, süvarileri ve atlı piyadeleriyle birlikte onun arkasından gürleyerek geçti. Methuen'in kuvveti o sırada Potchefstroom'daydı ve kuzey tarafındaki geçit yerlerini tıkaması için kendisine ivedi emirler verilmişti. Nehre yaklaşırken, düşmanın öncü kuvvetlerinin karşıda olduğu ve silah arkadaşlarının geçişini koruyacak olan tepelerin sırtlarını tuttukları anlaşılmıştı. Kraliyet Galler Hafif Piyadelerinin ileriye atılması ve topçuların çabalarıyla sırtlar, ardı ardına ele geçirildi, ancak akşam olmadan önce De Wet olağanüstü bir maharetle konvoyunu karşıya geçirdi ve önce doğuya, sonra kuzeye doğru kaçarak kurtuldu. Ayın dokuzunda Methuen onunla tekrar temasa geçti. Methuen, üzengi üzerinde endişe içindeydi ve De Wet omzunun üzerinden geriye doğru bakıyordu. İki küçük vahşi ordu, kuzeye doğru geniş ovaları süpürdü. Nerede bir tepe veya bir sırt varsa Boer nişancıları, hevesli takipçilerini orada bertaraf etti. Arazinin düz ve temiz olduğu yerlerde, İngiliz topları gürledi ve at arabası sıralarına ateş açtı. Mücadele kilometrelerce devam etti, ancak diğer İngiliz yürüyüş kolları, Broadwood'un ve Kitchener'in askerleri, bazı nedenlerle ortaya çıkmadılar. Tek başına Methuen, sayıca peşinde olduğu adamlardan daha azdı, ancak takdire şayan bir enerji ve cesaretle takibe devam etti. Boerler, geri bölgelerini korumaya çalıştıkları tepelerden hızlı bir şekilde çıkarıldılar. Yorkshire gönüllü süvarilerinden yirmi asker, süngü hücumu ile bir tepeyi ele geçirdi, ancak zirveye ulaştıklarında geriye sadece on iki kişi kalmışlardı.

De Wet, ayın 9'u gecesi, at arabalarını ve erzakları etrafa saçarak yoluna devam etti. Geçtiği çiftlik evlerinden bitkin hayvanlarının bir kısmını değiştirmeyi başardı. Ayın 10'u sabahı Methuen, batıya doğru ilerledi, arkasından gelen Broadwood ve Kitchener'a doğuya yönelmeleri ve böylelikle aralarındaki Boer yürüyüş kolunu kuşatmaları için mesajlar gönderdi. Aynı zamanda, ne yazık ki hiç ulaşmayan bir haberciyi, Banka İstasyonundaki Smith-Dorrien'in De Wet'in yolunu kesmesini sağlamak ve onu uyarmak için göndermişti. Ayın 11'inde De Wet'in, Smith-Dorrien'in piyadelerinin yoğun gayretlerine rağmen, demir yolu hattını geçmeyi başardığı ve tüm takipçilerini güneyinde bıraktığı fark edildi. Fakat cephesinin karşısında Magaliesberg dağ silsilesi uzanıyordu. Sadece üç geçiş yeri vardı, Magato Geçidi, Olifant Dağ geçidi ve Komando Dağ geçidi. Üçünün de İngiliz askerleri tarafından tutulduğu anlaşıldı. Bu nedenle, Methuen, De Wet'in batıya kaymasını engelleyecek şekilde ilerlerse, De Wet'in kaçamayacağı açıktı. Arkasında Broadwood ve Kitchener, doğuda ise ana İngiliz ordusuyla birlikte Pretoria olacaktı.

Methuen, büyük bir enerji ve feraset ile hareket etmeye devam etti. Methuen, ayın 12'si gece saat üçte Fredericstadt'tan başlayarak ve salı günü saat 17.00'ye kadar altmış saatte seksen mil yol almıştı. Ona eşlik eden kuvvetin tamamı atlıydı. Koloni Tümeni'nden 1200 kişi (1'inci Brabant'ın tugayı, Cape Atlı Piyadeleri, Kaffraria Piyade Alayı ve Sınır Süvariler) ve gönüllü süvarilerle birlikte on toptan oluşuyordu. Douglas, piyadeyle arkadan takip edecekti ve bu cesur adamlar, zamanında yetişme sabırsızlığıyla yetmiş altı saatte altmış altı mil yol kat ettiler. Hiçbir asker Methuen'in gösterdiğinden daha fazla çaba gösteremezdi, çünkü konunun önemini takdir eden ve bizi bu kadar uzun süredir şaşırtan kurnaz liderle yakınlaşmaya can atmayan hiç kimse yoktu.

Ayın 12'sinde Methuen'in keşif kolu, tekrar De Wet'in arkasına geçti ve bir yanda artçı birliğinin nişancılarının, diğer yanda baskı yapan bir topçunun eskiden kalma mücadelesi, bir kez daha yeniden başladı. Boerler, gün boyu topları ve peşlerinde atlılarla bozkırda akıp gidiyordu. 78'inci bataryanın bir atışı, De Wet'in toplarından birine isabet etti, bu top terk edildi ve ele geçirildi. Çok miktarda erzak ele geçirildi. Çok daha fazlası, Boerler tarafından onları taşıyan at arabaları ile birlikte yakıldı. Aralıksız savaşan her iki ordu da o gün, otuz beş mil yol kat etti.

Olifant Dağ Geçidi'nin İngilizler tarafından tutulduğu, tam olarak anlaşılmıştı. Bu yüzden Methuen, eğer Magato Geçidi'ni tıkayabilirse her şeyin yoluna gireceğini anladı. Bu nedenle, diğer İngiliz kuvvetlerinin arkasında olduğunu bilerek De Wet'i doğrudan takip etmeyi bıraktı ve istenen konuma ulaşana kadar hızla ilerlemeye devam etti. Nihayet, ele avuca sığmayan akıncının köşeye sıkıştığı, gerçekten ortaya çıktı. Fakat ne yazık ki, umutlar boşa çıktı ve yiğit askerlerin çabaları, boş yere harcandı! Olifant Dağ Geçidi terk edilmişti ve De Wet, De la Rey'in gücünün hâlâ elinde olduğu geçidin ötesinde düzlüklere güvenli bir şekilde geçmişti. Methuen'in yorgun birliği, boş yere Magato Geçidi'ni zorladı ve Rustenburg'a indi. Düşman bir kez daha güvenli bir bölgedeydi. Kimin hatası olduğu, ya da bir hata olup olmadığı, gelecekte karara bağlanacaktır. En azından Boer lideri, kendisini takdire şayan bir şekilde pek çok tehlikeden kurtardığı için tam bir övgüyü hak ediyordu. Ayın 17'sinde De Wet, dağların kuzey tarafı boyunca ilerleyerek, Küçük Timsah Nehri üzerindeki Komando Dağ Geçidinde ortaya çıktı ve burada Baden-Powell'ı teslim olmaya çağırdı, ama bu kaygısız komutanın yanıtı, dalga geçmek oldu. Sonra doğuya doğru sarkarak Pretoria'nın kuzeyine geçmeye çalıştı. Ayın 19'unda Hebron'da kendisinden haber alındı. Ancak Baden-Powell ve Paget, bu yolu çoktan kapatmışlardı ve Steyn'i az sayıda refakatçiyle gönderen De Wet, Özgür Devlet'e geri döndü. Ayın 22'sinde, sadece bir avuç taraftarı ile birlikte, Magaliesberg dağ silsilesini bir mekkâre yolundan geçtiği ve güneye doğru at sürmekte olduğu bildirildi. Lord Roberts, en sonunda bütün dikkatini Botha'ya çevirmekte özgürdü.

Ağustos ayının ilk yarısında, biri Pretoria'da, diğeri Johannesburg'da olmak üzere iki Boer komplosu keşfedilmişti. Her birinin amacı, kasabada İngilizlere karşı bir ayaklanma başlatmaktı. Bunlardan Lord Roberts'ın kaçırılması ile ilgili daha ciddi olan birincisi, Transvaal Topçusunda bir Alman teğmeni olan planlayıcısı Hans Cordua'nın tutuklanmasıyla başarısız oldu. Özellikle kışkırtıcı ajanın bu olayda bir rol oynayıp oynamadığı bilinmediğinden, suçun kendi niteliği bakımından idam cezası verilmesi pek olası değildi. Fakat bir gün önce esirimizken bir sonraki gün cephede karşımıza çıkanların, sürekli sözlerinden dönmeleri, zorunlu olarak ibretlik bir ders verilmesini gerektiriyordu. Cordua'nın ölümü, muhtemelen tavşan beyinli planından çok sözünde durmadığı içindi. Yine de, kendisine ait olmayan bir amaç uğruna ölen yirmi üç yaşındaki bu idealist için üzülmemek elde değildi. 24 Ağustos'ta Pretoria Hapishanesi'nin bahçesinde kurşuna dizildi. Lord Roberts'ın yeni ve daha katı bir bildirisi, İngiliz komutanın şartlı tahliye edilen adamların topyekûn cepheye dönmesi karşısında sabrını yitirdiğini gösteriyordu ve bu tarz bir hainliğin, gelecekte ciddi bir şekilde cezalandırılacağını ilan etti. Aynı adamların birden fazla esir alınıp salıverilmesi dile düşmüştü. Çatışmada öldürülen bir kişinin cebinde dokuz adet imzalı geçiş izni olduğu tespit edildi. İngilizlerin ilave sert tedbirleri, bu tür suistimallere karşı konulmuştu.

29. BÖLÜM

KOMATİPOORT'A DOĞRU İLERİ HAREKÂT.

Artık, ana Boer ordusunu Delagoa demir yolu hattından temizleyecek, erzak kaynağını kesecek ve onu, her zaman Boerlerin son sığınağı olarak ilan edilen uzak ve dağlık Lydenburg bölgesine kadar takip edecek olan büyük birleşik bir manevranın zamanı gelmişti. Lord Roberts, tüm ileri harekâtların en zoruna girmeden önce, süvarilerin ve atlı piyadelerin tekrar iyi bir şekilde binek hayvanları ile donatılmasını bekledi. Daha sonra her şey hazır olduğunda, düzenli savaşın bu son aşamasının ilk adımı, Natal gazilerinden oluşan ordusunu demir yolu hattından hareket ettiren ve eğer Lord Roberts'e karşı direnecek olursa Botha'nın yan ve geri bölgesini tehdit edebilecek bir konuma ilerleyen General Buller tarafından atıldı. Buller'ın süvarileri, milletine hizmet eden yurtsever bir asilzadenin adını taşıyan, Kanadalı atlı polislerin mükemmel bir birliği olan Strathcona'nın süvarilerinin gelişiyle takviye edildi. Düzgün fizikleri, kementleri, kovboy üzengileri ve kuzeybatı ovalarının büyük mahmuzları ile göze çarpıyorlardı.

Temmuz ayının ilk haftasında Clery, Heidelberg garnizonu ile bir araya geldi. Coke, 10'uncu Tugayla birlikte, Amersfoort'a kadar giden bir harekâtla, demir yolunun sağ kanadını temizledi. 6 Temmuz'da Natal ikmal hattı yeniden kuruldu ve ayın 7'sinde Buller, bu hat üzerinden Pretoria'ya gelerek başkomutan ile görüşebildi. Ağır toplara sahip bir Boer kuvveti, hâlâ hattın etrafında dolaşıyordu ve onu uzaklaştırmak için Vlakfontein ile Greylingstad arasında birkaç küçük çatışma yaşandı. Temmuz ayının ortasına kadar demir yolunun yakın çevresi, rayları ve köprüleri kurcalayıp tahrip etmeye çalışan bazı küçük yağmacı gruplar dışında temizdi. Ayın sonuna kadar, Natal ordusunun tamamı, Heidelberg'den Standerton'a kadar olan ikmal hattı boyunca oyalanmaya devam etti ve Botha'nın mevzisine karşı kuzeye ilerlemelerini sağlayacak yem ve nakliye vasıtasının toplanmasını beklediler.

8 Ağustos'ta Buller'ın birlikleri, cephelerindeki beş topu olan zayıf bir Boer kuvvetine hücum ederek, Paardekop'tan kuzeydoğuya doğru ilerlediler. Çoğunluğu 60'ıncı Piyade Alayından olmak üzere yirmi beş yaralı pahasına, düşman

temizlendi ve Amersfoort kasabası işgal edildi. Ayın 13'ünde, aynı hatta ilerleyen ve çok hafif direnişle karşılaşan Buller, Ermelo'yu ele geçirdi. İlerleyişinin bölge üzerinde iyi bir etkisi vardı, çünkü ayın 12'sinde 182 kişilik Standerton komandosu Clery'ye teslim oldu. Ayın 15'inde, hâlâ çatışma halinde olan Buller'ın askerleri Twyfelaar'daydı ve Carolina'yı ele geçirmişlerdi. Ötede beride uzaktaki zeytin renkli tepelerin üzerinden geçen bir atlı, onun ne kadar yakından ve aralıksız izlendiğini gösteriyordu; ama kanatlarına yapılan az sayıdaki keskin nişancı atışları hariç, hiçbir çatışma olmadı. Artık Middelburg'dan hareket eden French'in süvarileriyle temas hâlindeydi ve ayın 14'ünde Gordon'un tugayı ile heliografik muhabere tesis edildi.

Buller'ın yürüyüş kolu, arkadaşlarına daha da yakınlaşmıştı, fakat aynı zamanda batıda Belfast ile doğuda Machadodorp arasında uzanan çok engebeli bir arazide bekleyen Boerlerin ana grubuna da yaklaşmıştı. Boerler, İngiliz ilerleyişini güneyden taciz etmek için bu kayalık müstahkem mevkiden hareketli kollar sevk etmişlerdi ve geçen her gün, Buller'i düşmanın bu ileri karakollarına daha da yakın temasa geçiriyordu. 21 Ağustos'ta Buller, Belfast'ın sekiz mil yakınına geldi, French ise onun sol kanadında faaliyet gösteriyordu. Burada önemli sayıda Boerle karşılaştı, ancak onları süvarileri, atlı piyadeleri ve topçularıyla kuzeye doğru itti. Büyük bir kısmı 18'inci Hafif Süvarilerin ve Gordon İskoç Dağ Tugayı'nın saflarından ölü ve yaralı olarak otuz ile kırk kişilik zayiat verdi. Bu intikal, kendisini, kuzeyinde kalan Belfast'ın on beş mil yakınına getirmişti. Bu sırada Pole-Carew, Lord Roberts'ın kuvvetinin merkezdeki yürüyüş koluyla demir yolu hattı boyunca ilerledi ve 24 Ağustos'ta çok az bir direnişle Belfast'ı işgal etti. Bununla birlikte Buller, düşmanın orası ile Dalmanutha arasında uzanan aşılması zor sırtları elinde tuttuğunu ve güneyde Buller'a ve batıda Roberts'ın ordusuna sağlam bir cephe oluşturarak savaşmaya hazır olduğuna dair her türlü emareyi verdiğini gördü.

Ayın 23'ünde, güneyden gelen ilerlemeyi durdurma çabalarında bazı başarılar elde edildi. Buller gün boyunca, aralıksız bir ateş baskısı altında olmasına rağmen istikrarlı bir şekilde ilerlemişti. Akşamleyin, Boer mevzisinin merkezi olan Dalmanutha'nın sadece altı mil güneyindeydi. Ancak bazı talihsizlikler sonucu, karanlık çöktükten sonra Liverpool Alayı'nın iki bölüğü, kendilerini silah arkadaşlarından tecrit edilmiş olarak buldular ve çok şiddetli bir ateşe maruz kaldılar. Çok fazla ileri gitmişlerdi ve kuşatılıp yok edilmek üzereydiler. Safları arasında elli altı zayiat vardı ve yaralı olan yüzbaşıları da dâhil olmak üzere otuz iki kişi esir alındı. Gün içindeki toplam zayiat 121 kişiydi.

25 Ağustos'ta önemli olayların kapıda olduğu belliydi, çünkü o tarihte Lord Roberts, Belfast'a geldi ve Buller, French ve Pole-Carew ile bir toplantı yaptı. General planlarını üç yardımcısına tebliğ etti ve ayın 26'sında ve sonraki günlerde bu görüşmenin meyveleri, Boerleri Tugela'nın kıyılarından ayrıldıklarından beri elde tuttukları bu en güçlü mevziden uzaklaştıran bir dizi hızlı manevrada görüldü.

Lord Roberts'ın ilerlemesi, alışılageldiği gibi harekâtın geniş bir alana yayıldığı iki kanat ve bunları birbirine bağlayan merkezî bir birlik ile yapıldı. Böyle bir hareket, düşmanı hangi kanadın gerçekten saldırıya uğrayacağı konusunda şüpheye düşürürken, eğer her iki kanadı güçlendirmek için merkezini zayıflatırsa, onu ikiye bölebilecek cepheden bir ilerleme imkânı sağlıyordu. French, iki süvari tugayı ile birlikte sol kanattan, Pole-Carew merkezden ve Buller, sağ kanattan ilerleyecekti. Tüm harekât, kötü şöhretli bölgenin otuz mili boyunca uzanıyordu. Muhtemelen, Lord Roberts, Boer sağ kanadının olası en güçlü mevzi olacağını tahmin etmişti, çünkü eğer kuşatılırsa, Lydenburg'a geri çekilme yolunu kesecekti. Bu yüzden kendi asıl taarruzunu sol kanatlarına yöneltti. Bu taarruz, 26 ve 27 Ağustos'ta General Buller tarafından gerçekleştirildi.

İlk gün Buller'ın bölgesinde manevra, düşmanın mevzisine yaklaşmasından ve düşmanın mevzisinin çok ayrıntılı bir keşfinden ibaretti. Birlikleri, ele geçirdikleri arazi üzerinde geceyi geçirdiler. İkinci gün, daha fazla ilerlemenin Bergendal'in güçlü sırtı tarafından engellendiğini fark eden Buller, topçuyla birlikte taarruza dikkatli bir şekilde hazırlandı ve ardından piyadelerini mevzinin üzerine gönderdi. Her iki taraf içinde kahramanca bir askerî başarıydı. Boer mevzisi, barışta zorba olabilecek, ancak savaşta kesinlikle kahraman olan Johannesburg polisinin bir müfrezesi tarafından savunuluyordu. Altmış topun ateşi, birkaç saat boyunca sadece birkaç yüz yarda çapındaki bir mevzinin üzerine yoğunlaştırıldı. Patlayıcı liditin kayaları sararttığı bu cehennem ateşinde, hayatta kalanlar yine de piyadelerin ilerlemesini acımasızca bekliyorlardı. Bu savaşta daha iyi bir savunma yapılmamıştır. Taarruz, 2'nci Piyade Tugayı ve Pieter Tepesi'nin askerleri olan Inniskilling Hafif Piyade Alayı tarafından açık bir yamacın üstünde icra edildi. Kahraman piyadeler, ölümcül bir ateşin içinden geçerek mevziyi temizlediler, ancak piyadelerin cesur albayı Metcalfe, diğer sekiz subay ve yetmiş askerle birlikte öldürüldü veya yaralandı. Lysley, Steward ve Campbell, hepsi bölüklerine emir komuta ederken öldürüldüler, ama başka hiçbir durumda, daha onurlu bir şekilde taburları için ölümle yüzleşemezlerdi. Gerçekte Boer mevzisinin üzerine ilk çıkan Inniskilling Hafif Piyadelerinden A ve B bölükleri büyük bir övgüyü hak ediyordu. Topçu ateşinin kesilme zamanı, takdire şayan bir şekilde ayarlanmıştı. Topçu ateşi mümkün olan en son ana kadar sürdürüldü. "Olduğu şekliyle" dedi öncü bölüğün yüzbaşısı, "94 poundluk bir top mermisi, bizim kafilenin yaklaşık otuz metre sağ ön tarafında infilak etti. Patlayıcı lidit kokusu korkunçtu. Bir pompom ve polislerin komutanı da dahil olmak üzere yirmi harp esiri, o günün ganimetleriydi. Boer mevzisinin bir siperi ele geçirilmişti. Yenilgi ve felaket söylentileri, Boer saflarında çoktan yayılmıştı. Boerlerden daha cesur insanlar hiçbir zaman yaşamadılar, ancak insan dayanıklılığının sınırlarına ulaşmışlardı ve savaş alanında maruz kaldıkları uzun süreli bir yenilgi deneyimi, sinirlerini zayıflatmış ve morallerini bozmuştu. Onlar artık, Spion Tepesinin siperlerine kadar sürünen ya da o kasvetli ocak sabahı Sezar'ın Kampında Ladysmith'in zayıf savaşçılarıyla karşı karşıya gelenlerle aynı türden insanlar değillerdi. Hollandalı inadı, teslim olmalarına izin vermeyecekti; hâl böyleyken girdikleri savaşın ne kadar umutsuz olduğunu anladılar. En iyi adamlarının yaklaşık on beş bini esirdi, en az on bini çiftliklerine dönmüş ve savaşmayacaklarına dair yemin etmişti. Diğer bir on bin ölmüş, yaralanmış ya da iş göremez hâle gelmişti. Avrupalı paralı askerlerin çoğu gitmişti, sadece kendi ülkelerinin son köşesini ellerinde tutuyorlardı. Demir yolu hattı üzerindeki kontrollerini kaybetmişlerdi, erzak ve mühimmat depoları giderek azalıyordu. On bir aylık savaş, Güney Afrika'yı fethetmek için kendinden emin bir şekilde ilerleyen o heybetli orduyu böyle bir duruma indirgemişti.

Buller, kendini Boer mevzisinin solunda sağlam bir şekilde konumlandırdığı sırada Pole-Carew, demir yolu hattının kuzeyine doğru ilerlemişti ve French, Boer sağ kanadında Swart Tepelerine kadar ileri gitmişti. 26 ve 27 Ağustos'taki bu harekâtlar bir miktar dirençle karşılaştı ve zayiat olarak kırk ya da elli kişinin ölümüne ve yaralanmasına sebep oldu. Fakat Bergendal'de aldıkları bu mağlubiyetin, Boerlerin savaşma azim ve iradesini yok ettiği ve bu zorlu mevziyi diğerleri gibi terk etmek zorunda kaldıkları kısa süre sonra açığa çıktı. Ayın 28'inde, Boerler geri çekiliyordu ve Kruger'in, doğuya değil de batıya gideceğini ilan ettiği ve çok uzun bir süre içinde kaldığı tren vagonu, en sonunda Machadodorp'da Buller tarafından ele geçirildi. Daha kuzeydeki bir istikamette hareket eden French, aynı tarihte önündeki küçük bir Boer kuvvetini kovalayarak, süvarileriyle Watervalonder'a girdi. İngiliz birlikleri yağmur ve sisin içinde hızlı bir şekilde ilerliyorlardı; fakat Boerler, hâlâ birlik halinde bulunuyorlardı ve topları henüz ele geçirilememişti. Geri çekilme hızlıydı, ancak henüz bir bozguna dönüşmemişti.

Ayın 30'unda, İngiliz süvarileri Nooitgedacht'la temas hâlindeydiler ve demir yolu hattı boyunca kendilerine doğru hızla ilerleyen eski püskü elbiseli adamların uzun bir kuyruğuna ait güzel bir manzara gördüler. Bunlar, yarısı Pretoria ele geçirildiğinde Waterval'den getirilmiş, diğer yarısı De Wet tarafından güneyden ya da De la Rey tarafından batıdan gönderilen askerleri temsil eden bin sekiz yüz kişilik İngiliz harp esirleriydi. Kendisi de yiyecek sıkıntısı çeken bir muharibin harp esirlerine yaptığı muamele mazur görülmelidir; fakat Boerlerin eline geçen kolonicilere gösterdiği gaddarlığı ya da Waterval'deki hasta harp esilerini duygusuzca ihmal etmesini, hiçbir şey mazur gösteremez. Savaşın başından sonuna kadar onların eline geçen sayısı yedi binden az olmayan askerimizden, kaçarken yanlarında götürdükleri yaklaşık altmış subay hariç hepsinin şimdi kurtarılmış olması, onur kırıcı olmasına rağmen ilginç bir gerçektir.

Lord Roberts, 1 Eylül'de Transvaal'ın Britanya İmparatorluğu'nun bir parçası hâline geldiğine dair 4 Temmuz gibi erken bir tarihte ilan edilen bildiriyi yayınlayarak, bu son harekâtların nihai nitelikte olacağını düşündüğünü gösterdi. Aynı gün doğuya ilerlemeyi kesen ve aynı yoldan geri dönerek Helvetia'ya kadar gelen

General Buller, demir yolu hattının yaklaşık elli mil kuzeyindeki Lydenburg istikametinde kuzeye doğru intikale başladı. O tarihte Bullerin kuvveti, onları Crocodile (Timsah) Nehri üzerindeki Badfontein'e getiren on dört millik bir yürüyüş yapmıştı. Buller, 2 Eylül'de burada, yılmaz Botha'nın bütün bunlara rağmen kendisine karşı döndüğünü anladı, çünkü çok zorlu bir mevziden gelen çok şiddetli bir topçu atışı ile karşı karşıya kaldı. Öyle ki, başka bir birlik onun arkasına geçene kadar, mevzinin önünde beklemekle yetinmek zorunda kaldı. Gereksiz cephe taarruzları tarihe karışmıştı ve Buller'in kuvveti, kendilerinden istenebilecek her şeye hazır olmalarına rağmen, son harekâtlar esnasında epeyce zorluğa katlanmışlardı. 21 Ağustos'tan bu yana neredeyse her gün ateş altındaydılar. Toplam zayiatları, hiçbir çatışmada fazla olmasa da bu sürede 365'e ulaşmıştı. Tugela'yı geçmişler, Ladysmith'i kurtarmışlar, Laing Dağ Geçidine hücum etmişlerdi ve şimdi bu son koşuşturmacada düşmanı takip etme şerefi onlara düşmüştü. Natal harekâtındaki bazı olaylara yönelik eleştiriler ne olursa olsun, savaşın en zor görevlerinden bazılarının Buller'e ve onun askerlerine düştüğü ve bu görevlerin her zaman başarıyla yerine getirildiği, asla unutulmamalıdır. White'a gönderilen talihsiz mesaj ile ilgili tartışmalar ve Colenso'daki terk edilen topların hatırası, bizi veresiye defterine yazılacak her şeyi görmezden gelme adaletsizliğine götürmemelidir.

3 Eylül'de Lord Roberts, Buller'ın karşı karşıya olduğu mevzinin ne kadar güçlü olduğunu fark ederek, onu sağ taraftan kuşatmak için Ian Hamilton'la birlikte bir kuvvet gönderdi. Brocklehurst'ün süvari tugayı, Hamilton'un ileri harekâtına katıldı. Hamilton, ayın 4'ünde Buller'e sinyal verme mesafesinde ve Boer mevzisinin sağ arkasındaydı. Zwaggenhoek adlı bir dağın işgali Hamilton'un sağlam bir şekilde mevzilenmesini sağlayacaktı ve geceleyin onu ele geçirmek gibi zor bir görev, Albay Douglas ve onun Kraliyet İskoç alayına verildi. Bu görev Spion Tepesinin bir tekrarıydı, ama daha mutlu bir sonla biteniydi. Gün ağarırken Boerler, mevzilerinin savunulamaz hâle geldiğini keşfettiler ve Lydenburg'a giden yolu Buller için açık bırakarak geri çekildiler. Hamilton ve Buller, ayın 6'sında şehri işgal etti. Boerler iki gruba ayrılmışlardı; daha büyük olan, toplarla birlikte Kruger Karakoluna geri dönerken, diğerleri Pilgrim Rest'e çekildi. Bulutlarla çevrelenmiş zirveler ve zar zor geçilen vadiler arasında, uzun süredir çile çeken iki ordu, yine nihai zafer için mücadele ediyordu.

Lydenburg'un kuzeydoğusunda, bu kasaba ile Spitzkop arasında, Mauchberg adı verilen zorlu bir sırt vardı ve burada düşmanın son bir ümitle tekrar mücadele edeceği anlaşıldı. Verdikleri sözden bile daha iyisini yapmışlardı, çünkü daima son direnişlerini Lydenburg'da yapacaklarını söylüyorlardı ve şimdi buranın ötesinde savunma yapıyorlardı. Fakat bu direniş giderek zayıflıyordu. Bu mükemmel mevzi bile, üzerine gönderilen üç alayın, Devonlar, Kraliyet İrlanda ve Kraliyet İskoç alaylarının hücumuna karşı koyamadı. Topçu takdire şayan bir şekilde taarruzu destekledi. Taarruza öncülük eden biri "İşlerini mükemmel bir şekilde yaptılar. Onların verdiği desteğin değeri asla azımsanamaz. Tam ve doğru zamanda ateşi kestiler. Bir mermi daha atılsa bizi vurabilirdi." dedi. Dağlardan gelen sis mağlup Boerleri yakın bir takipten kurtardı, fakat tepeler ele geçirildi. O gün yani 8 Eylül'de İngilizlerin zayiatı, on üç ölü ve yirmi beş yaralıydı; fakat bu otuz sekizin en az yarısından fazlasına ne öngörülebilen ne de önlenebilen o tuhaf, uğursuz ucubelerden biri sebep olmuştu. İnanılmaz derecede uzak bir mesafeden ateşlenen bir şarapnel mermisi, yürüyüş kolu hâlinde ilerleyen Gordon'ların gönüllü bölüğünün tam üzerinde patlamıştı. On dokuz asker ölmüştü, ancak çok ani ve çok korkunç bir şekilde darbe alan cesur gönüllülerin, bu talihsiz olay başlarına gelmeden önce olduğu gibi istikrarlı bir şekilde ilerlemeye devam etmeleri, kayıt altına almaya değer bir olaydı. Ayın 9'unda Buller, hâlâ Spitzkop'a doğru ilerliyordu. Topları ve 1'inci Piyade Alayı, Boerlerin zayıf bir artçı direnişinin üstesinden gelmişti. Ayın 10'unda Mauchberg ve Spitzkop'un arasında tam yolun ortasında bulunan Klipgat'a ulaşmıştı. O kadar yakından takip ediliyorlardı ki, Boerler geçitlerden geçerken, İngiliz atlılarının eline geçmesini önlemek için mühimmat vagonlarından on üçünü uçurumdan aşağı attılar. Bir dönem cesur Boer topçuları, kasabalı Boerlerin geri çekilişini korumak için çok uzun süre beklemiş gibi görünüyordu. Strathcona'nın süvarileri, yakın mesafeden onlara baskı yaptı. Durum, Boer topçularının aşırı soğukkanlılığı ve cesareti sayesinde kurtarıldı. Bir görgü tanığı: "Süvariler arkadaki topun henüz yarım mil gerisindeyken ve ele geçirileceğine kesin gözüyle bakarken, öndeki uzun Tom, temkinli bir şekilde, köşeye sıkışılan yere döndü ve tek sıra hâlinde tepeden aşağıya doğru at süren takipçilere, kardeş topçuların başlarının üzerinden şarapnel mermileriyle ateş açtı." demişti. Muhteşem bir askerî darbeydi ve kusursuz bir şekilde başarılıydı. Süvariler, birkaç askeri yaralı olarak bırakıp geri çekilmek zorunda kaldılar ve ağır toplarımız geldiğinde, her iki Uzun Tom da kaçıp kurtulmuştu." Ancak Boer nişancıları, daha fazla direnemeyeceklerdi. On bir aylık muhteşem bir mücadeleden sonra moralleri bozulan Boerler, artık doğuya doğru çılgınca kaçan, mağlup edilmiş, bitkin ve düzensiz bir insan kalabalığıydılar. Sadece çaresiz bir duruma düştüklerinde sayıca daha fazla olmanın konfor ve güvenlik sağlayacağını bildiklerinde bir arada kalıyorlardı. Savaş hızla sona yaklaşıyor gibi görünüyordu. French, ayın 14'ünde, geriye kalan bütün İngiliz esirleri serbest bırakarak ve düşman tarafından hasar verilmemiş kırk lokomotifi ele geçirerek güneydeki Baberton'u aldı. Buller, ayın 15'inde bir miktar ikmal maddesi ele geçirip, kuzeydeki Spitzkop'u işgal etti. Bu esnada Pole-Carew, demir yolu hattı boyunca faaliyet göstermiş ve Barberton hattının Lourenco Marques ile birleştiği kavşak noktası olan Kaapmuiden'i işgal etmişti. Ian Hamilton'ın kuvveti, Lydenburg'un ele geçirilmesinden ve onun ardından gelen muharebeden sonra, Buller'ı kendi hâline bırakarak geriye döndü ve 9 Eylül'den itibaren çok zorlu bir arazide hiç durmadan ilerleyerek 24 Eylül'de Komatipoort'a ulaştı.

11 Eylül'de, Boer kahramanlığına çok fazla güvenenlere, davalarının gerçekten kaybedildiğini gösteren bir olay meydana geldi. O tarihte harap ettiği ülkenin bir mültecisi olan Paul Kruger, mağlup edilmiş komandolarını ve aldatılmış kasabalı Boerleri terk ederek Lourenco Marques'e geldi. Küçük bir çoban olarak kuzeye doğru büyük yürüyüşte öküzlerin arkasından yürüdüğü o geçmiş günlerden beri ne çok şey olmuştu! Bütün çabalarının ve planlamalarının bu şekilde son bulması ne kadar acı! Kaderinde, bir milletin saygısı ve dünyanın hayranlığı eşliğinde kapanabilecek bir hayatın sürgünde, aciz ve onursuz bir şekilde son bulması vardı. Kaçtığı o saatlerde aklına tuhaf düşünceler gelmiş olmalıydı. Yiğit ve çalkantılı gençliğine, bu büyük topraklara ilk yerleşimine, yerlilere zalimce davrandığı vahşi savaşlara, İngiltere'nin Boer nişancıları karşısında geri çekiliyor gibi göründüğü bağımsızlık savaşlarının muzaffer günlerine dair hatıralar... Sonra refah yılları, basit çiftçinin kendini dünyanın en büyükleri arasında bulduğu, adının Avrupa'da herkes tarafından bilindiği, devletinin zengin ve güçlü olduğu, kasasının çok çalışan ve vergilerini hemen anında ödeyen zavallı kölelerin kazançları ile dolu olduğu yıllar. O günler, onların adalet çağrılarına karşı kalbini katılaştırdığı ve tamamen kendisine ait olması gereken bir Güney Afrika umuduyla kendi sınırlarının ötesindeki akrabalarına güvendiği, harika günlerdi. Peki, şimdi tüm bunlardan ne elde etmişti? Bir avuç sadık hizmetçi ve kaçarken kâğıtlarına ve para çantalarına tutunan firari yaşlı bir adam. Eski dünya püritenlerinin[1] sonuncusu olarak, kullanılmaktan sayfaları yıpranmış İncil'i gözden geçirerek ve ülkesinin sorunlarının kendi dar ve yozlaşmış yönetiminden değil, hemşehrilerinin dopper tarikatının katı ilkelerinden bir parça ayrılmasından kaynaklandığını ilan ederek, hayata veda etti. Böylelikle Paul Kruger, sevdiği ve mahvettiği ülkede öldü.

Botha'nın ana ordusu Machadodorp'taki mevzilerinden aceleyle çıkarılmış ve Lydenburg ile Barberton'da dağılmışken, savaş merkezinin farklı noktalarında, her biri hakkında biraz bahsedilmeyi hak eden bir dizi başka münferit olay meydana geldi. Bunların en önemlisi, Olivier çetesinin hâlâ kuzeydoğu bölgelerinde dolaştığı Orange Nehri Kolonisi'nde savaşın aniden canlanmasıydı. Prinsloo'nun Fouriesburg'da şartlı olarak teslim olmasından sonra kuzeye doğru hareket eden Hunter, 15 Ağustos'ta Heilbron yakınlarında bu kuvvetle temasa geçti ve şiddetli bir çarpışmada, çoğunlukla İskoç Hafif Piyadelerinden olmak üzere kırk kişi zayiat verdi. Bir süreliğine İngilizler, 24 Ağustos'ta aniden, Winburg yakınlarında keşif yapan Albay Ridley komutasındaki Queenstown Piyade Gönüllülerinden oluşan küçük bir müfrezeye saldıran Olivier ile teması tamamen kaybetmiş gibi görünüyordu. Koloni askerleri, cesur bir savunma yapmışlardı. Kendilerini Helpmakaar'ın çiftlik evine atarak etrafındaki üstünlük sağlayan her noktayı işgal ettiler, onlara ateş açmak için getirdikleri üç topa rağmen binden fazla saldırgana karşı direndiler. Bu eve yüz otuz iki top mermisi atıldı, ancak garnizon,

---

1 ÇN: Püriten: tutucu protestan mezhebi

yine de teslim olmayı reddetti. Wepener'da bulunan askerler, ikisi içinden daha küçük olan çatışmanın daha yoğun olduğunu söylediler. Nihayet üçüncü günün sabahı bir yardım kuvveti olay yerine ulaştı ve düşman dağıldı. İngilizlerin zayiatı ölü ve yaralı olarak otuz iki kişiydi. Başarısızlığı nedeniyle hiçbir şekilde cesareti kırılmayan Olivier, Winburg kasabasına döndü ve onu geri almaya çalıştı, ancak tekrar yenilgiye uğratıldı ve adamları dağıldı, o ve üç oğlu esir alındı. Sanna Karakolu örneğinden sonra, bir kuru dereyatağında pusu kuran ve geçen Boerleri silahtan arındıran bir avuç Queenstown Gönüllüsünün kahramanlığı ve hüneri sayesinde bu sonuç alınmıştı. Bu muharebede Hollandalı liderlerin en cesur ve becerikliklerinden biri İngilizlerin eline geçti. Prinsloo'nun yakalanması vesilesiyle yapılan anlaşmayı bozarak gösterdiği onursuz davranış nedeniyle sicilinin lekelenmesi üzücüydü. Fakat İngiliz alicenaplığının menfaati için Seylan sömürgeci misafirperverliğinin yerini bir askerî mahkeme heyeti almalıydı.

2 Eylül'de Fourie komutasındaki Özgür Devlet Boerlerinin başka bir komando birliği, Basuto sınırındaki dağlık arazide ortaya çıktı ve Worcester alayından bir bölük ve Wiltshire gönüllü süvarilerinden kırk üç kişiden oluşan zayıf bir garnizonun savunduğu Ladybrand'a saldırdı. Yanlarında birkaç topu olan Boerler, Winburg'da püskürtülmüş olanlarla aynı kuvvete sahip gibi görünüyordu. Tuzlu sudan uzak kalmasının savaşma kabiliyetini etkilememiş olduğu görülen ve cesur bir denizci olan Binbaşı White, Wepener örneğinden sonra savunmasını bir tepenin üzerine kurmuş ve mevzisini son derece yiğitçe korumuştu. Kuvvetler arasındaki eşitsizlik o kadar büyüktü ki, bu onur kırıcı teslimiyetlere bir başkasının ilave edilmesi hâlinde zaferler serisinin kesintiye uğrayacağından ve Boerleri daha fazla direnmeye teşvik edeceğinden korkulduğu için günlerce büyük bir endişe yaşandı. Bu yer çok uzaktaydı ve kurtarma kuvvetinin onlara ulaşması biraz zaman aldı. Fakat kendi dağlarından, sınırlarına çok yakın bir yerde oynanan bu askerî dramayı tepeden izleyen esmer şefler, Jammersberg'de olduğu gibi, Boer saldırısının İngiliz savunmasının kararlılığı karşısında geri püskürtüldüğünü tekrar göreceklerdi. 150 askerin bir buçuk millik bir araziyi savunduğu ince asker hattı, sarsılmaz bir kararlılıkla ağır top ve tüfek ateşine dayandı. Boerlerin her girişimi püskürtüldü, White ve Bruce Hamilton'un emri altındaki kuvvetler tarafından kurtarılana kadar bayrağı dalgalandırdılar. Yardıma gitmek için yapılan bu yürüyüşte Hamilton'un piyadeleri dört buçuk günde seksen mil yol katetti. Yalın ve sert, savaşa alışmış ve her türlü şarap ya da kadın cazibesinden uzak olan İngiliz birlikleri, seferin bu aşamasında öyle bir eğitimdeydiler ve o kadar görkemli bir şekilde yürüdüler ki, piyade genellikle süvarilerden biraz daha yavaştı. De Wet'in takibi sırasında Douglas'ın piyadelerinin yetmiş beş saatte, altmış altı mil katettiği Methuen'in muhteşem performansı, İmparatorluk Şehir Gönüllüleri'nin, on yedi saatlik tek bir cebrî yürüyüşte otuz mil yol aldığı ve on dört günde 224 mil katetmesi, Shropshire Alayının kırk üç mili otuz iki saatte alması, yirmi beş saatte kırk

beş mil kateden Essex Alayı, Bruce Hamilton'un yukarıda bahsedilen yürüyüşü ve daha birçok güzel faaliyet, birliklerin ruhunu ve dayanıklılığını gösteriyordu.

Winburg'daki yenilgiye ve Ladybrand'daki geri püskürtülmelerine rağmen, hâlâ Özgür Devlet'in içinde doğunun zorlu arazileri arasında direnen çok sayıda düzensiz ve tehlikeli adam vardı. Bunlardan bir grup, eylül ayının ortasında karşıdan geldi ve Brandfort yakınlarında demir yolunu kesmeye çalıştı. Muharebeler esnasında, Lord Lovat'ın İskoçya'dan getirdiği keşif birliğinden büyük destek gören Macdonald, onların peşine düştü birkaç harp esiri ve çok sayıda kağnı ile öküz ele geçirdi. Bu Boerlerden bir grup, Bultfontein'de Teğmen Slater komutasındaki on altı gönüllü süvariden oluşan küçük bir karakola saldırdı, ancak Brandfort'tan yardım gelene kadar karakoldan uzakta tutuldular.

Bu muharebeler sırasında Boer ve İngiliz kuvvetleri, diğer iki noktada da temas hâlindeydi. Bu noktalardan biri, Grobler'in komandolarının Paget'in tugayıyla karşı karşıya kaldığı Pretoria'nın hemen kuzeyindeydi. 18 Ağustos'ta Boerler, başkentin on mil kuzeyinde bulunan Hornies Dağ Geçidinde bir miktar kayıp vermek zorunda kaldı. Ayın 22'sinde, aynı istikametteki, Pienaar Nehri'nde De Wet'in peşine düşen Baden-Powell'ın adamları ile Grobler'in çetesi arasında daha ciddi bir çatışma meydana geldi. İki kuvvetin öncü birlikleri dörtnala birbirlerine girdiler ve ilk defa bir Boer ile bir Briton, birbirlerine tüfeklerinin namlularını doğrulttular. Savaş sırasında olağanüstü hizmetlerde bulunmuş olan cesur Rodezya Alayı, ağır zayiat verdi. Albay Spreckley ve diğer dört kişi öldü ve altı ya da yedi kişi yaralandı. Fakat Boerler dağılmıştı ve yirmi beş esiri galiplere bırakarak kaçıyorlardı. Baden-Powell ve Paget Nylstroom'a kadar ilerlediler, fakat vahşi ve verimsiz bir arazide olduklarını görerek Pretoria'ya doğru döndüler ve Warm Baths adı verilen bir yerde İngiliz kuzey karakollarını kurdular. Paget buraya komuta ediyordu, Baden-Powell ise kısa bir süre sonra fethedilen arazilerin polis gücünü devralmak amacıyla gerekli düzenlemeleri yapmak ve kolonici hemşehrilerinin coşkulu karşılamasını görmek için Cape Town'a gitti. Plumer, Warm Baths'dan hareket eden küçük bir kuvvetle, 1 Eylül'de bir Boer komando birliğini dağıttı ve birkaç harp esiri ve önemli miktarda askerî mühimmatı ele geçirdi. Ayın 5'inde, aynı bölgede başka bir çatışma oldu. Bu sırada düşman, Münster Hafif Piyade Alayının bir bölüğü tarafından savunulan bir tepeye taarruz etti ve kayıp vererek geri püskürtüldü. Harekât alanının bu bölümünde İngilizler tarafından binlerce sığır ele geçirildi ve doğudaki ordunun ikmaline destek olmak için Pretoria'ya gönderildi.

Transvaal'ın batı bölgelerinde hâlâ kayda değer bir kıpırdanma vardı ve atlı bir müfreze, ağustos ayının sonunda Zeerust'tan Krugersdorp'a olan yolculukları sırasında şiddetli bir direnişle karşılaşmıştı. Methuen, De Wet'i takip etmekteki başarısızlığı sonrasında Zeerust'a kadar gitmiş ve ardından kuvvetini yeniden düzenlemek için Mafeking'e götürmüştü. Bununla birlikte Methuen, Zeerust'tan ayrılmadan önce Albay Little'ı, kendi üçüncü süvari tugayı, 1'inci Brabant'ın tugayı,

Kaffraria Piyadeleri, Çekili Topçudan R bataryası ve koloniye ait dört toptan oluşan bir birlikle Pretoria'ya göndermişti. Çok büyük bir "iade edilen boş içki şişeleri" konvoyunun bekçiliğini yapıyorlardı. Geçmek zorunda oldukları bölge, berrak akarsular ve portakal bahçeleri diyarı olan Transvaal'ın en verimli bölgelerinden biriydi. Fakat çiftçiler sayıca çok ve saldırgandı. 900 kişi gücündeki yürüyüş kolu, cephesindeki tüm direnişi temizleyebilirdi, ama kanatlardaki ve geri bölgesindeki keskin nişancıları göz ardı etmesi imkânsızdı. Bu yürüyüş kolu, harekete başlamasından kısa bir süre sonra, öncü keşif birliği ile birlikte at sürerken vurulan cesur lideri Albay Little'ın hizmetinden mahrum kaldı. Albay Dalgety komutayı devraldı. 31 Ağustos'ta Quaggafontein'de şiddetli bir çarpışmayla sonuçlanan çok sayıda bağlantısız saldırı, yürüyüş koluna altmış zayiata maloldu. De la Rey'in ana kuvveti İngiliz müfrezesi üzerinde yoğunlaşmış gibi göründüğü için olay ciddi olabilirdi. Muharebenin yükü Kaffraria Piyadelerine düşmüştü. Yürüyüş kolu, hızlı bir hareketle bu durumdan kurtulmayı ve güvenli bir şekilde Krugersdorp'a ulaşmayı başardı, ancak kurdun ağzından kıl payı kurtulmuştu ve açık araziye çıkarken De la Rey'in toplarının, henüz geçtikleri geçit için dörtnala koştukları görüldü. Bu kuvvet, yeniden donatılması için güneye Kroonstad'a gönderildi.

Lord Methuen'in ordusu, uzun yürüyüşler ve zorlu faaliyetlerden sonra, yeniden donatılması amacıyla 28 Ağustos'ta Mafeking'e ulaşmıştı. 14 Mayıs'ta Boshof'tan ayrıldığından beri askerleri neredeyse hiç dinlenmeden ilerliyorlardı ve bu süre zarfında on dört muharebede savaşmışlardı. Lord Methuen, 8 Eylül'de zinde atları ve yenilenmiş enerjisiyle bir kez daha savaşa hazırdı ve 9 Eylül'de General Douglas'ın iş birliğiyle Malopo'da bir Boer kuvvetini dağıtarak otuz harp esiri ve büyük miktarda ikmal malzemesi ele geçirdi. Ayın 14'ünde bir konvoya yetişip yakaladı ve Colenso toplarından birini ve çok sayıda mühimmatı geri aldı. 20'sinde, yine büyük miktarda ganimet ele geçirdi. Savaşın ilk evrelerinde Boerler, Paul Methuen'e sıkıntılı anlar yaşatmışsa da o kesinlikle bunun acısını çıkarıyordu. Aynı zaman zarfında Clements, her zaman çıkan sorunların merkezleri olan Rustenburg ve Krugersdorp bölgelerini temizlemek amacıyla hareketli küçük bir kuvvetle Pretoria'dan gönderildi. Methuen ve Clements'in bu iki kuvveti, önlerindeki Boer çetelerini temizleyerek ve dağılana kadar onları avlayarak bölgenin üzerinden geçtiler. Clements, Kekepoort'ta ve Hekspoort'ta başarılı çarpışmalar gerçekleştirdi; ikinci çarpışmada gönüllü süvarilerden Somersetshire kriket oyuncusu Teğmen Stanley'i kaybetti ve Teğmen Stanley, birçok kişinin yaptığı gibi iyi bir sporcu ile iyi bir asker arasında ne kadar yakın bir ilişki olduğunu göstermişti. Ayın 12'sinde Douglas, Lichtenburg yakınlarında otuz dokuz esir aldı. Ayın 18'inde Rundle Bronkhorstfontein'de bir top ele geçirdi. Potchefstroom'da Hart, Utrecht bölgesinde Hildyard, Orange Nehri Kolonisi'nde Macdonald ... İngiliz generalleri, her yerde çok korkunç bir yangının kalan közlerini söndürmekle meşguldü.

Savaşın bu son aşamasında, Boer seyyar çetelerinin demir yolu hatlarına yaptığı aralıksız saldırılar, İngilizlere çok fazla sorun yaşatsa da, büyük bir hasara yol açmadı. Basutolu işçilerden oluşan ekiplerle birlikte gayretli istihkâmcılar, kopan hattı onarmak için her zaman hazır olduğundan, trafiğin fiilen kesilmesinin pek bir önemi yoktu. Fakat ikmal maddelerinin kaybı ve can kayıplarının yaşanması, çok daha ciddi bir durumdu. Ateşçilerin ve makinistlerin tepecikler arasındaki keskin nişancılar tarafından hedef alınmadığı tek bir gün bile geçmiyordu ve arasıra bir tren, tamamen yok ediliyordu.[1] Bu akıncıların başında, her milletten insanın yer aldığı bir çeteyi yöneten vahşi Theron vardı. Bu, Orange Nehri Kolonisi'nde bir treni durdurup soyan daha önce bahsedilen aynı çeteydi. 31 Ağustos'ta Johannesburg'un güneyindeki Flip Nehri'nde bir başkasını raydan çıkardı, lokomotifi havaya uçurdu ve on üç yük vagonunu yaktı. Neredeyse aynı zaman zarfında, Kroonstad yakınlarında bir tren ele geçirildi ve bu olay, büyük De Wet'in eski av sahasına geri döndüğü izlenimi veriyordu. Aynı gün Standerton'da demir yolu hattı kesildi. Fakat birkaç gün sonra, cezasız kalan bu kahramanlıklar son buldu, çünkü Krugersdorp yakınlarındaki benzer bir macerada cesur Theron ve birkaç arkadaşı hayatını kaybetti.

Savaşın bu döneminde gerçekleştirilen diğer iki küçük muharebeden burada bahsedilmesi gerekir. Bunlardan biri, Kraai Tren İstasyonu yakınında, istihkâmcılardan Binbaşı Broke'un yüz askerle birlikte, bir tepenin üzerindeki üstün bir Boer kuvvetine taarruz edip onlara kayıp verdirerek onları çıkardığı şiddetli bir çarpışmaydı. Bunun altı ay önce yapamayacağı bir kahramanlık olduğunu rahatlıkla söyleyebilirim. Diğeri, demir yolunu korurken, iki topu olan hatırı sayılır bir Boer kuvvetinin taarruzuna maruz kalan 125 kişilik Kanada Atlı Piyade Birliği tarafından yapılan başarılı bir savunmaydı. Ladybrand ve Elands Nehri'nde olduğu gibi erzak, mühimmat ve zekâ ile çok küçük bir kuvvetin, eğer savunma yapmakla yetinirse başarılı bir şekilde mevzisini koruyabileceğini bir kez daha kanıtladılar.

Şimdi Boer davası, görünüşe göre gözle görülür bir şekilde sendeleyerek düşüşe geçmişti. Başkanın kaçışı, zaten başlamış olan bu dağılma sürecini hızlandırmıştı. Schalk Burger, başkan yardımcılığı görevini üstlenmişti ve ünlü Ben Viljoen, mücadeleyi sürdürmesinde Louis Botha'nın yardımcısı olmuştu. Lord Roberts, gerilla savaşının acımasızca bastırılacağını ilan ettiği ve kasabalı Boerleri, en az on beş bin hemşehrilerinin esir olarak elinde olduğunu ve bunların hiçbirinin son tüfek teslim edilene kadar serbest bırakılamayacağını bildirdiği, daha fazla direnmenin faydasız olduğunu işaret eden son derece makul bir bildiri yayınlamıştı. Eylül ayının üçüncü haftasında her taraftan gelen İngiliz kuvvetleri, sınır kasaba-

---

[1] Bu adamların, sadakatle hizmet ettiklerine dair duygu ve düşüncelerimizi gösterecek bir madalya ve başka herhangi bir ödülü almalarının, yetkili kişiler tarafından uygun görüleceğini ciddi olarak bekliyoruz. Orange Nehri Kolonisi'ndekilerden biri, bana çok sayıda kıl payı kurtuluşunu anlattıktan sonra, acı bir kehanette bulunarak, yaptığı hizmetlerin hatırasının, onlara ihtiyaç kalmadığında unutulacağını söyledi.

sı Komatipoort'ta toplanıyordu. Yaklaşık bir yıllık bir savaştan sonra kirlenmiş ve üstü başı yırtık pırtık vahşi şahıslar, Lourenco Marques'in sokaklarında, Portekiz sakinlerinin meraklı ve biraz da kuşkulu bakışları altında yürüyorlardı. Sokaklarda karamsar bir şekilde gezinen sürgün Boerler, sürgündeki başkanlarını valinin verandasının köşesinde oturururken gördüler. Ünlü kavisli piposu, hâlâ ağzından sarkıyordu, İncil'i ise sandalyesinin yanındaydı. Gün geçtikçe bu mültecilerin sayısı arttı. 17 Eylül'de, hepsi eve dönmeye can atan, yersiz ve yurtsuz Boerler ile birçok milletten- Fransız, Alman, İrlandalı, Amerikalı ve Rus paralı askerlerle dolu özel trenler geliyordu. Ayın 19'unda en az yedi yüz kişi, öbür tarafa geçmişti.

22 Eylül şafak vakti Erasmus komandoları, Elands Nehri Tren İstasyonu'na taarruz etmek için zayıf bir girişimde bulundular, fakat bu taarruz, garnizon tarafından geri püskürtüldü. Paget, yolda giderken Erasmus'un geride bıraktığı kampa rastladı ve onun ikmal malzemelerini ele geçirdi. Ülkenin dört bir yanından, Plumer'in Buşmenlerinden, Krugersdorp'taki Barton'dan, Heilbron'daki kolonicelerden, batıda Clements'ten, direnişin azaldığına ve sığırların, silahların ve mühimmatın terk edildiğine dair aynı haberler geliyordu.

Doğu Transvaal'daki seferin bu aşamasının son bölümü, 24 Eylül'de, Pole-Carew ve onun Muhafız Alayının sabah sekizde Komatipoort'u işgal etmesiyle gelmişti. Birisi sık çalıların arasından on dokuz mil boyunca susuz ilerledikleri olmak üzere tehlikeli intikaller yapmışlardı, ama hiçbir şey, askerlerin coşkulu cesaretini sarsamamıştı. Tüm harekât boyunca gösterdikleri fevkalade çabayla fazlasıyla hak ettikleri bir onur olan, Boerlerin tutabileceği en doğudaki son noktaya girme ve işgal etme şerefi, onlara düşmüştü. Direnişle karşılaşma tehdidi vardı ve hazırlık yapılmıştı, fakat bu deneyimli piyadelerin sert bir şekilde sessizce ilerleyişi, savunmanın cesaretini kırdı. Neredeyse tek kurşun bile atılmadan kasaba işgal edildi. Birliklerin Lourenco Marques'ten erzak almalarını sağlayacak olan köprü hâlâ sağlamdı. General Pienaar ve iki binden fazla askerden oluşan kuvvetinin büyük bir kısmı, sınırı geçmiş ve felakete uğramış cesur askerlerin hak ettiği saygı ve ilgiyi gördükleri Delagoa Körfezi'ne götürülmüştü. Küçük çeteler kuzeye ve güneye doğru kaymışlardı, ama sayıları yetersiz ve moralleri bozuktu. Bir süreliğine sefer sona ermiş gibi görünüyordu, ancak netice, kasabalı Boerlerin direnişinde daha fazla bir canlılık ve ettikleri yeminlerin tahmin edilenden daha az geçerli olduğunu gösteriyordu.

Son derece önemli bir keşif, Komatipoort'ta ve Timsah Nehri üzerindeki Hector Spruit'te yapıldı. Sayıca üstün toplarımız karşısında çok yiğitçe savaşan bu mükemmel toplar, tahrip edilip terk edilmiş bir şekilde bulundu. Komatipoort'taki Pole-Carew, bir Long Tom (96 kiloluk) Creusot topu ve bir tane de küçük top ele geçirdi. Hector Spruit'teki Ian Hamilton, iki adet on iki librelik çekili topçu, iki büyük Creusot topu, iki Krupp, bir Vickers-Maxim seri ateşlemeli, iki pompom ve dört dağ topunun aralarında bulunduğu birçok topun kalıntılarına ulaştı.

30. BÖLÜM

DE WET'İN SEFERİ

Ana Boer ordusunun dağıtılmasının, toplarının ele geçirilmesinin ve hem Boerlerin hem de yabancı paralı askerlerin birçoğunun sınır dışı edilmesinin savaşı sona erdireceği umulmuştu. Lakin, bu beklentiler sukutu hayale uğradı ve Güney Afrika, acı çekmeye mahkûm oldu, Britanya İmparatorluğu'nun ise gereksiz bir gerilla harekâtıyla huzuru kaçırıldı. Britanyalılar ile Boerler arasındaki Güney Afrika'yı ele geçirmek için verilen mücadelenin ilk aşamalarını karakterize eden büyük ve dramatik olaylardan sonra, her iki taraftaki pek çok cesur adamın hayatı pahasına, çalkantılı bir yıl boyunca direnişi uzatan ve geniş bir bölgeye yayılmış olan bu harekâtlara dikkat çekmek, bir bakıma bu ani değişikliğin doğasında vardı. Kökenleri zaferden çok intikam alma arzusuna dayanan bu baskınlar ve çatışmalar, ülkede çok büyük kayıplara ve sefalete neden oldu. Fakat her ne kadar cesur adamlara boyun eğmektense ölmeyi yeğleyen korkunç karardan hoşnut olmasak da, Hereward ya da Wallace'nin vatandaşları olarak bunu kınamak bize düşmez.

Bu sayısız çatışma tek başlarına önemsiz olmakla birlikte, savaşın ilk aşamalarındaki muharebelerden farklı olmaları nedeniyle önemliydi. İngilizler derslerini o kadar iyi öğrenmişlerdi ki, çoğu zaman durumu eğitmenlerinin aleyhine çevirmişlerdi. Baskın üstüne baskın yapıldı, bu baskınlar avcı bir ulus tarafından değil, kurnaz olmadıkları ve bozkırı tanımadıkları için uzun zamandır alay ve eğlence konusu olan rooinekler tarafından yapılıyordu. Tepecikler ve dere yatakları ile geçen bir yıl, herşeyi değiştirmişti. Zayiat oranında da çok belirgin bir değişiklik meydana gelmişti. Birbiri ardına gelen muharebelerde Britanyalılarınkiyle karşılaştırıldığında Boerlerin verdiği zayiat için onda birin makul bir tahmin olduğu bir dönemdi. Stormberg'de olduğu gibi; Colenso'da olduğu gibi, ya da Magersfontein'de olmuş olabileceği gibi. Ancak savaşın bu son aşamasında denge, daha çok İngilizlerin lehineydi. Bunun nedeni, artık sık sık savunmaya geçmeleri ya da atış kabiliyetindeki bir iyileşmeden kaynaklanıyor olabilir ya da kasabalı Boerlerin daha çaresiz bir ruh hâlinde olmasından kaynaklanmış olabilir. Her halükârda her bir karşılaşma, düşmanlarının büyük kuvvetinden ziyade Boerlerin az sayıdaki ihtiyatlarını azaltıyordu.

Savaşın ardından, Büyük Britanyalı bazı insanların arasında en karanlık felaket saatlerinden bile daha fazla sıkıntıya ve vicdan azabına neden olan başka bir değişiklik meydana geldi. Bu değişiklik, mücadelenin artan sertliğinde ve İngiliz komutanlarının kendilerini haklı gördükleri ve benimsemeye mecbur hissettikleri daha ağır önlemlerde yatıyordu. Hiçbir şey, Lord Roberts'ın Özgür Devlet'teki ilk bildirilerinin gösterdiği hoşgörüsüyü geçemezdi. Ancak aylar geçtikçe ve mücadele devam ettikçe savaş daha sert bir hâl aldı. Her çiftlik, evi muhtemel bir kaleyi ve düşman için muhtemel bir depoyu temsil ediyordu. Aşırı uç bir önlem olan çiftlik evlerinin yakılarak yok edilmesi, sadece keskin nişancılar için koruma sağlaması gibi açık bir saldırı sonrası ya da demir yolu hattına zarar verenleri caydırmak amacıyla uygulanmıştı. Ancak her iki durumda da genellikle çiftliklerin yegâne sakinleri olan kadın veya çocukların kendi çabalarıyla demir yolu hattının kesilmesini veya keskin nişancıların ateş etmesini engelleyemeyecekleri açıktı. Boerlerin bu eylemleri, yok edilmelerinden en az pişmanlık duyacakları evlerin yakınında yapmış olmaları bile ihtimal dâhilindedir. Bu nedenle, insani gerekçelerle, bu yıkım politikasının çok ileri götürülmesine karşı güçlü itirazlar vardı ve politik nedenler bile daha güçlüydü, çünkü muhakkak ki yola gelen en son adam, evsiz kalan adamdır ve hâlinden memnun İngiliz vatandaşına dönüşen son kişiler, yangın yüzünden sokakta kalan bir ailenin fertleridir. Öte yandan, ordunun hoşgörünün suiistimali olarak gördüğü davranışlara karşı hiç tahammülü yoktu ve ordu, eğer çiftlikteki kadınların sürekli olarak tepedeki keskin nişancıların ihtiyaçlarını karşılamasına izin verilirse, savaşın sonsuza kadar süreceğini iddia ediyordu. Mücadelenin düzensiz ve haydutvari bir şekilde yürütülmesi, askerleri çileden çıkarmıştı. Az sayıda bireysel zorbalık veya yetkisiz yıkım vakası olmasına rağmen, genel emirler biraz sert bir şekilde uygulandı ve savaşın haklı gösterebileceği, ancak medeni dünyanın kınayacağı baskıcı önlemler alındı.

Ana ordunun Komatipoort'ta dağıtılmasından sonra, geride önemli sayıda silahlı adam kalmıştı. Bunların bazıları dik başlı kasabalı Boerler, bazıları yabancı maceracılar ve bazıları da İngiliz ordusunun İngiliz yasalarından daha az korkunç olduğunu düşünen Cape kolonisi isyancılarıydı. Hâlâ iyi silahlanmış ve iyi atlara sahip olan bu adamlar, ülkenin her tarafına dağılmışlardı ve öyle gayretli bir şekilde hareket ettiler ki, büyük bir kuvvet izlenimi verdiler. İsyanın bastırıldığı bölgelere girdiler ve savaşın kendileri için sonsuza dek bittiğini düşünen birçok kişiye taze bir umut ve yeni bir felaket getirdiler. Çok sayıda çiftçi, dikbaşlı hemşehrilerinin zorlamasıyla verdikleri sözlerden döndüler, İngilizlerin müsamaha göstererek yanlarında bıraktığı atlara bindiler ve kendilerini bir kez daha mücadeleye atarak, ülkeleri için yaptıkları diğer fedakârlıklara kendi onurlarını da eklediler. Bu dağınık çeteler ve İngiliz kuvvetleri arasında sürekli meydana gelen küçük çatışmalar hakkındaki her hikâyede, kullanılan yöntem ve sonuçlar bakımından öyle bir benzerlik vardı ki, ayrıntılı olarak açıklamak, hem yazar için zor ve hem de okuyucu için çekilmez olurdu. Genel bir özet olarak, önümüzdeki aylar boyunca Transvaal'daki ve demir yolunun doğusunda yer alan Orange Nehri Kolonisi'nin bu bölümündeki sayısız karakolların içinde sinsi keskin nişancılar tarafından kuşatılmamış hiçbir İngiliz garnizonu olmadığı, bu garnizonların ikmalini yapmak için gönderilen konvoylardan yolda saldırıya uğrama olasılığı olmayanın bulunmadığı, bu üç demir yolu hattının herhangi birinin üzerindeki trenlerden yukarıya kalkmış ray ve mavzerleri ile onu koruyan yüz akıncıya rastlamayan hiçbir trenin bulunmadığı söylenebilir. Korunması gereken yaklaşık iki bin millik demir yolu, ikmali sağlanacak çok sayıda garnizon ve her konvoya tahsis edilecek bir refakatçi birliği ile birlikte, ülkedeki büyük İngiliz birliklerinin dışında, fiilî bir harekât için hazır olan yalnızca orta büyüklükte bir kuvvet kalmıştı. Bu kuvvet, ülkenin geniş bir bölümüne yayılmış olan farklı bölgelere dağılmıştı ve her biri yerel direnişi bastırmak için yeterince güçlü olsa da, hâlâ dağınık Boer kuvvetlerinin herhangi bir anda tek bir İngiliz birliği üzerine odaklanması hâlinde bu İngiliz birliğini tehlikeli bir duruma sokabileceği açıktı. İngiliz birliklerinin ekim ve kasım aylarındaki dağılımı kabaca şu şekildeydi: Methuen Rustenburg bölgesindeydi, Barton Krugersdorp'ta ve Klerksdorp hattının aşağısında faaliyet gösteriyordu, Settle Batı'daydı, Paget Pienaar Nehri'nde, Clements Magaliesberg'de, Hart Potchefstroom'da, Lyttelton Middelburg'da, Smith-Dorrien Belfast'ta, W. Kitchener Lydenburg'da, French Doğu Transvaal'da, Hunter, Rundle, Brabant ve Bruce Hamilton Orange Nehri Kolonisi'nde bulunuyordu. Bu kuvvetlerin her biri, düşmanın küçük birliklerini parçalamak, silahları aramak, mültecileri getirmek, ikmal maddelerini ve sığırları toplamak gibi aynı tür işlerle meşguldü. Hâlbuki bazıları örgütlü direnişle karşı karşıya kalsa da bazıları kalmadı. Her bir ayrı birlik için sırasıyla kısa bir özet verilebilir.

Öncelikle General Barton'ın muharebelerini ele alacağım, çünkü Christian De Wet'in faaliyetlerinin anlatılması için ayrılan bu bölüme en iyi giriş bunlardan oluşur.

Ekim ayı boyunca devam eden muharebelerin en şiddetlileri, Natal'daki ilk günlerinden itibaren komutanlığını yaptığı sadık hafif piyadelerle birlikte Krugersdorp'tan Klerksdorp'a kadar olan hattı koruyan bu İngiliz Generalin payına düşmüştü. Bu çok geniş bir alandı ve sonuçlardan anlaşılacağı gibi Orange Özgür Devlet'in vatandaşlarının olduğu kadar Transvaal vatandaşlarının da saldırı mesafesi içindeydi. 5 Ekim'de Barton, İskoç ve Galli Piyadeler, beş yüz atlı adam, 78'inci Kraliyet Sahra Topçu Bataryasını, üç pompom makineli topunu ve bir 4.7'lik donanma topundan oluşan bir kuvvetle Krugersdorp'tan ayrıldı. İki hafta boyunca, bu küçük ordu, demir yolu hattından yavaşça aşağı doğru hareket ettiğinde ilerlemeleri kesintisiz bir çarpışmaya dönüştü. 6 Ekim'de, İskoç Piyadelerinin gönüllü bölüğü, deneyimli silah arkadaşları tarafından alkışlandıkları bir çarpışmada düşmanı süpürüp attı. Ayın 8'i ve 9'unda şiddetli bir çarpışma yaşandı ve 9'undaki çarpışmanın asıl yükü üç subayı ve on bir askeri yaralanan Galli Hafif Piyade Alayına düşmüştü. Douthwaite, Liebenberg ve Van der Merwe'nin komandoları, Gatsrand sıradağları boyunca ilerleyen yürüyüş kolunu taciz etmekle meşgul gibi görünüyorlardı. Ayın 15'inde, gelişigüzel keskin nişancılık yeniden canlanarak bir çatışmaya dönüştü. Burada zafer ve övünç payesi esas olarak Galliler ile çok hevesli ve etkili birlik olan İskoç Gönüllü Süvarilerine aitti. Altı Boer ölü olarak yerde kalmıştı. 17 Ekim'de yürüyüş kolu, Frederickstad'a ulaştı ve burada mola verdi. O tarihte Marshall'ın süvarilerinden altısı, erzak toplarken imha edildi. Aynı akşam İmparatorluk Hafif Süvarilerinden üç yüz kişi Krugersdorp'tan geldi.

Bu tarihe kadar yürüyüş kolunun peşini bırakmayan Boer kuvvetleri, sinir bozucuydu, ancak ciddi bir şekilde saldırgan değildi. Fakat ayın 19'unda işler beklenmedik bir hal aldı. İngiliz keşif erleri, Vaal Nehri yönünden kuzeye doğru hızla dönerek ilerleyen dev bir toz bulutunu rapor etmek için atlarını sürdüler. Toz bulutu, kısa süre sonra herkes tarafından açıkça görünür hâle geldi ve yaklaştıkça atlı adamlardan oluşan uzun bir yürüyüş kolunun puslu dış hatlarını gösterdi. Binicilerin koyu renk paltoları ve muhtemelen ilerleme hızları, onların Boer olduklarını gösteriyordu ve çok geçmeden bunun, Barton'un birliğini bozguna uğratmak umuduyla, güler yüzlü adamlarıyla birlikte ve kendine has cesaretiyle, Transvaal'a geri dönen Christian De Wet'ten başkası olmadığı söylendi.

Renkli gözlüklü bu enerjik beyefendiyle ilgili bir şeyler görmeyeli uzun zaman olmuştu. Ancak bu hikâye ileride onunla çok meşgul olacağından, onu geçmişle ilişkilendirmek için birkaç cümle edilmesi gerekir. Prinsloo'nun teslim olması sırasında yurttaşlarının çoğunu yakalayan tuzaktan nasıl kaçtığı ve Vaal Nehri'nden Magaliesberg dağlarına kadar büyük bir hızla nasıl kovalandığı daha önce anlatılmıştı. Burada, Steyn'den ayrılan ve Kruger ile görüşmek için doğuya gitmek isteyen takipçilerinden kurtuldu ve ağustos ayının sonunda Orange Nehri Kolonisi'nin kuzeyindeki en sevdiği asker toplama alanına geri döndü. Burada yaklaşık iki ay boyunca dağılmış olan kuvvetini yeniden donatıp, bir araya getirerek bu zamana dek çok sessiz bir şekilde bekledi. Bir kez daha harekete geçmeye hazırdı ve izole edilmiş bir İngiliz kuvvetini imha etme umuduyla fırladı. İki bin adamla birlikte, Frederickstad'ın gözcüleri tarafından gözetlenen bu toz bulutunun altında hızla kuzeye doğru at sürdü.

Oysa önündeki sorun, bugüne kadar karşılaştığı herhangi bir sorundan çok daha ciddiydi, çünkü bu tecrit edilmiş bir alay ya da personeli eksik bir karakol değildi, aksine onunla savaşmaya çok hazır eksiksiz küçük bir sahra kuvvetiydi.

De Wet'in kasabalı Boerleri, gelir gelmez atlarından atladılar ve birkaç topun ateş desteğinde her zamanki gibi görünmez, ama etkili bir tarzda, muharebeye girdiler. Buna rağmen askerler, avcı boy çukurlarında oluşan siperler hattını aceleyle inşa etmişlerdi ve farklı yönlerden gelen çok şiddetli bir ateşe maruz kalmalarına rağmen, savunmanın daha güvenli hâle getirildiği akşama kadar mevzilerini koruyabildiler. Ayın 20'si, 21'i, 22'si, 23'ü ve 24'ünde, taarruzun kordonu giderek daha yakına çekildi. Boerler, İngiliz kuvvetini tümüyle kuşatmıştı ve bir hücum gerçekleştirilebilecekleri bir nokta için etrafta dolandıkları açıktı.

25 Ekim sabahı savunma mevzilerinin durumu aşağıdaki gibiydi: İskoç Hafif Piyadeleri, güneydeki bir sırtı tutuyorlardı. General Barton, kuvvetlerinin geri kalanıyla biraz uzaktaki bir tepeyi işgal etmişti. İkisi arasında, demir yolu hattının geçtiği bir vadi ve aynı zamanda İngilizlerin su temini için bağımlı oldukları bir dere vardı. Hattın her iki tarafında hendekler vardı ve kuşatmanın bu yedinci gününde şafak vakti, bu hendeklerin keskin nişancılar tarafından geceleyin işgal edildiği ve hayvanları sulamanın imkânsız olduğu anlaşıldı. İki yoldan biri izlenmek zorundaydı. Ya bu kuvvet mevzisini değiştirecekti ya da bu adamları siperlerinden çıkaracaklardı. Kusursuz bir şekilde mevzilendikleri için hiçbir ateş vasıtasıyla onları çıkaramazlardı. Süngü hücumuyla mevzilerinden çıkarılmaları gerekiyordu.

Öğleye doğru birkaç İskoç ve Galli Hafif Piyade bölüğü, farklı yönlerden çok geniş bir düzende hendeklere doğru ilerlediler. Boerlerin ateşini üzerine ilk çeken, İskoç alayından Yüzbaşı Baillie'nin bölüğüydü. Cesur subay iki kez yaralandı ve üçüncü bir kurşunla ölene kadar sendeledi. Altı askeri de onun yanına uzanmış olarak bulundu. Diğer bölükler de sırayla şiddetli bir ateşe maruz kaldılar, ancak ileri doğru atılarak hızla hendeklerin etrafını sardılar. Savaş sırasında daha iyi birkaç piyade hücumu oldu, çünkü bozkır tamamen düzdü ve ateş korkunçtu. Bir millik bir mesafe Hafif Piyadeler tarafından aşıldı. Üç yiğit subay -Dick, Elliot ve Best- yere düştü; ama askerlerin hücumuna karşı konulamazdı. Hendeklerin ucuna gelindiğinde, destek birlikleri atış hattını kaydırdı ve hepsi birlikte hızla siperlere hücum ettiler. Ardından Boer keskin nişancılarının durumunun ne kadar tehlikeli olduğu görüldü. Kendilerini üstten ve alttan değirmen taşlarının arasına yerleştirmişlerdi. Açık alan dışında onlar için kaçış yolu yoktu. Güvenliklerini sağlayacak beyaz bayrağı sallamak yerine bu tehlikeli seçimi yapmaları, cesaretleri hakkında çok şey anlatmaktadır.

Takip eden sahne çoğu zaman benzer değildi. Yaklaşık yüz elli Boer, hendeklerden dışarı fırladı ve atlarının saklandığı yere doğru yaya olarak bozkır üzerinden akın ettiler. Bu korkunç yarış sırasında tüfekler, pompomlar ve şarapnel, onlara ateş açtı. "Paltolar, battaniyeler, çizmeler, tüfekler vb. taşıyarak koşan siyah bir kalabalığın, sanki aniden ayağa kalktığı ve koşarken taşıdıkları çeşitli eşyaları bırakarak olabildiğince hızlı koştuğu görüldü." Kurtulanlardan biri, mermilerin fırlattığı bir toz bulutunun içinden çılgınca bir kör kaçışın ne kadar korkunç olduğunu böyle anlatmıştı. Bir mil boyunca bozkır, yere düşen Boerlerle doluydu. Otuz altısı ölü olarak bulundu, otuzu yaralıydı ve otuzu da harp esiri olarak teslim oldu. Bazılarının morali o kadar bozuldu ki hastaneye koştular ve İngiliz doktora teslim oldular. İmparatorluk Hafif Süvarileri, bazı nedenlerle hücum etmekte yavaş kaldı. Birçok görgü tanığı, eğer derhal hücum etmiş olsalardı, hiç kimsenin kaçamayacağı konusunda hemfikirdi. Öte yandan sorumlu komutan, böyle yaparak İngiliz toplarının ateşini maskeleyebileceğinden korkmuş olabilirdi.

Muharebe esnasındaki bir olay, o sıralar bazı yorumlara neden oldu. B Süvari Taburundan Yüzbaşı Yockney tarafından cesurca yönetilen küçük bir İmparatorluk Hafif Süvari grubu, bir grup Boer ile göğüs göğüse çarpıştı. Düşmanlardan beşi ellerini kaldırmıştı, Yockney onları geçti ve onların silah arkadaşlarına hücum etti. Bunun üzerine esirleri bir kez daha tüfeklerine davrandılar ve kendilerini esir edenlere ateş açtılar. Tüfeklerin namluları arasında sadece birkaç metrelik mesafede şiddetli bir çarpışma başladı. Üç Boer vurularak öldürüldü, beşi yaralandı ve sekizi esir alındı. Bu sekiz kişiden üçü, teslim olduktan sonra silahlarını kullanmaya devam ettikleri için askerî mahkemenin emriyle ertesi gün kurşuna dizildi, diğer ikisi ise beraat etti. Bu adamların acımasızca öldürülmeleri üzücüdür, ancak herhangi bir medeni savaş kuralının bariz bir şekilde ihlal edilmesi, derhal ve sert bir şekilde cezalandırılmadığı takdirde bu kuralların nasıl sürdürülebileceğini görmek zordur.

Bu şiddetli darbeyi alan De Wet, kuşatmayı derhal kaldırdı ve en sevdiği uğrak yerlerini yeniden elde etmek için acele etti. Aynı gün içinde, çok memnuniyetle karşılanan mühimmat ikmali ile birlikte, Dublins, Essex, Strathcona'nın süvarileri ve Elswick Bataryasından oluşan kayda değer takviyeler Barton'a ulaşmıştı. Barton'un şu anda çok mükemmel kalitede binden fazla atlı adamı olduğu hâlde, mağlup edilen düşmanını neden takip etmediğini tahmin etmek zor. Yarattığı etkiyi hafife almış görünüyordu, çünkü gecikmeksizin bir taarruza kalkmak yerine savunmasını güçlendirmekle meşgul oldu. Yine de tüm muharebelerdeki İngiliz zayiatı yüzü geçmemişti, bu nedenle kuvvetin atıl kalması için herhangi bir neden yok gibi görünüyordu. Barton, Pretoria ile doğrudan ve sürekli telgraf iletişimi içinde olduğundan, benimsediği hareket tarzında üsten gelen emirler doğrultusunda hareket ediyor olabilir.

Bununla birlikte, De Wet'in her zamanki gibi cezasız kalarak kaçmasına izin verilmesi kader değildi. Ayın 27'sinde, Frederickstad'dan çekilmesinden iki gün sonra, görünüşe göre tamamen bir şans eseri olarak Charles Knox ve De Lisle'nin atlı piyade ve süvarileri tarafından bu kasaba ele geçirildi. Büyük, dağınık bir atlı yığını olan Boerler, geçebilecekleri bir yer arayarak Vaal Nehrinin kuzey kıyısı boyunca hızla ilerliyorlardı. İngilizler ise her fırsatta onlara şarapnel yağdırarak, öfkeyle peşlerinden at koşturuyorlardı. Karanlık ve şiddetli bir fırtına, De Wet'e karşıya geçme fırsatı verdi, ancak takibin yakınlığı onu, toplarından ikisini terk etmeye zorladı. Bu toplardan biri Krupp, diğeri ise İngiliz Sanna Karakolunun on iki librelik topuydu. Topçuları sevindirecek şekilde, ait olduğu bu U bataryası tarafından geri alındı.

De Wet, nehri geçip kendi ülkesine döndüğünde, kendisiyle takipçileri arasına yetmiş millik bir mesafe koyduktan sonra, onların ulaşamayacağı bir yerde olduğuna inanarak, yeniden ikmal yapmak için Bothaville köyünün yakınlarında mola verdi. Fakat İngilizler peşini bırakmamıştı ve bu sefer bu yorulmak bilmeyen adamı hazırlıksız yakalamayı başardılar. Yine de konumuyla ilgili bilgileri çok belirsiz görünüyordu ve onu buldukları günden hemen önce General Charles Knox, kuvvetin ana gövdesiyle kuzeye doğru döndü ve müteakiben yapılacak olan muharebenin dışında kaldı. De Lisle'nin atlı birlikleri de kuzeye dönmüştü, fakat neyse ki çağrı yapılacak mesafesinin tamamen dışında değildi. Le Gallais'in komutasındaki üçüncü ve en küçük atlı askerî birliğine, birazdan anlatacağım muharebeye girme şerefi nasip oldu.

Charles Knox ve De Lisle'nin kuzeye doğru hareketi, muhtemelen çok ayrıntılı bir stratejinin sonucuydu, çünkü Boer keşif erlerini İngilizlerin geri çekildiğine inandırmıştı. Takipten vazgeçmeden önce güneye doğru son bir keşif yapmış gibi görünen Le Gallais'in küçük kuvveti dışında, gerçekten de öyleydi. 6 Kasım sabahı gün ağarırken Binbaşı Lean, 5'inci Atlı Piyade Alayından kırk askerle birlikte bozkırda uyuyan üç yorgun Boer'e rastladı. Adamları emniyete aldıktan ve onların bir ileri karakol olduklarını anladıktan sonra, Lean ilerlemeye devam etti ve birkaç yüz metre daha ileride ki bir tepeye çıktıklarında, o ve adamları dikkat çekici bir manzara ile karşılaştılar. Önlerinde Boerlerin kampı uzanıyordu, adamlar uyuyordu, atlar otluyordu, toplar park edilmişti ve arabaların atları koşumdan çıkarılmıştı.

Düşünmek için çok az zaman vardı. Kâffir sürücüler çoktan ayaktaydılar. Atları için dışarıda dolanıyor ya da efendilerinin kahvesi için ateş yakıyorlardı. Müthiş bir kararla, binden fazla kişiye karşı koyabileceği sadece kırk kadar adamı olmasına rağmen, Lean takviyeler için birini geri gönderdi ve kampa ateş açtı. Kamp, bir anda devrilmiş bir kovan gibi vızıldamaya başladı. Uyuyanlar ayağa fırladılar, atlarına koştular ve toplarını ve at arabalarını arkalarında bırakarak bozkıra doğru dörtnala uzaklaştılar. Yine de birkaç yiğit adam kaldı ve sayıları, atları vurulan ve bu nedenle kaçamayanlar tarafından artırıldı. İngilizlerin önündeki kapalı bir ağılı ve bir çiftlik evini işgal ettiler ve buradan yoğun bir ateş açtılar. Aynı zamanda, kaçan Boerlerin bir kısmı, saldırganlarının ne kadar zayıf olduğunu fark ederek tekrar geri döndüler ve her iki tarafta da İngiliz kanatlarının etrafında faaliyet gösterdiler.

Le Gallais adamlarıyla birlikte yetişti, ancak İngiliz kuvveti, hâlâ saldırdığı kuvvetten çok daha küçüktü. U bataryasından bir kısım, Boer mevzisinden dört yüz metre uzakta mevzilenmeyi başardı ve ateş açtı. İngilizler taarruz etmek için hiçbir girişimde bulunmadılar, ancak Boer toplarının götürülmesini önleyebilecekleri mevziyi korumakla yetindiler. Kasabalı Boerler, can havliyle bu inatçı tüfekli çeteyi kovmaya çalıştılar. İngilizlerin elindeki küçük bir taş kulübe, Boer ateşinin merkeziydi ve onun duvarlarının içinde, Durham'ların Ross'u bir patlayıcı top mermisi tarafından feci şekilde yaralandı ve cesur Jersey'li Le Gallais öldürüldü. Ölümünden önce kurmay subayı Binbaşı Hickie'yi arkadaki askerleri hızlandırmak için göndermişti.

Ross ve Le Gallais'in yere düşmesi üzerine, komuta U bataryadan Binbaşı Taylor'a geçti. O esnada durum yeterince endişe vericiydi. Boerler, her kanatta hatırı sayılır sayıdaki adamlarıyla faaliyet gösteriyordu ve merkezdeki taş bir duvardan yoğun bir şekilde ateş etmeyi sürdürüyorlardı. Fiilî olarak çatışmaya giren İngiliz kuvvetleri çok azdı: Beşinci Atlı Piyade Alayı'ndan kırk asker ve merkezde iki top, sağda 17'nci ve 18'inci İmparatorluk Gönüllü Süvarilerinden kırk altı asker ve solda 8'inci Atlı Piyade Alayından 105 kişi ya da toplam olarak 191 tüfekli asker. Bu küçücük kuvvetin kanatları, Boerlerin kanattan yapacağı taarruzları engellemek için yarım mil kadar uzatılmak zorunda kaldı, ancak silah arkadaşlarının yardıma koştukları bilgisini almaları, direnişlerine cesaret verdi. Krizi atlatmak için büyük bir çaba gösterilmesi gerektiğini fark eden Taylor, konvoyun bir araya toplanması emriyle birlikte bir haberci gönderdi ve müsait olan her adam, en zayıf taraf olan sağ kanadı güçlendirmek için gönderildi. Düşman, toplardan birine yaklaştı ve tüm müfrezeyi yok etti, ancak Teğmen Peebles komutasındaki bir avuç Suffolk atlı piyadesi, çok cesurca onları toptan uzakta tuttu. Bir saat boyunca baskı yoğundu. Sonrasında 7'nci Atlı Piyade Alayının iki bölüğü geldi ve her biri bir kanada sevk edildi. Kısa bir süre sonra, aynı kolordudan iki bölükle birlikte Binbaşı Welch geldi ve muharebenin gidişatı yavaş yavaş dönmeye başladı. Boerler, İngiliz hattının genişletilmesiyle birlikte kuşatıldılar ve geri çekilmeye zorlandılar. Sekiz buçukta, birliği on iki mil boyunca tırıs ve dörtnala at koşturan De Lisle, birkaç Avustralyalı bölükle gelerek o günkü zaferi garantiledi. Waterloo'daki Prusya toplarının dumanı, De Lisle'nin atlılarının çıkardığı toz bulutundan daha hoş bir manzara değildi. Fakat şimdiki soru, merkezlerini oluşturan duvarlarla çevrili çit ve çiftlikte bulunan Boerlerin kaçmayı başarıp başaramayacaklarıydı. Bu yer topa tutuldu, ancak daha önce birçok kez olduğu gibi burada da binalara karşı şarapnellerin ne kadar kullanışsız bir silah olduğu anlaşıldı. Ona taarruz etmekten başka yapılacak bir şey yoktu ve yarısı İngiliz, yarısı Avustralyalı elli adamdan oluşan kararlı, küçük bir hücum birliği, süngüleri takılı olarak fiilen kendilerine işaret verecek düdüğü beklerken, çiftlikten beyaz bayrak dalgalandı ve her şey bitti. Birçok trajik deneyimi hatırlayan İngilizler, bayrağa rağmen hâlâ gizleniyorlardı. "Dışarı çıkın! Dışarı çıkın!" diye bağırdılar. Seksen iki yaralı Boer, korunaktan çıktı ve toplam harp esiri sayısı 114'e ulaştı. Yirmi ile otuz arasında Boer ise öldürülmüştü. Altı top, bir pompom ve 1000 baş sığır, galiplerin mükâfatlarıydı.

Bu mükemmel küçük muharebe, İngiliz atlı piyadelerinin ulaştıkları etki seviyesi ile Boerlerle kendi oyunlarında oldukça başarılı bir şekilde boy ölçüşebileceklerini gösteriyordu. Az bir kuvvetle saatler boyunca onları durdurdular ve nihayet sayılar eşitlendiğinde onları geri püskürtmeyi ve toplarını ele geçirmeyi başardılar. Zamanında inisiyatif kullanarak Boerlerin araba kampını keşfetmesi nedeniyle Binbaşı Lean ve çok kritik bir zamanda kuvvetini sevk ve idare eden Binbaşı Taylor, fazlasıyla övgüyü hak ediyorlardı. Hepsinden çok, emrindeki her askere kendi pervasız cüretkârlığını aşılayan ölen liderleri Le Gallais övgüyü hak ediyordu. Son nefesinde "Eğer ölürsem, anneme söyleyin, topları aldığımız için mutlu öleceğim." dedi. İngiliz toplam kayıbı on iki ölü (dörtü subay) ve otuz üç yaralı (yedisi subay) idi. Askerleri tarafından çok sevilen, büyük umut vaat eden bir asker olan Binbaşı Welch, öldürülenlerden biriydi. Frederickstad'daki geri püskürtülmenin hemen ardından gelen bu muharebe, De Wet için ağır bir darbe olmuştu. Sonunda, İngilizler bu cesur akıncıya borçlu oldukları tutardan bir şeyler çıkarmaya başladılar, fakat uzun hesaplaşmanın kapanması için her iki tarafta da birçok olay olacaktı. Boerler De Wet'le birlikte güneye kaçtılar ve çok geçmeden, hâlâ hesaba katmamız gereken bir askerî güç olduklarını gösterdiler.

Kronolojiyi hiçe sayıp hemen De Wet'in Bothaville'de toplarını kaybettiği andan itibaren yaptığı hareketlerle devam edersek ve sonrasında geri dönüp Transvaal'daki seferin değerlendirmesini ve hikâyenin sürekliliğini bozan dağınık ve bağlantısız muharebelerin kısa bir özetini yapmak, muhtemelen daha net bir açıklama olacaktır. Yine de, De Wet'i takip etmeden önce Orange Nehri Kolonisi'nin genel durumu ve orada meydana gelen bazı askerî gelişmeler hakkında bir şeyler söylemek gerekiyor. General Pretyman'ın bilge ve uzlaştırıcı yönetimi altında güneydeki ve batıdaki çiftçiler yatıştırılmıştı ve o an için büyük bir bölge, en sonunda boyun eğmiş gibi görünüyordu. Hafif vergi neşeyle ödendi, okullar yeniden açıldı ve en güçlü savunucuları arasında Christian'ın kardeşleri Fraser ve Piet de Wet'in de bulunduğu bir barış partisi şekillendi.

De Wet'in yaptığı harekâtlar dışında Orange Nehri Kolonisi'nin içindeki sahada büyük bir kuvvet yok gibi görünüyordu. Oysaki 1900 yılının Ekim ayının başlarında küçük, ama çok hareketli ve etkili bir Boer kuvveti, İngilizlerin doğu karakollarının çevresini kuşatmıştı. Bu birlik, güneydeki ikmal hattını vurmuş ve sonra sıra batı kanadına gelmişti ve mümkün olan her yere taarruz ediyordu. Uğradığı tecrit edilmiş ve garnizonu yetersiz olan kasabaların her birine hücum etti. Gücünü, savaşın tahribatından neredeyse hiç etkilenmemiş ve sadece refahı ile İngiliz askeri yönetiminin sağladığı imkânları kanıtlayabilecek bir bölgeden toplamıştı. Bu kuvvet, Wepener'ın etrafından dolaşıp, amaçlarına yönelik böylesine kötü bir örnek teşkil eden bir yere saldırmadan geçip gitmiş gibi görünüyordu. Bu kuvvetin mütakip faaliyetleri, bir dizi askerî olay yardımıyla kolayca izlenebilir.

1 Ekim'de Rouxville kasabası tehdit edildi. Ayın 9'unda, Cheshire milislerinin bir ileri karakolu ele geçirildi ve Bethulie civarında demir yolu birkaç saatliğine kesildi. Bir hafta sonra Boer süvarileri, Phillipolis, Springfontein ve Jagers-

fontein'in etrafına dağılmıştı. Bunlardan ikinci kasaba, 16 Ekim'de işgal edildi, garnizonu ise yakındaki bir tepede direniyordu. Kasaba, Seaforth İskoç Dağ Tugayı ve polislerden oluşan (Herbert) King Hall ve askerleri tarafından düşmandan geri alındı. Sokaklarda şiddetli çatışmalar vardı ve her iki taraftan da yirmi ile otuz kişi ölmüş ya da yaralanmıştı. Fauresmith, 19 Ekim'de saldırıya uğradı, ancak bu kasaba da, onu şiddetli bir taarruza karşı savunan Seaforth'ların emin ellerindeydi. Philippolis, 18'i ve 24'ü arasında sürekli saldırıya uğradı, fakat orada ikâmet eden sulh hâkimi Gostling ile kırk sivil tarafından gerçekleştirilen çok dikkat çekici bir savunma yapıldı. Bir hafta boyunca bu yiğitler grubu, 600 Boer'e karşı mevzilerini korudular ve sonunda demir yoluyla gelen bir kuvvet tarafından kurtarıldılar. Fakat tüm muharebeler, bu üç savunma kadar başarılı olmadı. 24 Ekim'de birçok alayın personelinden oluşan bir süvari müfrezesi bir pusuda ele geçirildi. Ertesi gün Jacobsdal saldırıya uğradı ve İngilizler ağır zayiat verdiler. Geceleyin bu yere girildi ve düşman, meydanı çevreleyen evleri işgal etti. Capetown İskoç Dağ Tugayı'nın yaklaşık altmış askerinden oluşan garnizon kasabanın meydanında kamp kurmuştu ve sabah üzerlerine ateş açıldığında çaresiz kalmışlardı. Fiilî olarak hiçbir direniş olmadı ve yine de ölümcül bir ateş, sığındıkları çadırlara doğru saatlerce devam etti. Bu nedenle bu olay, cinayetten pek bir farkı yokmuş gibi görünüyordu. Bu küçük kuvvetin üçte ikisi ölmüş ya da yaralanmıştı. Saldırganların sayısı çok fazla değildi ve Modder Nehri'nden gelen bir kurtarma kuvvetinin görünmesi üzerine ortadan kayboldular.

Jacobsdal'daki felaketten sonra düşman, 1 Kasım'da Kimberley yakınlarında ortaya çıktı ve küçük bir konvoyu ele geçirdi. Bu bölgenin her tarafında karışıklık çıkmıştı ve Settle huzur ve güveni sağlamak için bir askerî birlikle güneye gönderildi. Bu şekilde, bu küçük kasırganın Orange Nehri Kolonisi'nin kuzey doğusundaki eski fırtına merkezinde bulunan kökeninden, tüm ülkeyi süpürerek birbiri ardına karakollara hücum etmesini ve en sonunda savaşın merkezinin diğer tarafındaki benzer bir noktada dinmesine kadar izini sürebiliriz.

De Wet'i en son 6 Kasım'da geride cesaretini değil toplarını bırakarak Bothaville'den güneye doğru kaçarken görmüştük. Demir yolu hattı boyunca ilerledi ve beklenenin aksine geçerken hiçbir treni ele geçirmedi. Doğu Orange Nehri Kolonisi'nin hemşehrileri tarafından yeniden işgal edilmiş olan kısmına doğru yol aldı. Burada, Thabanchu civarında, diğer kuvvetlere muhtemelen Haasbroek ve Fourie'nin hâlâ bir miktar topu elinde tutan komandolarına katılmayı başardı. Önemli bir kuvvetin başında, Bloemfontein'in yaklaşık kırk mil güneydoğusundaki bir kasaba olan Dewetsdorp'un İngiliz garnizonuna taarruz etti.

18 Kasım'da De Wet, bu bölgeye hücum etti ve çok takdir edilmeye değer görünen bir savunmadan sonra 24 Kasım'da burası düştü. Koloni'nin güneydoğusunda birkaç küçük İngiliz birliği hareket hâlindeydi, fakat hiçbiri, felaketi önlemek için zamanında yetişemedi. Kasabanın Bloemfontein'e bir günlük mesafede

olması nedeniyle bu felaket, kolay kolay açıklanamaz. Bu yer, batı tarafı yarım daire şeklinde sarp kayalık tepelerle çevrili, ortasından bir dere geçen bir kasabaydı. Mevki çok genişti ve ölümcül bir zayıflığı vardı ki, herhangi bir kısmının kaybı tümünün kaybı anlamına geliyordu. Garnizon, yarım dairenin güney ucunda bir İskoç Hafif Piyade Bölüğünden, kuzey ve orta kısımda 2'nci Gloucester Alayı'nın üç bölüğünden ve 68'inci bataryanın iki topundan oluşuyordu. İrlanda Kraliyet Atlı Piyadelerinden bazıları ve bir avuç polis, Binbaşı Massy komutasındaki yaklaşık dört yüz kişinin üzerindeki savunma birliğinin tamamını oluşturuyordu.

Taarruz, İskoç bölüğü tarafından tutulan sırtın bu ucunda gelişti. Boer nişancıları, her gece daha da yaklaşıyor ve her sabah durum, daha umutsuz bir hâl alıyordu. Ayın 20'sinde, garnizonun su kaynağı kesilmesine rağmen gece boyunca gönüllüler tarafından bir miktar su getirilmişti. Boğucu siperlerdeki susuzluk korkunçtu, ama kara dudaklı ve kuru dilli garnizon, hâlâ hatlarını koruyordu. Ayın 22'sinde, taarruz öyle bir ilerleme kaydetmişti ki, İskoç Dağ Tugayı tarafından tutulan görev yeri, savunulamaz hâle geldi ve geri çekilmek zorunda kaldılar. Ertesi sabah mevzi, Boerler tarafından işgal edildi ve tüm sırt, onların insafına kaldı. İngiliz toplarından birinde görev yapan on sekiz askerden on altısı ölmüş ya da yaralanmıştı ve son mermilerin hepsi, onları tek başına taşıyan, yükleyen ve ateş eden nalbant çavuş tarafından ateşlenmişti. Askerler bütün gün direndiler, ancak susuzluk, teslim olmaya zorlamak için değilse bile teslim olmayı haklı çıkarmak için yeterliydi. Beş buçukta garnizon ölü ve yaralı olarak altmış zayiat vererek teslim oldu. Anlaşıldığı kadarıyla düşmanın eline geçen iki topu bozmaya yönelik herhangi bir girişimde bulunulmamıştı. De Wet'in kendisi, İngiliz siperlerine ilk girenlerden biriydi ve esirler, koyu renkli frak ve tepesi kare şeklindeki melon şapkasıyla Boer liderlerinin en ünlüsünün kısa boylu güçlü vücut yapısına merakla baktılar.

Bununla birlikte, İngiliz birlikleri aynı anda birkaç yönden yaklaşıyorlardı ve De Wet'in hemen harekete geçmesi gerekiyordu. Dewetsdorp, ayın 26'sında, General Charles Knox tarafından bin beş yüz askerle yeniden işgal edildi. De Wet iki gün öndeydi, ancak Knox o kadar hızlıydı ki, ayın 27'sinde kampını topa tuttuğu Vaalbank'ta onu bozguna uğrattı. De Wet yine de kaçmaya başardı ve on sekiz saat boyunca hiç durmadan güneye doğru ilerleyerek takipten kurtuldu. O sırada yanında Haasbroek, Fourie, Philip Botha ve Steyn komutasında birkaç topla birlikte yaklaşık 8000 adam vardı. Cape Kolonisi'ni ayakları ağrıyan yorgun esirlerin treniyle birlikte işgal etmek istediğini o ilan etmişti ve Dewetsdorp zaferinin izleri hâlâ tazeydi. Bu ülkede bir atın tüfek kadar değerli bir silah olduğunu kabul etmeyen ve işe yaramaz hayvanlarını değiştirebileceği çok sayıdaki hayvanı çiftliklerde bırakan bu yersiz müsamaha, yaptığı bütün planlarda ona çokça yardımcı olmuştu. Atlar o kadar çoktu ki, Boerlerin çoğunda kendi kullanımları için iki ya da üç at vardı. Atlarla ilgili sorun karşısında takındığımız akılsız tavrın savaşın gidişatında büyük bir kusur olarak kabul edileceğini, aşırı ve akılalmaz kuşkularımızın aylarca süren düşmanlıklara yol açtığını ve ülkemize birçok hayata ve milyonlarca pounda mal olduğunu söylemek abartı olmaz.

De Wet'in Koloni'yi işgal etme planı henüz gerçekleşememişti, çünkü inatçı bir adam, bu planı boşa çıkarmaya karar vermişti. Charles Knox'un üst düzey komutası altındaki Pilcher, Barker ve Herbert'inkiler gibi birkaç küçük, ama hareketli İngiliz birliği, umutsuzca onun yolunu kesmek için çalışıyordu. Her dereyi nehre, her yolu bataklığa çeviren sağanak yağmurda İngiliz atlılar, vazifelerine mertçe devam ettiler. De Wet aceleyle güneye gitmiş, Caledon Nehri'ni geçmiş ve Odendaal Geçit Yerine doğru yol almıştı. Fakat Knox, Vaalbank'taki çarpışmadan sonra hızla güneye, Bethulie'ye doğru yürüdü ve artık üç hareketli birlik, bir keşif ve devriye ağıyla her yöne hücum etmeye hazırdı. Birkaç günlüğüne irtibatı kesilmişti fakat öyle hazırlıklar yapmıştı ki eğer Boerler demir yolunu geçerse ya da nehre yaklaşırsa tekrar irtibatı sağlamak zorundaydı. 2 Aralık'ta, De Wet'in Kaledon'u geçmekte olduğuna dair güvenilir bilgilere sahipti ve bir anda İngiliz birlikleri, bir kez daha nara atarak on beş millik bir cephede araziyi taradılar. Ayın 3'ünde ve 4'ünde, dehşet hava şartlarına rağmen iki küçük süvari ordusu, atlar topuklarına kadar çamura batmış ve yağmur yüzlerini kamçılar bir hâlde mücadeleye devam ediyordu. Geceleri barınaksız, sırılsıklam ve keskin bir soğuktaki askerler, bitmek bilmeyen takibe tekrar başlamadan önce birkaç saatliğine uyumak için kendilerini iyice ıslanmış olan bozkıra attılar. Caledon nehri üzerindeki geçit yeri, derin ve güçlü bir şekilde akıyordu, ama Boerler geçmişti ve Britonlar da geçmek zorundaydı. Otuz top, güney kıyısında yeniden ortaya çıkıp parıldamak için kahve renkli yüzeyin altına tamamen dalarak suya girdi. Düşmanın geçtiğine dair izler her yerde vardı. Bir sürü sakat ya da ölmek üzere olan at onların izlediği yolu işaret ediyordu ve geçit yerinin yanında terk edilmiş bir Krupp topu bulundu. Dewetsdorp mahkûmları da serbest bırakılmıştı, sendeleyerek ve yalpalayarak hemşerilerine doğru gelmeye başladılar, botları yıpranmış ve kanayan ayakları tozluklarıyla sarılmıştı. İngiliz Hükümeti'nin gönülsüz misafirlerine gösterdiği özenli misafirperverliğin aksine, bu esirlerin kişisel şiddet ve gaddarlığa maruz kaldıklarını eklemek üzüntü vericidir.

6 Aralık'ta De Wet, açık havada kendisini takip edenlerin önünde nihayet Orange Nehri'ne ulaşmıştı. Fakat bu, sırf emeklerinin boşa gittiğini görmek içindi. Geçmeyi umduğu Odendaal'da nehir taşmıştı, diğer taraftaki bir karakolun üzerindeki direkte İngiliz bayrağı dalgalanıyordu ve orada sabırsızlanan güçlü bir muhafız kuvveti hevesle onu bekliyordu. Oyunun bittiğini anında fark eden Boer lideri, kuzeye gitmek ve güvenliğini sağlamak için aynı yoldan geri döndü. De Wet, Rouxville'de küçük garnizonu ele geçirme konusunda tereddüt etmişti, fakat karakol komutanı Rundle, bu durum karşısında cesaretini gösterdi. Sonrasında De Wet, Caledon üzerindeki Coomassie Köprüsü'ne geçti. Oradaki küçük karakol, teslim olması için yapılan blöfü kabul etmedi ve Boerler yine de atlarını bıra-

karak hızlı bir şekilde yola devam ettiler ve Amsterdam'daki geçit yerinden nehri geçtiler, üstelik artçı birlikleri Knox nehre ulaşmadan hemen önce karşıdaydılar.

Ayın 10'unda İngilizler, bir artçı çarpışmasının olduğu Helvetia yakınlarında tekrar temas sağladılar. Ayın 11'inde, her iki taraf da birkaç saat arayla Reddersberg'den geçti. Boerler, ülkeyi baştanbaşa kateden yolculuklarında, esirlerden birinin gözlemlerine göre, "her seyi aniden ve hızlıca yapıyorlardı", kağnı ve at arabası sürüş sanatının eski ustaları olmalarının yanı sıra ülke hakkında öyle bir bilgiye sahiptiler ki, gündüz olduğu kadar gece de ilerleyebiliyorlardı. Bu durum, Knox ve askerlerinin enerjisi hakkında iki hafta boyunca onlarla yakın teması koruyabildikleri için çok şey söylemektedir.

Artık, Boerlerin ana grubunu yakalama şansının pek olmadığı ortaya çıkmıştı ve bu nedenle, onları önleyebilecek yeni bir kuvvetin araya girmesi için bir girişimde bulunuldu. Thabanchu ve Ladybrand arasında bir karakol hattı vardı ve Albay Thorneycroft, oraya hareketli bir birlikle birlikte konuşlandırıldı. Bu nedenle Knox'un planı, Boerlerin batıya doğru ilerlemesini engellemek ve onları Basuto sınırına doğru yönlendirmekti. Parsons komutasındaki küçük bir birlik, Hunter tarafından Bloemfontein'den gönderilmişti ve ayın 12'sinde Dewetsdorp'a geri dönen De Wet'in kanadına doğru sevk edilmişti. Takip tekrar kızışmıştı, ancak De Wet'in henüz zamanı gelmemişti. De Wet, Thabanchu'nun yaklaşık on beş mil doğusundaki Sprinkhaan Geçidine doğru yöneldi. Bu geçit, yaklaşık dört mil genişliğindeydi ve iki yanında da birer İngiliz kalesi bulunuyordu. Knox'un atlı piyadeleri ve mızraklı süvarileri şimdiden güney ufkunda göründükleri için kurtulmanın tek bir yolu vardı. Artık 2500 civarında olan tüm Boer kuvveti, tereddüt etmeden keskin nişancıların uzun menzilli tüfek ve topçu ateşine göğüs gererek, geçit boyunca açık düzende dörtnala at koşturdular. Taktikleri, Kimberley'e giderken French'in uyguladığı taktiklerdi ve başarı kesindi. De Wet'in kuvveti, kendisine karşı tutulan son engeli de geçti ve Ficksburg çevresindeki dağlık arazide gözden kayboldu, orada güvenle bir şekilde dinlenip yeniden ikmal yapabilirdi.

Bu hareketli operasyonların sonrasındaki sonuç, De Wet ve kuvvetinin hayatta kalması, ancak Koloniyi işgal etme amacında başarısız olması ve beş yüz kadar at, iki top ve yaklaşık yüz adamını kaybetmesiydi. Haasbroek'in komandoları, kendisi Springhaan'dan geçerken başka bir geçitte aldatma taarruzu yapmak için De Wet tarafından görevlendirilmişti. Parsons'ın kuvveti Haasbroek'i takip etti ve onunla çatışmaya girdi, fakat Haasbroek, gecenin örtüsü altında kaçmayı ve Thabanchu'nun kuzeyindeki liderine katılmayı başardı. 13 Aralık'ta, De Wet'tinkinden sonraki bu ikinci büyük kovalamacanın sona erdiği söylenebilir.

31. BÖLÜM

TRANSVAL'DA GERİLLA HARBİ: NOOITGEDACHT

De Wet'i yeni yıl başının sonrasına kadar pusu kurduğu Fiksburg dağlarında bırakarak, Transvaaldaki dağınık muharebelerin hikâyesini şimdi aynı noktada aktarabiliriz. Pek çok çatışmayı ve kayda değer bir muharebeyi içeren bir hikâye, ancak herhangi bir merkezî bağlantıdan o kadar yoksun ki, bu konuya nasıl yaklaşılacağını bilmek zor. Lictenburg'tan Komati'ye kadar dört yüz millik bir mesafede her yerde gayrinizami bir savaş hâli vardı. Genellikle püskürtülen, fakat bazen başarılı olan, dağınık karakollara, konvoylara, trenlere ve işgalcileri rahatsız edecek ne var ne yoksa her şeye saldırılar düzenleniyordu. Her generalin kendi bölgesinde, isyan bastırma görevini icra etmesi gerekiyordu ve bu nedenle 1900 yılının sonuna kadar her birinin faaliyetlerini en iyi şekilde takip ettik.

Lord Methuen, ağustos ayında De Wet'in takibinden sonra yeniden toparlanmak için Mafeking'e geri döndü. Bu noktadan itibaren Lord Methuen, büyük oranda gönüllü süvari ve Avustralyalı Buşmeni barındıran bir kuvvetle Rustenburg, Lichtenburg ve Zeerust arasındaki zorlu ve önemli bir bölgede uzun süreli bir dizi harekât düzenledi. Güçlü ve hareketli birçok Boer komandosu, toplarla birlikte etrafta dolaşıyordu ve bir tarafta Lemmer, Snyman ve De la Rey diğer tarafta Methuen, Douglas, Broadwood ve Lord Errol'un birlikleri arasında çok ölümcül olmasa da enerjik bir savaş, şiddetli bir şekilde devam etti. Methuen, engebeli arazi boyunca, küçük çarpışmalarda zafer kazanarak ve sürekli keskin nişancı ateşinin tacizine uğrayarak durmaksızın hareket etti. Ara sıra erzak depolarını, at arabalarını ve küçük esir gruplarını ele geçirdi. Ekim ayının başlarında Lord Methuen ve Douglas, başarıya ulaştılar. 15'inde Broadwood muharebeye girdi. 20'sinde bir konvoy çarpışması vardı. 25'inde Methuen bir zafer kazandı ve yirmi sekiz kişiyi esir aldı. Methuen 9 Kasım'da Snyman'a baskın yaptı ve otuz kişiyi esir aldı. 10'unda bir pom pom silahı ele geçirdi. Bu ayın başlarında Douglas, Methuen'den ayrıldı ve Zeerust'tan Ventersdorp üzerinden Klerksdorp'a doğru güneye ilerledi. Daha önce hiç el değmemiş bir araziyi geçerek ve çok sayıda sığır ve birkaç esirle hedefine ulaştı. Ayın sonuna doğru Zeerust'a önemli miktarda ikmal maddesi aktarıldı ve başka yerlerde de görev yapabilmesi için, Methuen'in birliğini serbest bırakmak maksadıyla bu kasabayı savunacak bir garnizon bırakıldı.

Hart'ın harekât alanı, ilk başta Potchefstroom'un çevresiydi. Bir süre önce tamamen yetersiz bir garnizon ile bırakıldığı için düşmanın eline geçmiş olan bu kasabaya baskın yapmak amacıyla 9 Eylül'de, zorlu bir cebrî yürüyüş yaptı. On beş saatlik bir süre zarfında piyade otuz altı, süvarileri ise elli dört mil mesafe katetti. Harekât tam bir başarıyla tamamlandı. Kasaba, seksen Boerle birlikte az bir direnişle ele geçirildi. Hart, 30 Eylül'de Krugersdorp'a dönmüştü. Burada 22 Kasım'da Gatsrand'da meydana gelen bir çarpışma hariç, yılın geri kalanında yapacağı fiili bir muharebe yok gibi görünüyordu.

Pole-Carew'in demir yolu hattı boyunca ve onun kuzeyine doğru İan Hamilton tarafından desteklenen Buller'in dağlık arazide yaptığı manevra ile Transvaal'ın doğu sınırının temizlenmesinden sonra, bu bölgede önemli bir harekât yapılmadı. Mültecilerin dönüşünü ve mühimmat kaçakçılığını önlemek için sınırda bir muhafız birliği tutulurken, başkumandanın kardeşi General Kitchener[1], Lydenburg civarında birkaç küçük Boer kampını dağıttı. Smith-Dorrien, Belfast'taki hattı korudu ve biri 1 Kasım'da diğeri 6 Kasım'da olmak üzere iki defa düşmana karşı taarruzi manevralar icra etti. Shropshire Alayından Albay Spens ile uyum içinde icra edilen bir baskın olan birincisi, birliklerin başarılarının hedefe ulaşmasını engelleyen şiddetli bir kar fırtınası tarafından hüsrana uğratıldı. İkincisi, cesur bir direnişle karşılaşan ve daha kapsamlı olarak bahsedilmesi gereken iki günlük bir keşif seferiydi.

Bu keşif seferi, Belfast'tan yapıldı ve yaklaşık bin dört yüz kişiden oluşan kuvvet, güneye Komati nehrine doğru ilerledi. İki Kanada topu ve 84'üncü bataryadan dört topla birlikte piyadeler; Suffolks ve Shropshire Alaylarından, süvariler; Kanadalılar ve 5'inci Mızraklı Süvari Alayından oluşuyordu. Boer keskin nişancıları, aynı bölgedeki French'in süvarilerine yaptıkları gibi, bütün gün yürüyüş koluna yapıştılar. Çok kesin ve uygun bir hedefi olmayan basit eğitim yürüyüşleri, korkutucu olmaktan çok rahatsız edici gibi görünmektedir, çünkü yürüyüş kolu ilerlediği sürece, en çekingen çiftçi bile yanlardan veya arkadan uzak mesafeden ateş etmeye kalkışabilirdi. Nehre ulaşıldı ve Boerler, aldıkları bir mevziden çıkarıldılar, ancak işaret ateşleri, her çiftlikten atlı ve tüfekli askerler getirdi ve birliklerin Belfast'a dönerken geri çekilmesi baskı altına alındı. Güney Afrikalı bir Lexington için gereken tüm malzeme vardı. Askerî harekatların en zoru olan, bir müfrezenin sayıca üstün ve saldırgan bir düşmana karşı korunması, Albay Lessard komutasındaki Kanadalı topçular ve ağır süvariler tarafından takdire şayan bir şekilde ifa edildi. Baskı o kadar şiddetliydi ki, ikinci gruptan on

---

1 ÇN: Tuğgeneral Sir Frederick Walter Kitchener (26 Mayıs 1858- 6 Mart 1912), İngiliz asker ve sömürge idarecisi. Abisi Horatio Herbert Kitchener ise o dönem İngiliz orduları başkomutanı idi.

altı kişi, bir süreliğine, kararlı artçılara karşı taarruz tarzında bir şeyler yapmaya kalkışan düşmanın elindeydi. Bu manevra püskürtüldü ve toplam Boer kaybı önemli gibi görünüyordu çünkü liderlerinden ikisi, Komutan Henry Prinsloo ve General Joachim Fourie öldürülürken, General Johann Grobler yaralanmıştı. Eğer askerler de aynı oranda zayiat verdiyse, ağır kayıp vermiş olmalıydılar. İki gün içindeki İngiliz kayıpları, görevin zorlu doğası göz önüne alındığında küçük bir yekûn olan sekiz ölü ve otuz yaralı olarak gerçekleşmişti. Kanadalılar ve Shropshire Alayı'nın bu zorlu muharebelerin onurunu taşıdıkları görülüyordu.

Ekim ayının ikinci haftasında General French, üç süvari tugayı ile (Dickson'un, Gordon'un ve Mahon'un tugayları), Machadodorp'tan itibaren ülkeyi boydan boya geçmeye başladı. Üç tugay heybetli bir güç gibi görünebilir, ancak gerçek sayılar güçlü iki alayı veya toplamda yaklaşık 1500 kılıcı geçmiyordu. Suffolk Alayı'nın bir süvari taburu da onlarla birlikte gitmişti. 13 Ekim'de Mahon'un tugayı sert bir dirençle karşılaştı, on ölü ve yirmi dokuz yaralı zaiyat verdi. Ayın 14'ünde bu kuvvet, Carolina'ya girdi. Ayın 16'sında altı ölü ve yirmi yaralı zayiat verdiler ve yola çıktıkları günden itibaren 27'sinde Heidelberg'e varana kadar kendilerine eşlik eden keskin nişancılardan silkinip kurtulabildikleri tek bir gün bile olmadı. Bu kuvvetin toplam zayiatı, ölü ve yaralı olarak doksan kişiydi, ama altmış harp esiri, büyük miktarda sığır ve erzak ele geçirmişlerdi. Bu taktik intikal, en azından ordu ağırlıkları ile yüklü, askerî birliklerden oluşan bir yürüş kolunun düşman bir ülke içinden geçişinin bir halk ayaklanmasını bastırmak için yetersiz bir yöntem olduğunu açığa çıkarma etkisine sahipti. Merkezî bir ikmal deposundan hareket eden hafif ve hareketli bölükler, daha büyük başarı umuduyla gelecekte istihdam edilecekti.

Savaşın bu aşamasındaki İngiliz kayıplarının kayda değer bir kısmı, rayların sürekli olarak kurcalanmasının neden olduğu demir yolu kazalarından kaynaklandı. Ekim ayının ilk on gününde, iki istihkamcının, muhafızlardan (Coldstreams) yirmi üçünün ve 66'ncı bataryadan on sekizinin öldüğü ve yaralandığı bu tür dört kaza meydana geldi. 10 Ekim'de Vlakfontein yakınlarında meydana gelen son olayda, kazazedelere yardım etmeye gelen takviye kuvvetlerin kendisi pusuya düştü ve çoğu piyade tugayından ölü, yaralı ve harp esiri olarak yirmi kişi zayiat verdiler. Hattın herhangi bir noktada kesilmediği bir gün, hemen hemen hiç olmadı. Boer kadınları ve çocukları İngilizler tarafından beslenmek zorunda oldukları mülteci kamplarına gitgide daha fazla sayıda geliyorlardı. Ayrıca ve Boer keskin nişancılarının, Boer ailelerine yaşamaları için bağımlı oldukları yiyecek maddelerini getiren trenlerin makinistlerini ve lokomotif ateşçilerini öldürmesi ya da yaralaması gibi tuhaf bir manzaranın sık sık görülmesi nedeniyle erzakın getirilmesi, çözülmesi zor bir meseleydi. Bu taktik uygulamanın bir yıldan fazla devam ettiği ve yüzlerce İngiliz subay ve askerinin ölümüne veya sakat kalmasına neden olduğu düşünüldüğünde, İngiliz yetkililerin bu koşullar altında tüm orduların kullandığı yöntem olan trenlere rehineler yerleştirilmesi yöntemini kullanmamış olmaları, gerçekten anlaşılır gibi değildir. Her lokomotifin arkasında bir kamyon dolusu Boer, bu uygulamayı sonsuza kadar durdurabilirdi. Bu savaşta rakipleri muşta kullanırken İngilizler, her defasında eldivenlerle savaşmışlardı.

Şimdi, iki piyade alayı yani yaklaşık bin atlı ve on iki toptan oluşan bir kuvvetle Pretoria'nın kuzey ve kuzeydoğusuna harekât icra eden General Paget'in faaliyetlerine geçeceğiz. Atlı askerleri Plumer'in emir komutası altındaydı. Kasım ayının başlarında bu birlik, Warm Baths'dan[1] çekilmiş ve düşmanla sürekli çatışmalara girdiği Pienaar Nehri'ne geri dönmüştü. Kasım ayının sonuna doğru Pretoria'ya ulaşan haber, Erasmus ve Viljoen komutasındaki düşmanın, Delagoa Demir yolu hattının yaklaşık yirmi mil kuzeyinde ve başkentin elli mil kuzeydoğusunda bulunan Rhenoster Tepesi adı verilen bir yerde bulunduğu idi. Paget'in onlara güneyden taarruz etmesi, Lyttelton'un ise Middelburg'dan çıkarak onların arkasına geçmeye çalışması konusunda mutabakata varılmıştı. Paget'in bu girişimi başlattığı kuvvet, pek de ürkütücü değildi. Paget, atlı birlik olarak York, Montgomery ve Warwick Gönüllü Süvari Alayı ile birlikte, az sayıda Queensland, Güney Avustralya, Yeni Zelanda ve Tazmanya Buşmenlerine sahipti. Piyadeleri, 1'inci West Riding Alayı ve Munster Alayının dört bölüğüydü. Topları, iki seri ateşlemeli on iki librelik donanma topu ve bazı küçük çaplı toplarla birlikte 7'nci ve 38'inci bataryalardı. Toplam yaklaşık olarak iki bin kişiyi geçmiyordu. Burada, diğer zamanlarda olduğu gibi, İngilizlerin savaş alanında bulundurduğu iki yüz bin askere rağmen, ana ikmal yollarının ne kadar çok birlik emdiği dikkat çekicidir. O kadar ki, fiilî temas noktasında nadiren sayıca üstün ve çoğu zaman düşmandan sayıca azdılar. Natal ve Delagoa ikmal hatlarının açılması birçok yönden değerli olsa da, ilave bir personel israfına neden olmuştu. Her menfezin kendi gözcüsüne ve her köprünün kendi bölüğüne ihtiyacı olduğu bir yerde, yüzlerce kilometrelik demir yolunun muhafızlığı, hafife alınacak bir mesele değildir.

29 Kasım sabahının erken saatlerinde Paget'in askerleri, düşmanın hayranlık uyandıran bir mevzideki kuvveti ile temasa geçti. Merkezlerinin bulunduğu bir sırt, yanında çapraz ateşlerini açacakları bir tepecik ve yaklaşma istikameti olarak çimenlik bir yamaç vardı ve burası, mükemmel bir Boer savaş alanıydı. Solda Plumer'in emrindeki koloniciler ve gönüllü süvari alayı, sağda Hickman, geri adım atmayacakları belli olana kadar onlara hücum ettiler. İleri harekâtları çok şiddetli bir ateşle durdurulunca, süvariler atlarından indiler ve ellerinden geldiği kadarıyla siper aldılar. Paget'in asıl niyeti, bir kuşatma manevrasıydı, ancak Boerler daha kalabalık bir gruptu ve daha küçük olan İngiliz kuvvetinin Boer kanatlarını bulması imkansızdı, çünkü kanatlar, en azından yedi mil boyunca uzanıyordu. Bu

---

1 ÇN: Warm Baths: Bela-Bela, Güney Afrika'nın Limpopo eyaletinde bir kasabadır. Adını, 2002 yılına kadar, şehrin kurulduğu jeotermik kaplıcalardan alır.

nedenle, atından inen süvarilerin kanatları arasında bir yere, piyade yerleştirildi ve hücumu korumak için toplar getirildi. Halbuki arazi, topçunun kullanımına uygun değildi ve yalnızca çayırdaki bir tümseğin arkasından görmeyerek atış için kullanılabilirdi. Bununla birlikte, toplar iyi bir talim yaptılar, 38'inci bataryanın bir kısmı, tüm gün Boer hattına 800 yarda mesafe içinde hareket halindeydi ve 300 atımdan sonra top namlularının tahrip olması sonucu saf dışı kaldılar. Bir kez tümsek aşıldığında bozkırın her metresi, gizlenmiş keskin nişancıların hakimiyeti altındaydı. Piyade hücum etti, ancak karşılaştıkları ölümcül ateş karşısında hiçbir ilerleme kaydedemediler. Kısa sıçramalarla taarruz, düşmanın 300 yarda yakınına girmeyi başardı ve orada kaldı. Sağ tarafta Munster Alayı, önlerinde bulunan müstakil bir tepeciği ele geçirdi, fakat asıl taarruza destek olmak için çok az şey yapabildi. Hiçbir şey, hemen sollarında yer alan Yorkshirelılar ve Yeni Zelandalıların azmini aşamazdı. İlerleyemeseler de geri çekilmeyi reddettiler ve gerçekten de geri çekilmenin ciddi bir harekât olacağı bir mevzideydiler. West Ridings'ten Albay Lloyd üç yerinden vuruldu ve öldürüldü. Yeni Zelanda kolordusunun altı subayından beşi vurulmuştu. Taarruza yeni bir ivme kazandıracak hiçbir ihtiyat kuvveti yoktu ve kurşunların aşındırdığı taşların veya karınca yuvalarının arkasındaki ince dağınık çizgi, hayatta kalanlar tarafından unutulmayacak bir günde, güneş yavaşça batarken ancak kendi konumlarını koruyabilirlerdi. Boerler öğleden sonra takviye edildi ve baskı o kadar şiddetli bir hâle geldi ki, sahra topları çok güç geri çekildi. Piyadelerin çoğu tüm fişeklerini atmıştı ve çaresizdi. Tam bir yıl önce İngiliz askerleri, Modder Nehri'ne giden ovada benzer koşullar altında bulunuyordu ve şimdi aynı drama, daha küçük ölçekte sahneleniyordu. Akşamın puslu menekşe rengi, yavaş yavaş karanlığa gömüldü ve kesintisiz tüfek atışının takırtıları, her iki tarafta da kesildi. Yine Modder Nehri'nde olduğu gibi, İngiliz piyadeleri geri adım atmamaya kararlı bir şekilde hâlâ mevzilerinde bulunuyordu ve Boerler yine çok iyi savundukları tepeyi terk ederek geceleyin sessizce sıvıştılar. İngilizlerin bu kayalarla bezenmiş tepeler için ödediği bedel, ölü ve yaralı olarak yüz kişiydi ve bu, benzer bir muharebede Lord Methuen'in başına gelenden daha ağır bir kayıp oranıydı. Her zamanki gibi, Boer kayıplarını değerlendirmenin bir yolu yoktu, fakat yeni kazılmış birçok mezar kümesinin bulunması, onların da üzüleceği bir şeyler olduğunu gösteriyordu. Ancak geri çekilmeleri yorgunluktan değil, Lyttelton'un onların gerisinde yapmayı başardığı gösteri harekâtından kaynaklanıyordu. Topçular ve piyadeler, çok zorlu bir muharebede başarılı olmuşlardı, ancak herkesin kabul ettiği üzere bu, Yeni Zelanda'dan gelen askerler sayesindeydi ve bu şeref, onlara aitti. Sir Alfred Milner, Yeni Zelanda Başbakanı'na hemşerilerinin seçkin davranışları nedeniyle tebriklerini telgrafla bildirmişti ve bu, boş bir iltifat değildi.

Bu andan itibaren, savaşın merkezinin bu bölümünde önemli herhangi bir olay olmadı.

Artık De la Rey'in varlığının ve Magaliesberg dağlarının sağladığı örtü ve gizlemenin Boer direnişini canlı tuttuğu Pretoria'nın kuzeydoğusundan kuzeybatısına dönmemiz gerekiyor. Verimli vadilerle birbiri ardına gelen çok engebeli tepe sıraları, onları elinde tutan orduya bir dizi kale ve tahıl ambarı sağlıyordu. General Clements'in birliğine arazinin bu zorlu parçasını temizleme görevi verilmişti. Sınır Alayı, Yorkshire Hafif Piyade Alayı, İkinci Northumberland Hafif Piyade Alayı, atlı piyade, gönüllü süvari alayı, 8'inci Kraliyet Topçu Alayı, Kraliyet Topçu Alayının P bataryası, bir ağır toptan oluşan kuvvetinin sayısı azalıp çoğalıyordu, ama hiçbir zaman üç bin kişiden fazla olduğu görülmedi. Bu küçük orduyla bölgeyi dolaşıp durdu, Boer çetelerini dağıttı, erzakları ele geçirdi ve firarileri topladı. 13 Kasım'da, sorumluluk bölgesinin güney ucu olan Krugersdorp'taydı. 24'ünde, tekrar kuzeye doğru ilerledi ve tepelere vardığında kendisini, topu olan bir Boer kuvvetinin karşısında buldu. Bu kuvvet, bazen Methuen'in Magaliesberg'in kuzeyindeki bölgede ve bazen de güneyinde faaliyet gösteren korkunç De la Rey'di. Şimdi görünüşe göre De la Rey son rakibi olarak Clements'e odaklanmıştı. De la Rey, sayısal olarak daha azdı ve Clements, bu ilk çarpışmada onu bir miktar kayıpla geri püskürtmede hiçbir zorluk çekmedi. 26 Kasım'da Clements, sığırlar ve harp esirleri ile tekrar Krugersdorp'a döndü. Aralık ayının ilk günlerinde, ciddi bir felaketin kendisini beklediği yere, kuzeye doğru bir kez daha ilerledi. Nooitgedacht Muharebesi ile bağlantılı olayları anlatmadan önce, aynı bölgede meydana gelen ve nakledilmesi gereken bir olay vardır.

Bu olay, De la Rey'in askerlerinden oluşan bir grubun 3 Aralık'ta Pretoria'dan Rustenburg'a gitmekte olan ve Buffel kavşağına (Buffel's Hoek) kadar ulaşan bir konvoya yaptığı cesur saldırıdan ibaretti. Bu, intikal esnasında yaklaşık üç mil uzunluğa ulaşan, 150 at arabasından oluşan çok büyük bir konvoydu. Batı Yorkshire Alayının iki bölüğü, 75'inci bataryadan iki top ve bir avuç Victoria Atlı Piyadesi tarafından korunuyordu. Çok değerli olan bu ikmal maddelerinin düşman istilasına uğradığı bilinen bir bölgeden geçtiği düşünüldüğünde, muhafızların tamamen yetersiz olduğu görünüyordu. Gerçekleşmesi öngörülen şey gerçekleşti. Beş yüz Boer, aniden savunmasız at arabalarının üzerine atladı ve onları ele geçirdi. Yine de muhafızlar bir tepede toplandı ve gün boyunca taarruza uğramalarına rağmen, yardım gelen kadar mevzilerini korumayı başardılar. Konvoyun toplarının koruması altında olan kadarının Boerler tarafından yok edilmesine veya alınıp götürülmesine engel oldular, fakat konvoyun geri kalanı yağmalandı ve yakıldı. Bu çok talihsiz bir olaydı, çünkü bu olay, düşmana çok ihtiyaç duyduğu ikmal maddelerini bol miktarda sağlamıştı. Bir Boer saldırısının beklemede olduğu açıkça söylendiği için daha da sinir bozucuydu. Konvoy Rietfontein'den ayrılmadan önce, konvoyda maruz kalınan tehlikeye dikkat çeken bir itirazın, bölgeden sorumlu Generale iletildiğine dair şahitler bulunmaktadır. Sonuç, 120 at arabasının ve muhafızların yarısından fazlasının kaybıydı. Bu küçük muharebenin ciddiyetinin ve savunmanın şiddetinin göstergesi, tepeyi savunan küçük birliğin on beş ölü ve yirmi iki yaralı zaiyat vermesi, topçuların on beş kişiden dokuzunu kaybetmesiydi. Muharebenin sonuna doğru kurtarmaya gelen birlikler ortaya çıktı, fakat havanın yağışlı olması ve Boerlerin çok yavaş gidebilen, altmış yüklü at arabasını fiilen alıp götürmelerine rağmen, şiddetli bir takip girişiminde bulunulmadı. İtiraf etmek gerekir ki, sorumsuz başlangıcından ruhsuz bitişine kadar Buffel kavşağı konvoyu, anlatılacak pek hoş bir hikâye değildir.

Clements, bir kez daha Magaliesberg sıradağlarına doğru yola çıktıktan sonra, kampını Nooitgedacht adı verilen bir yerde kurmuştu. Bu yer, İngiliz harp esirlerinin hapsedildiği Delagoa demir yolu üzerindeki karakolla karıştırılmamalıdır. Burada dağın tam gölgesinde, beş gün boyunca bekledi. Bu süre boyunca İngiliz komutanlarının her zamanki umursamazlığıyla, herhangi bir siper yapma zahmetine girmediği anlaşılıyordu. Şüphesiz kendisi, düşmanı De la Rey için çok güçlü olduğunu biliyordu, ama bilmediği fakat korkması gereken şey, ikinci bir Boer kuvvetinin aniden ortaya çıkabileceği ve onu ezmek için De la Rey ile birleşebileceği idi. Bu ikinci Boer kuvveti, Warm Baths'tan gelen komutan Beyers'in kuvvetiydi. Ani ve ustaca bir hareketle ikisi birleşti ve Sınır Alayı'nın yokluğuyla zayıflamış olan İngiliz birliğine bir yıldırım gibi hücum ettiler. Sonuç öyle bir yenilgiydi ki, İngilizler Sanna Karakolundan bu yana böyle bir bozguna uğramamıştı. Düzenli bir Boer ordusu olmamasına rağmen, dağınık çetelerin herhangi bir zamanda, ani bir şekilde bir araya gelmesi, dezavantajlı bir durumda yakalanacak herhangi bir İngiliz birliği için hâlâ tehlikeli olabilecek bir kuvvet oluşturabileceğini gösteren bir yenilgi. Bu savaşta çatışmalı günlerin sona erdiğini sanmıştık, ancak 550 kişilik zayiat ve kayıp listesine sahip bir muharebe, diğer birçok konuda olduğu gibi bunda da yanıldığımızı kanıtladı.

Daha önce de belirtildiği gibi, Clements'in kampı, 2'nci Northumberland Hafif Piyade Alayı'nın dört bölüğünü zirvesine yerleştirdiği sarp bir uçurumun altında bulunuyordu. Bu güçlü karakol, kamptan bin fit yüksekteydi. Aşağıda kuvvetin ana gövdesini oluşturan ilave iki hafif piyade bölüğü, Yorkshire Hafif Piyade Alayında dört bölük, 2'nci Atlı Piyade Alayı, Kitchener'in süvarileri, gönüllü süvariler ve topçu vardı. Topçular, bir ağır donanma topu, 8'inci Kraliyet Sahra Topçularının dört topu ve Kraliyet Çekili Topçu Alayının P Bataryasından oluşuyordu. Kuvvetin tümü, yaklaşık bin beş yüz kişiydi.

Savaş, tam da şafak sökerken (Güney Afrikada savaşın kader saatinde) başladı. Kamp ve dağlar arasındaki atlı piyade karakolu, önlerinde hareket eden şahısların farkındaydı. Loş ışıkta gri giyindiklerini ve kendi gayrinizami birliklerimizden bazılarının geniş kenarlı şapkalarını ve yeleklerini giydiklerini görebiliyorlardı. Parola sorduklarında cevap, ezici bir yaylım ateşiydi. İleri karakolun hayatta kalanları tarafından anında karşılık verildi. Boer hücumu o kadar şiddetliydi ki, yardım gelmeden önce nöbetçilerden biri hariç herkes yere düşmüştü. Hayatta kalan tek kişi Dublinli Daley, geri adım atmadı, uyanan kamptan yardım gelene kadar sürekli bir şekilde silahını doldurdu ve ateş etmeye devam etti. Bunu, çok kısa bir mesafeden vahşi bir çatışma izledi. Yarı giyinik bir şekilde silah arkadaşlarının desteğine koşan atlı piyadeler, daha önce kanatlarda aralıksız çalışarak en çok tercih ettikleri çapraz ateşi tesis etmiş olan ve gittikçe yoğunlaşan bir Boer keskin nişancı topluluğu ile karşı karşıya kaldılar. Atlı piyadelerin lideri, sert, küçük bir Mısır gazisi olan Legge başından vuruldu ve askerleri, onun etrafına boylu boyunca uzandı. Birkaç dakika boyunca savaştaki hiçbir yer, burası kadar çıkmazda değildi. Fakat Clements olay yerine gelmişti ve soğukkanlılığı, savaşın gidişatını değiştirmişti. Hattın bir uzantısı çapraz ateşi durdurdu ve İngilizlere sıra geldiğinde bir yan mevzi sağladı. Boer keskin nişancıları yavaş yavaş geriye doğru itildiler, sonunda dağılıp arkadaki atlarına doğru kaçıp kurtuldular. Küçük bir birlik imha edildi, birçoğu öldürüldü ve yaralandı, birkaçı da esir alındı.

Bir saatlik bu çetin mücadele, bedeli ağır olsa da taarruzun tamamen püskürtülmesiyle sonuçlanmıştı. Hem Boerler ve hem de İngilizler, ağır kayıp vermişlerdi. General Clements yara almamış olmasına rağmen, neredeyse tüm karargâh heyeti ya öldürülmüş ya da yaralanmıştı. Her iki taraftan da elli ya da altmış kişi ölmüştü. Top ateşine rağmen Boerlerin hâlâ batı kanadından ayrılmadığı, kaygı verici bir durum olarak kayıtlara geçmişti. Yine mi geliyorlardı? Bunun hiçbir emaresini göstermediler. Hâl böyle iken, gruplar hâlinde beklediler ve üstlerindeki sivri uçlu kayalıklara doğru baktılar. Ne için bekliyorlardı? Cevabı, zirve üzerindeki ölümcül bir mavzer ateşinin ani gürlemesi ile İngiliz piyadesinin dalgalı yayılım ateşi verdi.

Clements, tam olarak eski düşmanı De la Rey'den gelen aralıklı bir taarruzla uğraşmadığını, bunun büyük ölçekte planlanmış bir manevra olduğunu, kendi kuvvetinin en az iki katı büyüklükte bir kuvvetin aniden kendisi üzerine odaklandığını ancak şimdi anlamıştı. Ordugâhı, hâlâ geri püskürttüğü askerler tarafından tehdit ediliyordu ve tepeye takviye kuvvetler göndererek ordugâhını zayıflatamazdı. Ama tüfeklerin gürültüsü giderek daha da artıyordu. Bunun bir asıl taarruz olduğu daha da netleşiyordu. Orada yukarıda bir Majuba Tepesi muharebesi vardı. Yoğun bir avcı eri kümesi, her yönden merkezî asker grubuna yaklaşıyordu. Ama hafif piyadelerin sayısı ümitsiz bir şekilde azdı ve bu kayalıktaki mücadele, Boerlerin düzenli birliklere göre bir üstünlüğe sahip olduğu diğer bütün muharebelerden daha şiddetliydi. Tepedeki bir heliograf, yardım için yalvardı. Kayıpların ağır olduğunu ve düşmanın sayıca çok olduğunu iletti. Boerler, hızla kanatlardan kuşattılar ve piyadeler, saldırganlarıyla boy ölçüşemedi. Doruk noktasına ulaşana kadar heliograf hâlâ yenilgiye uğradıklarını haykırıyordu ve anlatılanlara göre ışıldaktan sorumlu asker bile onu kullandığı esnada, muzaffer Boerlerin hücumu ile uçurumdan aşağıya atılmıştı.

Atlı piyade askerlerinin muharebesi, saat dört buçukta gerçekleşmişti. Saat altıda tepeye yapılan taarruz gelişme gösterdi ve Clements, bunca çılgın ışık parlamasına karşılık olarak, Fife ve Devon taburlarından yüz gönüllü süvariyi takviye olarak yukarı gönderdi. Tüfek, fişeklik ve mahmuzlarla sarp bir yüksekliğe, bin fite tırmanmak kolay bir iş değildi, buna rağmen üzerlerindeki savaşın gürültüsü yolda onları cesaretlendirdi. Fakat tüm çabalarına rağmen, sadece genel felaketi paylaşmak için zamanında yetişmişlerdi. Boerler, Northumberland Hafif Piyadelerinden kalanları süpürerek uçurumun kenarına ulaştığında, nefes nefese kalmış olan gönüllü süvari sırasının başı da platoya ulaştı. Gönüllü süvariler, birer birer dik yamaçtan fırladılar ve çok kısa mesafedeki cehennem ateşi karşısında bir siper bulmaya çalıştılar. İlk giden kurmay Yüzbaşı Mudie vuruldu. Onu takip eden Fifeli Purvis de vuruldu. Diğerleri onların bedenleri üzerinden atlayarak küçük bir sipere doğru koştular ve muharebeyi yeniden başlatmaya çalıştılar. Cesur bir genç olan Teğmen Campbell, askerlerini toparlarken vurularak öldürüldü. Tepedeki yirmi yedi Fifeshirelıdan altısı ölmüş ve on biri yaralanmıştı. Devonların istatistikleri de aynı derecede etkileyiciydi. Henüz zirveye ulaşmamış olan gönüllü süvariler, tamamen çaresiz bir durumdaydı, çünkü Boerler, mükemmel bir sütreden tam aşağıya onların üzerine ateş ediyordu. Onlar için teslim olmaktan başka çare yoktu. Saat yedide tepedeki her bir İngiliz askeri, gönüllü süvari veya hafif piyade, ya öldürülmüş ya yaralanmış veya esir edilmişti. Mühimmat ikmalinin kesildiği ve şanssızlıkla 2'nci taburu takip eden hafif piyadelerin sayıca az olduğu ve kendilerinden daha iyi avcı erleri tarafından yenilgiye uğratıldığı, doğru değildir.

Nadiren bir general, kendisini Clements'ten daha sıkıntılı bir durumda bulmuştur ya da daha onurlu bir şekilde kendini bu zor durumdan kurtarmıştır. Clements, kuvvetinin neredeyse yarısını kaybetmekle kalmamış, aynı zamanda ordugâhı da artık savunulamaz bir duruma gelmişti ve uçurumun kenarındaki amansız avcı erleri, tüm ordusuna hâkim bir konumdaydı. Dağdan ordugâha 800 ila 1000 yarda mesafe vardı ve bir kurşun yağmuru, dağdan aşağıya ordugâhın üzerinde ıslık çalıyordu. Ateşin ne kadar şiddetli olduğu, gönüllü süvarilere ait küçük evcil bir maymunun -yeterince küçük bir hedef- savaşta yaralanmış bir gazi olarak hayatta kalmasına rağmen, üç kez vurulması ile ölçülebilir. Muharebenin başında yaralanmış olanlar, kendilerini korkunç bir durumda buldular. İçlerinden birinin tarif ettiği şekliyle "çaresiz Sally teyze gibi", açıkta, kahredici bir ateşin altında boylu boyunca yatıyorlardı. Bilgiyi veren aynı kişi, Seylan Atlı Piyade birliğinin onbaşısı, "Kızılhaç bayrağını çekmeliyiz, yoksa yeryüzünden silineceğiz" diyordu. "Yastık kılıfımız vardı, ama hiç kırmızı boyamız yoktu. Sonra bunun yerine ne kullanacağımızı bulduk; böylelikle benim kanımla dik ve Paul'ünkiyle yatay çizgiyi yaptılar." Eklemesi hoş olan şey, bu korkunç bayrağa Boerler tarafından saygı duyulmasıdır. Öküzler ve katırlar yığınlar hâlinde yere yıkıldı ve meselenin, muharebenin eski hâline getirilip getirilemeyeceği değil, topların kurtarılıp kurtarılamayacağı olduğu açıktı. General, gönüllü süvarilerin tırmandığı aynı dik yokuştan aşağı inmekte olan Boerleri savuşturmak için bir grup gönüllü süvari, atlı piyade ve Kitchener'in süvarisini bırakarak, tüm çabasını büyük donanma topunu tehlikeden kurtarmak için harcadı. Kırk öküzlük bir koşum ekibinden geriye sadece altı öküz kalmıştı ve durum o kadar umutsuz görünüyordu ki, topu imha etmek için altına iki kez dinamit yerleştirilmişti. Bununla birlikte general, her seferinde müdahale etti ve sonunda büyük top, teşvik edici bir pompom mermisi yağmuru altında, askerlerin çekme halatlarını çekmesi ve altı öküzün hırıltılı bir eşkin gidişe başlaması ile adımlarını hızlandırarak, yavaşça ileri doğru hareket etti. Geri çekilmesi, tepenin zirvesine ve ordugâha inen Boerlerin üzerine şarapnel yağdıran daha küçük toplar tarafından korundu. Büyük top tehlikeyi atlatınca, diğerleri top arabasına bağlanarak takip ettiler ve geri bölgeleri hâlâ savaşın tüm onurunu taşıyan güvenilir atlı piyadeler tarafından korunuyordu. Cookson ve Brooks, 250 askerle Clements ile mutlak felaket arasında saatlerce direndiler. Ordugâh olduğu gibi terk edildi ve tüm erzak, kazığa bağlı dört yüz at ve en önemlisi iki araba cephane, galiplerin eline geçti. Bununla birlikte, sayı ve hareket kabiliyeti bakımından kendisinden çok daha üstün olan enerjik bir düşman tarafından kuvvetinin yarısının yok edilmesinden sonra bütün toplarını kurtarmış olması, hem felaketi fazlasıyla telafi eden ve hem de askerlerinin General Clements'e duyduğu güveni zedelemekten çok, artıran bir başarıydı. Birkaç mil geri çekildikten sonra büyük topunu Yeomanry Tepesi denilen yerde çevirdi ve Boer toplulukları tarafından yağmalanan ordugâha ateş açtı. O kadar cesur bir yüz ifadesi sergiledi ki, gün boyunca hem topçu hem de piyade tüfeği ateşi altında olmasına rağmen, yaklaşık saat dokuzdan öğleden sonra saat dörde kadar kötü durumdaki kuvvetiyle Yeomanry Tepesi'nde kalmayı başardı ve hiçbir taarruz, bu hedefe ulaşamadı. Öğleden sonra saat dörtte geri çekilmeye başladı ve ertesi sabah saat altıda yirmi mil uzaktaki Rietfontein'e ulaşana kadar hiç durmadı. Yorgun askerleri yirmi altı saattir görev başındaydı ve fiilen on dört saat boyunca savaşmışlardı. Ancak yenilginin acısı, generalden başlayarak aşağıya doğru herkesin mümkün olan her şeyi yaptığı ve çok geçmeden intikam almak için bir şansa sahip olma ihtimallerinin olduğu hissiyatıyla hafifletildi.

Nooitgedacht savaşındaki İngiliz kayıpları, 60 ölü, 180 yaralı ile hepsi birkaç gün sonra Rustenburg'da teslim edilen 315 harp esiri oldu. Boer kayıpları hakkında her zamanki gibi güvenle konuşmak imkânsızdı, ancak tüm kanıtlar, gerçek kayıpların İngilizlerinki kadar ağır olduğunu gösteriyordu. Ağır bir şekilde hırpalandıkları ordugâhta uzun bir mücadele, alışılmadık bir pervasızlıkla kendilerini açığa vurdukları dağdaki savaş ve şarapnellerin ve liditlerin son bombardımanı vardı. Tüm raporlar, taarruzun normalden daha açık bir şekilde olduğu konusunda hemfikirdi. "O gün yirmili yaşlarda biçildiler, fakat bunun hiçbir etkisi olmadı. Fanatikler gibi direndiler," diyordu onlara karşı savaşanlardan biri. Başından sonuna kadar icra ettikleri faaliyet çok cesurcaydı ve tüm kuvvetlerini açıkta kalan birliğe yönelttikleri ustaca yapılan ani yığınaklanma için liderleri büyük bir övgüyü hak etmektedir. Yaklaşık seksen millik bir mesafe Warm Baths'ı Nooitgedacht'tan ayırmaktadır ve İstihbarat Başkanlığı'nın bu kadar büyük bir manevradan habersiz kalması garip bir durumdur.

General Broadwood'un 2'nci Süvari Tugayı, Magaliesberg'in kuzeyinde, Clements'in yaklaşık on iki mil batısında konuşlanmış ve İngiliz kuvvetlerinin uzun zincirinin bir sonraki halkasını oluşturmuştu. Halbuki Broadwood, sıcak temasın önemini anlamamış gibi görünüyordu ve muharebeye katılmak için etkili bir manevra yapmadı. Eğer Colvile, Sanna Karakolunda "topun üzerine yürümekte" yavaş davranmakla suçlanacaksa, sırası geldiğinde Broadwood'un da bir miktar gayret ve muhakeme eksikliği gösterdiği söylenebilir. Ayın 13'ü sabahı, Broadwood'un kuvveti doğuya doğru yapılan ağır topçu ateşini duyabiliyordu ve hatta Magaliesberg'in tepesinde patlayan mermileri bile görebiliyordu. Sadece on ya da on iki mil uzaktaydı ve Elswick toplarının menzili yaklaşık beş mil olduğundan, çok küçük bir ilerleme, Boerlerin kanadına karşı bir gösteri taarruzu yapmasına ve böylelikle Clements üzerindeki baskıyı hafifletmesine imkân sağlayabilirdi. Kuvvetinin büyük olmadığı doğruydu, ancak son derece hareketliydi. Sebep ne olursa olsun, Broadwood tarafından etkili bir ilerleme yapılmadı. Sonucu duyunca, en yakın İngiliz karakolu olan Rustenburg'a geri döndü, küçük kuvveti tehlikeli bir şekilde tecrit edildi.

General Clements'in intikamını alacağını umanların fazla beklemesi gerekmedi. Birkaç gün sonra tekrar muharebe sahasındaydı. Halbuki, eski kuvvetinden kalanlar, yenilenmesi için Pretoria'ya gönderilmişti ve 8'nci Kraliyet Sahra Topçu Bataryası ve hâlâ Nooitgedacht'ın kurşunlarıyla üzeri çukurla dolu olan yılmaz inek topu[1] (Cow gun) hariç, geriye bir şey kalmamıştı. Ayrıca Kraliyet Çekili Topçu Alayının F bataryası, Inniskillings Alayı, Sınır Alayı ve Alderson komutasındaki bir atlı piyade kuvvetine sahipti. Ancak hepsinden daha önemlisi, harekâtlara yardımcı olmak için Pretoria'dan gelen General French'in iş birliğiydi. 19'undaki yenilgisinden sadece altı gün sonra Clements, kendini hemen hemen aynı yerde, en azından aynı adamlardan bazılarıyla savaşırken buldu. Fakat bu sefer gafil avlanmadılar ve İngilizler bu vazifeyi, temkinli ve sistemli bir şekilde ele almayı başardılar. Sonuç olarak, hem ayın 19'unda hem de 20'sinde Boerler, derinliğine ve kademeli olarak işgal edilen mevzilerden bombalandı ve önemli kayıplar vererek Magaliesberg'in bu bölümünden tamamen çıkarıldı. Kısa bir süre sonra General Clements, 7'nci Tümenin komutasını devralmak

---

1 ÇN: 5 inçlik toplar Güney Afrika'da "inek topu (Cow gun)" adıyla anılır çünkü 4,7 inçlik donanma topları gibi öküzlerden oluşan bir ekip tarafından çekilirlerdi.

üzere Pretoria'ya geri çağrıldı, General Tucker, çürüğe ayrılarak evine gönderilmesini tüm ordunun üzüntüyle karşıladığı kahraman Hunter'ın yerine Bloemfontein'in askerî komutanlığına atandı. General Cunningham, bu andan itibaren Clements'in Magaliesberg'e geri götürdüğü birliğe komuta etti.

13 Kasım'da, Delagoa demir yolu hattındaki karakollara bir dizi saldırının ilki yapıldı. Bunlar, kuzeyden gelen ve hızlı hareket eden Viljoen'in komandolarının işiydi. Birbirinden yaklaşık altı mil uzak istasyonlar olan Balmoral ve Wilge Nehri'nin küçük garnizonlarının üzerine hücum ettiler. İlkinde, Buffs Alayının bir müfrezesi ve ikincisinde Kraliyet Hafif Piyadeleri vardı. Taarruz layıkıyla icra edildi, ancak ikisinde de hücum edenler, ağır kayıplar vererek geri püskürtüldü. İlk hücumda Buff Alayından bir nöbetçi esir düştü ve müfreze, altı ölü ve dokuz yaralı zayiat verdi. Buna rağmen mevziye hiçbir etkisi olmadı ve bu çifte taarruz, Boerlere çok sayıda zayiata mal olmuş gibi görünüyordu.

Boerler tarafından Transvaal'ın güneydoğu ucunda, Natal sınırına yakın Vryheid kasabasına yapılan kararlı taarruz, az da olsa bahsedilmesi gereken başka bir olaydı. Kasım ayı boyunca bu bölge çok rahatsız edilmişti. Küçük İngiliz garnizonu kasabayı boşaltmış ve yakın tepelerde bir mevzi almıştı. 11 Aralık'ta Boerler, siperleri ele geçirmeye çalıştı. Görünüşe göre kasabanın garnizonu, yaklaşık beş yüz kişilik 2'nci Kraliyet Lancaster Alayı, 150 asker gücündeki Lancashire Hafif Piyade Alayının bir bölüğü ve Kraliyet Garnizon Topçusu'ndan elli asker ve küçük bir atlı piyade birliğinden oluşuyordu. Kasabanın yaklaşık yarım mil kuzeyinde ve ona hâkim bir tepeyi ellerinde tutuyorlardı. Gecenin bir yarısı bir baskın tarzında olan taarruz belki akılsızca olabilir, ama kesinlikle kahramanca davranarak mevzilerini koruyan İngiliz ileri karakollarının üzerine gelmişti. Bu karakollardan sorumlu genç subaylar, ciddi bir saldırıya uğradıklarında kaçmak yerine geri çekilmeyi reddettiler ve hızlı bir şekilde öyle bir ateş altında kaldılar ki, onları takviye etmek imkansızdı. Woodgate, Theobald, Lippert ve Mangles'ın emri altında dört karakol vardı. Soğuk ve karanlık bir sabah vakti saat 2.15'te, Woodgate tarafından savunulan karakola yapılan taarruz başladı, Boerler tespit edilmeden önce göğüs göğüse dövüş mesafesine gelmişlerdi. O sırada silahsız olan Woodgate, bir çekiç kaptı ve en yakın Boer'e doğru koştu, ancak iki kurşunla vurularak öldürüldü. Karakolu dağıtıldı ya da esir edildi. Ateşle uyarılan Theobald ve Lippert, iki üç kişilik avcı boy çukurlarının arkasında kaldılar ve üzerlerinde patlayacak olan fırtınaya hazırdılar. Ne yazık ki Lippert öldürüldü ve on askerinin hepsi ya vuruldu ya da esir alındı, fakat genç Theobald on iki saat boyunca ağır bir ateş altında mevziini korudu. Cesur bir babanın yiğit oğlu olan Mangles de, tüm gün büyük bir azimle görev yerini korudu. Arkadaki siperlerde bulunan birlikler, ileri karakolların gözü kara direnişi sayesinde hiçbir zaman ciddi şekilde baskı altına alınmadı, fakat maalesef Lancasters Alayından Albay Gawne öldürüldü. Akşama doğru Boerler, aralarından on dördünü ölü olarak yerde bırakarak taarruzu yarıda kestiler, bu durumdan toplam kayıplarının yüzden az olmadığı tahmin edilebilir. İngilizlerin kayıpları ölen üç subay ve beş asker, yaralanan yirmi iki asker ve bir subayla birlikte kayıp olan otuz askerdi. Yaralananlar, Boer hücumu ile yenilgiye uğratılan bu ileri karakollardan sağ kalanlardı.

1900 yılının son aylarına ait pusu, çatışma ve bunların sıkıcı kronolojisini oluşturan sonu gelmeyen intikallerin günlük haber bültenleri arasındaki birkaç olay göze çarpar. Bunlar, aralarında bağlantı kurmaya çalışılmadan tek tek sayılmalıdır. İlki, Schweizer-Reneke'nin çok uzun süren kuşatması veya ablukasıdır. Bu küçük köy, Transvaal'ın batı sınırında, Harts Nehri kıyısında yer almaktaydı. Bu kadar önemsiz bir mevkiyi niçin bir tarafın elinde tutmak, diğerinin de taarruzla ele geçirmek istediğini anlamak kolay değildir. 19 Ağustos'tan itibaren, basit bir işi onu lider yapacak tarzda ele alan Albay Chamier'in çok dirayetli komutası altındaki 250 kişilik bir garnizon tarafından savunuluyordu. Sayıları beş yüz ile bin arasında değişen Boer kuvveti, hiçbir zaman bir taarruzu hedefe kadar sürdürmeye cesaret edemedi, çünkü Kimberley deneyiminden yeni gelen Chamier, öyle önlemler almıştı ki savunma mevzileri ürkütücü olmasa bile zaptedilemezdi. Eylül ayının sonlarında Albay Settle komutasındaki bir kurtarma kuvveti kasabaya taze erzak gönderdi, ancak Albay Settle sonu gelmeyen intikaline geçtiğinde düşman bir kez daha kapandı ve kuşatma yeniden başladı. Kuşatma, bir birlik garnizonu geri çekip mevzisini boşaltıncaya kadar birkaç ay sürdü.

Tüm İngiliz müfrezeleri arasında, savaşın bu döneminde en çok çalışan ve en uzağa giden ikisi, General Bruce Hamilton komutasındaki 21'inci Tugay (Derbyshire, Sussex ve Cameron Alayları) ile Settle komutasındaki, Orange Nehri Kolonisi'nin batı sınırının aşağısında faaliyet gösteren birlikti ve durmaksızın o kadar azimli bir şekilde çalıştı ki yaygın olarak Settle'in "Kraliyet Sirki" olarak biliniyordu. Bir asker için savaşın gerçek tehlikelerinden çok daha tiksindirici olan çok zor ve nahoş işler, Bruce Hamilton ve askerlerine düşmüştü. Merkezleri olan Kroonstad ile birlikte sürekli olarak tehlikeli Lindsey ve Heilbron bölgelerinde görev yapıyorlar, demir yolu hattına sadece yeni bir maceraya hemen yeniden başlamak için dönüyorlardı. Bu, piyade askerlerinin değil, atlı polislerin işiydi, ama kendilerine yapmaları için verilen görevi ellerinden geldiğince yaptılar. Settle'ın askerlerinin de benzer ve değeri takdir edilmeyen bir görevi vardı. Kasım ayında Kimberley'in mahallesinden küçük birliğiyle Orange Nehri Kolonisi sınırından aşağı doğru ilerledi, ikmal malzemelerini ele geçirdi ve mültecileri geri getirdi. Kloof'taki hareketli bir muharebede Hertzog'un komandolarıyla savaştı ve ardından koloniyi bir ucundan diğer ucuna geçerek 7 Aralık'ta bir harp esiri ve sığır kafilesiyle Edenburg'daki demir yolu hattına tekrar saldırdı.

Rundle da kendi sorumluluğuna verilen Koloni'nin kuzeydoğusundaki zorlu bölgeyi kontrol etmek için çok çaba sarf etmişti. Kasım ayında kuzeyden güneye, daha önce çok acı çekerek güneyden kuzeye geçtiği aynı araziyi geçti. Ara sıra meydana gelen küçük çatışmalarla Vrede'den Reitz'e ve dolayısıyla Bethlehem ve Harrismith'e doğru dolaşıp durdu. Farklı kasabalara küçük garnizonlar yerleştirmeye yönelik tehlikeli yöntem, aç kalmaları veya ağır bir yenilgiye uğramaları korkusu ile diğer tüm komutanlara olduğu gibi onun üstüne de sürekli bir sorumluluk yükledi.

Yıl ve yüzyıl, Transvaal'daki İngiliz ordusu için küçük bir yenilgi ile sona ermişti. Bu olay, Liverpool Alayı'nın bir müfrezesi ve 4.7'lik bir top tarafından savunulan Helvetia'daki bir karakolun ele geçirilmesinden ibaretti. Demir yolu hattından yetmiş mil uzakta olan Lydenburg, onu Machadodorp'taki kavşağa bağlayan bir karakollar zincirine sahipti. Aralarında onar mil bulunan ve her biri 250 asker tarafından korunan bu karakollar, yedi taneydi. Bunların arasında Helvetia ikincisiydi. Mevzinin anahtarı, karargâh kampından yaklaşık olarak bir milin dörtte üçü uzaklıkta, ona hâkim ve güçlü bir şekilde tahkim edilmiş bir tepeydi. Bu karakol, büyük topu çalıştırmak için kırk garnizon topçusu ve yetmiş Liverpool piyadesiyle Yüzbaşı Kirke tarafından savunuluyordu. Dikenli tel engellere rağmen, Boerler çok cesurca bu mevziye hücum etti ve ilerlemeleri o kadar hızlıydı ya da garnizon o kadar yavaştı ki, tek bir el ateş edilmeden mevzi ele geçirildi. Ana savunma hattına komuta eden Binbaşı Cotton, kuvvetinin neredeyse yarısından bir anda yoksun kaldı ve muzaffer, coşkulu bir düşmanın şiddetli taarruzuna maruz kaldı. Mevzisi, emrindeki küçük kuvvet için fazla genişti ve siper hattı birçok noktadan delinmiş ve derinliğine ateş altına alınmıştı. Savunmaların kötü bir şekilde tasarlanmış olduğu kabul edilmelidir: Az miktarda dikenli tel, zayıf duvarlar, büyük boşluklar ve taarruz edenlerin takviyeler kadar çabuk bir şekilde ulaşabileceği siperlere çok yakın ileri karakollar. Şafakla birlikte Cotton'un durumu umutsuz olmasa da ciddiydi. Sadece kuşatılmakla kalmamış, aynı zamanda Gun Tepesinin hakimiyeti altında kalmıştı. Belki de yaralandıktan sonra emir komutayı yardımcı subay Jones'a devretmiş olsaydı daha akıllıca olurdu. Yaralı bir askerin muhakeme yeteneği, asla sağlıklı birinin muhakemesi kadar sağlam olamaz. Her halükârda, mevzinin savunulamaz olduğu ve daha fazla can kaybını önlemenin en iyisi olduğu sonucuna vardı. Liverpoollulardan ellisi öldürüldü veya yaralandı, 200'ü esir alındı. Topun hiçbir mühimmatı ele geçirilmedi, ancak Boerler, zaferlerinin bu küçük düşürücü kanıtıyla güvenli bir şekilde çekilmeyi başardılar. Yüzbaşı Wilkinson'ın komutasındaki bir karakol, kırk askerle başarıyla direndi ve geri çekilen düşmanı rahat bırakmadı. Dewetsdorp ve Nooitgedacht'ta olduğu gibi, Boerler tutsaklarını elde tutamadılar. Bu nedenle faaliyetlerinin gerçek getirisi küçük oldu, ancak yine de düşmanımıza saygı duymamıza ve kendi kusurlarımızı görmemize neden olabilecek olaylardan birini daha oluşturdu.[1]

Yılın son birkaç ayında, görevlerini yerine getiren veya başka bir yerde ihtiyaç duyulan birliklerden bazılarının savaş bölgesini terk etmelerine izin verildi. Kasım ayının ortalarında, Şehir İmparatorluk Gönüllüleri'nin üç farklı birliği, iki Kanadalı birlik, Lumsden'in Süvarileri, Karma Muhafız Alayı, altı yüz Avustralyalı, Kraliyet Çekili Topçusundan A Bataryası ve düzenli alayların gönüllü bölükleri, hepsi evlerine dönüyordu. Savaş sona ermeden önce birkaç bin tecrübeli askerin bu kaybı üzücüydü ve gönüllü birliklerin durumunda kaçınılmaz olsa da, düzenli birlikler söz konusu olduğunda nereye gittiklerini açıklamak zordur. Yeni yılın başlarında hükümet, onların yerini almak için güçlü takviyeler göndermek zorunda kaldı.

Aralık ayının başlarında Lord Roberts de başkomutanlık görevlerini devralmak için ülkeyi terk etti. Ocak ayında Cape Town'a indiğinde itibarı ne kadar yüksekse, on ay sonra "Kanada"nın subay (kıç) güvertesinden Masa Dağı'nın uzakta giderek karardığını gördüğünde, ününün son derece arttığını rahatlıkla söyleyebiliriz. Lord Roberts, aynı şekilde yenilgiye uğratıldığımız birbiri ile bağlantısız bir dizi muharebede bulmuştu. Onları hızla, neredeyse aynı şekilde başarılı olduğumuz bir dizi bağlantılı muharebeye dönüştürdü. Lord Roberts, şubat ayının başında cepheye giderek iki hafta içinde Kimberley'i kurtardı, bir ay içinde Cronje'nin kuvvetini yok etti ve altı hafta içinde Bloemfontein'deydi. Daha sonra, kısaltılması mümkün olmayan altı haftalık bir aradan sonra, kaplan sıçramalarından bir başkasını daha yaptı ve bir ay içinde Johannesburg ve Pretoria'yı işgal etti. O andan itibaren savaş meselesi nihayet yoluna konulmuş ve onu Komatipoort'a taşıyacak üçüncü bir sıçrayışa ihtiyaç duyulmasına, cesur ve inatçı adamların hâlâ kaderlerine karşı mücadele edecek olmalarına rağmen, o gerekeni yapmış ve her ne kadar zor da olsa, geriye, sadece savaşın detayları kalmıştı. Nazik bir beyefendi ve aynı zamanda büyük bir askerdi. Doğası tüm sertliklerden arınmıştı ve daha kötü bir adam, savaşın bu son umutsuz aşamalarında daha iyi bir lider olabilirdi. Hiç şüphesiz, Grant'in Lee'nin ordusuna atlarını nasıl verdiğini hatırladı, ama o sırada Lee tamamen mağlup edilmiş ve askerleri teslim olmuştu. Kısmî olarak fethedilen yerlerde Boerlere verilen benzer bir lütuf, çok farklı sonuçlara yol açmıştı ve savaşın uzaması büyük ölçüde bu merhametli davranıştan kaynaklanıyordu. Aynı zamanda, bu konudaki siyasi ve askerî mülahazalar birbirine zıttı ve daha sert tedbirler alma konusundaki ahlaki konumu daha güçlüydü, çünkü bir uzlaşma politikası denenmiş ve başarı-

---

1 Binbaşı Stapelton Cotton'un çatışma sırasında üç yerinden yaralandığı (bu yaralardan biri kafasından olmak üzere) göz önüne alındığında, sekiz ay sonra kurulan bir askerî mahkeme tarafından verilen görevinden alınmasına yönelik sert bir karar vardı. Bu ciddi cezanın bir şekilde düzeltilebileceğini içtenlikle umut ediyoruz.

sız olmuştu. Lord Roberts, askerlerinin ve halkının saygı ve sevgisiyle Londra'ya döndü. Askerlerine yaptığı veda konuşmasından bir paragraf, onlara kendisini sevdiren nitelikleri gösterebilir:

"Güney Afrika Kuvvetleri'nin gerçekleştirdiği görevin bence, harp tarihinde benzeri görülmemiştir, zira neredeyse bir yıl boyunca, bazı durumlarda bir yıldan fazla bir süredir neredeyse tamamen kesintisiz olmuştu. Uzun bir süreye yayılan diğer savaşlarda olduğu gibi dinlenmek, ikmal için izin günleri, kışlaya dönmek yoktu. Aylarca hep birlikte, şiddetli sıcakta, kavurucu soğukta, sağanak yağmurda siz silah arkadaşlarım, durmadan yürüdünüz, savaştınız ve kötü hava şartlarında açıkta gecelediniz. Sık sık giysileriniz yırtık pırtık ve botlarınız tabansız olarak yürümeye devam etmek zorunda kaldınız. Zaman o kadar önemliydi ki, yeniden donatım için bir yerde yeterince uzun kalmanız imkânsızdı. Fiilen bir savaşa girmediğinizde, ülkenin her karışını tanıyan ve arazinin kendine özgü doğası gereği kendilerini tamamen güvende tutarak ağır zayiat verdirebilen görünmez düşmanlar tarafından sürekli olarak tepelerin arkasından vuruldunuz. Yoğun ormanlardan, sarp dağlardan geçtiniz, sonsuz el emeğiyle ağır topları ve kağnıları çekmek zorunda kaldınız. Neredeyse inanılmaz bir hızla muazzam mesafeler katettiniz ve bunu genellikle çok yetersiz yiyecek ikmaliyle yaptınız. Üs bölgesinin çok uzağındaki hasta ve yaralıların savaşta kaçınılmaz olan acılarına homurdanmadan ve hatta neşeyle katlandınız."

Bu sözler hem muhatap alınan askerler hem de onlara hitap eden adam üzerindeki şerefi yansıtmaktadır. 1900 yılının aralık ayı ortasından itibaren Lord Kitchener savaşın sevk ve idaresini devraldı.

32. BÖLÜM

CAPE KOLONİSİ'NİN İKİNCİ KEZ İŞGALİ (ARALIK 1900 - NİSAN 1901)

Tüm savaş boyunca İngilizlerin görevini çok daha zor bir hâle getiren, Cape Kolonisi'nin Hollandalı sakinlerinin büyük çoğunluğu arasında hüküm süren görüşlere ilham veren ya da onları temsil eden Afrikander Bond olarak bilinen siyasi birlikten, Boerlere karşı sempati duyulduğunun açıkça ifade edilmesiydi. Bu isyan dürtüsünün ne kadar güçlü olduğu, bazı sınır bölgelerinde seçmenlerin en az yüzde doksanının Koloni'ye ilk giriş gerekçelerinin Boer işgalcilerine katılmak olması ile ölçülebilir. Bu adamların herhangi bir siyasi sorundan muzdarip oldukları iddia edilmiyordu ve bu davranışları, kısmen kuzey akrabalarına karşı doğal bir sempatiye, kısmen de ırksal hırslara ve İngiliz komşularına karşı duyulan kişisel hoşnutsuzluğa dayandırılacaktı. Yorulacaktı, maledilecekti. Yerlilere yönelik liberal İngiliz politikası, özellikle Hollandalıları yabancılaştırdı ve Birlik Devletlerinde köle sorununun yaptığı gibi, Güney Afrika'da da belirgin bir ayrışma hattı yarattı.

Savaşın tersine dönmesiyle, Cape Kolonisi'ndeki hoşnutsuzluk, daha az şiddetli olmasa da daha az rahatsız edici hâle geldi, ancak 1900 yılının sonraki aylarında, tehlikeli bir seviyeye yükseldi. Fethedilen arazilerde çiftliklerin yakılması gerçeği ve İngiliz birliklerinin yaptığı zulmün hikâyeleri, bir öfke fırtınası yarattı. Cumhuriyetlerin ilhakı, yani herhangi bir Hollanda bayrağının Güney Afrika'dan kesin olarak ortadan kalkması, Hollandalıların zoruna giden ırkçı bir aşağılamaydı. Hollanda gazeteleri çok fazla şiddet yanlısı ve çiftçileri çok heyecanlı bir hâle gelmişti. Gerginlik, 6 Aralık'ta Worcester'da binlerce delegenin bulunduğu bir konferansta doruğa ulaştı. Hollandalı Afrikanderler Birliği toplantısının Kanadalıların topçu namluları altında gerçekleştirilmesi ve Avustralyalı süvariler tarafından yakından izlenmesi, mücadelenin İmparatorluğa has tabiatını akla getirmektedir. Şiddet içeren sözler kendilerini eyleme dönüştürseydi, hepsi bu kriz için hazırdı.

Neyse ki, meclisin sağduyusu galip geldi ve gerginlik, acı da olsa bir İngiliz anayasasının izin verdiği geniş sınırlar içinde kaldı. Biri savaşın sona erdirilmesini, ikincisi Cumhuriyetlerin bağımsızlığının iade edilmesini isteyen ve üçüncüsü Sir Alfred Milner'in eylemlerini protesto eden üç karar alındı. Bu kararları Vali'ye götüren bir heyet, nazik ama tavizsiz bir yanıt aldı. Sir Alfred Milner, Ana vatandaki Hükümetin, tüm büyük kolonilerin ve Cape'in yarısının politikalarında hemfikir olduğuna ve yerel bir gerginlik nedeniyle bunun tersine çevrilebileceğini hayal etmenin anlamsız olduğuna dikkat çekti. Hepsi savaşı sona erdirme arzusunda hemfikirdi, ancak bunu sağlamanın son yolu, çaresiz insanları umutsuz bir davada savaşmaya devam etmeleri için teşvik etmekti. Beklendiği gibi, İngiliz Hükümeti ve halkı tarafından tümüyle onaylanan Vali'nin cevabının genel mahiyeti buydu.

De Wet, daha önce anlatılan muharebelerde Charles Knox'tan kurtulmuş ve Orange Nehri'ni geçmiş olsaydı, Koloni'ye girişi Worcester'daki kongre ile eş zamanlı olacaktı ve durum, daha da vahim hâle gelecekti. Bu tehlike şans eseri önlendi. Bununla birlikte, Koloni'deki gerginlik, Boer liderlerine, buranın el değmemiş bir asker toplama alanı olduğunu ve hareketli küçük işgal birliklerinin güç toplayıp ürkütücü hâle gelebileceği fikrini verdi. Ayrıca harekât bölgesinin genişletilmesiyle İngiliz başkomutanının sorunlarının daha da artacağı ve Cumhuriyetlerdeki Boer gerillaları üzerindeki baskının gevşeyeceği açıktı. Bu nedenle De Wet'in Koloni'ye nüfuz etmedeki başarısızlığına rağmen, az bilinen liderler komutasındaki birkaç küçük grup, Orange Nehri üzerinden gönderildi. Yerel çiftçiler tarafından sağlanan bilgi ve malzemelerin yardımıyla, bu çeteler Koloni'nin geniş arazisinde aylarca dolaştılar, zor durumda olduklarında dağ sıraları arasına sığındılar. Dostlarından yeni binekler alarak ve üstünlük ezici bir şekilde lehlerine olduğu zamanlar dışında, bir çatışmanın doğasında olan her şeyden kaçınarak, hızlı bir şekilde dolaşıp duruyorlardı. Çok sayıda küçük karakol veya devriyenin katledilmesi, meydana gelen birçok çatışma ve bir veya iki defa demir yolu tahribi, savaşın sonuna kadar süren ve bu dönem boyunca Koloni'yi aşırı huzursuz bir durumda tutan bu istilanın neticeleriydi. Burada, ilerlemelerine damgasını vuran gizli "su kaynaklarının" ve "tepeciklerin" listesinden mümkün olduğunca kaçınarak, bu düşman çetelerin hareketleri ve olağanüstü başarıları hakkında kısa bir açıklama yapmalıyız.

İşgal, çok sayıda küçük akıncı grubunu çıkaran iki ana kuvvet tarafından gerçekleştirildi. Bu ikisinden biri Koloni'nin batı tarafında faaliyet göstererek, Clanwilliam bölgesinde deniz kıyısına ulaşmış ve Cape Town'dan yüz milden daha az mesafedeki bir noktaya erişmişti. Diğeri Koloni'nin merkezine doğru daha da derinlemesine girerek Mossel Körfezi istikametinde neredeyse denize ulaşmıştı. Yine de bu kadar geniş kapsamlı olmasına rağmen işgalciler, üzerinde durdukları toprak hariç başka hiçbir şey ele geçiremedi ve zafer kazanarak değil tehlikeden kaçınarak ilerledikleri için, saldırının az bir etkisi oldu. Kendi davaları için bazı yeni üyeler kazanmışlardı, fakat o esnada sayılarının yüzden fazla olmadığı ve çoğunlukla toplumun kaybedecek birşeyi olmayan ve verebileceği de çok şey bulunmayan sınıflarından seçilmiş oldukları görülüyordu.

Batılı Boer'lere, eski başkanın oğlu Brand ve yaklaşık bin iki yüz iyi atlı adamı yanına alan Özgür Devlet Yargıcı Hertzog tarafından komuta ediliyordu. Orange Nehri'ni Colesberg'in kuzeyindeki Sand geçiş yerinden geçerek, 16 Aralık'ta Kameelfontein'de, tanınmış bir kürekçi olan Teğmen Fletcher'ın komutasındaki otuz gönüllü süvari ve muhafızdan oluşan küçük bir karakolda toplanmak için durdular. Güçlü bir direnişle karşılaşan ve İngiliz kuvvetlerinin hâlihazırda üzerlerine doğru geldiğini öğrenen Boerler, taarruzdan vazgeçtiler ve Colesberg'den uzaklaşarak batıya yöneldiler ve De Aar'ın yirmi mil kuzeyindeki demir yolu hattını kestiler. Ayın 22'sinde, sınırdan seksen mil içeride olan Britstown'u işgal ettiler ve aynı gün, kendilerini takip eden küçük bir gönüllü süvari grubunu ele geçirdiler. Bu harp esirleri, birkaç gün sonra tekrar serbest bırakıldı. Prieska ve Strydenburg'a doğru geniş kavisli bir tur atarak tekrar güneye doğru ilerlediler. Yılın sonunda Hertzog'un birliği, Koloni'nin 150 mil derinliğindeydi. Çorak ve seyrek yerleşimli batı topraklarını istila ederek, görünüşe göre Fraserburg ve Beaufort West'e doğru ilerliyordu.

İkinci kola Orange Nehri Kolonisi'ndeki Zastronlu bir çiftçi olan Kritzinger komuta ediyordu. Onun kuvveti yaklaşık 800 kişi gücündeydi. 16 Aralık'ta Rhenoster Hoek'te sınırı geçerek Burghersdorp'a doğru hücum ettiler, fakat bir İngiliz birliği tarafından yolları kesildi. Venterstad'dan geçerek Steynsberg'e doğru ilerlediler ve küçük İngiliz kuvvetleriyle kesin sonucu olmayan iki çatışmaya girdiler. Yılın sonunda, Rosmead kavşağının kuzeyinde bulunan Sherburne'deki demir yolu yolunu geçtikleri görüldü ve oradan geçerken bazı Koloni birliklerinin içinde bulunduğu bir treni ele geçirdiler. O sırada Koloni'nin yüz mil içinde ve Hertzog'un batı kolundan yaklaşık üç yüz mil uzaktaydılar.

Bu esnada birkaç günlüğüne De Aar'a inen Lord Kitchener, işgalcileri takip edecek ve mümkün olduğunda yok edecek küçük hareketli kolları tanzim etmek için büyük bir gayret sarfetmişti. Koloni'nin etkilenen bölgelerinde sıkıyönetim ilan edildi ve işgalciler daha güneye geldikçe, her yerde kasaba muhafızları şeklinde teşkilatlanan yönetim yanlıları tarafından son derece büyük bir coşkuyla karşılandı. Brabant'ın, İmparatorluğun ve Güney Afrika'nın hafif süvari alayları- Thorneycroft'un, Rimington'un ve diğerlerinin- gibi mevcut Koloni Alaylarının zaten kadroları yeniden tamamlanmıştı ve şimdi iki yeni alay daha eklendi: Kitchener'in şahsi muhafızları ve Kitchener'in muharip keşif kolları, bunlardan ikincisi, Rodezya savaşlarında adını duyuran Johann Colenbrander tarafından oluşturuldu. Savaşın bu döneminde yirmi ile otuz bin Cape kolonicisi silah altındaydı. Bunların çoğu eğitimsiz askerlerdi, ancak ırkın savaşçı ruhuna sahiptiler ve diğer görevler için daha deneyimli birliklerin serbest kalmasını sağladılar.

Batıdaki kuvvetin (Hertzog'un) manevralarını takip etmek ve daha sonra doğudakinin (Kritzinger'in) hareketlerini hesaba katmak, hem daha uygun ve hem de daha az karmaşık olacaktır. Yılın başlangıcında, Özgür Devlet vatandaşlarının seyyar birliği, sınırın 150 mil ötesinde, Karoo'nun çorak yüzeyi üzerinden hızla güneye doğru ilerliyordu. Burası dağınık çiftliklerin ve az nüfusun olduğu bir araziydi. Issız ovalar, daha da ıssız sıradağlara ulaşana kadar yukarı doğru kıvrılıyordu. Geniş bir cephe üzerinde çok serbest bir düzende hareket eden Boerler, güneye doğru ilerledi. Tam 4 Ocak'ta ya da yaklaşık olarak bu tarihte, bir aydan fazla karargâhları olarak kalacak olan küçük Calvinia kasabasını ele geçirdiler. Bu noktadan çıkan seyyar çeteleri, Clanwilliam istikametinde sahile kadar ilerlediler, çünkü Lambert Körfezi'nde Avrupa'dan gelen paralı askerler ve toplarla dolu bir gemiyle karşılaşmayı bekliyorlardı. Ayrıca ileri karakollarını güneydeki Sutherland ve Batı Beaufort'a kadar da gönderdiler. 15 Ocak'ta Touws Nehri'nde demir yolu hattı civarında gezinen garip atlılar görüldü ve Cape Town vatandaşları, savaşın kendi kapılarının yüz mil yakınına kadar geldiğini hayretler içinde öğrendiler.

Boerler bu cüretkâr baskını yaparken, batıdaki işgal kuvvetini yakalamak ve kesin olarak geri püskürtmek için General Settle tarafından farklı seyyar birliklerden oluşan bir kuvvet hazırlanıyordu. Daha büyük bir birlik, bir piyade alayının polo takımını tüm İngiliz ordusunun şampiyonu yaptığı aynı gayret ve mükemmelliği savaştaki muharebelere taşımış bir subay olan Albay De Lisle'nin komutası altındaydı. Birlikleri 6'ncı Atlı Piyade Alayı, Yeni Güney Galler Atlı Piyade Alayı, İrlanda Gönüllü Süvari Alayı, Kraliyet Çekili Topçusundan R Bataryasının bir kısmı ve bir pompom makineli topundan oluşuyordu. Bu küçük fakat hareketli ve cüretkâr kuvvetle kendini Hertzog'un ilerleme hattının önüne attı. 13 Ocak'ta Boer karargâhının seksen mil güneyindeki Piquetburg'u işgal etti. Ayın 23'ünde, onların elli mil güneybatısında, Clanwilliam'daydı. Sağ tarafında Bethune, Thorneycroft ve Henniker komutasındaki diğer üç küçük İngiliz birliği bulunuyordu; Henniker, Matjesfontein'deki demir yolundan ve işgalcilere giden güney yolunu engelleyen 120 mil boyunca uzanan bir hattın tamamından sorumluydu.

Calvinia'da Hertzog ve Clanwilliam'da De Lisle sadece elli mil uzakta olsa da aradaki arazi, Güney Afrika'nın en engebeli ve dağlık arazileri arasında yer alıyordu. İki nokta arasında ve De Lisle'ye Hertzog'dan daha yakın olan Doorn Nehri akar. Calvinia'dan ilerleyen Boerler, bu noktada İngiliz keşif birlikleri ile temasa geçti ve 21 Ocak'ta onları mağlup etti. Ayın 28'inde De Lisle, Bethune'nin birliği tarafından takviye edildi ve nihayet inisiyatif almayı başardı. Bethune'nin kuvveti esas olarak kolonicilerden oluşuyordu ve Kitchener'in muharib keşif kolları, Cape Atlı Polisi, Cape Atlı Piyadeleri, Brabant'ın süvarileri ve Elmas Madeni Süvarilerini içeriyordu. Ocak ayının sonunda, Bethune ve De Lisle'nin birleşik kuvvetleri, Calvinia'ya doğru ilerlemişti. Sorunlar, savaşmamaya kararlı bir düşmanın direnişinden daha çok, geçit vermez araziden kaynaklanıyordu. 6 Şubat'ta, güzel bir yürüyüşten sonra De Lisle ve askerleri, Boerler tarafından terk edilmiş olan Calvinia'yı ele geçirdi. Boerlerin kasabayı ellerinde tuttukları bir aylık süre boyunca özellikle kaffirlere karşı çok sert davrandıklarını eklemek, üzücü bir durumdur. Esan adlı siyahi bir adamın kırbaçlanması ve vurulması, Boerlerin ve onların yerlilerle olan ilişkilerinin karanlık hikâyesine bir olay daha ekledi.

İngilizler, şimdi çok geniş bir cephede kuzeye doğru hızla ilerliyorlardı. Colenbrander, Calvinia'nın doğusundaki Van Rhyns Dorp'u işgal ederken, Bethune'nin kuvveti bunun batısında faaliyet gösteriyordu. De Lisle, Calvinia'da çok kısa bir süreliğine mola verdi, lakin savaşın en ilginç icraatlarından biri olan yetmiş iki millik engebeli araziyi kırk sekiz saatte katederek, Williston'a doğru ilerledi. Her ne kadar hızlı olsa da Boerler daha da hızlıydı ve kuzeye doğru yürüyüşü sırasında onlarla gerçekten temasa geçmemiş gibi görünüyordu. Geri çekilme hatları Carnarvon'dan geçiyordu ve 22 Şubat'ta De Aar'ın kuzeyindeki demir yolu hattını geçtiler ve 26 Şubat'ta Orange Nehri'ni geçmiş olan De Wet komutasındaki yeni işgal gücüne katıldılar. Piquetburg'dan ilerlediğinden beri beş yüz milden fazla çorak araziyi geçen De Lisle, Victoria West'teki demir yoluna yöneldi ve 22 Şubat'ta buradan kuzeydeki harekât alanına gönderildi. Boerler ünlü gerillaya yardım etmek, Britanyalılar da onu püskürtmek için her yönden çaba sarf ediyorlardı.

Bu faaliyeti açıklamadan önce, hızla müdahale edilebilecek bir manevra olan doğu istilasının (Kritzinger'in) gelişimini takip etmek, daha uygun olacaktır. Çünkü bu harekât, Hertzog'un kuvvetinin tamamen dağıtılmasından sonra uzun süre devam etmesine rağmen, o dönemde belirli bir askerî sonuca yol açmamıştı. Haig yönetimindeki Williams, Byng, Grenfell ve Lowe gibi birkaç küçük kol, bu komandoları geri püskürtmek için örgütlendi; fakat işgalciler o kadar çevik, mesafeler o kadar büyük ve arazi o kadar engebeliydi ki, bu kuvvetlerin karşılaşmaları nadir bir durumdu. Harekâtlar Koloni'nin Hollanda'ya sempati duyan kısmı üzerinde gerçekleştirildi ve düşman, çok sayıda asker elde etmemiş gibi görünse de gittikleri her yerde erzak, at ve bilgi toplayabildi.

En son bahsedildiğinde, Kritzinger'in askerleri 30 Aralık'ta Rosmead'in kuzeyindeki demir yolunu geçmişler ve birkaç Koloni birliğini taşıyan bir trenin yolunu kesmişlerdi. O andan itibaren bunların bir kısmı Middelburg ve Graaff-Reinet bölgelerinde kalırken, bir kısmı güneye doğru hareket etti. 11 Ocak'ta Murraysburg yakınlarında, Byng'in birliğinin katıldığı, tümü Brabant'ın ya da Güney Afrika Hafif Süvari Alayından yirmi zayiata malolan, şiddetli bir çatışma meydana geldi. Ayın 16'sında, güneye doğru çok hızlı bir manevra başladı. O tarihte Boerler, Aberdeen'de ve iki günde yetmiş mil yol kat ederek, 18'inde Willowmore'da göründüler. Uzun, ince hatları 150 mil boyunca parçalanmıştı ve kuzeydeki Maraisburg'dan kıyıdan sadece otuz mil uzaklıktaki Uniondale'e kadar onların varlığına dair söylentiler vardı. Bu vahşi bölgede ve Oudtshoorn bölgesinde, Boer öncü kuvvetleri tepelere girip çıkıyor, Haig'in birliği onları harekete geçirmek için canla başla uğraşıyordu. İşgalciler o kadar iyi istihbarat alıyorlardı ki, her zaman İngiliz yığınaklanmasından kaçınabildiği halde, bir İngiliz karakolu veya devriyesi korumasız bırakıldığında eğer felaketten kaçarsa şanslı sayılıyordu. 6 Şubat'ta, Yüzbaşı Oliver komutasındaki 7'nci Kraliyet Ağır Süvari Muhafızları'ndan ve Batı Avustralyalılardan oluşan yirmi beş kişilik küçük bir birlik, 200 Boer'e karşı sekiz saat boyunca mevzilerini korudukları çok iyi bir savunmanın ardından Klipplaat'ta yenik düştüler ve mevcutlarının yaklaşık yüzde ellisini kaybettiler. Ayın 12'sinde, bir gönüllü süvari devriyesi baskına uğradı ve Willowmore yakınlarında ele geçirildi.

De Wet'in gelişi, tüm Boer akıncılarının bir araya gelmesi için açık bir işaret olmuştu, çünkü Şubat'ın ikinci haftasında Kritzinger de Hertzog'un batıda yaptığı gibi geri çekilmeye başladı ve İngiliz birlikleri tarafından yakından takip edildi. Bununla birlikte, Krirzinger gerçekte De Wet'e katılmadı ve Hertzog'un kuvvetinde olduğu gibi, ülkeden geri çekilişi asla tamamlanmadı. Ayın 19'unda Kritzinger, peşindeki Gorringe ve Lowe ile birlikte Bethesda'daydı. Ayın 23'ünde, Cradock'un kuzeyinde bulunan Fish Nehrindeki önemli bir demir yolu köprüsü saldırıya uğradı, ancak bu girişim, bir avuç Cape polisi ve Lancasters'ın direnişi sayesinde başarısız oldu. 6 Mart'ta bir Boer grubu, birkaç tüfek ve mühimmat ele geçirip, Pearston köyünü işgal etti. Aynı tarihte Albay Parsons'ın birliği ile Aberdeen'in kuzeyindeki bir düşman grubu arasında bir çatışma çıktı. 7 Nisan'da yetmiş beşi geçici olarak düşmanın eline geçen, yüz mızraklı ve gönüllü süvariden oluşan güçlü bir İngiliz devriyesini imha edebildikleri için, işgalci kuvvetin ana gövdesi bu civarda pusuya yatmış gibi görünüyordu. Bu başarı ile, Koloni'nin güneyine nüfuz etmiş olan kuvvetinin bir kısmına komuta eden Kritzinger ve yardımcısı Scheepers'den bir süreliğine ayrılabiliriz.

Burada anlatılan iki istila, batıda Hertzog ve iç kesimde Kritzinger istilası, kendi içlerinde önemsiz askerî harekâtlar olarak görüleceklerdi, çünkü bu harekâtlar, siyaseti direnişin üstesinden gelmek yerine ondan kaçınmak olan küçük askerî birlikler tarafından gerçekleştirilmişti. Bununla birlikte bu harekâtların önemi, aslında De Wet adına daha önemli bir saldırının öncüleri olmalarından kaynaklanıyordu. Bu iki akıncı çetesinin amacı keşif yapmaktı, bu sayede esas kuvvetin gelişi ile kazanmak için değil, ama savaşı uzatmak için son şans olan Koloni'deki akrabalarının bu genel ayaklanmasına herkes hazır olabilirdi. Akılları, yönetimi altında yaşadıkları Hükümeti ne kadar onaylasa da, Cape Dutch'ın duygularının savaş sırasında kaçınılmaz olmasına rağmen son derece incinmiş olduğu kabul edilmelidir. Ülkelerinin tam kalbinde birkaç bin eski askeri olan De Wet gibi popüler bir liderin ortaya çıkması, onların sabrını kırılma noktasına kadar zorlamış olabilir. Her zaman, için için yanan ve şimdi liderlerinin konuşmaları ve gazetelerinin yalanları ile körüklenerek alevlenen bu ırkçı nefretle tutuşmuş olmanın yanında, gözlerinin önünde ülkeyi bu kadar uzun süre karışık bir durum içinde tutan bu küçük çeteler karşında askerî sistemimizin acizliğinin bir örneği varken, fitne için olgunlaşmışlardı. Bu nedenle, Steyn ve De Wet'in savaşı düşman ülkesine taşımaya yönelik yapacakları girişim için her şey müsaitti.

De Wet'i en son, uzun bir kovalamacanın ardından Orange Nehri'nden geri dönerken ve Knox'un takibinden kurtularak, aralık ayının üçüncü haftasında Thabanchu ve Ladybrand arasındaki İngiliz kordonunu başarıyla geçtiğinde görmüştük. Oradan Senekal'e gitti ve geçirdiği sarsıntıya rağmen, bir Boer ordusunun sahip olduğu insanı hayrete düşüren yöntemle asker toplamaya ve yeniden toparlanmaya devam etti. Sevk ve idare edilmesi bu kadar kolay, fakat imha edilmesi bu kadar zor olan başka bir kuvvet yoktur. İngiliz birlikleri hâlâ De Wet ile temas hâlindeydi, ancak onu, geri çekildiği zorlu bölgede bir muharebeye sokmak imkânsız görünüyordu. Kuvveti, liderlerinden gelen bir sinyalle yeniden bir araya gelebilecek çok sayıda daha küçük birliğe bölünmüştü. Her zamanki gibi hareket hâlinde olan bu dağınık birlikler, ciddi bir saldırıya uğradıklarında ortadan kayboluyor ve yardım gelmeden önce etkisiz hâle getirilebilecek herhangi bir İngiliz kuvvetine saldırmak için hevesli bir şekilde tetikte bekliyorlardı. Böyle bir fırsat, Philip Botha liderliğindeki komandoların eline geçti ve sonuç, İngiliz ordusu için başka bir önemsiz yenilgiydi.

3 Ocak'ta Albay White'ın küçük kolu Knox, Pilcher ve diğerleriyle koordineli olarak kuzeye doğru ilerliyordu. O tarihte bu birlik, işgalciler için asla talihli bir bölge olmayan Lindley'in hemen kuzeyindeki bir noktaya ulaşmıştı. Kitchener'ın yeni kurulan muhafız birliğinden 120 kişilik bir devriye kuvveti, Albay Laing komutasında, Lindley'den Reitz'e giden yolda keşif yapmak için ileri doğru gönderildi.

Keşif baştan savma bir şekilde yapılmış gibi görünüyor. Orada her kanatta sadece iki kişi vardı. Küçük kuvvet, Boerlerin sevdiği o at nalı şeklindeki mevzilerinden birine girdi ve sağ taraflarındaki bir yerli köyünden gelen ani bir yaylım ateşiyle düşmanın kuvvetli olduğunu öğrendi. Geri çekilmeye çalışıldığında, Boer'lerin en az beşe bir olan bir kuvvetle her tarafta ve arkada oldukları hemen belli oldu. Bununla birlikte ana kuvvetin kampı, sadece dört mil uzaktaydı ve tehlikeli durumda olduklarına dair mesajlar gönderen muhafız birliği, yardım onlara ulaşana kadar bir savunma yapmak için ellerinden geleni yaptı. Kalbinden vurulan Albay Laing yere düşmüştü, ancak cesur bir halef bulundu: emir subayı genç Nairne. Kuvvetin bir kısmı, Nairne ve Milne'in emri altında, kurşun yağmurundan bir miktar sığınak sağlayan bir kuru dere yatağına kendilerini atmıştı. Yüzbaşı Butters'ın komutasındaki diğerleri, harap olmuş bir yerli köyüne tutundular. Ancak Boerler taarruzu çok hızlı bir şekilde sürdürdüler ve çok geçmeden üstün sayılarıyla dere yatağının aşağısına derinliğine ateş açmayı başardılar, bu da dere yatağını, mükemmel bir ölüm tuzağı hâline getirdi. Hayatta kalanlar, yavaş hareket eden takviye kuvvetlerin geleceğini umarak umutsuzca direndiler; ama hem yerli köyünde hem de dere yatağında sayıları her dakika azalıyordu. Resmî olarak bir teslim olma ve beyaz bayrak yoktu, çünkü İngilizlerin yüzde ellisi düştüğünde, Boerler hızla çevrelerini sardılar ve mevziyi ele geçirdiler. Boerleri yöneten komutanın kardeşi Philip Botha, hayatta kalanlara nezaketle ve insanca davrandı; ama yaraların çoğu, medeni savaşçılar arasında kullanımı şimdi ve ebediyen ağır cezalık bir suç olması gereken o korkunç patlayan ve saçılan mermilerden kaynaklanıyordu. Düşmanı etkisiz hâle getirmek, savaşın acı verici bir gerekliliğidir, ancak hiçbir şey, bu acımasız silahların neden olduğu kasıtlı sakatlama ve işkenceyi mazur gösteremez.

"Sizden kaç kişi oradaydı?" diye sordu Botha. "Yüz," dedi bir subay. "Bu doğru değil. Yüz yirmi kişi vardı. Gelirken sizi saydım." Boer liderinin cevabı, küçük kuvvetin ümitsiz bir duruma düşene kadar ne kadar dikkatli bir şekilde takip edildiğini gösteriyordu. Ancak, mesafe kısaydı, çünkü felaketten sonraki on beş dakika içinde White'ın topları iş başındaydı. Kurtarmaya gelen kuvvetin daha erken gelip gelemeyeceği konusunda bazı kuşkular olabilir, ancak muhafız birliğinin mukavemeti konusunda hiçbir tereddüt olamaz. Son mermileri kalana kadar direndiler. Albay Laing ve on altı askerle üç subay öldürülmüş, dört subay ve yirmi iki asker yaralanmıştı. Ölümle sonuçlanan kayıpların yüksek oranı, ancak Boer mermilerinin ölümcül karakteri ile açıklanabilir. Muhafız birliğinin yaralanmamış tek bir atı bile kalmamıştı ve galiplerin kârı, esirlerini götüremedikleri için, sadece ele geçirilen tüfeklerden ibaretti. İngiliz yaralıların Boer kuvvetlerinin içinden korumasız olarak Heilbron'a gönderilmesi, kayda değer bir olaydır. Yaralılar, düşmanın hoşgörüsü ve konvoya komuta eden Cerrah Yüzbaşı Porter'ın nezaketi ve gayreti sayesinde saldırıya uğramadan oraya ulaştılar.

Bu küçük başarıdan cesaretlenen ve Hertzog ile Kritzinger'in Koloni'ye herhangi bir talihsizliğe uğramadan girmeyi başardıkları haberiyle kamçılanan De Wet, gecikmeden onları takip etmeye hazırlandı. Kroonstad'ın kuzeyindeki İngiliz keşif birlikleri, atlıların bazen tek başlarına bazen de küçük gruplar halinde güneye ve doğuya doğru at sürdüklerini bildirdiler. Bunlar De Wet'in kuvvetlerini artıracak olan yeni askerlerdi. 23 Ocak'ta beş yüz kişi, aynı yönde yolculuk ederek sınırı geçti. Ay sonundan önce, Winburg'un yirmi mil kuzeyindeki Doornberg'de zinde atlarla yaklaşık 2500 kişiyi bir araya getiren Boer lideri, bir kez daha yıldırım seferlerinden birine hazırdı. 28 Ocak'ta, iplerinden daha fazla ağa sahip olduğu anlaşılan İngiliz hatlarını güneyden geçti. İsrail Geçidinden Bloemfontein-Ladybrand hattını geçerek güneye doğru hızla ilerledi. İngiliz birlikleri, tıpkı bir tazının peşinden soluyan buldok köpekleri gibi, yorgun bir şekilde hâlâ onu takip ediyordu.

De Wet'i bu yeni macerasında takip etmeden önce, Boer eyaletlerindeki daha önceden biraz bahsedilen barış manevrası hakkında birkaç söz söylemek gerekiyor. 20 Aralık'ta Lord Kitchener, savaşı durdurmak isteyen ancak uzlaşmaz kardeşlerinin düşmanlığına maruz kalmadan bunu yapamayacak olan kasabalı Boerlere koruma sağlama etkisine sahip olması amaçlanan bir bildiri yayınladı. Belge, "İşbu belgeyle, bütün kasabalı Boerler, bu tarihten sonra gönüllü olarak teslim olurlarsa, şu anda sürdürülmekte olan gerilla savaşı güvenli bir şekilde evlerine dönmelerine imkân veren kadar aileleriyle birlikte devletin kamplarında yaşamalarına izin verilecektir. Bu tür kasabalı Boerlerin teslim oluşu sırasında getirilen tüm mal ve mülklerine saygı gösterilecek ve talep edilmesi halinde bedeli ödenecektir." Şeklindeydi. Bu bilgece ve cömert teklif, savaşan komandoların liderleri tarafından adamlarından titizlikle gizlendi, ancak bilgi verilen Boerler, bu teklifen büyük ölçüde yararlandılar. Pretoria, Johannesburg, Kroonstad, Bloemfontein, Warrenton'da ve tüm sivil nüfusun kademeli olarak nakledilecekleri diğer yerlerde Boer mülteci kampları kuruldu. Bu Küba'nın toplama kampı[1] sistemiydi. Temel fark şuydu: İngiliz Hükümeti'nin konukları gözaltı sırasında iyi beslenmiş ve iyi muamele görmüşlerdi. Birkaç ay içinde kamplarda 50.000 mahkûm vardı.

İngiliz yönetiminin rahatlığını deneyimlemiş ve mücadelenin ümitsiz olduğuna ikna olan bu insanlardan bir kısmının, duygularını muharebe sahasındaki dostlarına ve akrabalarına iletmek istemesi doğaldı. Hem Transvaal'da hem de Orange Nehri Kolonisi'nde, vatandaşlarını kaçınılmaz olana boyun eğmeleri için ikna etmeye çalışan "Barış Komiteleri" kuruldu. Boer davası için cesurca savaşan Piet de Wet'ten general olan ünlü kardeşine dikkate değer bir mektup yayınlandı: "Cumhuriyetler için hangisi daha iyidir?" diye soruyordu, "Mücadeleyi sürdürmek ve bir ulus olarak tamamen yok olma riskini göze almak mı yoksa boyun eğmek mi? Bir kuruşu bile olmayan bir hükümet tarafından masrafları karşılanacak binlerce insanla birlikte bize teklif edilse, bir an için ülkeyi geri almayı düşünebilir miyiz?... Bir an için tutkulu duyguları bir kenara bırakın ve sağduyunuzu kullanın, o zaman halk ve ülke için en iyi şeyin boyun eğmek, yeni hükümete sadık olmak ve sorumlu bir hükümete sahip olmak olduğu konusunda benimle hemfikir olacaksınız... Savaş birkaç ay daha devam ederse, millet o kadar fakirleşecek ki, ülkedeki işçi sınıfını oluşturacak ve gelecekte millet olarak yok olacaklar... İngilizler, ülkeyi ve insanlarını fethettiklerine inanıyorlar ve meselenin bittiğini düşünüyorlar ve sadece gereksiz kan dökülmesini önlemek için mücadeleye devam edenlere cömert davranmaya çalışıyorlar."

Barıştan yana olan kasabalı Boerlerin duyguları böyleydi. Gözleri açılmış ve öfkeleri, Britanya Hükümeti'nden, kısmen idealizmden ve kısmen de parti tut-

---

1 ÇN: Toplama Kampları Politikası (Reconcentration Policy): Küba'nın İspanya'ya karşı isyanında denetim sağlamak için Kübalı sivilleri İspanyol ordusunun kontrolü altında olacakları merkezî kamp ya da askerî garnizonlara taşıma ve Kübalı kırsal nüfusun hapsedilmesi.

kusundan, onları felakete teşvik eden Britanyalı şahıslara aktarılmıştı. Ancak duygularını yurttaşlarına muharebe sahasında aktarma girişimleri trajediyle sonuçlandı. De Wet'in kampına giden iki kişi, Morgendaal ve Wessels, bu liderin emriyle idama mahkûm edildi. Morgendaal davasında, infaz fiilen gerçekleşmişti ve görünüşe göre olay sırasındaki koşullar zalimceydi, çünkü bu adam idam edilmeden önce bir kamçı ile kırbaçlanmıştı. Durum hâlâ o kadar belirsiz ki, barış elçilerinin mesajının generalin kendisi için mi yoksa komutasındaki adamlar için mi olduğunu söylemek mümkün değildir. İlk olaydaki adam öldürülmüştü. İkinci olayda, yetkileri sert bir şekilde yorumlanmış ve vahşice uygulanmış olsa da konu, Boer liderinin yetkisi dahilindeydi.

29 Ocak'ta, güneydeki isyanın bastırılması sırasında De Wet'in kuvveti veya onun bir kısmı, Bloemfontein'in yaklaşık kırk mil kuzeydoğusunda yer alan Tabaksberg'de küçük bir İngiliz birliği (Crewe"in kolu) ile aniden karşı karşıya geldi. Yedi yüz kişilik bu küçük kuvvet, birdenbire kendisini düşmanın çok üstün bir birliğinin karşısında buldu ve kendini kurtarmakta biraz zorluk çekti. Bu olayda bir pompom topu kaybedildi. Crewe, Knox'a geri çekildi ve Bloemfontein için karma birlikler teşkil edildi. Bu sayede demir yolunu nakliye için kullanabildiler. Bu arada De Wet, Smithfield'e kadar güneye doğru hareket etti ve sonra İngilizlerin dikkatini başka yöne çekmek için birkaç küçük birliği ayırarak, batıya yöneldi ve Springfontein ile Jagersfontein yolu arasındaki demir yolu hattını geçti, geçerken mutat ikmal trenini ele geçirdi. 9 Şubat'ta İngiliz takibinden epey önce Phillipolis'e ulaştı ve savaşı sınırın ötesine taşımadan önce son hazırlıklarını yapmak için bir veya iki gün geçirdi. Bu sırada kuvveti, iki 15 librelik top, bir pompom silahı ve bir maxim makineli tüfeği ile birlikte yaklaşık 8.000 kişiden oluşuyordu. Orange Nehri Kolonisi'nin güneybatısındaki tüm kasabaların garnizonları, yığınaklanma politikasına uygun olarak kaldırılmıştı. Bu nedenle De Wet, bir an için kendisini dost bir ülkede buldu.

De Wet'in Koloni'ye girmeyi ve Hertzog ile Kritzinger'i birleştirmeyi başarması durumunda durumun ne kadar ciddi olabileceğini anlayan İngilizler, hem yolunu kesmek hem de geri dönüşünü engellemek için her türlü çabayı gösterdiler. Naauwpoort'taki General Lyttelton, harekâtları yönetti ve demir yolu hattına sahip olması, birliklerinin tehlike arz eden noktada hızla toplamasını sağladı. 11 Şubat'ta De Wet, Zand geçit yerinden Orange Nehri'ni yürüyerek geçti ve kendini bir kez daha İngiliz topraklarında buldu. Lyttelton'un harekât planı, De Wet'in biraz güneye gelmesine izin vermek ve daha sonra onu De Lisle'nin kuvvetiyle cephede tespit etmek ve bu sırada Plumer, Crabbe, Henniker, Bethune, Haig ve Thorneycroft'un emri altındaki bir dizi hareketli küçük kolla onu arkadan kuşatmaktı. De Wet, nehri geçerek hemen batıya doğru hareket etti ve 12 Şubat'ta, Plumer'ın Queensland Atlı Piyadeleri, İmparatorluk Buşmenleri ve Kraliyet Ağır Süvari Muhafızlarının bir kısmından oluşan birliği, De Wet'in artçı birliği ile temas sağladı. Ayın 13'ü ve 14'ü bütün gün, müthiş bir yağmur altında, Plumer'ın cesur askerleri, düşmanı yakından takip ederek birkaç mühimmat arabası, bir maksim makineli tüfeği ve birkaç harp esiri elde etmeyi başardı. İşgalciler, ayın 15'i erken saatlerde De Aar'ın kuzeyine doğru Houtnek yakınlarındaki demir yolu hattını geçerek altı ya da sekiz millik bir cephede ilerlediler. O geçerken kuzeyden ve güneyden iki zırhlı tren onu ablukaya aldı. Plumer hâlâ arkasından gümbür gümbür geliyordu ve Crabbe'nin emrindeki küçük bir birlik gelip onu güneyden sıkıştırdı. Bu sağlam yapılı Grenadiers albayı, savaşta şimdiye kadar dört kez yaralanmıştı. Bu yüzden amansız bir takip için vatansever nedenlerin yanında bazı kişisel nedenler besliyor olması mazur görülebilirdi. De Wet demir yolunu geçince, öfkeyle takipçilerine doğru döndü ve Karoo'nun[1] devasa geniş düzlüklerinde yükselen bir tepecik hattı üzerinde mükemmel bir mevzi alarak, konvoyunun ilerlemesi için zaman kazanmak maksadıyla inatçı bir artçı muharebesi yaptı. Buna rağmen De Wet, tepelerden zorla uzaklaştırıldı, Avustralyalı Buşmenler, müthiş bir hücumla merkezdeki tepeyi ele geçirdi ve toplar, işgalcileri batıya doğru çekilmeye zorladı. Gerilla şefi, tüm at arabalarını ve yedek mühimmatını arkasında bırakarak, büyük bir hızla ilerleyip kuzeybatıya hücum etti, ancak Plumer'in takibinden kurtulmayı asla başaramadı. Bununla birlikte hava şartları, acımasızlığını sürdürdü; yağmur ve dolu o kadar şiddetli bir şekilde yağıyordu ki, atlar yağmura karşı koymak için güçlükle ikna ediliyordu. Bu iki küçük çamurlu, uykusuz ve sırılsıklam ordu, bir hafta boyunca Karoo üzerinde hızla ilerledi. De Wet Strydenburg üzerinden kuzeye geçti, Hopetown'u arkasında bıraktı ve böylelikle yağmurlarla birlikte geçişine izin vermeyecek kadar kabarmış olan Orange Nehri'ne ulaştı. Kırk beş millik bir yürüyüşten sonra Plumer, ayın 23'ünde burada bir kez daha ona rastladı ve çok küçük bir çarpışma ile on beş librelik bir top, pompom makineli topu ve yüze yakın harp esiri ele geçirdi. De Wet, 24 Şubat'ta doğuya doğru kayarak, peşindeki Thorneycroft'un birliği ile birlikte Krankuil ile Orange Nehri İstasyonu arasındaki demir yolunu tekrar geçti. Boer lideri şimdi oraya girdiğinden beri Koloni'den kaçmak için her zamankinden daha fazla istekliydi ve dikkati dağılmış bir şekilde oradan oraya koşuşturdu. Onu kendi ülkesinden ayıran büyük bulanık nehir üzerinde bir geçit yeri bulmaya çalıştı. Burada ona Hertzog'un komandoları ve çok sayıda paha biçilmez yedek at katıldı. Ayrıca, temizlenmemiş olan Hopetown bölgesindeki bu ihmalden birilerinin sorumlu tutulduğu umuluyordu, yeniden yedek atlar alabildiği de söyleniyordu. Bozkırın sulu otlarına alışkın olan Boer midillileri, kokuşmuş Karoo'dan hiçbir şey elde edemezlerdi. O kadar zayıf düşmüşlerdi ki, tam da Plumer'in atları süvarilerinin altında yığılıp kaldığında, eğer işgalcilerin hareket kabiliyetini takviye

---

1 ÇN: Karoo, Afrika kıtasının güney ucunda Namibya ile Güney Afrika Cumhuriyeti topraklarının belli bölümünde yer alan bölgeye verilen ad.

etmelerine imkân veren şanssızlık ve kötü yönetim bir araya gelmemiş olsaydı, takip kuvvetine muazzam bir avantaj sağlayacaktı.

Boer kuvveti hâlihazırda o kadar perişan bir hâldeydi ki, Hertzog'un gelişine rağmen De Wet'in yanında Koloni'ye girdiği zamankinden daha az adam vardı. Yüzlercesi esir alınmış, birçoğu firar etmiş ve birkaçı öldürülmüştü. Şimdi tüm birliğin ele geçirilebileceği umuluyordu. Kabaran nehir hâlâ geri çekilmesini engellerken, Thorneycroft'un, Crabbe'nin, Henniker'in birlikleri ve diğer birlikler, hızla onu kuşatacaktı. Fakat selde meydana gelen ani bir düşüş, sığ bir geçit yerini geçilebilecek hâle getirdi ve şubat ayının son gününde, bu geçit yerinden De Wet ve onun çamura bulanmış moralsiz komandaları, kendi ülkelerine kaçtılar. Hâlbuki iyi başlayan bu takip kötü bitmişti; çünkü aynı gün, kuvvetinin bir kısmı Colenbrander'ın yeni alayı, Kitchener'ın muharip keşif kollarından altmış kişiyi ele geçirmeyi ve yirmisini öldürmeyi ya da yaralamayı başarmıştı. Diğer taraftan en sonunda De Wet, aynı gün, toplarının bir kısmının tüm sorumluluğundan kurtuldu, çünkü sonuncusu, aynı zamanda otuz üç Boer harp esirini getiren Yüzbaşı Dallimore ve on beş Victoryalı asker tarafından çok kahramanca ele geçirildi. De Wet'in işgal girişiminin nihai sonucu, hiçbir şey elde edememesi ve yaklaşık dört bin atını, tüm toplarını, tüm konvoyunu ve yaklaşık üç yüz adamını kaybetmesiydi.

Gerilla şefi, kendi ülkesine tekrar güvenli bir şekilde geçtiğinde, her zamanki hızı ve başarısıyla kuzeye doğru yoluna devam etti. De Wet'in kaçtığı kesin olarak anlaşıldığı an, Bethune'nin birliği doğrudan onu takip ederken, ince fakat adaleli, inatçı bir adam olan yorulmak bilmez Plumer, trenle Springfontein'e gönderilmişti. Bu ikinci kuvvet, Orange Nehri köprüsünü geçti ve Luckhoff ve Fauresmith'e doğru ilerledi. İkinci kasaba olan Fauresmith'te, tekrar De Wet'in peşine düşen Plumer'ı geçtiler. Yalnızca elli taraftarıyla birlikte, Abram yerli köyünden Modder Nehri'ni geçtiğini öğrenip, umutsuzca vazgeçene kadar, birlikte Riet Nehri boyunca ve kuzeyde Petrusburg'a kadar onu aradılar. Orada takip etmekten vazgeçip, yeniden donatılmak ve bulunması zor olan düşmanlarını ezecek yeni bir faaliyete hazırlanmak için Bloemfontein'e geri döndüler.

De Wet onları Modder Nehri'nde arkasında bırakana kadar Plumer ve Bethune, De Wet'in izini sürdüğü sırada Lyttelton, güneydoğu bölgesi üzerine süpürücü bir taarruz gerçekleştirmek için emrinde hazır olan çok sayıdaki birliği kullanıyordu. Bu geniş düz arazinin tümünün nisandan kasıma kadar, neredeyse Kent ya da Yorkshire kadar huzurlu ve müreffeh olduğunu hatırlamak üzücüydü. Şimdi gerilla çetelerinin müdahalesi ve çiftçiler üzerindeki baskıları, tüm ülkeyi bir kez daha ayağa kaldırmıştı ve eskisinden daha sert önlemlerle bir kez daha asayişi sağlama faaliyetinin başlatılması gerekiyordu. Bloemfontein'den Basuto sınırına kadar seksen millik bir mesafeye kesintisiz bir dikenli tel çiti inşa edilmişti ve bu, şimdi İngiliz karakolları tarafından güçlü bir şekilde savunuluyordu.

Güneyden Bruce Hamilton, Hickman, Thorneycroft ve Haig, French'in Doğu Transvaal'da yaptığı gibi bölgeyi insandan arındırarak yukarı doğru taradılar. Pilcher'ın birliği ise dikenli tel engelin kuzeyinde bekledi. Fourie'nin hatırı sayılır bir komando birliği ile bu bölgede gizlendiği biliniyordu, ancak o ve adamları geceleri İngiliz birlikleri arasından geçerek kaçtılar. Buna rağmen Pilcher, Bethune ve Byng, 200 harp esiri ve çok sayıda sığır göndermeyi başardılar. 10 Nisan'da Monro, Bethune'nin atlı piyadeleri ile birlikte Dewetsdorp yakınlarında savaşan seksen Boer'i ele geçirdi ve Boschberg'de bir gece saldırısıyla altmış Boer daha esir alındı. Bu muharebelerde kayda değer çarpıcı bir zafer yoktu, ancak bunlar Boerleri yoran ve savaşın sona ermesine yardımcı olan yıpratma sürecinin önemli bir parçasıydı. O çorak kırsal bölgeyi görmek ve bir zamanlar gelişen ve mutlu Orange Özgür Devlet'in, samimi bir dostluk ve iyi niyetten başka hiçbir şey taşımayan bir ulusla kavgaya girerek düştüğü sefaletin derinliğini düşünmek korkunçtu. Kazanacak hiçbir şeyi olmayan, ama kaybedecek çok şeyi olan Orange Özgür Devleti'nin bu Güney Afrika dramasında oynadığı rol, tarihteki en akıl almaz şeylerden biridir. Hiçbir millet, bu kadar kasıtlı olarak ve gereksiz yere intihar etmemiştir.

33. BÖLÜM

OCAK'TAN NİSAN 1901'E KADAR KUZEYDEKİ HAREKÂTLAR

Birbirini takip eden üç bölümde De Wet'ın seferi harekâtı, Transvaal'da 1900 yılının sonuna kadar yapılan muharebeler ve Cape Kolonisinin Nisan 1901'e kadar olan istilası anlatılacaktır. Bu bölüm, yeni yüzyılın başlangıcından itibaren Transvaal'daki olayları ele alacaktır. Bu ülkedeki askerî harekâtlar, çok geniş bir alana yayılıyor olsa da, kabaca iki bölüme ayrılabilir: Boerlerin İngiliz karakollarına saldırıları ve İngiliz birliklerinin vahşi süpürme manevraları. İlk başlık altında Belfast'a, Zuurfontein'e, Kaalfontein'e, Zeerust'a, Modderfontein'e ve Lichtenburg'a yapılan saldırılar ve bunun yanı sıra birçok küçük olay yer almaktadır. İkincisi, Babington ve Cunningham'ın Pretoria'nın batı ve güneybatısındaki, Methuen'in daha da güneybatısındaki harekâtlarını ve French'in güneydoğudaki büyük manevralarını içerir. Sahadaki İngiliz kuvvetleri, hiçbir tarafta aktif bir direnişle karşılaşmadı. Hareket ettikleri sürece sivrisinekler konmadı; sadece hareketsiz kaldıklarında vızıldadılar ve ara sıra soktular.

Ocak 1901'in ilk günleri İngiliz kuvvetleri için pek hayırlı değildi, çünkü Lindley yakınlarında durdurulduklarında Kitchener'in muhafız alayı çok hırpalanmıştı. Hemen ardından Magaliesberg yakınlarındaki Naauwpoort veya Zandfontein'de De la Rey'in İmparatorluk Hafif Süvarileri üzerinde kalıcı bir iz bırakan şiddetli bir muharebe yaşanmıştı. Aralık ayının ikinci yarısında French ve Clements tarafından dağlara sürülen Boer komandoları, kendisini açığa çıkaracak herhangi bir İngiliz kuvvetine bir darbe indirmek için hâlâ tetikteydi. Ülkeyi taramak için, biri Kekewich'in, bir diğeri Gordon'un ve biri de Babington'un emri altında olmak üzere çok sayıda atlı birlik oluşturulmuştu. Bu birliklerden son ikisi, 5 Ocak sabahı sisin içinde karşılaşıp tüfeklerini birbirlerine doğrulttular, ama neyse ki herhangi bir can kaybı olmadı. Ancak daha ölümcül bir çatışma onları bekliyordu.

Sis dağılırken, konvoy ve topların ilerlediği yola hâkim bir sırta yaklaşan bir Boer kuvveti gözlemlendi. Hafif Süvari Alayının iki taburu (B ve C) bu yeri ele geçirmek için vakit kaybetmeden ayrıldı. Düşmanın hemen yakınlarında olduğunun pek farkında değillerdi ve üzerinden geçtikleri arazinin 14'üncü Hafif Süvari Alayının bir birliği tarafından hâlihazırda keşfinin yapıldığını sanıyorlardı. Dört keşif erinin ileriye doğru gönderildiği doğruydu, fakat her iki süvari taburu da dörtnala hareket ettiğinden, bunların öne geçmesi için zaman yoktu. O sırada geride kalan C taburunun, B taburuna sol taraftan yaklaşması emredildi ve 150 atlı, uzun bir sıra hâlinde kısa çimenli bir bayırın üzerinden geçti. De la Rey'in adamlarından yüzlercesi diğer taraftaki uzun çimenlerin üzerinde yatıyordu ve elli yardlık bir mesafeden açtıkları ilk yaylım ateşi, çok sayıda eyeri boşalttı. Daha az cesurca olsa bile, sayıca üstün ve görünmez bir düşman karşısında hemen geri çekilmek daha akıllıca olurdu, ancak hayatta kalanlara atlarından inmeleri ve ateşe karşılık vermeleri emredildi. Bu yapıldı, ancak kurşun yağmuru korkunçtu ve çok sayıda zayiat verilmişti. Bunun üzerine C süvari taburundan Yüzbaşı Norman, düzenli bir şekilde geri çekilen askerlerini daha da geriye çekmişti. Cesur komutanları Yockney'i kaybeden B taburu hiçbir emri duymadı, bu nedenle çok azı kurşun yağmurundan kaçıp kurtulana kadar mevzilerini korudular. Askerlerin çoğu üç veya dört kez vurulmuştu. Teslim olan olmadı ve bir yenilgi anında olsa bile, B bölüğünün yok edilmesi, itibarı çok katı bir şekilde korunan bu alaya bir şeref payesi daha ekledi. Muzaffer Boerler, yaralı asker ve atların yığınları arasından dolaştılar. "Hemen hemen hepsi hâkî renk kıyafet giyinmişti ve hepsinde bizim askerlerimizin mataraları ve sırt çantaları vardı. İçlerinden biri ölen bir askerden bir süngü kaptı ve yaralılarımızdan birini infaz etmek üzereydi ki, tam zamanında siyah takım elbiseli bir adam tarafından durduruldu. Sonradan duydum ki o kişi, De la Rey'in kendisiydi... Muharebenin özelliği, saygıdeğer yaşlı Albay Wools Sampson'ın eşsiz kahramanlığıydı." B bölüğünden kurtulan ve kendisi de gövdesinden vurulan biri, bunları yazmıştı. Bu olay, yeni bir İngiliz taarruzu ile sırtın yeniden işgal edilmesinden dört saat önceydi ve o zamana kadar Boerler çoktan ortadan kaybolmuştu. Felaket mahallinde, yetmiş kadar ölü ve çoğu korkunç şekilde ağır yaralanmış asker bulunmuştu. Savaşın merkezinden uzak noktalarında, başarılı, gayrinizami kolordulardan ikisinin üç gün içinde her gün bu kadar şiddetli bir şekilde zayiat vermesi, kesinlikle olağandışı bir tesadüftü. Buna rağmen her bir olayda aldıkları sonuç, saygınlıklarını düşürmek yerine artırdı. Bununla birlikte bu olaylar, keşif faaliyetlerini, Koloni kuvvetlerinin üzenli kuvvetlerden daha iyi icra ettiğine dair inancı sarsma eğilimindeydi.

Boerlerin İngiliz karakollarına yönelik söz konusu saldırılarından, 7 Ocak sabahının erken saatlerinde Belfast'a karşı yapılan taarrruzun çok cesurca ve hatta çılgınca icra edildiği görülüyordu. Aynı tarihte Wonderfontein, Nooitgedacht, Wildfontein, Pan, Dalmanutha ve Machadodorp'a tek kelime ile oyalama anlamına gelebilecek birkaç küçük saldırı yapıldı. Altmış milin üzerinde bir mesafede eş zamanlı meydana gelen bu yedi ayrı saldırı, Boer kuvvetlerinin hâlâ organize olduğunu ve tek bir etkili kontrol altında bulunduğunu gösteriyordu. Şüphesiz bu harekâtların genel amacı, Lord Roberts'ın bu taraftaki ikmal hatlarını kesmek ve demir yolunun önemli bir bölümünü yok etmekti.

Belfast kasabası, 1300'ü İrlanda Kraliyet, Shropshire ve Gordon Alaylarına ait piyadeler olmak üzere 1750 askerle Smith-Dorrien tarafından güçlü bir şekilde savunuluyordu. Bununla birlikte, savunma mevzisinin çevresi on beş mil idi ve her küçük kale karargâha telefonla bağlı olsa da, karşılıklı destek için komşularından çok uzaktaydı. Muhtemelen, bu çok kahramanca taarruzda çarpışan liderler ve kasabalı Boerler, 29 Aralık'ta Helvetia'daki başarılı faaliyete katılanlarla kısmen aynı kişilerdi, çünkü saldırı aynı şekilde, aynı saatte ve görünüşe göre aynı öncelikli hedefe yönelik olarak yapıldı. Bu hedef, gündüzleri ürkütücü olduğu kadar geceleri de çaresiz olan 5 inçlik büyük topu ele geçirmekti. Helvetia'da amaçlarına ulaştılar ve hatta devasa ganimetlerini yalnızca yok etmeyi değil, başka yere taşımayı da başardılar. Ağır topu her gece kasabaya geri çeken General Smith-Dorrien'in öngörüsü olmasaydı, Belfast'ta da aynı başarıyı sergileyeceklerdi.

Taarruz, önce Yüzbaşı Fosbery'nin İrlanda Kraliyet Alayından seksen üç kişiyle birlikte tuttuğu bir karakol olan Monument Tepesi'ne karşı yapıldı. Bir tesadüf ya da ihanet, Boerleri tel engellerinin zayıf noktasına yönlendirdi ve garnizonun çaresizce savaştığı kaleye zorla girdiler. Yoğun bir sis ve şiddetli yağmur vardı. Karanlığın içinde kim olduğu belli olmayan belli belirsiz gölgelerin koşuşturması, saldırının ilk emaresiydi. İrlandalılar taarruz eden bir kalabalık tarafından yenilgiye uğratıldılar, ama geleneksel itibarlarını asil bir şekilde korudular. Fosbery, ölümü cesur bir beyefendi gibi karşıladı, ancak Boerler tarafından kuşatılan ne kendini ne de onları düşünen kurşunlarla delik deşik olmadan önce maxim makineli tüfeğine bir kazma vuran mütevazı er Barry'den daha kahramanca değildi. Karakol ele geçirilmeden önce, garnizonun yarısı yerdeydi.

Kasabanın diğer tarafındaki ikinci bir karakol, çoğu Shropshire Alayından yirmi askerle birlikte, Teğmen Marshall tarafından savunuluyordu. Marshall ve on iki Shropshire askerinden dokuzu vurulana kadar bir saat dayandılar. Sonrasında bu karakol da ele geçirildi.

Gordon İskoç Alayı, şehrin güneydoğusu ve güneybatısında bulunan iki karakolu savundu ve bunlara da şiddetli saldırılar düzenlendi. Ancak burada taarruz bütün gücünü tüketti ve sonuçsuz kaldı. Ermelo ve Carolina komandoları, boş yere Gordon ileri karakollarına hücum ettiler. Piyadenin kesintisiz ateşi ile geri püskürtüldüler. On iki Kuzey İskoçyalı tarafından savunulan küçük bir karakol ele geçirildi, ancak geri kalanı tüm saldırılara dayandı. Bu nedenle, baskın girişiminin başarısız olduğunu gören Viljoen, gün doğmadan önce adamlarını geri çekti. Boer kayıpları tespit edilmedi, ancak ölülerinin yirmi dördü, fiilen İngiliz hatları içinden toplandı. İngilizlerin zayiatı ölü ve yaralıyı olarak altmış kişiydi, bir o kadarı da esir alınmıştı. Her şeye rağmen bu muharebe, her iki tarafın da utanmasına neden olmayan hareketli ve yiğitçe bir çarpışmaydı. Diğer altı istasyona yapılan eş zamanlı taarruzların hiçbiri hedefine ulaşmadı ve bunlar, taarruzdan ziyade birer gösteriydi.

Kaalfontein ve Zuurfontein'e yönelik taarruzlar, 12 Ocak sabahı erken saatlerde yapıldı. Bu yerlerin her ikisi de Johannesburg ve Pretoria arasındaki hat üzerinde bulunan küçük istasyonlardır. Boerler, İngiliz mevzisinin tam kalbine zorla girmeye cüret etmeden önce kendi üstün hareket kabiliyetlerinden çok emin oldukları açıktı ve sonuçta taarruzları geri püskürtülmüş olsa bile, kaçıp kurtulmakta yine de başarılı olmaları, bunu varsaymakta haklı olduklarını göstermiştir. Daha iyi atlara, daha iyi binicilere, daha iyi bir istihbarata ve ülke hakkında daha fazla bilgiye sahip olduklarından, risk aldıklarında her zaman az bir zaafiyet gösteriyorlardı.

Bu taarruzlar, Doğu Transvaal'daki Boer yığınaklanmasına katılmaya gidiş yolundaki, Beyers komutasında olduğu söylenen güçlü bir komando birliği tarafından yapılmış gibi görünüyordu. Yine de bir İngiliz karakolunun garnizonunu yanlarında taşımaktan memnun değillerdi, çünkü her noktada sert bir direnişle karşılaştılar ve geri püskürtüldüler. Kaalfontein karakolu Williams-Freeman komutasındaki 120 Cheshire askeri, Zuurfontein karakolu ise Cordeaux ile Atkinson komutasındaki aynı miktarda Norfolk askeri ve küçük bir Lincolns birliği tarafından savunuluyordu. Altı saat boyunca yapılan hücum kayda değerdi. Kaalfontein'e taarruz edenler yoğun bir topçu ve piyade tüfeği ateşini sürdürürken, Zuurfontein'e taarruz edenlerin topu yoktu. Bu sürenin sonunda iki zırhlı tren, takviye kuvvetlerle birlikte geldi ve düşman doğuya doğru yoluna devam etti. Knox'un 2'nci Süvari Tugayı onları takip etti, ancak bariz bir sonuç elde edemedi.

Birliğini, kendisini çok daha çetin ve faydalı işler bekleyen güneybatıya götürmeden önce, Zeerust ve Lichtenburg kasabalarının her birine, Lord Methuen tarafından garnizon görevlendirilmiş ve ikmal edilmişti. İki kasaba da her birine taarruz eden düşman tarafından derhal kuşatıldı. 7 Ocak'ta Zeerust'e yapılan taarruz, önemsiz bir olaydı ve kolayca geri püskürtüldü. Çok daha büyük bir taarruz, 3 Mart'ta Lichtenburg'a yapılmıştı. Bu taarruz De la Rey, Smuts ve Celliers tarafından, sabahın erken saatlerinde ileri karakollara dörtnala hücum eden 1500 adamla yapıldı. Savunan birliğin sayısı 600'dü ve birlik, Paget'in süvarileri ve uzun bir yurt dışı hizmet geçmişine sahip tecrübeli bir alay olan Northumberland Hafif Piyade Alayının 1'inci taburunun üç bölüğünden oluşuyordu. Bu birlik, çeşitli olaylar nedeniyle birkaç kez çok ciddi bir şekilde hırpalanan 2'nci taburla karıştırılmamalıdır. Böyle olması iyi olmuştu, çünkü gücü daha az olan bir birlik, taarruzun gücüyle yenilgiye uğratılabilirdi. Garnizon, olduğu şekliyle son siperleri kalana kadar sürüldü, ancak gün boyunca çok ağır bir ateş altında direndiler. Ertesi sabah Boerler taarruzdan vazgeçmişti. Görünüşe göre kayıplarının sayısı ellinin üzerindeydi, ağır yaralanan ve daha sonrasında Warm

Baths'da esir alınan Komutan Celli de bu kayıplara dâhildi. Cesur garnizon, iki Northumberland alayının subayı da dahil olmak üzere on dört ölü ve yirmi yaralı zayiat vermişti.

Bu olayların her birinde, Boerlerin İngiliz karakollarına yönelik saldırıları geri püskürtülmeleri ile sonuçlanmıştı. Buna rağmen, ocak ayının sonunda Gatsrand'da, Modderfontein'i ele geçirme girişimlerinde daha şanslıydılar. Karakol, Krugersdorp'tan bir konvoya eskort olarak gelen 59'uncu İmparatorluk Gönüllü süvarileri tarafından takviye edilen 200 Güney Galler Sınır Muhafızı tarafından savunuluyordu. Bütün gün süren taarruz, Smuts komutasındaki 2000 kişilik Boer komandoları tarafından gerçekleştirildi ve ertesi sabah mevziye girildi. Her zamanki gibi, tutsaklarını elinde tutamayan Boerlerin başarıları için gösterebilecekleri çok az şey vardı. Buna rağmen, İngiliz zayiatı, çoğunluğu yaralı olmak üzere otuz ile kırk kişi arasındaydı.

22 Ocak'ta General Cunninghame, Sınır ve Worcester alayları, 6'ncı Atlı Piyade, Kitchener'in süvarileri, 7'nci İmparatorluk Gönüllü Süvarileri, 8'nci Kraliyet Sahra Topçu Alayı ve Kraliyet Çekili Topçu Alayının P Bataryasından oluşan küçük bir kuvvetle Oliphant geçidinden ayrıldı. Güneye, orada toplandığı bilinen düşmanın üzerine hareket etme talimatı almıştı. Öğleye doğru bu birlik, sıcak temasa girdi ve De la Rey'in kasabalı Boerlerinden oluşan büyük bir grup tarafından kuşatıldı. O gece Middelfontein'de kamp kurdular ve sabahın erken saatlerinde şiddetli bir taarruza uğradılar. Boerlerin tutumu o kadar tehditkâr ve mevzileri o kadar ürkütücüydü ki, birlik az da olsa tehlikedeydi. Neyse ki, Oliphant Geçidi ile heliografik iletişim hâlindeydiler ve 23'ünde, Babington'a onları kurtarmak için emir verildiğini öğrendiler. Cunninghame'in askerleri, gün boyunca uzun menzilli bir ateş altındaydı, ancak ayın 24'ünde Babington göründü ve İngiliz kuvveti yetmiş beş kayıp vererek bulunduğu zor durumdan başarıyla çıkarıldı. Middelfontein'daki bu muharebe, Kraliçe Victoria'nın saltanatında başlayıp VII'nci Edward'ın saltanatı ile sona erdiği için ilginçtir.

Cunninghame'in kuvveti, Krugersdorp'a doğru ilerledi ve orada, Modderfontein karakolunun daha önce anlatıldığı şekliyle düştüğünü öğrendikten sonra, emri altındaki kuvvetlerin bir kısmı, Smut'ları takip etmek için Gatsrand'a geri çekildi. Bununla birlikte, Boerlerin güçlü bir savunma mevzisi işgal ettikleri ve İngilizlerin taarruz edecek kadar sayıca yeterli olmadığı anlaşıldı. 3 Şubat'ta Cunninghame, piyadelerini ön cepheye sürerken küçük süvari kuvvetiyle düşmanı kuşatmaya çalıştı, ancak süvari kanadı bulamayınca, piyade, daha fazla ilerlemesine imkân vermeyen bir ateşle karşılaştı. Sınır alayından bir bölük öyle kötü bir durumdaydı ki, büyük bir kısmı öldürülmüş, yaralanmış veya esir alınmıştı. Bu birliğin durdurulması Modderfontein muharebesini teşkil etti. Fakat ayın 4'ünde, Cunningham, Güney Afrika Polis Teşkilatı'nın bir kısmının desteğiyle, kanadın etrafından dolaştı ve güneye çekilen düşmanı mevzisinden çıkardı. Birkaç gün sonra Smuts'un adamlarından bazıları Bank yakınlarındaki demir yoluna hücum etmeyi denedi, ancak yirmi altı kayıp vererek geri püskürtüldüler. Bu olaydan sonra Smuts batıya doğru hareket etti ve Lichtenburg'a daha önce bahsedilen taarruzu yapmak için De la Rey'in komandolarına katıldı. Bu altı girişim, Boerlerin bu aylarda Transvaal'daki İngiliz karakollarına karşı yaptığı başlıca taarruzî harekâtları temsil ediyordu. Trenlere yönelik saldırılar hâlâ yaygındı ve meşru pusudan, cinayetten fazla farkı olmayan olaylara kadar ve her türlü keskin nişancılığa çok sık rastlanıyordu.

Lord Kitchener'in kasabalı Boerlere genel af anlamına gelen nasıl bir teklifte bulunduğu ve İngilizlerin etkisi altına giren bazı Boer'lerin nasıl barış komiteleri oluşturdukları ve savaşan komandolara mücadelenin umutsuz olduğu ve İngilizlerin hoşgörülü ruh hâli hakkında bazı bilgileri ulaştırmaya çalıştıkları, önceki bir bölümde anlatılmıştı. Ne yazık ki bu iyi niyetli teklifler, Boer liderleri tarafından bir zayıflık işareti olarak algılanmış ve onları daha cesur davranmaya teşvik etmiş gibi görünüyordu. Barış şartlarını hemşerilerine ileten delegelerden en az ikisi vuruldu, birkaçı ölüm cezasına mahkûm edildi ve çok azı, kötü muameleye uğramadan geri döndü. Boerler, hiçbir durumda olumlu bir cevap vermediler. Barış bildirisinin tek sonucu, mülteci kamplarında tutulan ve beslenen muazzam bir kadın ve çocuk kalabalığı İngiliz kaynaklarına yük olurken, onların babalarının ve kocalarının birçok durumda savaşmaya devam etmeleri oldu.

Kasabalı Boerler arasında barış hareketine yapılan bu gönderme, Lord Kitchener'in Şubat 1901'in sonunda savaşı müzakere yoluyla sona erdirme girişimi için bir başlangıç işlevi görebilirdi. Bu süreç boyunca Büyük Britanya'nın ve İmparatorluğun metaneti bir an için olsun asla zayıflamamıştı, ama vicdanı, Güney Afrika'nın bu kadar büyük bir bölümünün başına gelen yıkım karşısında her zaman duyarlıydı ve yapılan işin boşa gitmediğini ve bir daha yapılması gerekmediğini garanti edecek şekilde herhangi bir uzlaşma hevesle kabul edilebilirdi. Başka herhangi bir koşul altında yapılan bir barış, basitçe ifade etmek gerekirse kendimizin erkekçe taşıyamadığı bu yükleri torunlarımızın omuzlarına yükleyecekti. Söylendiği gibi, mülteci kamplarının Boer sakinleri ve ayrıca savaş esirleri arasında hatırı sayılır bir barış hareketi ortaya çıkmıştı. Bunun bir yansımasının Boer halkının liderleri arasında olabileceği umuluyordu. Lord Kitchener, bunun böyle olup olmadığını anlamak için şubat ayının sonunda Louis Botha'ya sözlü bir mesaj gönderdi ve o ayın 27'sinde Boer generali, bir hafif süvari birliği korumasında Middelburg'a gitti. Yanında at süren biri: "Güneşte yanmış, Alman tipi, hoş, şişko bir yüze sahipti ve keçi sakallıydı." demişti. Dışarıda olanlar tarafından duyulan neşeli seslerden yola çıkarak, iki liderin kısa sürede dostane bir anlaşmaya vardığı görülüyordu ve görüşmelerinden kesin bir uzlaşma çıkabileceğine dair bir umut vardı. Lord Kitchener, görüşmenin başında, iki cumhuriyetin bağımsızlığının devam etmesine imkân olmadığını açıkladı. Lakin İngiliz

Hükümeti, kasabalı Boerleri memnun etmek ve dostluklarını kazanmak için her konuda büyük çaba sarf etmeye hazırdı.

7 Mart'ta Lord Kitchener, Pretoria'dan Botha'ya, öne sürdüğü konuları tekrarlayan bir mektup yazdı. Teklif edilen şartlar, kesinlikle İmparatorluğun genel duyarlılığının kabul edebileceği kadar ve hatta ondan çok daha ileriydi. Eğer Boerler silahlarını bırakırlarsa tam bir genel af çıkacaktı ve görünüşe göre bu, Cape Kolonisi'ne veya Natal'a dönmedikleri sürece isyancılara kadar genişleyecekti. Özerklik, iki devletin kraliyet kolonileri olarak yönetilmesi gereken zorunlu bir süreçten sonrası için vaat edildi. Hukuk mahkemeleri, başından itibaren Yürütme'den bağımsız olacak ve her iki dil de resmî dil olacaktı. Kasabalı Boerlere bir milyon sterlin tazminat ödenecekti. (Galipler tarafından ödenen bir savaş tazminatının en dikkat çekici örneği) Çiftçilere yeniden işlerine başlamaları için kredi sözü verildi ve çiftliklerden vergi alınmayacağı sözü de verildi. Kaffirler (zenciler) oy hakkına sahip olmayacaklardı, ancak kanunun korumasında olacaklardı. İngiliz Hükümeti tarafından sunulan cömert şartlar bunlardı. Kolonilerin ve özellikle ordunun güçlü bir şekilde desteklediği ülke kamuoyu, uzlaşma yönünde en ileri adımın atıldığını ve daha fazlasının barışı teklif etmek değil, ona yalvarmak gibi görüneceğini anlamıştı. Fakat ne yazık ki, İngilizlerin teklif edemediği tek şey, Boerlerin ısrarla sahip olmayı istediği tek şeydi ve tekliflerin diğer tüm yönlerde gösterdiği hoşgörü onların zihinlerine zayıflık olarak algılanmış olabilir. 15 Mart'ta General Botha'dan tam bağımsızlıktan başka hiçbir şeyin onları tatmin etmeyeceğine dair bir cevap geldi ve müzakereler bu nedenle kesildi.

Buna rağmen Boer tarafında, görüşmeleri yenileme eğilimi vardı ve 10 Mayıs'ta General Botha, Başkan Kruger'a telgraf çekmek ve barışın sağlanması konusundaki tavsiyesini almak için Lord Kitchener'a başvurdu. Lahey'deki sert ihtiyar yine de taviz vermeyen bir ruh hâlindeydi. Cevabı, savaşın başarılı bir şekilde sonuçlanması için büyük umutların olduğu ve Boer mahkumları ile mülteci kadınlar için uygun önlemleri almak amacıyla gerekli adımların attığı yönündeydi. Bu adımlar ve aynı zamanda çok etkili olanlar, onları tamamen, hakaret etmekten çok hoşlandığı Hükümetin insafına bırakacaktı.

Botha'nın İngiliz telgraf hattını kullanmak için izin başvurusunda bulunduğu aynı gün, Transvaal Devlet Sekreteri Reitz tarafından Steyn'e, Boerlerin umutsuz durumunu açıkça ortaya koyan bir mektup yazıldı. Bu belge, kasabalı Boerlerin sürekli teslim olduğunu, mühimmatın tükenmek üzere olduğunu, yiyeceğin azaldığını ve ulusun yok olma tehlikesiyle karşı karşıya olduğunu açıklıyordu. Dışişleri Bakanı: "Son adımı atma zamanı geldi." dedi. Steyn bir cevap yazdı. Cevabında cumhurbaşkanı olan kardeşi gibi, bazı dış müdahalelerin silaha başvurmasının sonucu tersine çevireceğine dair kaderci bir inancı hatırlatılarak, mücadeleye devam etmek için sert bir kararlılık gösteriyordu. Onun ve Kruger'in tavrı, Boer liderlerini birkaç ay daha direnmeye zorladı. Bu karar mantıksız olabilir, ancak kesinlikle kahramancaydı. Savaşın başlangıcına damga vuran "Punch" karikatüründe iki muharip, "Bu sefer kesin bir sonuç alınacak bir savaş olacak" diyordu. Boerler söz konusu olduğunda, gerçekten de öyleydi. Galipler olarak, tarihte hiçbir ulusun çok daha üstün bir düşmana karşı daha müthiş ve uzun süreli bir direniş göstermediğini kabul edebiliriz. Bir Briton, sıkıntılı bir durum gelip çattığında kendi halkının da bu kadar sadık olması için pekâlâ dua edebilir.

Savaşın bu aşamasındaki İngilizlerin durumu, daha büyük bir merkezileşme ile güçlendirilmişti. Uzak kasabaların garnizonları geri çekildi, böylece daha az konvoya ihtiyaç duyuldu. Ahali de taşındı ve daha kolay beslenebilecekleri demir yolu hatlarının yakınına yerleştirildi. Bu sayede muharebe sahası temizlendi ve Boer ile İngiliz kuvvetleri karşı karşıya kaldı. Barış politikasının başarısızlığına ikna olan ve bunu deneyerek ahlaki olarak güçlenen Lord Kitchener, ülkeyi baştan sona süpürecek bir dizi güçlü harekâtla savaşı bitirmeye karar verdi. Bu amaç için atlı birlikler gerekliydi ve ondan gelen takviye talebine çok muhteşem bir şekilde cevap verildi. Kolonilerden beş bin atlı gönderildi ve ana vatandan yirmi bin süvari, atlı piyade ve Gönüllü Süvariler gönderildi. Baden-Powell tarafından teşkil edilmekte olan Jandarma (Polis) kuvveti için Büyük Britanya, Güney Afrika ve Kanada'da on bin atlı adam askere alındı. Nisan sonundan önce hepsi Güney Afrika'ya ulaşan atlı takviye kuvvetlerinin sayısı, toplamda otuz beş binden fazlaydı. Savaşın bu son döneminde, Lord Kitchener'ın emri altında, eski alaylarından kalanlarla birlikte elli ile altmış bin kişilik süvari vardı. Bu öyle bir kuvvetti ki, hiçbir İngiliz generali en mutlu rüyasında bile ona komuta etmeyi hayal etmemiş ve hiçbir İngiliz savaş bakanından en kötü kâbusunda bile böyle bir kuvvetin ikmalini sağlaması istenmemişti

Takviye kuvvetleri gelmeden çok önce, gönüllü süvariler, askere alma ofisinde sıralarını beklemek için hâlâ Londra kaldırımında uzun kuyruklar hâlinde toplanırken, Lord Kitchener düşmana birkaç kurnaz darbe vurmuş, bu da onların insan ve malzeme kaynaklarını bariz bir şekilde zayıflatmıştı. Bunların başlıcası, French'in komutasındaki yedi yürüyüş kolu tarafından Doğu Transvaal'dan aşağı doğru icra edilen büyük süpürücü taarruzdu. Bununla birlikte, bu konuyu incelemeden önce Methuen'in güneybatıdaki faaliyetleri ile ilgili birkaç söz söylemek gerekir.

Bu çalışkan general, Zeerust'a ve Lichtenburg'a birer garnizon bıraktıktan sonra, eski bölgesinden ayrılmış ve büyük ölçüde Güney Afrika yerlilerinden ve gönüllü süvarilerden oluşan bir kuvvetle De Villiers tarafından işgal edilen Bechuanaland'ın karışıklığın hüküm sürdüğü bölgelerine geçmişti. French, burada, Kuruman civarında ve sonrasında Taungs civarında faaliyet göstererek, ocak ayının ortasında ulaştığı Vryburg'a kadar olan bölgeyi temizledi. Birliği,

Taungs'tan Transvaal sınırını geçti ve Klerksdorp'a doğru ilerleyerek, daha önce hiç geçilmemiş zorlu Masakani tepelerinin bulunduğu bir araziden geçti. 2 Şubat'ta Uitval Tepesi, Paardefontein ve Lilliefontein'de her birinde düşmanın geri püskürtüldüğü çatışmalara girerek, Taungs'tan ayrıldı. Wolmaranstad'dan geçen Methuen, kuzeye yöneldi ve 19 Şubat'ta Haartebeestefontein'de De Villiers ve Liebenberg komutasındaki hatırı sayılır bir Boer kuvvetiyle çetin bir muharebeye girdi. Muharebeden bir gün önce, Boerleri başarılı bir şekilde mağlup etti, çünkü savaş için mevzilenmek maksadıyla kamplarını terk ettiklerini öğrenen Methuen, Boer kampına taarruz etti ve 10.000 baş sığır, kırk üç at arabası ve kırk harp esiri ele geçirdi. Bu başarının heyecanıyla ertesi gün Boerlere taarruz etti ve beş saatlik zorlu bir savaşın ardından ona karşı tuttukları geçidi ele geçirdi. Methuen'in sadece 1500 askeri olduğu ve zorlu bir mevzide, kendisininki kadar büyük bir birliğe taarruz ettiği için, bu başarı çok takdire şayandı. Gönüllü süvarilerin hepsi, özellikle de 5'inci ve 10'uncu taburlar başarılıydı. Avustralyalılar ve vefakâr Kuzey Lancashire Alayı da aynı şekilde başarılıydı. İngiliz kayıpları on altı ölü ve otuz dört yaralı iken, Boerler terk ettikleri mevzide on sekiz ölü bıraktılar. Lord Methuen'in küçük kuvveti, ülkelerine hakkıyla hizmet ederek Klerksdorp'a döndü. Methuen, Klerksdorp'tan batıya, eski rotasının güneyine döndü ve 14 Mart'ta Warrenton'da olduğu rapor edildi. Buraya nisan ayında, Hoopstad'ın garnizonu ve ahalisini yanında getiren Erroll'un küçük birliği de geldi. Burası, Lord Kitchener'in merkezîleşme politikası uyarınca terk edilmesi kararlaştırılan bir karakoldu.

1901 yılı Ocak ayında, kuzeyde Delagoa demir yolu hattı, güneyde Natal demir yolu hattı ve güneyde Svazi ve Zulu sınırları ile sınırları çizilen bu büyük üçgende, Transvaal Boerlerinin dikkate değer bir yığınaklanması vardı. Bushveld, yılın bu mevsiminde hem insanlar hem de hayvanlar için sağlıksızdır. Öyle ki Boerler, sürüleri, aileleri ve kendileri için açık bozkıra inmek zorunda kalırlardı. Görünüşe göre bunu yapmalarına pek de karşı çıkılmadı çünkü vaktiyle hem Buller hem de French tarafından ülkenin bu bölgesi her ne kadar geçilmiş olsa da, hâlâ Boerlerin bir kalesi ve bir erzak deposu olarak kalmıştı. Bu bölgenin sınırları içinde Carolina, Ermelo, Vryheid ve diğer fırtına merkezleri bulunuyordu. Orada bulunan bir kuvvet iki demir yoluna da her zaman taarruz edebileceğinden ve gerçekten de amaçlandığı gibi Natal'ın içine doğru baskın yapabilecek olması nedeniyle elde bulundurulması, olağanüstü stratejik avantajlar sunar. Bu karışık sağlık ve strateji nedenleriyle, önemli sayıda kasabalı Boer, bu bölgede Bothalar ve Smuts'un komutası altında birleşti.

Yığınaklanmaları, çok belli belirsiz ve yakalanmaları zor olan bu direnişi görünür hâle getirebilecek herhangi bir hareketi memnuniyetle karşılayan İngiliz askerî yetkililerinin dikkatinden kaçmamıştı. Lord Kitchener düşmanın bu devasa siperde toplanmış olduğunu görür görmez, onu bir uçtan bir uca kovalamak gibi zor bir görevi üstlendi. Bu harekât için baş komutanlık General French'e verildi ve emri altında, Delagoa'nın ve Natal demir yolu hatlarının farklı noktalarından başlayan ve birbirleriyle temas hâlinde olan ve hepsi güney ve doğuya doğru yönelmiş en az yedi askerî birliği vardı. Bununla birlikte haritaya göz atıldığında, yedi birlik için çok geniş bir alan olduğunu ve bir araya toplanan avların arkadan kaçmasını önlemek için hepsinin teyakkuz hâlinde bulunmasına ihtiyaç duyulacağını gösteriyordu. Üç yürüyüş kolu, Delagoa hattından ilerlemeye başladı, yani Wonderfontein'den (en doğuda) Smith-Dorrien'in birliği, Middelburg'dan Campbell'in birliği ve Pretoria yakınlarındaki Eerstefabrieken'den Alderson'un birliği ilerliyordu. Batıdaki demir yolu hattından dört yürüyüş kolu geliyordu: Kaalfontein'den General Knox, Zuurfontein'den Binbaşı Allenby's (Pretoria ve Johannesburg arasındaki her iki istasyondan), Johannesburg yakınlarındaki Springs'ten General Dartnell ve son olarak Greylingstad'dan General Colville (Colvile ile karıştırılmamalıdır) güneyden geliyordu. Birbirinden tam olarak yüz mil mesafedeki Wonderfontein ve Greylingstad'ın uçlarını oluşturduğu manevranın tümü, devasa bir ağın çekilmesine benziyordu. 27 Ocak'ta ağ çekilmeye başlandı. Dikkate değer sayıda topla birlikte binlerce Boer'in kuşatma altında olduğu biliniyordu ve olağanüstü hareket kabiliyetleri onların kaçmasını sağlasa bile, nakliye araçlarını ve toplarını kurtarma imkânı bulamayacakları umuluyordu.

İngiliz yürüyüş kollarının her biri yaklaşık 2000 kişi gücündeydi ve harekâta katılan yaklaşık elli topla birlikte toplam 14.000 asker vardı. Her bir kuvvet tarafından en az on millik bir cephe savunulacaktı. Kararlaştırılan ilk hamle, en sol kanatta, Carolina'da güneye ve oradan da Chrissie Gölü yakınlarındaki Bothwell'e hareket eden Smith-Dorrien'in yürüyüş kolu tarafından yapılacaktı. Zorlu bir görev olan demir yolu hattından aşağı doğru erzak göndermek esas olarak ona düşüyordu ve bu nedenle on üç topla birlikte 8500 askerden oluşan kuvveti, diğerlerinden daha büyüktü. Smith-Dorrien'in Carolina'ya gelişiyle birlikte, ilerleme merkezleri Ermelo olan diğer yürüyüş kolları ilerlemeye başladı. Yetmiş millik bir bozkırın üzerinde, gündüz heliograf parıltısı ve geceleri sinyal lambalarının yanıp sönmesi, İngiliz ilerleyişinin istikrarlı akışını işaret ediyordu. Yürüyüş kolları yer yer düşmanla temasa geçtiler ve onu önlerine kattılar. French, ocak ayının sonunda Wilge Nehri'nde bir çatışmaya girdi ve bir başka çatışma Campbell'ın yirmi zayiat verdiği Middelburg'un güneyinde yaşandı. 4 Şubat'ta Smith-Dorrien Chrissie Gölü'ndeydi; French Beytel'den geçmişti ve düşman Amsterdam'a çekiliyordu. Çekilen ağın yüz millik uçları, zaten bu mesafenin üçte birine kadar daraltılmıştı ve avın hâlâ bu ağın içinde olduğu biliniyordu. Ayın 5'inde, Ermelo işgal edildi ve bozkırın üzerindeki taze derin tekerlek izleri, İngiliz süvarilerine önlerindeki devasa Boer konvoyunu işaret ediyordu. Günlerdir muazzam büyüklükte büyükbaş hayvan sürüleri, uçsuz bucaksız keçi ve koyun sürüleri ve bir ufuktan diğer ufka uzanan at arabası sıraları, doğuya doğru göç ediyordu. Süvarilerin ve atlı piyadelerin tümü, bu kokunun peşindeydi.

Bununla birlikte Botha, aceleyle cezasız kalmaması gereken ruhani bir liderdi. Botha'nın, yanındaki birkaç bin kasabalı Boerle birlikte, eğer İngiliz hattının herhangi bir yerine aniden hücum ederse, bir süreliğine başa baş bir savaş yapmayı ve muhtemelen onu bozguna uğratabileceğini umut ettiği açıktı. Smith-Dorrien'in yoldan çekilmesi hâlinde, kuzeye doğru tüm konvoyu için açık bir kaçış yolu olacaktı. Oysa diğer birliklerden herhangi birinin yenilgiye uğratılması, ona pek yardımcı olmayacaktı. Bu nedenle, büyük bir aceleyle Smith-Dorrien'in üzerine hücum etti. Halbuki bu generalin kuvveti, sekiz sahra topu ve üç ağır topla birlikte, Suffolks, Batı Yorks ve Cameron Alayları, 5'inci Ağır Süvari Alayı, 2'nci İmparatorluk Hafif Süvari Alayı ve 3'üncü Atlı Piyade Alayı'ndan oluşan ürkütücü bir kuvvetti. Böyle bir kuvvet, açık alanda asla yenilgiye uğratılamazdı, ama hiç kimse doğrudan hedefe sevk edilen bir gece baskınının etkisini öngöremez ve 6 Şubat'ta, rakibi Bothwell Çiftliği'nde kamp kurduğu sırada, sabaha karşı 3'te Botha tarafından icra edilen taarruz böyleydi.

Gece, karanlık ve sisli olduğundan bu faaliyet için uygundu. Neyse ki, İngiliz komutan, gerekli önlemleri almıştı ve bir taarruza karşı hazırlıklıydı. Boerlerin ümitsiz girişimi cesur bir hücumla geldi, düzensiz süvarilerden oluşan bir birliği ileri karakolların üzerine sürerek doğrudan kampa hücum ettiler. Fakat, saldırının asıl yükünü çeken Batı Yorkshire Alayı, sabah üçte, öğleden sonra üçte olduğundan daha fazla telaşa kapılmayan Tugela'nın gazileriydi. Bu taarruz geri püskürtüldü ve cesur liderleri Spruyt ile birlikte yirmi Boerin cesedi, İngiliz hatlarında kaldı. Boerlerin ana gövdesi, piyadelerin karşı ateşiyle yanıtlanan ve ezilen, karanlıktan çıkan ağır bir yaylım ateşiyle yetindi. Sabahleyin, düşmandan ölüleri hariç hiçbir iz görülmüyordu, ancak Smith-Dorrien'in birliğinden verilen yirmi ölü ve elli yaralı, uyku kampını süpüren ateşin ne kadar yoğun olduğunu göstermekteydi. Heidelbergerlerin taarruzu ile müşterek olarak yapılacak olan Carolina taarruzu, araziden kaynaklanan sıkıntılar nedeniyle hiç icra edilmedi ve bunun sonucunda Boerler arasında dikkate değer karşılıklı suçlamalar meydana geldi.

Botha'nın bu taarruzu, bir dizi çatışma ve artçı çarpışmasının ötesinde, French'in yürüyüş kolunun ilerleyişini yavaşlatmak için yapılan yegâne çabaydı. Ancak, onları bir saat boyunca durdurmayı bile başaramadı. O günden itibaren kaçaklar, kuzeyde, batıda ve güneyde toplanırken, erkeklerin, sürülerin, topların ve at arabalarının ele geçirilmesine ilişkin bir kayıt tutulmaya başlandı. Harekât çok kapsamlıydı, çünkü işgal edilen kasaba ve köyler, sakinlerinden arındırıldı ve ahali mülteci kamplarına gönderildi ve bu esnada bölge, gelecekte komandoların malzeme tedarik etmesini önlemek için yakılıp yıkıldı. Hâlâ güneydoğuya doğru hareket eden General French'in yürüyüş kolları, Svazi sınırındaki

Piet Retief'e doğru ilerledi ve 5000 kişi olarak hesapladığı önündeki, düzensiz düşman askerî birliğine hücum etti. Carolina komandoları da dahil olmak üzere düşmanın bir müfrezesi, şubat ayının ortasında geri çekildi ve Louis Botha aynı dönemde kaçıp kurtuldu, fakat ana harekât o kadar başarılıydı ki, French ayın sonunda toplam sonuçlarını ancak rapor edebildi: ölü ve yaralı olarak ele geçen 292 Boer, teslim olan 500 kişi, ele geçirilen 3 top ve bir maksim makineli tüfeği, 600 tüfek, 4000 at, 4500 kağnı öküzü, 1300 at arabası ve kağnı, 24.000 sığır ve 165.000 koyun. Doğu bozkırının tüm geniş alanı, düşmanın parçalanmış ve yakılmış at arabalarıyla doluydu.

Korkunç bir yağmur yağıyordu ve arazi, müteakip harekâtları tamamen engellemese de sekteye uğratan büyük bir bataklıktı. Tüm yürüyüş kolları, yakaladıklarını bildirmeye devam etti. 3 Mart'ta Dartnell bir maksim makineli tüfeği ve 50 harp esiri ele geçirdi, French ayrıca 50 ve Smith-Dorrien 80 kişi daha bildirdi. 6 Mart'ta French iki top daha ele geçirdi ve ayın 14'ünde, ilave 500 at arabası ve ikinci bir büyük koyun ve öküz ganimeti ile birlikte 46 Boer zayiatı ve 146 kişinin teslim olduğunu bildirdi. Mart ayının sonunda, French Vryheid'a kadar güneye gitti, birlikleri sürekli yağan şiddetli yağmurlardan kaynaklanan büyük sıkıntılara ve herhangi bir erzağı getirmenin zorluklarına katlandı. Ayın 27'sinde, French Boerlerin on yedi zayiatını ve teslim olan 140 kişiyi bildirmekle birlikte, ayın son gününde başka bir top ve iki pompom ele geçirdi. O tarihte düşman, arkasında baskı yapan Alderson ve Dartnell ile birlikte, doğuya doğru çekilmeye devam ediyorlardı. 4 Nisan'da French, düşmanın o bölgede sahip olduğu son topçu silahını ele geçirdiğini duyurdu. Boer kuvvetlerinin geri kalanı, geceleri yürüyüş kollarının gittiği yönün tersine doğru ilerlediler ve 200'ünün teslim olduğu Zululand sınırından kaçtılar. French'in Doğu Transvaal'ı aşağısına yaptığı hamlenin toplam harp ganimeti ve sonuçtaki miktarı düşmandan ölü, yaralı ve ele geçen bin yüz kişiydi. Bu, Prinsloo'nun teslim olmasından bu yana herhangi bir harekâttaki en yüksek rakamdı. Şüphesiz, hava daha az fırtınalı olsaydı, harekât daha da başarılı olabilirdi, ancak bu dikkate değer sayıdaki insan kaybı, o bölgedeki tüm topların ve bu kadar büyük miktardaki at arabasının, kağnının, mühimmatın ve çiftlik hayvanının ele geçirilmesiyle birlikte, Boerlere asla tam olarak toparlanamayacakları bir darbe indirdi. 20 Nisan'da French, bir kez daha Johannesburg'a döndü.

French, Transvaal'ın güneydoğu köşesindeki son Boer topunun izini sürerken, batı tarafında De la Rey, yine de dolaşıp durduğu Magaliesberg geçitlerinde veya burasının güney batısında sığındığı güvenli bölgelerde dikkate değer bir topçu birliğini muhafaza etmeyi başarmıştı. Ülkenin bu kısmı birkaç kez geçilmişti, fakat hiçbir zaman İngiliz birlikleri tarafından boyun eğdirilmemişti. Boerlerin, kendi bozkırlarının otları gibi, bir yangının yeniden patlak vermesini sağlamak için sadece geride bırakılacak birkaç kıvılcıma ihtiyaçları vardı.

Babington, mart ayında üs kurmak için Klerksdorp ile birlikte bu alev almaya hazır olan bu bölgenin içine girdi. 21 Mart'ta, kısa bir süre önce Methuen'in başarılı bir muharebesine sahne olan Haartebeestefontein'e ulaşmıştı. Burada ona Shekleton'un Atlı Piyadeleri katıldı ve toplam kuvveti, 1'inci İmparatorluk Hafif Süvari Alayı, 6'ncı İmparatorluk Buşmenleri, Yeni Zelandalılar, 14'üncü Hafif Süvari Alayının bir taburu, Somerset Hafif Piyade Alayı ve Galli Hafif Piyade Alayından birer takım, Carter'ın topları ve dört pompom makineli tüfeğinden oluşuyordu. Babington, bu hareketli ve çetin küçük kuvvet ile, yakın çevrede olduğu bilinen Smuts ve De la Rey'i aramaya devam etti.

Gerçekte Boerler, sadece orada değillerdi ve aynı zamanda tahmin edilenden daha yakında ve daha güçlüydüler. Ayın 22'sinde İmparatorluk Hafif Süvari Alayının Binbaşı Briggs komutasındaki üç taburu, 1500 Boerin içine doğru at sürdü ve eşsiz kararlılıkları ve kahramanlıkları sayesinde kendilerini ve pompomlarını bir felakete uğramadan geri çekmeyi başardılar. Hem cephelerindeki hem de her iki kanattaki Boerlere karşı takdire şayan bir artçı muharebesi icra ettiler. Ateş o kadar yoğundu ki, sadece tek bir taburun yirmi iki kişi zayiatı vardı. Buna rağmen, topları güvenli bir yere ulaşıncaya kadar bu duruma cesurca göğüs gerdiler. Babington'un kampına doğru düzenli bir şekilde geri çekildiklerinde, verdikleri zayiat kadar ağır bir kayıp verdiler. Sancaklarındaki Elandslaagte, Waggon Tepesi, Mafeking'in kurtarılması, Naauwpoort ve Haartebeestefontein zaferleri ile, ordu listesinde kalıcı bir yer almaları durumunda İmparatorluk Hafif Süvari Alayı, birçok eski alayın gurur duyabileceği bir sicille başlayacaktı.

Hafif Süvari Alayı 22 Mart'ta Boerlerin elinde birkaç kötü saat geçirmesine rağmen, hem onlar ve hem de kolonideki silah arkadaşları, çok geçmeden aynı karşılığı fazlasıyla verebildiler. 23 Mart'ta Babington, Kaffir yerli köyüne doğru ilerledi. Düşman onun önünden geri çekiliyordu. Ertesi sabah İngilizler tekrar ilerlediler ve Albay Gray komutasındaki öncü birlikleri oluşturan Yeni Zelandalılar ve Buşmenler, bir geçitten çıktıklarında, önlerindeki düzlükte tüm toplarıyla birlikte kendilerine doğru hareket eden Boer kuvvetini gördüler. Bunun belirli bir amaç için mi yapıldığına yoksa Boerlerin İngilizlerin geri döndüğünü düşünüp ve onları takip etmek niyetinde olup olmadıklarına şimdi karar veremeyiz, ancak nedeni ne olursa olsun, savaş sırasında neredeyse ilk defa her iki tarafın önemli bir kuvvetinin açık alanda karşı karşıya geldiği kesindi.

Bu muhteşem bir andı. Atlarını mahmuzlayan subaylar ve askerler, nara atarak düşmana doğru hücum ettiler. Boer toplarından biri mevzilenmişti ve ateş açmaya çalıştı, ancak atlıların hücumuyla alt edildi. Boer süvarileri bozguna uğradılar ve alabildiğince hızlı kaçabilmek için toplarını terk ettiler. Toplar dörtnala çılgınca bozkırın üzerine atıldılar, ama arkalarındaki ateşli süvarilerin hücumu yine de daha vahşiydi. Cesur ve soğukkanlı Hollandalılar bu sefer tam anlamıyla paniğe kapılmışlardı. Takipçilere neredeyse hiç ateş açılmadı ve keskin nişancılar, sırf kendi postlarını kurtardıkları için çok mutlu görünüyorlardı. İki sahra topu, bir pompom makineli top, altı maksim, elli altı at arabası ve 140 harp esiri bu muhteşem hücumun meyveleri olurken, elli dört yaralı Boer, muharebe sonrasında yakalandı. Bitkin durumdaki atlar, daha uzağa gidemeyince takipten isteksizce vaz geçildi.

Öncü, düşmanın ana gövdesini bu şekilde dağıtırken, bir keskin nişancı müfrezesi, İngiliz geri bölgesine ve konvoyuna saldırmak için etrafında dolaşıyordu. Fakat muhafız birliğinden gelen birkaç yaylım ateşi, onları biraz kayıpla uzaklaştırdı. Toplamda dokuz topun ve en az 200 kişinin kaybıyla Hartebeestfontein bozgunu, Boer davası için ağır bir darbeydi. Bir ya da iki hafta sonra, Babington'la birlikte hareket eden Sir H. Rawlinson'un yürüyüş kolu, gün ağarırken Smuts'un kampına hücum etti ve iki top ve otuz harp esiri daha ele geçirilmesini sağladı. French'in doğudaki ve Plumer'in kuzeydeki başarıları birlikte ele alındığında, bu birbiri ardına gelen darbeler, Boer davası için ölümcül görünebilirdi, ancak bu yorucu mücadelenin kaderi, en sonunda bu mutsuz topraklara trajik bir barış getirecek olanın bir birleşmeden ziyade bir imha olması gerektiği görülene kadar devam edecekti.

Bu aylar boyunca küçük İngiliz birlikleri, ülkenin her yerinde faaliyet gösteriyordu. Bunlar, soğuk havalar bastırdıkça kapsamı ve enerjisi artacak olan faaliyetlerdi. Harp esirlerinin ve ele geçirilenlerin haftalık sayısı, herhangi bir birlik için küçük olsa da, önemli bir zaferin toplam sonucunu veriyordu. Bu dağınık ve gözden uzak muharebelerde, görevin tamamlandığı bilgisi dışında başka bir ödülü olmayan pek çok faaliyet vardı. Pek çok başarılı baskın ve çatışma arasında Lydenburg'dan Albay Park tarafından gerçekleştirilen ikisinden bahsedilebilir. Bunlar arasından biri, kötü şöhretli Abel Erasmus da dahil olmak üzere yaklaşık 100 düşmanın ele geçirilmesiyle sonuçlanmıştı. Boerlerin bir baskını karşısında bir avuç polis ve sivil tarafından gerçekleştirilen başarılı bir direniş olan Zululand'daki Mahlabatini'nin çok kahramanca bir şekilde savunulmasına atıfta bulunulmadan, bu olaylara ait hiçbir özet tamamlanmış sayılmaz. Kışın gelişi ve takviyelerin ulaşmasıyla, İngiliz harekâtları, ülkenin her yerinde çok daha etkili bir hâle geldi ve şimdi bu harekâtlarla ilgili bazı açıklamalar ekleyelim.

34. BÖLÜM

KIŞ HAREKÂTI (NİSAN'DAN EYLÜL 1901'E KADAR)

Afrika kışı kabaca nisandan eylüle kadar sürer ve bu süre zarfında çimenler bozkırda kuruyacağından, Boer komandolarının hareket kabiliyetini fazlasıyla zayıflatacaktı. Bu sebepten, İngilizler bir yıl daha savaşmak istemiyorsa, bunun ancak önlerindeki ayları iyi değerlendirerek yapılabileceğini kabul ettiler. Bu nedenle Lord Kitchener, daha önce bahsi geçen önemli takviyeler için istekte bulundu. Öte yandan, hizmet süresi sona eren binlerce tecrübeli gönüllü süvari, Avustralyalı ve Kanadalıyı geride bırakmak zorunda kaldı. Piyadenin gönüllü bölükleri ve dokuz milis taburu, her ne kadar onların yerini alacak eşit sayıda yeni gelenler olsa da İngiltere'ye döndü.

İngilizlerin durumu, korugan sisteminin benimsenmesiyle kış boyunca fazlasıyla güçlendirildi. Bunlar, üzerinde oluklu demir çatı bulunan, dokuz fit kadar yükseklikte, taştan yapılmış küçük kare veya altıgen yapılardı. Tüfek ateşi için mazgallara sahiptiler ve altı ile otuz asker tarafından savunuluyordu. Bu küçük kaleler, demiryolları boyunca birbirinden 2000 yardadan daha uzak olmayan noktalara yerleştirilmişti ve bir zırhlı tren sistemi ile desteklendiğinde, Boerlerin demir yolu hatlarına zarar vermesi veya bu hattı geçmesi kolay değildi. Bunlar o kadar etkiliydi ki, kullanım alanlarının ülkenin daha tehlikeli bölgelerine yayılması bunun kanıtıydı ve demir yolu hattı, Krugersdorp ile Rustenburg arasında bir karakol zinciri oluşturmak için Magaliesberg bölgesine doğru ilerletildi. Orange Nehri Kolonisi'nde ve Cape Kolonisi'nin kuzey demir yolu hatlarında aynı sistem, kapsamlı bir şekilde uygulandı. Şimdi, Plumer'in kuzeydeki ayak basılmamış araziye girmesiyle başlayan kış döneminin daha önemli harekâtlarını açıklamaya çalışacağım.

Savaşın bu döneminde İngiliz kuvvetleri, kontrol altına alınmamış olsa bile, Orange Nehri Kolonisi'nin tamamını ve Mafeking-Pretoria-Komati hattının güneyindeki Transvaal'ın her bölgesini ele geçirmişlerdi. Bu büyük toprak parçası boyunca işgalcileri görmemiş ne bir köy ve ne de bir çiftlik evi vardı. Ama kuzeyde iki yüz mil uzunluğunda ve üç yüz mil genişliğinde, savaşın neredeyse hiç dokunmadığı geniş bir bölge bulunuyordu. Burası, çalılarla kaplı, ıssız tepelere doğru yükselen, antilopların yayıldığı düzlükleriyle vahşi bir bölgeydi. Fakat burada düşman için doğal tahıl ambarları ve ikmal depolarını oluşturan, zengin sulak meraları ve yemyeşil otlaklarıyla birçok derin dereler ve vadiler vardı. Burada Boer hükümeti varlığını sürdürdü ve yine burada dağları tarafından perdelenmiş olarak mücadelenin devamını örgütleyebildiler. Bu son direniş merkezleri dağıtılana kadar savaşın sona ermeyeceği açıktı.

İngiliz kuvvetleri batıda Rustenburg kadar kuzeye, merkezde Pienaar ve doğuda Lydenburg kadar ilerlemişler, ancak burada durmuşlardı. Fethettikleri yerler düzene girene kadar daha ileri gitmek istemiyorlardı. Bir general, hareketli bir düşman ve tehlikeye açık bir ikmal hattı onların güneyinde yüzlerce kilometre uzanıyorken, birliklerini o geniş ve engebeli bölgeye sokmadan önce pekâlâ duraklayabilir. Fakat Lord Kitchener kendine özgü bir sabırla doğru saatin gelmesini bekledi ve sonra aynı derecede özgün bir cesaretle hızlı ve cesur bir şekilde hamlesini yaptı. Şu an için hareketsiz olan De Wet, Orange Nehri'nin ötesinde avlanmıştı. French, Güneydoğu Transvaal'daki Boerlere taarruz etmişti ve düşmanın ana kuvvetinin savaş merkezinin o tarafında olduğu biliniyordu. Kuzey tarafı açığa çıkmıştı ve kalbe doğru uzun, doğrudan bir hamle ile Pietersburg etkisiz hale getirebilirdi.

İlerleme için kullanılabilecek tek bir istikamet vardı ve bu da, Pretoria'dan Pietersburg'a giden demir yolu hattı boyunca olmak zorundaydı. Bu hat, kuzeye giden tek tren hattıydı ve çalışır durumda olduğu bilindiği için (Boerler Pietersburg'dan Warm Baths'a iki haftada bir sefer düzenliyorlardı), herhangi bir büyük hasara uğramadan önce hızlı bir ileri harekâtla onun ele geçirebileceği umuluyordu. Bu amaçla, mart ayının sonunda küçük ama çok hareketli bir kuvvet, Pretoria'nın kırk mil kuzeyinde ve Pietersburg'a yüz otuz mil uzaklıktaki İngilizlerin son demir yolu istasyonu olan Pienaar Nehri'nde hızlı bir şekilde bir araya geldi. Bu birlik, Bushveld Karabinalı Alayı, 4'üncü İmparatorluk Buşmen Birliği ve 6'ncı Yeni Zelanda Birliği'nden oluşuyordu. Yanlarında Kraliyet Sahra Topçusundan 18'nci batarya ve üç pompom makineli topu bulunuyordu. Çok değerli Atlı İstihkam Alayının bir müfrezesi bu kuvvetle birlikte gitti ve iki piyade alayı, 2'nci Gordon ve Northampton Alayları, ilerleme istikameti üzerindeki daha savunmasız yerlerde garnizon kurmak için ayrıldı.

Yorulmak nedir bilmeyen Plumer, 29 Mart'ta De Wet'in peşini bıraktı. Bu yeni hatta serbest kaldı ve hızlı bir şekilde kuzeye doğru ilerledi. Görevinin tam olarak başarıya ulaşması, tehlikesi hakkındaki tahminimizi gölgeledi, ama aşırı derecede düşman bir bölge içinden, 2000 tüfeklik bir muharip kuvvetle bu kadar büyük bir mesafeyi kat etmek, hiç de kolay bir iş değildi. Bir harekât olarak, birçok yönden Mahon'un Mafeking'e doğru yaptığı hamleden farklı değildi, ancak nihayetinde bir araya geleceği herhangi bir dost kuvvet yoktu. Ancak en başından itibaren her şey yolunda gitti. Ayın 30'unda, bu kuvvet, ileride zengin ve şık bir kaplıca olacak olan ve bu bölgeye damgasını vuran, hâlihazırda ıssız büyük bir otelin bulunduğu Warm Baths'a ulaştı. 1 Nisan'da Avustralyalı keşif birliği, kendi istikametlerinde elli mil daha giderek Nylstroom'a girdi. Yolculuğu canlandırmaya yetecek kadar keskin nişancılık faaliyeti vardı, ama bir çatışma olarak adlandırılabilecek pek bir şey yoktu. Arkalarında arılar gibi çalışan demir yolu istihkâmcıları ile birlikte yol boyunca esirleri ve mültecileri toplayan kuvvet, henüz bir direnişle karşılaşmadan yoluna devam ediyordu. 5 Nisan'da Piet Potgietersrus başka bir elli millik etaba başlandı ve ayın 8'i sabahı İngiliz öncü birlikleri Pietersburg'a girdi. Kitchener'ın muhakeme kabiliyeti ve Plumer'ın enerjisi mükâfatlarını almıştı.

Boer komandosu kasabayı boşaltmıştı ve İngilizlerin girişine karşı ciddi bir direniş gösterilmemişti. En etkili direniş, akıl dışı bir çılgınlık ya da vatansever bir coşku anında, ölmeden önce işgalcilerden üçünü vuran bekâr bir öğretmenden geldi. Birkaç vagon, küçük bir top ve yüzden fazla harp esiri, ele geçirilen kasabanın ganimetleriydi, fakat Boer cephaneliği ve matbaa makinesi imha edildi ve Hükümet yetkilileri yeni bir başkent aramak için az sayıdaki iki tekerlekli at arabalarıyla hızla uzaklaştılar. Pietersburg, güneydoğudan olduğu kadar kuzeyden de kapsamlı bir manevranın yapılabileceği bir üs olması nedeniyle özellikle değerliydi. Haritaya bakıldığında, bu noktadan hareket eden bir kuvvetin, Lydenburg'dan gelen başka bir kuvvetle birlikte, arazinin büyük kısmının daha küçük birliklerin içinde bulunabilecek her şeyi toplayabilmesi için etrafını saracak olan bir yengecin çarpık kıskaçlarını oluşturabileceği görülecektir. Bir anlık bile gereksiz bir gecikme olmaksızın hazırlıklar yapıldı ve en az sekiz birlik, gizlice avlarına yaklaştı. Plumer'in kuvvetlerinin harekâtlarını takip etmeye devam etmek ve daha sonra güneyde faaliyet gösteren küçük orduların muharebelerini sonuçlarıyla birlikte biraz açıklamak daha uygun olacaktır.

Viljoen'in ve bazı Boerlerin Middelburg bölgesindeki hattın kuzeyinde kalan bölgede olduğu biliniyordu. Geçilmez bir çalılık bozkır, onlara bir sığınak sağlamıştı, buradan bir treni enkaza çevirmek ya da bir karakola hücum etmek için sürekli dışarı çıkıyorlardı. Bu alan, şimdi belirli bir plan dahilinde temizlenecekti. İlk iş kuzeydeki geri çekilme hattını kesmekti. Oliphant Nehri o istikamette bir kıvrım yapıyordu ve hatırı sayılır bir akıntı olduğu için, eğer sıkı bir şekilde tutulursa, o taraftan herhangi bir kaçışı önleyecekti. Bu maksatla Plumer, Pietersburg'u işgalinden sonraki altıncı gün olan 14 Nisan'da, bu kasabadan doğuya doğru yöneldi ve zorlu Chunies Geçidi'nden geçerek bozkır üzerinde ilerledi ve böylelikle Oliphant'ın kuzey kıyısına doğru yol aldı. Yolda otuz ile kırk Boer harp esiri topladı. Güzergâhı, yerli köyleriyle dolu verimli bir araziden geçiyordu. 17 Nisan'da tutması gereken hattı belirleyen nehre ulaşan Plumer, ana geçit yerlerini kapatmak için kuvvetini birkaç kilometrelik bir alana yaydı. Helyografının parlamaları, güney ufkunun birçok noktasından gelen parıldamalarla cevaplandı. Bu diğer kuvvetlerin hangileri olduğu ve nereden geldikleri, okuyucular için artık açıklığa kavuşturulmalıdır.

Başarılı bir asker olan General Bindon Blood, Hindistan'ın kuzey sınırında kazandığı şöhreti Transvaal'da pekiştirmişti. O ve General Elliot, hak ettikleri tatil için İngiltere'ye geri dönen bazı generallerin yerlerini almak için büyük Doğu sömürgesinden gönderilen ve geç gelenlerden ikisiydi. Delagoa demir yolu hattının sistemli ve etkin muhafızı olarak kendini göstermişti ve şimdi güneyden ilerleyerek, Roos-Senekal bölgesini temizleyecek olan yürüyüş kollarının en üst seviyeli komutanı olarak seçildi. Yedi yürüyüş kolu vardı ve aşağıdaki gibi düzenlenmişti:

Harekâtın sol kanadı olarak adlandırılabilecek olan Beatson ve Benson'ın emri altındaki iki yürüyüş kolu, Middelburg'dan harekete başladı. Beatson'ın yürüyüş kolunun amacı, Crocodile Nehri'nin geçit yerlerini tutmaktı, Benson'ınki ise Bothasberg olarak adlandırılan civardaki tepeleri ele geçirmekti. Bunun Boerleri batıdan sıkıştıracağı bekleniyordu. Bu sırada Lydenburg'dan çıkan Kitchener, üç ayrı yürüyüş kolu hâlinde doğudan ilerleyecekti. Pulteney ve Douglas, Dulstoom ile birlikte merkezdeki Belfast'tan çıkarak hedeflerine doğru hareket edeceklerdi. Bu, French'in alışık olduğu tarama ağıydı, fakat yönü güney yerine kuzeye doğruydu.

13 Nisan'da güneydeki yürüyüş kolları harekete geçti, fakat İngilizlerin hazırlıkları zaten Boerleri alarma geçirmişti ve Botha, asıl komandolarıyla birlikte, çok kısa bir süre önce sürüldüğü demir yolu hattının ötesindeki bu bölgeye doğru güneye kaymıştı. Viljoen'in komandoları yine de kuzeyde kaldı ve her taraftan akın eden İngiliz birlikleri, hızla onun üzerine doğru hareket etti. Muharebelerin başarısı, tam olmasa da dikkate değerdi. Boerlerin toplanma noktası olan Tantesberg işgal edildi ve son başkentleri Roos-Senekal, Devlet belgeleri ve hazineleriyle birlikte ele geçirildi. Viljoen, bazı yandaşlarıyla birlikte birliklerin arasından fark edilmeden geçti, fakat ağın bilincine vardıklarında bir balık sürüsü gibi hiddetle etrafta koşuşturan kasabalı Boerlerin büyük bir kısmı, birliklerden biri ya da bir diğeri tarafından ele geçirildi. Yüz Boksburg komandosu, toplu hâlde teslim oldu, elli kişi daha Roos-Senekal'da esir alındı. Liderleri Schroeder ile birlikte zorlu Zarplardan[1] kırk biri kuzeyde Reid adında genç bir Avustralyalı subayın kahramanlığı ve zekâsı sayesinde ele geçirildi. Diğer altmış kişi de Buşmenlerin yorulmak bilmeyen lideri Vialls tarafından yakalandı. Bölgenin her yerinden aynı yakalama ve teslim olma hikâyeleri geliyordu.

Bununla birlikte, Botha ve Viljoen'in demir yolu hattının güneyine geçtiğini bilen Lord Kitchener, harekât alanını hızla o tarafa kaydırmaya karar verdi. Nisan ayının sonunda bu büyük bölgenin kırpıldığı, ancak hiçbir şekilde tıraş

---

1 ÇN: ZARP: (Zuid-Afrikaansche Republiek Politie): Güney Afrika Cumhuriyeti Polisi'nin bir üyesi

edilmediği iki haftalık bir faaliyetten sonra, birlikler tekrar güneye döndü. Harekâttan elde edilen sonuçlar, arızalı bir Krupp, bir pompom ve Helvetia'da bizden ele geçirilen büyük donanma topunun kalıntılarıyla birlikte güneydoğuda French'in aldığıyla hemen hemen aynı sayıda olan bin yüz harp esiriydi.

Plumer'in Pietersburg'a ilerleyişinin basit bir baskın olmakla kalması gerektiğine, onun elde ettiği her şeyi güvence altına almak ve ikmal hatlarını korumak için gerekli önlemlerin alınmasına karar verildi. Bu amaçla, 2'nci Gordon İskoç Dağ Alayı ve 2'nci Wiltshire Alayı, demir yolu boyunca yukarı doğru gönderildi, onları Kitchener'in muharip keşif birliği takip etti. Bu birlikler Pietersburg'u işgal ederek, Chunies Poort'u ve diğer stratejik mevzileri ele geçirdi. Ayrıca, Oliphant Nehri üzerinden Plumer'e ikmal yapan konvoylar için koruma sağladılar ve kendi başlarına Pietersburg civarında bazı ateşli harekâtlar icra ettiler. Bu harekâtlar esnasında kendisine Colenbrander ve adamları tarafından çokça yardım edilen ve bu kuvvete komuta eden Grenfell, birkaç araba kampını dağıttı ve çok sayıda harp esiri ele geçirdi. En sonunda büyük Creusot toplarının sonuncusu olan zorlu Uzun Toms, Haenertsburg yakınlarında mevzilenmiş olarak bulundu. Mafeking ve Kimberley'e peşi sıra şiddetli bir şekilde zulmeden aynı toptu. Tuzağa düşürülen devasa top, on bin yardadan etkili bir ateş açarak gücünü gösterdi. İngilizler dört nala hücum ettiler. Boer nişancıları püskürtüldü ve top, ona sadık topçular tarafından havaya uçuruldu. Böylece, Güney Afrika'da çokça nifak çıkaran dört uğursuz kardeş, o demir çocukların sonuncusu, intihar ederek yok oldu. Bu toplar ve onlardan öğrenilen dersler, modern topçu tarihinde yaşayacaktır.

Roos-Senekal bölgesinin temizlenmesi sona erdiğinde, Plumer, görevini bir zamanlar bu toprakları kaplayan Gergedan (Rhenoster), Deniz İneği (Zeekoe), Devepınarı (Kameelfontein), Arslan Tepesi (Leeuw Kop), Kaplan Pınarı (Tigerfontein), Boğa Antilobu Nehri (Elands River) gibi büyük memelilerin hatırasını yaşatan bir isim olan Filler Nehri (River of Elephants) üzerinde bıraktı. 28 Nisan'da bu kuvvet güneye doğru döndü ve 4 Mayıs'ta Pretoria yakınlarında bulunan Eerstefabrieken'deki demir yoluna ulaştı. Yolda küçük bir Boer kuvvetiyle karşılaşmışlardı ve yorulmak bilmeyen Vialls, onları seksen mil boyunca kovaladı ve otuz harp esiri alarak konvoylarının arka kısmını kopardı. Ana kuvvet, 28 Mart'ta Pretoria'yı at sırtında terk etmişti ve 5 Mayıs'ta bir kez daha yaya olarak geri dönüyordu. Bununla birlikte, atlarının kaybına karşılık gösterebilecekleri bir şeyler vardı, çünkü 400 millik dairesel bir yürüyüş yaparak, yüzlerce düşmanı ele geçirmiş ve örgütlü son başkentlerini yok etmişlerdi. Bu harekât, başından sonuna kadar çok faydalı ve iyi sevk ve idare edilen bir keşif seferiydi.

General Blood'un arzu ettiği sonuçlara tam olarak ulaşamadan kuzey seferinden geri çağrılmış olması, çok üzücüydü, çünkü yöneldiği taraftaki bu harekâtlar, ona başarılı olması için büyük fırsatlar sunmuyordu. Birlikleriyle birlikte demir yolunun kuzeyinden çekilerek, derhal ülkenin Delagoa hattı ile Svazi sınırı arasında bir açı oluşturan Barberton bölgesini temizlemeye başladı. Fakat yine iki büyük balık, Viljoen ve Botha, kaçıp gittiler ve her zamanki çaça balığı yığını ağda kaldı. Ancak çaça balıkları da sayıya dâhildi ve artık Lord Kitchener'dan her hafta üç ile beş yüz kasabalı Boerin daha elimize geçtiğini gösteren telgraflar İngiltere'ye ulaşıyordu. Her ne kadar halk, savaşı sonu gelmeyecekmiş gibi görmeye başlasa da, dikkatli bir gözlemci için bunun artık matematiksel bir soru olduğu ve tüm Boer nüfusunun İngiliz hakimiyetine gireceği bir tarihin önceden tahmin edilebileceği, çoktan ortaya çıkmıştı.

Mayıs ayının ikinci yarısında ülkenin farklı yerlerinde faaliyet gösteren çok sayıda küçük İngiliz birliği arasında, Magaliesberg Sıradağları civarında görev yapan bir tanesi, General Dixon'a bağlıydı. Bu bölge, İngiliz ordusu için hiçbir zaman şanslı bir yer olmadı. Arazi, tuhaf bir şekilde dağlık ve engebeliydi ve deneyimli De la Rey ve çok sayıda dik başlı Boer tarafından savunuluyordu. Temmuz ayında buradaki Uitval Dağ Geçidinde bir direnişle karşılaşmıştık. Aralık'ta Clements, Nooitgedacht'ta daha ciddi bir direnişle karşılaştı, kısa bir süre sonra Cunningham Middlefontein'de geri püskürtüldü ve hafif süvariler Naauwpoort'da imha edildi. Bu tür deneyimlerden sonra bu tehlikeli bölgeye, aşırı güçlü olmayan hiçbir birliğin gönderilmeyeceği düşünülecektir, ancak gerçek şu ki, General Dixon'ın yanında hiçbir suretle güçlü bir kuvvet yoktu. 1600 asker ve bir batarya ile birlikte, o bölgelere gömüldüğü söylenen, bulunması zor olan bir miktar topu aramak için gönderildi.

26 Mayıs'ta Dixon'ın Derbyshire Alayı, Kraliyet Şahsi İskoç Sınır Alayı, İmparatorluk Gönüllü Süvarileri, İskoç Süvari Alayı ve altı toptan (dördü 8'inci Kraliyet Sahra Topçu Alayından, ikisi 28'inci Kraliyet Sahra Topçu Alayından) oluşan kuvveti, Naauwpoort'daki kamp alanından ayrılarak batıya doğru hareket etti. Ayın 28'inde bu kuvvet Oliphant Geçit Yerinin hemen güneyindeki, Vlakfontein adı verilen yerdeydi. O gün civarda çok sayıda Boer olduğuna dair emareler vardı. Dixon, kampına bir muhafız birliği bıraktı ve sonrasında gömülü topları aramak için dışarı çıktı. Kuvveti üç parçaya bölünmüştü. Sol taraftaki yürüyüş kolu Binbaşı Chance'in emrinde, 28'inci Kraliyet Sahra Topçu Alayının iki topu, gönüllü süvarilerden 230 kişi ve Derby Alayının bir bölüğünden oluşuyordu. Merkez iki top (8'inci Kraliyet Sahra Topçu Alayından), bir obüs, İskoç Sınır Alayından iki bölük ve Derby Alayının bir bölüğünden oluşuyordu; sağ kanat ise iki top (8'inci Kraliyet Sahra Topçu Alayından), 200 İskoç Süvarisi ve iki sınır bölüğünden meydana geliyordu. Topların orada olmadığını öğrendikten sonra bu kuvvet, öğlen saatlerinde kampa geri dönüyordu ki, artçı birliğin üzerinde ani ve şiddetli bir fırtına koptu.

Bütün sabah boyunca bir miktar keskin nişancı faaliyeti vardı, fakat gerçekleştirilmek üzere olan kati taarruza dair hiçbir belirti yoktu. Kampta geri çekilen kuvvet bölünmüştü ve artçı, başlangıçta sol kanadı oluşturan Binbaşı Chance'in emri altındaki küçük bir birlikten oluşuyordu. Bir bozkır yangını, artçı birliğin bir kanadına doğru hızla yayılıyordu ve duman perdesinin içinden beş yüz kişilik bir Boer birliği aniden topların üzerine doğru olağanüstü bir cesaretle hücuma geçti. Tüm savaş boyunca daha hareketli ve daha başarılı bir muharebeye dair çok az kayıt vardı. Hücum o kadar hızlıydı ki, sisin içinden dörtnala koşan ilk koyu renkli gölgelerin görünmesiyle, topçuların arasına girerken toynaklarının çıkardığı gök gürültüsü arasında, neredeyse hiç zaman geçmemişti. Gönüllü süvariler geri püskürtüldü ve birçoğu vuruldu. Atlı Boerlerin hücumu, bir örtme kuvvetinden gelen çok yoğun bir ateşle desteklendi ve topçu müfrezeleri neredeyse tek kişi kalıncaya kadar öldürüldü ya da yaralandı. Sorumlu teğmen ve çavuşun her ikisi de yerdeydi. Heyecanlı görgü tanıklarının karmakarışık anlatımlarından ve General Dixon'ın son derece muğlak resmî raporundan muharebeyi zihnimizde yeniden canlandırmak mümkün olduğuna göre, ele geçirenler tarafından derhal en yakın İngiliz müfrezesinin üzerine çevrilen topların etrafında artık herhangi bir direniş yoktu.

Topların korunmasına yardım eden piyade bölüğü, gerçekten de İngiliz silahlı kuvvetlerinin bu tarihî sınıfının değerli bir temsilcisi olduğunu kanıtladı. Kuzeyliler, Derbyshire ve Nottingham'ın askerleriydiler. Roodeval'de ağır zayiata çok cesurca katlanan bu cesur milisleri sağlayan, aynı vilayetlerdi. İtilip kakılmış ve aşağılanmış olmalarına rağmen yeniden düzenlendiler ve görevlerine inatla bağlı kaldılar, topları kuşatan Boer gruplarına ateş açtılar. Bu arada silah arkadaşlarının yardımına koşmak için vadiyi geçen İskoç sınır muhafızlarına ve İskoç süvarilerine acil ihtiyaçları olduğuna dair bir haber gönderilmişti. Dixon, iki topu ve bir obüsü faaliyete geçirmişti. Bu sayede ele geçirilen iki topun ateşi baskı altına alındı ve piyade, Derby ve Sınır Alayları, iki topu geri alıp, düşmandan direnmeye çalışanları vurarak mevziyi temizlediler. Sayıca daha fazlası, taarruzlarını olduğu gibi geri çekilmelerini de gizleyen dumanın içinde kayboldu. Boerlerden kırk biri ölü olarak yerde kalmıştı. Öldürülen altı subay ve elli asker ve yaklaşık yüz yirmi yaralı, İngilizlerin zayiatını oluşturuyordu. Piyadelerin cesur karşı taarruzu olmasaydı, bu kayba kesinlikle iki top da eklenecekti. Dargai ve Vlakfontein sayesinde Derby Alayı savaştan yıpranmış sancaklarının üzerine yeşil defne yaprakları almıştı. Bu olayda zaferlerini, gönüllü bölüğü ve muvazzaf birlikler kadar yiğitçe davranış sergileyen İskoç Sınır Muhafızları ile paylaştılar.

Böyle bir muharebe nasıl özetlenebilir? Topların ele geçirilmesinde genç Boer lideri Kemp ve adamları, övgüyü hak ediyordu; topların geri alınmasında ve muharebe sahasına nihai hakimiyette ise ingilizler övgüyü hak ediyordu. İngilizlerin kaybı, muhtemelen Boerlerinkinden biraz daha yüksekti, ancak öte yandan hangi tarafın kaybını karşılama konusunda daha iyi olduğuna dair hiçbir şüphe yoktu. Briton'un yerine yenisi gelebilirdi, fakat Boerlerin muharebe hattının arkasında yedekleri yoktu.

Ne kadar çirkin olursa olsun, bu muharebeyi ele alırken göz ardı edilemeyecek bir konu vardı. Bu da topların etrafına dizilen bazı İngiliz yaralılarının vurulmasıdır. Pek çok bağımsız tanık tarafından doğrulanan bu olay hakkında hiçbir suretle şüpheye yer yoktur. Bazı katillerin savaş bitmeden suçlarının bedelini hayatlarıyla ödediklerini düşünmek için nedenlerimiz vardı. Boer subaylarının bu rezaletin bir kısmını önlemek için tehditlere başvurarak müdahale ettiğine dair en az bir tanık olduğunu da eklemek gerekir. Tüm Boer ulusunu lekelemek ve kendi saygın silah arkadaşları tarafından reddedilecek birkaç sorumsuz kötü adam yüzünden sorumlu tutmak haksızlıktır. Pek çok İngiliz askeri, düşmanın eline düşmenin ne demek olduğunu yaşadıkları deneyimlerle biliyorlardı. İtiraf etmek gerekir ki, İngilizlerin Boerlere yaklaşımı, gösterdikleri cömertlik ve insaniyet nedeniyle tüm askerî tarihte benzersizken, İngiliz esirleri genel olarak cömert bir muamele görmemişlerdi. Bu kadar güzel bir hikâyenin böyle kaba saba rezaletlerle karartılması, gerçekten içler acısıydı, ancak olayın doğruluğu, bu savaşla ilgili ayrıntılı hiçbir anlatımda kayıt dışı bırakılamayacak kadar kesin bir şekilde kanıtlanmıştı. Etrafındaki Boerlerin sayıca fazla olduğunu gören ve yaralıları olması nedeniyle hareketleri kısıtlanan General Dixon, 1 Haziran'da ulaştığı Naauwpoort'a geri çekildi.

Mayıs ayında, ikmal yapmak için bu hatta geri dönen Sir Bindon Blood; Botha, Viljoen ve savaşan Boerlerin hâlihazırda toplanmış olduğu Ermelo, Bethel ve Carolina'yı içeren bölgenin üç kez yağmalanmış olan bu kuşağına doğru bir zar daha attı. Sir Bindon, kararmış bozkırın üzerinde ilerleyerek Barberton istikametine döndü ve daha sonra Walter Kitchener, Douglas ve piyadelerden Campbell'in komutasındaki küçük birlikler ile birlikte batıya doğru bir hamle yaptı, Colville, Garnett ve Bullock ise bu esnada Natal hattından itibaren müşterek hareket ediyordu. Kullanılan birliklerin gücüyle karşılaştırıldığında yine istenilen sonuçlar elde edilememişti. Sir Bindon, 5 Temmuz'da Johannesburg yakınlarındaki Springs'e önemli miktarda erzak, fakat az sayıda harp esiriyle ulaştı. Viljoen Delagoa hattını geçmeyi ve nisan ayında dışarı atıldığı Middelburg'un kuzeyindeki eski sığınağına geri dönmeyi başarırken, yakalanması zor Botha güneye doğru kaçmış ve Zululand sınırında olduğu rapor edilmişti. Komandolar, bir el onlara yaklaştığında vızıldayarak kaçan, ancak aynı yere tekrar konan o inatçı sinekler gibiydi. Bu yer eskisinden daha az çekici bir hâle getirmeye çalışılabilirdi.

Viljoen'in kuvveti hattı aşmadan önce, iyi sevk ve idare edilen bir gece taarruzuyla maruz kaldığı uzun süreli sıkıntının intikamını aldı. Bu taarruzda, Middelburg'un güneyinde, bu kasaba ile Bethel'in arasında bulunan Wilmansrust adlı bir yerde Albay Beatson'ın birliğinin bir bölümüne baskın yaparak bozguna uğrattı. Beatson kuvvetini bölmüştü ve bu bölüm, tümü Binbaşı Morris'in komutasındaki otuz topçu ve iki pompomla birlikte, 5'inci Victoria Atlı Piyadelerinden 850 kişiden oluşuyordu. Viljoen'in kuzeye doğru ilerleyen kuvveti, 12

Haziran'da bu müfrezeye rastladı. İngilizler düşmanın varlığından haberdardı, ama fazladan herhangi bir ileri karakol çıkarmış ya da özel olarak herhangi bir önlem almış gibi görünmüyorlardı. Aylar boyunca süren yorucu komando takibi, onları, yakalamaya çalıştıklarının vahşi ve kurnaz kurtlar değil de kaçak koyunlar olduğu fikrine oldukça çok inandırmıştı. Dört gözcüyle aralarında 700 metre mesafe olduğu söyleniyordu. Boer liderlerine has ayrıtıları ıskalamayan bakış açısıyla, kampın batısında bir bozkır yangını başlattılar ve sonrasında doğudan taarruz ettiler. Bu sayede düşmanları ışığa karşı siluet hâlindeyken kendilerini görünmez hâle getirdiler. Nöbetçiler arasından sürünerek geçen Boerler, uyuyan askerlerin üzerine kısa mesafeden ateş açana kadar görülmediler. Tüfekler çatılmıştı- başka bir zararlı askerî gelenek- ve askerlerin çoğu silahlarına koşarken vurularak öldüler. Uykularında baskına uğrayan ve düşmanlarını ayırt edemeyen cesur Avustralyalılar, bu kadar ümitsiz bir duruma düşen herhangi bir birliğin yapabileceği kadar iyi görev yaptılar. Pompomlardan sorumlu subay olan Yüzbaşı Watson vurularak öldürüldü ve bu topları faaliyete geçirmenin imkânsız olduğu ortaya çıktı. Hayatta kalanlar teslim olduğunda, Victoryalılar beş dakika içinde yirmi ölü ve kırk yaralı zayiat vermişlerdi. Galipler tarafından kendilerine çok iyi davranıldığını eklemek memnuniyet vericidir, fakat cesur koloniciler, yenilgilerini çok acı bir şekilde hissetmişlerdi. Bu olayı mektubunda anlatan biri: "Avustralya'nın başına gelen en kötü şey budur!" diyordu. Kampa hücum eden gerçek Boer sayısı sadece 180'di, fakat ilave 400 kişi kamp çevresinde bir kordon oluşturmuştu. Her ikisine de çok ihtiyaç duydukları bir zamanda onlara taze erzak ve yeni giysiler sağlayan, başarılı bir şekilde sevk ve idare edilen bu faaliyet için Viljoen ve yardımcısı Muller, büyük bir övgüyü hak ediyorlardı. Aynı Boer subayları, Helvetia'ya yapılan ve 4.7'lik bir topun ele geçirildiği taarruzu yönetmişlerdi. Galipler tüm ganimetleriyle birlikte kaçmayı ve Brugspruit yakınlarındaki demir yolu üzerindeki karakollardan birini geçici olarak ele geçirmeyi başardılar. Güvenli bir şekilde hattı geçtiler ve daha önce de belirtildiği gibi, General Blood'un düzenlediği harekâtlar ile yakılıp yıkılan, fakat temizlenmeyen kuzeydeki eski bölgelerine geri döndüler.

Soğuk havadaki bu harekât sırasında, Transvaal ve Orange Nehri Kolonilerinde faaliyet gösteren çok fazla sayıdaki İngiliz birliğinin manevra ve icraatlarını listelemek için, bir cilt ve tümüyle açıklamak için ise bir kütüphane gerekir. Aynı birlikler ve aynı liderler sürekli olarak aynı bölgelerde görev yapmış olsaydı, sistemli bir anlatım, okuyucunun onların faaliyetlerini takip etmesini sağlayabilirdi, fakat gerçekte bu birlikler, düşmanın yoğunluğuna göre muharebe sahasının bir tarafından hızlı bir şekilde diğer tarafına taşınmışlardı. Toplam birlik sayısı en az altmış kadardı, sayıları iki yüz ile iki bin kişi arasında değişiyordu ve nadiren tek başlarına avlanıyorlardı. Hareketleri bir çizelge üzerinde kırmızı kalemle işaretlenebilseydi, Taungs'tan Komati'ye ve Touws Nehri'nden Pietersburg'a kadar olan o koca bölgenin tamamı, yorgun, ama yılmaz askerlerimizin intikallerinin izleriyle çaprazlama çizilecekti.

Tek bir cildin tevazusuna uymayan ayrıntılara girmeden, bu aylar boyunca daha önemli olan diğer gruplaşmaların neler olduğu ve bu gruplarda yer alan birliklerin hangileri olduğu açıklanabilir. French'in güneydoğuda düşmanı püskürtmesi ve Blood'ın Roos-Senekal bölgesine yaptığı baskın ve ardından güneyi temizlemesi hakkında bir miktar açıklama yapılmıştı. Aynı dönemde Babington, Dixon ve Rawlinson, Klerksdorp bölgesinde müşterek çalışıyorlardı, ancak bir önceki subay, görevini aniden Blood'un karma birliğine ve ardından Orange Nehri Kolonisi'nin kuzeyindeki Elliot'un birliğine devretti. Magaliesberg bölgesinin temizlenmesini müteakip De la Rey'in kuvvetlerini Smut'unkilerle birleştirdiği Klerksdorp bölgesini takviye etmek için sonradan Williams ve Fetherstonhaugh geldiler. Magaliesberg'in üstünde sağlam bir direnek noktası elde etmeye yönelik bu çok önemli görev, bu vahşi bölgeye giren ve 1746'da dağlık bölgeyi zapteden Cumberland ve Wade'nin kullandığı aynı yöntemle, koruganlar ve küçük kaleler inşa eden Barton, Allenby, Kekewich ve Lord Basing tarafından gerçekleştirildi. Sadece son derece güçlü olması nedeniyle değil, aynı zamanda nüfus ve zenginlik merkezlerine yakınlığı nedeniyle de tehlikeli olan düşmanın bu müstahkem mevkiinin sağladığı sıkı kontrol, İngilizlerin konumunu fazlasıyla güçlendirdi.

De la Rey, daha önce de belirtildiği gibi, Klerksdorp bölgesine gitmişti ve oradan da en azından kısa bir süreliğine Orange Nehri Kolonisi'nin kuzeyine geçmiş gibi görünüyordu. Klerksdorp'taki İngiliz baskısı dayanılmaz bir hâle gelmişti ve oraya mayıs ayında, en son Warrenton'a kadar takip ettiğimiz, yorulmak nedir bilmeyen Methuen gelmişti. Birliklerini, 1 Mayıs'ta, demir yolu ile bu noktadan Mafeking'e taşıdı, oradan Lichtenburg'a ve güneydeki eski savaş alanı Haartebeestefontein'e kadar ilerledi, yolda bir çarpışmaya girdi ve bir Boer topunu ele geçirdi. Oradan, çok sayıdaki oldukça yorucu intikalde ona yoldaş olan tecrübeli gönüllü süvarilere veda etmek zorunda kaldığı Mafeking'e geri döndü. Savaşın büyük muharebelerinin hepsinde birden yer almak, onların şansı değildi, ama az sayıdaki askerî birlik, İngiltere'ye daha sağlam ve faydalı bir hizmet sicili ile dönecekti.

Buna rağmen Methuen, bir silahı bırakır bırakmaz hemen bir diğerini kapmıştı. Askerlerini yeniden donatıp yeni gelen gönüllü süvarilerin en etkin olanlarından bazılarını bir araya getirdikten sonra, Zeerust yönünde üç haftalık dairesel bir tur için bir kez daha yola çıktı. En yaşlı yerlinin bile Transvaal'ın batı yakası hakkında ondan daha fazla bilgi sahibi olabileceğine inanmak zordu, çünkü geçmediği neredeyse hiçbir patika ya da kendisine ateş açılmayan bir tepecik yoktu. Ağustos ayının başlarında, kuvvetini iki yürüyüş koluna bölerek, Mafeking'den itibaren yeni bir başlangıç yapmıştı. İkinci yürüyüş kolunun komutası Von Donop'a verilmişti. Methuen, Fetherstonhaugh'la iş birliği yaparak güneybatıya doğru ilerledi ve en sonunda Klerksdorp'ta mola verdi. Telaşa kapılan Boerler, yüz mil kuzeye Rustenburg'a çekilmişti. Onları, De la Rey ve Kemp'in komandolarının önlerine saçıldığını gören, eylül ayının ilk günlerinde, derin vadilerde ve kuru dere yataklarında saklandıkları yerlerden en az iki yüzünü çekip çıkaran Methuen, Fetherstonhaugh, Hamilton, Kekewich ve Allenby izliyordu. 6 ve 8 Eylül'de Methuen, Rustenburg'un kuzeybatısındaki Büyük Marico Nehri vadisinde De la Rey'in birliğinin ana gövdesiyle çatışmaya girdi. Bu iki muharebede, on sekiz ölü ve kırk bir harp esiri kayıp verdirerek önündeki Boerleri kovaladı, ama çatışma şiddetliydi ve mevzi ele geçirilmeden önce askerlerinden on beşi öldürülmüş ve otuzu da yaralanmıştı. Kayıpların neredeyse tamamı, daha zayıf üyelerini bırakıp muharebe sahasında biraz deneyim kazandıktan sonra, artık tecrübeli silah arkadaşlarının yanında yer almaya layık olduklarını birkaç defa zaten göstermiş olan ve yeni teşkil edilen gönüllü süvarilerdendi.

Bu dönemde İngiliz birlikleri tarafından Transvaal'da gerçekleştirilen diğer tek önemli harekât, Grenfell, Colenbrander ve Wilson tarafından Beyers ve adamlarına hücum etmeye devam ettiği kuzey bölgesindeydi. Haftalık listelerde yer alan harp esirlerinin önemli bir kısmı, bu bölgeden geliyordu. 30 Mayıs'ta, doğruluğu çok tartışılan fakat en sonunda kanıtlanan dikkate değer bir çarpışma gerçekleşti. Bu muharebede, Wilson komutasındaki Kitchener'in keşif birliği, Pretorius komutasındaki bir Boer kuvvetine baskın yaptı ve onu mağlup etti, birçok kişiyi öldürdü veya yaraladı ve kırk kişiyi esir aldı. 1 Temmuz'da Grenfell, hatırı sayılır bir konvoyla birlikte Beyer'in yaklaşık yüz adamını ele geçirdi. Kuzey, güney, doğu ve batıda hikâye hep aynıydı, ama Botha, De la Rey, Steyn ve De Wet ele geçirilmediği sürece korlar her an alev alabilirdi.

Transvaal içindeki birlik harekâtlarının bu özetini tamamlamak için geriye sadece temmuz ayında Blood'ın harekâtının sona ermesinden sonra, onun farklı birliklerinin ülkeyi temizlemeye ve Lydenburg ve Dulstroom bölgelerinde Viljoen'i taciz etmeye devam ettiğini eklemem kalıyor. Park, Kitchener, Spens, Beatson ve Benson, hepsi bu işle meşguldüler, hiçbir zaman bir çatışmadan fazlasını zorlamayı başaramadılar, ama Boer liderlerinin hâlâ bir arada tuttukları direniş çekirdeğinin at arabalarını, atlarını ve adamlarını sürekli bir şekilde ve azar azar yok ettiler.

Boerler, atları için yem eksikliği nedeniyle çok kısıtlanmış olsa da, bir karşılık verme fırsatı için her zaman tetikteydiler ve İngilizlerin kazandığı küçük başarıların uzun listesi, ara sıra küçük bir bozgunla kesintiye uğruyordu. Böyle bir tanesi, 13 Temmuz'da De Wet'in asıl komando birliği olduğu düşünülen güçlü bir Boer kuvvetiyle karşılaşan Vereeniging yakınlarında konuşlanmış Güney Afrika Polis Teşkilatının küçük bir birliğinin başına geldi. Polisler çok yiğitçe hareket ettiler, fakat sayıca çok azınlıktaydılar ve yedi poundluk toplarını kaybettiler, dördü öldürüldü, altısı yaralandı ve yirmi dört kişi ise esir alındı. Diğer bir küçük felaket, savaşın merkezinden çok uzak bir noktasında meydana geldi, çünkü Steinacker'ın Süvarileri olarak bilinen düzensiz birlik, 24 Temmuz'da Swaziland'da bulunan Bremersdorp'taki mevzisinden çıkarılmış ve on zayiat ile otuz harp esiri vererek on altı mil geri çekilmek zorunda kalmıştı. Böylelikle, tâbi bir devletin kalbinde, Güney Afrika'nın iki büyük beyaz ırkının çok tehlikeli bir çatışmanın içinde sıkışıp kalmış olduğu görülüyordu. Ne kadar kaçınılmaz olursa olsun, manzara kesinlikle içler acısıydı.

Boerlerin övünç kaynağı ya da yüz karası olarak, bu savaş sırasında İngilizlere böyle kötü bir kaderi hak etmeyen birçok cesur askerin hayatına ve uzuv kaybına mal olan, tekrarlanan tren imhaları da yazılmalıdır. Savaş yasalarının bu tür faaliyetleri onayladığı doğrudur, ancak sonuçlarında ayrım gözetmediği için insanı tiksindiren ve onları engellemeye yönelik en etkili önlemleri görünürde haklı çıkaracak bir şeyler vardı. Kadınların, çocukların ve hastaların hepsi bu trenlerle seyahat etmek zorundaydı ve onlar ortak bir tehlikeye maruz kalırken, düşman, üstün başarısını aşırı şekilde onursuz kılan bu güvenli durumun keyfini sürüyordu. Biri yirmi iki yaşında bir genç, diğeri İngiliz doğumlu iki Boer olan Trichardt ve Hindon, Delagoa hattındaki bu çirkin faaliyetle kendilerini gösterdiler ya da kendilerini rezil ettiler, fakat korugan sisteminin genişletilmesiyle bu girişimler daha az başarılı olmaya başladı. Bununla birlikte, Naboomspruit yakınlarındaki kuzey hattında, Teğmen Best ve sekiz Gordon İskoç dağlısının hayatına mal olan ve on tanesinin yaralandığı bir tane vardı. Gordonların bu bölüğü, trenin parçalanmasından sonra direnmeye devam etti ve tek kişi kalıncaya kadar öldürüldüler veya yaralandılar. Bu acı verici olay, böyle bir askerî erdem örneğiyle; vurulana kadar neden savaşmaya devam ettiği sorulduğunda hayatta kalan son kişinin verdiği "Çünkü ben bir Gordon İskoç Dağlısıyım" naif yanıtıyla ün kazanmıştı.

Ağustos ayının son günü, Pretoria'nın on beş mil kuzeyindeki Waterval yakınlarında daha da trajik bir niteliğe sahip başka bir tren felaketi meydana geldi. Bir mayının patlaması treni imha etti ve yamacın kenarına sıralanan yüz Boer, raydan çıkan vagonlara ateş açtı. Büyük umut vaat eden bir subay olan Albay Vandeleur öldürüldü ve çoğunluğu West Riding alayından olmak üzere yirmi asker vurulmuştu. Hemşire Page de yaralılar arasındaydı. Boer rehinelerinin trenlerde taşınmasına ilişkin düzenleme, en sonunda bu vahim olaydan sonra yürürlüğe girdi.

Lord Kitchener'ın yoğunlaşma politikasının bir parçasının, sivil nüfusu ikmal hatları boyunca kamplarda toplama planında bulunduğu, daha önce belirtilmişti. Bunun hem askerî hem de insani nedenlerine karşı konulamazdı. Tecrübeler, serbest bırakıldıkları takdirde, savaşçı Boerler tarafından verdikleri sözden dönmeye ve komandolara yeniden katılmaya ikna edilmeye veya zorlanmaya yatkın olduklarını kanıtlamıştı. Kadınlara ve çocuklara gelince, çıplak bir arazideki çiftliklerde bırakılamazlardı. Muharebe sahasındaki Boerlerin bu insanlara iyi davranıldığı konusunda hiçbir şüpheleri olmadığı gerçeği, kamplara götürülebilmesi için ailelerini defalarca askerî birliklerin yoluna bırakmalarıyla ortaya konmuştu. İngiltere'de, Bayan Hobhouse'un bu kampların bazılarındaki çok yüksek ölüm oranlarına kamuoyunun dikkatini çeken bir raporu, biraz şaşkınlığa neden olmuştu, ancak yapılan incelemeler, bunun nedeninin, durumlarındaki veya düzenlemelerindeki sağlıksızlık değil, çok sayıda çocuğu alıp götüren ciddi bir kızamık salgını olduğunu gösterdi. Londra'da bu insanlara fazladan destek sağlamak için bir fon oluşturuldu, fakat genel durumlarının hâlâ evlerine dönmek için izin bekleyen Uitlander mültecilerine göre daha iyi olduğuna inanmak için nedenlerimiz vardı. Temmuz ayının sonunda, yalnızca Transvaal'daki kamplarda en az altmış bin ve Orange Nehri Kolonisi'nde bunun yarısı kadar tutuklu kişi bulunuyordu. Bu kadar büyük bir sayıya erzak sağlamanın zorluğu o kadar büyüktü ki, kampların en azından bazılarının deniz kıyısına taşınması gerektiği, giderek daha çok su yüzüne çıkmıştı.

Orange Nehri Kolonisi'ne geçtiğimizde, bu kış döneminde aynı İngiliz taktiklerine, azalan komandolar tarafından aynı şekilde sürekli kaçınarak karşılık verildiğini görüyoruz. Koloni, dört askerî bölgeye bölünmüştü: Charles Knox'a verilen Bloemfontein bölgesi, Springfontein'daki Lyttelton bölgesi, Harrismith'teki Rundle bölgesi ve kuzeydeki Elliot bölgesi. İkincisi kesinlikle en önemlisiydi ve kuzey hudutlarının bekçisi Elliot, kışın büyük bir bölümünde emrinde, Broadwood, De Lisle ve Bethune gibi deneyimli subayların komuta ettiği yaklaşık 6000 kişilik hareketli bir kuvvete sahipti. Yılın ilerleyen dönemlerinde Spens, Bullock, Plumer ve Rimington, direnişi ortadan kaldırmaya yardımcı olmak için Orange Nehri Kolonisine gönderildi. Ülkenin her yerinden çok sayıda çatışma ve keskin nişancılık faaliyeti bildirildi, fakat esirlerin ve teslim olanların sürekli akması, askerlere ülkenin zorluklarına ve düşmanın inadına rağmen çektikleri sıkıntıların hızlı bir şekilde sona yaklaştığına dair güvence veriyordu.

Bu birliklerin icra ettiği tüm bu küçük, ama yine de gerekli harekâtlar içinde sadece iki olay, adını anmaktan daha fazlasını hak etmektedir. İlki, 6 Haziran'da Elliot'un süvarilerinden bir kısmının girdiği şiddetli bir çatışmaydı. Eliot'un birliği, mayıs ayında Kroonstad'dan Harrismith'e kadar yaya olarak ilerlemiş ve ardından kuzeye yönelerek bu tarihte Reitz mezrası yakınlarına ulaşmıştı. Binbaşı Sladen, 200 atlı piyade ile birlikte asıl kuvvetten ayrıldığında, bir Boer konvoyunun izine rastladı ve arkasından yetişip yakaladı. Yüzden fazla nakliye vasıtası ve kırk beş esir, aldıkları riskin karşılığıydı. Sabahki icraatlarından oldukça memnun olan İngiliz lider, ganimetleri ve esirleriyle birlikte uygun bir yerli köyüne yerleşirken gerideki askerlerinden bir ekibi De Lisle'ye haber vermek için gönderdi. Oradan, öncüleri, yancıları olan ve tüm askerî önlemleri almış olarak ilerleyen büyük bir atlı birliğe ait mükemmel bir manzara gördüler. Görünüşe göre sıcakkanlı bir subay, bizzat silah arkadaşlarını karşılamak için dışarı çıkmıştı ve onları selamlaması, tüfeğini teslim edecek kadar aşırı bir hâl alana dek arkadaşlarının akıllarına tehlike şüphesi düşmemişti. Fakat biraz zekâ eksikliği olsa da, Sladen ve askerlerinde hiçbir şekilde cesaret eksikliği yoktu. Üstesinden gelinmesi gereken kırk beş Boer ve etraflarında Fourie, De Wet ve De la Rey komutasındaki 500 kişi bulunan küçük grup, ümitsiz bir direniş için hızlı bir hazırlık yaptı: esirler yüzüstü yere yatırıldı. Askerler, ağılın kerpiç duvarlarında mazgal delikleri açtılar ve teslim olma talebine askerce sert bir cevapla karşılık verildi.

Fakat bu umutsuz bir çabaydı. Saldırganlar bire karşı beşti ve beşi de yüzlerce çarpışmaya katılmış, yaman eski muharipler olan De Wet'in askerleriydi. Ele geçirilen at arabaları, uzun bir çift sıra hâlinde ovaya uzanıyordu ve Hollandalılar bu örtünün altında ağıla hücum ettiler. Ancak onlarla karşı karşıya gelen askerler de tecrübeli askerlerdi ve savunmada olmaları, sayıların eşitsizliğini telafi ediyordu. Boerler büyük bir cesaretle köye doğru ilerlediler ve dış taraftaki kulübelere yerleştiler, fakat atlı piyadeler, can havliyle mevzilerine sarıldılar. Orada bulunan birkaç subaydan Findlay başından, Moir ve Cameron kalplerinden ve Strong karnından vurulmuştu. Bu olay küçük ölçekli bir Waggon Hill'di, iki inatçı avcı, hattın yakın mesafesinden tüfeklerini birbirlerine boşaltıyordu. Bir kez daha, Bothaville'de olduğu gibi, İngiliz atlı piyadeleri, iş inatçı bir kurşun yağdırma yarışına geldiğinde, eziyete düşmanlarından daha uzun bir süre dayanabileceklerini kanıtladı. Ağır zayiat verdiler. Bu küçük kuvvetten elli bir kişi yerdeydi ve hayatta kalanların sayısı, aldıkları esirlerden çok da fazla değildi. Bu muhteşem savunmada övgüyü hak edenler 1'inci Gordonlar, 2'nci Bedfordlar, Güney Avustralyalılar ve Yeni Güney Galli askerlerdi. Şiddetli muharebe, dört saat boyunca ta ki susuzluktan kavrulmuş ve toza bulanmış olan sağ kalanların, en sonunda güney ufkunda De Lisle'nin öncü kuvvetlerinin son sürat onları kurtarmak için at sürdüğünü gördüklerinde, şükrederek rahat bir nefes almalarına kadar devam etmişti. Boerler, yerli köyünü ele geçirme umudunu kaybetmelerinden itibaren son bir saat boyunca, konvoylarını hareket ettirmekle meşgul olmuştu. Fakat şimdi bir gün içinde ikinci kez, sürücüler, İngiliz tüfeklerinin başlarına dayandığını gördüler ve kağnılar bir kez daha geri döndürüldü ve onları elde tutmak için çok şiddetli bir şekilde savaşlara geri getirildi. Bu talihsiz olayda yirmi sekiz kişi ölmüş ve yirmi altı kişi yaralanmıştı. Boerlerden ise on yedisi ölü olarak yerli köyünün önünde kalmıştı ve kırk beşi onları tutan bulldog çenesinden kaçamamıştı. Görünüşe göre bazı nedenlerden Boerlerin etkili bir şekilde takibi yapılamadı ve İngiliz birliği, Kroonstad' a doğru yoluna devam etti.

Taciz ve keskin nişancılık olaylarının kasvetli kronolojik kayıtları içinde öne çıkan ikinci olay, Broadwood'un küçük bir İngiliz birliğiyle 11 Temmuz'da Reitz kasabasına yaptığı ve Özgür Devlet'in son hükümetinin, yalnızca özellikle yakalamak istedikleri bir adam dışında neredeyse tüm üyelerinin yakalanmasıyla sonuçlanan baskın ziyaretti. Birlik 200 gönüllü süvari askeri, 7'nci Ağır Süvari Muhafız Alayı'ndan 200 kişi ve iki toptan oluşuyordu. Akıncılar, akşam 23:00'ten itibaren gece boyunca at sürdüler ve şafakla birlikte, uyuyan köyün içine daldılar. Ana caddeye doğru koşarak, evlerden fırlayan ürkmüş Boerleri ele geçirdiler. Böyle bir harekâtı dışarıdan eleştirmek ve yoldaki doğal zorlukları göz ardı etmek kolaydır, ancak görünüşe göre deliklerin gelincik gönderilmeden önce kapatılmamış olması üzücüydü. Sokağın diğer ucundaki bir ileri karakol, Steyn'in kaçmasını engelleyebilirdi. Beklenildiği gibi, kendini atına attı ve yarı giyinik olarak dörtnala kasabadan çıktı. Ağır süvarilerden Çavuş Cobb, yakın mesafeden bir tüfekle ona nişan aldı, ancak gecenin soğuğu ateşleyicinin üzerindeki yağı dondurmuştu ve fişek geç ateş aldı. Böyle önemsiz şeyler nedeniyle tarihin büyük olayları tersine döner! Yirmi dokuz tutuklu arasında iki Boer generali, iki komutan, Steyn'in erkek kardeşi, yardımcısı ve diğer birkaç yetkili vardı. Hazine de ele geçirilmişti, ancak gönüllü süvariler ve ağır süvariler, paylarına düşen tatminden daha büyük bir zenginlik sağlayamayacaklarından endişe ediyorlardı.

Kış harekâtında, dört askerî bölge valisinin emri altındaki farklı birlikler tarafından çok zorlu ve çok faydalı birçok faaliyet yapılmasına rağmen bu iki olay, Reitz'deki çatışma ve Steyn hükümetinin bir kısmının aynı yerde ele geçirilmesi dışında, dikkate değer çok az olay vardı. Güneyde General Bruce Hamilton, biri demir yolu hattından batı sınırına, ikincisi güney ve doğudan Petrusburg yönünde olmak üzere iki tarama harekâtı yaptı. Bu iki harekâtın sonucu yaklaşık 300 harp esiriydi. Aynı zaman zarfında Monro ve Hickman, zaten iki kez temizlenmiş olan Rouxville ve Smithfield bölgelerini yeniden temizlediler. Koloninin doğusundaki arazi, Grant'in Shenandoah Vadisi'nde[1] "Bir karga, buradan uçarken kendi tayınını yanında taşımalıdır." diyerek tarif ettiği duruma gelmişti.

Orta bölgede General Charles Knox, Pine-Coffin, Thorneycroft, Pilcher ve Henry'nin birlikleriyle birlikte aynı türden faaliyetlerle benzer sonuçlara ulaşmıştı.

En şiddetli muharebeler, hâlâ çok sayıda savaşçı Boeri barındıran kuzey ve kuzeydoğu bölgelerinde görev yapan General Elliot'un payına düştü. Mayıs ve haziranda Elliot, Vrede'ye ve ardından Koloni'nin doğu sınırına doğru ilerledi ve en sonunda Harrismith'te Rundle ile bir araya geldi. Daha sonra Reitz ve Lindley üzerinden Kroonstad'a geri döndü. Sladen'in atlı piyadeleri, daha önce anlatılan ağır deneyimi bu yolculukta yaşadı. Western'in müfrez olarak görev yapan birliği, kuzeydoğudaki bu açıklıkta Elliot ile birlikte görev yaptı. Ağustos ayında, hatırı sayılır bir hareket kabiliyeti elde ederek bir defasında iki günde doksan mil yol kat eden Broadwood'un kuvveti, çok sayıda harp esiri ele geçirmişti.

General Rundle hakkında söylenecek çok az şey vardır, çünkü kendi bölgesindeki zorlu araziyi keşfetmekle meşguldü. Burası, Prinsloo'ya yönelik harekât-

---

1 ÇN: Shenandoah Vadisi: Amerika'nın Virginia eyaletinde bulunan bir vadi. Amerikan iç savaşında 1864 yılında yapılan vadi savaşlarına atıf yapılmaktadır.

lara ve Fouriesburg'un teslim olmasına sahne olan aynı bölgeydi. Kritzinger ve adamları, temmuz ayında Koloni'den çıkarıldıktan sonra bu bölgenin içine doğru ilerlediler ve dağlar arasında meydana gelen birçok küçük çatışma ve keskin nişancılık faaliyeti, Boer direnişinin hâlâ faal olduğunu gösteriyordu.

Orange Nehri Kolonisi'nde, temmuz ve ağustos ayları, Spens'in ve Rimington'ın orta bölgelerdeki kollarının enerjik harekâtları ve Henry'nin emrindeki bir kol ve birkaç küçük birlikle, Elliot komutasındaki üç ve Plumer komutasındaki iki kolun iştirak ettiği kuzeydoğu köşesine yapılan dikkate değer bir hamle ile dolduruldu. Hatırı sayılır sayıda harp esiri ve büyük miktarda çiftlik hayvanı, bu harekâtın sonucuydu, ancak böyle bir kuvvetin bu tür bir amaç için kullanılmasının gayret israfı olduğu çok açıktı. Her bölgede kalıcı olarak konuşlanmış güçlü bir askerî polis gücünün daha etkili bir araç olduğunun kanıtlanacağı zamanın yaklaştığı görülüyordu. Savaşın bu aşamasındaki ilginç bir gelişme, teslim olan Boerler arasında bir kasaba polisinin askere alınmasıydı. İyi maaş alan, iyi atlara sahip ve iyi silahlanmış bu adamlar, İngiliz kuvvetlerine etkili bir katkıydı. Bu akım, savaşın bitiminden önce Celliers, Villonel ve genç Cronje gibi tanınmış subayların komutasında kendi gerilla vatandaşlarına karşı savaşan birkaç bin Boere ulaşana kadar yayıldı. 1899'da, kim böyle bir olağanüstü olayı tahmin edebilirdi!

Lord Kitchener'ın 9 Ağustos'ta yayınlanan bildirisi, İngiliz makamlarının üzerindeki baskının artacağını işaret ediyordu. Bu bildiriyle Boerler, 15 Eylül'e kadar silahlarını bırakmamaları hâlinde liderlerinin sürgün edileceği ve Boerlerin ise mülteci kamplarındaki ailelerini desteklemek zorunda kalacakları konusunda uyarıldı. Savaşçı Boerlerin çoğu fakir insanlar olduğundan, ikinci tehdit onları pek etkilemedi, ancak o sırada çok az sonuç vermesine rağmen diğer tehdit, yeniden yapılanma döneminde kışkırtıcı şahısların dışlanması konusunda faydalı olabilirdi. Bildirinin ardından teslim olanların sayısında bir miktar artış göze çarpıyordu, ancak genel olarak beklenen sonucu vermedi ve amaca uygunluğu çok şüpheliydi. Bu tarihte, kış seferinin sona erdiği ve mücadelede yeni bir aşamanın başladığı söylenebilir.

35. BÖLÜM

CAPE KOLONİSİ'NDE GERİLLA HAREKÂTI

Cape Koloni'sinin Boer kuvvetleri tarafından işgal edilmesi hakkında bir önceki bölümde yapılan açıklamada, De Wet'in Orange Nehri'nin karşı tarafına kovalandığı sırada batılı çetelerin neredeyse tamamen dışarı atıldıkları veya en azından geri çekildikleri söylenmişti. Bu olay, 1901 yılı mart ayının başındaydı. Boerler Karoo'nun çorak ve verimsiz çölünü tahliye etmelerine rağmen, Kritzinger ile birlikte gelen doğu çeteleri, aynı yöntemi izlemediler, ama Merkezî Koloni'nin dağlık bölgelerini istila etmeye devam ettiler ve buradan demir yoluna, küçük kasabalara, İngiliz devriyelerine veya menzillerinde bulunan ve güçlerinin yettiği diğer bütün hedeflere ardı ardına saldırdılar. Civardaki kırsal kesimden oldukça fazla sayıda asker topladılar ve Hollandalı çiftçilerin sempatisi ve yardımları sayesinde atlarını iyi durumda tutmayı ve ihtiyaçlarını karşılamayı başardılar. Küçük gezgin çeteler hâlinde arazide geniş bir alanına yayıldılar. Orange Nehri'nden Oudtshoorn Dağları'na ve batıda Cape Town demir yolundan doğuda Fish Nehri'ne kadar bu çevik ve atılgan keşif kolları tarafından ziyaret edilmeyen birkaç tecrit edilmiş çiftlik evi kalmıştı. Tüm bu hareketlerin amacı, şüphesiz Koloni içinde genel bir isyanı teşvik etmekti ve kabul edilmelidir ki, eğer barutun tamamı patlamamışsa, kibritin tümüyle kullanılması gerekmez.

Bu dağınık ve önemsiz çeteleri avlamak, ilk bakışta çok basit bir askerî harekâtmış gibi görülebilir; fakat aslında hiçbir harekât, bundan daha zor olamazdı. Mükemmel atlar, en iyi istihbarat ve en iyi erzak her yerde onlar için hazır bulunurken, hem uçsuz bucaksız hem de çok zorlu bir arazide, topları ve at arabaları ile birlikte, yavaş yavaş ilerleyen İngiliz birliklerinin onları yakalaması imkânsızdı. Kaçarken bile ürkütücü olan Boerler, misillemeye karşı çok aceleci davranan herhangi bir kuvvete karşı her zaman hazırdı ve bu nedenle, dağ geçitlerinin arasındaki İngiliz şefleri, son sürat ilerleme ile bağdaşmayacak bir seviyede ihtiyatlı davranmak zorunda kaldılar. Sadece bir komanda birliğinin yeri tam olarak tespit edildiğinde, birbirine yaklaşan iki ya da üç İngiliz kuvveti onu sıkıştırabilir ve orada bir çatışmaya zorlamak için uygun bir fırsat çıkabilirdi. Tüm bu ağır olumsuz koşullara rağmen, yine de muhtelif küçük birliklerle komandolar aylarca saklambaç oynamaya devam ettiler ve zafer, kesinlikle her zaman aynı tarafa ait değildi. Bu karmakarışık savaşın farklı sonuçları, ancak kısaca bu sayfalarda açıklanabilir.

Kısmen Cape isyancılarından ve kısmen de Orange Nehri Koloni'sinden geçen taze birliklerden askere alınan Kritzinger'in asıl kuvvetinin birçok çeteye bölündüğü zaten anlatılmıştı. Kuzeydeki baskının şiddeti ne kadar artarsa, bu bolluk ülkesine bir yürüyüş yapmak için o kadar büyük bir neden oluşuyordu. Doğu ve iç bölgelerde dolaşan Boerlerin toplam sayısı, sayıları elli ile üç yüz arasında değişen çetelere bölünmüş yaklaşık iki bin kişi kadar olabilirdi. Birbirinden ayrı olan bu komando birliklerinin önde gelen liderleri, Kritzinger, Scheepers, Malan, Myburgh, Fouche, Lotter, Smuts, Van Reenen, Lategan, Maritz ve Conroy'du; son ikisi, bu bölgenin batı tarafında faaliyet gösteriyordu. İngilizler, bu çok sayıda ve hareketli birlikleri avlamak için benzer yapıdaki, Gorringe, Crabbe, Henniker, Scobell, Doran, Kavanagh, Alexander ve diğerlerinin birlikleri gibi adlarla anılan birçok müfrezeyi sahaya sürmek zorunda kaldılar. Bu iki minyatür ordu grubu, Koloni üzerinde, haritada ana hatları kırmızı çizgilerle gösterilen bölgede karışık şeytanî bir oyun oynadılar. Steynsburg'un kuzeyindeki Zuurberg Dağları, Middelburg'un güneyindeki Sneeuwberg dağ silsilesi, güneyde Oudtshoorn Dağları, Cradock bölgesi, Murraysburg bölgesi ve Graaf-Reinet bölgesi Boer faaliyetlerinin başlıca merkezleriydi.

Nisan ayında Kritzinger, De Wet ile görüşmek için Orange Nehri Kolonisi'nin kuzeyine doğru ilerledi, fakat mayıs ayının sonuna doğru yaklaşık 200 adamla geri döndü. Bu ay boyunca farklı birlikler arasında sürekli olarak çatışmalar meydana geldi ve her iki tarafta da çok zorlu intikaller yapıldı, ancak gerçek bir başarı olarak nitelendirilebilecek hiçbir şey olmadı.

Mayıs ayının başlarında iki kişi, Avrupa'ya doğru yola çıktı. Her birinin yolculuğu, kendi açısından tarihîydi. İlki, tehlikeyi fark edecek ferasete ve onunla yüzleşme cesaretine sahip, bitkin ve çok yıpranmış olan Genel Vali'ydi. Milner'ın yıpranmış yüzü ve vaktinden önce kırlaşmış saçları, olaylı geçen üç yıl boyunca üzerine çöken ezici yükü gösteriyordu. Nazik bir bilim adamı olarak, Chamberlain'in sezgileriyle ona verdiği görevin fırtınalı bölümünden çok sakin bir akademik hayata daha uygun görünebilir. Bir İngiliz üniversitesinin alçak sesli ve kibar, narin bir çiçeği olarak Güney Afrika'nın özellikle çok bolca ürettiği bu kaba tipler üzerinde nasıl bir izlenim bırakacağını tahmin etmek zordu. Fakat onun içinde bir beyefendinin çekingenliğinin arkasında gizlenen, yüce bir vazife bilinci, benzersiz bir öngörü ve aklının gösterdiği herhangi bir yere gitmeyi destekleyen medeni cesareti vardı. Üç aylık dinlenme izni için İngiltere'ye yaptığı ziyaret, hemşehrilerinin sadakat ve saygılarını göstermeleri için bir fırsattı. Ağustos ayında, hayatının vazifesi olan birleşik ve sadık bir Güney Afrika İngiliz Milletler Topluluğu'nu inşa etmek için, Lord Milner olarak görev yerine döndü.

Vali'den sonra birkaç gün içinde denize açılan ikinci yolcu, hem özel hem de siyasi nedenlerle Avrupa'yı ziyaret eden Boer generalinin karısı, Bayan Botha'ydı. Bayan Botha, Kruger'e ülkenin koşulları ve Boerlerin içinde bulunduğu tehlikeli durum hakkında gerçekçi bir açıklama yaptı. Görevinin ani ya da görünür bir etkisi olmadı ve İngilizler için yorucu, fakat Boerler için ölümcül olan bu yorucu savaş istikrarlı bir şekilde devam ediyordu.

Cape'deki muharebeleri incelemeye devam edersek, ilk başarı, işgalciler tarafından elde edildi, çünkü Malan'ın komandoları 13 Mayıs'ta yerel koloni birlikleri olan Midland Atlı Piyadeleri'nin güçlü bir devriyesini Maraisburg'un güneyinde bozguna uğratmayı başardı. Ona yeni tüfekler ve mühimmat tedarik eden küçük zaferinin meyveleri, altı ölü, on bir yaralı ve kırk bir harp esiriydi. 21 Mayıs'ta Crabbe'nin birliği Lotter ve Lategan ile temasa geçti, ancak çatışmadan çok kati bir sonuç alınamadı.

Mayıs ayının sonu, Kritzinger'in kuzeyden dönüşüne denk gelen tarihte, Cape Kolonisi'nde kayda değer bir Boer faaliyeti görüldü. O sırada Haig, Scheepers'ı ulaştığı en güneydeki noktadan geri püskürtmüştü ve şimdi Graaf-Reinet bölgesindeydi; fakat koloninin diğer tarafında, Conroy, Kenhart yakınlarında görülmüştü ve 23 Mayıs'ta bir sınır gözcü bölüğüyle şiddetli bir çarpışmaya girdi. Bununla birlikte, Kritzinger yönetimindeki ana Boer kuvveti iç bölgelerdeydi ve Cradock bölgesinde o kadar yoğunlaşmışlardı ki, daha büyük bir askerî harekâtın yolda olduğu açıktı. Bu harekât kısa sürede şekillendi, çünkü 2 Haziran'da, uzun ve hızlı bir yürüyüşün ardından Boer lideri, Jamestown'a hücum etti, altmış kasabalıdan oluşan muhafız birliğini mağlup etti ve kasabayı yağmaladı. Oradan ihtiyaç duyduğu ikmal malzemeleri ve 100 atı aldı. İngiliz birlikleri onun peşindeydi ve buna rağmen Boerler, birkaç saat sonra içi boşaltılmış olan kasabayı terk edip bir kez daha tepelerin arasında gözden kayboldular. 6 Haziran'da İngilizler, nihayet küçük bir fırsat yakalamıştı, çünkü o tarihte Scobell ve Lukin, Barkly doğu bölgesinde bir kampa baskın yaptılar ve yirmi harp esiri, 166 at ve Jamestown ganimetlerinin çoğunu ele geçirdiler. Aynı gün Windham, Van Reenen'e Steynsburg yakınlarında benzer şekilde sert bir baskın yaptı ve yirmi iki esir aldı.

8 Haziran'da, Cape Kolonisi'ndeki harekâtın başkomutanlığını General French üstlendi, General French, o andan itibaren çok sayıdaki birliğini ana fikri düşmanı kuzeye doğru sürmek olan birleşik bir plana göre ileri doğru manevra yaptırdı. Yaptığı konuşlanmanın etkisini göstermesi için, herhâlukârda, biraz zamana ihtiyaç vardı, çünkü komandolar, hâlâ takipçilerinden daha iyi atlara sahip ve daha hafiftiler. 13 Haziran'da, İngiliz ordusunda bir teğmenin olacağı yaşta kendi küçük kuvvetine komuta eden genç ve atılgan Scheepers, Murraysburg'a bir baskın yaptı ve bir devriyeyi ele geçirdi. 17 Haziran'da Monro, Lovat'ın keşif birliği ve Bethune'nin atlı piyadeleri ile birlikte, Tarkastad yakınlarında küçük bir başarı elde etmişti, ancak üç gün sonra talihsiz Midland Atlı Piyadeleri, sabahın erken saatlerinde Cradock'un

otuz mil batısındaki Waterkloof'ta Kritzinger'in baskınına uğradılar ve Kritzinger tarafından feci bir şekilde hırpalandılar. Bu talihsiz olayda on ölü, on bir yaralı ve altmış harp esiri zayiat verdiler. Kolonicilerin uyanıklığının düzenli birliklerden daha fazla olduğu efsanesi, bir kez daha boşa çıkmış görünüyordu.

Haziran ayının sonunda, gerilla şeflerinin en atılganlarından biri olan Fouche, at ve erzak elde etmek için Barkly Doğu'dan Transkei'nin yerlilerinin bölgesine doğru bir hamle yaptı. Bu, çaresizlik içinde atılmış bir adımdı, çünkü Savaşçı Kâffirlerin karşı koymadan mallarının yağmalanmasına izin vereceklerini düşünmek boşunaydı ve eğer demir uçlu mızraklar bir kez kırmızıya bulandığında, hiç kimse bu fesadın ne kadar ileri gidebileceğini söyleyemez. İngiliz Hükümeti, en karanlık günlerde bile büyük bir sadakatle, bu savaşçı ırklara -Zululara, Swazilere ve Basutolara- engel oldu ki, hepsinin Amaboon'a karşı eski kinleri vardı. Bu nedenle Fouche'nin yapacağı baskın, ciddi bir soruna yol açmadan önce durduruldu. Bir avuç Griqualand Atlı Piyadesi onu cepheden tespit etti, Dalgety ve Kolonici gönüllüler çok hızlı bir şekilde hareket ederek onu kuzeye doğru sürdüler.

Fouche, engellenmesine rağmen, hâlâ çok güçlüydü ve 14 Temmuz'da Jamestown civarında bir konvoya eşlik eden Connaught Komando Birliği'ne şiddetli bir taarruzda bulundu. Binbaşı Moore, kararlı bir direniş gösterdi ve neticede birkaç saatlik bir çarpışmadan sonra düşmanı uzaklaştırdı ve kamplarını ele geçirdi. Yedi ölü ve on yedi yaralı, İngilizlerin bu coşkulu çatışmadaki kayıplarıydı.

10 Temmuz'da, yüksek bir dağın zirvesinden muharebe sahasının uçsuz bucaksız enginliğine bakan General French, heliografıyla yüz millik bir arazi üzerinde cevap veren parıltıları aradı. Scheeper'in içinde saklandığını bildiği vadi üzerinde birleşmeleri için dört birliğe emir verdi. Scheeper'in kendi mektuplarının birinden, o dönemki komandolarının kırkı Özgür Devlet vatandaşı, geri kalanın kolonideki isyancılardan olan 240 kişiden oluştuğunu öğreniyoruz. Crewe, Windham, Doran ve Scobell, her biri çağrıya cevap verdi. Fakat genç lider, becerikli bir adamdı ve tepenin sarp tarafında bulunan uzun derin bir vadi ona güvenli bir yol sağladı. Gerçi bu muharebeler, daha hızlı hareket edebilmek için toplarını ve muharebe ağırlıklarını bırakan İngiliz birliklerindeki yeni tür bir hareket kabiliyetini ortaya çıkarmıştı. Asıl komando kaçmıştı, ama ağır hareket eden yirmi beş kişi ele geçirildi. Bu çarpışma, Graaff-Reinet'in otuz mil batısındaki tepelerin arasında gerçekleşmişti.

21 Temmuz'da Crabbe ve Kritzinger, Cradock yakınlarındaki dağlarda, Boerlerin mevzilerini koruyacak kadar güçlü olduğu bir çatışmaya girmişti; fakat aynı tarihte koloni topçularından cesur Lukin, doksan askeriyle birlikte Lategan'ın 150 kişilik çetesine, Murraysburg yakınlarında hücum etti ve yüz atla birlikte onlardan on kişiyi ele geçirdi. 27 Temmuz'da yirmi bir İmparatorluk gönüllü süvarisinden oluşan küçük bir birlik, cesur bir direnişin ardından, büyük bir Boer kuvveti tarafından kolonin diğer tarafındaki Doorn Nehri'nde ele geçirildi. İngilizlerin

Kâffir gözcüleri, çarpışmanın ardından onları esir alanlar tarafından soğukkanlılıkla vurularak öldürüldü. Görünüşe göre siyahi adamların sürekli olarak katledilmesi için Boerlerin bir mazereti yoktu, çünkü savaşın başından beri kendi Kâffirlerini, fiilen savaşmak dışında her amaç için kullanıyorlardı. Savaş, başlangıcına damgasını vuran hoşgörüyü epeyce kaybettirmişti. Uzun gerginlik dönemi, her iki tarafta da daha vahşi bir bakış açısına neden olmuştu. İsyancıların İngilizler tarafından infaz edilmesine üzülsekte, bu durum hâlâ savaşan tarafların haklarından biri olarak kabul edilmektedir. Boerlerin İngiliz üniformalarını kullanmasına, verilen sözlerin toptan çiğnenmesine, dum dum kurşunlarının sürekli olarak kullanılmasına, geçiş izin sistemi ve kızıl haçın suistimal edilmesine İngilizler tarafından göz yumulduğu düşünüldüğünde, kendi kolonileri içindeki silahlı bir isyanı bastırırken biraz şiddet gösterdikleri için İngilizleri suçlamak olacak şey değildir. Eğer sonuç olarak sert önlemler uygulandıysa, bu, ancak aşırı müsamahanın denenip başarısız olmasından sonraydı. Kendi bayrağına ateş etmenin cezası olarak beş yıllık oy hakkının kaybedilmesi, bir İmparatorluğun asi bir halka karşı şimdiye kadar uyguladığı en nazik disiplin cezasıydı.

Ağustos ayının başında French'in birliklerinin müşterek ve sistemli çalışmaları, etkisini göstermeye başlamıştı. İngilizler büyük bir yarım daire içinde, önlerindeki gerillaları sürerek kuzeye doğru ilerliyorlardı. Scheepers, her zamanki asi tavrıyla güneye doğru kaçmıştı, ancak diğerleri, kordonu geçemediler ve Stormberg üzerinden Naauwport hattına götürüldüler. Boerlerin ana gövdesi, 7 Ağustos'tan 10 Ağustos'a kadar Graaf-Reinet'ten Thebus'a doğru hızlı bir şekilde sürüldü ve bu noktada bir miktar adam kaybederek ve atların büyük bir bölümünü bırakarak demir yolu hattını aşarak geçtiler. Demir yolundaki koruganların düşmanı durdurması bekleniyordu, fakat geceleyin karşıya geçtiler ve Gorringe'nin kolonicilerinin firarileri yakaladığı Steynsburg bölgesine girdiler. General French, 18 Ağustos'ta komandoları Steynsburg'dan Venterstad'a kadar takip ederek yirmisini öldürdü ve çok sayıda da esir aldı. Ayın 15'inde Kritzinger, işgalcilerin ana gövdesiyle birlikte Bethulie yakınlarındaki Orange Nehri'ni geçti ve Orange Nehri Kolonisi'nin Wepener bölgesine doğru ilerledi. Kolonide kalan yegâne Boer birlikleri, Scheepers, Lotter, Lategan ve birkaç küçük başıboş çeteydi ve İngiliz birlikleri şimdi dikkatlerini bunlara çevirmişti ve sonuç olarak, ayın sonuna doğru, Lategan da nehrin ötesine kovalandı. En azından o an için durum fazlasıyla düzeltilmiş gibi görünüyordu, fakat Boerler kuzeybatı sınırına doğru yönelmişlerdi. Kendi kapılarında uzun süredir devam eden savaş, hiç şüphesiz Hollandalı çiftçiler üzerinde tehlikeli bir etki yaratıyordu. Zaman zaman, 10 Ağustos'ta French'in keşif birliğinden altmış kişinin Theron'un komandoları tarafından ele geçirilmesi gibi küçük başarılar, onların umutsuzluğa kapılmasını önlüyordu. Geriye kalan gerilla çetelerinden en önemlisi, şu anda 300 kişiden oluşan, iyi atlarla donatılmış ve ikmali sağlanan Scheepers'tı. Kuşatmayı yarmış ve güneybatıdaki eski uğrak yerlerine doğru yönelmişti. Theron da daha küçük bir çeteyle birlikte, Uniondale ve Willowmore bölgesindeydi, Mossel Körfezi istikametinde denize yaklaşmış, fakat Kavanagh tarafından yolu kesilmişti. Scheepers, Cape Town yönüne döndü, ancak Montagu'da yolundan saptı ve kuzeye, Touws Nehri'ne doğru ilerledi.

Şimdiye kadar İngilizler, Boer çetelerini kovalamayı ve onlara zarar vermeyi başardılar, fakat yok etmeyi asla başaramadılar. Bu nedenle, 4 Eylül'de Lotter komandoları Scobell'in birliği tarafından tamamen yok edildiğinde bu, yeni bir başlangıçtı. Bu birlik, Cape atlı piyadelerinden ve yorulmak bilmeyen 9'uncu Mızraklı Süvarilerden oluşuyordu. Birlik, düşmanı Cradock'un batısındaki bir vadide tespit etti ve tüm yaklaşma istikametlerini emniyete aldıktan sonra sabahleyin onlara taarruz etti. Sonuç tam bir zaferdi. Boerler kendilerini bir binaya attılar ve yiğitçe direndiler, ancak durumları ümitsizdi ve ciddi bir şekilde hırpalandıktan sonra beyaz bayrağı çekmek zorunda kaldılar. On bir kişi ölmüş, kırk altı kişi yaralanmış ve elli altı kişi ise teslim olmuştu; bu rakamlar savunmalarının sağlamlığının bir kanıtıydı. Lotter esirler arasındaydı, 260 at ve çok miktardaki cephane ile birlikte bir miktar dinamit ele geçirildi. Birkaç gün sonra, 10 Eylül'de, Scheepers'in bir kolu olan Van der Merve'nin komandosuna, niteliği açısından kesin sonuçlu olmayan benzer bir darbe, Albay Crabbe tarafından indirildi. Muharebe, Matjesfontein'in hemen kuzeyinde, ana demir yolu hattı üzerinde bulunan Laingsburg yakınlarında yapıldı ve Boer çetesinin dağılması, delikanlı yaştaki liderlerinin ölümü (sadece on sekiz yaşındaydı) ve otuz yedi kişinin esir alınmasıyla sonuçlandı. Boerlerden yetmiş kişi gizli bir yoldan kaçmıştı. İngiliz kuvvetlerine yedi zayiata mal olan bu muharebede övgüyü hak eden koloniciler ve gönüllü süvarilerdi. Bu başarının ardından Albay Crabbe, taarruza devam etti ve 14 Eylül'de Ladismith yakınlarında (tarihî Natal kasabasıyla karıştırılmamalıdır) Scheepers'in komandolarıyla temasa girdi, hem bir miktar kayıp verdi hem de kayıp verdirdi. Ayın 17'sinde, koloninin kuzeyinde, Grenadier Muhafız Alayı'nın bir devriyesi ele geçirildi, onlardan sorumlu genç teğmen Rebow, bir askere yakışır şekilde öldü.

Aynı gün, Tarkastad yakınlarında daha ciddi bir çarpışma meydana geldi. Burası, Midland bölgesindeki kötü şöhretli bir isyan merkezi olan Cradock'un doğusunda yer alıyordu. Smuts'un yüzlerce kişilik komando birliği bu bölgede tespit edildi ve farklı kuvvetler, ona doğru hareket ettirildi. Çıkışlardan biri olan Elands[1] Nehri Dağ Geçidi, 17'nci Mızraklı Süvari Alayının münferit bir taburu tarafından korunuyordu. Bu geçit üzerine Boerler, ani ve çok şiddetli bir taarruz gerçekleştirdi, kısmen sis ve kısmen de hâkî renk kıyafet kullanımı, yaklaşmalarına olanak sağlamıştı. Sonuç, direniş için herhangi bir hazırlık yapılmadan önce İngiliz kampına yanaşmaları ve atlarına ulaşamadan birkaç mızraklı süvariyi vurabilmeleriydi. Açılan ateş o kadar korkunçtu ki, münferit tabur, otuz dört ölü ve otuz altı yaralı zayiat verdi. Fakat alay, uğradığı bu felaket karşında, son

---

1 ÇN: Eland: Şeritli Afrika Antilobu

derece üzgün müfrezenin, birliğin ilkelerine cesurca sadık kalması ve görünüşe göre hiçbirinin esir alınmamış olması ile teselli bulacaktı.

Meydana gelen bu şiddetli çarpışmadan sonra, harekât raporlarında başka tarihsel olayların olmamasının ya da askerî sansürün varlığının neden olduğu olağan dışı bir durgunluk dönemi, birkaç hafta boyunca devam etti. Bu kadar çok sayıda küçük komando birliği ve bu kadar çok sayıda takip birliği varken çatışmaların sürekli olarak art ardına gelmemiş olması, olağan dışı bir durumdu. Bu durgunluk, takipçileri tarafında bir uyuşukluk olduğunu göstermez ve bu uyuşukluk, ancak atlarının durumuyla açıklanabilir. Her düşünce dizisi, eleştirmeni her zaman bu büyük at sorununa geri getirir ve savaşın her döneminde ve her sahnesinde, İngiliz öngörüsüne, sağduyusuna ve örgütlenme gücüne karşı en fazla suçlayıcı olan bu iddia olacaktır. Ülkelerinin her yerine nüfuz etmelerine ve dünyanın dört bir yanından getirilen atlara sahip olmalarına rağmen İngiliz kuvvetlerinin, savaşın bu üçüncü yılına hâlâ Boerlerin önünü kesememiş olarak başlaması, bu ilginç savaşın tümü içinde çok şaşırtıcı bir biçimde açıklanamayan noktasıdır. Yabani at terbiyecisi bir ulusa hitaben yazılan "Piyade tercih edilir" telgrafından alıntı, dünyanın en ücra köşelerinden mükemmel atların kullanıma uygun olmayacak şekilde getirilmesinden, bulundukları yerde emniyete almakta gösterilen başarısızlığa kadar bu çok hayati sorun, uzun bir hatalar serisinden başka bir şey değildi. Sona yaklaşırken bile, 1000 askerin her birine iki at vererek onların düşmana erişmesine izin vermenin, 2000 askerin her birine asla hedefe ulaşamayacakları birer at vermekten daha iyi olduğuna dair bu bariz ders, henüz bu kolonide öğrenilememişti. İki atı olan bir adamın tek atlı bir asker tarafından iki yıl boyunca kovalanması, bizim için acı, başkaları için komik bir manzaraydı.

Koloni içindeki muharebelerle ilgili bu anlatılanlarla bağlantılı olarak, kuzeybatının en uç noktasında meydana gelen ve bu birbiriyle ilişkili anlatıya uymayan, ancak okuyucuların dikkatini dağıtmaya değecek bir olay vardı, çünkü savaşta bu tür az sayıda mükemmel askerî başarılar kayıt altına alınmıştı. Bu olay, bir konvoyun İrlanda İmparatorluk Gönüllü Süvarileri'nin 14'üncü Bölüğü tarafından kahramanca savunulmasıydı. Konvoy, savaşın merkezinin Kimberley tarafındaki Griquatown'a yiyecek götürüyordu. Kasaba uzun süredir Conroy tarafından kuşatılmıştı ve bölge sakinleri o kadar zor durumdaydı ki, onların acilen kurtarılması gerekiyordu. Bu amaçla, İrlandalı gönüllü süvarilerden Binbaşı Humby komutasında iki mil uzunluğunda bir konvoy gönderildi. Konvoyun korumaları, Northumberland Piyade Alayından yetmiş beş, yerel birliklerden yirmi dört kişi ve 74'üncü İrlandalı Gönüllü Süvarilerinin 100 askerinden oluşuyordu. Bu konvoy, Griquatown'dan on beş mil uzaklıktaki Rooikopjes adı verilen yerde, sayıları birkaç yüz kişiyi bulan düşmanın taarruzuna uğradı. Fakat İrlandalılardan iki bölük, at arabalarına hâkim bir sırtı ele geçirdi ve neredeyse yok olana kadar burayı tuttu. Bu mevzi çalılarla kaplıydı ve iki taraf da çok yakın bir mesafeye geldi. Gönüllü süvariler, düşmanın sayıca çok fazla olduğu aşikâr olmasına rağmen geri adım atmayı reddettiler. Cesur genç liderleri Madan ve Ford'un gösterdiği örnekten cesaret alarak, topların gelmesine ve konvoyun geçmesine zaman tanımak için, canlarını bile bile feda ettiler. Çocuklukları birlikte geçen, Oliffe, Bonynge ve Maclean, sırtın üzerinde yan yana vuruldular ve ardından tek bir mezara gömüldüler. Çatışmaya giren kırk üç kişiden on dördü ölmüş ve yirmisi ağır şekilde yaralanmıştı. Ama fedakârlıkları boş yere değildi. Boerler geri püskürtüldü ve konvoyla birlikte Griquatown kurtarıldı. Çatışmada yaklaşık otuz ile kırk kadar Boer öldü ya da yaralandı ve liderleri Conroy, bunun hayatının en sert çatışması olduğunu açıkladı.

1901 sonbaharında ve kışında General French, belirlenen bölgeleri birer birer temizleme sistemine istikrarlı bir şekilde devam etti ve koruganlarla ve kuvvetlerinin tertiplenmesiyle ülkenin hâlâ komandolar tarafından istila edilmiş olan bölgelerini sıkı bir karantina altında tutmaya çaba gösterdi. Bu sayede bu yılın kasım ayına kadar, düşmanın aktif kuvvetlerini yarımadanın en kuzeydoğu ucunda ve güneybatısında tutmayı başardı. Dörtte üçü kolonideki isyancılardan oluşan tüm Boer kuvvetinin bin beş yüz kişiden fazla olup olmadığı konusu şüphelidir. Savaşın bu döneminde Boerlerin vasat bir şekilde silahlanmış olduklarını ve birçoğunun eşeğe bindiğini öğrendiğimizde, çiftçilerin pasif yardımını ve arazinin zorluklarını hesaba kattıktan sonra, takibin her zaman gerekli olan şevk ve coşkuyla yapıldığına inanmak zordu.

Kuzeydoğuda, Myburgh, Wessels ve gaddar Fouche'a birkaç aylığına âdeta istediğini yapma özgürlüğü tanınırken, gezici çeteler orta bölgelerde toplandı ve ana demir yolunun batısına kadar sürüldü. Burada, Calvinia bölgesinde, Ekim 1901'de birçok komando, Maritz, Louw, Smit ve Theron komutası altında birleşti. Birleşik çeteler, Piquetberg ve Malmesbury çevresindeki çokça tahıl yetiştiren arazilere doğru at sürdüler ve sanki Paarl'daki akademik destekçilerinin körükleyip alevlendirdikleri bu isyanı gerçekten görmelerini sağlayacak kadar güneye doğru ilerlediler. Bir ara devriyeleri, Cape Town'un kırk mil yakınındaydı. Ancak bu manevra, mızraklı süvariler ve bölge birliklerinden oluşan küçük bir kuvvet tarafından durduruldu ve bu bölgenin şefi olan Maritz, ekim ayının sonlarına doğru kuzeye doğru yöneldi ve ayın 29'unda, ilerleme istikametinde karşılaştığı küçük bir İngiliz konvoyunu ele geçirdi. Kasım ayının başlarında aynı yoldan geri dönerek Piquetberg'e hücum etti, fakat biraz kayıpla birlikte yenilgiye uğratıldı. O andan itibaren, güneyden ve doğudan gelen sürekli bir baskı, bu çeteleri gittikçe daha uzağa, batının büyük çorak topraklarına doğru sürdü. Ta ki bir sonraki nisan ayında yüzlerce mil uzaklıktaki Namaqualand'a ulaşana kadar.

Ültimatom'un ikinci yıl dönümü olan 9 Ekim'de, Cape Town ve tüm liman kentlerinde sıkıyönetim ilan edilmesiyle ordunun eli güçlendirildi. Bu sayede, düşman için olası bir erzak ve asker kaynağı etkili bir şekilde engellendi. Bunun iki yıl önce yapılmamış olması, yerel siyasi mülahazaların, İmparatorluk politikasının esaslarına baskın gelmesine ne kadar da fazla izin verildiğinin bir kanıtıydı. Bu arada ihanet mahkemeleri kuruluyor ve en basitinden en trajik olanına kadar hızla artan cezalar, bu isyan tehlikesinin savaş alanında sona ermediğini gösteriyordu. Lotter ve yardımcılarının idam edilmesi, uzun süredir acı çeken bir İmparatorluğun sabrının nihayet sona erdiğinin bir işaretiydi.

Genç Boer lideri Scheepers, uzun süredir İngilizler için sorun olmuştu. Birkaç ay boyunca güney bölgelerini istila etmişti ve hem manevralarındaki hareketlilik hem de bazı muharebelerdeki acımasız kuvvetiyle kendisini göstermişti. Ekim ayının başlarında ciddi bir hastalık ve bunun sonucunda yatağa düşmesi, en sonunda onu İngiliz hareket kabiliyetinin menziline soktu. İyileştiğinde, birkaç yerlinin öldürülmesi de dahil olmak üzere savaş hukukunu art arda ihlal etmekten yargılandı. Ölüme mahkûm edildi ve aralık ayında idam edildi. Cesareti ve gençliği büyük sempati uyandırdı. Sadece yirmi üç yaşındaydı. Öte yandan, yerlileri koruyacağımıza dair verdiğimiz bir söz vardı ve eğer eli onlara bu kadar ağır gelen kişi kurtulsaydı, sözlerimize ve adaletimize olan tüm güven kaybolacaktı. İngiliz intikamının gelişigüzel olmadığı, kısa süre sonra daha önemli bir komutan olan ve Cape Kolonisi'ndeki Boerlerin önde gelen lideri Kritzinger davasında gösterildi. Kritzinger, 15 Aralık'ta Hannover yolu yakınlarında sınırı geçmeye çalışırken yaralandı ve ele geçirildi. Yargılandı ve kaderi, bazı astlarının işlediği suçlardan ne kadar sorumlu olduğuna bağlıydı. Astlarını medeni savaş sınırları içinde tutmaya çalıştığı açıkça ispatlandı, tebrikler ve tokalaşmalarla askerî mahkeme tarafından beraat ettirildi.

1901 yılının son iki ayında, koloni ve bölgesel birlikleri, doğrudan koloni subaylarının ve Koloni Hükümeti'nin komutası altına verilerek, Cape Kolonisi harekâtına yeni bir sistem getirildi. Bir miktar yetki devrinin gerekli olduğu uzun zamandır hissediliyordu ve elde edilen sonuçlar, değişikliği haklı çıkardı. Dramatik bir olay olmaksızın, sürekli takip ve zorlukların neden olduğu amansız bir yıpratma süreci, komandoları yavaş yavaş tüketti. Büyük çeteler küçüldü ve küçük olanlar ise yok oldu. Bir çiftlik evinin yağmalanmasından daha büyük herhangi bir faaliyet, ancak birkaç birliğin bir araya gelmesi ile başarılı bir şekilde icra edilebilirdi.

Bununla birlikte, böyle bir bir araya gelme olayı, Şubat 1902'nin ilk günlerinde, Smuts, Malan ve diğer birkaç Boer liderinin Calvinia çevresindeki arazide büyük bir faaliyet gösterdikleri zaman meydana geldi. Görünüşe göre komandolar, acemi koloni isyancılarından daha zorlu savaşçılar olan kuzeyden gelen eski cumhuriyetçilerin bir kısmını da içinde barındırıyordu. Bu esnada, tehlikeli derecede zayıf çok sayıda İngiliz birliği, bu civarda faaliyet gösteriyordu ve birliklerin gerçekten takdire şayan bir şekilde sevk ve idare edilmesi, ciddi bir felaketi önledi. Aynı tarihte her ikisi de çok şiddetli olan iki ayrı muharebe yapıldı ve her iki olayda da Boerler, muharebe sahasında sayıca çok üstün olmayı başardılar.

Bunlardan ilki, Albay Doran'ın birliğinin çok tehlikeli bir durumdan ciddi kayıplarla kendisini kurtardığı çarpışmaydı. Doran komutasındaki tüm kuvvet, iki topla birlikte 350 askerden oluşuyordu ve bu bir avuç adam, kendisi ile birlikte 150 askerle uzaktaki bir çiftliği aramak için çıktığı keşif nedeniyle ikiye bölündü. Geri kalan iki yüz asker, Yüzbaşı Saunders komutasında, 5 Şubat'ta, toplar ve konvoyla birlikte Calvinia'nın yaklaşık elli mil güneybatısında yer alan Middlepost adlı bir yerde bırakıldı. Bu askerler, Cape polisinin bir birliğiyle 11'inci 23'üncü ve 24'üncü İmparatorluk Gönüllü Süvarileri'nden oluşuyordu. Boer istihbaratı, çiftliklerle dolu bir ülkede beklenebileceği gibi mükemmeldi. Middlepost'taki zayıflamış kuvvet, anında Smuts'un komandolarının saldırısına uğradı. Saunders kampı boşalttı ve yapabileceği tek şeyi yaptı ve konvoyu terk etti, ama tüm çabasını topları korumaya yoğunlaştırdı. Gece, yanan arabalarla aydınlandı ve ele geçirilen erzak ve ikmalin arasında âlem yapan sarhoş isyancıların bağrışlarıyla çirkin bir hâl aldı. Şafağın ilk ışıklarıyla birlikte, küçük İngiliz kuvveti her yönden şiddetli bir hücuma uğradı, ancak her birliğe itibar kazandıracak bir tarzda mevzisini korudu. Çok eleştirilen gönüllü süvariler, deneyimli askerler gibi savaştılar. Hatırı sayılır büyüklükteki bir mevzinin savunulması gerekiyordu ve çok kritik yerlerde yalnızca birkaç asker vardı. Topların ateşleneceği bir sırt, 11'inci İmparatorluk Gönüllü Süvarilerinden on bir askerle birlikte Teğmenler Tabor ve Chichester'ın sorumluluğuna verildi. Aldıkları emir "ölümüne savunmaktı". Bu emre büyük bir kahramanlıkla itaat edildi. Müthiş bir savunmanın ardından sırt, ancak her iki subay da öldürüldüğünde ve on bir askerden dokuzu yere düştüğünde Boerler tarafından alındı. Bu mevzinin kaybedilmesine rağmen çatışma, Doran devriye ile birlikte dönünceye dek, öğlene kadar devam etti. Mevzi, hâlâ büyük tehlike altındaydı, ağır kayıp verilmişti ve Boerlerin gücü giderek artıyordu. Derhal geri çekilme emri verildi ve küçük birlik, on günlük meşakkat ve sıkıntıdan sonra güvenli bir şekilde demir yolu hattına ulaştı. Yaralılar, onlara mertçe ve insanca davranan Smuts'un himayesine bırakıldı.

Yaklaşık aynı tarihte Beaufort West'ten Fraserburg'a giden bir konvoy Malan'ın komandolarının taarruzuna uğradı. Altmış koloni atlı piyadesi ve 100 Batı Yorkshire milisinden oluşan muhafız birliği, komutanları Binbaşı Crofton'un öldürüldüğü iyi bir savunmanın ardından mağlup edildi. Araba ve kağnılar yok edildi, ancak Boerler, Crabbe'nin birliği ve onu takip eden Capper ve Lund'un birliklerinin gelişiyle püskürtüldü. İngilizlerin bu iki muharebedeki toplam zayiatı, yirmi üç ölü ve altmış beş yaralıydı.

Kanun ve nizamın yeniden tesisi, uzun süredir karışıklığın hüküm sürdüğü güneybatı bölgelerinde her hafta daha belirgin bir hâle geliyordu. Bu bölgede Albay Crewe ve hattın diğer tarafında Albay Lukin, tamamen koloni birlikleriyle birlikte hareket ederek isyancıları geri püskürtüyor ve iyi tasarlanmış bir bölge savunma sistemiyle kazandıkları her şeyi elde tutuyorlardı. Şubat ayının sonunda, Beaufort West ve Clanwilliam hattının güneyinde hiçbir düşman kalmamıştı. Bu sonuçlar, çok zorlu intikaller ve biraz sert çarpışmalar olmadan elde edilemezdi. Crabbe, Capper, Wyndham, Nickall ve Lund komutasındaki küçük birlikler, arkalarında sürekli genişleyen ve yerleşik bir ülke dışında gösterebilecekleri çok az şeyle birlikte sürekli hareket hâlindeydiler. 20 Şubat'ta çıkan bir çatışmada ünlü bir Boer lideri olan Yargıç Hugo öldürüldü ve kötü şöhretli bir isyancı olan Vanheerden yakalandı. Bu ayın sonunda, Fouche'nin huzurlu bir şekilde devam eden kuzeydoğudaki işgali nihayet bozuldu ve oradan iç bölgelere doğru sürüldü, komandolarından geriye kalanlarla birlikte Camdeboo Dağları'na sığındı. Malan'ın adamları, zaten aynı doğal kaleye sığınmıştı. Malan, General Boer'in teslim olmasından birkaç gün önce Somerset East yakınlarında bir çatışmada yaralandı ve esir alındı. Fouche ise, 2 Haziran'da Cradock'ta teslim oldu.

Cape yarımadasındaki bu dağınık, alelacele yapılan, tatmin edici olmayan askerî harekâtın son olayı, Transvaallı komutan Smuts'un, Namaqualand'ın bakır madenleriyle tanınan Port Nolloth bölgesine yaptığı baskındı. Bu noktada kıyıdan küçük bir demir yolu inşa edilmişti ve son noktası Ookiep kasabasıydı. Hattın uzunluğu yaklaşık yetmiş mildi. Boerlerin savaş merkezinin bu ücra köşesinde ne kazanmayı umduğunu hayal etmek zor. Meğer ki Port Nolloth'u fiilen ele geçirebileceklerini ve böylece taraftarları ve müttefikleri ile iletişimi yeniden sağlayabilecekleri düşünmedilerse. Mart ayının sonunda Boer atlıları aniden çölden çıktılar, İngiliz ileri karakollarına zorla girdiler ve Ookiep'e teslim olma çağrısı yaptılar. Küçük garnizona komuta eden Albay Shelton, sert bir yanıt gönderdi, fakat arkasındaki demir yolunu koruma imkânı yoktu. Demir yolu onu korumak için inşa edilen birkaç koruganla birlikte tahrip edildi. Yönetime sadık olan civar bölge halkı Ookiep'e akın etmişti ve komutan, kendini altı bin kişiye bakma yükümlülüğü altında bulmuştu. Düşman, Springbok'un küçük karakolunu ele geçirmeyi başardı ve madencilik merkezi Concordia, direniş göstermeden ellerine teslim edildi ve onlara memnuniyetle karşılayacakları silah, cephane ve dinamit ikmali sağladı. Dinamitler, Boerler tarafından el bombası olarak kullanıldı ve koruganlara karşı kullanıldığında çok etkili bir silah olduğunu kanıtladı. İngiliz savunmalarının birçoğu onlar tarafından tahrip edildi ve garnizon önemli ölçüde kayıp verdi; ancak bir aylık kuşatma boyunca, birkaç saldırıya rağmen Boerler, kasabayı koruyan zayıf tahkimatı asla ele geçiremediler. Savaşın başında olduğu gibi sonunda da Hollandalı nişancıların bir İngiliz savunmasına karşı aczliği bir kez daha burada sergilendi. Albay Cooper komutasındaki bir yardım kolu, Port Nolloth'ta hızla toparlandı ve demir yolu hattı boyunca ilerleyerek Smuts'u mayıs ayının ilk haftasında kuşatmayı kaldırmaya zorladı. Hemen ardından barış müzakerelerinin başladığı haberi geldi ve Boer generali, Port Nolloth'a geldi, oradan gemiyle Cape Town'a götürüldü ve yurttaşlarının müzakerelerine katılmak üzere tekrar kuzeye gitti. Savaş boyunca mertçe ve onurlu bir rol oynamıştı. Hem diplomasi hem de savaş alanında sahip olduğu dikkate değer deneyimi ve gençliğiyle, şimdi mücadele ettiğinden çok daha geniş bir alanda, onu bekleyen uzun ve parlak bir kariyer bulacağını umut ediyoruz.

36. BÖLÜM

İLKBAHAR HAREKÂTI (1901 YILI KASIM'DAN ARALIĞA KADAR)

1901 Afrika kışı sırasındaki savaşın şimdiye kadar olan tarihi kısaca anlatılmış ve Transvaal, Orange Nehri Kolonisi ve Cape Kolonisi'ndeki olayların gidişatı hakkında bazı bilgiler verilmişti. İngilizlerin, otlaklar daha büyük Boer birliklerine hareket kabiliyetini yeniden kazandırmadan önce direnişi ortadan kaldırabilecekleri beklentisi, hayal kırıklığına uğramaya mahkûmdu. Eylül ortasında bozkır, açık kahverengiden yeşile dönmüştü. İngilizlerin tümü ile Boerlerin çoğunluğu perdeyi kapatmak için ne kadar istekli olursa olsun, büyük dramın kaderinde bir perde daha devam etmek vardı. Umutsuz bir mücadelenin bu şekilde anlamsız uzaması ne kadar rahatsız edici olsa da bu acı bardağı sonuna kadar içenlerin tekrar susuz kalma ihtimalinin çok daha düşük olacağı düşüncesi, hâlâ az da olsa bizi teselli ediyordu.

15 Eylül, silahlı ayaklanmayı sürdüren Boer liderlerinin sürgüne gönderileceğini ilan eden İngiliz bildirisini yürürlüğe koyan tarihti. Kabul etmek gerekir ki, bu liderler medeni savaş yasalarına aykırı olan hiçbir uygulamadan suçlu olmadıkları sürece, atılan bu adım, tarafsız bir gözlemci için acımasız ve alçakça görünecektir. Rakip bir ordunun subaylarına şahsi cezalar verilmesi, hem emsalinin bulunması zor olan bir adımdır ve hem de düşmanınızı resmî olarak savaşın olağan sınırlarının dışına itmek, ona size karşı aynı adımı atması için eşit derecede hak tanıyacağından akıllıca değildir. Böyle bir uygulamanın tek haklı gerekçesi, onun tam anlamıyla başarıyla sonuçlanması olacaktır, çünkü bu, istihbarat servisinin, liderlerin görev almak için bildirgenin sağladığı mazeret gibi güçlü bir mazeret istediğinin farkında olduğunu akla getirecektir. Sonuç, bu türden hiçbir şeye ihtiyaç olmadığını kanıtladı. Tüm yargılamanın yersiz ve keyfî görünmesi gerekiyordu. Onurlu bir savaşta, düşmanınızı üstün cesaret, güç veya zekâ ile yenersiniz, fakat bireyleri hedef alan şahsi cezalarla düşmanınızı dehşete düşürmezsiniz. Transvaal ve Orange Özgür Devleti'nin son dönemindeki Boerler, meşru savaşçılardı ve onlara bu şekilde davranılması gerekiyordu. Elbette bu, onların müttefikleri olan Afrikaner (Hollanda asıllı Güney Afrikalı) isyancılarını kapsamıyordu.

İngilizlerin niyeti, düşmanlarına bozguna uğramış ve dağılmış haydutlar gibi davranmaktı, ancak baharın gelmesiyle, Boerlerin hâlâ zorlu ve tutarlı bir direniş gösterebilecek durumda oldukları ingilizlere acı bir şekilde hatırlatıldı. Boerleri savaşan taraf olmaktan çıkaran tarih, görünüşe göre, kendilerinin hâlâ ne kadar etkin ve cesur askerler olduklarını ispat etmek için seçtikleri tarihti. Savaş alanının çeşitli yerlerinde, genel olarak tamamen İngiliz ordusunun aleyhine olan ve hızlı bir şekilde birbirini takip eden muharebeler meydana geldi. Ancak haftalık olarak yurt dışına gönderilen harp esirleri, bunu kaydeden herkese Boerlerin kuvvetinin zayıfladığı ve dağılmakta olduğu konusunda güvence verdi. Bu olayların şimdi oluş sırasına göre izini sürmek mümkün olduğundan, birbirleriyle olan ilişkileriyle birlikte yazıya dökülmesi gerekir.

General Louis Botha, taarruzi bir hamle yapmak ve bocalayan Boerleri dikkatini dağıtarak Lord Kitchener'ın bildirisini yakından incelemelerini önlemek maksadıyla, eylülün ikinci haftasında kuvvetlerini Ermelo bölgesinde topladı. Kuvvetlerini oradan hızlı bir şekilde Natal'a doğru hareket ettirdi, bunun sonucunda bu koloninin gönüllüleri, bir kez daha tüfeklerini kapmak ve hızla sınıra doğru gitmek zorunda kaldılar. Bir an için tüm bu durum, iki yıl önceki durumla saçma bir şekilde benzerlik göstermişti. Botha, Joubert rolünü, hudut hattına komuta eden Lyttelton ise White'ın rolünü oynuyordu. Benzerliği tamamlamak için geriye sadece birinin Penn Symons'u temsil etmesi kalmıştı ve bu tehlikeli rol, kendisinin yeterince güçlü olduğunu düşünen ve öyle olmadığını ancak fiilen yaşayarak öğrenen ve müfrez bir kuvvete komuta eden cesur bir subaya, Binbaşı Gough'a düştü.

Bu subay, 69'uncu Kraliyet Sahra Topçu Alayı'nın iki topu ile birlikte, üç atlı piyade bölüğünden oluşan küçük bir kuvvetle, Transvaal'ın güneydoğu köşesindeki Utrecht bölgesinde, Botha'nın inmesi gereken patika üzerinde faaliyet gösteriyordu. 17 Eylül'de Dundee'den çok da uzak olmayan Blood Nehri üzerindeki De Jagers geçit yerini geçtiğinde, kendisini düşmanla temas hâlinde buldu. Görevi, Vryheid'den dönen boş bir konvoy için yol açmaktı ve bunu yapmak için Boerlerin şimdi görüldüğü Blood Nehrindeki dağ geçitlerinin temizlenmesi gerekiyordu. Gough, takdire şayan bir gayretle, Stewart'ın komutasındaki 350 kişilik Johannesburg atlı piyade kuvvetinin desteğiyle hızla ileri doğru atıldı. Küçük Boer birliklerine yaklaşmanın tek yolu hızlı bir hücum olduğundan, böyle bir hareket tarzı, savaşın bu aşamasında, her İngiliz subayına doğal görünecektir. İlginç olan istihbarat servisinin sınırdaki devriyeleri "hatırı sayılır bir kuvvetin onların üzerlerine gelmekte olduğu ve her ne olursa olsun, muharebeden kaçınmaları gerektiği" konusunda uyarmamış olmasıdır. Eğer Gough, Botha'nın ana komando birliğinin üzerine doğru geldiğini bilseydi ne adamlarını ne de toplarını kurtaramayacağı kadar ileri süreceği akla gelmezdi. Louis Botha'nın şahsi korumaları olduğu söylenen küçük bir düşman birliği, onun ilerlemesine müsaade etti, ta ki büyük bir kuvvet yandan ve arkadan onun üzerine gelene kadar. Scheepers Dağ Geçidindeki zorlu bir arazide yüzlerce keskin nişancıyla çevriliyken teslim olmaktan başka bir çare yoktu ve Boer'in hücumu o kadar şiddetli ve aniydi ki, tüm muharebe, çok kısa bir süre içinde sona erdi. Boerlerin daha önce Vlakfontein'de kullanılan ve sonrasında Brakenlaagte ve Tweebosch'da başarılı olan yeni taktikleri uygulamaya konuldu. Açık düzende hızla dörtnala koşan ve eyerden ateş eden büyük bir atlı adam grubu, İngilizlerin içinden ve üzerinden geçti. Böyle cüretkâr bir hamlenin ağır kayıplarla karşı karşıya kalması gerekirdi, ancak gerçekte düşman kayıplarının çok az olduğu görülüyordu. Askerler, atların üzerinden bu etkili ateşe karşılık veremediler ve attan inmek için zamanları da olmadı. İki topun nişangâhlarının ve kama gövdesinin imha edildiği söyleniyor, ancak nişangâhların imhası, ikincisine göre daha inandırıcı görünüyor. Bir Colt topu da ele geçirilmişti. Bu küçük kuvvetten yirmi kişi öldürüldü, kırkı yaralandı ve iki yüzden fazlası esir alındı. Stewart'ın birliği, biraz güç de olsa kendini kurtarmayı başardı ve geçit yerine geri çekildi. Gough, o gece kaçmayı başardı ve müfrezesini mağlup edenin binden fazla adamla birlikte Botha olduğunu rapor etti. Harp esirleri ve yaralılar birkaç gün sonra, Walter Kitchener'in garnizona takviye kuvvet taşımak için acele etmemiş olsa, ele geçirilme tehlikesiyle karşı karşıya kalacak bir kasaba olduğu anlaşılan Vryheid'e gönderildi. Bu esnada Bruce Hamilton, Botha'nın yolunu kesmek için gönderildi ve Botha'nın güneye ilerlemesini önlemek için tüm adımlar atılmış oldu. Her yerden gelen o kadar çok sayıdaki birlik tehlike arz eden bu noktada toplandı ki, Natal sınırına komuta eden Lyttelton'un emrinde 20.000'den fazla asker oldu.

Görünüşe göre Botha'nın planı, Zululand'a doğru ilerlemek ve ardından Natal'a saldırmaktı. Bu harekât, demir yolu hattından oldukça uzakta gerçekleştirileceği için daha kolay olacaktı. İlerlemeye devam ederek, Gough ile yaptığı başarılı muharebeden birkaç gün sonra Zulu sınırını geçti ve neredeyse hiçbir engelle karşılaşmadan Tugela'ya kadar intikal etti. İngiliz kuvvet merkezinden bu kadar uzağa geçen kuvveti, Greytown bölgesine baskın düzenleyebilir ve Hollandalı çiftçiler arasından asker toplayabilir, bu sayede Güney Afrika'da savaşın felaketinin dokunmadığı birkaç noktadan birini yerle bir edebilirdi. Bütün bunlar önünde duruyordu ve yolu üzerinde, o geçerken dikkate alınmaması veya ele geçirilmesi gereken iki küçük İngiliz karakolu dışında, hiçbir şey yoktu. Kendisi için çok kötü bir anda, yanlarına almaları gereken erzağı düşünerek onları toplamak amacıyla durdu ve istila dalgasının gücü, iki granit kayanın üzerindeymiş gibi kırıldı.

Bu iki sözde kale, eski Zulu savaşı sırasında bir zincir hâlinde inşa edilmiş olan, çok mütevazı güce sahip karakollardı. Daha büyük olan Itala Kalesi'ne, Dublin Hafif Piyade Alayı, Middlesex, Dorsets, Güney Lancashires ve Lancashire Hafif Piyade Alayından gelen ve çoğu birçok savaşa katılmış eski askerlerden oluşan 5'inci Atlı Piyade Alayından 300 asker konuşlanmıştı. 69'uncu Kraliyet Sahra Topçu Alayı'nın iki topuna sahiptiler; aynı batarya, bir hafta önce bir topçu kısmını kaybetmişti. Komutanları, Dublinli Binbaşı Chapman'dı.

25 Eylül'de küçük garnizon, Boerlerin ana kuvvetinin kendilerine doğru ilerlediği haberini aldı ve onlara askerî bir karşılama yapmak için hazırlandı. Bu kale, ana siperlerden bir mil uzakta, zirvesinde güçlü bir karakol bulunan bir tepenin yamacında yer alıyordu. 25 Eylül gece yarısı, ilk taarruz kuvvetinin zorla girdiği bu karakoldu. Seksen kişi güçündeki garnizon, birkaç yüz Boer tarafından şiddetli bir şekilde kuşatıldı ve şiddetli ve kanlı bir mücadelenin ardından en sonunda karakol ele geçirildi. Güney Lancashires'dan Kane, dudaklarındaki "Teslim olmak yok" sözleriyle öldü ve bir Boer lideri olan Potgieter, Kane'in subayı Lefroy tarafından tabancayla vuruldu. Küçük garnizondan yirmi kişi öldü ve geri kalanlar mağlup edilerek ele geçirildi.

Boerler, sahip oldukları bu üstün konumla ana mevzinin üstesinden gelmeye karar verdiler. Üç yönden hücuma kalktılar ve bu kuvvet sabaha kadar, görünmeyen keskin nişancılar tarafından bir uçtan diğer uca tarandı. İki İngiliz topu devre dışı bırakıldı ve maxim makineli tüfeği bir kurşunla kullanılamaz hâle getirildi. Şafak vakti taarruzda bir duraklama oldu, ancak yeniden başladı ve güneş batana kadar kesintisiz devam etti. Güneşin doğuşu ile batıdaki son kırmızı parıltısı arasında geçen süre, onu rahat bir şekilde geçiren askerler için çok uzun bir süredir. Fakat sayıca az, kuşatılmış, kurşun yağmuruna tutulmuş, susuzluktan kavrulmuş, endişeyle yıpranmış, azalan sayılarıyla çaresizce zayıf savunma hatlarını tutan bu bir avuç askere saatler nasıl da sonu gelmezmiş gibi görünmüştür! Vahşi bir bölgede küçücük bir kale için bu kadar çok şeye katlanmak, onlara zor gelmiş olabilir. Yaptıkları görevin, daha geniş bir bakış açısıyla görülen hayatî önemi ne erleri ne de subayları teselli edemezdi. Fakat görevin üstesinden gelmişlerdi ve tahmin ettiklerinden çok daha iyi savaşmışlardı, çünkü böylesine orantısız bir direniş karşısında çileden çıkan cesur Hollandalılar, bu siperlere hücum ettiler ve bir ay boyunda hiç vermedikleri kadar çok zayiat verdiler. 10.000 İngiliz askerinin şiddetli bir şekilde temasa girdiği ve Boer kayıplarının tecrit edilmiş bir karakol karşısında gözlerden uzak bu çatışmadaki kadar büyük olmadığı muharebeler olmuştu. En sonunda, afallamış ve cesaretleri kırılmış bir hâlde, azalan ışıkla birlikte uzaklaştıklarında, yüzden fazla ölü ve iki yüz yaralının muharebenin şiddetini doğruladığı söylenmektedir. Güney Afrika savaşının koşulları o kadar tuhaf ki, yarımadanın zorlu günlerinde bir muharebeyi neredeyse unutulmaz kılacak olan bu zayiat, Boerlerin büyük ve saldırgan bir orduya karşı verdiği iki yıllık bir savaş sırasında aldığı en şiddetli darbelerden biriydi. Kesin rakamlar konusundaki ifadelerde bir çelişki vardı, ancak bu rakamlar, en azından Boer ordusunun geri püskürtülmesi ve sefer planlarını değiştirmesi için yeterliydi.

Bu uzun süreli mücadele Itala Kalesi çevresinde şiddetle devam ederken, yaklaşık on beş mil doğudaki Prospect Kalesi'ne daha küçük ölçekte benzer bir taarruz yapılıyordu. Bu küçük karakol, bir avuç Durham topçu milisi ve Dorsetsliler tarafından savunuluyordu. Taarruz, Grobler tarafından birkaç yüz Boerle birlikte gerçekleştirildi, ancak büyük bir coşkuyla hücum edilmesine ve gün içinde birçok kez tekrarlanmasına rağmen ilerleme kaydedilemedi. Komutanları Yüzbaşı Rowley, askerlerini öyle bir ferasetle sevk ve idare etti ki, uzun bir gün boyunca süren çatışmanın sonucunda verdiği zayiat, bir ölü ve sekiz yaralıydı. Burada yine Boerlerin zayiatları, taarruzlarının kararlılığıyla orantılıydı, ölü ve yaralı altmış kişi olduğu söyleniyordu. Kaybedilen adamların yerine yenilerini koyma imkânının olmadığı ve çok değerli olan mühimmatın boşa harcandığı da düşünüldüğünde 26 Eylül, Boer davası için kötü bir gündü. İngilizlerin zayiatı ise yetmiş üç kişiydi.

Itala Kalesi garnizonunun suyu, taarruzun erken saatlerinde kesilmişti ve akşama doğru mühimmat bitmek üzereydi. Chapman adamlarını ve silahlarını bu nedenle Nkandla'ya çekmişti. Burada cesur garnizonundan sağ kalanlar, Lord Kitchener'ın şahsi iltifatına mazhar oldular. Civardaki araziler hâlâ Boer kaynıyordu ve eylül ayının son gününde Melmoth'tan gelen bir konvoy, ellerine geçti ve Boerlere çok ihtiyaç duydukları ikmal malzemelerini sağladı.

Fakat aldığı darbe, Botha'nın önemli bir ilerleme kaydetmesini engellemeye yetti ve nehirlerin taşmış olması, Botha'nın yoluna ilave bir engel koymuştu. En sonunda net bir hedef keşfettikleri için mutlu olan İngiliz komutanlar, hâlihazırda harekât alanına doğru hızla ilerliyorlardı. Bruce Hamilton, 28 Eylül'de Fort Itala'ya ulaşmıştı ve Walter Kitchener, Vryheid'e sevk edilmişti. Daha küçük birliklerin desteklediği iki İngiliz kuvveti, Boer liderini kuşatmaya çalışıyordu. 6 Ekim'de Botha, Vryheid'in kuzeydoğusuna geri çekilmişti ki, İngiliz kuvvetleri onu oraya kadar takip etmişti. De Wet'in Cape'i işgali gibi, Botha'nın Natal'a ilerlemesi, hem kendisini ve hem de ordusunu tehlikeli bir duruma sokmasıyla sonuçlanmıştı. 9 Ekim'de Pongolo'nun bir kolu olan Privaan Nehri'ni geçmeyi başardı ve puslu hava ve aralıksız yağan yağmurun yardımıyla kuzeye Piet Retief yönünde ilerledi. Kuvvetinin bir kısmı İngiliz birliklerinin arasından kaçtı, bir kısmı da o zorlu arazinin derin vadileri ve ormanlarının içinde kaldı.

Boerlerin geri çekilişini takip eden Walter Kitchener, 6 Ekim'de artçı kuvvetle şiddetli bir çatışmaya girdi. Boerler hem kendilerinin hem de takipçilerinin bir miktar zayiat vermesiyle birlikte muharebeden sıyrıldılar. Ayın 10'unda, Boerlerden bir arada bulunanlar, Lüneburg'a ulaştı ve kısa bir süre sonra İngiliz birliklerinden tamamen uzaklaştılar. Hava şartları çok kötüydü ve dingil boyu çamura batmış hantal at arabaları ve kağnılar, onlara bağlı olan ve önlerinde hızla ilerleyen birliklerin hafif süvarilerle iletişim kurmasını imkânsız hâle getiriyordu. Birkaç hafta boyunca ana Boer kuvvetinden hiç haber yoktu, ancak bu sürenin sonunda hem sayı hem de ruh olarak hâlâ müthiş bir topluluk olduklarını gösterecek şekilde yeniden ortaya çıktılar.

Boer eyaletlerinin içinden geçen altmış küsur İngiliz birliğinden hiçbiri, Albay Benson'ın komutasındakinden daha iyi bir sicile sahip değildi. Kesintisiz yedi aylık görev süresince, o esnada Argyle ve Sutherland İskoç Dağ Tugayı, 2'nci İskoç Süvari, 18'nci ve 19'uncu Atlı Piyade Alayları ve iki toptan oluşan bu küçük kuvvet, büyük bir enerjiyle hareket etmiş ve vazifesini eksiksiz ve son derece etkili bir sistem hâline getirmişti. Piyadeyi kamp koruması olarak bırakan Benson, sadece atlı birliklerle hareket etti ve elli mil içindeki hiçbir Boer kampı, onun gece baskınlarından muaf değildi. O ve adamları, tuhaf ve genellikle zorlu bir arazide bu gece taarruzlarında o kadar yetenekli hâle geldiler ki, yirmi sekiz saldırıdan yirmi biri tam bir zaferle sonuçlandı. Her olayda kural, Boer kampına dörtnala girmek ve atların gidebildiği uzaklığa kadar takibe devam etmekti. İlerleme hızının şiddeti ve pervasızlığı, kuvvetin attan düşmelerden kaynaklanan kayıplarının kurşunlardan çok daha fazla olduğu gerçeğiyle değerlendirilebilir. Muazzam miktarda cephane ve ikmal maddesi bir yana, yedi ayda kırk yedi Boer öldürülmüş ve altı yüzü de esir alınmıştı. Bu harekâtların başarısı, yalnızca Benson ve askerlerinin faaliyetlerinden değil, aynı zamanda istihbarat subayı olarak hareket eden Albay Wools-Sampson'ın gösterdiği üstün gayretten kaynaklanıyordu. Eğer Wools-Sampson, Başkan Kruger'in kendisine yaptığı uzun süreli işkence esnasında, kalbindeki kinle Boer davasına karşı bir düşmanlık yemini ettiyse, bunu fazlasıyla yerine getirdiği kabul edilmelidir çünkü en başından sonuna kadar Boerlere daha büyük zarar vermiş başka herhangi bir şahsı göstermek zordur.

Ekim ayında Albay Benson'ın kuvveti yeniden düzenlendi ve o zaman ki kuvvet, 2'nci Buffs, 2'nci İskoç Süvari, 3'üncü ve 25'inci Atlı Piyade Alayları ve 84'üncü bataryanın dört topundan oluşuyordu. Albay Benson, bin dokuz yüz kişiden oluşan bu kuvvetle, 20 Ekim'de Delagoa hattı üzerinde bulunan Middelburg'dan ayrıldı ve Natal'a yaptıkları başarısız baskından çekilmek üzere olan Boerlerin gelmesi beklenen rotayı geçerek güneye doğru ilerledi. Bu birlik, birkaç gün boyunca bilinen görevini icra etti ve kırk ya da elli harp esiri elde etti. Ayın 26'sında, Grobler komutasındaki Boer komandolarının ona karşı bir araya geldikleri ve büyük bir kuvvetle yapılacak bir saldırının beklendiği istihbaratı geldi. İki gün boyunca sürekli bir keskin nişancılık faaliyeti vardı. Bölgenin içinde ilerlerken birlik, Boer atlılarının uzak kanatlarda ve arkada kendisine ayak uydurduğunu görüyordu. Hava şartları çok kötüydü ve İngilizler, 30 Ekim'de Middelburg'un yaklaşık kırk mil güneyinde bir nokta olan Brakenlaagte'ye doğru ilerlemek için soğuk ve şiddetli bir yağmur sağanağı altında yola çıktılar. Benson'ın niyeti kendi üssüne dönmekti.

Hâlâ büyük saldırgan Boer birliklerinin eşlik ettiği yürüyüş kolu, öğlen saatlerinde, yağmurdan kabarmış olan zorlu bir akarsuya ulaştı. At arabaları ve kağnılar burada mahsur kaldı ve hepsini birden karşıya geçirmek birkaç saat sürdü. Boer ateşi sürekli olarak daha şiddetli hâle geliyordu ve ateş, yürüyüş kolonun başında olduğu kadar arkasında da patlak vermişti. Yerden yoğun bir duman yükselten ve herhangi bir uzaklığı görmeyi imkânsız hale getiren yağmurun şiddeti, durumu daha da zorlaştırmıştı. Artçının komutanı Binbaşı Anley, arkasına baktığında, bulutların arasından büyük bir atlı birliğinin dağınık düzende peşlerinden geldiğini gördü. Heyecana kapılan İrlandalı bir asker: "Onlardan kilometrelerce var, tanrım!" diye bağırdı. Hemen sonrasında perde bir kez daha kapandı, ama bu görüntüyü bir an için gören herkes, çetin bir mücadelenin kapıda olduğunu biliyordu.

O esnada Binbaşı Guinness komutasındaki 84'üncü batayanın iki topu, Boer piyadelerine karşı harekete geçmişti. Topların uzak tarafında bir geri savunma perdesi olarak, İskoç Süvari ve Yorkshire Atlı Piyade Alayının bir birliği vardı. Topların yanında Buff'lardan otuz asker bulunuyordu. Buff ve atlı piyade alaylarından geri kalanı kanatlardaydı ya da şu anda Albay Wools-Sampson'ın yönetimi altında konvoyu konuşlandırmak ve kampı oluşturmakla meşgul olan öncüyle birlikteydi. Bu birlikler, o günkü çatışmalarda küçük bir rol oynadılar ve kuvvetin tümü, karşı konulamaz bir şiddetle arkadaki topların önünde veya çevresinde bulunan birkaç yüz askerin üzerine hücum etti. Görünüşe göre, Boerler şiddetli saldırılarını gerçekleştirdiğinde, Albay Benson tehlikedeki bir noktaya geri dönmüştü.

Louis Botha'nın komandoları ile birlikte, İngiliz birliğini alt etmek maksadıyla Grobler ve Oppermann'ın kuvvetlerine katılmak için altmış mil yol kat ettiği söylenmektedir. Boer taarruzu büyük bir cesaret ve atılganlıkla icra edilmişti. Bunun nedeni, komutanlarının varlığı veya Natal sınırında maruz kaldıkları tacizin intikamını alma arzusu olabilir, ancak nedeni ne olursa olsun, bu taarruzu anlatmak için hayatta kalanlar, her askerin coşkulu alkışını kazanacaktı. Büyük bir selin alçak kükremesiyle birlikte birkaç yüz atlı, İngiliz toplarını ele geçirmek için hiddetli bir şekilde hızla sis perdesinin içinden fırladı. Atlı piyadenin artçı birliği bu müthiş hücum karşısında geri çekildi ve iki atlı birlik, bir avuç Buff ve topların üzerine aceleyle hücum etti. Piyadeler, üzerine topların konuşlandığı ve Boerlerin dörtnala gitmesine engel olabilecek hiçbir şey bulunmayan alçak bir sırta doğru sürüldüler ve Boerler tarafından kuşatıldılar. Bu sırt, 25'inci Atlı Piyade'den birkaç piyade ile birlikte İskoç süvarilerinden seksen ve Yorkshire atlı piyadelerinden kırk kişi tarafından savunuldu. Bu birliklerden ikincisi, topların muhafızıydı, fakat ilk birlik, yapması gereken bir manevra olduğu için hızla geri çekilen, fakat hiçbir şekilde sarsılmayan ve savunma mevzisine ulaştıklarında hemen atlarından inerek mevzi alan arçı örtme kuvvetiydi.

Boerler üzerlerindeyken bu askerlerin mevzi almak için pek zamanları yoktu. Boerlerin başlıca askerî yeteneği olan olağanüstü çabukluk ve taktiklerini koşullara uyarlama becerisiyle, süvariler sırtın üzerinden dörtnala geçmek yerine, sırtın kenarına dizildiler, toplara ve yanlarındaki askerlerin üzerine kavurucu bir ateş açtılar. Savunmanın kahramanca mücadelesi, en iyi şekilde verilen zayiatın yalın rakamlarıyla gösterilebilir. Bu basit rakamları süslemek için söz sanatına lüzum yok. Topların etrafında otuz iki topçu vardı ve yirmi dokuzu bulundukları yerde can verdi. Binbaşı Guinness, kendi elleriyle bir mermi kovanı ateşlemeye çalışırken ölümcül şekilde yaralandı. Seksek kişilik İskoç süvarileri içinden altmış iki zayiat vardı ve Yorkshire'lar neredeyse yok edilmişti. Sırttaki yaklaşık toplam 160 kişiden 123'ü ölmüştü. Wellington, Waterloo'da "Sert bir şekilde topa tutulduk, beyler," demişti ve İngiliz birlikleri, buna her zamanki gibi katlanmaya hazır görünüyordu.

Topçular her zamanki gibi muhteşemdi. Kurşun yağmuruna tutulan topların etrafındaki iki küçük gruptan korkusuzca görevini yerine getirmeyen tek bir kişi bile yoktu. Onbaşı Atkin, tüm silah arkadaşlarıyla birlikte vuruldu, ancak yine de azalan takatıyla kama bloğunu çevirerek toptan çıkarmaya çalıştı. Bunu yaparken havaya kaldırdığı ellerinin içinden bir kurşun daha geçti. Ağır yaralanan ve mürettebattan hayatta kalan son kişi olan Çavuş Hayes, top ateşleme ipini tuttu, patikada sürünerek çıktı ve bayılmadan önce son bir el ateş etti. Üç mermi isabet eden Çavuş Mathews, kararlı bir şekilde görevine devam etti. Beş sürücü bir top arabasının ön parçasını kaldırıp topu çıkarmaya çalıştı, ama hepsi, tüm atlarla birlikte vuruldu. Bu savaşta meydana gelen olaylar askerî itibarımızı artırmadı, ancak klasik kahramanlık kayıtları incelendiğinde, İngiliz topçularının bu tutarlı davranışından daha iyisini bulamazsanız.

Albay Benson dizinden ve tekrar midesinden vuruldu, fakat yaralı olmasına rağmen, Wools-Sampson'a bir mesaj gönderdi ve Boerlerin topları ele geçirmesini önlemek için sırtın üzerinden şarapnel mermisi patlatmasını istedi. Boerler, İngiliz mevzisini gösteren ölü ve yaralı asker yığınlarının arasına girmişlerdi ve içlerinden bazı alçaklar, komutanlarının emri hilafına, yaralı askerlere çok gaddarca davrandılar. Fakat topçu ateşi Boerleri geri püskürttü ve yanlarında yere serilmiş topçuları ve muhafızları dışında kimse kalmayan iki top, yalnız başına kaldı.

Bu muharebede Buff Alayının oynadığı role ilişkin bazı yanlış anlaşılmalar olmuş ve atlı silah arkadaşlarını bazı yönlerden yüzüstü bıraktıklarını ima eden kelimeler kullanılmıştır. Bunu temizleme şerefi, İngiliz ordusunun en iyi alaylarından birine düştü. Aslında alayın büyük bir kısmı, Binbaşı Dauglish komutasındaki kampı savunmakla meşguldü. Topların yanında, hiçbirinin muhafız olarak görevlendirilmemiş olduğu görünen dört ayrı küçük Buff cesedi topluluğu vardı. Bu gruplardan biri Teğmen Greatwood komutasındaki otuz kişiden oluşuyordu, atlılar tarafından çiğnenerek geçildi ve aynı kader, çok uzakta kanatta bulunan yirmi kişilik bir grubun da başına geldi. Teğmen Lynch komutasındaki başka bir küçük birlik, aynı hücumla ele geçirildi ve neredeyse yok edildi. Otuz kişiden on dokuzu öldürüldü veya yaralandı. Topların arkasında, Binbaşı Eales komutasındaki 130 kişilik daha büyük bir Buff birliği bulunuyordu. Toplar ele geçirildiğinde, bu bir avuç asker, bir karşı taarruz girişiminde bulundu, ancak Eales, kısa süre sonra bunun umutsuz bir çaba olduğunu gördü ve kendini kurtarmadan önce otuz adamını kaybetti. Bu askerler diğerleriyle birlikte top mevzisinde olsalardı, muharebede durumu düzeltebilirlerdi, fakat mevzi alındığında henüz oraya varmamışlardı ve mevziyi geri alma girişiminde ısrar etmeleri kesin bir felakete yol açacaktı. Alayın kabul ettiği tek haklı eleştiri, korugan görevinden yeni çıkmış olduklarından formsuz olmaları ve bunun askerlerin düzensiz ve hareketlerin aşırı derecede yavaş olmasına neden olmasıydı.

Kolun komutasının Wools-Sampson gibi çok deneyimli ve soğukkanlı bir askere devredilmesi, büyük bir şanstı. Topları geri almak maksadıyla bir karşı taarruz girişiminde bulunmak, bir felaket durumunda kampı ve konvoyu riske atacaktı. Konvoy, Boerlerin ele geçirmeyi planladığı ganimetti, onu ortada bırakmak, Boerlerin planlarına uygun hareket etmek olurdu. Bu nedenle, Wools-Sampson çok akıllıca davranarak, saldıran Boerleri topları ve piyadeleriyle uzak tutarken, boşta kalan herkes mevziyi tahkim etmek ve onu bir taarruza karşı zaptedilemez hâle getirmekle uğraşıyordu. Çevredeki kampa hâkim tüm noktalara ileri karakollar yerleştirildi ve Boer liderinden gelen teslim olma çağrıları hor görüldü. Gün boyunca, uzun menzilli bir ateş, bazen çok şiddetli olarak kampın üzerine yağdı. Albay Benson ambulansla getirildi ve son nefesini astlarını direnmeye teşvik etmek için kullandı. Muharebeden sonra sabahın erken saatlerinde hayatını kaybeden bu yiğit askerin son sözlerinin "Artık başka gece yürüyüşü yok" olduğu söyleniyor. Bu kuvvet 31 Ekim'de savunmada kaldı, ama 1 Kasım'ın erken saatlerinde, biri kuzeydoğuda ve diğeri güneybatıda olmak üzere iki helyografın parıltısı, iki İngiliz kolunun, De Lisle ve Barter'ın birlikleri, onları kurtarmak için hızla hareket ettiklerini gösteriyordu. Fakat Boerler, fırtına gibi geçip gitmişti ve nerede olduklarını gösteren imha ettikleri kuşaktan başka bir şey kalmamıştı. Geceleyin topları alıp götürmüşlerdi ve daha şimdiden takip menzilinin dışına çıkmışlardı.

Brakenlaagte'de, İngilizlere iki topla birlikte altmış kişinin ölümüne ve 170 kişinin yaralanmasına mal olan muharebe buydu. Muhafızlardan Albay Benson, Albay Guinness ve Yüzbaşı Eyre Lloyd, İskoç süvarilerinden Binbaşı Murray ve Yüzbaşı Lindsay, diğer yedi subayla birlikte ölüler arasında yer alırken, on altı subay da yaralanmıştı. Muharebenin nihai sonucu, İngiliz artçısının imha edilmesi, ancak büyük kısmın ve saldırının ana hedefi olan konvoyun kurtarılmasıydı. Yüz elli kişi olan Boerlerin kaybı da dikkate değerdi. Boer'in başarısına rağmen hiçbir şey, İngilizleri bu türden zorlu bir savaştan daha fazla memnun edemezdi, çünkü bunun doğrudan sonucu ne olursa olsun, düşman içinde zaruri olarak asla telafi edemeyecekleri bir israfa neden olmuştu. Boer hücumunun kahramanlığı, yalnızca topların etrafında gösterilen bu direnişle dengelenmişti ve bu, her iki tarafın da utanmadan veya pişmanlık duymadan geriye dönüp bakabileceği bir muharebeydi. Ele geçirilen topların yakın zaman içinde korugan hattını kırmak için kullanılacağından korkuluyordu, ancak bu türden hiçbir girişimde bulunulmadı ve birkaç hafta içinde ikisi de İngiliz birlikleri tarafından geri alındı.

Birbirini takip eden ve anlaşılır bir anlatım olması için, Brakenlaagte muharebesinden 1901 yılının sonuna kadar Transvaal'ın bu güneydoğu kesimindeki harekâtların bir açıklamasıyla devam edeceğim. Bu harekâtlar, kasım ayının başlarında, General Bruce Hamilton'ın başkomutanlığının sorumluluğu altına verildi ve bu enerjik komutan, çok sayıda harp esirinin ele geçirilmesini sağlayan bir dizi küçük birliği harekete geçirdi. Biri Standerton'dan Ermelo'ya uzanan, diğeri ise Brugspruit'i Greylingstad'a bağlayan yeni korugan karakolları, görevinde ona çok yardımcı oldu. Böylece devasa ülke, yönetilebilir bölgelere bölündü ve sonuçları, muharebe sahasının bu kısmından gelen büyük miktardaki harp esiri raporlarıyla kısa sürede görüldü.

3 Aralık'ta, istihbaratını yönlendirmek konusunda Wools-Sampson'ın değerli desteğine sahip olan Bruce Hamilton, Ermelo'dan hızlı bir şekilde yola çıktı ve sabahın erken saatlerinde bir Boer kampına hücum ederek doksan altı harp esiri ele geçirdi. Ayın 10'unda benzer bir yürüyüşle Beytel komandolarını mağlup etti, yedisini öldürdü, 131 kişiyi ele geçirdi. Williams ve Wing, bu harekâtta ayrı yürüyüş kollarına komuta ettiler ve gösterdikleri gayret, yirmi dört saat içinde elli bir mil yol kat etmeleriyle değerlendirilebilir. 12'sinde Hamilton'ın birlikleri bir kez daha savaşa hazırlandı ve başka bir komando birliği yok edildi. On altı ölü ve yetmiş harp esiri bu seferin meyveleriydi. Birlikler bir hafta içinde ikinci kez günde elli mil yol kat etmişlerdi ve komutanlarından dinlenmeye ihtiyaçları olduğunu duymaları hiç de şaşırtıcı değildi. Gayretli bir komutan tarafından on gün içinde Transvaal'ın en savaşçı bölgesinden yaklaşık dört yüz harp esiri alınmış ve bize de yirmi beş kişilik bir zayiat listesi düşmüştü. Parlak başarıları nedeniyle Savaş Bakanı'nın teşekkürleri, kendisine özel olarak iletildi. O zamandan itibaren, 1901 yılının sonuna kadar, Plumer, Spens, Mackenzie, Rawlinson ve diğerlerinin görev yaptığı aynı bölgeden çok sayıda küçük ele geçirme vakaları bildirilmeye devam etti. Öte yandan, Ermelo'nun güneyinde, Hollanda denen bir yerde bazı çiftlik evlerini aramak için Spens'in kolundan ayrılan Binbaşı Bridgford komutasındaki iki yüz kişilik atlı piyade birliğinin başına küçük bir aksilik geldi. 19 Aralık gecesi yola çıkan keşif birliği, ertesi sabah çiftlikleri kuşatarak arama yaptı.

İngiliz kuvvetleri bu görevi yaparken bölündü ve Plumer'ın öncüsü olarak geçmelerini sağlayan hâkî elbiseleri sayesinde yakın mesafelere gelen birkaç yüz kişilik Britz komando birliğinin ani saldırısına uğradı. Muharebenin asıl yükü, neredeyse tamamı öldürülen, yaralanan veya esir alınan elli kişilik bir grubun üzerine düştü. Elli kişilik ikinci bir grup, övgüye değer bir savunmanın ardından aynı şekilde mağlup edildi. Komutanları Bridgford da esir edildiği esnada, İngilizlerden on beşi öldürülmüş ve otuzu yaralanmıştı. Spens kısa bir süre sonra birliğiyle birlikte geldi ve Boerler püskürtüldü. Görünüşe göre bu olayda İngiliz planlarının sızdırıldığını ve çiftliklerin etrafında önceden tasarlanmış bir pusu kurulduğunu düşünmek için her türlü neden vardı, fakat, bunlar bu tür harekâtlarda korunmanın her zaman mümkün olmadığı talihsizliklerdir. Boerlerin sayısı ve konuşlanmalarındaki zekâ göz önüne alındığında İngilizler, büyük ölçüde Teğmen Sterling'in sevk ve idaresinden kaynaklanan bir başarıyla, kuvvetlerini daha büyük kayıplar vermeden kurtarabildikleri için şanslıydılar.

Şimdi Doğu Transvaal'dan ayrılıp, açıklamak için 1901'in son aylarında muharebe sahasının çeşitli noktalarında meydana gelen birkaç önemli olaya dönmemiz gerekiyor.

19 Eylül'de, Gough'un felaketinden iki gün sonra, Bloemfontein yakınlarında iki top ve yüz kırk kişinin kısa süreli olarak düşmanın eline geçtiği bir talihsizlik meydana geldi. U bataryasına ait bu toplar, on sekiz ay önce aynı batarya için çok ölümcül olan Sanna Karakolu'ndan atlı piyadelerin refakatinde güneye doğru intikal ediyorlardı. Bu küçük kuvvet, Waterworks'ün on beş mil güneyinde, Vlakfontein adlı bir yerde (General Dixon'ın temasa girdiği Vlakfontein'den farklı), Ackermann'ın komandoları tarafından kuşatıldı ve ele geçirildi. Topçu subayı Teğmen Barry, tüm topçu subaylarının yaptığı gibi toplarının yanında öldü. Toplar ve askerler ele geçirildi, fakat sonra askerler serbest bırakıldı, toplar ise bir veya iki hafta sonra İngiliz birlikleri tarafından geri alındı. Bahar harekâtının ellerine geçen dört İngiliz topuyla başlamış olması, Boerler için kesinlikle bir övünç kaynağıdır ve iki yıllık yorucu bir savaştan sonra hâlâ zorlu ve muzaffer bir düşmana dönüşebilen ve kaybetme pahasına erzaklarını yenileyebilen bu cesur çiftçilere karşı olan hayranlığımızı saklayamayız.

İki gün sonra, Gough'un talihsizliğinin, Vlakfontein olayının ve mızraklı süvari taburunun Cape'de yok edilmesinin hemen ardından, Orange Nehri Kolonisi'nin en güneyinde, Zastron yakınlarındaki Elands Kloof'ta ciddi bir olay daha yaşandı. Bu olayda, Lord Lovat'ın vatanseverliği sayesinde tesis edilen İskoç dağ keşif erlerinden oluşan bir müfreze, geceleyin baskına uğradı ve Kritzinger'in komandoları tarafından ağır bir mağlubiyete uğratıldılar. Yaverle aynı isme sahip olan komutanları Albay Murray'in ve seksen keşif erinden kırk ikisinin kaybı, bir Güney Afrika fırtınası gibi ani ve şiddetli bir şekilde, durumdan habersiz kampın üzerinde patlak veren bu taarruzun nasıl gerçekleştiğini gösteriyordu. Görünüşe göre Boerler, Wilmansrust'taki Victorialılar örneğinde olduğu gibi, ileri karakollardan sıyrılmış ve doğrudan uyuyan birliklerin arasına sürenerek girmişti. Topçuların on ikisi de vurulmuştu ve sahip olunan tek sahra topu ele geçirilmişti. Buna rağmen geri çekilen Boerler, Thorneycroft'un birliği tarafından derhal takibe alındı ve Kritzinger'in yirmi adamıyla birlikte top tekrar ele geçirildi. Boerlerin artık askerî bir güç olmadığı, İngiliz idaresinde geçen beş gün içinde, bu sivillerin ölü, yaralı ve harp esiri olarak yaklaşık altı yüz kişilik zayiat verdirmesinin biraz ironik göründüğünü kabul edelim. Orange Nehri Kolonisi'ndeki iki küçük komando birliği (Koch'un ve Carolina'nın birlikleri) Williams ve Benson tarafından ele geçirilmişti. Toplamda sadece yüz dokuz adam vardı, fakat her zaman olduğu gibi, buradaki bu adamların yeri asla doldurulamayacaktı.

Savaşı dikkatle takip eden ve gelecek hakkında tahminde bulunanlar, Botha'nın Natal'a yönelik hareketini duyunca, De la Rey'in de Transvaal'ın batı bölgesine yönelik yapacağı güçlü bir saldırının haberini almak için beklemeye başladılar. Bu beklentiyi oluşturanlar hayal kırıklığına uğramadı, çünkü eylül ayının son gününde Boer lideri, ani bir gece taarruzuyla Kekewich'in birliğine şiddetli bir şekilde hücum etti ve bu, savaştaki hiçbir muharebede olmadığı kadar sert bir çarpışmaya neden oldu. Bu çatışma, Magaliesberg'deki Magato dağ geçidi yakınlarındaki Moedwill'deki muharebeydi.

De la Rey'den en son, eylül ayının başlarında Methuen ile savaştığı iki muharebenin yapıldığı Zeerust yakınlarındaki Marico bölgesinde bulunduğu zaman bahsedilmişti. Oradan Rustenburg'a ve Kemp'e katıldığı yer olan Magaliesberg bölgesine gitmişti. Bu Boer kuvveti, Kekewich ve Fetherstonhaugh komutasındaki iki İngiliz birliği tarafından takip ediliyordu. İlk sıradaki komutan, 30 Eylül Pazar gecesi, bir üs bölgesi olarak, batıda Selous Nehri, doğuda bir kuru dere yatağı ve Zeerust-Rustenburg yolunun oluşturduğu bir üçgen içindeki güçlü bir konumda bulunan Moedwill çiftliğinde kamp kurmuştu. Üçgenin tepe noktası, nehrin uzak tarafında bir sırt ile kuzey istikametini gösteriyordu.

Kekewich'le birlikte olan askerler, çoğunlukla Vlakfontein çatışmasında savaşanlarla aynıydı. (Derby Alayı, 1'inci İskoç Süvari Alayı, Gönüllü Süvariler ve 28'nci Kraliyet Sahra Topçu Bataryası.) Görünüşe göre liderleri tarafından her türlü önlem alınmıştı ve nöbetçiler o kadar uzağa gönderilmişti ki, bir saldırıya karşı yeterli uyarı yapılacağından emin olunmuştu. Boer saldırısı o kadar ani ve şiddetli bir şekilde gerçekleşti ki, sabahın erken saatlerinde, nehir kıyısındaki mevziler ya püskürtüldü ya da yok edildi ve daha uzak taraftaki sırttan gelen keskin nişancılar, ateşleriyle kampı taramayı başardılar. Sayı olarak iki kuvvet eşit değildi, fakat Boerler zaten taktik avantajı elde etmişlerdi ve dünyaya öğretmiş oldukları bir oyunu oynuyorlardı. İngiliz milli ruhu daha önce hiç bu kadar şiddetli bir şekilde alevlenmemişti. Komutanından en düşük rütbeyle askere alınan gönüllü süvarisine kadar zorlu ve neredeyse umutsuz olan bir görevden kaçan tek bir kişi bile yoktu. Boerler, kampa hâkim olmalarını sağlayan mevziden her ne pahasına olursa olsun uzaklaştırılmalıydı. İkmal malzemelerini terk etmeden - ki bu bir felakete neden olurdu - herhangi bir geri geçilme imkânı yoktu. Şafağın erken saatlerindeki karmaşa ve yetersiz ışıkta toplu olarak bir hareket yapma şansı yoktu, ama Kekewich takdire şayan bir soğukkanlılık ve çabuklukla mümkün olan her türlü önlemi aldı. Süvari taburları ve bölükler, tek bir düşünceyle, göğüs göğüse çarpışmak ve düşmanı hâkim konumdaki mevzisinden çıkarmak için nehir kıyısına yanaştılar. Daha şimdiden atların yarısından fazlası ve çok sayıda subay ve asker, yağan kurşunların önünde yere yığılmıştı. İskoç süvarileri, gönüllü süvariler ve Derby Alayı, iki eski birliğin genç askerleri, kıdemli alayın hızına ayak uydurarak hücum ettiler. İzleyenlerde birisi: "Bütün askerler tek kelimeyle muhteşem bir şekilde hareket ettiler. Oradaki küçük sütrelere mevzi alarak metre metre ilerlediler. Kanatları kuşatma düşüncesiyle bir süvari taburuna at binmesi ve bunu denemesi için emir verildi. Atlarımdan birine binmek üzereyken at iki yerinden vuruldu. Yanımda atlarına binmeye çalışan iki asker vurularak öldürüldü ve Teğmen Wortley dizinden vuruldu. Ateş ettiğim yere geri koştum ve albayın hafifçe yaralı olduğunu, yaverinin ise yaralı ve ölmekte olduğunu, her tarafta ölü ve yaralı askerler olduğunu gördüm." dedi. Fakat karşı taarruz kısa sürede etkisini göstermeye başladı. İlk başta ilerleme yavaştı, ancak kısa süre sonra muhteşem bir hücuma dönüştü. Yaralı olan Kekewich bağırarak askerlerini coşturdu ve düşman, İngiliz piyadelerinin şiddetli taarruzu öncesinde geri çekilmeye başlayınca toplar devreye girdi. Saat altıda De la Rey'in Boerleri, taarruzlarının umutsuz olduğunu görmüşlerdi ve tam bir geri çekilme hâlindeydiler. Bu, süvarileri o mermi yağmuruyla piyadeye dönüştürülen galipler tarafından taciz edilemeyen bir geri çekilmeydi. İngilizlerden tek bir adam ya da mühimmat alınmadığı için geri püskürtme, kusursuz ve eksiksizdi, fakat ölü ve yaralılarla ödenen ağır bir bedeldi. Aldığı yara birkaç gün içinde göreve dönmesine engel olmayan cesur liderleri de dâhil olmak üzere en az 161 kişi vurularak yaralanmıştı. En ağır kayıplar İskoç süvarileri ve Derby Alayının payına düşmüştü; ancak gönüllü süvariler, diğer olaylarda olduğu gibi burada da maruz kaldıkları eleştirilerin ne kadar haksız olduğunu kanıtladı. Bu savaşta, çatışmaya giren birliklerde daha fazla övgüye değer az sayıda muharebe vardır.

Uzun sakallı, asık suratlı savaşçı De la Rey, Moedwill'de geri püskürtülse de hiçbir şekilde cesareti kırılmadı. Savaşın ilk günlerinde, Kimberley yolunda Methuen ile ilk karşılaştığı andan itibaren, kendisinin azimli, zeki ve boyun eğmeyen, çok tehlikeli bir düşman olduğunu göstermişti. Yanında, birçok çatışmanın gazisi olan dik başlı Boerlerden oluşan bir birlik vardı ve astı olan Kemp de mükemmel bir savaşçıydı. Hâkimiyeti geniş bir alana dağılmış kalabalık nüfuslu bir bölgede yayılmıştı ve her an yardımına koşacak, işleri bittiğinde de tekrar dağılarak çiftliklerine ve saklanma yerlerine dönecek olan hatırı sayılı sayıda takiveye kuvveti getirebilirdi. Moedwill'deki çatışmadan sonra birkaç hafta boyunca Boer kuvvetleri o bölgede sessiz kaldı. Biri Elands Nehri, diğeri Rustenburg istikametinde görev yapan iki İngiliz birliği, Methuen ve Von Donop komutasında, civardaki arazileri temizlemek maksadıyla 17 Ekim'de Zeerust'tan ayrıldı. On iki gün sonra, çok sayıda keskin nişancılık faaliyeti ve çatışmanın eşlik ettiği, ancak kayda değer yalnızca bir muharebenin olduğu başarılı bir baskının ardından Zeerust'a geri döndüler.

Bu muharebe, 24 Ekim'de, Zeerust'un kuzeydoğusundan akan Büyük Marico Nehri kıyısındaki Kleinfontein yakınlarında bir noktada gerçekleşti. Von Donop'un yürüyüş kolu, iki ayrı Boer birliğinin yandan ve arkadan şiddetli bir taarruzuna uğradığında, çok engebeli ve çalılarla kaplı bir arazide başıboş bir şekilde ilerliyordu. Kanattan yapılan taarruza komuta eden Kemp, at arabalarının yolunu kesti ve sekiz tanesini yok etti, püskürtülmeden önce Kaffir sürücülerinin çoğunu öldürdü. Artçı birliğine hücum eden De la Rey ve Steenkamp, çok daha ciddi bir mücadeleye girişmişti. Boer atlıları, 4'üncü Kraliyet Sahra Topçu Alayı'nın iki topu arasına girdiler ve kısa bir süreliğine toplara sahip oldular, fakat az sayıdaki muhafız birliği, İngiltere'nin kuzey bölgesinin ünlü alayının geleneklerini yaşatan "Fighting Fifth'in"[1] tecrübeli askerleriydi. Bu kısımdaki yaklaşık yirmi altı kişilik topçu mürettebatından genç subay Hill ve on altı askeri vurulmuştu. Muhafız birliği olan Northumberland hafif piyadelerinden ayakta kalan neredeyse hiç kimse yoktu ve destek görevindeki gönüllü süvarilerden kırk biri öldürülmüş ya da yaralanmıştı. Kısa bir süreliğine çok yakın mesafeden çok şiddetli ve yoğun bir mücadele yaşandı. Ancak İngiliz atlıları dörtnala kurtarmaya geldiler ve taarruz en sonunda geldiği o engebeli araziye doğru geri püskürtüldü. Aralarında cesur liderleri Ouisterhuisen'in de bulunduğu Boerlerden kırk kişinin ölümü, taarruzun ne kadar cesurca icra edildiğini gösteriyordu. İngiliz zayiatı yirmi sekiz ölü ve elli altı yaralıydı. Biraz hırpalanan ve sekiz at arabası kayıp veren küçük yürüyüş kolu, Zeerust'a geri döndü.

Bu olaydan itibaren yılsonuna kadar, 29 Ekim'de Beestekraal'da yetmiş dokuz Boer'in Kekewich'in süvarileri tarafından kuşatılarak ele geçirildiği şiddetli ve başarılı bir şekilde sevk ve idare edilen bir harekât dışında, muharebe sahasının bu bölümünde kayda değer bir olay olmadı. Yıpratma süreci çok istikrarlı bir şekilde ilerledi ve İngiliz yürüyüş kollarından her biri, devamlı olarak harp esiri sayılarını bildirdi. Koruganlı karakol sistemi, artık Magaliesberg'in güvenli bir şekilde elde tutulmasını sağlacak kadar genişletildi ve bir demir yolu hattı Klerksdorp ve Fredericstad'dan Ventersdorp'a uzatıldı. Albay Hickie'nin gönüllü süvari devriyelerinden biri, 13 Kasım'da Brakspruit yakınlarında mağlup edildi, ancak bu istisna dışında, elde edilen başarıların hepsi tek taraftaydı. Methuen ve Kekewich'in yolları, kasım ayı başlarında Zeerust'tan Klerksdorp'a giderken kesişti ve demir yolu hattından başlayarak faaliyet gösterdiler. Yılın sonunda her

---

1 ÇN: Fighting Fifth (Beşinci Savaşçı): İngiltere'nin 1674 yılında kurulan, Royal Northumberland Fusiliers isimli alayı, 1751 yılında 5'inci Piyade Alayı (5th Regiment of Foot) adını almış ve sonrasında Fighting Fifth olarak isim yapmıştır.

ikisi de harp esirlerini topladıkları ve bölgeyi temizledikleri Wolmaranstad bölgesindeydi.

1901 yılının son üç ayında, Transvaal'ın diğer kısımlarında meydana gelen olaylar hakkında söylenebilecek fazla bir şey yoktur. Tüm bölgelerde koruganlar ve asayiş karakol hatları Boer hareket kabiliyetini yok ediyordu ve Boerleri İngilizler için giderek daha çok ulaşılabilir bir hâle getiriyordu. Transvaal'da kalan tek muharip güç, güneydoğuda Botha komutasında ve batıda De la Rey komutasında olanlardı. Diğerleri, takip kuvvetlerinden kaçmaktan başka hiçbir şey denemedi ve yakalandıklarında genellikle ciddi bir direnişte bulunmadan teslim oldular. Daha büyük çaplı tutuklamalar arasında Nylstrom bölgesindeki Dawkins (yetmiş altı harp esiri), Kekewich (yetmiş sekiz kişi), kuzeydeki Colenbrander (elli yedi kişi), Dawkins ve Colenbrander (yüz dört kişi), Colenbrander (altmış iki kişi) sayılabilir; fakat yakalananların büyük çoğunluğu mağaralardan, derin vadilerden ve çiftlik evlerinden toplanan daha küçük birliklerdi.

Bu aylarda meydana gelen yalnızca iki küçük çarpışmanın, ayrı bir açıklamaya ihtiyaç duyduğu anlaşılıyor. İlki, 20 Kasım'da, Orange Nehri Kolonisi'nin en kuzey doğusundaki Villiersdorp yakınlarında çalışırken, Demir yolu istihkâmcılarına karşı Buys'un komandoları tarafından yapılan bir taarruzdu. Ağırlıklı olarak Johannesburg'lu madencilerden oluşan bu birlik, savaş sırasında paha biçilmez hizmetlerde bulundu. Bu olayda, istihkâmcılardan çalışan bir grup aniden saldırıya uğradı ve çoğu esir alındı. İstihkâmcılara komuta eden Binbaşı Fisher öldürüldü ve birkaç askerle birlikte diğer üç subay yaralandı. Fakat Albay Rimington'ın birliği olay yerinde boy gösterdi ve yaralı bir harp esiri olarak liderleri Buys'ı elimize bırakan Boerleri uzaklaştırdı.

İkinci çarpışma, Muller'in Boerleri tarafından 19 Aralık gecesi Elandspruit'te Albay Park'ın birliğine yapılan şiddetli bir taarruzdu. Devam ettiği süre boyunca şiddetli geçen muharebe, taarruz edenlerin geri püskürtülmesiyle son buldu. İngiliz zayiatı altı ölü ve yirmi dört yaralıydı. Arkalarında sekiz ölü bırakan Boerler, muhtemelen aynı ölçüde zayiat vermişti.

Hâlihazırda Transvaal'daki en çarpıcı ve memnuniyet verici özellik, merkezî illerin sükûneti ve nüfusun eski meşgalelerine dönüş şekliydi. Pretoria olağan sakin hayatına geri dönerken, daha büyük ve daha enerjik komşusu, iki yıllık felçten sonra hızlı bir şekilde eski hâline geliyordu. Madenlere her hafta daha fazla değirmen indiriliyor ve aydan aya sürekli olarak üretim artışı, buranın büyük hammadde endüstrisinin kısa süre içinde her zamanki kadar canlı olacağını gösteriyordu. Hepsinden daha fazla memnuniyet verici olan, geceleri alınan bazı önlemler dışında trafiği normale dönen demir yolu hatlarında güvenliğin yeniden sağlanmasıydı. Olayları gözlemleyenler, gözlerini tüm ufku gölgeleyen kara bulutlardan ayırdığında, fırtınanın sona ermek üzere olduğunu gösteren huzurlu maviliğin, sürekli genişleyen, merkezdeki uzantısına sevinmekten kendini alamaz.

Transvaal'daki savaşı 1901'in sonuna kadar ele aldıktan sonra, geriye sadece Orange Nehri Kolonisi'ndeki olayların tarihçesini aynı tarihe kadar getirmek kalıyor. Eylül ayında meydana gelen iki küçük İngiliz mağlubiyetine; Bloemfontein yakınlarındaki Waterworks'ün güneyinde iki topun kaybedilmesi ve Lord Lovat'ın keşif birliğinin kampına yapılan baskına daha önce değinilmişti. O sırada, Louis Botha'nın Natal'ı işgaline yardım edecek olan küçük bir Özgür Devlet kuvvetinin Drakensberg geçitlerine yönelik bir harekât planladığına dair bazı emareler vardı. Fakat asıl taarruz durduruldu ve onu destekleyen gösteri harekâtı boşa çıktı.

Korugan karakol sistemi, Orange Nehri Kolonisi'nde çok mükemmel bir şekilde genişletilmişti ve küçük Boer çetelerinin, sürekli peşlerinde olan İngiliz birliklerinden kaçmaları giderek daha da zorlaşmıştı. Ülkenin güney kısmı, doğuda Bloemfontein üzerinden Basuto sınırına ve batıda Jacobsdal'a uzanan bir hatla kuzeyinden ayrılmıştı. Bu hattın güneyinde, birkaç birlik sürekli olarak içinden geçmesine ve komandoların kırık parçalarını toplamasına rağmen, Boer direnişi fiilen sona ermişti. Kuzeybatı da büyük ölçüde durulmuştu ve 1901'in son üç ayında o bölgede önemli bir olay meydana gelmedi. Her zaman direnişin merkezi olan çalkantılı kuzeydoğuda bile, her hafta harp esiri sayılarını göndermeye devam eden İngiliz birliklerine karşı çok az direniş vardı. Birlik komutanları arasında en başarılı olanlar Williams, Damant, Du Moulin, Lowry Cole ve Wilson idi. Harekâtları sırasında Güney Afrika Polis Teşkilatından çokça yardım gördüler. Bu kuvvetin genç bir subayı olan Binbaşı Pack-Beresford, özellikle yiğitliği ve yeteneğiyle öne çıkmıştı. Tifo nedeniyle erken ölümü, İngiliz ordusu için büyük bir kayıptı. Albay Wilson'ın Ekim başındaki bir çatışması ve Byng'in 14 Kasım'daki bir başka çatışması dışında, birazdan anlatacağım aralık ayının sonundaki olaylara kadar herhangi bir fiilî çatışma yaşandığı söylenemez.

Bu esnada, ülkenin barışçıl bir şekilde teşkilatlanması Transvaal'daki gibi hızlı bir şekilde devam ediyordu, fakat burada karşılaşılan sorunlar farklı bir türdendi ve nüfus yalnızca Hollandalılardan oluşuyordu. Okullara daha şimdiden, savaştan önceki günlere göre daha yüksek bir katılım gösterilirken, bağlılık yemini etmek ve hakkaniyetle sorunlarının gerçek sebebi olarak gördükleri kendi uzlaşmaz hemşehrilerine karşı savaşanların saflarına katılmak için gelen sürekli bir Boer akışı vardı.

Kasım ayının sonlarına doğru, savaşan Boerlerin Heilbron bölgesindeki eski uğrak yerlerinde yeniden toplanacağı bilgisinin doğru çıktığına dair emareler vardı ve aralık ayının başlarında, yorulmak bilmez De Wet'in yeniden muharebe meydanında olduğu biliniyordu. O kadar uzun süre sessiz kalmıştı ki, sürekli olarak yaralandığı ve hatta öldüğüne dair söylentiler vardı, fakat çok geçmeden her zamanki gibi hayatta olduğunu gösterecekti. Başkan Steyn, muhtemelen maruz kaldığı zihinsel ve fiziksel acılardan kaynaklanan çok ciddi bir rahatsızlık nedeniyle hastaydı; ama kendisini ve devletini böyle bir duruma düşüren aptalca politikayı unutturan ve bağışlanmasını sağlayan yılmaz bir kararlılıkla, sadık komandolarından geriye kalanların kampında iki tekerlekli at arabasıyla hâlâ görünüyordu. Savaşın patlak verdiği sıralarda Özgür Devlet vatandaşlarının isteksiz olduğuna dair inancımızın ne kadar yaygın olduğunu hatırlayanlar için, onların iki yıl sonra bile kendilerini ezen güçlere karşı direndiklerini görmek, gerçekten de beklenmedik bir olaydı.

Araziyi adım adım tarama ve tecrit edilmiş Boerleri ele geçirme şeklindeki mevcut İngiliz taktiklerinin, savaşı zamanında sona erdireceği uzun zaman önce ortaya çıkmıştı. Boerlerin bakış açısına göre, tek umut ya da en azından yegâne galibiyet, bir kez daha büyük bir birlik hâlinde yeniden bir araya gelmek ve bazı İngiliz birlikleri ile savaşa girmekti. De Wet, aralık ayının başlarında bu amaçla Wessels, Manie Botha ve diğer yardımcılarıyla birlikte yaklaşık iki bin kişilik bir kuvveti, Heilbron bölgesinde bir araya topladı. Bu kuvvet her ne kadar küçük olsa da takdire şayan bir şekilde hareketliydi ve içindeki her adam, iki yıllık sürekli savaşla güçlüklere alışmış ve tecrübe kazanmış deneyimli bir askerdi. De Wet'in ilk faaliyetleri, Heilbron'un yirmi mil yakınında kuşatılmış olan Albay Wilson'ın tecrit edilmiş bir birliğine yönelikti. Rimington, bir heliografik yardım çağrısına yanıt olarak, takdire şayan bir çabuklukla olay mahalline koştu ve Wilson'la birlik oldu. Bununla birlikte De Wet'in adamları, iki birliğin birleşimi kadar çoktu ve Heilbron'a doğru yapılan dönüş yürüyüşünü taciz ettiler. Konvoya ve artçıya kararlı bir taarruz yapıldı, ancak bu taarruz püskürtüldü. O gece Rimington'ın kampına büyük bir Boer birliği tarafından ateş açıldı, ancak Remington, askerlerini ateş açılan bölgeden zekice uzaklaştırdı, böylelikle hiçbir zarar görmedi. Bu muharebelerdeki kayıplar küçüktü, fakat bu savaşma tarzında eğitilmemiş birliklerle durum ciddi bir hâl alabilirdi. Bundan sonraki iki hafta veya daha fazla bir süre boyunca Boerler, İngiliz birlikleriyle çatışarak ve Elliot'ın kuvvetlerinin kendilerine karşı yaptığı her taarruzdan kaçınarak kendilerini tatmin ettiler. Fakat 18 Aralık'ta Boerler taarruza geçtiler ve bir hafta içinde ikisi kendi lehlerine sonuçlanan üç muharebe yaptılar.

İngiliz karargâhına gelen haberlere göre, Bethlehem'in kuzeybatısındaki Kâffir Tepesi Boer faaliyetlerinin merkeziydi. Bu nedenle üç yürüyüş kolu bu yöne doğru çevrildi. (Elliot'un, Barker'in ve Dartnell'in birlikleri.) Sadece tanınmış bir Boer lideri olan Haasbroek öldüğü için dikkate değer olan bazı gelişigüzel çatışmalar meydana gelmişti. Yürüyüş kolları ayrıldığında herhangi bir hedef bulamadılar. De Wet, aniden onlardan birine başarısızlıklarının kendi yokluğundan kaynaklanmadığını gösterdi. Dartnell, Boer lideri Langberg'deki sığınağından fırlayıp üzerine atladığında, neredeyse Eland Nehri Köprüsü'ne kadar geldiği yoldan geri dönmüştü. Boerler, Brakenlaagte'de başarılı bir şekilde icra ettikleri gibi, içlerine doğru at sürmeye çalıştılar, ancak İmparatorluk süvarilerinin iki alayının düzenli eski askerleri ve Boerlerin her hilesine aşina olan bir general onlarla karşı karşıya geldi. Atlılar, İngiliz hattına 150 metreden fazla hiç yaklaşamadılar ve onları karşılayan sürekli bir ateşle geri püskürtüldüler. İlerleme kaydedemediğini anlayan ve Campbell'ın birliğinin Bethlehem'den geldiğini öğrenen De Wet, dört saatlik çatışmanın ardından adamlarını geri çekti. İngiliz tarafında on beşi kişi vurulmuştu ve Boerlerin kaybının ise kesinlikle en az o kadar veya daha fazla olduğu anlaşılıyordu.

Görünüşe göre De Wet'in yaptığı harekâtlardaki genel amacı, İngilizlerin korugan inşa etmesini engellemekti. Langberg'deki ana kuvvetiyle, Bethlehem ile Harrismith arasında şu anda inşa edilmekte olan hattı tehdit edebilirdi; bu hat, sadece iki ay sonra karşısında ana komando birliğinin pisipisine mağlup olacağı yerdi. Altmış mil kuzeyde, Frankfort'tan Standerton'a ikinci bir hat, ülke boyunca ilerliyordu ve Tafelkop denen bir yere ulaşmıştı. Doğu Lancashires ve gönüllü süvarilerden oluşan bir muhafız birliği işçilere nezaret ediyordu, ancak De Wet, kuvvetinin bir kısmını o civarda bırakmıştı ve korugan inşaatçılarını o kadar çok taciz ettiler ki, komutanları General Hamilton takviye olarak Frankfort'u göndermeyi gerekli gördü. Oradaki İngiliz birlikleri, düşmanı püskürttükleri bir harekâttan bitkin düşmüş bir şekilde yeni dönmüşlerdi, fakat Damant, Rimington ve Wilson komutasındaki üç birlik, düşmanı temizlemek için bekletilmeden gönderildi.

Hava o kadar kötüydü ki bozkır, adalar gibi içinden yükselen tepeciklerle bir iç denize benziyordu. Savaşın bu aşamasında, birlikler her türlü hava koşuluna alışıktı ve hızla çatışma bölgesine doğru ilerlediler. Boerlerin bulunduğu bildirilen noktaya yaklaştıklarında, yürüyüş hattı millerce uzamıştı. Bunun sonucunda cephe çok daralmış ve merkezde tehlikeli bir şekilde zayıflamıştı. Bu noktada Albay Damant ve küçük kurmay ekibi, toplara refakat eden bir avuç İmparatorluk gönüllü süvarisi (91'inci) dışında, iki top ve maxim makineli tüfeği ile yalnız başına kalmışlardı. Bu küçük kuvvetin karşısında, hâki üniformalı bir grup adam vardı, İngiliz düzenini koruyorlardı ve aslında zaman zaman uzaktaki bazı Boerlere doğru düzmece yaylım ateşleri açıyorlardı. Görünüşe göre Damant ve kurmay ekibi, bunların Rimington'ın adamları olduğu zannına kapılmışlardı ve bu zekice hile, mükemmel bir şekilde başarılı oldu. Yabancılar gitgide yaklaştılar ve aniden tüm tebdîlî kıyafetlerinden kurtulup toplara doğru hücuma geçtiler. Dört top atışı onları durdurmaya yetmedi ve birkaç dakika içinde topların durduğu tepeciğin üzerine çıktılar ve topçuların arasında at sürdüler, taarruzlarını atlarından inen birkaç keskin nişancının yan ateşi ile desteklediler.

Tehlikenin farkına varıldığı anda Damant, kurmay ekibi ve refakatçi birliğini oluşturan kırk gönüllü süvari, Boerleri bertaraf etme umuduyla tepeye doğru koştular. Diğerlerinin taarruzu o kadar hızlıydı ki, takviyeler tepeye ulaşamadan topçuları alt ettiler ve sonradan gelenler, kendilerini yukarıdaki Boer nişancılarının ölümcül ateşi altında buldular. Damant dört yerinden vuruldu, tüm kurmay personeli yaralandı ve gönüllü süvarilerin küçük birliğinden neredeyse ayakta kalan hiç kimse yoktu. Hiçbir şey onların kahramanlığını geçemez. Yüzbaşıları Gaussen onların başındayken öldü. Sırtın üstünde, topların yakınında olan askerlerin neredeyse tamamı ya öldürüldü ya da yaralandı. Top müfrezesinden sadece iki asker kalmıştı, ikisi de vurulmuştu ve ölmekte olan yüzbaşıları Jeffcoat, oracıkta yazılan bir vasiyetnameyle her birine elli pound miras bıraktı. Yarım saat içinde İngiliz hattının merkezi tamamen yok edilmişti. Modern savaş, genel olarak eskisinden çok daha az kanlıdır, ancak bir taraf taktik üstünlüğü ele geçirdiğinde hızlı bir şekilde teslim olma ya da topyekûn imha arasında bir seçim yapmak gerekir.

Geniş bir alana yayılmış olan İngiliz kanatları, bir şeylerin ters gittiğini anlamış ve merkeze doğru ilerlemeye başlamıştı. En sağda kanatta dürbününden bakan bir subay, İngiliz toplarının namlu uçlarında, yakın mesafeden mermi ateşlediklerini gösteren, ikaz dumanlarının çıkışını gördü. Süvari taburunu içeri doğru çevirdi ve hemen ardından Damant'ın süvarilerinden bir İskoç süvari taburunu bir araya topladı ve ikisi birlikte tepeye doğru at sürdü. Rimington'ın askerleri diğer tarafta göründüğünde Boerler kaçmıştı. Ele geçirdikleri topları hareket ettirememişlerdi, çünkü atların hepsi telef olmuştu. Onların atla uzaklaştığını gören bir subay, "Aslında bir hata yaptığımı ve kendi adamlarımızla çarpıştığımı düşündüm" diyordu. "Üniformalarımızı giymişlerdi ve bazıları şapkalarının çevresine Damant'ın süvarilerinin amblemi olan kaplan derisi takmışlardı." Aynı subay, topların bulunduğu tepedeki olay yerini anlattı. "Toplara ulaştığımızda durum şöyleydi: İki kişi (ikisi de yaralı) dışında topçuların hepsi ölmüştü, pompom makinalı top subayları ve askerlerinin hepsi ölmüştü, maksim makineli tüfeğin personelinin hepsi ölmüştü, 91'inci Birlikten (top muhafızları) bir subay ve bir asker vurulmamıştı, geri kalanların hepsi ya öldürülmüş veya yaralanmıştı; kurmaylardan, her subay vurulmuştu." Kasırganın girdabına kapılanlar için durum buydu. Toplam kayıp yaklaşık yetmiş beş kişiydi.

Bu muharebede Wessels komutasındaki Boerler, zaferi hakkıyla kazanmalarını sağlayan bir zekâ ve atılganlıkla taarruzlarını gerçekleştirdiler. Bununla birlikte, İngiliz üniformalarının ve yöntemlerinin kullanımına bağlı olan savaş hileleri, harp hukukunun tüm yasalarına göre gayrimeşruydu ve bu tür hilelere karşı uzun süredir muzdarip olan subay ve askerlerin herhangi bir misillemede bulunmadan katlanması hayret vericiydi. Ayrıca, tepeyi ele geçiren Boerlerin kayda değer bir vahşet gösterdiğine inanmak için çok fazla neden bulunuyordu. Orada yatan İngilizler arasında öldürülenlerin yaralılara oranla çok yüksek olması, direniş tümüyle bittikten sonra birçoğunun yakın mesafeden vurulduğuna dair hayatta kalanların ifadesini doğruluyordu.

Tafelkop'taki bu şiddetli çarpışmayı sadece dört gün sonra, Tweefontein'da çok daha ciddi bir çarpışma izledi ve bu muharebe, iki yıllık deneyimden sonra bile düşmanımızın cesaretini ve kurnazlığını yeterince anlamadığımızı gösteriyordu. Korugan hattı, ülkenin bu çalkantılı bölümünü kontrol altına almak için kademeli olarak Harrismith'ten Bethlehem'e kadar uzatılıyordu. Harrismith bölümü, Elands Nehri Köprüsü'nün dokuz mil batısındaki Tweefontein'e kadar uzatılmıştı ve burada işçileri korumak için küçük bir kuvvet görevlendirilmişti. Bu birlik, 4'üncü İmparatorluk Gönüllü Süvarileri'nden dört süvari taburu, 79'uncu bataryanın bir topu ve bir pompom makinalı topundan oluşuyordu. Tamamı Albay Firmin yokluğunda, geçici olarak, Güney Staffords Alayından Binbaşı Williams'ın komutası altındaydı.

De Wet ve adamlarının civarda olduğu bilindiğinden gönüllü süvarilerin kampı, kendisini taarruza karşı emniyete alacak bir konuma kurulmuştu. Güneyi sarp olmasına rağmen, kuzeye doğru uzun bir eğime sahip izole bir tepeydi. İleri karakollar, düzlüğün oldukça dışına doğru gönderilmişti ve tepe boyunca bir nöbetçi hattı yerleştirilmişti. İhmal edilmiş gibi görünen tek önlem, güneydeki yamacın tabanında başka ileri karakolların bulunmamasıydı. Bununla birlikte, görünüşe göre bu yönden herhangi bir saldırı gelmeyeceğini ve her halükârda bunun tepedeki nöbetçilerin dikkatinden kaçmayacağını farz ve kabul etmişlerdi.

Savaş sırasında Boerler tarafından yapılan tüm cüretkâr ve ustaca taarruzlar arasında kesinlikle bundan daha dikkate değer olanı yoktur. Mehtaplı bir gecenin sabahı saat ikide De Wet'in zorlu görev için seçilmiş askerleri, ümitsiz bir girişim için tepenin eteğinde toplandı ve zirveye tırmandı. O günün Noel arifesi olmasının, nöbetçilerin dikkat eksikliğiyle bir ilgisi olabilir. İyi niyetli ve samimi bir ortamda, askerî disiplinin katılığı, fark edilmeden gevşeyebilir. Kendilerine doğru sürünen korkunç Noel ziyaretçileri ya da Noel babanın taşıdığı korkunç sabah hediyesi göz önüne alındığında, çadırlardaki ya da tepedeki uykulu ileri karakollarda uyuyan gönüllü süvarilerin yapabileceği pek az şey vardı.

Çoraplı ayaklarıyla sessizce yaklaşan Boerler, bir hücuma geçecek yeterli sayıya ulaşana kadar tepenin altında toplandılar. Nöbetçiler tarafından varlıklarından şüphe duyulmadan bu kadar ileri gidebilmeleri, neredeyse akıl almazdı, ama durum böyleydi. En sonunda taarruz edecek kadar güçlü hissettiklerinde, tepenin üzerine atıldılar ve nöbetçilere ateş açtılar, ardından onları geçerek uyuyan kampa girdiler. Tepenin zirvesi bir kez ele geçirildiğinde, yoldaşlarının yukarıya doğru tırmanmasını engelleyecek hiçbir şey kalmıyordu ve birkaç dakika içinde yaklaşık bin Boer, kampa hâkim bir konuma gelmişti. İngilizler sadece sayıca az olmakla kalmayıp aynı zamanda tehlikenin ne olduğu ya da ona nasıl karşı konulacağı konusunda net bir bilgi sahibi olmadan uykularından uyanıp aceleyle çatışmaya girmişlerdi. Bu esnada vızıldayan mermi yağmuru, çadırlarından çıkarken birçoğunu yere sermişti. Maruz kaldıkları eziyetin ne kadar korkunç olduğu düşünüldüğünde, bu tecrübesiz gönüllü süvarilerin çok iyi bir iş çıkardığı görünüyordu. İçlerinden biri, "Bazı cesur beyler ilk silah sesinde kaçtılar, ancak sayıca çok fazla olmadıklarını söylemekten mutluluk duyuyorum." diyordu. En tecrübeli birlikler bile böyle bir durumda olsalardı, çok ciddi bir sınamadan geçerlerdi. İzleyenlerden biri, "Çıkan gürültü ve çığlıklar korkunçtu. Hollandalıların nara ve haykırışları, ölmekte olan adamların ve atların çığlık ve feryatları, yerlilerin feryatları, köpeklerin ulumaları, atış sesleri, atların dörtnala koşması, mermilerin ıslığı ve yaylım ateşinin havada yaptığı vızıltı, daha önce hiç duymadığım ve bir daha duymayı ummadığım korkunç ve şeytani seslerden oluşan bir karışımdı." diyordu. Çıkan kargaşada askerlerin bir kısmı birbirini, bir kısmı da kendi kendilerini öldürdü. Miğfer takan iki Boer, kendi arkadaşları tarafından öldürüldü. Cesur Boerler doğrudan içlerine daldıkları, onları yere serdikleri ve ara sıra birkaç yarda mesafeden vuruldukları için, askerlere toparlanmaları veya kendilerine gelmeleri için zaman tanınmamıştı. Maksim makineli tüfeğinden sorumlu olan Harwich ve Watney, çevrelerindeki silah kısmının tüm askerleri ile birlikte asil bir şekilde can verdi. Başçavuş Reed, tüfeğinin dipçiği ile düşmana doğru koştu, ancak kurşunlarla delik deşik edildi. Komutanları Binbaşı Williams, adamlarını toplarken karnından vuruldu. Topçular, mağlup edilip tek kişi kalana kadar vurulmadan önce iki atış yapacak zaman bulmuşlardı. Direniş yarım saat boyunca devam etti, fakat bu sürenin sonunda Boerler tüm kampı ele geçirmişlerdi ve hâlihazırda sabahleyin yapılacak bir kurtarma girişiminden önce harp esirlerini uzaklaştırmak için acele ediyorlardı.

Verilen zayiat, gönüllü süvarilerin direnişinin ne kadar övgüye değer olduğunu göstermek için kendi başına yeterliydi. Dört yüz kişiden az olan bir kuvvetten altı subay ve elli bir asker ölmüş, sekiz subay ve seksen asker yaralanmıştı. Bunun gibi kararlı bir direnişin bu tarz kanıtlarının olduğu bu savaş sırasında teslim olan çok az kişi vardı. Boerler açısından bu kansız bir zafer de değildi, çünkü kayıpları İngilizlerinkinden daha az olmasına rağmen, yine de ağır olduğuna dair kanıtlar vardı.

Sayıları iki yüzden fazla olan harp esirleri, De Wet'in gözetimi altında yaralılara örnek bir insani muamelede bulundukları görünen Boerler tarafından aceleyle uzaklaştırıldı. Esirler, cebrî yürüyüşle Basuto sınırına götürüldü ve burada, yarı giyinik ve yiyeceksiz bir şekilde ortada bırakıldılar. Dolambaçlı yollardan ve birçok maceradan sonra hepsi tekrar İngiliz hatlarına geri döndüler. De Wet'in bu kadar çabuk bir şekilde kaçması kendisi için iyi olmuştu, çünkü muharebenin sona ermesinden itibaren üç saat içinde İmparatorluk süvarilerinin iki alayı, on yedi mil yol katederek olay yerine gelmişti. Bununla birlikte Boerlerin artçısı, tüm takibi boşa çıkaran Langberg'in hızıyla ortadan kaybolmuştu.

De Wet'in 1901 yılının aralık ayının son bölümündeki kısa, ama etkin harekâtı, bu şekildeydi. Muhteşem bir muharebeydi, ama yine de bu onun son hamlesiydi ve Tweefontein, İngiliz birliklerinin onun ağır elini hissettiği son çarpışmaydı. Cesurca icra ettiği harekâtları, onu yavaş yavaş çevreleyen o demir kafesin inşasını bir gün bile geciktirmemişti. Bu demir kafes, zaten neredeyse tamamlanmıştı ve birkaç hafta sonra hem kendisi ve hem de komandoları, kendilerini parmaklıklara karşı mücadele ederken bulacaklardı.

37. BÖLÜM

1902 YILI OCAK'TAN NİSAN'A KADAR OLAN HAREKÂT

1902 yılının başlangıcında, her gözlemci için her zaman olduğu gibi canlı olan Boer direnişinin sonunun yakın olduğu açıktı. Uzun bir süre boyunca art arda gelen esir edilmeler nedeniyle, kuvvetleri sayıca çok azalmıştı. Dünyadan soyutlanmışladı ve mühimmat ikmalini yenilemek için riskli olan kaçakçılıktan başka çareleri yoktu. Ayrıca, en büyük üstünlükleri olan hareket kabiliyetlerinin azaldığı ve takdire şayan binicilik yeteneklerine rağmen yedek at mevcudunun giderek tükendiği de biliniyordu. Giderek artan sayıda Boer vatandaşı kendi halkına karşı İngilizlere hizmet için gönüllü oluyordu ve bu hassas deneyimle ilgili tüm korkuların yersiz olduğu ve tüm orduda onlardan daha hevesli ve daha sadık askerin olmadığı anlaşılmıştı.

Bununla birlikte Boerlere diz çöktüren ana faktör, tüm düşman arazisine yayılmış olan ve özenle inşa edilmiş muhteşem korugan sistemiydi. Asıl korugan karakollar birbirinden çok uzaktaydı ve Boerler için mutlak bir engel olmaktan ziyade can sıkıcı bir setti. Bununla birlikte yeni modeller, yalnızca altı yüz yarda aralıklıydı ve birbirine öylesine aşılmaz tel engellerle bağlıydı ki, bir Boer, birinin şapkası Ermelo ile Standerton arasındaki herhangi bir yere uçarsa, gidip getirmek için Ermelo'nun etrafından dolaşmak zorunda olduğunu söyleyerek bu hattı etkileyici bir şekilde tanımlamıştı. Küba'daki İspanyollar bu tür engellerden yararlanmıştı, ancak böylesine büyük bir arazi üzerinde bu kadar büyük bir ölçekte uygulanması, savaşın dikkat çeken olaylarından biriydi ve Güney Afrika savaşını askerî tarih öğrencileri için sonsuza kadar ilginç kılacak birkaç yenilikten biri olarak kalacaktı.

Bu büyük sistemin omurgası, her zaman her iki taraftan da korunan ve bir yolda olduğu gibi, koyun ve inek sürülerinin, yayaların ve güvenli bir şekilde seyahat etmek isteyen her şeyin gidip geldiği demir yolu hatlarıydı. Bu uzun merkezî kordonlardan sağa ve sola ayrılan hatlar, büyük bir ülkeyi üstesinden gelinebilir bölgelere ayırdı. Bunların sınıflandırmasını yapmak okuyucuyu bıktırabilirdi, ama yılın başında Transvaal'ın güneydoğusu ve Orange Nehri Kolonisi'nin kuzeydoğusunda, Botha ve De Wet'in uğrak yerleri o kadar kesişmişti ki, çok yakında her ikisi için de durumun ümitsiz bir hâl alacağı kesindi ve bu yeterliydi. Sadece Transvaal'ın batısında De la Rey ve Kemp için açık bir kaçış yolu vardı. Nitekim savaşın sonundaki en heyecan verici olayların, gerçekte olduğu şekliyle, bu bölgede gerçekleşmesi bekleniyordu.

Doğu Transvaal'daki General Bruce Hamilton, geçmişte çok iyi sonuçlar veren enerjik taktikleri kullanmaya devam ediyordu. Yeni yılla birlikte tutuklu sayısı düşmüştü, fakat o kadar çok tutsak almış ve kalanını o kadar sıkıştırmıştı ki savaş, bu bölgedeki Boerlerin sonunu getirmiş gibi görünüyordu. Hamilton, 1 Ocak'ta, yılın ilk getirisi olan Grobler'in yirmi iki Boerini teslim etti. Kendisi ayın 3'ünde kırk dokuz kişiyi ele geçirirken, onunla birlikte görev yapan Wing, yirmi kişiyi daha teslim aldı. Bunlar arasında Talana Tepesi'nde General Lucas Meyer'e yardım eden ya da yardım etmekte başarısız olan General Erasmus da vardı. Ayın 10'unda Albay Wing'in Hamilton kuvvetinin bir parçası olan birliği tekrar taarruza geçti ve iki Wolmaran[1] da dâhil olmak üzere kırk iki kişiyi esir aldı. Sadece iki gün sonra Hamilton aynı yere geri döndü ve otuz iki kişiyi daha yakalayarak emeklerinin karşılığını aldı. Hamilton ayın 18'inde yirmi yedi, 24'ünde on iki ve 26'sında en az doksan kişiyi teslim aldı. Bu darbeler çok şiddetliydi ve Boerler, bir gecede otuz mil at sürmeye hazır olan bir düşmandan nasıl kaçılacağını bulmakta olukça zorlanıyorlardı. Öyle ki taarruzi bir harekât için düşman, hem çok dağılmış hem de morali çok bozulmuştu. Bu kadar çok dolaşılan bölgede çok çekingen davrandıklarını fark eden Hamilton, daha da güneye doğru ilerledi ve mart ayının başlarında Vryheid bölgesinde bir araştırma yaptı ve burada bazılarını, özellikle de ünlü İrlandalı asinin soyundan gelen General Cherry Emmett'i ve Louis Botha'nın kayınbiraderini ele geçirdi. Tekrarlanan tüm bu zaferler için esas olarak Albay Wools-Sampson tarafından çok takdire şayan bir şekilde yönetilen istihbarat servisine teşekkür borçluyuz.

Bruce Hamilton, Ermelo bölgesinde bu kadar başarılı bir şekilde faaliyet gösterdiği esnada, Plumer, Spens ve Colville komutasındaki birkaç İngiliz birliği, kaçakların Wakkerstroom'un kuzeyindeki dağlık araziye kaçmalarını önlemek için yaklaşık elli mil güneyde konuşlandırılmıştı. 3 Ocak'ta Plumer'ın Yeni Zelandalılarından oluşan küçük bir kuvveti, bir miktar zayiat vermelerine karşın, sığırlarını ele geçirdikleri, bir Boer birliğiyle şiddetli bir çatışmaya girdi. Oysaki bu Boerler, güçlü bir şekilde takviye edilmişti ve ertesi gün Binbaşı Vallentin elli askerle onları takip ettiğinde, kendisini Onverwacht'ta Oppermann ve Christian Botha liderliğindeki birkaç yüz düşmanın karşısında bulmuştu. Vallentin öldürülmüş ve küçük kuvvetinin neredeyse tamamı, Albay Pulteney komutasındaki

---

1   ÇN: Wolmaranlar: Alsas-Loren bölgesinde kullanılan bir soy ismi, Güney Afrikaya, 1746'da Hollanda Doğu Hindistan Şirketinde bir asker olan Joseph Wolmarans'ın Cape Town'a gelmesiyle geldikleri düşünülmektedir.

İngiliz takviye kuvvetleri Boerleri uzaklaştırmadan önce vurulmuştu. Bu kanlı küçük çatışmada 19 kişi ölmüş ve 23 kişi yaralanmıştı. Savaş alanında Oppermann'ın kendisiyle birlikte dokuz Boer ölü olarak kalmıştı. Kendisi en deneyimli generallerinden biri olduğundan düşman için önemli bir kayıptı.

O andan itibaren savaşın sonuna kadar söz konusu bu birlikler, Mackenzie'nin Ermelo'nun kuzeyindeki birliğiyle birlikte, tüm Boer birlikteliklerini parçalamaya ve Lord Kitchener'ın haftalık listesini şişirmek için paylarına düşen harp esirlerini göndermeye devam ettiler. 11 Nisan'da Standerton hattına karşı düzenlenen son taarruz, 134 kişinin yakalanması ile sonuçlandı.

Güney Afrika'daki ordu çok büyük olmasına rağmen, devasa ikmal yolları ve korugan karakol sistemi tarafından o kadar çok asker çekilmişti ki, fiilen harekâta katılmak için uygun olan olan sayı, hiçbir zaman kırk ya da elli bin kişiyi geçmedi. Elli bin kişi daha olsaydı, savaşın süresinin en az altı ay kısalacağına şüphe yoktu. Asker sayısının az olması nedeniyle Lord Kitchener, dikkatini daha önemli olan yerlere yöneltirken bazı bölgeleri kendi hâline bırakmak zorunda kaldı. Nitekim Delagoa Demir yolu hattının kuzeyinde, İngilizler tarafından işgal edilen sadece bir kasaba vardı, o da Lydenburg'du. Buna rağmen, orada enerjik bir komutan olan Devon alayından Park vardı. Bu lider, dağların arasındaki müstahkem mevkisinden çıkarak ve Belfast'tan Urmston'un desteğini alarak, Ben Viljoen'in komandolarını ve Schalk Burger'in gezgin hükümetini sürekli hareket halinde tuttu. Daha önce anlatıldığı gibi, Albay Park 19 Aralık'ta şiddetli bir gece muharebesi yapmış ve ardından, sadece birkaç saatlik bir farkla Boer hükümetini elinden kaçırarak, Urmston ile birlikte Dulstroom'u işgal etmişti. Ocak ayında Park ve Urmston, sis, aralıksız esen rüzgârlar ve yağan yağmurlar harekâtlarını ciddi bir şekilde engellemesine rağmen, savaşmak için yeniden Transvaal'ın en zorlu kısmına doğru yola çıkmışlardı. Muller'in ve Trichardt'ın komandolarıyla yapılan birkaç çatışmada kesin bir netice alınamamıştı, ama İngilizler biraz şanslıydı, 25 Ocak'ta Binbaşı Orr tarafından zekice kurulan bir pusuyla General Viljoen, Lydenburg yakınlarında ele geçirilmişti. Viljoen, savaştan önce olayları kışkırtan önemli bir tahrikçi olmasına rağmen, bu mücadele boyunca cesurca ve onurlu bir şekilde savaşmış ve düşmanının hem saygısını hem de takdirini kazanmıştı.

Albay Park, son iki seferinde büyük bir başarı elde edememişti, fakat 20 Şubat'ta takdire şayan bir yaklaşma yürüyüşü yaparak tepelerin arasında güvenlik içinde sessizce bekleyen bir Boer kampına hücum etmişti. Pek çok Boer subayı da dâhil olmak üzere yüz altmış dört harp esiri, Ulusal Keşif Birliği'nin veya bilindik adıyla "evcil Boerlerin" önemli bir rol oynadığı bu zaferin meyveleriydi. Bu komando birliği, Boer hükümetine muhafızlık yapan ve dağılmaktan yine kurtulan Middelburg'a aitti. Mart ayının başlarında Park, bir defasında tek bir günde yetmiş mil yol katettiği yolculuk için tekrar dışarı çıkmıştı. Schalk Burger, Reitz, Lucas Meyer ve Transvaal Hükümeti'nin diğer mensuplarının Middelburg'a geldikleri ve anlaşma koşullarını görüşmek amacıyla Pretoria'ya ilerlemek için sabırsızlandıkları haberinin İngiltere'ye ulaştığı 23 Mart tarihine kadar savaş bölgesinin bu kısmından dikkate değer bir haber gelmedi. Doğu ufkunda, gelmekte olan barışın ilk altın parıltısı belirmişti.

Doğu Transvaal'da demir yolu hattının kuzey ve güneyindeki olayların gidişatını kısaca anlattıktan sonra, şimdi ülkenin daha merkezî ve kuzey kesimlerinde meydana gelen bir veya iki olaydan bahsedeceğim. Daha sonra De Wet'in Orange Nehri Kolonisi'ndeki faaliyetleri hakkında biraz bilgi vereceğim ve son olarak De la Rey'in batıdaki Boer kuvvetlerine son bir zafer kazandıran o parlak faaliyetini anlatacağım.

Aralık ayının son günlerinde, birlikte hareket eden Colenbrander ve Dawkins, kuzey bölgesinde çok sayıda faydalı faaliyette bulundular ve Nylstrom'dan Pietersburg'a kadar bu liderlerin faaliyetleri, sürekli olarak Boerleri rahatsız etti. Ayın sonuna doğru Dawkins, De Wet'e karşı koyan birlikleri takviye etmek için Orange Nehri Kolonisi'ne gönderildi. Colenbrander, cesur koloni kuvvetleriyle birlikte tek başına Magaliesburg'u doğru araziyi taradı ve bir dizi düşmanı ele geçirmenin yanı sıra Kemp'in bir baskınla sığırlarını yağmalamasına öfkelenen ve onları tehlikeli bir şekilde Hollandalı kadın ve çocuklara yaklaştıracak bir yöne doğru ilerleyen Linchwe'nin Kâffirlerinden oluşan savaşçı bir grubun yolunu keserek geri göndermenin çifte tatminini yaşadı. Harekât esnasında yaşanan bu olay ve bunun benzerleri, belirli sınırlar içindeki durumlar hariç, savaş sırasında İngilizler tarafından silahlı yerlilerin kullanıldığına dair söylenen yalanların ne kadar alçakça olduğunu göstermektedir. Hükümet için dilediği zamanda Güney Afrika'nın tüm savaşçı yerli ırklarını ayağa kaldırmak, son derece kolay bir şey olurdu, fakat takdire şayan ve son derece disiplinli Sihlerimizi ve Gurkalarımızı geride tutan bizlerin, Afrika'nın aşağı, ama daha vahşi ırklarını askere almak için gönüllü olarak kendi kendimize koyduğumuz kuralları çiğnememiz pek olası değildi. Yine de hiçbir suçlama bu kadar sık tekrarlanmadı ve Avrupa dergilerinin yufka yürekli ve yumuşak başlı editörleri arasında daha acıklı protestolara neden olmadı.

Colenbrander'in Rustenburg bölgesinde bulunmayışı, Beyers'e hemen yararlandığı bir şans verdi. 24 Ocak sabahı erken saatlerde Beyers, Pietersburg'a bir saldırı düzenledi, fakat küçük garnizon tarafından kolayca püskürtüldü. Bununla birlikte, muhtemelen bu taarruz, mülteci kampındaki bazı mahkûmların kaçmasını sağlamak için yapılmış bir aldatmacaydı. Yaklaşık yüz elli kişi kaçtı ve yeniden komandolara katıldı. Böyle bir olayın tekrarlanmasını önlemek için kısa bir süre sonra Natal'a taşınan bu kampta toplam üç bin Boer vardı.

Tekrar Pietersburg'a dönen Colenbrander, Beyers'in ziyaretine karşılık vermeye karar verdi ve 8 Nisan'da Boer kampına baskın yapmak için küçük bir kuvvetle hareket etti. Inniskilling Hafif Piyade Alayı, düşman mevzisine hâkim bir araziyi ele geçirdi. Daha sonra geri çekildi, fakat takip edildi ve toplamda yaklaşık yüz elli kişi öldürüldü, yaralandı veya esir alındı. 3 Mayıs'ta Beyers'e karşı yeni bir harekât icra edildi ve Boerlere yaklaşık aynı sayıda kayıp verdirilmesiyle sonuçlandı. Öte yandan Boerler, on sekiz kişiyi öldürüp ve otuz kişiyi esir alarak, Kitchener'in keşif birliğine karşı küçük bir başarı elde etmişlerdi.

Bununla birlikte, bu bölgedeki savaşla ilgili olan ve eğer böyle bir şeye müsaade edilecek olsa sessizce göz ardı edilmek istenecek bir olay vardı. Pietersburg'un yaklaşık seksen mil doğusunda, arazinin Spelonken adı verilen vahşi bir bölgesi vardı. Bu bölgede Bushveld karabinalıları adı verilen düzensiz bir birlik faaliyet gösteriyordu. Güney Afrika'da askere alınmışlardı, ama saflarında hem koloniciler hem de İngilizler bulunuyordu. Bu birliğin kontrolsüz görevleri, karma yapısı ve tecrit edilmiş durumu hem disiplini zayıflatmış ve hem de itidale engel olmuş gibiydi. Görünüşe göre Amerikan savaşında Federallerin çok az merhamet gösterdiği Güneyli "Konfederasyon Gerillalarından" farklı olmayan bir çeteye dönüşmüştü. Ellerine düşen Boer esirlerini kısa bir süre içinde infaz etmişlerdi. Barbarca davranışları için sunulan bahane ise, bu birlikte görev yapmış bir subayın Boerler tarafından öldürülmüş olmasıydı. Böyle bir sebep doğru olsa bile, ayrım gözetmeksizin öç almak için elbette haklı bir gerekçe oluşturmaz. Bu suçlar Temmuz ve Ağustos 1901'de işlenmişti, ama Ocak 1902'ye kadar subaylardan beşi yargılandı ve on iki cinayetin sorumlusu veya suç ortağı olarak suçlu bulundular. Birlik dağıtıldı ve suçlanan subaylardan üçü, Handcock, Wilton ve Morant ölüm cezasına çarptırılırken, Picton adlı bir başkası ordudan ihraç edildi. Handcock ve Morant idam edildi. Bu sert önlem, İngiliz Ordusu'ndaki disiplin standardının ne kadar yüksek olduğunu ve cezaların ne kadar ağır olduğunu ve disiplinin ihlal edildiği yerlerde tüm mazeretlerin nasıl boşa çıkacağını ciltler dolusu delilin yapabileceğinden daha açık bir şekilde gösteriyordu. Mevcut yasa dışı hareket ve onun anında cezalandırılması karşısında, yurt dışındaki cahil basın ve evdeki dönek İngilizler tarafından aleyhimizde vaaz edilen hayali zulümlere karşı mücadele etmek, ne kadar anlamsız bir hale geliyor!

Johannesburg'un güneyinde, bu kasaba ile sınır arasında, bir demir yolu ağından diğerine uzanan Zuikerboschrand denilen tepeler hattı bulunuyordu. Bazı Boerlerin bu araziye sığındığı biliniyordu, bu nedenle 12 Şubat'ta küçük bir İngiliz kuvveti, onları temizlemek için Klip Nehri Karakolu'ndan ayrıldı. Çoğunluğu, atlı piyadelerin etkili bir şekilde yetiştirilebileceği son yer olarak düşünülebilecek ve Malta'dan yeni gelmiş olan Lancashire Hafif Piyade Alayı, Warwicks ve Derbys Alaylarından çekilerek, 28'inci Atlı Piyade'yi oluşturan toplam 320 asker vardı. Komutan Binbaşı Dowell'di. Dağlık araziye doğru ilerlenildi, ancak düşmanın tahmin edilenden çok daha güçlü olduğu anlaşıldı. Tanıdık Boer taktikleri, alışılagelmiş başarı ile kullanıldı. İngiliz hattı cepheden yoğun bir ateşle tespit edilirken, güçlü kuşatma kuvvetleri, her bir kanadın arkasına doğru dörtnala koşturdular. İngilizlerden her biri, büyük bir güçlükle kendisini bu tehlikeli durumdan kurtardı ve kuvvetin bir kısmının emniyeti, silah arkadaşlarının kaçabilmesi için zaman kazanmak maksadıyla hayatlarını feda eden bir avuç subay ve askerin fedakârlığıyla sağlanmıştı. Bu talihsiz çatışmadaki kaybımız on iki ölü ve elli yaralıydı ve yaklaşık yüz harp esiri, tüfeklerine ve cephanelerine faydalı bir ilave yaparak galiplerin ihtiyacını karşıladı. Ertesi gün daha güçlü bir İngiliz kuvveti geldi ve düşman tepelerden çıkarıldı.

Bir hafta sonra, 18 Şubat'ta, Springs yakınlarındaki Klippan'da, Lord Kitchener'ın uzun süredir düşmandan uzak tuttuğu bu merkezî ihtiyat birliği olan İskoç Greys'in süvari taburu ile ona hücum eden bir Boer birliği arasında başka bir çarpışma meydana geldi. Bu muharebede süvariler, bir hafta önce atlı piyadelerin hırpalandığı gibi hırpalandı, üç subay öldürüldü, sekiz asker öldürüldü veya yaralandı ve kırk altı kişi esir alındı. Bu birlik, General Gilbert Hamilton'ın yürüyüş kolunun yancısını teşkil ediyordu, fakat onlara taarruz edildi ve o kadar hızlı bir şekilde bozguna uğradılar ki, silah arkadaşları yardıma gelmeden önce darbe indirilmişti.

Orange Nehri Kolonisi'nde az sonra açıklayacağımız başarılı baskınların sonuçlarından biri de, çok sayıdaki Özgür Devlet vatandaşının güney üzerindeki aşırı baskıdan kurtulmak için Vaal'ın kuzeyine geçmesiydi. Mart ayının sonunda, dikkate değer sayıdaki Boer, Johannesburg'dan çok uzak olmayan ve her zaman bir isyan merkezi olan Springs'in doğusundaki bu bölgenin yerel komandolarını takviye etmişti. O dönem, hepsi hafif süvarilerden Albay Lawley komutasındaki, 2'nci Ağır Süvari (2nd Queen's Bays), 7'nci Hafif Süvari Alayı ve bazı Ulusal Keşif Birliğinden oluşan bir süvari kuvveti burada konuşlandırılmıştı. Springs'in doğusundaki bir dizi küçük çatışmadan sonra Lawley, o kasabadan on sekiz mil uzakta, Boerlerin asıl faaliyet alanı olan bölgeye yakın Boschman Tepesini ele geçirmişti. Albay Lawley, 1 Nisan sabahı, çiftliklerden birinde bildirilen küçük bir düşman kuvvetine baskın yapmak amacıyla, Albay Fanshawe komutasındaki üç ağır süvari taburunu bu üs bölgesinden gönderdi. Fanshawe'nin kuvveti yaklaşık üç yüz kişiydi.

Bununla birlikte İngiliz süvarileri, kendilerini, çulluk için dışarı çıktığında bir kaplanla karşı karşıya kalan avcı konumunda buldular. Araştırmaya başlayacakları çiftlik olan Holspruit'e kadar olan keşif gezisinde her şey yolunda gitti. Çiftliğin sahibi olan Komutan Pretorius, iki tekerlekli at arabasını takip edip ele geçiren Binbaşı Vaughan'ın gayretiyle esir alındı. Bununla birlikte, Alberts'in komandolarının çiftlikte kamp kurduğu ve ağır süvarilerin çok üstün bir düşman kuvvetiyle karşı karşıya olduğu anlaşıldı. Gece karanlıktı ve ateş başladığında dostu düşmandan ayırt etmek mümkün değildi ve neredeyse namlular ağız ağızaydı. Üç süvari taburu, çok zor koşullar altında takdire şayan bir şekilde düzenini koruyarak, biraz hâkim bir araziye doğru geri çekildi. Taarruz, karanlığa rağmen şiddetli bir şekilde ilerledi ve Boerler, en sevdikleri taktiklerini kullanarak, süvarilerin işgal ettiği mevziyi hızla kuşattılar. İngilizler, taburları kademeli olarak geri çekip doğuda, ufuk çizgisine karşı karanlıkta belli belirsiz bir şekilde ayırt edilebilen daha yüksek kayalık bir tepeye geçtiler. En son geri çekilecek olan B Süvari Taburu, saflarını yarıp geçerken eyerlerinin üzerinden ateş eden cesur düşmanlarının taarruzuna uğradı ve üzerlerinden geçildi. Boerler, yüksek sesle nara atarak atlarıyla yanlardaki yokuştan yukarı doğru hücum ettiğinde, İngilizler tepeye ulaşmak ve atlarından inip tepenin sırtında hizalanmak için zar zor zaman bulmuşlardı. İki kez geri püskürtüldüler, ancak üçüncü kez tepenin bir köşesini ele geçirdiler ve diğer tarafı savunan askerlerin arkasından şiddetli bir şekilde ateş açtılar. Şafak söküyordu ve durum çok ciddiydi, çünkü Boerler sayıca üstündü ve çok büyük bir coşku ve kararlılıkla takibe devam ediyorlardı. Atları vurulmuş olan küçük bir subay ve asker grubu, silah arkadaşlarının geri çekilmesini himaye etti ve iki subay ve yirmi üç askerin hepsi, ölene veya yaralanana kadar ateş etmeye devam ettiler. Ümitsiz savunmalarının tamamı, düşmana otuz ile elli yarda mesafe içinde yapılıyordu. Alayın geri kalanı, her biri taarruzlarını icra etme yöntemleri olağanüstü derecede becerikli olan Boerler tarafından hızla kuşatılan ve art arda gelen sırtlara çekildi. Geri çekilmenin bir bozguna dönüşmesini engelleyen tek şey, yenilgiye uğrayan askerlerin mükemmel disiplininden başka hiçbir şey değildi. Neyse ki, baskı dayanılmaz hâle gelmeden önce 7'nci Hafif Süvari Alayı, birkaç topçu ile birlikte kurtarmaya geldi ve durumu tersine çevirdi. Hafif süvariler o kadar hızlı dörtnala koşturdular ki, bazıları kılıçlarıyla Boerlerin arasına girdi, ancak düşman hızla geri çekildi ve ortadan kayboldu.

Bu çok şiddetli ve kanlı süvari çatışmasında ağır süvarilerin, 270 kişilik toplam kuvvetinden ölü ve yaralı olarak seksen kişi zayiat verdi. Bu tür koşullar altında bu tür kayıplara katlanmak ve mutlak disiplini ve düzeni korumak, askerlik erdeminin iyi bir göstergesidir. Emir subayı, tabur komutanı ve on subaydan altısı öldürülmüş veya yaralanmıştı. Boerlerin kayıpları da eşit derecede ağırdı. Diğer yetmiş kişilik zayiatla birlikte, biri komutan olmak üzere iki Prinsloo ve üç birlik komutanı, öldürülenler arasındaydı. General Alberts'in emri altında sayısı altı yüz kişiden az olmayan, hatırı sayılır bir kuvvet vardı. Öyle ki Holspruit'teki çarpışma, ağır süvarilerin savaş siciline başka bir şerefli zafer ekleyen bir muharebedir. Bu muharebe ve savaşın sonuna doğru yapılan diğerlerinde, yaralılarımızın düşmanın nezaketi ve ilgisiyle karşılandığını eklemek memnuniyet vericidir.

Şimdi Orange Nehri Kolonisi'ne inebilir ve De Wet'in komandolarının kuvvetini kırmaya yönelik icra edilen muharebelerin gidişatını takip edebiliriz. Dikkatimizi bu muharebeler üzerinde yoğunlaştırabiliriz, çünkü koloninin diğer bölümlerindeki çok sayıda küçük birliğin intikalleri, toplanmaları ve keskin nişancılık faaliyetleri, her ne kadar çok zahmetli ve faydalı işlerle uğraşmış olsalar da, özel bir açıklamaya ihtiyaç duymaz.

Firmin'in gönüllü süvarilerine indirdiği ağır darbeden sonra De Wet, anlatıldığı gibi, önce Langberg'e ve daha sonra buradan da Reitz'e doğru geri çekildi. Orada, Elliot'ın bir hafta içinde 150 millik bir mesafeyi üç günde katedebilecek bir hareket kabiliyetine sahip olan birlikleri tarafından çaba harcanarak sıkıştırıldı. Kaba eğitmenlerimiz bize dersimizi vermişti ve Bruce Hamilton, Elliot, Rimington ve savaşın sonuna doğru diğer liderlerin ileri harekâtlarını başarıyla tamamlamasını sağlayan askerlik, kağnı ve mızıkalarla ilişkilendirilen askerlikten çok uzaktı.

Hızla hareket eden ve birbirini izleyen artçı muharebeleriyle kendini koruyan De Wet, İngiliz birliklerinin önünde ve çevresinde ulaşılmaz bir hayalet gibi dans etti. De Lisle, Fanshawe, Byng, Rimington, Dawkins ve Rawlinson, hepsi birden onu yakamaya çalıştılar ve kıl payı ellerinden kaçırdılar. Bununla birlikte, Pretoria'daki büyük deha, yaratıcılıkta De Wet'in şahsına lâyık bir plan yapmıştı. Haritaya göz atıldığında, Heilbron'dan Wolvehoek'e giden küçük hattın ana hat ile dar bir açı oluşturduğu görülecektir. Bu demir yolu hattının her ikisi de güçlü bir şekilde muhafaza altına alınmış ve dikenli tellerle çevrilmişti. Bu nedenle bu dar açıya doğru sürülen ve arkasındaki bir birlik tarafından burada tutulan herhangi bir kuvvet, çok tehlikeli bir durumda olacaktı. De Wet'in hareketli Boerlerini bu bariz kafese doldurmaya çalışmak, kişinin elini fazla açık bir şekilde göstermesi olurdu. Kuşun gözü önünde serilen ağ boşunadır. Bu nedenle süpürme harekâtı, gerilla şefinin birlikleri yarıp arkasına geçeceği ve daha sonra birliklerin onun etrafında dönerek, çok hızlı bir şekilde onu istenen konuma doğru sürecekleri ve çok geç olana kadar düştüğü tehlikeli durumu fark etmeyeceği beklentisiyle, bu noktadan uzağa icra edildi. Byng'in birliği, beklenen geriye doğru yapılacak manevraya hazır olmak için hücum hattının gerisinde bırakıldı. Her şey, tam olarak beklendiği gibi gerçekleşti. De Wet, birliklerin arasından aynı yoldan geri döndü ve komandolarından biri, Reitz'in batısındaki Vlei Nehri'nde bekleyen Byng'in askerlerine rastladı. Boerler, İngiliz hücum hattını geçtikten sonra tehlikeden kurtulduklarına kesin gözüyle bakıyorlardı, ama bu sefer gafil avlanan kendileriydi. Güney Afrika Hafif Süvarileri, Yeni Zelandalılar ve Queensland Buşmenleri hepsi birlikte onların üzerlerine at sürdüler. Tweefontein'de ele geçirilen on beş poundluk bir top ve iki pompom makineli topu, otuz harp esiri ve önemli miktarda ikmal malzemesi ile birlikte ele geçirildi.

Ancak De Wet ile yakın temas hâlinde olmanın öneminin ve hücum etmek için kesin bir hedefe sahip olmanın yanında bu başarılı çatışma, basit bir meseleydi. Arkadaki birlikler aniden altmış milin üzerinde bir uzunluğa sahip kesintisiz bir hat oluşturan atlı adamlara dönüştü. 5 Şubat'ta bu hat ilerliyordu ve 6'sında De Wet'in aslında ağzı İngiliz hattı tarafından kapatılan dar açı içinde olduğu biliniyordu. Pretoria'da beklenti yükselmişti. Boer liderinin sürüldüğü alan, bir yanda altmış altı, diğer yanda otuz millik korugan ve tel engelleriyle çevrelenmişti; üçgenin üçüncü tarafı ise Kroonstad ve Lindley arasında bir korugan hattı ile yandan desteklenen elli beş mil uzunluğundaki İngiliz süvarileri tarafından kapatılmıştı. Savunma hatları boyunca gerilim had safhadaydı. Piyadeler her metresinde nöbet tutuyor, zırhlı trenler devriye geziyor, geceleri düzenli aralıklarla projektörler parlak ışıklarını bozkırın siyah enginliklerine saçıyor ve zaman zaman dar ışık kuşakları boyunca koşuşturan atlı şahısları aydınlatıyordu.

6'sında De Wet, durumunun farkına vardı ve karakteristik cüreti ve çabukluğuyla, etrafına örülmüş zorlu tuzakları ortadan kaldırmak için önlemler aldı. Emrindekilerin büyük bir kısmı, ellerinden geldiğince tehlikeden uzak durmaları emri verilerek dağıtıldı. Arazinin her kat ve kıvrımına aşina oldukları kendi ülkelerinde görev yaparken, birçoğunun arkalarındaki zayıflamış süvari hattındaki boşluklardan geçmeyi başarması şaşırtıcı değildi. Birkaçı öldürüldü ve önemli bir kısmı esir alındı, 270 olan toplam harp esiri sayısı kayda değerdi. Bununla birlikte, ağlara takılan her bir kişi için üç veya dört kişi kaçmıştı. De Wet'in, sığırları kendisini çevreleyen tel örgülere doğru sürerek kaçtığı bildirildi. Halbuki görünüşe göre yolunu açan, bir tel makasından daha romantik bir şey değildi, gerçi onun bıraktığı açıklıktan sığırların geçtiğine şüphe yoktu. De Wet, yakın takipçilerinden yalnızca üçünü kaybederek, macera dolu kariyerindeki bilinen en tehlikeli durumdan çıkış yolunu bulmuştu. Lord Kitchener, harekâtın dönüm noktasında bulunmak için Wolvehoek'e inmişti, ancak nasibinde rakiplerinin en güçlüsünü teslim alma yoktu ve De Wet'in etrafına yeni bir ağ örmek için Pretoria'ya geri döndü.

Boer generali bir kafesten daha büyük olan diğerine kolay bir şekilde kaçtığı için bunu yapmak zor değildi. Birlikleri eski gücüne kavuşturmak için kısa bir dinlenmenin ardından, birliğin tümü bir kez daha yakından takibe başladı. Bir tarafta Wilge Nehri ve diğer tarafta Harrismith ile Van Reenen arasındaki koruganlar hattı, dar bir açı oluşturuyordu. Bu dar açı, birlikler ve beş yürüyüş kolu tarafından güçlü bir şekilde tutuluyordu; Rawlinson, Nixon, Byng, Rimington ve Keir'in birlikleri, düzensiz komandoları tuzağa doğru sürüyorlardı. 20 Şubat'tan itibaren birlikler, tepelere tırmanarak, derin vadileri keşfederek, nehir kıyılarını arayarak ve düşmanı her zaman önlerinde tutarak, ülkeyi bir ucundan diğer ucuna muazzam bir avcı zinciri halinde taradılar. Sonunda baskı, şiddetli bir şekilde hissedildiğinde, İngiliz hattına yapılan çok kararlı bir gece taarruzu şeklini alan alışılmış misilleme geldi. Bu gece taarruzu, 23 Şubat gece yarısından kısa bir süre sonra icra edilmişti. İngiliz kordonuna Byng'in yürüyüş kolu ile Rimington'ınki arasındaki bağlantı noktasına taarruz edildi. Katedilmesi gereken mesafeler o kadar büyüktü ve onları kuşatan kuvvet o kadar zayıftı ki, tarihî ince kırmızı çizgi, hâkî renkli muadili ile karşılaştırıldığında devasa bir dizilişti. Zincir zayıftı ve halkaların tümü dikkatli bir şekilde birleştirilmemişti, fakat her bir halkanın metali sağlamdı ve Boer darbesi en iyilerinden birine denk geldi. Bu halka, kendinden önce gelen altı cesur selefine layık silah arkadaşları olduklarını kanıtlayan 7'nci Yeni Zelanda Birliği idi. Devriyeler, nara atan, ateş eden süvarilerin vahşi hücumuyla bozguna uğratıldı, fakat askerler çok cesur bir direniş gösterdiler. Manie Botha'nın önderlik ettiği Boerler, cesurca bir hücumla hattı yarıp geçerek kanatlara yöneldiler ve zayıf devriye hattına hücum edip, birbiri ardına mağlup ederek tüm hattı kuşatılma tehlikesi altında bıraktılar. Yarım millik bir açıklığı temizlemişlerdi ve sanki tüm Boer kuvveti, savunmadaki bu kadar geniş bir açıklıktan kesinlikle kaçacakmış gibi görünüyordu. Bununla birlikte, Yeni Zelandalıların umutsuz savunması, Cox'un Yeni Güney Galler Atlı Piyadelerinden oluşan daha uzaktaki devriyelerinin bu taarruza karşı yeni bir cephe açmak amacıyla neredeyse dik bir açıyla geri dönmeleri için zaman kazandırdı. Direnişin ekseni, Yüzbaşı Begbie ve askerleri tarafından çok cesurca kullanılan bir maksim topuydu. Bu noktadaki muharebede namlular neredeyse ağız ağızaydı. İngiliz topçularıyla birlikte elli ya da altmış Yeni Zelandalı ve Avustralyalı, Boer kuvvetlerinin en iyi savaşan adamlarından birkaç yüz kişiden oluşan bir kuvvete karşı koymuşlardı. Bu umutsuz düelloda her iki taraftan da birçok kişi yere serildi. Begbie, tutukluk yapmadan önce seksen mermi atan topunun yanında ölmüştü. Maksim topu, ele geçirilmesini önlemek için mürettebatı tarafından geriye kaçırıldı. Hâlbuki takviye kuvvetleri geliyordu ve Boer taarruzu geri püskürtülmüştü. Bununla birlikte Boerlerin bir kısmı, açtıkları açıklıktan kaçmıştı ve muhteşem De Wet'in onların arasında olduğu tahmin ediliyordu. Yeni Zelandalılar üzerinde kopan fırtınanın ne kadar şiddetli olduğu, yirmi ölü ve kırk yaralıdan oluşan bir zayiat listesi ile gösterilebilir. Bu esnada ileri karakol hattının önünde otuz ölü Boer bulunmuştu. Sekiz Yeni Zelanda subayından yedisinin vurulduğu bildirildi. Bu oran, aynı cesur ırkın bir yıldan biraz uzun bir süre önce Rhenoster Tepesi muharebesinde kaybına katlandığı orandan bile daha yüksek bir orandı.

Ayın 23'ünün bu gecesinde, Manie Botha'nın taarruz grubunun Yeni Zelandalıların saflarını yarıp geçtiği zaman, ilkin Boerlerin büyük bir kısmının kaçmış olabileceğinden endişe edilmişti. Kısa süre sonra bunun böyle olmadığı anlaşıldı ve yürüyüş kolları çevresini sardıkça, önlerindeki tepelerin üzerinden amaçsızca koşan çok sayıda atlıdan düşmanın ana gövdesinin hâlâ tuzağın içinde olduğuna dair emareler aldılar. İleri harekât, fırtınalı bir havada ve engebeli bir arazide gerçekleşti, ama askerler şevkle doluydu ve hattı sağlam tutmak için hiçbir önlem ihmal edilmemişti.

Bu sefer çabaları önemli bir başarı ile taçlandırıldı. 26 Şubat gecesi, kuşatılan Boerler, ikinci bir kaçış girişiminde bulundu, ancak bu girişim, Nixon tarafından kolayca püskürtüldü. Kordon güneye doğru çekildikçe askerlerin görevi giderek daha da zorlaşıyordu ve Natal sınırında alp cinsi bir hayvanın bir attan daha faydalı bir yardımcı olabileceği yerler vardı. Ayın 27'si sabahı saat altıda sona gelindi. İmparatorluk Hafif Süvari Alayı'nın ilerleyen hattının önünde iki Boer belirdi ve bir bayrak kaldırdılar. Komandoları için teslim olma şartlarını belirlemeye hazır olan Truter ve De Jager olduklarını kanıtladılar. Sunulan tek şart, bir saat içinde kayıtsız şartsız teslimiyetti. Boerler, birlikler tarafından sıkıca kuşatılmış olan çok dar bir alana sıkıştırılmıştı, bu nedenle herhangi bir direniş bir felaketle sonuçlanabilirdi. Neyse ki, üzerlerinde mahkemenin gölgesi aslı dururken, Lotter[1] gibi savaşmadıkları için, onların durumunda çılgın meclislere gerek yoktu. Boerler silahlarını çattılar ve her şey sona erdi.

Bu önemli harekâtta yakalanan toplam sayı, biri De Wet'in kendi oğlu olan birkaç lider de dahil olmak üzere 780 kişiydi. 23'ünün gecesi ileri karakol hattından kaçanlar arasında De Wet'in kendisinin de olduğu anlaşıldı. Komandoların çoğu Transvaal vatandaşıydı ve birçoğunun aynı ayın 12'sinde Johannesburg'un güneyindeki 28'inci Atlı Piyade Alayı'yla çatışmaya giren adamlar olması, ağın geniş bir şekilde taramasına özgüydü. 2000 at ve 50.000 fişek kaybı, Boer ordusu için erkeklerin kaybı kadar önemliydi. Bu tür birkaç darbenin daha vurulması hâlinde, Orange Nehri Kolonisi'ni tamamen temizleyeceği aşikârdı.

Yorgun askerlerin biraz dinlenmelerine izin verildi, çünkü Harrismith'teki buluşmalarından birkaç gün sonra ellerinden kaçırdıkları her şeyi toplamak için tekrar geri döneceklerdi. Bu harekât, aynı arazi üzerinde fakat geriye doğru Heilbron'dan Wolvehoek hattını tarıyordu ve deliklerden çıkarılan, nehrin sazlıklarının arasında ele geçirilen, ağaçlardan indirilen veya başka bir şekilde toplanan 147 düşmanın tamamen ele geçirilmesiyle sonuçlandı. Harekât o kadar titiz icra edilmişti ki, son gün süpürme harekâtının en uç noktasını oluşturan dar açıda bir av hayvanı sürüsü olduğu, bunun ülkenin ayırt edici ve çekici özelliklerinden birini oluşturan çeşitli antilop türlerinin bir araya gelmesiyle oluştuğu kaydedildi.

Harekâtın sonuçlarından bile daha önemli olan, De Wet'in cephaneliklerinden birinin Vrede bölgesindeki bir mağarada bulunmuş olmasıydı. Bu, sarp bir uçurumdan aşağı doğru yarı mesafede, ağzı sarmaşıklarla kaplı bir mağaraydı. Hiçbir roman yazarı, bir gerilla şefi için bundan daha uygun bir karargâh hayal edemezdi. Bu keşif, Dominyon Günü'nü[2] bu çok faydalı başarı ile kutlayan Ross'un Kanada Keşif Birliği tarafından yapıldı. Mağaradan kırk at arabası dolusu cephane ve erzak çıkarıldı. De Wet'in kuzeydoğu bölgesinden ayrıldığı ve sözde Transvaal'da De la Rey'e katılmak niyeti ile demir yolunu geçerek Vaal'a doğru gittiği biliniyordu. Boer direnişi o bölgede birdenbire son derece enerjik hâle geldi ve şimdi döneceğimiz birkaç önemli muharebe yapıldı.

Bu muharebelere dönmeden önce, Orange Nehri Kolonisi'ndeki olayların tarihçesini barışın sonuna kadar taşımak uygun olur. Kuzey bölgelerinde ve sınır dağlarında amaçsızca dolaşan, İngiliz birlikleri tarafından her zaman başarılı olmamakla birlikte titizlikle avlanan çok sayıda gezgin Boer vardı. Birçok küçük birlik üstesinden gelinmesi zor ve çok faydalı görevler icra ettiler. Koloni Süvari-

---

1 ÇN: Johannes Cornelius Jacobus "Hans" Lötter (15 Ocak 1875 - 12 Ekim 1901), İkinci Boer Savaşı sırasında İngilizlerle savaşan ve İngilizler tarafından idam edilen Boer komutanı.

2 ÇN: Dominion day: Kanada'nın kuruluş günü (1 Temmuz)

leri ve Topçu Atlı Piyadeleri, özellikle öne çıkan birliklerdi. İkinci sıradaki birlik, sahra toplarına ihtiyaç kalmadığında topçulardan oluşturulmuştu. Kendilerinin çok faydalı bir askerî birlik olduğunu kanıtladılar ve İngiliz topçusu, silahını taşımaya başladığında, topları onu taşırken kazandığı itibarı haklı çıkardı.

1 Mayıs'tan 4 Mayıs'a kadar, sık sık tacize uğrayan fakat asla başıboş bırakılmayan birçok birlik tarafından Lindley'den Kroonstad bölgesine doğru başarılı bir taarruz harekâtı icra edilmişti. 321 kişiden az olmayan harp esiri alındığı için sonuç başarılıydı. Bunlardan Mentz komutasındaki 150 kişi, kuşatma kordonunu yarmaya çalışırken tek bir birlik hâlinde yakalanmıştı.

Pek çok küçük harekât ve birçok çatışmanın arasında biri, şiddeti ile göze çarpmaktadır. Bu savaşta herhangi bir önemi olmayan son muharebe olması nedeniyle dikkat çekicidir. Bu olay, 20 Nisan 1902'de Ficksburg yakınlarında bulunan Moolman's Spruit'teki muharebeydi. Yaklaşık yüz gönüllü süvari ve kırk atlı piyadeden (Güney Staffords) oluşan bir kuvvet, küçük bir Boer birliğinin uyuduğu varsayılan ıssız bir çiftliğe taarruz etmek için geceleyin gönderildi. Komutan Albay Perceval'dı. Zorlu bir intikalin ardından çiftliğe ulaşıldı, ama düşmanın önceden uyarıldığı ve tahmin edilenden çok daha güçlü olduğu görüldü. İlerleyen birliklere şiddetli bir ateş açıldı ki bu birlikler, dolunay ışığında açıkça görülebiliyordu. Sir Thomas Fowler öldürüldü ve gönüllü süvarilerden birçok asker vuruldu. İngilizler dik duvarlara kadar hücum ettiler, fakat bu yere barikat kurulduğu ve mazgal delikleri açıldığı için girmeyi başaramadılar. Staffords'tan Yüzbaşı Blackwood, taarruz sırasında öldürüldü. Bu yerin ele geçirilemez olduğunu ve düşmanın kendisinden sayıca üstün olduğunu anlayan Albay Perceval, geri çekilme emrini verdi. Sırf Boer atlarının büyük bir kısmı vurulduğu için başarılı bir şekilde icra edilen bir manevraydı. Sabahleyin bu küçük İngiliz kuvveti, toplam altı ölü, on dokuz yaralı ve altı kayıpla kendisini tehlikeli bir durumdan kurtarmıştı. Tüm olay, şüphesiz zekice planlanmış bir Boer pususuydu ve küçük birlik, imhadan kurtulma konusunda çok şanslıydı.

Transvaal'ın Vryheid bölgesinde çok uzaklarda meydana gelmesine rağmen, burada başka bir münferit olaydan bahsedilebilir. Bu olay, Zulular ve Boerler arasında meydana gelen talihsiz bir çarpışmaydı ve Boerler, çok kötü koşullar altında mevcutlarının elliden fazlasını kaybettiler. Transvaal'ın bu kısmı daha yeni ilhak edilmişti ve burada ülkenin geri kalanında yaşayan karakteri bozuk Kâffirlerinden çok farklı olan savaşçı Zulular yaşıyordu. Bu adamlar, Boerlere karşı, Boer saldırıları nedeniyle ağır kayıplar vermelerinin körüklediği bir kan davası güdüyorlardı. Elli dokuz kişilik bir grubun bir çiftlik evinde uyuduğunu bilen Zulular, oraya sızdılar ve orada bulunan tüm erkekleri katlettiler. Böyle bir olay çok üzüntü vericiydi ve yine de, savaşın uzun seyrine dönüp baktığımızda ve savaşçıları çevreleyen vahşi kabileleri -Svaziler, Basutolar ve Zulular- hatırladığımızda, bu siyah savaşçıları dizginleyebildiğimiz ve bir barbar istilasının vahşetinden ve acı hatıralarından kurtulduğumuz için elbette kendimizle gurur duyabiliriz.

38. BÖLÜM

DE LA REY'İN 1902 YILINDAKİ SEFERİ

1901 yılının sonunda Lord Methuen ve Albay Kekewich'in her ikisinin de bölgelerinin doğu tarafında birbirleriyle karşılaştıkları ve Klerksdorp bölgesinde demir yolu hattında üs kurdukları hatırlanacaktır. Mevzileri şimdi Klerksdorp'tan Ventersdorp'a ardından Vendersdorp'tan Potchsfstroom'a uzanan koruganlı bir karakol şeridi ile güçlendirilmişti. Bu sayede bu üçgen, etkin bir şekilde kontrol edilebilecekti. Bununla birlikte, geriye fiilen düşman işgalinde olan zorlu bir arazinin geniş bir bölgesi kalmıştı. De la Rey ve gayretli yardımcısı Kemp ile birlikte birkaç bin yiğit taraftarın at sürdüğü biliniyordu. İngilizlerin Doğu Transvaal'daki ve Orange Nehri Kolonisi'ndeki yorucu harekâtları, bu bölgenin nispeten ihmal edilmesine neden olmuştu ve bu nedenle her şey, Boerlerin mütecaviz bir hareketi lehineydi. Moedwill'deki Kekewich kampına yapılan başarısız taarruzun ardından uzun bir durgunluk dönemi olmuştu, fakat savaşı yakından takip edenler, bu kaygı verici sakinlikten şüphe duydular ve bir fırtınanın gelmesini beklediler.

Yeni yılda İngilizler, Ventersdorp'u bir korugan karakol hattı ile Tafelkop'a bağladılar. İkinci sıradaki yer, Boer faaliyetlerinin bir merkezini oluşturuyordu. Albay Hickie'nin birliği bu harekâtı himaye ediyordu. Bu esnada Methuen, Wolmaranstad üzerinden Vryburg'a kadar hücum etmişti. Sürekli olarak küçük yakalamalarla sonuçlanan bu harekâtlarda, General Methuen'e, Kimberley'den gelerek görev yapan Binbaşı Paris'in birliği yardım ediyordu. Lord Methuen, ocak ayının ortasında Vryburg'dan Lichtenburg'a doğru yola çıktı ve bu kasabanın civarında küçük bir yenilgi yaşadı, çünkü gönüllü süvarilerin bir müfrezesi, sekiz kişiyi öldüren, on beş kişiyi yaralayan ve kırk kişiyi esir eden General Celliers tarafından bozguna uğratılmıştı. Lord Methuen, Lichtenburg'dan müthiş yolculuğuna devam etti ve 1 Şubat'ta bir kez daha Klerksdorp'a ulaştı. Çok çalışan birlikleri kısa bir süre dinlendirildi ve bir hafta içinde Von Donop komutasında tekrar göreve gönderildiler ve neticede 8 Şubat tarihinde Wolmaranstad yakınlarında Potgieter'in kampını kırk Boer esiri ile birlikte ele geçirdiler. Von Donop, şubat ayının sonlarına kadar Wolmaranstad'da kaldı; ayın 23'ünde, Klerksdorp'a boş bir konvoy gönderdi ki başına gelenler daha sonra anlatılacaktır.

Kekewich ve Hickie, şubat ayının başında kuvvetlerini birleştirmişti. 4 Şubat'ta General De la Rey'e baskın yapmak için bir girişimde bulundular. Binbaşı Leader emri altında gönderilen atlı birlikler, bu girişimde başarısız oldular, fakat Sarel Alberts'in kampını buldular ve yenilgiye uğratarak 132 harp esiri ele geçirdiler. Boerlerin geri çekilmesi atları vurularak durdurulmuştu ve taarruz, özellikle takdire şayan İskoç süvarileri tarafından o kadar şiddetli bir şekilde icra edildi ki, düşmanın çok azı kaçabildi. Alberts'in kendisi, tüm subaylarıyla birlikte esirler arasındaydı. Bu tarihten şubat ayının sonuna kadar bu birlik ciddi bir temasa girmedi.

Von Donop'un 23 Şubat'ta boş bir konvoyla Wolmaranstad'dan Klerksdorp'a, yaklaşık elli millik bir mesafeye gönderildiğinden yukarıda bahsedilmişti. Bir süredir De la Rey'den haber alınamıyordu fakat De la Rey, adamlarını bir araya toplamış ve bir darbe vurmak için bekliyordu. Bu konvoy ona tam da aradığı fırsatı vermişti.

Konvoyun muhafız birliği 5'inci İmparatorluk Gönüllü Süvarileri, Paget'in süvarilerinden altmış kişi, her yere yetişen Northumberland Hafif Piyade Alayı'nın üç bölüğü, 4'üncü Kraliyet Sahra Topçu Alayı'nın iki topu ve bir pompom makinalı topu, toplam 630 askerden oluşuyordu. Komutan Albay Anderson'dı. 25 Şubat Salı sabahı, konvoy varış noktasına on mil uzaklıktaydı ve kasabanın etrafındaki tepelerde bulunan nöbetçiler, beyaz eğimli tenteli at arabalarından oluşan uzun sıranın parıltısını görebiliyorlardı. Tehlikeli yolculukları neredeyse bitmek üzereydi, fakat yine de kaderlerinde limanın görüş alanı içinde neredeyse tam ve ölümcül bir enkaza dönüşmek vardı. Kendilerinden o kadar emindiler ki, Paget'in süvari müfrezesinin bir önceki gece kasabaya girmesine bile izin vermişlerdi. Böyle olması iyi olmuştu, çünkü bu tür bir avuç asker felaketi paylaşabilir, ama önleyemezdi.

Gece karanlık ve yağışlıydı, gecenin koruması altındaki Boerler, uyuyan konvoy ile kasaba arasına sızmıştı. Mükemmel bir koruma sağlayan bazı çalılar, yolun birkaç yüz metre yakınında bulunuyordu ve asıl pusu buraya kurulmuştu. Sabah gün ağarırken, toplam 130 at arabasından oluşan uzun bir sıra hâlindeki konvoy peşi sıra gelip geçti: Önde toplar ve gönüllü süvariler, yanlarda ve arkada hafif piyadeler. Aniden siyah çalılık set alevler içinde kaldı ve yürüyüş kolunun öncüsüne şiddetli bir piyade tüfeği ateşi açıldı. Birlikler, bu çok zor koşullar altında takdire şayan bir şekilde hareket ettiler. Hafif piyadeler ve gönüllü süvarilerden bir kısmının, topların şarapnel mermilerinin örtüsü altında yaptığı bir karşı taarruz, düşmanı çalılıkların dışına püskürttü ve bu noktadaki ateşini susturdu. Bununla birlikte, düşmanın tüm gücüyle orada bulunduğu aşikârdı, çünkü kısa bir süre sonra tüm sol kanat boyunca ateş açıldı ve artçı, kendisini at arabalarınınki kadar sıcak taarruzun içinde buldu. Buna rağmen düşman tekrar püskürtüldü. Artık gün ağarmıştı ve savaşın ilk hengâmesinde büyük bir karmaşaya giren arabalar, yeniden dizilmiş ve düzenlenmişti. Albay Anderson, muhafız birliği ile birlikte geri çekilmelerini örterken konvoyu güvenli bir yere gönderebileceğini umuyordu. Planı kesinlikle çok iyiydi ve bu plan başarılı olamadıysa bunun nedeni, önleyebileceği bir şeyden değil, arazinin doğası ve düşmanın kahramanlığından kaynaklanıyordu.

Fizikî engel, barış zamanlarında kötü bir geçiş yeri olan, fakat kalabalık ve dehşete düşmüş sürücülerin yönetimi altında, vurulan katırlar ve parçalanan at arabalarıyla tıkandığında kısa bir sürede geçilemez hâle gelen çok derin ve zorlu bir nehir, Jagd Nehri'nden oluşuyordu. Yürüyüş kolunun başı burada toplandı ve tüm sıra durdu. Bu arada, yeni taktiklerini sahneye koyan düşman, sol kanattan ve arkadan dörtnala geldi. İlk hücum, hafif piyadelerin kesintisiz ateşiyle püskürtüldü, ancak ikinci seferde atlılar at arabalarının üzerinden aşıp dörtnala aşağı inerek, bu kanat boyunca dağılmış küçük asker gruplarını birer birer alt etmeyi başardılar. Sayıca en az üçe bire oranında azınlıkta olan İngilizler, sert bir direniş gösterdi ve son silah ateşlendiğinde saat yediye gelmişti. Sonuç, Boerler için tam bir zaferdi, öyleki temasa giren subayların ve erlerin hiçbirinin şerefine gölge düşürmeyen bir başarı. Bilfiil çatışmaya giren yaklaşık 550 kişiden on bir subay ve 176 asker ölmüştü. İki top ele geçirildi. Konvoy Boerlerin işine yaramıyordu, bu nedenle geri çekilmeden önce koşum atları vuruldu ve at arabaları yakıldı. Boerler esirlerini de yanlarında götüremediler ve tek kalıcı ganimetleri iki top, tüfekler ve cephaneden oluşuyordu. Kendi kayıpları ölü ve yaralı yaklaşık elli kişiydi.

Küçük bir kuvvet, Anderson'a yardım etme ümidiyle Klerksdorp'tan ayrıldı, fakat Jagd Geçit Yerine ulaştıklarında, savaşın bittiğini ve muharebe sahasının Boerlere ait olduğunu gördüler. De la Rey, Boerler arasında şahsen görüldüğünü ve kendisinin yaralılara insanca davranarak dikkat çektiğini eklemek uygun olur. Kuvveti sabah saatlerinde geri çekildi ve her ne kadar Kekewich, Von Donop ve Grenfell tarafından denenmiş olsa da, kısa bir süre içinde hemen peşinden gelen takip kuvvetinin ulaşamayacağı kadar uzağa gitmişti. Eğer mümkünse topları geri almak önem arz ediyordu, çünkü bunlar, her zaman korugan sistemi için bir tehdit oluşturuyorlardı ve bu amaçla Grenfell, bin altı yüz atlıyla birlikte Lichtenburg'un güneyinde, Boer geri çekilme hattı üzerinde olduğu tahmin edilen bir noktaya sevk edildi. Aynı zamanda Lord Methuen'e bu manevrada müşterek çalışması ve güçlerini Grenfell'dekilerle birleştirmesi için Vryburg'dan yukarı doğru gitmesi emredildi. De la Rey gibi hareketli ve azimli bir düşman söz konusu olduğunda, bu iki kuvvetin teker teker ele geçirilme tehlikesinin büyük olduğu aşikârdı, fakat her birinin, diğeri yardımına gelinceye dek dayanabilecek kadar güçlü olması umuluyordu. Sonuç, bu tehlikenin gerçek olduğunu ve bu umudun boş olduğunu gösterecekti.

Methuen, 2 Mart'ta Vryburg'dan ayrıldı. Yürüyüş kolu, sefere çıktığı gazilerden oluşan eski birliği değildi, ama Binbaşı Paris'in komutasındaki Kimberley birliğiydi. Bu, çok daha az görev yapmış ve her yönden daha az güvenilir askerlerden oluşan bir askerler topluluğuydu. En güvenilir olanları dört top (ikisi 4'üncü ve ikisi 38'inci Kraliyet Sahra Topçularından), 200 kişi Northumberland Hafif Piyadelerinden ve 100 kişi Kraliyet North Lancashires Alayından gelen ilginç birliklerin bir karışımını içeriyordu. Atlı askerler, 5'inci İmparatorluk Gönüllü Süvarilerileri (184 kişi), Cape Polisi (233), Cullinan'ın süvarileri (64), 86'ıncı İmparatorluk Gönüllü Süvarileri (110), Elmas Madeni Süvarileri (92), Dennison'un keşif birliği (58), Ashburner'in süvarileri (126) ve İngiliz Güney Afrika Polisinden (24) oluşuyordu. Böyle örneklerden oluşan bir topluluk, disiplin ve uyum gerektiren bir harekâttan çok, Londra'daki bir geçit törenine daha çok yakışırdı. Savaşta genellikle yarım bütünden daha değerlidir, bir miktar gönülsüz ve deneyimsiz askerin varlığı, daha yetenekli silah arkadaşları için mutlak bir tehlike oluşturabilir.

6 Mart'ta doğuya, Lichtenburg'a doğru ilerleyen Methuen, Leeuwspruit yakınlarında Van Zyl'in komandoları ile temasa geçti ve ardından meydana gelen küçük çatışmada gönüllü süvarilerinin bir kısmının güvenilmez ve eğitimlerinin yetersiz olduğunu öğrenmişti. Methuen, topçu ateşiyle düşmanı püskürttükten sonra, Tweebosch'a doğru hareket etti, burada ertesi sabaha kadar kamp kurdu. Ayın 7'si sabah saat 3'te kağnı konvoyu, küçük kuvvetinin yarısının refakatinde gönderildi. Diğer yarısı, yavaş hareket eden kağnılara önde kalma fırsatı vermek için 4.20'de onları takip etti. Hâlbuki yürüyüş kolu harekete başladıktan hemen sonra, sayıca üstün olan düşmanın etraflarını sardığı ve güçlü bir taarruzun beklenmesi gerektiği aşikârdı. Bu nedenle Lord Methuen, kağnıların durdurulması ve dağınık bir hat yerine tek bir sağlam blok oluşturacak şekilde at arabalarının kağnılara yakın durması emrini verdi. Aynı zamanda, artçı kuvvetini atlı askerlerle ve iki topla takviye etti, çünkü düşmanın en kalabalık ve saldırgan göründüğü yer burasıydı. Sağ kanatta da bir taarruz gelişiyordu ki, piyadeler ve topların ikinci kısmı tarafından durduruldu.

Methuen'in atlılarının çoğunlukla deneyimsiz düzensiz birlikler olduğu söylenmişti. Bu tür adamlar, tüm bu savaş boyunca tanık olunduğu gibi, zamanla mükemmel askerler hâline gelirler, ancak henüz ham ve eğitimsiz olduklarında, onları açık alanda ağır bir eziyete maruz bırakmak onlara fazla gelmişti. Meydana geldiği şekliyle, bu olağandışı eziyet son derece şiddetliydi, fakat hiçbir şey, söz konusu birliklerin bu durumun üstesinden gelme konusundaki mutlak başarısızlığını mazur gösteremez. Methuen'in artçısı İmparatorluk hafif süvarilerinden veya İskoç süvarilerinden meydana gelseydi, Tweebosch savaşının çok farklı bir şekilde sonuçlanacağını rahatlıkla söyleyebiliriz.

Meydana gelen olay şuydu: Büyük bir Boer birliğinin beş sıra hâlinde dizilmesi ve Brakenlaagte'de yaptıkları gibi eyerlerinin üzerinden ateş ederek doğrudan örtme kuvveti ve artçı birliğine hücum etmesiydi. Düzlükte dörtnala koşan kararlı adamlardan oluşan bu çok geniş sıraların görüntüsü, acemi askerlerin sinirlerini fazlasıyla bozmuşa benziyordu. Safları arasında panik hızla yayıldı ve bir anda atlarının başlarını çevirerek arkalarına doğru şimşek gibi at sürerek, iki topu savunmasız bıraktılar ve düzensiz bir bozgun halinde at arabalarının etrafında bulunan ve onları yuhalayan piyadelerin sol kanadının yanından geçtiler. Görünüşe göre firarlarının ölçüsü atlarının rüzgârıydı ve birçoğu, kendileriyle terk ettikleri silah arkadaşları arasına miller girene kadar dizginleri hiç çekmediler. Bir görgü tanığı: "İhtiyar generalin onlara durmaları için yalvardığını görmek çok acıklıydı, ama onlar durmadı; büyük bir kısmı Kraaipan'a tek bir el ateş etmeden geldi." demişti. Bu, bir Güney Afrika "Mahmuzlar Savaşı"ydı.

Kuvvetin büyük kısmının bu şekilde terk edilmesiyle, geriye kalan bir avuç kahraman asker, umutsuz bir durumda kalmıştı. 38'inci bataryanın iki topu Boer atlıları tarafından mağlup edildi ve ayaklarının altında ezildi. Topçu sınıfının en üst geleneklerine göre hareket eden Teğmen Nesham da dâhil olmak üzere herkes öldürülmüş veya yaralanmıştı.

Ancak savaş henüz bitmemişti. Piyadeler sayıca azdı, ama tecrübeli birliklerdi ve ezici bir çoğunluğun karşısında birkaç saat boyunca mücadeleyi sürdürdüler. Northumberland piyadelerinden iki yüz kişi, at arabalarının etrafında yere uzanarak Boerleri avlarından uzak tuttu. Bin Boer keskin nişancısı için bir nişan noktası olarak iki top yanlarında bulunuyordu. Cesur Methuen, orada bulunarak ve örnek davranışıyla bu kısımdaki çok güvenilir topçuları cesaretlendirdiği sırada, uyluk kemiğini kıran bir kurşunla yaralandı. Teğmen Venning ve tüm müfreze, generalleriyle birlikte topların etrafına serilmişti.

Kaçan askerlerden bazılarını komşu bir yerli köyünde toplamak için bir girişimde bulunuldu ve Binbaşı Paris'in komutasındaki küçük bir Cape polisi ve gönüllü süvari birliği, orada birkaç saat direndi. Yüz kadar Lancashire piyadesi, cesur savunmalarında onlara yardım etti. Fakat Boerler tarafından Von Donop'un konvoyundan alınan toplar, İngiliz topları saf dışı kaldığından artık serbestçe hareket ediyordu ve hem yerli köyü hem de at arabaları üzerinde yıkıcı bir etki oluşturmak için getirildiler. Daha fazla direnmek, boş yere bir katliam anlamına geliyordu ve teslim olmaları için emirler verildi. Konvoy, mühimmat, silahlar, atlar, piyade ve topçuların onuru dışında hiçbir şey kurtarılmadı. Zayiat, 68 ölü ve 121 yaralıydı, çoğunluğu bu iki askerî sınıfa aitti. 205 hiç yara almamış harp esiri vardı.

Boerlerin savaştaki bu son zaferi, bizim onlarla ilgili deneyimlerimizde her zaman yan yana gitmeyen özellikler olan kahramanlık ve insani vasıflarının eşit itibarda olduğunu göstermişti. Yaralı İngilizlere saygı ve ilgi gösterildi ve Lord Methuen, baş sağlık subayı Albay Townsend'in (hastası kadar ağır yaralı olan doktor) gözetiminde Klerksdorp'a gönderildi. De la Rey'de her zaman zorlu olduğu kadar kibar olan bir rakiple karşılaşmıştık. Kuvvetin geri kalanı, yaklaşık yirmi dokuz ay önce savaşın ilk kanının döküldüğü yer olan Kraaipan istikametindeki Kimberley- Mafeking demir yolu hattına ulaştı.

Bu hezimet için Lord Methuen'in kendisi sorumlu tutulamaz. Eğer bir işçinin aleti elinden fırlarsa, görevinin başarısızlığından sorumlu tutulamaz. Korkakça hareket eden birliklerin hiçbiri, onun eğitiminden geçmemişti. Askerlerinden biri, "Eğer herhangi birinin ona sövdüğünü duyarsanız, onlara onun bu savaşta savaşmış en iyi general ve gerçek bir beyefendi olduğunu söylemelisiniz." demişti. Kendi askerlerinin tavrı böyleydi ve parlamento binasındaki milletvekillerinin de bu felaket hakkında yaptığı yorumlar da böyleydi. Bu olay, İngiliz adaleti ile adil ve onurlu davranışına güzel bir örnek teşkil eder, bu üzücü zamanda bile, ona yapılan methiyeyi duyan biri, bir zafer için şükranların sunulduğu bir olay olduğunu düşünürdü. İngilizler içgüdüleri iyi olan alicenap bir halktı, yaralı ve yenilgiye uğramış olan Paul Methuen, onların gözünde hâlâ kahraman bir asker ve onurlu bir şövalyeydi.

De Wet'in bölgesi, daha önce açıklanan bir dizi harekâtla oldukça iyi bir şekilde temizlenmişti ve Louis Botha'nın Doğu Transvaal'daki gücü, Bruce Hamilton ve Wools-Sampson'ın kullandıkları taktikler sayesinde büyük ölçüde azaltılmıştı. Lord Kitchener, bu sayade birliklerini ve dikkatini, General De la Rey'in birkaç hafta arayla böylesine kurnazca iki darbe indirdiği geniş batı bölgesine odaklayabildi. Birlikler, hızlı bir şekilde Klerksdorp'ta toplandı. Mart ayının üçüncü haftasında, Kekewich, Walter Kitchener, Rawlinson ve Rochfort, birkaç küçük birlikle Lord Methuen'in intikamını almaya hazırdı.

Lord Kitchener'ın karşı karşıya kaldığı sorun oldukça zorluydu ve hiçbir zaman bu sorunun üstesinden gelme tarzından daha özgün ve daha cesur bir davranış göstermedi. De la Rey'in kuvveti, geniş bir araziye yayılmış, bir darbe vurmak için hızla toplanabilen, fakat bunun dışında dokunulamayan ve yakalanması zor hayalet bir ordu gibiydi. Lord Kitchener kolaylıkla onun üzerine on bin atlı gönderseydi, sonuç, en uç ufukta uzaktaki bir keşif görevlisi hariç, bir Boer görmeden uçsuz bucaksız düzlüklerde yorucu bir yolculuk yapmak olurdu. De la Rey ve adamları, Marico Nehri'nin ötesinde bulunan kuzeydeki saklanma yerlerine kaçabilirlerdi. Burada, Orange Nehri Kolonisi'nde olduğu gibi kaçan düşmanın bir araya toplanabileceği sağlam bir engel yoktu. Orada, De la Rey'in bölgesini kuşatan ve Schoonspruit kordonu adı verilen bir korugan karakol hattı olduğu doğruydu. Bölgeyi kuşatıyordu fakat birliklerin toplandığı yerle aynı taraftaydı. Eğer sadece birlikler diğer tarafta olsaydı ve De la Rey onlarla korugan hattı arasında kalsaydı, o zaman gerçekten bir şeyler yapılabilirdi. Fakat birlikleri oraya yerleştirmek ve sonra onları hemen geri getirmek, askerler ve atlar üzerinde savaş sırasında şimdiye dek bu kadar büyük ölçekte yapılmamış olan bir baskı oluşturacaktı. Yine de Lord Kitchener, komuta ettiği adamların mizacını biliyordu ve insan vücudunun yapabileceği her çabayı kendinden emin bir şekilde talep edebileceğinin farkındaydı.

Görünüşe göre Boer kamplarının kesin konumu bilinmiyordu, ama önemli bir kısmının Klerksdorp ve Schoonsspruit hattının yaklaşık otuz mil kadar batısına dağılmış olduğu kesindi. Plan, bir İngiliz kuvvetini bunların içinden geçirmek, sonra geniş bir hat halinde yayılıp doğrudan geri gelerek, Boerleri, üç İskoçyalı alayın gelişiyle güçlendirilmiş koruganlar kordonuna doğru sürmekti. Fakat Boerlerin diğer tarafına geçmek için gece boyunca birlikleri yürütmek gerekiyordu. Bu tehlikeli bir harekâttı, fakat sır çok iyi korunuyordu ve manevra o kadar başarılı bir şekilde icra ediliyordu ki düşmanın bunu durdurmak için zamanı yoktu. 23 Mart Pazar gecesi, İngiliz atlıları De la Rey bölgesinden gizlice yürüyüş kolu hâlinde geçtiler ve ardından sol kanat Lichtenburg'da, sağ kanat Commando Drift'te olacak şekilde yaklaşık seksen mil uzunluğunda bir hat hâlinde yayılarak geldikleri yoldan geri dönmeye başladılar. Birlikler, başlangıç konumlarına ulaşmak için elbette İngiliz korugan hattının farklı noktalarından yürüyüşe başlamıştı ve bazılarının diğerlerinden çok daha uzağa gitmesi gerekiyordu. Bu arada hattın güney uzantısı, Vaal'dan yukarı doğru çıkan Rochfort'un birlikleri tarafından oluşturulmuştu. Onun üzerinden güneyden kuzeye doğru, sırayla Walter Kitchener, Rawlinson ve Kekewich geliyordu.

24 Mart Pazartesi sabahı, topları ve yük arabaları olmayan seksen millik bir atlı sırası koruganlara doğru hızla ilerlerken, aradaki arazi, kaçmak için boşluk arayan dağınık Boer grupları ile doluydu. Kısa bir süre sonra ilk harp esirlerinden De la Rey'in kordonun içinde olmadığı öğrenildi. Onun kampı biraz daha batıdaydı. Fakat kaçak atlıların inişli çıkışlı arazide yükselip alçalan görüntüsü, İngilizlere, ellerinde bir şeyler olduğuna dair güvence veriyordu. Yine de bu tuzak kesinlikle istendiği kadar kusursuz değildi. Sabahın erken saatlerinde hâkî kıyafetli üç yüz adam, iki birliğin arasından gizlice geçti. Başka bir büyük grup güneye doğru kaçtı. Boerlerden bazıları giderek daralan kordondan kaçmak için olağanüstü yöntemlere başvuruyordu. Birkaç sığırdan sorumlu olan üç kişi kendilerini toprağa gömdüler ve bir tüple nefes alabilecekleri küçük bir delik bıraktılar. Bazı askerler yeni sürülmüş toprağı süngülerle araştırmaya başladılar ve anında yerin altından yüksek sesli bağırışlar duydular. Başka bir adam da aynı oyunu denediğinde bir at üzerine bastı. Acıdan kıvrandı ve atı şaha kaldırdı ve at gerçekten bizim için esiri bulmuştu. Oysaki bu harekâtın tek bir sonucu vardı, o da Lord Kitchener'in kafasındaki endişe yükünü kaldırmasıydı. Üç adet on beş librelik top, iki adet pompom makineli topu ve büyük miktarda mühimmat ele geçirildi. Malzemeyi ele geçirme onuru Kekewich'e ve İskoç süvarilerine düştü; Albay Wools-Sampson ve Yüzbaşı Rice ise, hücum ve takibin başındaydı. Bu sayede koruganlara yönelik sürekli bir tehdit tamamen ortadan kaldırılmasa da azaltılmış oldu. Yüz yetmiş beş Boer'in neredeyse tamamı harp esiri olarak bertaraf edildi ve önemli miktarda nakliye aracı ele geçirildi. Bu harekâtta birlikler, yirmi altı saatte at değiştirmeden, ortalama yetmiş ile seksen mil mesafe kat

etmişti. Yavaş ilerleyen hantal İngiliz ordusu, acımasız talim hocasının iki yıllık eğitiminin ardından böyle bir seviyeye ulaşmıştı.

Bu harekâtta bazı başarılar elde edildi, fakat hiçbiri, planın cüretkârlığı ya da askerlerin gösterdiği çabayla orantılı değildi. Bununla birlikte Lord Kitchener, bir an bile gecikmeden düşmanına ikinci bir darbe indirdi. Mart ayının sonundan önce Kekewich, Rawlinson ve Walter Kitchener bir kez daha sefere çıktılar. Bu generaller harekâtlarını son seferde olduğundan daha batıya kaydırdılar, çünkü son harekâtta De la Rey ve ana komando birliğinin kordonun dışında olduğu biliniyordu.

Boerlerin ana kuvvetiyle doğrudan temasa geçme şerefi Walter Kitchener'in yardımcılarından birine düştü. Bu general, Klerksdorp'un yaklaşık kırk mil batısındaki bir yere doğru hareket etti. Orada bir kamp kurarak 30 Mart'ta Cookson'u bin yedi yüz askerle birlikte Harts Nehri istikametinde daha da batıda görev yapmak üzere gönderdi. Cookson'un doğrudan komutası altında 2'nci Kanada Atlı Piyadesi, Damant'ın süvarileri ve 7'nci Kraliyet Sahra Bataryasının dört topu vardı. Yardımcısı Keir, 28'inci Atlı Piyade Alayı, Topçu Atlı Piyadeleri ve 2'nci Kitchener'ın muharip keşif birliğine komuta ediyordu. Bu kuvvet, iyi binek hayvanları ile donatılmıştı ve çok az ağırlık taşıyordu.

Bu hareketli kuvvetin düşmanla temasa geçmesi, fazla uzun sürmedi. Bir konvoyun geçmesiyle oluşan geniş izler takibe başlamalarını sağladı ve çok geçmeden Boer araba ve kağnılarını örten uzaktaki toz bulutu, onlara cesaret verdi. Yürüyüş kolunun öncü kuvveti, sekiz mil boyunca dörtnala son sürat gitti ve konvoya yaklaştı, fakat kendilerini akıllıca bir artçı muharebesi icra eden ve hücumlarını büyük bir beceriyle karşılayan ve beş yüz Boer'den oluşan bir muhafız birliğiyle karşı karşıya buldular. Bu esnada Cookson, kendi atlı piyadelerine yaklaşırken, diğer tarafta De la Rey'in asıl kuvveti muhafız birliğini takviye etmek için geri çekildi. İngilizler ve Boerler, kendi silah arkadaşlarına yardım etmek için öfkeyle atlarını sürüyorlardı. İki kuvvet neredeyse karşı karşıyaydı.

Tüm Boer ordusunun önünde olduğunu anlayan ve takviye bekleyebileceğini bilen Cookson, savunma yapmaya karar verdi. Brakspruit boyunca hızlı bir şekilde bir mevzi işgal edildi ve yaklaşan taarruza karşı koymak için hazırlıklar yapıldı. Savunma hattı kabaca dere yatağı hattıydı, fakat bazı nedenlerle, muhtemelen çapraz ateş açabilmek için her iki kanatta da bir ileri mevzi işgal edilmişti. Sol kanatta iki yüz topçu piyade askeri tarafından savunulan bir çiftlik evi vardı. En sağda yirmi dört Kanadalı ve kırk beş atlı piyadeden oluşan başka bir ileri karakol bulunuyordu. Savunulabilir bir mevzi işgal etmemişlerdi ve durumlarının son derece tehlikeli olduğu açıkça görülüyordu. Bu durum, muharebeyle ilgili herhangi bir raporda açıklanmayan güçlü bir askerî gerekçeyle haklı gösterilmekteydi.

Boer topları ateş açmıştı ve düşmanın hatırı sayılır bir birliği kanatlarda ve ön cephede belirmişti. Düşmanın ilk hamlesi, onlara tüm savunma hattını kuşatabilecekleri bir destek nokta sağlayacak olan çiftlik evini ele geçirmeye yönelikti. Yaklaşık beş yüz kişi at sırtında hücuma geçti, ancak toplar onları şarapnel ile tararken, topçu erlerinden gelen çok isabetli bir ateşle karşılaştılar. Binanın beş yüz metre yakınında bir noktaya ulaştılar, fakat açılan ateş çok şiddetliydi ve hızla geri çekildiler. Bir mısır tarlasında atlarından inerek bir kez daha çiftlik evine doğru taarruza geçtiler ama savunma ateşi ve Albay Keir'in getirdiği pompomla bir kez daha durduruldular. Bu bölgedeki taarruzda hiçbir ilerleme kaydedilmedi.

Bu esnada önceden başlarına geleceği tahmin edilen kader, en sağ kanatta bulunan Kanadalılar ve 28'inci Atlı Piyade Alayı'ndan oluşan tecrit edilmiş bir müfrezenin başına gelmişti. Kanadalı komutan Bruce Carruthers çok cesurca davrandı ve askerleri tarafından müthiş bir şekilde desteklendi. Sayıca çok azınlıkta olmaları nedeniyle yenilgiye uğramışlardı ve kusursuz bir kurşun yağmuru altında sonuna kadar kahramanca savaştılar. Az konuşan Kitchener, resmî raporunda, "Savaş sırasında bundan daha iyi sadece birkaç kahramanlık örneği yaşanmıştır" diyordu. Kanadalı yirmi bir kişiden on sekizi vurulmuştu ve atlı piyadeler teslim olmadan önce yaklaşık kırk beş kişiden otuzunu kaybetmişti.

Sağ kanatta elde edilen bu üstünlüğün, Boerlere İngiliz hattını yarma konusunda bir faydası olmadı. Böyle olması, bu ileri karakolun neden bu kadar açığa çıktığını anlamayı daha da zorlaştırıyor. Boerler Cookson'un kuvvetlerini fiilen kuşatmışlardı ve De la Rey ile Kemp, taarruzu cesaretlendiriyorlardı; fakat topçu ateşleri İngiliz topları tarafından baskı altına alındı ve savunmada hiçbir zayıf nokta bulunamadı. Taarruz saat 1'de başlamıştı ve 5.30'da nihayet durduruldu ve De la Rey, tamamen geri çekildi. Cookson'un onu takip etmeye kalkışmaması ya da toplarını ele geçirmeye çalışmaması, bize De la Rey'in hiçbir şekilde bozguna uğramadığını göstermektedir, fakat en azından hedefine ulaşamamıştı ve şimdiye kadar girdiği çatışmalarda verdiğinden çok daha ağır kayıplar vermişti. Daha önceki zaferlerinin manevi etkisi de zayıflamıştı ve Boerler, eğer bu konuda yanlış bir kanıya kapıldıysalar, Tweebosch'tan kaçan askerlerin İngiliz Ordusu'nu temsil eden askerler olmadığını öğrenmişlerdi. Her ne kadar İngiliz kuvvetlerine otuz beşi ölümcül olmak üzere yaklaşık iki yüz zayiata mal olsa da, her şeye rağmen iyi mücadele edilmişti ve başarılı bir muharebeydi. Cookson'un kuvveti, sabah Walter Kitchener'ın askerleri gelene kadar bütün gece silah başında bekledi.

Bir süreliğine Lord Kitchener'ın Genelkurmay Başkanı olarak görev yapan General Ian Hamilton, De la Rey'e karşı tüm harekâtın komutasını üstlenmek üzere 8 Nisan'da Klerksdorp'a gelmişti. Nisan ayının başlarında üç ana İngiliz birliği hızlı bir arama yaptı, fakat başarılı olamadı. En sonuna kadar daha iyi istihbarat ve daha yüksek hareket kabiliyeti, istedikleri zaman savaşa girebilen ve istedikleri zaman kaçabilen Boerlerin tarafında kalmış gibi görünüyordu. Yine de anlatacağım örnekte olduğu gibi bazen birileri, yanlış zamanda baskı altına alınıyordu.

Hamilton, De la Rey'in bölgesinin güney bölümünü kapsayacak bir tarama harekâtı planlamıştı ve bu amaçla, Hartebeestefontein'in merkezinde olmak üzere, birliklerini aynı hizaya getirecek ve ardından geriye dönerek Klerksdorp'a doğru tarama yapacak şekilde manevra yapıyordu. Kekewich, Rawlinson ve Walter Kitchener, bu amaç için manevra yapıyorlardı. Bununla birlikte Boerler, liderlerinin anlaşma şartlarını görüşmek üzere oraya gittiğinin ve barışın muhtemelen birkaç gün içinde gerçekleşeceğinin farkında olmalarına rağmen, sonuna kadar mücadele ettiler ve bir İngiliz birliğiyle kahramanca son bir karşılaşma yapmayı akıllarına koymuşlardı. Kekewich'in kuvvetleri batıya doğru en uzakta olanlardı ve aynı zamanda Boerlerin görüşüne göre en fazla tecrit edilmiş olanıydı ve bu nedenle onların üzerine hücum edildi. 11 Nisan sabahı Rooiwal denilen yerde, Wolmaranstad'dan yukarı doğru Kemp ve Vermaas komutasındaki bin dokuz yüz kişilik kuvvetle hareket eden düşman, büyük bir coşkuyla İngiliz yürüyüş koluna taarruz etti. Hiçbir ön çatışma yaşanmadı ve 1500 Boer'in tek bir cesur hücumu, çatışmayı hem başlattı hem de sona erdirdi. "Ben tam kurmay subaya yirmi millik bir mesafe içinde Boer olmadığını söylüyordum ki", diyor orada bulunanlardan biri ve: "Bir tüfek sesi duyduk ve bir sürü adamın dörtnala üzerimize geldiğini gördük." diye devam ediyordu. İngilizler bu beklenmedik görüntü karşısında şaşırdılar, ama sarsılmadılar. Bir görgü tanığı: "Daha muhteşem bir hücum görmedim, belirli bir hattı korudular" diyordu. İzleyenlerden başka bir tanesi, "Dört sıra hâlinde ve diz dize uzun bir sıra hâlinde geldiler" diyordu. Bu eski moda bir süvari hücumuydu ve bu kadar ileri gitmesi, modern tüfeklerin durdurma gücüne gereğinden fazla değer verdiğimizi gösteriyordu. Doğrudan ateş altında yaklaşık beş yüz yarda kadar geldiler ve İngiliz hattının yalnızca yüz metre yakınında geri döndüler. Gönüllü süvariler, İskoç süvarileri ve polis teşkilatı, ilerleyen atlı dalgasına muntazam bir ateş yağdırdılar ve toplar iki yüz metreden ateş açtılar. Boerler durduruldular, sendelediler ve geri döndüler. Onların ateşi, daha doğrusu taarruza katılmayanların koruma ateşi, elli kadar can kaybına yol açmıştı, ama onların kayıpları çok daha fazlaydı. Acımasız Potgieter, İngiliz toplarının hemen önünde yere düştü. Yaralı Boerlerden biri, "Çok şükür öldü! Çünkü bu sabah beni ateş hattına atmıştı" diye bağırdı. Savaş alanında elli ölü ve çok sayıda yaralı kalmıştı. Rawlinson'un birliği Kekewich'in soluna geldi ve Boer'in kaçışı bir bozguna dönüştü, çünkü yirmi mil boyunca kovalanmış ve iki topları da ele geçirilmişti. Bu, hızlı ve kesin sonuçlu küçük bir çatışmaydı ve batı harekâtını kapatarak son hamleyi ve savaşın sonunu İngilizlerin takdirine bırakmıştı. O andan itibaren savaşın sonuna kadar De la Rey'in bölgesinde harp esirleri toplanmasına rağmen az sayıda çatışma vardı; en dikkate değer olay, Rochfort'un Schweizer-Renecke'ye yaptığı baskındı ve bu baskında yaklaşık altmış harp esiri alındı. Ardından Ian Hamilton'un kuvvetinin Mafeking demir yolu hattına yönelik yaptığı tarama harekâtında en az 364 kişi etkisiz hâle getirildi.

Bu zorlu ve iyi yönetilen harekâtta, İngiliz birlikleri arasındaki boşluklar, geniş bozkır yangınlarının çıkarılması ve dağınık keşif birliklerinin tüfeklerini ateşlemesiyle gizlendi. Yeni gelen Avustralya Milletler Topluluğu alayları, yürüyüşlerinin enerjisi ve siper almalarının titizliğiyle, birleşik krallığın askerî tarihine parlak bir giriş yaptılar.

29 Mayıs'ta, nihai barış ilanından sadece iki gün önce, birkaç Boer tarafından Fredericstad yakınlarındaki yerel sığır sürüsüne bir baskın yapıldı. Bir avuç atlı onları takip etti ve İngiliz hatlarından on mil uzakta dağlık bir arazide, hatırı sayılır bir düşman grubu tarafından pusuya düşürüldü. Takip kuvvetindekilerin çoğu güvenli bir şekilde kaçtı, fakat Seaforths'un teğmeni genç Sutherland ve Eton'dan sadece birkaç ay sonra kendisini atından ayrılmış ve umutsuz bir durumda buldu. Teslim olmayı kendisine yediremeyen delikanlı, etrafında dönen atlılar tarafından vurulmadan önce bir milden fazla yaya olarak savaştı. Boer komutanı, tüm savaş boyunca İngiliz cesaretinin daha iyi bir örneğini görmediğini söyleyebilirdi. Bu son anda genç bir hayatın boş yere harcanması gerçekten üzücüydü, ama Sutherland asil bir şekilde asil bir amaç uğruna can vermişti ve şerefsizce yaşanan birçok yıl, böyle bir ölümün geride bırakacağı hatıra ve mirasın yerine geçemezdi.

39. BÖLÜM

SON

Geriye sadece kısa bir bölüm içinde, barış müzakerelerinin ilerleyişini, nihai çözümü ve bu uzun soluklu savaşın nihai sonuçlarını anlatmak kalıyor. Boerlerin bize ağır kayıplar verdirebildiği, silah ve mühimmat ikmallerini yenilediği, birbirini izleyen olaylar cesaret kırıcı olmasına rağmen, sayılarının azaldığı ve kaçınılmaz sonun giderek yaklaşmakta olduğu yine de kesindi. Pretoria'daki sistematik asker, tüm ülkeye yayılan dikenli tel ağıyla, matematiksel bir hassasiyetle Boerleri her hafta yavaş yavaş yıpratıyordu. Yine de De la Rey'in son zaferinden ve Lahey'deki mültecilerden gelen boş ve anlamsız çeşitli açıklamalardan sonra, 22 Mart'ta temsilî Transvaal Hükümeti'nin beyefendilerden oluştuğunun açıklanması, İngiliz kamuoyunu biraz şaşırtmıştı. Schalk Burger, Lucas Meyer, Reitz, Jacoby, Krogh ve Van Velden Middelburg'a gelmişler ve Lord Kitchener ile barış şartlarını görüşmek amacıyla trenle Pretoria'ya gönderilmeyi talep etmişlerdi. Bu haber üzerine, imparatorluk genelinde bir umut rüzgârı esti, fakat bu konu o kadar şüpheli görünüyordu ki yakın bir gelecekte, şiddetli bir harekâtın yapılmasını sağlayacak önlemlerden hiçbiri gevşetilmedi. Yarımada (İspanyol Bağımsızlık) ve Kırım savaşlarında olduğu gibi Güney Afrika'da da Büyük Britanya'nın hiçbir zaman barışın şafağında olduğu kadar savaşmaya hazır olmadığı söylenebilirdi. Sivil ve ticaretle uğraşan bir milleti askerî bir güce dönüştürmek için en az iki yıllık başarısızlık ve deneyim gerekiyordu.

Bay Fischer'in iyimser beyanlarına ve Dr. Leyds'in mantıksız tahminlerine rağmen, Boerlerin gücü gerçekten kırılmıştı ve gerçekten bir teslim olma niyetiyle gelmişlerdi. Böylesine bireyselliğe sahip bir ırkta, hükümetin bir karara varması yeterli değildi. Hükümetin, Boerleri oyunun gerçekten bittiğine ve iyice eskimiş tüfeklerini ve düzensizce doldurulmuş fişekliklerini atmaktan başka çareleri olmadığına ikna etmeleri gerekiyordu. Bu amaçla, Güney Afrika'daki yetkililerin kayıtsızlığını ve evdeki dikkatli halkın sabrını zorlayan bir dizi uzun müzakereye girilmesi gerekiyordu. Elde edilen nihai başarıları, bu kayıtsızlığı ve bu sabrı benimsemenin son derece doğru bir tutum olduğunu gösteriyordu.

23 Mart'ta Transvaal temsilcileri, konuyu Steyn ve De Wet ile açmak maksadıyla Kroonstad'a gönderildi. Bu iki liderle iletişim kurmak için haberciler gönderildi, ancak eğer onlara gönderilenler hemşerileri yerine İngiliz birlikleri olsaydı, onları arayıp bulmakta daha büyük bir zorluk çekemezlerdi. Fakat nihayet, ayın sonunda mesaj iletildi ve De Wet, De la Rey ve Steyn'in Klerksdorp'taki İngiliz karakollarında görünmesine yol açtı. Diğer delegeler Kroonstad'dan tekrar kuzeye gelmişlerdi ve hepsi, kaderin tuhaf bir cilvesi olarak, aniden hem barışın yapıldığı hem de savaşın sürdürüldüğü merkez haline gelen aynı küçük kasabada birleşmişlerdi. Tüm dünyanın gözü, kasabanın küçük ve dağınık evlerine odaklandı. 11 Nisan'da, tekrarlanan müzakerelerden sonra, her iki taraf da Pretoria'ya geçti ve en şüpheci gözlemciler bile her şeye rağmen müzakerelerde bir şeyler olduğunu itiraf etmeye başladılar. Boer liderleri, 18 Nisan'da Lord Kitchener ile görüştükten sonra tekrar Pretoria'dan ayrıldılar ve durumu onlara açıklamak için komandolara gittiler. 15 Mayıs'ta Vereeniging'de sorunun oylama yoluyla çözülmesi amacıyla toplanan sahadaki her bir birlikten iki delege seçilmesi, bu çalışmanın neticesiydi. Yüksek bir devlet meselesi, hiçbir zaman bu kadar demokratik bir şekilde karara bağlanmamıştı.

O döneme kadar Boer liderleri, her biri İngiliz Hükümeti tarafından göz ardı edilen, birbiri ardına taslak önerilerde bulunmuşlardı. İlki, sadece savaşın başlangıcında tartışılan konuları kabul edecekleriydi. Bu, bir kenara bırakıldı. İkincisi, Avrupa'daki dostlarına danışmalarına izin verilmesi gerektiğiydi. Bu da reddedildi. Bir sonraki adım, bir ateşkes yapılması gerektiğiydi, ancak Lord Kitchener yine ikna edilemedi. Boerlere teslim olma ya da sonuçta onları bir millet olarak yok edecek bir savaş arasında nihai seçimlerini yapmaları için belirli bir süre verildi. Kesin olarak vaat edilmese bile, zımnen anlaşıldı ki, İngiliz Hükümeti'nin kabul etmeye hazır olduğu koşullar, on iki ay önce, Middelburg görüşmesinden sonra Boerler tarafından reddedilmiş olanlardan esas itibarıyla çok farklı değildi.

15 Mayıs'ta Vereeniging'de Boer müzakereleri başladı. Komandolardan altmış dört delege, son cumhuriyetlerin askerî ve siyasi liderleriyle bir araya geldi, bunların tamamı 150 kişiye ulaşmıştı. Bizim zamanımızda daha eşsiz bir toplantı yapılmamıştır. Kaderin garip bir cilvesiyle kendini büyük bir savaşta muzaffer bir orduya komuta ederken bulan genç Avukat Botha orada vardı. Sert ağzı ve güneşten yanmış yüzüyle De Wet oradaydı; ayrıca kır sakallı ve güçlü kargaburnu çehresiyle De la Rey de. Politikacılar da oradaydı, kır sakallı, güler yüzlü Reitz, "tüm meseleye büyük bir şaka" olarak baktığı zamankinden biraz daha ciddiydi ve tökezleyip sendeleyerek yürüyen talihsiz Steyn, bitkin ve mahvolmuş bir adamdı. İri yarı Lucas Meyer, Ookiep kuşatmasından yeni çıkmış zeki genç Smuts, kuzeyden Beyers, atılgan süvari lideri Kemp, birçok savaşın kahramanı Muller - tüm bunlar ve diğer birçok güneşten kararmış, sıska, sert hatlı silah ar-

kadaşları Vereeniging'in büyük çadırında bir araya geldiler. Tartışmalar hararetliydi ve uzun sürdü. Fakat mevcut durum değiştirilemezdi, sağduyunun soğuk, sakin sesi, bağnaz şahısların tüm saçmalıklarından daha güçlüydü. Oylama, delegelerin büyük çoğunluğunun İngiliz Hükümeti tarafından önerilen şartlar üzerine teslim olmaktan yana olduğunu gösterdi. Bu karar, 31 Mayıs'ta Lord Kitchener'a bildirildi ve aynı gece saat on buçukta delegeler Pretoria'ya geldiler ve barış antlaşmasını imzaladılar. İki yıl, yedi buçuk ay süren düşmanlıklardan sonra, Hollanda cumhuriyetleri kendilerinin yok edilmesine razı oldular ve Cape Town'dan Zambesi'ye kadar Güney Afrika'nın tamamı, Britanya İmparatorluğu'na eklendi. Bu büyük mücadele bize iki yüz milyon sterlinle birlikte yirmi bin can kaybına ve yüz bin yaralıya mal olmuştu; fakat barışçıl bir Güney Afrika ile birlikte bize ruhen ulusal bir dirilme ve büyük kolonilerimizle başka hiçbir şekilde elde edilemeyecek olan daha samimi bir birliktelik kazandırdı. Mücadeleye girdiğimizde sağlam bir imparatorluk olduğumuzu umut ediyorduk, ama ondan çıktığımızda artık öyle olduğumuzu biliyorduk. Bu dönüşümde, dökülen tüm kanların ve harcanan hazinenin karşılığı yatıyordu.

Teslim olma şartları kısaca şunlardı:

1. Boerler, silahlarını bırakacaklar ve kendilerini VII. Edward'ın tebaası olarak görecekler.
2. Yurttaşlığı kabul eden tüm harp esirleri serbest bırakılacak.
3. Özgürlükleri ve mülkiyetleri dokunulmaz olacak.
4. Özel durumlar hariç ateşkes ilan edilecek.
5. Okullarda ve mahkemelerde Felemenkçe dili serbest olacak.
6. Ruhsatlı olması hâlinde tüfeklere izin verilecek.
7. Mümkün olan en kısa sürede özerklik verilecek.
8. Özerklik tanınıncaya kadar yerlilere imtiyaz verilmeyecek.
9. Özel arazi vergisi alınmayacak.
10. Halka çiftliklerine yeniden yerleşebilmeleri için yardım yapılacak.
11. Çiftçilere yardım için 3.000.000 pound verilecek.
12. Ölüm cezası verilmemesi şartıyla isyancılar haklarından mahrum edilecek ve liderleri yargılanacak.

Bu şartlar, Mart 1901'de Botha tarafından reddedilenlerle hemen hemen aynıydı. On üç aylık gereksiz savaş, bu durumu olduğu gibi bırakmıştı.

Bu, bir baskınlar savaşıydı, ama ne yazık ki şimdiye kadar yapılan baskınlar hep kötü sonuçlanmıştı. Şimdi en sonunda denge tersine dönmüştü, zira Güney Afrika mücadelesinin uzun tuhaf tarihinin tümünde, bu iki sağlam ve duygusuz ırkın, savaşı biter bitmez el sıkışmasından daha fevkalade bir olay yoktu. Bu durum, kendi içinde kıtanın kötü niyetli eleştirmenlerine nihai bir cevap teşkil eder. İnsanlar, kadın ve çocukların kanlarıyla kırmızıya dönen bir eli kolay kolay sıkamaz. Komandolar geldikçe, her taraftan askerlerle komandolar aralarındaki dostluğa dair sevindirici haberler geliyordu; Boer liderleri, yeni aidiyetlerine eskilerine olduğu kadar sadıktı, halkları arasında iyi duyguları teşvik etmek için çaba sarf ediyorlardı. Görünüşe göre birkaç haftalık bir süre, bazılarımızın yıllarca süreceğini düşündüğü ırksal acıyı azaltmak için çok daha fazlasını yaptı. Bunun sürmesi için dua etmekten başka bir şey yapılamazdı.

Teslim olanlar toplamda yirmi bin kişiyi buluyordu ve düşmanın muharebe sahasının her yerinde sandığımızdan daha fazla adamının sahada olduğunu gösteriyordu ki bu durum, daha sonradan yaşadığımız felaketlerin etkisini azaltacaktı. Transvaal'da yaklaşık on iki bin, Orange Nehri Kolonisi'nde altı bin ve Cape Kolonisi'nde yaklaşık iki bin kişinin teslim olması; isyan bölgelerindeki harekâtın daima zorlu olmaktan çok can sıkıcı olduğunu gösteriyordu. Savaş esirleri, teslim olanlar, paralı askerler ve zayiatlar hesaplandığında, karşı karşıya olduğumuz toplam kuvvetin kesinlikle yetmiş beş bin tam teçhizatlı atlı adamdan az olmamakla birlikte, bu rakamı önemli ölçüde aşmış olabileceğini gösteriyordu. Boer liderlerinin savaşın başlangıcında kendilerine çok güvenmelerine şaşırmamak gerekir.

Savaşın neden olduğu ağır kayıpların sızlanmadan karşılanması, ulusun savaşın yalnızca haklı değil, aynı zamanda gerekli olduğuna olan inancının ne kadar derin olduğuna kanıt göstermek için yeterlidir. Söz konusu olan, Güney Afrika'nın elde tutulması ve İmparatorluğun devamlılığıydı. Bakanların yeterli bir sebep olmaksızın bu kadar büyük bir sorumluluk yüklenmeleri ve kendi insanlarını böyle büyük fedakârlıklara katlanmak zorunda bırakmaları halka gösterilebilseydi ya da bu az da olsa mümkün olsaydı; bu görev bir kez yerine getirildiğinde, aldatılanlarda bir öfke patlaması olacağı ve yas tutanların onları kamusal yaşamdan sonsuza dek uzak tutacağı kesin değil miydi? İngiltere'deki, İskoçya'daki, İrlanda'daki ve büyük kolonilerdeki hem üst ve hem de alt sınıf arasında, büyük umutlar ne kadar çok hüsrana uğramış, ne kadar sıklıkla askere giden evlatlar, bir daha dönmemiş ya da gençliğinin baharında sakatlanmış ve yaralanmış olarak geri dönmüştü. Her yerde acı ve kederin sesi vardı, ama hiçbir yerde sitem yoktu. Ulusun en derin içgüdüleri ona savaşması ve kazanması gerektiğini ya da dünyadaki konumundan sonsuza dek vazgeçmek zorunda kalacağını söylüyordu. Bizim neslimizde hiçbir şeyin yapamayacağı kadar ırkımızın erdemlerini ortaya çıkaran karanlık günlerde, şafak bir kez daha tam olarak sökünceye dek vahşice mücadele ettik. Tanrı'nın Britanya'ya verdiği tüm armağanların hiçbiri, o kederli günlerle karşılaştırılamaz, çünkü o günler ulusun birliğinden emin olduğu ve her zaman kanın birleştirme gücünün tuzlu suyun ayırmasından daha güçlü olduğunu öğrendiği günlerdi. Britanya'daki Britanyalı ile dünyanın öbür ucundaki Britanyalının bakış açısı arasındaki tek fark, ikincisinin gençlik enerjisiyle İmparatorluk davasına daha koşulsuz ve coşkuyla bağlı olmasıydı. Bu orduyu gören biri, onun ruhunu, onun güzel görüntüsünü her şeyden daha önemlisi gelecekteki tarihte neyi temsil ettiğini unutabilir mi? Bunlar, kuzeybatı'nın engin ovalarından gelen kovboylar, Ouorn[1] ya da Belvoir'in[2] atlarını terletene kadar koşturan beyfendileri, Sutherland geyik ormanlarından gelen av rehberleri, Avustralya'nın kırsal bölgelerinden gelen Buşmenler, Raleigh veya Bachelor kulüplerinin seçkinleri, Ontario'nun sert adamları, Hindistan ve Seylan'dan gelen yaman avcılar, Yeni Zelanda'nın atlıları, Güney Afrika'nın sırım gibi gayrinizami birlikleri - bunlar, varlıkları hiçbir Mavi Kitap'ta (basılı raporlarda) kaydedilmemiş ve dış görünüşleri, bizim küçük ordumuzu çok uzun süredir küçümseyen kıtanın ukala askerlerini şok eden ihtiyatlardı. Yıllar boyunca devam eden barış, onlara bu ihtiyatların kahramanlıklarını unutturmuştu. Güney Afrika ovalarında, aynı tehlikeyi göğüsleyen ve aynı mahrumiyete maruz kalan İmparatorluğun kan kardeşliği mühürlenmişti.

Yaşananlar, İmparatorluk için çok fazla şey ifade ediyordu. Fakat Güney Afrika için neydi? Sonuç olarak, ektiğimizi biçmeliydik. Eğer bu güvene layıksak, orası bize bırakılacaktı. Eğer buna layık değilsek, elimizden alınacaktı. Kruger'in uğradığı hezimetin bize "bir ulusun tapusunun tüfekler değil Adalet olduğunu" öğretmesi gerekir. İngiliz bayrağı, en iyi yöneticilerimizin emri altında, tüm insanlar için temiz devlet yönetimi, adil yasalar, özgürlük ve eşitlik anlamına gelecektir. Böyle davranmaya devam ettiğimiz sürece Güney Afrika'yı elde tutacağız. Korkudan ya da açgözlülükten dolayı bu ülkeden (idealden) uzaklaştığımızda, bizden önceki tüm büyük imparatorlukları öldüren o hastalığa yakalandığımızı anlayabiliriz.

---

1 ÇN: Quorn: İngiltere, leicestershire'de bir köy
2 ÇN: Belvoir: İngiltere'de bir kale

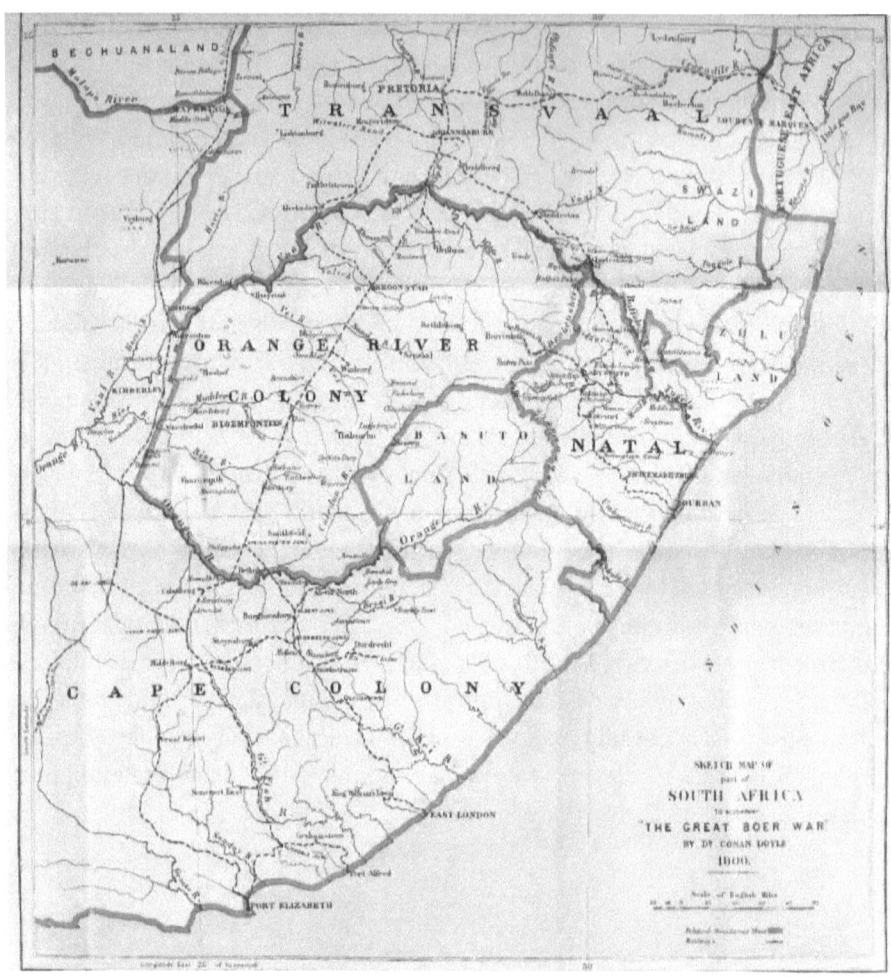

www.ingramcontent.com/pod-product-compliance
Lightning Source LLC
LaVergne TN
LVHW090035080526
838202LV00044B/3326